中国近代
思想家文库

◎

潘光旦卷

吕文浩 编

中国人民大学出版社
·北京·

《中国近代思想家文库》编纂委员会名单

总　序

对于近代的理解，虽不见得所有人都是一致的，但总的说来，对于近代这个词所含的基本意义，人们还是有共识的。一个国家、一个民族走入近代，就意味着以工业化为主导的经济取代了以地主经济、领主经济或自然经济为主导的中世纪的经济形态，也还意味着，它不再是孤立的或是封闭与半封闭的，而是以某种形式加入到世界总的发展进程。尤其重要的是，它以某种形式的民主制度取代君主专制或其他不同形式的专制制度。中国是个幅员广大、人口众多、历史悠久的多民族国家，由于长期历史发展是自成一体的，与外界的交往比较有限，其生产方式的代谢迟缓了一些。如果说，世界的近代是从 17 世纪开始的，那么中国的近代则是从 19 世纪中期才开始的。现在国内学界比较一致的认识，是把 1840 年到 1949 年视为中国的近代。

中国的近代起始的标志是 1840 年的鸦片战争。原来相对封闭的国门被拥有近代种种优势的英帝国以军舰、大炮再加上种种卑鄙的欺诈打开了。从此，中国不情愿地加入到世界秩序中，沦为半殖民地。原来独立的大一统的中央集权的君主专制国家，如今独立已经极大地被限制，大一统也逐渐残缺不全，中央集权因列强的侵夺也不完全名实相符了。后来因太平天国运动，地方军政势力崛起，形成内轻外重的形势，也使中央集权被弱化。经历第二次鸦片战争、中法战争、甲午战争、八国联军入侵的战争以及辛亥革命后的多次内外战争，直至日本全面侵略中国的战争，致使中国的经济、政治、教育、文化，都无法顺利走上近代发展的轨道。古今之间，新旧之间，中外之间，混杂、矛盾、冲突。总之，鸦片战争后的中国，既未能成为近代国家，更不能维持原有的统治秩序。而外患内忧咄咄逼人，人们都有某种程度“国将不国”的忧虑。

“天下兴亡，匹夫有责”，读书明理的士大夫，或今所谓知识分子，尤为敏感，在空前的危机与挑战面前，皆思有所献替。于是发生种种救亡图存的思想与主张。有的从所能见及的西方国家发展的经验中借鉴某些东西，形成自己的改革方案；有的从历史回忆中拾取某些智慧，形成某种民族复兴的设想；有的则力图把西方的和中国所固有的一些东西加以调和或结合，形成某种救亡图强的主张。这些方案、设想、主张，从世界上“最先进的”，到“最落后的”，几乎样样都有。就提出这些方案、设想、主张者的初衷而言，绝大多数都含着几分救国的意愿。其先进与落后，是否可行，能否成功，尽可充分讨论，但可不必过为诛心之论。显而易见，既然救国的问题最为紧迫，人们所心营目注者自然是种种与救国的方案直接相关的思想学说，而作为产生这些学说的更基础性的理论及其他各种知识、思想，则关注者少。

围绕着救国、强国的大议题，知识精英们参考世界上种种思想学说，加以研究、选择，认为其中比较适用的思想学说，拿来向国人宣传，并赢得一部分人的认可。于是互相推引，互相激励，更加发挥，演而成潮。在近代中国，曾经得到比较广泛的传播的思想学说，或者够得上思潮的，主要有以下几种：

（一）进化论。近代西方思想较早被引介到中国，而又发生绝大影响的，要属进化论。中国人逐渐相信，进化是宇宙之铁则，不进化就必遭淘汰。以此思想警醒国人，曾颇有助于振作民族精神。但随后不久，社会达尔文主义伴随而来，不免发生一些负面的影响。人们对进化的了解，也存在某些片面性，有时把进化理解为一条简单的直线。辩证法思想帮助人们形成内容更丰富和更加符合实际的发展观念，减少或避免片面性的进化观念的某些负面影响。

（二）民族主义。中国古代的民族主义思想，其核心是“非我族类，其心必异”，所以最重“华夷之辨”。鸦片战争前后一段时期，中国人的民族思想，大体仍是如此。后来渐渐认识到“今之夷狄，非古之夷狄”，“西人治国有法度，不得以古旧之夷狄视之”。但当时中国正遭受西方列强的侵略和掠夺，追求民族独立是民族主义之第一义。20 世纪初，中国知识精英开始有了“中华民族”的概念。于是，渐渐形成以建立近代民族国家为核心的近代民族主义。结束清朝君主专制，创立中华民国，是这一思想的初步实现。第一次世界大战爆发，中国加入“协约国”，第一次以主动的姿态参与世界事务，接着俄国十月革命爆发，这两件事对近代中国的发展历程造成绝大影响。同时也将中国人的民族主义提升到一个新的层次，即与国际主义（或世界主义）发生紧密联系。也可以说，中国人更加自觉地用世界的眼光来观察中国的问题。新生的中国共产党和改组后的国民党都是如此。民族主义成为中国的知识精英用来应对近代中国所面临的种种危机和种种挑战的一个重要的思想武器。

（三）社会主义。社会主义作为一种模糊的理想是早在古代就有的，而且不论东方和西方都曾有过。但作为近代思潮，它是于19世纪在批判近代资本主义的基础上产生的。起初仍带有空想的性质，直到马克思和恩格斯才创立起科学社会主义。20世纪初期，社会主义开始传入中国。当时的传播者不太了解科学社会主义与以往的社会主义学说的本质区别。有一部分人，明显地受到无政府主义的强烈影响，更远离科学社会主义。直到五四新文化运动兴起之后，中国人始较严格地引介、宣传科学社会主义。但有一段时间，无政府主义仍是一股很大的思想潮流。中国共产党的成立，从思想上说，是战胜无政府主义的结果。中国共产党把在中国实现社会主义乃至共产主义作为自己的奋斗目标。此后，社会主义者，多次同各种非科学社会主义思想的信仰者进行论争并不断克服种种非科学社会主义思想的影响。

（四）自由主义。自由主义也是从清末就被介绍到中国来，只是信从者一直寥寥。直到五四新文化运动兴起，具有欧美教育背景的知识精英的数量渐渐多起来，自由主义始渐渐形成一股思想潮流。自由主义强调个性解放、意志自由和自己承担责任，在政治上反对一切专制主义。在中国的社会条件下，自由主义缺乏社会基础。在政治激烈动荡的时候，自由主义者很难凝聚成一股有组织的力量；在稍稍平和的时候，他们往往更多沉浸在自己的专业中。所以，在中国近代史上，自由主义不曾有，也不可能有大的作为。

（五）激进主义与保守主义。处于转型期的社会，旧的东西尚未完全退出舞台，新的东西也还未能巩固地树立起来，新旧冲突往往要持续很长的时间，有时甚至达到很激烈的程度。凡助推新东西成长的，人们便视为进步的；凡帮助旧东西排斥新东西的，人们便视为保守的。其实，与保守主义对应的，应是进步主义；与顽固主义相对的则应是激进主义。不过在通常话语环境中人们不太严格加以区分。中国历史悠久，特别是君主专制制度持续两千余年，旧东西积累异常丰富，社会转型极其不易。而世界的发展却进步甚速。中国的一部分精英分子往往特别急切地想改造中国社会，总想找出最厉害的手段，选一条最捷径的路，以最快的速度实现全盘改造。这类思想、主张及其采取的行动，皆属激进主义。在中共党史上，它表现为“左”倾或极左的机会主义。从极端的激进主义到极端的顽固主义，中间有着各种程度的进步与保守的流派。社会的稳定，或社会和平改革的成功，都依赖一个实力雄厚的中间力量。但因种种原因，中国社会的中间力量一直未能成长到足够的强大程度。进步主义与保守主义，以及激进主义与顽固主义，不断进行斗争，而实际所获进步不大。

（六）革命与和平改革。中国近代史上，革命运动与和平改革运动交替进行，有时又是平行发展。两者的宗旨都是为改变原有的君主专制制度而代之以某种形式的近代民主制度。有很长一个时期，有两种错误的观念，一是把革命理解为仅仅是指以暴力取得政权的行动，二是与此相关联，把暴力革命与和平改革对立起来，认为革命是推动历史进步的，而改革是维护旧有统治秩序的。这两种论调既无理论根据，也不合历史实际。凡是有助于改变君主专制制度的探索，无论暴力的或和平的改革都是应予以肯定的。

中国近代揭幕之时，西方列强正在疯狂地侵略与掠夺殖民地和半殖民地，中国是它们互相争夺的最后一块也是最大的资源地。而这时的中国，沿袭了两千年的君主专制制度已到了末日，统治当局腐朽无能，对外不足以御侮，对内不足以言治，其统治的合法性和统治的能力均招致怀疑。革命运动与改革的呼声，以及自发的民变接连不断。国家、民族的命运真的到了千钧一发之际，危机极端紧迫。先觉分子救国之心切，每遇稍具新意义的思想学说便急不可待地学习引介。于是西方思想学说纷纷涌进中国，各阶层、各领域，凡能读书读报者，受其影响，各依其家庭、职业、教育之不同背景而选择自以为不错的一种，接受之，信仰之，传播之。于是西方几百年里相继风行的思想学说，在短时期内纷纷涌进中国。在清末最后的十几年里是这样，五四时期在较高的水准上重复出现这种情况。

这种情况直接造成两个重要的历史现象：一个是中国社会的实际代谢过程（亦即社会转型过程）相对迟缓，而思想的代谢过程却来得格外神速。另一个是在西方原是差不多三百年的历史中渐次出现的各种思想学说，集中在几年或十几年的时间里狂泻而来，人们不及深入研究、审慎抉择，便匆忙引介、传播，引介者、传播者、听闻者，都难免有些消化不良。其实，这种情况在清末，在五四时期，都已有人觉察。我们现在指出这些问题并非苛求前人，而是要引为教训。

同时我们也看到，中国近代思想无比的多样性与复杂性呈现出绚丽多彩的姿态，各种思想持续不断地展开论争，这又构成中国近代思想史的一个突出特点。有些论争为我们留下了非常丰富的思想资料，如兴洋务与反洋务之争，变法与反变法之争，革命与改良之争，共和与立宪之争，东西文化之争，文言与白话之争，新旧伦理之争，科学与人生观之争，中国社会性质的论争，社会史的论争，人权与约法之争，全盘西化与本位文化之争，民主与独裁之争，等等。这些争论都不同程度地关联着一直影响甚至困扰着中国人的几个核心问题，即所谓中西问题、古今问题与心物关系问题。

中国近代思想的光谱虽比较齐全，但各种思想的存在状态及其影响力是很不平衡的。有些思想信从者多，言论著作亦多，且略成系统；有些可能只有很少的人做过介绍或略加研究；有的还可能因种种原因，只存在私人载记中，当时未及面世。然这些思想，其中有很多并不因时间久远而失去其价值。因为就总的情况说，我们还没有完成社会的近代转型，所以先贤们对某些问题的思考，在今天对我们仍有参考借鉴的价值。我们编辑这套《中国近代思想家文库》，希望尽可能全面地、系统地整理出近代中国思想家的思想成果，一则借以保存这份珍贵遗产，再则为研究思想史提供方便，三则为有心于中国思想文化建设者提供参考借鉴的便利。

考虑到中国近代思想的上述诸特点，我们编辑本《文库》时，对于思想家不取太严格的界定，凡在某一学科、某一领域，有其独立思考、提出特别见解和主张者，都尽量收入。虽然其中有些主张与表述有时代和个人的局限，但为反映近代思想发展的轨迹，以供今人参考，我们亦保留其原貌。所以本《文库》实为“中国近代思想集成”。

本《文库》入选的思想家，主要是活跃在1840年至1949年之间的思想人物。但中共领袖人物，因有较为丰富的研究著述，本《文库》则未收入。

编辑如此规模的《文库》，对象范围的确定，材料的搜集，版本的比勘，体例的斟酌，在在皆非易事。限于我们的水平，如有瑕隙，敬请方家指正。

《中国近代思想家文库》编纂委员会

目 录

作为社会思想家的潘光旦（代导言）

大约十二三年前，我开始将潘光旦的社会思想作为研究重点，同时还研究了他在研习西方优生学、社会学、性心理学等新兴学科并结合中国实际作出开创性贡献的过程中所发生的若干具有思想史意味的问题。依循这种学术路径的努力，最后集中反映在 2009 年福建教育出版社出版的《中国现代思想史上的潘光旦》一书中。

在出版之前的课题结项评审过程中，对于能不能将潘光旦放在“思想家”的行列，从而使他在思想史上占据一席之地，参与评审的思想史专家们不无疑虑。同样的疑惑还浮现在为那本书写序的黄兴涛教授的心头。感谢黄教授从“一般思想史”角度对我的学术思路所做的善意阐释，在一定程度上可以说是帮助我消除了一部分同行专家的疑惑。他认为，近代中国精英人士在大众媒体上，就恋爱、婚姻、家庭、性、生育、民族、国家、文明等社会生活的基本问题所发表的有特色、有影响的“社会思想”，可以成为近现代中国“一般思想史”所关注的对象并丰富其思想内涵；潘光旦的社会思想就属于这样一种可以纳入“一般思想史”范围内加以评析的研究对象。

在《中国现代思想史上的潘光旦》一书中，我确实比较重视那些发表在非专业学术刊物上的、对社会公众产生了重要影响的，而且在学术文化界引发了诸多反响乃至争议的文章。这样做，主要是考虑到这项研究的宗旨不是学术史的梳理，而是以思想史的视角来分析一种流行的社会思想的学理依据和论证逻辑，以及它们在中国的社会政治变革和文化建设上具有怎样的意义。从这个意义上说，黄兴涛教授的理解是准确的，当时我确实无意于讨论从严格意义上说潘光旦算不算一个“思想家”这样的问题。彼时的我对于论英雄排座次、为潘光旦争得一个“思想家”的头衔并没有什么兴趣。

暂时搁置潘光旦算不算“思想家”的问题，“使思想回归历史”的路径自有其学术价值，但它并不能回答潘光旦的社会思想是否有一以贯之的线索、有没有思想体系、他的社会思想本身在今天还有没有价值等更具思想意味的问题。在“一般思想史”范围内评述潘光旦的“社会思想”，固然能较好地揭示其思想的广度和社会影响，但也在某种程度上遮蔽了其思想的深度。

我的这一认识不仅来源于个人的阅读感受，而且也能够在前人的看法中得到某种程度的印证。如 1947 年底发表于《观察》周刊上的《潘光旦的人文思想》一文就比较全面地叙述了潘光旦人文思想的主要内容、对于社会问题的基本见解以及与其他学派的关系。① 潘光旦 20 世纪 40 年代指导的研究生、最近辞世的北京大学社会学系韩明谟教授指出：“社会学界皆知潘先生是一位矢志不渝的优生学家。其实，潘先生不过是以优生学作为他追求‘提高民族素质’、‘探索中华民族强种优生之道’的基础，在更深一层的思想气质中，他实是一个人文主义的思想家，一个以‘不同而和’的思想路线，构筑他的人文主义的思想体系(的思想家)。”② 潘光旦的东床、北京大学生物系胡寿文教授更是对潘光旦的新人文史观倾心不已，认为相较于具体的、容易被后人研究超越的学术研究成果，这是潘光旦在思想上的主要贡献，也是比较具有长久价值的部分，所以他先后发表了《优生学与潘光旦》和《潘光旦与新人文史观》两文予以阐释。③ 前人的看法提示我们，要围绕人文思想（或称人文主义、新人文史观，这三个提法表述有所差异而内涵基本一致）来理解潘光旦的社会思想。我的看法是：潘光旦社会思想体系的核心就是他所阐发的融汇古今、中西、文理的人文思想，他看待一切社会制度、社会观念乃至于一时一地所发生的社会事件，都是从人文思想的角度来加以衡量评判的；他对于社会问题的评析，不是零碎地结合学科知识有感而发，而是在其背后有一套包含价值评判的社会思想作为支撑。

---

① 参见余才友：《潘光旦的人文思想》，见潘乃穆等编：《中和位育——潘光旦百年诞辰纪念》，北京，中国人民大学出版社，1999。

② 韩明谟：《中国知识分子的骄傲——纪念潘光旦先生》，见潘乃穆等编：《中和位育——潘光旦百年诞辰纪念》，492 页。

③ 均参见潘乃穆等编：《中和位育——潘光旦百年诞辰纪念》。

从这个意义上说，他不是一个单纯的学院派学者，或喜好评论时事的“公共知识分子”，而是具有独特思想体系的学者型社会思想家。本书将对潘光旦人文思想的基本特征和发展轨迹作一些简要的勾勒，相信会有助于读者们更深入地理解主要选文的思想主旨。

潘光旦一生主要是在社会学界开展教学研究活动的，但他的研究范围却相当宽广，不仅在社会学领域有所建树，而且对于优生学、性心理学等学科也有很深的造诣。这大概主要源于他20世纪20年代在美国留学时期主修生物学，同时广泛涉猎其他人文社会科学的经历。他在社会学界被看作唯一的一位生物论者①，其社会研究大都打上深深的生物学烙印。他自己坦承，“对近代生物科学所发现的事实与原则，有十分的信仰”，并以其来分析人类社会的种种问题。对于有人将他概括为“极端彻底的唯物主义者”，他则拒绝承认。他认为：“这种看法不能说是唯物的，他实在不‘唯’什么。一定要说‘唯’，那末，与其说我是一个唯物论者，不如说我是一个唯人论者，是一个科学的唯人论者。”②

以生物学原则来解释人类社会问题还不等于人文思想，在潘光旦这里，还经历了一个对于儒家社会思想和西方社会思想的比较分析，然后综合融汇而成的过程。

现有文献显示，启发潘光旦往人文思想这个方向努力的人物，可能是他的江苏省宝山县罗店镇同乡金井羊。金井羊生于1891年，长于潘光旦8岁，20世纪20年代末期曾在政治大学、光华大学与潘光旦同事，1932年英年早逝，年仅41周岁。金井羊以政治经济为业，虽门墙甚盛，但多未闻其“性与天道”之言，只有极少数与他熟稔的人方了解其“惟哲学及社会思想，亦为平日简练揣摩所及，且所见亦极深刻”③。他颇能洞察玄学冥想的弊端，认为西方哲学过于关注所谓“宇宙观”的问题，与程朱理学所谓的“格物”同一弊病，都没有探到问题的根本在于人的问题。金井羊属意于儒家的人本主义思想，认为可以其为中心来统摄各种思想学说，为世界和平确立新的基础。对于当时中国面临的社会文化转型，他认为：“中国非有人焉能建立一新伦理学，则一切事业

① 参见孙本文：《当代中国社会学》，264页，北京，商务印书馆，2011。

② 见潘光旦为《妇女解放新论》一书所写的书评，载《优生》月刊第2卷第2期，1932年2月15日。

③ 潘光旦：《悼金井羊先生》，见《潘光旦文集》第8卷，481页，北京，北京大学出版社，2000。

悉谈不到。"① 他的这些见解和设想并没有系统地写出来，仅见于私人交谈与书简之中，潘光旦就是其极少数知音之一。金井羊没有系统发挥自己的哲学与社会思想，原因在于，他认为不在坚实的自然科学与史学基础上探究哲学问题是自欺欺人，所以一直不曾将其思想加以系统化。而幼于他 8 岁的潘光旦在自然科学与史学上均有很好的学术基础，也喜欢琢磨一些社会思想问题，应是完成这一思想构想的理想人选。1932 年 7 月，潘光旦在悼念金井羊的文章里着重讲了金井羊这一不为世人所知的思想构想，其中大约蕴含着某种思想上的因缘。

1930 年发表的《文化的生物学观》与 1931 年发表的《人文史观与"人治"、"法治"的调和论》这两篇文章，大体上可以归入阐述其"科学的唯人论者"的追求，是他在阐述人文思想方面最初的努力。

1933 年在评论母校达特茅斯学院教授哈维（Edwin D. Harvey）关于中国人宗教信仰的社会学著作《中国心灵》（*The Mind of China*）时，潘光旦认为作者过于注重神鬼崇拜之类的宗教实践，没有能够给予儒家人文思想以应有的地位。而在他看来，"儒家不是反宗教的，但其宗教不加掩饰地建立在人的基础上，确切地说是拟人的（anthropomorphic）和以人为中心的（anthropocentric）"，"神为人所造，是人造品，它们能够被塑造出来适应人的意图"②。他又发挥了儒家"祭神如神在"的精神来阐释中国人对神的崇敬，但这种人文思想始终对神保持着清醒的、敬而远之的态度，以免为其所役使。在神对人的祈求不能很好地回应时，神像甚至有被义愤的民众砸毁的危险。简言之，这种态度意味着崇敬神、祈求神的人掌握着神的命运。这里，潘光旦对于美国学者的中国宗教观的批评以及对于儒家思想的阐释，已经相当明晰地呈现了 1934 年两篇主要论述儒家人文思想文章（《中国人文思想的骨干》、《迷信者不迷》）的基本精神，以英文 anthropomorphic 和 anthropocentric 两个词语概括儒家人文思想的特征，简洁而有力，令人印象深刻，难以忘怀。

1932 年，潘光旦从太平洋国际学会获得 2000 元美金的资助，用来研究中国的人文思想。1934 年《中国人文思想的骨干》一文发表，标志着他对人文思想的探索达到阶段性的小结。在这篇文章里，潘光旦将中国儒家人文思想分为四个方面：第一方面是对人以外的各种本体，第二方

---

① 潘光旦：《悼金井羊先生》，见《潘光旦文集》第 8 卷，481 页。

② 原载 *The China Critic*，Vol. VI，No. 32，August 10，1933，署名 Ch. Ng.。

面是对同时存在的别人，第三方面是对自己，第四方面是对已往和未来的人。他认为，儒家思想对于人以外的神道、物道，对于人与人之间的流品之别和相互之间应有的关系，对于自己的情欲，对于祖先、师承和后辈，都能够恰如其分地照顾到而不损害到人本身的中心地位。他所谓人文思想者眼中的人是一个整个的人、囫囵的人——只是专家、公民、社会分子等身份都不能算人，职业、阶级、国家、家庭等空间关系也不能够限制囫囵的人，使他自甘维持一种狭隘的关系或卑微的身份；不仅如此，他对于自己承受下来的生物的和文化的遗业，以及未来的世代都要有所交代。这样超越了社会身份、空间关系、时间关系限制的人，才是一个整个的人、囫囵的人。他认为人文思想的这四个方面都受分寸或节制的原则所制约，过犹不及。他固然强调人的重要性，但从不使用“人文主义”的字眼，只说是“人文思想”，因为“主义”一词有“执一的臭味”①。如马戎教授所言，中国的人文思想不可能达到潘光旦所归纳总结的完整体系，他这里所说的人文思想一定程度上又吸收了西方文化的精华。②

此后的几年间，他就此搜集了不少资料，可惜抗战的烽火使他留在北平的书籍、资料损失殆尽，人文思想的资料也在其内，致使他最终没有以完整的形式来完成这项研究计划。不过，思想探索并没有因此停顿，而是继续有所发展。1934 年的《中国人文思想的骨干》一文已经搭起中国人文思想具有四方面内容这一骨架，抗战时期发表的一系列文章则是为之填充筋肉。如属于第一方面的有《说本》（1939 年）、《说“文以载道”》（1943 年），属于第二方面的有《明伦新说》（1940 年）、《论品格教育》（1940 年），属于第三方面的有《散漫、放纵与“自由”》（1943 年）、《类型与自由》（1944 年），属于第四方面的有《悠忽的罪过》（1943 年）、《所谓“历史的巨轮”》（1943 年）。抗战时期比较集中探讨人文思想的文章至少有 8 篇之多。

有了这些积累，抗战结束后，潘光旦已经可以综合上面这些文章的成果，并提高一步，试图提出一套较为系统的思想体系。1946 年 5 月发表的《说童子操刀——人的控制与物的控制》以及 1946 年 9 月在苏州浒墅关为费孝通《生育制度》一书所写的长篇序言《派与汇》是两篇

① 潘光旦：《中国人文思想的骨干》，见《潘光旦文集》第 6 卷，120 页。

② 参见马戎：《人文思想与中国现代教育》，见氏著：《社会学的应用研究》，72～73 页，北京，华夏出版社，2002。

比较重要的讨论人文思想的文章，可以看作继 1934 年《中国人文思想的骨干》之后，潘光旦对自己人文思想研究所作的又一次小结。

《说童子操刀——人的控制与物的控制》一文的核心观点，是认为仅有对于物质世界的了解是远远不够的，问题的根本在于对于囫囵的人的了解，而西方近代的自然科学和人文社会科学或在人的外围兜圈子，或将人切割为支离破碎的部分分别研究，都没有真正把囫囵的人作为研究对象。他认为，真正的人的学术包括人的自我认识和自我控制，用中国的古语说是“自知者明，自胜者强”，“今后人的学术的任务，我以为就在更清楚的阐明此种看法，更切实、更精细的讲求它的做法，而此种学术上的任务也就是教育的最基本的任务”[①]。

在《派与汇》这篇序言里，潘光旦认为，费孝通强调社会文化作为一种超越于个人之上的力量对人类的支配，过于抹杀了社会文化满足人类自身需求以及人类改造社会文化的主观能动性的一面。费孝通的这一观点与潘光旦一向强调的以人生为本、文化为末的人文史观相对立。潘光旦的人文史观认为，文化说到底是人类为了满足自己生存、发展的需要而创造出来的人文世界，任何违背人类生存、发展需要的文化势力迟早都会遭到人类的抵制或摒弃，人自身的素质与能动性才是人文世界真正的主角。潘光旦对《生育制度》不太满意的地方是，费孝通太局限于人类学功能学派的立场[②]，只是一家之言，并不是全面的分析。在此基础上，潘光旦提出了新人文思想的基本特征和线索。

潘光旦为什么要提出新人文思想？他的基本考虑是什么呢？

我们知道，由于自身残疾的生命体验以及生物学的学术训练，潘光旦对人本身的特征、素质异常关注。在他的眼里，作为生物演化链条上的一环，区别于无机物、有机物以及动物，人类在生物界中是意识、知觉最敏锐、最发达而营群体生活的一类，所以，个体的需要、知觉、意识必须得到相当的尊重，在这个基础上才谈得上做人的尊严。人并不是一堆马铃薯、一架机器、一群狼，他不能被一个公式、一套模式千篇一律地塑造出来。个体与群体在人类这里是并列的两极，必须得到同等的重视。个体有三个方面：一是同于他人的通性，二是异于他人的个性，

---

① 潘光旦：《说童子操刀——人的控制与物的控制》，见《潘光旦文集》第 6 卷，13 页。

② 实际上费孝通在这本书里偏离了其师马林诺斯基的以人生为本的学术立场，与功能学派另一位大师拉德克利夫-布朗的社会本位的立场更为接近，详见费孝通：《个人·群体·社会——一生学术历程的自我思考》，载《北京大学学报》，1994 (1)。

三是非男即女的性别。对应于个体的这三个方面，群体也有三个方面：一是秩序的维持，二是文化的进展，三是种族的绵延。个体与群体被他看作两纲，两纲分别包罗的三个方面，合起来被他称为六目。图示如下：

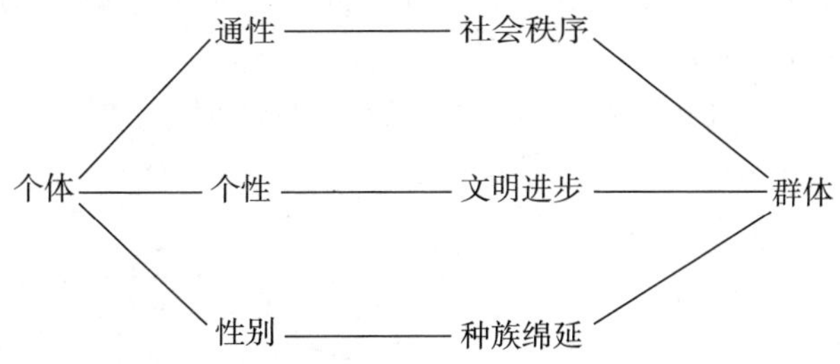

两纲六目论是潘光旦从纯粹社会学立场提出的一个综合性分析架构。他认为，任何社会制度、观念形态都必须同时照顾到这两个纲、六个目才是健全的，否则就是偏蔽的。在评论任何思想流派、任何社会政治主张时，潘光旦采取的都是这么一个立场。在评论当时英美个人主义的市场经济与苏联的集体经济时，潘光旦认为两者皆有弊端，最好是把两者综合起来，走一条折中的社会民主主义道路；潘光旦认为传统社会只把女人当作女人看，而没有看到女人除了是一个女人以外，还具有人之为人的通性和个体所独具的个性，而妇女运动则忽视女性的性别特征，走上“男化运动”的轨道，这样对种族绵延极为不利；近代的教育过于强调适应社会的需要，对于人性中个性与性别的层面均缺乏必要的关注。

在以两纲六目论来评论一切社会制度、观念形态的时候，潘光旦也意识到，单单提出两纲六目的重要性是不够的，那只是一种多少可以用来治标的办法，要从根本上解决问题，还必须从思想理论的根本处用力，为人类找出一条更理想的社会哲学。所以，再往前深入一步，他认识到，人本身才是人文世界里最重要的因素，要围绕人的个体与群体需要来构架思想理论。而近代以来的西方思想却是流派纷呈，以己之是来非他人之是，虽然其中出现了几次小的综合趋势，如社会学创始人孔德、生物进化论创始人达尔文、历史唯物主义创始人马克思、精神分析论创始人弗洛伊德的会通努力，但一个统一的、以人为中心的社会哲学始终没有建立起来。潘光旦试图做的，就是在综合中西思想史上的人文思想与当代的科学成就的基础上，构造一个以人为中心的、宏大的思想体系。其抱负之宏伟、视野之开阔，令人感叹。

要构造如此宏伟的新人文思想大厦，谈何容易。潘光旦经过多年的探索，直到 1946 年夏写作《派与汇》时，也才只是看出了新人文思想的端倪，找到了可以用来构造它的几条头绪。由头绪而线索，由线索而脉络，由脉络而纲领，最终达到提纲挈领、纲举目张的程度，中间还需要经过无数艰苦的努力。在《派与汇》里面，潘光旦提出的是五个头绪，其关系可图示如下：

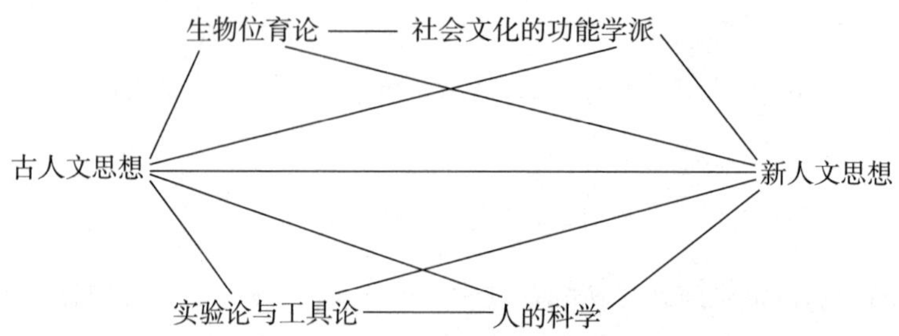

在《派与汇》发表之后，潘光旦陆续发表了一系列社会思想的论文，如 1946 年底发表的《荀子与斯宾塞尔论解蔽》、1947 年发表的《人文学科必须东山再起——再论解蔽》等文，对《派与汇》的思路又有所拓展。新人文思想是“汇”，不是“派”；既然不是“派”，就没有关闭大门，而是欢迎同样看重人本身、在以上所说的几个主题范围内的思想流派进入并参与汇合。1948 年潘光旦发表的两篇短文《边沁（Jeremy Bentham）二百年祭》、《悼贝蒂也夫（Nicolai Berdyaev）教授》也是他在新人文思想探索上比较重要的成果。

1948 年，英国功利主义思想家边沁诞辰二百周年，英国报刊上发表了许多纪念性的研究成果。在述评了这些成果之后，潘光旦独具慧眼地看到边沁的拟制论没有被人们提到。而他认为，边沁的拟制论是其最值得后人纪念的地方，其余都是枝节。拟制的意思是“明知其无，而假定为有，而此种假定的有在生活上和实际的有一样的可以发生影响，在行为上一样可以引起反应”①。比如说，自由、平等一类的观念就是拟制，事实上自由、平等是没有的，也是永远不会有的，但是追求前者，人们可以少受一些压迫，多得一些发展；追求后者，人们可以多获取一些机会的供给，多一些待遇的公道。这样，拟制在实际生活中可以发挥积极的作用。可是如果把拟制看得过真就是拟制的硬化，即把原来用以辅翼人生的工具变成役使人生的教条。潘光旦认为，拟制与教条之间，只有

---

① 潘光旦：《边沁（Jeremy Bentham）二百年祭》，见《潘光旦文集》第 10 卷，254 页。

一线之隔，硬化的拟制即教条，它使近代的政治日渐蜕变为宗教而不自知，替国际与国内集团之间的纷争角逐平添了一个前所未有的、强有力的支点。

俄国基督教思想家别尔嘉耶夫在今天的思想界受到很大的重视，在当时却是思想界的一个异数，中国学术界注意到他的人很少。在抗战时期，潘光旦就发现了别尔嘉耶夫（潘光旦将其译为“贝蒂也夫”）思想的价值，并极为欣赏。他说：“我不认识贝蒂也夫教授这个人，不过在抗战期内，有机会读到他的几本著作，特别是《奴役与自由》一书，觉得他的思想和议论，在我所接触到的有限的西文作家里，是最能得我心之所同然的。”① 潘光旦对别尔嘉耶夫的倾心，还表现在他已经开始着手翻译《奴役与自由》一书，《观察》周刊的编者还计划将该书列为《观察译丛》的第一种。可惜时局变化太快，翻译、出版都没有能够成为现实。潘光旦从新人文思想的角度看别尔嘉耶夫的思想，他最欣赏的是其人格论。别尔嘉耶夫的人格论把足以役使人的可以想得到的事物，从极具体的到极抽象的，都讨论到了：存在、上帝、自然、社会、文明与文化、自我、主权与国家、战争、民族与种族、贵族与阶级、资产与金钱、革命、集体主义与社会主义以至于一切乌托邦的思想、男女性别的性、审美与艺术、历史——无往而不是奴役人的事物。别尔嘉耶夫是一位基督教思想家，竟然把上帝也列在其中，使潘光旦尤其感到发人深省的深刻。他对别尔嘉耶夫学说的价值评价相当高：

> 贝氏自己是作古了，但他留下这一支“当头棒喝”，留待后死的人消受，当前国家与国际局势的能否澄清与澄清到如何程度，就要看我们能否消受与消受这一棒到如何程度了。②

不过，对照一下 1934 年《中国人文思想的骨干》所述的役使人的种种外在和自身的因素，别尔嘉耶夫所言并未超出潘光旦早年论述的范围，在思想力度上两者也未见高下，不过别尔嘉耶夫所言多时代气息，特别能够引起当时人的共鸣罢了。

虽然潘光旦并没有直接说边沁和别尔嘉耶夫的思想与新人文思想有什么关系，也没有明确地在新人文思想的框架里正式地给他们的学说安

---

① 潘光旦：《悼贝蒂也夫（Nicolai Berdyaev）教授》，见《潘光旦文集》第 10 卷，262 页。

② 同上书，265～266 页。

排一个位置，但我们完全可以认为这是潘光旦在人文思想探索上的新进展。

新人文思想是潘光旦作为一个社会思想家最主要的贡献，由于理论体系没有最终完成，在现代思想史上注意到的人很少。尽管新人文思想还处于管窥蠡测的程度，距离纲举目张还有相当的距离，但其思想的价值在当时潘光旦所分析的一些社会现象中已经显现出来了，如他对于“迷信”的分析。1934 年，在一篇题为《迷信者不迷》的短评里，潘光旦认为：民众祷神求雨并不是迷信，真正达到“迷”的程度的人毕竟是极少数，它只是一种“俗信”。其原因，一是农民的信仰并不是完全消极的，在求雨过程中得到了心理上的安慰，工作上引起了一些兴奋，同时他们也没有放弃防旱的努力，专等甘霖的降临；二是中国农民所信仰的偶像和偶像所代表的神佛，并不是无限制的，也不是绝对无条件的，一旦千求不一应，便会引起民众的公愤，因而受到相当的处罚。在他看来，中国农民所谓的迷信是“自己寻自己的开心”，“是一种很傻、很幽默的行径”①。在近代破除迷信的声音压倒一切的时候，潘光旦能够逆流而动，勇敢地站出来为民间信仰辩护，是非常难得的；更重要的是，在 80 年后的今天来看，对于中国人追求“灵验”而不迷信偶像的民间信仰，他的理解非常深入，配得上余英时先生“很有眼光”的评价。②

1948 年发表的《读〈自由主义宣言〉》、《教育——究为何来》、《社会学者的点、线、面、体》、《读书的自由》、《工业化与人格》、《论教育的更张》等文，都可以视作潘光旦运用新人文思想分析具体问题的成果。可以看出，这个时期潘光旦已经可以很熟练地运用新人文思想来分析各种社会问题了，成果也日益丰富。可惜时间已经不多了。1949 年初北平解放，他旧有的思想探索不得不随着社会巨变而完全中断。完整而系统的新人文思想终究没有在中国近代思想史上产生，没有产生相应的社会影响力也就在情理之中了。但这并不能成为后人忽视这一社会思想的理由，因为它不是对一时一地具体事物的具体分析，而是具有跨越时代与国界的长久价值。

潘光旦在关于社会变革的议题上往往采取比较温和的态度，既理解、尊重中国人赖以安身立命的精神寄托，又主张逐渐消除其流弊。这

---

① 潘光旦《派与汇》一文的注释 3，见《潘光旦文集》第 6 卷，111 页。

② 参见刘梦溪：《为了文化与社会的重建——余英时教授访谈录》，见《中国现代文明秩序的苍凉与自信：刘梦溪学术访谈录》，27 页，北京，中华书局，2007。

在革命思维盛行的年代里是颇不合时宜的。在妇女儿童问题上，他优先考虑妇女在家庭中教养子女的作用，强调男女性别差异的重要性；在老人赡养问题上，他主张老人由子女轮流供养，既要有“经济之养”，还要有更重要的“情绪之养”。这些论述，我们今天在走过许多激进主义的弯路之后或许更能理解其合理性，但在激进主义愈演愈烈的当时却显得格格不入。为此，潘光旦也时常被卷入与不少新式人物的种种论战之中。这些论战是颇耐人寻味的，因为潘光旦也是受过系统而严格的西学训练，又在西方有实际生活体验的“新式人物”。他满怀中国情怀的另类现代化思考，为激进主义所不容，似乎在阻碍历史前进的脚步，但实际上却揭示了历史与现实的更多的复杂性，为寻求适合中国道路的现代化贡献出了自己的一份心力。比如，他强调妇女优先考虑家庭责任，有余力之后再从事社会工作，对于这一点，我们在子女教养荒芜，妇女工作、家务双重负担的事实同时出现之后，才能深刻地感受到其合理性的一面。比如，不管新式人物把西方式核心家庭以及个人价值鼓吹得如何美好，三代直系亲属同居、老人接受子女赡养并帮助子女抚育第三代始终在中国社会占据主流，这和潘光旦当年所提倡的折中式家庭以及“经济之养”与“情绪之养”并重的主张若合符节。

任何思想体系都有其时间、空间的局限性，也有思想家个人经验的局限性，潘光旦的社会思想也不例外。概括起来说，潘光旦社会思想的局限性主要来源于他专攻的优生学，具体表现在：（1）过于强调先天遗传因素的重要性，对于环境、教育等后天因素有一定程度的忽视；（2）比较强调人与人之间的流品、门第差别，与现代社会所提倡的民主潮流有一定的距离；（3）过于强调社会秩序和种族绵延的一面，对于妇女发挥个性、在社会生活领域实现个人价值的重要性体会不足。所有这些方面，都具有相当程度的保守色彩，因而在20世纪20年代末期至40年代末期大约20年的时间里，他的保守言论在保守主义思想阵营引起了很多赞扬，但同时却在自由主义阵营和左翼思想阵营引发了许多非议和反击①，数目之多，难以枚举。在社会思想领域，他与孙本文围绕文化与优生学的论战更是尽人皆知。如果深入研读潘光旦的思想论述，同时兼取论战文章一起参阅，一定可以收兼听则明之效。不过，对于潘光

---

① 这里并不是说潘光旦独立于自由主义阵营和左翼思想阵营之外，他的家庭教养、求学经历和人际交往圈子大体上是在自由主义阵营，其社会思想在这一阵营的同调更多一些。

旦社会思想的保守性，我们也要辩证地看待，它固然有偏颇之处，但对于近代以来一路高歌猛进的激进思潮，又不失为一副解毒剂。相信今天的读者，对于潘光旦社会思想的遗产，自然会辨别良莠，择其善者而从之，择其不善者而改之。

这本文集的选编、校核，得到了潘乃穆教授的大力支持，在 14 卷本《潘光旦文集》的基础上作了进一步的提高。雷家琼、李俊领、刘宝吉等朋友协助做了一些具体工作。在此一并致谢。

冯小青考·余论*
(1922)

小青事，江浙间事掌故者具能道之。小家碧玉，遽因境遇之离奇，即有人为之作传，为之修墓，好事者并演为传奇，至今三四百年，而沪杭两地之歌台舞榭尚有编排之为新剧者，不可谓非韵事矣。

顾自来境遇离奇之女子多矣，骚人墨客，播之声诗，妇老相传，家弦户诵，抑又何处无之。而我必欲以冯小青为我研究之资料者，何也?容再申言之，以实我余论。

自来中国社会对于女子之态度何若，读者类能言之，无烦细述。一言以蔽之曰：不谅解。教育阶级中，迂执之道学家以女子为不祥，佻侻之文学家以女子为玩物；一般社会之视听评论，更芜杂不足道矣。一弱女子不幸而生长其间，其生而发育得宜合乎常态者，终必至于反常变态，其生而有乖常态者，终必至于被拗戾而夭死，弥可哀已。我尝略作历史的观察，觉自来高级社会中女子之患忧郁症及其他心理之变态者不一而足，此涉猎中国女子文学者咸能道其梗概。我尝就有清一代女子词选作一用字之研究，觉除风花雪月一类景物之名字外，其最普通者为若干消极的表情字。一个“愁”字，一个“病”字，几无处无之，闹得满纸尽是秋冬肃杀之气。通常诗人套语相沿引用之说决不足以解释之，其间必有情绪的根据在。犹之病者呻吟，未必尽出感觉上之痛苦，盖一般的精神抑塞，不呻吟不足以为宣泄也。至其他比较显著的女性的乖戾，大率为纪载所不及，非因迹涉秽亵不能形诸笔墨，即因病态心理为前人知识所不及，无从叙述。然取忧郁症而类推之，则其比例之大，殆可想

* 本文作于1922年8月。原载《妇女杂志》第10卷第11号，1924年11月1日。此处节选的是《冯小青考》的“余论”部分。

象而得。然则数千百年来，“无端”淹忽以入枉死城之中国女子亦难数矣，冯小青特沧海一粟耳。

冯小青之不得当时社会之谅解，我前已申言之。或曰小青生前固无福，而死后荣哀，一时传为佳话，至今孤山一抔土，过之者犹徘徊不忍去，谓非谅解不可也。不知哀其情者未必知其心，以不谅解为谅解，斯为不谅解之尤，以前为女子铺张扬厉者，莫不有此通病。陈文述重修西湖三女士墓，一时歌咏纷纭，湖山为之生色。不知一本《兰因集》，绳以今日之眼光，并无一句中肯语；九京之下，小青有知，殆未必减其镜潮镜汐也，谅解云乎哉？陈作《小青墓志》，有曰“三更明月，错认前身，一树琼花，自怜小影”，颇若猜出小青心病者，实则自昔文人弄墨，捉影捕风，故作虚无缥缈之语以自诩为解人者所在而是，初无足贵，读墓志全文而可知。

女子不蒙社会之谅解，而自身又不知如何解脱，此大可痛心者也。自来年长待字之女子，或已嫁而守活寡或死寡之妇女，有病疯者矣，有病痨者矣。邻里传闻曰：“某妇或某女病瘵死矣。”果病疯病瘵而死耶？则病者死者不能自白，旁观者亦无由知之。究其实则性欲生活之愆期、缺乏、不适当，以致精血衰弱、神经错乱，初未必定属病疯及染结核菌之痨症也。读者试思己之亲族中有不幸而若此病者死者乎，当信我言为不虚。女子有性的隐疾，不论其为生理的、心理的，大率讳而不言，非不欲言，社会钳制之耳。冯小青贻杨夫人书，言不敢入禅门之故，曰：“若使祝发空门，洗妆浣虑，而艳思绮语，触绪纷来，正恐莲性虽胎，荷丝难杀，又未易言此也。”嗟乎，同一女子，能不为社会之假道德所束缚，直言其心事无有粉饰，小青之为千古伤心人在此，其曰所适匪人者，非诬即妄。

至如何纠正此种危局，则方法虽多，不在本篇范围之内。改造社会之两性观，实为目前当务之急。观念略更，然后性的教育可施，而适当之男女社交可以实行而无危害。昔女子之顾影自怜以至于积重难返者，大率因深居简出而绝少闺中腻友之故；其行动略较自由、交游略较广阔者，又多流入同性恋爱一途。是以女学兴而影恋之机绝，男女同校之法行而同性恋爱之风衰；同一用其情感，由自身而同性，而异性，亦即由变态而归于常态：是则社会观念变更后必然之效也。第以中国目下形势而论，尚未易言此。如冯小青者，其性心理之变态，根柢较为深固，比较不易纠正。但通常可施以相当之性教育，重者或可利用各种心理治疗。此我作《冯小青考》之动机一也。

精神分析派之学说在欧美心理学、医学、文学界颇占势力。其学说之是否完全合科学原则，尚是问题，但其实际上应用的势力却已不小。近日国内文学作品中渐有道及之者，第驳而不纯，又大都出之自然主义派之笔墨，谈虎色变，一般读者之反响若何，殊不可知。罗素先生近于某杂志论文中，谈及中国历史中无足供精神分析之研究资料，我未及亲见此论文，此系某教授为我言者，确否不可必。但资料如冯小青，恐西方史实中亦不可多得，用亟草成此篇。此我作此文之动机二也。

西化东渐及中国之优生问题*（1924）

一、引言

西化东渐以前之中国社会与西化东渐以后之中国社会夐乎不同。因观念之变迁，而一切社会信仰、社会组织莫不蒙其影响。其影响之利弊若何？就大体而论，果利多抑弊多耶？则数十年来，国人兢兢于追步，竟无暇顾及。其旁观而始终持怀疑态度者固不乏人，但大多数又为成见满胸之前辈，欲以国粹论弥盖一切者：其怀疑态度既属偏倚，其所发言论大率不为时流所重；其影响及于抱急进心之青年尤劣——不特无纠正调剂之功，反使其急进心、仇旧心变本加厉焉。

然西方文化之不尽佳，其佳者又或逾淮为枳，未必尽能移植于中土，此稍有思想者皆承认之。西方文化中良善分子之合乎土宜与否，则移植后始知之，非事前之推论所可确定。然何者为良善分子，何者为不良善分子，则不难于移植前加以观察评价，而定取舍。

此评价之标准惟何？实为本问题之中心，不能不较详讨论者。绝对的国粹派之标准为一“土”字，其对待为一“洋”字。洋货有与土货大同小异者，则进口后不生问题，可以供支配、消耗，而无阻碍；其与土货大相径庭者，则居违禁品之列，可私运而不可公卖。万一私运得法，竟尔得社会欢迎，则绝对的国粹派者必巧为饰辞，曰实际上原则上盖与土货无别，然后与以当众发售之证书。此则以“周召共和为民主政体之

* 本文原名《中国之优生问题》。原载《东方杂志》第21卷第22号，1924年11月24日；辑入《优生概论》，商务印书馆，1946年版。

滥觞”与“篆文么字为细胞分裂之象形”一类解释之所由起也。细胞学者谓男子之细胞中有“爱克斯染色体”一枚，女子则有二枚。此种知识在国内尚不发达，否则绝对的国粹派必曰：此阳奇阴偶之说也！

此种标准之不适当，一望可知。以“土”绳“洋”，即以土为常、以洋为变之标准，目下唯穷乡僻壤有之，可以不论。别有一标准焉，作者不知何以名之，姑名之曰环境改造力之标准。此标准发轫之时，即留学生出洋之日。此标准之发展，又可分为二时期：第一时期可名之曰囫囵吞枣期。此为国人发愤后急不择路之自然趋势。因“东败于齐、南辱于楚”之结果，最初若干批之留学生几无一不以政治经济或海陆军为专修科目，其大目的之在富国强兵，自不待言。于斯时也，国人取纳西方文化分子之标准，不外为此分子与彼分子之货殖力，或尚武力之类。及此辈之归来，而立宪之声浪、征兵之声浪，乃洋洋盈耳。名此期曰囫囵吞枣者，盖亦有故：当初之移植功夫，大率齐末而不揣本，换言之，即动辄将整个的组织搬来，于此种组织之背景——其观念信仰——则置之不问。至第二期而形势一变，社会渐知囫囵吞枣之不易消化，而加以剖分咀嚼之功，而其所得之物，乃不为组织而为观念。政治观念之变更，而有十年来之革命；社会观念与智识观念之变更，而有三四年来之新思潮运动。其步骤较前有序，而所得亦较入胃矣。然其取舍西方文化分子之标准，则始终为分子之环境改造力；举凡欧美文化中各色观念之足以为新组织之酝酿、完成，因而使我国得跻于其他大国之林而不受歧视者，要皆在欢迎容纳之列。此则显然为目下大多数从事于文化运输事业者之根本态度也。

然则如斯而已乎？彻底的环境改造能否永保社会之发展，永减国步之艰难，尚是一大问题。优生学者谓环境之改造为一事，种族之竞存又为一事，二者虽不乏积极的相互关系，要万万不宜混为一谈，则西方之史实昭然，中国历史亦不乏同类资料足供参证者也。下文讨论各节将以种族竞存之新标准，为从事于文化运输事业者进一解。

二、西化东渐以前中国优生状况之已然

下文所论，大率为印象所及，尚无十分切实之历史研究为之衬托。然作者自信其印象实不乏适当之根据，乃敢形诸笔墨。作者处境不宜于详瞻之历史搜讨，但国内读者如能因是而进作“中国文化选择之利弊”

之考证，为切于民族生存之国人供一背景，则幸甚矣。①

人类生存，不出进化范围之外。天择律之绳人，初不减于其绳其他有生之物：适者存，不适者亡。然自人类意识之发展、文化之演进、自然选择而外，乃有所谓文化选择或社会选择者出，以支配种族之生存问题。自然选择简称曰天择，文化选择可简称曰化择。文化愈进，则化择力愈周遍，天择力愈减缩。试举一极单简之例，以示天择与化择之不为一物，不特不为一物，且或南辕北辙，其行动适相反而不相成焉。人类以外之生物界之生殖问题至为单简。强有力者不第可保一己之生存，更可得配偶而使其血统绵续不斩。万一不能得偶，不能生殖，则其原因大率自外来而不由内出；换言之，即不相能之环境使然，而物之本身固无有“意志”以转移之也。至人类则不然，环境之不相能外，可因一己之爱恶而独身、守鳏、守寡，或成婚而不生子，或配非其偶而生子不肖；此种心理上之爱恶，又每因古训、俗尚及其他外来之社会的权威，以至于牢不可破。于是，其人血统虽佳，卒至湮灭不传，而适者生存之说至人类而不尽确。浸淫以至种族全部日就沦丧。此不仅理论上如此，自来朝代之盛衰兴替亦自有其生物的根据在，可断言也。

西方宗教家、慈善家及社会工作者入中国，归而语人曰：中国竟贫弱至此，疾疠、水旱、兵祸、不卫生、无教育……殆终不免于危亡耶！生物学者、进化论者入中国，归而语人曰：若在中国者，天择律——适者生存律——尚大有活动之余地。犹忆东渡就学不久，动物学教授即以此端相质。二说果孰是耶？二说皆是，然一则以喜，一则以惧矣。环境改良者所目击之疮痍景象，固属真切之事实，设不早图者，且陷国家于危亡之域，是可惧也。然数千年来，文化虽发达，而化择力影响之所及，似不若西方之积重难返，即种族精质上所受之侵蚀或不甚多，则又不禁引以自慰也。

我国统计学尚未发达，我人于国内之婚姻率、生产率、死亡率等，无从得详确之报告。然以印象所及，死亡率之为选择的，殆无疑义。数年前尝见一卫生画帖，谓中国每年死于结核症者七十五万人；此数之确否不可知，但病而死者大率禀体素弱，或竟有遗传的结核症倾向。此等弱质之社会分子不病则已，病则大率不救，故其得以嫁娶生子之机缘较健全者为少。凡此之死亡，优生学者谓之选择的。设或治疗得宜，病者

① 此时作者在美国留学，搜集中国文献不易，故作此语。——编者注

虽孱弱，而得尽其天年，成婚生子，一与常人无异，则不为选择的，而为反选择的；盖其子女所禀之体质相似，初不因父母之痊可而变成良善，日久支蔓，而种族蒙其害矣。选择的死亡而为婴孩之死亡，则其选择之效用愈大；盖不特社会可减少一时之经济负担，而种族更可得比较永久的正本清源之利；死亡愈早，则其弱质向下推递之机会愈少也。中国婴孩之死亡率虽无确数，然向为人口学家所注目。三十年前美国某杂志有云：

> In China，if anywhere，Wordsworth's assertion "Slaughter is God's daughter" is true.（China's Menace to the World，*Forum*，Oct. 1890）

以上是天择行施之一斑。死亡原不是一件喜事，天择的死亡又绝不经济，然与其有化择的、反选择的死亡，宁有天择的、选择的死亡，后者之多犹愈于前者之少，则我辈又不能不承认之。下文试言化择之行施；婚姻及生产二事受化择之支配较甚，自应分别讨论。

先就一般的社会观念下一番鉴别，次就若干重要之社会组织而与以粗浅之分析。

遗传与环境为相对待之二事，然国人于此，向不分别清楚。是亦有其好处。盖虽不明生物遗传为何物，但亦不信环境万能或教育万能。人类生而有智愚贤不肖之分，初不因教育而根本变更，则大率承认之。孟子以“得天下英才而教育之”为人生三乐之一，显然唱晚近所谓选择教育（differential education）之先声，其不以天下士为人人可教至同一程度可知。《礼记》有十分有趣之记载一段：

> 大司徒帅国之俊士与执事焉。不变，命国之右乡简不帅教者移之左，命国之左乡简不帅教者移之右，如初礼。不变，移之郊，如初礼。不变，移之遂，如初礼。不变，屏之远方，终身不齿。（《王制》）

《王制》文字之可靠与否，别为一问题；上文云云之究经实践与否，与实践之程度何若，亦别为一问题。然只就文义而论，此种举措可谓合情合理之至：其意谓人力不能不尽，教育之机会不可不有，良善之环境不可不备。然三四迁而不变，则其人之本质顽劣可知；本质顽劣而至于不可教者，于社会有害无益，则驱而出之，不与同中国。读者以此为作者之强为附会耶，则初民社会中类此之举措正多，中国史上尚有载及之者。《左传》文公十八年谓：

> 高阳氏有才子八人……谓之“八恺”；高辛氏有才子八人，谓

> 之“八元”。此十六族也，世济其美，不陨其名。……帝鸿氏有不才子……谓之“浑敦”；少皞氏有不才子……谓之“穷奇”；颛顼氏有不才子……谓之“梼杌”：世济其凶，增其恶名……缙云氏有不才子……以比三凶，谓之“饕餮”。舜臣尧，宾于四门，流四凶族……投诸四裔，以御螭魅。

年代荒远，所记自难尽确，然此类史迹之不属臆造，则参较他民族初民时代之生活而信，诸如此类之史迹，可名之曰种族的清乡运动。

先天后天之区分虽严，而先天之是否必因缘于高曾祖父，即是否必为血统的，则观念所及，似不甚清楚。换言之，即“先天”云者未必定指“遗传”。奇才异禀之来，原因不在教育，不在环境，固矣，但亦未必出于血统。此则星命之迷信使然，而明达之士亦在所不免。曹雪芹《红楼梦》中，宝玉上场以前，贾雨村与冷子兴一段谈话即本此观念。议者不察，如以此为为遗传关说之言论，则大谬。

> 雨村道：“若生于富贵之家，则为情痴情种；若生于诗书清贫之族，则为逸士高人；纵偶生薄祚寒门，亦断不至于走卒健仆，甘遭庸夫驱制驾驭，必为奇优名倡。如前之许由、陶潜……王谢二族……此皆易地则同之人也。”
>
> 子兴道：“依你说，成则公侯，败则贼子。”
>
> 雨村道：“正是此意。”

先天良善品质之出于“福星”，出于“宿缘”，抑出于父母的精质，姑不具论，特既属先天的，则根柢深固，不遽因不适宜之教育与环境而埋没，则此段谈话之主意也。先天与后天有常变之分，此人与彼人有贤愚之别；公侯之所以为公侯，贼子之所以为贼子，一时社会道德之定评不足论，要皆有聪明才智作其根柢，非良善之环境所可偶致也。

然同时亦不乏反面之论调。“或生而知之，或学而知之，或困而知之……及其知之一也”数语，不啻谓人虽生而不同，可因教育均齐划一之力而同。然教育究有均齐划一之效否，则除理论外，除可作劝勉语外，实际上信之者甚少，此可于一般之社会生活中观察得之。作“生子当如孙仲谋，吾儿豚犬”之叹者固不止一人而已。

别有与本题有绝大关系之一观念，曰反个人主义之家族主义。于个人之发展方面着眼，鲜有不骂家族主义者，然在种族之竞存方面着眼，则塞翁失马，未始非福，作者殊不敢遽出之以咀咒。“不孝有三，无后为大”之八字诫命使二千年来作人子者受尽委屈，事诚有之，然在种族方面，因此而得一源远流长之绝大保障，则亦为不可掩之事实。“女子无才便是德”为目下女界攻击最热烈之一句旧话，然因不事智识生活，乃得注其全力于家庭之巩固，俾子女得一发育之地盘，其于种族全体，自亦不无功德可言。因个人主义不发达，非万不得已不独身、不离婚、不入空门，诸如此类之观念深入人心；此身之不自由，斯宗祚得以不斩。

西方言义务者，必言人权，以为二者为对待事物，取其一必兼取其二。然试察自来中国之社会生活，此说殊未尽然。家庭生活训练之结果，义务或责任之观念则人人有之，而权利观念则甚形薄弱。此种观念之有利于种族之绵延，亦属显而易见。盖以严格之生物学观点立论，即以种族之竞存为前提，则个人之自由幸福，在势不能不退避一隅，或竟须作重大之牺牲，下文别有机缘推论此节。

论化择者必及宗教，盖信仰一物，不论其合乎理智之要求与否，实为社会观念之结晶，其影响之及于婚姻与生产等举动者绝大。以西方之情形而论，宗教之影响大体上是反优生的。天主教一壁禁绝从事教会事业者娶妻生子，一壁又因体上天好生之德，令不出家者多育儿女，甚至强低能病废之辈而匹配之。新教各派虽不禁教士婚偶，然因与旧教同一视婚媾为教会天职之一，每于无形之中鼓励反选择的与反优生的配偶，美其名曰“天作之合”。历来西方宗教事业对于种族之利少弊多，至今研究种族卫生者大率已不置辩。中国则不然。中国向无中央集权之宗教组织。释氏之影响极普遍，智识界爱其玄学，平民则爱其粗率之信仰，然其主要之出家主义则不时髦；换言之，即其于婚姻生产一类举动之影响不甚大。道家理论上亦出家，然大都娶妻生子，与常人无异。他如送子观音、联姻月老一类半滑稽的信仰则又不无良善之影响。如以儒家之教为宗教的，而颇有中央集权之势，则亦无妨。盖大体上孔孟之教与种族之治安不冲突，上文已略及之矣。

次略作社会组织之分析，可分作四部分：婚姻、生产、国家、选才及农本生活。

首言婚姻，可就年龄、目的、成就及解散四端分论之。古者女子十五而笄，二十而嫁，男子二十而冠，三十而娶；此是理论，实行上大率女子二十必嫁，而男子二十五必娶，多提早而少展缓。内地有极端的早婚陋俗，但居少数。就全般而论，则自来结婚年龄与最近之生理卫生知识并不冲突。婚姻年龄与优生问题最有关系之点在生产之次数，迟婚者百年可三世，而早婚者可四世也。有谓早年婚姻所生儿女之体质亦较强健，但尚未完全征实。

结婚之目的三：宗祀之传联，家长之侍奉，个人之幸福是也。宗祀之要求最重要，自不待言；无后为三不孝之尤，而孝固“为人之本”也。家长之侍奉次之。个人之幸福居末，有时或竟不成为目的之一。此固常识，无须多赘。然国人一脉相绳之观念之深，与其所以为种族得力处，则际此个人主义蓬勃之际，察者盖寡。《左传》隐公八年载郑忽逆妇一节，虽迹涉迷信，亦见此种观念已结晶成一祸福攸关之信仰。

> 郑公子忽如陈逆妇妫。辛亥以妫氏归。甲寅，入于郑。陈针子送女。先配而后祖。针子曰：是不为夫妇，诬其祖矣，何以能育？

此系二千五百余年前之文字，及今美国优生学者乃有下列之呼应：

> 人类应有较强烈之血统承继的情感。基督教徒于此竟远不若中国人，非一绝大损失而何？（Popenoe and Johnson：*Applied Eugenics*，p. 397）

婚姻之成就，因目的之偏袒而亦可区分为二：个人主义发达之社会，婚姻选择大率操诸个人；否则家长不特为名义上之主婚人，亦为实际上之主婚人。社会全般为个人作婚姻抉择之举，尚不多见，可不论。此又系常识，尽人知之。然前后二种相较之利弊，论者或不尽察。作者草此篇之第一日，即有同馆之研究生相质曰：“传闻中国实行优生婚姻已数百年，果耶?”作者询其“优生婚姻”果何所指。客曰：“婚姻之选择，权既属之父母，则其谨严审慎，自较一时为血气与情感所蒙蔽之个人选择为进一步。”优生婚姻虽不止此，然其言实有至理；个人选择易偏于浪漫的恋爱一方面，其于对方之适合于相家生子之事与否，则易于忽略而不问，家长之选择反是。

自来家长选择之婚姻非尽出乎为一家牟财利，或为一己图侍奉之私，且其间实有相当之原则。此原则即“门当户对”说是也。治婚姻选择之原理者谓人类举行婚姻选择时，大率类似者相吸引，否则相回避，名之曰“类聚配偶”（assortative mating），门当户对说即以此为根据。其与个人自为选择不同之点，即在以个人之品质作参考物外，更以全家之品质作参考物，其所得结果亦自有其圆到之处。作者尝讶何以在旧制度之下，有婚嫁事后，家庭间相安者多，发生问题者少，个人之抑制一端殊不足以完全解释之；如别求解释，则新妇之与夫家，新婿之与外家，相能之处多，不相能之处少故也。论者如以门第主义为完全经济的与社会身分的，则大谬。

联姻而必求门第相当，则其为选择的无疑。官吏士人不得娶倡优及曾犯法之人，则以前法律固早具明文。中国社会阶级之分不严，然婚姻事关重要，其选择之范围，大率不乏相当之限制。此亦有良善之结果。作者读史时每讶某时代中某族或某数族人才之盛，觉教育、环境、尊长之先容、亲戚之援引数端举不足以尽其说，乃不得不疑及类聚配偶之一端之维系力。例如两晋之王、谢、卫三家，见于《人名大字典》者王氏四十余人，谢氏近四十人，卫氏早斩，然亦有六人，而此三家者固尽属当时贵显而互通姻好者也。例如王凝之之娶谢道韫、谢朗之娶王胡之之女，而更有趣味者，则王氏之王旷——王羲之之父——一支与卫氏世为中表，卫氏出书法大家五人，而羲之祖孙三代亦至少出四人，岂偶然哉？又如明清二代之长州文氏，自文征明至文泰，七世之间，出画家至十七八人。文氏之姻选，一时无从参考，然征明之孙元善娶武进王穉登之女，而王穉登固《吴郡丹青志》之作者也。作者特举书法及画术二品质以实其说，盖深知书才及画才之凭借于遗传者多，训练者少，设非天资特近者不能强致也。

娶妾制之弊多利少，无待置辩，然庶子不受社会重视，其于种族质的方面尚不无抵偿之影响。庶子不受重视，自古即然。《左传》文公六年：

> 晋襄公卒。……贾季曰：不如立公子乐，辰嬴嬖于二君，立其子，民必安之。赵孟曰：辰嬴贱，班在九人，其子何震之有？且为二嬖，淫也。

婚姻之解散在中国几不成问题。一壁有百年偕老之理想，一壁有节妇义夫之俗尚；离婚为绝无仅有之事。如此风气，未必尽属优生的，而贞女矢死靡它与无子息之青年寡妇苦节不改嫁，或竟为反优生的。第就大体而论，节烈之揄扬鼓励殊不无实际的效用。节烈之理论根据为道德的、伦常的，然其实际之功用在图家庭之巩固与社会之治安，而其最后之得力处，尤在使子弟得一稳称的发育之地盘，使种族沾久长之利益，谓其一无优生之效，容有未可。前辈鼓励节烈，视之为天经地义，或从未顾及其最后之效用，而效用固未尝不在也。

由此观之，自来化择对于婚姻之影响，尚不得谓之利少害多。婚姻习惯之为积极的、守成的而选择的，可见一斑。于生产则不尽然。自来生产一事之最大原则曰多多益善，只求其数量之加多，而忽其品质之化善。“瓜瓞呈祥”、“螽斯衍庆”之入诗歌上门楣者，三千年来固未尝稍改也。

化择与生产之关系不若其与婚姻之有利，固矣。然有二点足供考虑者：其一，自来生产虽非选择的，但亦决非反选择的。何则？不论贵贱贫富智愚贤不肖，无不遵多男子宜子孙之古训，而尽量生殖。结果，一切阶级之人口支配不致发生轩轾，换言之，即未尝有近代欧美社会之现象，即儿女之数与生活程度成一反比例是。统计无可查，而此种观察之大致不谬，可断言也。进一步言，作者且疑向来中国之生殖率不特非反选择的，时或选择的，其媒介物则多妻制也。有力多娶妻妾者不为皇室，即为富贵之家，而皇室及富贵之家之血统比一般人民为良善，则西方治优生统计者（戈尔登 Galton、霭理士 Ellis、乌资 Woods）已证实之。作者为此言，非赞成多妻制也，第历史上已成之事实，如传说之周文王百子，及晋王冲之三十子“并致通官”等例，则亦未始不欢迎耳。

其二，化择不发生影响时，则活动者仍为天择，且生殖既蕃，天择之用武地实有增无减。中国人口，因生殖率之速，早即达一透点；达透点而后，如生殖之数不减，则死亡之数必递加，终至出入相抵，有如今日。据最近外人之估计，中国人口之年增，每千人中不及二人。其所以能出入相抵者，则天择为之也。因生殖率之高，生产数之多，而同时又无化择力以保产生者之不夭殇，天择力乃有取给之原料，乃得舒展而有余裕。作者为此推论，非谓中国目下之人口状况为理想的，是大不然。理想的人口状况为低的生殖率与低的死亡率并行，生殖率如略提高，则宜于人口中品质较良善之部着力；主要之点尤在使食料与人口不至仅仅相抵，而有多量之余剩。中国人口状况虽不理想，但尚不致使人绝望，前途非不可整顿，且整顿之功殊较欧美各大国为易。何则？化择纵有反选择之影响，尚不若西方之积重难返也。以美国而论，人口尚未达透点，然目下之生产率显然为反选择的，人口比较优秀之部生不抵死，其余则生多于死；其问题之重大，不言而喻。

向平有愿，伯道无儿，一是欲望，一是忧惧，此区区八字所代表之情感实为种族之寿命所寄托。不知欧美社会生活者，不能见此种情感之深切著明。目下欧美上流社会中，既无人愿作向子平（法国尚半属例外），而邓伯道乃触处皆是，在当其冲者或未必以伯道自居，而心关家国之士已不禁呼号奔走矣。十年来各国优生运动之勃兴，非无端也。

次论国家举拔人才之部。科举之制，姑不论其细节目之利弊，实瑰然为中国民族独有之物。其性质与近代各国流行之文官考试不同：科举是普通的，其目的在奖励后进、提拔人才，做官是奖励与提拔后自然之结果；文官考试之目的在直接搜罗可作官吏之材料，其性质不普通，其行使只及一部分已受一种特殊训练之人。中国选举制之实行前后逾二千年，自汉唐迄宋元，其制较疏简，明清二代则机械性加重，其选择的效用或较前略小。然就大端而论，其所甄别，要皆为人口中比较优秀之分子；因其优秀之程度而与以相当之名位，使为社会表率，则其功不可灭也。无论如何，即以教育的效用而论，此种选择之原则，无人得而反对之，此种选择原则之能作大规模的行使，尤不能不令人叹服。

然选举制之最大效用实为生物学的，实为优生的。聚一地之优秀分子而考验之，为之分等级次第，可比之绝大规模之智慧测验——智慧测验将为治优生学者利器之一，在西方已具端倪——其屡次落第、终老场屋者，可比诸放大之低能儿。一邑、一省、一国之人士，经此一番簸动，而成一步骤分明之智慧阶级，而上文所谓之类聚婚姻律乃得一绝好之用武地。举于乡者与举于乡者相亲，举于国者与举于国者相谂，于是向因地理关系而毫不相干者终于相干；及相干而以世谊年谊相往还者，终以姻谊为归焉。面订儿女亲家为考场外常有事，读此文者不乏前辈，必有以实我说也。

国家之人才选举当然影响及国民之婚姻选举。盖风气所至，一般的选婿者莫不视科甲出身为奇货而委禽焉。在科甲出身者，因此不特必得妻，而其选择之范围较广，其足供取给之妻材亦较非科甲出身者为多。女子虽不能自主，然“若要洞房花烛夜，除非金榜挂名时”大率为上流社会闺阁中所公有之理想。因类聚婚姻律行使之故，此理想之实现亦属不难。

选举制之结果为类聚配偶律行使之得所，类聚配偶律行使得所，而人口中一切良善优秀之品质得以永存而勿失。有清一代，如吴县之潘氏、彭氏，科甲蝉联，数世不替，其宗祠联语至有“家无长物，唯有状元榜眼探花”之自豪语。其他能以“祖孙父子叔侄昆弟科甲”一类衔牌为乡里表率者，不一而足。

优生学创始者英人戈尔登氏（Galton）所作《遗传的天才》（*Hereditary Genius*，1869）中有论及中国选举制一节，虽属五六十年前旧话，今日西人之略知中国文化内容者犹具同一之观感。兹译录如左：

> 我尝有志自中国搜集关于遗传之材料，盖彼邦考试制之周密深切，向负盛名；青年之有才志者不患不能历级而升，至尽其才力而止。每年（误）约四百兆人口中之首选……名曰状元。我尝自问，历年（当作届）之状元果血统上有关系耶？在中国向负名望之友人某君曾允代我搜访，但迄今尚无以复我。但我旋以此题投香港之某报（*Notes and Queries*，1868 年 8 月），结果征得一例：有女子一，初嫁生子，后成状元；再嫁，与后夫所生之子后亦成状元。我深信如有可靠之人悉心研究此类事故，则中国实可供给无尽藏之材料。但研究时亦不甚易，一则中国之姓氏少，再则有追溯长期历史之必要。……（美国印第 2 版，p. 335）

此例不知何指[1]，不识读者有能就记忆或记载所及而证实之者否。但不论此例之可靠与否，科甲中人之血统关系，则随处可寻。近来梁任公先生于中国人才之地理的支配兴会甚浓，曾一再有所论列。读者有志，曷不就遗传方面而研究之，为中国之治史法别开一生面。其在欧美则自《天才之遗传》一书出后，英则有霭理士之《英国天才之研究》，美则有乌资之《皇室之遗传》及加戴尔关于科学家之研究。

作者于科举制略费唇舌，因鉴于十年前革新之始，论者每以中国学术之不振归咎于科举制。特原则与方法为截然二事，不可混为一谈。如以方法上细节目之不善而咎及制度之全部，于理未顺。

最后当于国民之农本生活作一单简之观察。我国自古阶级之分界不严，然士农工商，农实居四民之次，而士大夫亦每以归农归林为清雅之举。表面上农本生活之利益是经济的，盖食为民天，无可逃也。然农本生活半亦为清雅的，盖恬退之生活甚合于个人之摄生及思想之舒放。然于农本生活之足以维持种族之品质一端，则论者每不甚注意。城市之间，工商竞利，良莠杂处，起居狭隘，习尚奢靡，既不合于个人之居留，更不宜于儿女之保育。从事于城市生活者多聪明强干之士，然疲于奔命之余，谋一己之幸福或有余，而对于种族之贡献每患不足，长久而种族之本质耗矣。欧洲诸国若德意志，固以工业立国闻于世，而所谓归农运动者，近亦已有人作具体之提倡。美国工业发达后，城市人口且较乡村人口为多，农民之聪明强干者大都舍田园而他去，最近乃有人讨论种种方法使城乡间之人口数量得一比较平衡之支配者。此种运动之基本目的虽为经济的，而优生之动机近亦日就扩大，竭力鼓吹之者已大有人在。农业统计谓乡村人口虽大减，实未尝影响及农产之数量，然则今后归农运动之主要动机将为优生的与卫生的，亦未可知。

中国目下之乡村人口约占总人口百分之八十而有余。乡村间化择之反选择力不大，天择尚活动，则理论上中国农民之本质应不劣，患在尚无适当之教育以启迪之耳。

此外社会组织之足供分析者尚多。即以婚姻一端而论，如鼓励婚姻为古代政府职务之一，周官至有媒氏之设，又如同姓不婚制、蓄妾制等。生产一端，则有胎教及其他一无生理根据之信仰。慈善事业如育婴堂、济良所等，别为一大题目，足供特别讨论。本篇目的在比较欧化东来前后社会观念及社会组织之变迁之涉及种族治安者，今第能举其荦荦大者，比较详尽之分析研究则俟之异日。

三、西化东渐以后中国优生状况之将然

“将然”二字或失之武断。然种因食果，目下运输西方文化之方法既错乱，标准又偏狭，因循不改，则其结果殆可预测。且证诸西方史实，因果历历不爽。道有覆辙而后行者求不蹈，则其间纵不改遵他途，亦必异其进行之步伐。

作者目的既在比较二时期内与优生问题切切相关之种种变迁，则下文所讨论者仍不出同类而异趣之社会观念及组织。然因异趣之故，或可免累赘之弊。

欧美社会中，文化选择之程度较深，其所被较广，而天择活动之余地乃日渐减削。化择虽不能将天择完全僭越，然因其势力之弥布，西方治种族进化论者乃不言天择，而言化择之改弦更张；盖文化既大开，我人在势不能退归自然，不得不尔也。西化东渐之结果，天择在中国之权威自必退处背景。我辈目下所亟欲知而行者，当然不在天择之保留，而在察种种新化择力之为选择的，抑为反选择的，而与以褒贬升骘。为环境之改善计，为国家一时之发达计，大部分之化择分子实有无限权力，但为种族治安计，为国家永久计，则在在须别具一副眼光以观察之。

先论一般观念之变迁。可就环境论，个人主义与社会主义，德谟克拉西三端言之。三者之根据均不脱人权及人类平等之二观念，此种基本观念自十九世纪以来虽已大有变迁，然除少数略事学问者外，一般人心目中之平等与人权犹十八世纪之旧也。

环境论者深信改良环境一端即足以促社会之永久进化。其理论之偏隘，其态度之乐观，除已受排斥之拉马克主义外，殊乏生物演进之事实为之根据。此说在西方本不发达。论者谓近世医学之勃兴，第顾及疾病共有之外源，而忽略病者独有之体质，实开此说发达之端绪。继之以平民教育、平民参政，一般生活程度之提高既与以物质之基础，而宗教情感之滥施复为之推波而助澜，而此说乃牢不可破。迄今乃有不顾体气之医疗方法、不问天资之教育制度、不加限制之慈善事业，大多数从事于社会改造者犹视若当然，实效未睹，犹坚持其理论勿失。美国为新进国，户口既稀，天惠又厚，非绝对不堪之社会分子大率可以安居乐业，故此说最发达。美国社会学家十有六七主偏狭之环境说，此殆一大原因。在大学时，社会学科教授九人，对于生物学与遗传学所发见之种种有信仰者，一人而已。

自西方归来而未受生物学训练之中国社会学者大都信仰环境论，此是意计中事。习他科者一般之印象亦大率趋向是说；其他兢兢于学步而急切不择者，无论矣。近来基督教一类之组织提倡社会服务甚力，大多数之社会人士于基督教本身无信仰，但于社会服务则众口一辞，认为中国当务之急。当务之急固矣，第其动机安在，其背景之观念安在，则有供讨论者在；其纯出宗教的或道德的情感犹可，为其信环境之足以根本移人则不可。西方环境改善论之发展亦只二三百年内事耳，自演化论与遗传学之昌明，怀疑此说者已日增月盛，幸国人亦注意及之也。

次言个人主义与社会主义。二者原属对峙的社会哲学问题，不宜混为一谈。然二者均与中国原有之家族单位主义背道而驰，殊不妨合论之。个人主义末流之弊危及种族，上文已一再及之。个人主义与个性发展不为一事，个性发展为教育之目的，个性原料之供给——即人类变异性（variability）之增益——亦为优生学目的之一，并不冲突。个人主义则不然，其极端者以个人为神圣不可侵犯，其对于社会及种族之责任心薄弱，其行为举措虽可与一时之环境不发生纠葛，而社会终必蒙其危害，盖一己自由幸福之欲望既深，其不甘心于家庭与子女之束缚乃自然之趋势，而社会之害，更有甚于绝种者乎？此非推论，乃为事实，略知西方上流社会之生活者，随意可举例证。

社会主义之目的在社会全般之安全，宜若与优生学不发生冲突矣，而竟不然。其故在其大前提之不适当。所谓大前提者，即环境万能与人类均等是也。其言曰：经济组织既化良，则社会之疾疠自去。美国生物学家凯洛格氏（Vernon Kellogg）新著《心理与遗传》一书，全书无大可观，然其批评苏俄目下之政治组织则极中肯綮：谓其制度所引为根据之原则为人尽相同，故其政治之措施、官职之支配，一本任何人可作任何事之笼统假定；盖既以人尽相同为前提，则此种结论不可逃也。凯氏訾此为苏俄政制之最大缺点。其设施虽惊动一时，足供社会改造之理想家之揣摩咀嚼，前途隐忧或未有艾也。社会主义之在中国，自新思潮运动以来，颇有发展之势，但其影响所及尚不深，作冷静之研究者虽不乏人，作热烈之宣传者犹有所待，所望者际此过渡时期，从事之者能于其大前提详加考虑，不为过甚之理想所移，致蒙蔽事实耳。

德谟克拉西之呼声近来最洋洋盈耳，国人惟恐译名之不概括，故直译西音，亦见注意之深切。一般人视听中之德谟克拉西所根据之原则实与其社会主义所根据之原则同，所异者在二者所应用之途径：一则为经济的，一则为政治的耳。德谟克拉西可以批评之处，亦与社会主义同。

抑有进者，西人论德谟克拉西之精神而不言德谟克拉西之形体时，每推中国。谓中国非无阶级制度，然因其界限不严，穷而有才志之士未尝不能自奋以入士大夫之林。中国向无世袭贵族，成功失败，本一己之能力者多，视家世为因缘者少；其绝对的比较或不然，其与西方相对的比较，则读史者具信之。近来德谟克拉西形式之引进甚力，设不善为准备，则形式之缜密，或转足以损精神之自然，不可不注意也。

总之，机会均等，使人人得尽性发育，是一切改革家，不论其为社会主义者、民治主义者或优生学者，所可公认。然以目下之情势而论，前二派改革家活动之结果，为抑制社会中比较优秀之分子，为优容社会中比较稂莠之分子；均等云者，不为各展所长、各取所需，而成一不计轻重、不揣本而齐末之混同划一主义。于事实为拗戾，于道德为不公允，于种族前途，则恐比较优秀之品质，因不受相当之维持鼓励而至于沦灭。此在西方已局面半成，在中国则正在酝酿中也。

本篇目的不在深入，上文云云只就十分显著之处为切心于自新者进一解。环境论与优生学、社会主义与优生学……概可自成一题，供一日半日之讨论，原非寥寥数语所能尽其底蕴。

西化东渐后社会组织已具形式及将具形式之变迁可分下列数端论之：

（甲）医学卫生。医学方法及卫生知识将为前途减除天择力之最大利器，一望而知。前此之死亡大抵为选择的，今后则人口中禀体素弱者将因一时养护之得宜而生存生殖。或曰：死亡数递减，则生产数亦递减，人口问题上或不致有重大影响。在人口已达透点之邦国，是固然矣。盖以数量而论，得此失彼，原属无足轻重。抑此种谈论之浅率，不待推论而知。夫孱弱者死亡之数少，即生存之数多；生存之数多，则生产之数亦因而增益，终必波及社会全般之生活程度，而比较强健优秀之分子乃不得不作相当之婚姻限制及生育限制矣。有反选择之死亡，而反选择之婚姻与反选择之生产随之。在人口未达透点之国，经济状况较佳，此种不良之影响一时或不呈露，在人口久已达透点之中国，则耕耘收获之间，可以指日而待。美国人口尚未达透点，然因其医学卫生通行已久，此种反选择之现象已早有所见，切心于种族之长久健全者甚至视“卫生”与“优生”为对待名词！其他地狭人稠之国不待论矣。

医学卫生学自有其相当之价值，中国有促进医学及卫生知识之万急必要，不言而喻。第除医疗事业及卫生设施之外，更有相当之社会组织与之并进，为之补偿而纠正其失否，则我辈所亟欲知者也。

（乙）一壁有反选择之死亡，一壁不能不有选择的婚姻及选择的生产以抵偿之，则种族虽不进化，亦可保不退化。试先观今后之婚姻问题。婚姻问题为三四年来新思潮中最有趣味之一问题，《妇女杂志》至有配偶选择专号之印行，足见大众注意之深，私心不禁为种族称庆。然一再研索，觉前途有未能完全乐观者在。何则？个人主义之色彩太浓，国人学步欧美，不图竟合节奏若此也。（一）浪漫的成分太大，男女相互的爱慕为婚姻之开端，亦为婚姻之守成所不可无，然设以此为婚姻之目的，则求之愈切而愈不可得，而（二）迟婚之倾向乃不可免，甚者竟抱（三）“不得理想之配偶则无宁独身”之决心。（四）应征者之人数中仅半数提及对方须身体健全，殊嫌太少。被选之六十人中只十八人（百分之三〇）道及遗传一节，且其观念亦有谬误之处，例如血统不婚一说，不知只须双方上代无遗传隐疾，中表亦可联姻，有时且可使良善之品质益加醇厚，达尔文之子女即是一例。（五）应征之男子中求女子能独立谋生者占百分之三八，而求能操家政及教养子女者只百分之三二．六。此实出于以女子不能自谋经济独立为“寄生”、为“依赖”之谬误观念；殊不知为母之尊严，为种族生存计，高出经济独立者奚止倍蓰。男子为女子个人生活之所凭，而女子实为种族生命之所系：诚能权衡轻重，则此种谬误观念自去。欧美女子职业发达未久，而家庭已具分崩离析之象。如谓现代之生计困难，则当别求长久之法，以解社会一般生活程度之紧张。个人而因噎废食犹谓之愚，奈何种族而因噎废食反无人过问也？作者于妇女参政运动具同一观感，因与上文无涉，今不论。

然青年有志者能就姻选问题作此严密之端详，已属可忻可贺，目下在欧美言论界欲求此种大规模之讨论，竟不可得。个人主义末流之弊，视生产为畏途，视婚姻为儿戏；上流务名，中流逐利，生育之事则中流以下为之：危亡之道，有速于此者乎？国内个人主义在在有发展过当之趋势，一端有自由恋爱，一端有独身主义。超贤母良妻之言论，触处皆是，虽未必尽成事实，要皆为种族不祥之兆。作者不善作耸观听之论，特际此过渡时期，反动所至，易走极端，当其冲者不能不三致意耳。

（丙）婚姻亦有反选择之趋向，既如上述，生产一端又何如耶？一般的西化影响所及，二三十年来国内优秀分子之生殖率已有减缩之象；及晚近新马尔塞斯主义入，而此项减缩乃得一新发于硎之利器。数年前山格夫人（Margaret Sanger）主编之《生育制裁杂志》出后，攻击之者甚众，反对论者之文字中有曰：

> 若中国者，饥馑频仍，疫疠横行，可谓为生育限制论适当之用武地；第彼邦众庶，未必肯遽受“白人之自杀政策”耳。（*The Danger of Birth Control as at Present Advocated*，The Humanitarian Society，1921）

作者疑此种皮里阳秋之言论殆为二年前山格夫人东亚之行之动机之一。优生学者并不反对生育限制之本身，特其目下之宣传方法，及流行后在西方已然之结果之显然为反选择的，则百喙莫辩。社会中最下流而理宜少生或不生子女者则非不识如何裁制，即无裁制之志愿。在略能自立之中流以下社会，又大率因经济关系——多一儿女，即多一生产分子——拒而不用。于是真能利用之者乃为热中于名利之中流社会，与具“远见”、负“责任”、抱“无充分养护能力不生儿女之决心”之知识阶级！结果，才智不及平庸者，子孙绳绳，而聪明强干者终于沦丧。此则目下西方之写真，而英美尤足代表焉。读者疑此言乎，统计具在，覆手可查。中国将并蹈此覆辙耶？以目下形势而论，作者不知曷免。

当此新陈代谢之际，中国将然之恶影响或且甚于西方已然之恶影响。何则？反动力之所至，在“我是我，我不是父亲的儿子”之我将一试其新得之自由权利以为社会炫耀；换言之，即如钟摆之摇摆，不摆则已，摆必极端也。犹忆胡适之先生《尝试集》中有《我的儿子》诗一首，有曰“我实在不要儿子，儿子自己来了”，又曰“‘无后主义’的招牌，于今挂不起来了!”试问中国人口中优秀分子如胡先生而不生子，则孰宜生子？此种为个人争气、为思想界独辟蹊径，而为种族拆台之招牌大可不必挂！胡先生为新思潮领袖人物，风被遐迩，作者为此言有余痛矣。

（丁）上文农本生活之对象为城市运动。城市运动之在西方已将成过去事实，其对于种族之功罪亦日就明了。在中国则方兴未艾。工商业发展，人口之播荡随之；人口百分之八十三之一部分，必将应汽笛声、辘轳声而麇集于少数中心点。以九州铁铸大错，错成必也，然浪藉亦多矣，灰烬亦多矣。此百分之八十三之农民应牺牲若干分？如何而后可减少其浪藉与灰烬？则不仅实业界之大问题，亦关心中国人口问题者所不能不讲求者也。

四、结论

中国之优生问题之大要若此。作者目下处境特殊，于国内之史实时务俱不能为仔细之观察；抑本题之范围阔大，除就深切著明之点略作叙述外，亦殊不能再求详尽。所希冀者，一番化择力之比较，追昔抚今，陈其得失，或未违出发时之本旨耳。至此问题之应如何解决，则众志成城，责在关心家国与种族之士，各就其兴会所及，为之深思积虑，务使新观念之形成、新组织之产出与种族图强之大旨不相违反。本篇志在案而不断，不幸而断矣，则断之当否，惟读者有以正之。

二三百年来世界思潮有若干共同之谬误倾向。西方昔开其端，东方今承其绪。演化论发展后，理论上固未尝不到处应用，然其于人类实验的效用，则及今五六十年，尚未见端倪。其故即在此若干较演化论早出之谬误倾向：其一为以变就常之倾向，其二为以量绳质之倾向，其三为以个人范种族之倾向。三者实出一源，其最后之根据犹在“人类中心”及“物为人存”一段不自量、无根据的玄学。忽生物的遗传，不因势利导，重人为的环境，必强异就同；人类自决之第一次试验已呈坠败之兆，岂无因哉？演化论者就顺应性、变异性而论，有谓生物界昆虫类竞存之机较人类为大，则人类自天择退避，文化大开，已经斫丧之故也。

中国自与西方接触后二三百年之历史，自种族进化之大处观之，谓之一片竞存史亦无不可。此段竞存史可分作二时期：第一期自明季至清中叶，可名之曰隔离期（isolation），历史上之闭关自守期是也；第二期自清中叶至今日，可名之曰顺应期（adaptation），历史上之西化东渐期是也。然顺应之得法与否，顺应后果能保种族之竞存与否，胥视第二期以后，别有一选择期（selection）以为之续否。胡乱顺应而不加选择，则西方之覆辙，即中国之覆辙也。“选择”二字于此实含有二义：西方各种化择力之取舍，择其善者而从之，不善者而去之，一以种族之竞存为指归，一也；得“化择”二字之真义，识其利害之所在而形成若干新观念、新组织，宣传之以教育，实蹈之以政治，使种族日跻于优良健全之域，二也。所谓中国之优生问题，如此而已。

注释：

[1] 此例为何，作者归国后即经查明：《历科典试题名鼎甲录》（前明录）兄弟鼎甲项下称：“马铎，永乐壬辰（一四一二）状元；李骐，永乐戊戌（一四一八）状元。二人虽异姓，实同母也。”又按《明进士题名碑录》，二人均福州府长乐县人。又按乾隆年间编纂之《福州府志·人物列传》（卷五十三）均载之。又同书《祥异》（卷五十四）下亦及之。至《外纪》（卷七十六）则引周亮工《闽小纪》曰：“《耳谈》谓马母后适李，生骐。予尝属长乐令吕素岩询其邑中前辈，俱云无之，而两家后人亦云世俗谬传，绝无影响……”又按万历年间沈一贯撰之《明状元图考》称李骐“初名马”，盖隐从其母前夫之姓，“廷试御笔改马为骐”。《福州府志》引《闽小纪》谓“当时亦无增马为骐之事”，并谓“骐即一母所生，方且为母讳，何至以前夫之姓为名，公然暴母之短耶？不辨明矣”。

马李二人果为一母所生耶？阅上文种种，我辈自不能不姑认作疑案。戈尔登所征得者，不过片面之记述耳。《耳谈》为何人所作，作于何时，一时无从查考，《闽小纪》成于明末清初，犹在《状元图考》著作年代之后，则去二人事迹且二百余年，其可信之程度亦不能无折算也。

《福州府志》及《明状元图考》二书系徐景贤君就徐家汇天主教藏书楼代查者，谨表谢意于此。

基督教与中国
——一个文化交际的观察*
(1926)

“基督教与中国”是一个大题目，近来讨论他的人也很多。他们的观点各有不同，有经济的，有政治的，更有从帝国侵略主义方面下手的。作者以为这许多观点未尝不能对于本题上有所发挥，然而终究是枝节的，不是根本的。“基督教与中国”归根是一个文化交际的问题。

在甲环境之内要推行一个多少是从乙环境里移来的社会组织或社会观念，有二桩事实我们不能不先切实注意：第一，是甲环境的历史与文化的背景；第二，甲环境里各式各样的人物。别人出来批评这种组织或观念的，也必须在这两桩事实上先有了相当的了解。凡是受过科学方法——尤其是历史研究法——的训练的和对于近代心理学——尤其是差分心理学（differential psychology）——有过研究的，决不反对方才提出的两个先决问题。

一个社群里的文化是一个绵续的东西，是一个有前因后果的东西。这个绵续底概念是近代史学研究最有趣味的一个结论。这个结论，初看何等浅显，然而在历史里翻不上几页我们就发见许多团体行为明明白白地和这个结论发生冲突。即就最近中国的时务而论，许多有见解的人认为中国向来的经济制度是很难和苏俄的“共产主义”携手的，要是勉强携手势必至于发生许多社会秩序上的紊乱，然而近来竟大有人提倡“共产主义”，完全不顾问以前的背景。

有人问：文化史上的既有如许绵续中断的例子，那末，绵续的概念毕竟有甚意义？有的。一个绵续的文化是一个循序渐进的文化，是稳健的，不会出乱子的。好比一棵大树，根干枝叶，层层相因，是一个有机

---

* 原载《留美学生季报》第11卷第2号，1926年5月20日。

的结合体。绵续不时中断的文化是不稳健的，常会出乱子的。好比一个犯贫血病的人，向人借血，要是被借的人的血成分上和他自己的相似，也还可以，要是成分上另属一派，则借血的结果，不特无益，且有大害。历史上最明显的例子，我看不是别的，就是基督教传播欧洲的一段事实。我以为欧洲二千年来的历史，多少血腥，基督教的传播是一个间接的大原因了。这不一定指基督教自身是一种祸水，不过说一个种子——也许是好种子——种得不得水土之宜，就结成恶果了。此种判断不容易绝对的证明，但读者若是研究当初犹太民族的心理、犹太文化的背景，再研究当时欧洲各民族的心理和他们的文化背景，将彼此比较一番，看有多少相同之点，有多少相异之点，便可以明白这个判断不是没有根据的了。换言之，基督教的侵入欧洲，在基督教自身一方面，在欧洲文化一方面，都是违反了文化绵续的原则的。

我们不妨鸟瞰一下二千年来基督教的历史，看他如何横断了欧洲文化原有的绵续。我们不能顾细节目了，但从大处看去，耶稣没后的基督教可分做三大时代：第一是神学时代，第二是教会时代，第三是宗派时代。这三个时代并不是连一接二，有甚严格的时间先后关系，彼此却不无掩叠之处，尤其是第一、第二两个时代。但是从基督教的发育史方面看去，这个分法却也十分清楚。

第一是神学时代 神学是耶稣没后不久就发生的问题。犹太教以前只有“律法”，有“先知”，有“仪式”，却很难说有神学。神学是希腊文化搀入后才发生的。就《新约》一书而论，研究他的人都知道上半部与下半部的精神大有不同。四福音之中，《马太》、《马可》、《路加》三福音很是土著的，但《约翰福音》的口吻就不同了，里面包含着不少的古希腊的形上学。传说保罗一半是希腊人，从小很受希腊思想的影响。所以最初的时候他是竭力反对基督教的，后来皈依了，就于无形之中引进不少新的观念和新的解释。后代综合起来，名之曰保罗派的神学。基督教之有神学，自保罗始。这都是尽人而知的事实，我如今引来，只所以证明神学并不是犹太宗教系统里原有的东西，乃是犹太宗教思想和希腊智慧主义混合后的结果。从此基督教的发展，大部分可以说是在神学方面。保罗派的神学经过了许多争辩，直到三二五年的宗教会议才告一段落。后来基督教和重新发见的亚里士多德一派希腊思想发生关系，于是产生了所谓亚里士多德派的神学。显而易见，又是一个混合物。

第二是教会时代 基督教积极的往西发展，始和罗马的文化系统发生接触。初看这是一个勉强的说法，因为当初基督教在犹太发轫时，犹太就受罗马帝国的统治，早就有接触了。不过政治的管辖和文教的混化未必定为一事。当时的犹太，除了纳税和受罗马派来的总督监视外，文化上是绝对独立的。真正的文化接触却在基督教教会在罗马建立根据地之后。罗马教会，自西罗马末叶至宗教改革，约莫一千年的历史，很是复杂，并且变迁也不少，我们不必深究。但是有一个大节目，我们要十分注意。这个大节目就是教会组织的严整和宗教行政的统括。此种政治组织的成分，当然也不是犹太宗教系统原来有的了；犹太民族缺乏政治组织力，是向来出名的。然则从何而来的呢？经不得些少分析，我们就可以知道，偌大一副行政机关，差不多完全是向罗马政府模仿来的。所以基督教教会，好比基督教神学，也是一个混合物，是犹太宗教思想和罗马的政治主义或法治主义的混合物。拉丁民族以政治的天才名于后世，也是尽人而知的，但是这一段文化交际的重要事实，因为基督教在西方文化里地位的昭著，掩盖一切，我们反而忽略了。如今要研究当初罗马帝国的政治组织和法律制度，在在要参考罗马教会的组织和律法，就是为这个原因了。

第三是宗派时代　自马丁·路德至今日，可以说是基督教的宗派时代。犹太教里无宗派。神学时代和教会时代的基督教，宗派甚少，且大率大同小异，其异点特著的，因教会组织的严密，朝兴夕灭了。得到这第三时代，却有大批的宗派出现，竟是数不胜数，经过了多少升沉兴灭，至今还有好几十派。在中国的几宗，都是淘汰后的剩余，比较都很有势力。基督教的教旨，最讲究统于一尊，何以到近代就四分五裂了呢？我们又不能不参考当宗教改革前后欧洲的文化背景了。中古时代欧洲文化的重心在拉丁民族手里，到得后来，这个重心往北方移动，于是条顿民族日占优势。我们都知道，条顿民族和他民族有一大不同之点，就是个人主义的发达。教会的四分五裂，就因缘于此种个人主义的潜动力了。有了极端的个人主义，就有教旨上的擘肌分理、咬文嚼字、各是其是、各非其非，结果便是无数各不相能的宗派。所以宗派这样东西，是犹太民族的宗教思想和条顿民族的个人主义交际后的混合物，也不是从犹太宗教文化旧有的分子中发展出来的。

由此可知犹太的宗教文化，自保罗迄今，因为西迁了，发生了三大变化。好比一个女子嫁了一次，再醮了两次。第一次和希腊民族的智慧主义，结果是一二派的基督教神学。第二次和拉丁民族的政法主义，结果是一个硕大无朋的半宗教、半政治的组织，叫做教会。第三次和条顿民族的个人主义，结果产出了一大窠的宗派。

这三种变迁，平心而论，可以算是历史上的幸福么？我看不是。基督教传入欧洲，差不多到处和当地的文化发生冲突。神学时代里，局面比较和平些，但是为了耶稣"是神"或"似神"的争辩，竟闹得不得开交，诸如此类理论上的冲突，在人类思想解放史里要算是一个大节目了。教会时代里，教会对于个人思想上的束缚、行为上的钳制、克欲的主义、出家的教规，不知流了欧洲人多少的血泪，是无可讳言的。其他教会在政治上的牵掣、经济上的垄断，更是不消说得了。最可疾首痛心的，还是强迫无数聪明才智的人为教会或寺院服务，使终老以死，不留丝毫血种；欧洲中古时代的黑暗情形，又何尝不因此种违反选择原则的宗教制度呢！宗派时代，比较开明一些了，然而初年间的倾轧和相残，较之在专制的罗马教权之下，并不减少许多。直至今日，若美国基本主义和时代主义的冲突虽未至于用武力，而无聊的教义上的积不相容，在对于人类智慧有相当信仰的人，已很可以放声一哭了。

凡此种种史实，要算是欧洲独有的了。举任何一个久历年所的文化系统若印度、若中国、若日本，其间纵有许多波澜起落、兵戈扰攘，但都不像欧洲历史的不堪卒读。这个分别决不是偶然的。后者的文化是一个十分夹杂的混合体，而且混合得绝不相宜。前者的各文化是比较不大夹杂的，比较自然发展的。这是一个大分别了。犹太的宗教文化引入欧洲，着着违反了历史绵续的原则，安得不发生冲突？论者把欧洲中古时代前后的黑暗与退化归咎于教会之不得人，真可谓知其一而不知其二；文化的成分既若是之夹杂，要使各部分能融洽起来，已是绝不容易，自然谈不到进步与光明了。英国文学家安诺德（Matthew Arnold）尝论"希腊主义"和"希伯来主义"在欧洲文化史里互为消长，不相兼并，说来很若无关紧要似的，殊不知一度消长之间，已洒却欧洲人无限的血泪了。

基督教与中国，这是一个比较晚出的文化交际问题。答案如何，初看很是难说。然我们读历史的功用何在？鉴古所以知今，还不是教我们自己对于这种问题有相当的了解而自谋取舍趋避之方么？借镜欧洲史上已然的事实，我们对于基督教在中国的贡献，就不能不起一种怀疑。但我们应该就中国自己的文化系统作一番参考然后再下断语。

第一点要认清楚的是：基督教的神学观念、伦理观念，在中国文化里算不得十分新奇。所以虽属外来，并不一定完全与中国民族心理格不相入。距耶稣纪元前四百年光景，中国自己产生过一派宗教哲学，内容和基督教的竟是大同小异。这派哲学大家都知道是墨子哲学了。孟子辟杨、墨说“杨、墨之言盈天下”，更可见当时墨派宗教哲学的势力。由此可知在特殊情势之下，中国民族未尝不能领会若墨翟、耶稣所提倡的一派宗教哲学。然而墨派势力的归宿怎样？好比蜉蝣朝露，来得快，去得也快，经不得儒家哲学的一番批评和攻击，就没有了。墨子的宗教观、伦理观，好比——用耶稣一个譬喻——撒种子撒在浅薄的泥土上，发芽了，但是生不住根，所以终究没有收成。

基督教的命运也不免如此么？是不可必。因为我们不明白究竟近世的社会背景与民族心理是否和春秋战国时代的社会背景与民族心理差可比拟。也许是不能比的。但只就基督教在中国已得的待遇而论，有几段事实我们不妨加以参考。基督教初次入中国，在唐太宗年间，当时朝廷为之建寺提倡，历中宗、玄宗、代宗等数代，敬礼不衰，信徒也很不少。及武宗年间，和佛教因事同被禁止，从此一蹶不振，到元代便完全消灭了。马可·波罗在他的游记中似乎提到景教徒的末途。按景教在西方本为奈士陀宗派，推溯起来，便是当初三二五年宗教会议内辩论失败被逐出的一派。他的教义似乎比正统派合乎常识，然而依然不能在中国文化里生根结实，算是不幸了。元朝成宗年间，方济各派传教入中国，也无甚成就。明代末叶，旧教复入中国，清中叶新教亦接踵而来，然至今三百余年间，旧教招致之信徒不及二百万，新教只得六十万。进步都不能说是很快。旧教招致之法，以家庭为单位，似乎难些，也似乎容易些，因为在父权家庭之内，家主一经信奉，其余家庭分子，自然是一起加入的；因此，就真实的信徒而论，这二百万怕不免打些折扣。

土著的墨派宗教哲学犹不免昙花一现，早兴夕灭。景教有朝廷的维持，存在了；朝廷一旦加以禁止，就亡了。近代的基督教国家不加提倡，也不加迫害，任其自然发展，然而发展得并不快。有此种种事实，我们对于基督教前途的怀疑，不免更深一层。

再从别一方面作比较的观察。天方教和佛教在中国也是外来的宗教，与基督教正同。天方教的势力限于西北及西南隅，势力不大，可不必论。佛教的历史则甚可注意。佛教自东汉时入中国，直至今日，中间虽时有挫折，大体上不能不说已经在中国文化里长了根，并且长得很坚固。同一为外来的宗教，何以基督教不生根而佛教生根了呢？只是政府的提倡一端似乎不足以解释之，因为政府禁止压逼的时节也不少。根本原因，怕还在佛教的许多根本教义很合一部分中国人的胃口。我们讲基督教，就联想到墨子哲学，如今讲佛教，就不能不想到老庄一派的哲学了。如今无论我们怎样去解释佛教的哲理，说他如何积极，如何与近代种种新文化势力不发生冲突，但就其已然的社会效用而论，他和老庄哲学实在有许多相同之处。所以凡是能领悟老庄哲学的人大约也能领悟佛教的教旨。两晋六朝之间，佛教最发达，同时道家清净无为之说，亦最风靡，怕不是偶然的符合吧。换言之，佛教虽属外来的文化势力，然因得土地之宜，其滋生发育也就比较的自然，也比较的有好结果。他和中国文化的绵续，在相当的限度以内，并不发生冲突。同一文化交际，佛教之于中国文化，较之基督教之于欧洲原有的文化，要近情得多。

我说“在相当的限度以内”，却有理由。上文说佛教的教理很合一部分中国人的胃口，这“一部分”就是一个限度了。若是佛教不顾众人的好恶，只管大吹大擂，招致人入教，势必至于引起一般社会的反动和政府的干涉。历史上真有例子可查。例如唐朝——似乎是武宗——年间，佛教大发达，一时风靡，青年男女皈依当沙门的着实不少；政府着了急，于是一面封寺院，一面勒令僧尼还俗。这种政府方面强制的举动是很得当的。中国原有的社会哲学里，出世的观念向来不深，如今因为群众心理的一番鼓动，竟将普通健全的常识观念放弃，当然不是社会的福利，安得不加禁止。再如普通智识阶级里的人，信奉佛家教旨的甚众，但就中当居士者多，做和尚者少。佛教的散布，随处须受中国文教遗传的限制，这也是很好的一例了。若是佛教势力浑厚，竟不受此种限制，那末中国文化史上就不免要少几张干净纸，像基督教西渐后的欧洲文化史一样。

佛教合乎中国局部的土宜，所以发达了。但因其与中国土著文化的大体有根本冲突之处，所以他始终没有把中国佛教化。佛教化的程度，中国反不如日本，决不因时间久暂的关系，而因文化背景不同的关系，一望而知。基督教在中国，第一次勉强迁延了若干时日，毕竟完全消灭了。近代成功的程度，绝对的，因为时间关系，自然不能和佛教相比；但相对的，也似乎赶不上佛教。佛法最初由汉明帝自动的自天竺求来，后来政府竭力为之提倡，是后四百余年内，政治上虽发生许多变迁，而佛教的势力却蒸蒸日上，至两晋六朝而极。基督教末次来中国后，至今亦且三百余年，纵有许多陪衬的机关，如同教育机关、社会服务团体、医学卫生事业、青年会等等，又纵有外界的财源为之培植接济，将所下的肥料与所得的收成两两相较，声势实在并不算大。从这一番和佛教比较的观察，可知基督教和中国旧文物发生冲突之处似乎更比佛教要多，他所以不发达的程度就和此种冲突的多寡成正比例。用别的原因来解释基督教之不发达，我看是枝节不是根本。

然则基督教和中土旧文物的根本的冲突果何在呢？下文当作比较详细一些的分析。可分二大端讨论：一、神的观念，二、人伦的观念。观念上的冲突最是深刻，宗教仪式和戒条之类是附属品，就是有冲突，也很少，并且不难调和的。

一、神的观念 我们不必详细推敲双方对于神的观念，这是在神学院里的中国学生应做的事。我们只须指出彼此同异之点。犹太教的神是作威作福的。近世自然主义的神是无所谓威福的。基督教改犹太教之旧，却说：神是只作福而不作威的。By definition，当然我们要什么神就是什么神，然而此种虚构的神道完全经不起理论和事实的盘驳，并且也不合乎一般的常识与经验。外国学者大都承认中国民族是一个富有常识、富有实验观念的民族。中国一般的人民大率承认天可以作福，也可以作威。农夫们今年收成好，就说“邀天之福”、“靠天吃饭”一类功成不居、自己慰藉的话。要是收成不好，生活拮据起来，就不客气的破口咀咒。有时因为报施之爽，甚至根本怀疑天人之间究竟有多大的感情关系。所以好人死了，大家就说“天没有眼睛”，或“老天爷真糊涂”，文雅一些，就说“天胡愦愦”。再进一步，上等的智识阶级早把天人之间伦常关系看破了。天人之间本无所谓伦常关系，伦常关系是人群生活的独有物。换言之，以人度神的原始宗教观，在中国智识阶级里是向来不时髦的。读者想都记得“齐田氏祖于庭”一段古文，“天岂为蚊蚋生人、虎狼生肉?”一句快人快语在中国思想发达史上应当用密圈密点的。其在西方，因为基督教只认“神是爱”的独断论，此种以人度神牢不可破的普遍观念直到十七世纪大哲斯宾诺莎才把他推翻。

无神则已，有神而不作福亦不作威亦已，但若能作福，当然也能作威。这实在是一个合乎常识、合乎情理的看法，中国人民数千年来对天的观念，不过如此。如今基督教的福音说：上帝是爱人的，上帝就是爱，上帝爱人到了极点，竟将其独生子降世被害为世人赎罪。这不是和中国平民对天的常识大相径庭么？在中国平民的眼光里，此种片面的上帝观，姑不论其是否向壁虚造，实在完全与生活经验发生冲突。并且基督教取引为上帝的爱的绝大证据（sacrament 或 seal），或用同一眼光看去，实在是一个绝大反证。何以呢？耶稣这样一个好人，竟至被钉在十字架而死，试问上帝的公道何存？还讲什么慈爱！耶稣被害这一段事实，用中国人常识的因缘果报观念去评判，明明是一个好人受了枉死，并且死得极其惨痛，其余一大节的神话只像是一段曲解、一段好事者的借题发挥，讲些实际生活的人是决不能轻信的。

讲起因缘果报的观念，我们不妨再加一笔。要是不限于篇幅，这个观念很值得分开了讨论。如今不必了。发展得自然一些的宗教思想大都承认这是一个很基本的观念，他的效用不止是道德一端而已。犹太教讲“一只牙齿换一只牙齿，一只眼睛抵一只眼睛”，毫末不爽的。佛家讲因缘果报最是深刻，不必说了。中国旧观念又何尝不是如此。孔子说“获罪于天，无所祷也”，即根据此种合情止理的观念。基督教“上帝是爱”的片面观念，后来一经引伸，又成了极端的赦罪主义、极端的以德报怨主义等等，事实上虽做不到，然因此而引起的社会道德上的纠纷，已属不少。近代西方犯罪问题的无法解决，安知一部分不因借于此种失了平衡的报施观念呢？

二、伦常的观念　基督教的伦常观和中国文化里的伦常观的冲突是最明显的，也是最根本的。神的观念也很根本，但在日常生活里，一般人并不十分管他。伦常的观念则不然。父子兄弟的关系，是中国人生活经验里最密切的一部分。如今基督教却说这种伦常观是不完全的，完全的是物质的父以外，另有一个在天的精神的父；一个人果然应该孝敬父母，但是孝敬在天的父究竟是要紧些。此种观念，姑不论其有多少理论的根据，一望而知不能和中国原来的伦常观相提并论。墨子宗教哲学里的天也是很有机的，但他似乎没有假定什么伦常的关系。佛教劝人出世，可以废除普通的伦常，但在佛我之间并不假设何等伦叙关系；不出世则已，出世就出一个澈底，不容丝毫名实的假借，倒也爽快。人穷可以呼天，是一个急不择路的感情表示，但并不代表何种确定的神我关系。总而言之，“天父”这个观念，在一般中国人的心目中，是绝难了解的，太不合土宜了。

西方比较开明的信徒为“天父”观念辩护，动辄说：要是人们的情感统于一尊，以天为父，则人们都是兄弟，一切社会问题可以容易解决些。此种实证主义的自圆说在理论上未始不可以成立。然而实际上究竟怎样？欧洲二千年来的政治史、近二三百年来列强的侵略史是绝好的参考了。试问这个观念究竟成就了多少？所以就使在实证主义方面看去，“天父”观念实在是徒然的。与其说是人类顽恶性成，不可卒改，无宁说“天父”这一类但凭心理作用的观念只中说不中用。

更有进者，此种独断的、虚构的天人之间的伦叙观念不特对于社会没有好处，我看更有坏处。东方人初到欧美。觉得社会状况里有一件最可注目的事，就是家庭地位的弱小。西方人近来也觉察了，并且承认他不是社会的好现象。试问此种弱小的地位从何而来的呢？此中原因当然很多，百余年来个人主义之畸形发展、工业革命、妇女解放种种新势力所负的责任当然极大，然而欧美家庭地位的微弱，固不止自近代始，以前早就如此，不过程度较好罢了。依我看来，根本原因之一还不免是基督假借的伦常观。基督教的社会理想与宗教理想是“天国”，达到这个理想的手段，就在承认 the fatherhood of God 与 the brotherhood of men。在这种理想的桎梏之下，真正生育我的父母、提挈我的兄长，自然不免退居无关紧要的地位！耶稣在庙里讲道，他的母亲和弟妹们在外边寻他，有人告诉他，他却说：“谁是我的母亲？谁是我的兄弟姊妹？凡是能体行天父的意旨的，都是我的母亲，都是我的兄弟姊妹。”我看这一段教训是西方家庭势力衰颓最根本的原因了。不仅此也，教会发达之后，在在因袭世间的伦叙名目，而应用之于宗教生活。于是除了“天父”之外，教皇是“父亲”，寺院里的主僧、教堂里的祭师，无往而非“父亲”了。同做和尚的是“兄弟”，同做尼姑的就称“姊妹”，领袖这种“姊妹”的也就成了“母亲”。中国人未尝不用师父、师母、师兄弟一类称呼，然而习惯上决不直用兄弟称呼，必冠以“师”字，或在其他关系之下，则冠以“年”字、“寅”字、“宗”字之类，以示与血统之父母兄弟有别。孔门讲正名主义的应用，这是一个好例子；应用后的社会效用，看下文后更是明白。

在基督教势力下的欧美各国则不然。此种正名定分的讲究是不大顾问的。正名主义在中国文化背景里是一种极重要的社会裁制力。要是去了，则社会团体与社会分子间的许多维系力随之而去，甚至于使“民无所措手足”。西方的社会状况，虽尚不至于手足无措，然其中紊乱情形，已足以证明不讲求正名主义的害处了。基督教假借了伦序的名器，父非其父，母非其母，昆弟非其昆弟；“精神的家庭”存立之日，即是骨肉的家庭分崩离析之时。事实如此，逻辑上也不得不如此。这不过是直接的影响罢了，间接的影响还多着咧。

人是一个富有情感的动物，在在要求情感有所寄托。在彝伦攸叙的社会里，家庭是人们情感所由维系一个最大的中枢。家庭一经摧残，此种中心机关就没有了。从此人们的情感就不得不别求寄托。在中古时代的欧洲社会里，教会的势力弥盖一切；人们的情感，居然像百川朝宗于海一般，以教会为唯一的总汇。所以当时的教会确是一种绝大的社会裁制力，社会赖以相安无事。这时候的教会，效用上实在和一个大家庭一样。有“父亲”，也有“母亲”，也有“兄弟姊妹”，甚至也有“夫妇的关系”：矢志守贞的女信徒们精神上未尝不出嫁，就是嫁给耶稣，所以情感上也有了归宿。其实这些还是枝节，中古时代欧洲宗教观的一部分不早就承认基督是新郎、教会就是新娘了么？家庭间父子、昆弟、夫妇三伦，在当日的教会中竟是应有尽有，无怪其可以相安无事了。这一段故事对于研究社会学者有两大教训：第一就是伦常生活出乎情感之自然，要是在事实上勉强壅塞住了，他会在心理的想象方面发展，可以酿成许多反常的社会现象；第二就是正名主义之不可不讲求，基督教会因为借用了家庭的名器，也就僭越了他的效用起来，毕竟不是社会之福利。中古时代的基督教深信末日（millenium）快到，所以不惜将当时的社会组织、家庭组织拆一个粉碎。末日终究没有到，而家庭的地位已坠一个万劫难复之境了！

现在不是中古时代了。中古时代的教会，从人们情感的栖止方面论，确有好几分势力。现在西方的教会却不如是。他未尝不利用（此种利用未必是自觉的）伦序的称呼以维系人心，像从前的教会一样，然而他的实力却没有了。所以就西方目下的情形而论，人们的情感不再有可以寄托归宿的中心点。教会之兴，篡夺了家庭的地位，如今自己也立不住了，于是让人们的情感到处飘泊着，不知所止。结果于无形之中，引起了许多社会问题，无法解决。在旧教各国的社会里，此种情形好些，因为中古时代的情形，至今还留着一些痕迹。所以旧教徒批评新教，也就在此方面下总攻击，说他因为没有了宗教的中枢机关，一任各宗派自己发展，所以社会上闹得像散沙一般，不可收拾。西方研究社会哲学的人和忧时的名流们，也动辄说西方社会目下没有 unity，没有一致的情感的维系力，其无可奈何者竟有抛弃新教改入旧教的。此种举动虽于事实完全无补，要足以证明人们情感的紊乱问题，在西方社会里是无可讳饰的了。留美学生们对于此种现象应当看得特别清楚。美国人生活熙熙攘攘、川流不息的光景真像热锅上的蚂蚁一般。试问他们忙着些什么？归根还不是求一己感情生活的满足？满足而不得其相当的场合——若家庭，满足而不达其相当的程度——若家庭分子间情感之醇厚，于是紊乱以生。普通美国人的 sentimentalism 是出名的。试问如许感情从何而来的呢？我想他们的婚姻与家庭制度至少可以答复这个问题的一半。欧美各国里家庭与婚姻的维系力最微弱的是美国，而 sentimentalism 最多的也是美国人，怕不是一个偶然符合吧。孟子批评许行的学说，说要是经济制度没有了重心，可以“率天下而路”，如今可知要是情感的寄托失了重心，也可以“率天下而路”。凡此种种情感之所以然的原因，我再说一遍，当然很多，然而推本寻源起来，基督教所负的责任实在不小，尤其是基督教会常自诩说：基督教化到处，便是文化。（Christianization is civilization.）

西方家庭的衰坠和基督教的伦常观有重要关系，再有一个旁证。试以基督教势力下的家庭与犹太教势力下的家庭相比。基督教沿犹太教之旧，亦信仰摩西十诫，然而“孝敬父母”一诫在基督教里的影响似乎远不及在犹太教里的大。犹太民族，经过了多少流离颠沛，他们的家庭生活至今要比基督教化后的欧洲各民族整饬醇厚得多，这是许多欧洲人所公认的。基督教既从犹太教脱胎而出，这种分别又从何而来的呢？令人不能不想起“天父”的观念了。犹太教的耶和华未尝无许多似人的品格与行为，他和犹太民族的关系特切，竟是犹太民族的家神一般，然而他并不是犹太民族的“父亲”。因为名分上不乱，所以犹太民族一面可以事神，而一面无须出家，而家庭生活得以自然发展而无障碍。犹太民族祖先的观念很切，和中国民族相似，亚伯拉罕、以撒、雅各……一类祖先的名字，常在他们言行中表白出来。耶和华一方面也不时向他们提醒他们血统上的来源。这些事实在基督教的系统里是完全不可能的。

中国人对于伦常的观念，我何须细说。他有许多末流之弊，是大家公认的。然其原则甚合乎天性之自然，出乎情，止乎理，久为一种极有效验的社会裁制力，也是不可磨灭的事实。基督教在中国文化里不欲发展则已，如欲真实发展，须得完全修正其对天的伦理观念，以适应中国的文化背景；要不然，则推我之论，第一步功夫，须得减少中国原有的伦常观的维系力。这二种方法却都不甚容易，因为双方的观念都是很根本的。在热心的宣教师，当然不肯也不敢变通办理；在中国人自身方面，如果对于此种旧文化势力有相当的了解与尊崇，也自然不容外界文化力的剥蚀与侵占。

基督教的伦常观和中国文化的伦常观绝难相提并论，还有一个简单的旁证。基督教徒常想在中国旧文物中觅和基督教教义偶合的种种观念或吐属。“天父”这个观念他们似乎觅不到什么可以援引的名词或成语。但在《论语》“四海之内，皆兄弟也”一语里，他们以为觅得 brotherhood of men 的释义了，于是到处引用他。其实当初孔子说这句话的时候，又何尝有 brotherhood of men 的意义？有一个门生没有弟兄辈，引为憾事，孔子一时说出此语来安慰他罢了。我当初甚怪外国宣教师们何以不利用墨子哲学的材料，后来才知道他们大都并不知有墨子其人。但在墨派宗教哲学之外，要在中土旧文物里寻和基督教义吻合的观念和名词，确是不容易。即“上帝”一名词和基督教的 God 也不相称，和犹太教的耶和华怕还近似一些，然古代中国人和上帝的关系远不若犹太人和耶和华的密切，与基督教徒和 God 的父子关系，更是不能比了。旧教因“上帝”一名词之不切，另拟“天主”的名词。物质的文化比较容易混合些，然而两派意识的文化，要调和起来，真是不容易呵。

上文开端便说，此番讨论承认两条原则：一是文化的绵续，二是人类品性的不一致。一派哲学，宜于彼者或未必合于此。根据第一条原则的议论我们大致已在上文说完了，如今再根据第二条原则看中国文化和基督教的缘分如何。

和宣传基督教的人谈论基督教和其他宗教或迹近宗教之哲学系统比较，说到一个尽处，他也许承认：就玄学的深邃论，基督教不如佛教；就伦理的实用论，基督教更不如儒家的哲学。但就纯粹的宗教色彩论，基督教总要推独步了。这个结论对么？一时很难确定或否定。第一须得辨明白什么是宗教色彩。我们限于题目，不能往下说了。但无论如何，我们不妨下这一句断语：无论基督教的宗教色彩、玄学系统和伦理观念如何好法或如何坏法，他决不能适应一切人的心理，更不能适应一切时代一切人的心理，跟着，他也就不能解决一切人群的纠纷。

然而宣传基督教的人的心理怎样？他们的信仰就适与此相反，就在比较通达一些的教徒亦在所不免。他们总以为基督教的系统里包罗万象、应有尽有，即使承认人们禀性不同，他们未尝不能各就其心之所安在信仰里觅幸福。这是一句自信过度的话。上文提过了，若讲出世观的绝对，基督教远不如佛教；要讲世间的生活措置，基督教也不及儒家哲学的界线分明。所以在出世思想重的人就感觉基督教的不澈底。宗派中如 Swedenborg 一派，神秘的色彩较重，然在各宗派中并不占何等重要位置。在务实际生活的人也觉得他的伦理思想很牵强，不足以解决个人行为上的种种问题，团体生活里，更是难于应用了。如此，至少已有两派人不肯轻信基督教：一是出世观念深和神秘色彩重的人，二是务实主义的人。

再进一步作观察。基督教没有特别的玄学或形上学系统。一派宗教之所以能吸引智识阶级，差不多全靠他的玄学。佛教不能吸引智识阶级出家做和尚，然而未尝不能在智识阶级里引起很深的研究的趣味，所以自来总有不少的学者以能“谈玄”、“参禅”为雅事，兴会所至，且以“上人”、“居士”自居。佛教能在中国文化里生根，而变成中国文化里重要的一部分，直接就因为智识阶级里有人领略他，间接就因为他有一个深密的玄学系统。基督教呢？他似乎只有神学而无玄学。自保罗至今日，宗派之间无限争论，大都在“神”的性质一类题目上用功夫；又因为基督教只主张有常无变，所以辩论虽多，大都为咬文嚼字一类，极不澈底。教权膨胀的结果，就是神学的研究也成了祭师或牧师的专职，一般的信徒是不与闻的。中古时代里，教会就是社会，一个人呱呱坠地就等于坠在教会统治范围之内，所以当初的智识阶级，自然而然成了教会的一部分。及至近代，教会中央集权之势大衰，于是智识阶级乃络绎而出，教会再也笼络不住。基督教神学系统里最提纲挈领的教旨是“三位一体”说。历代智识阶级最忍耐不住的也就是这“三位一体”说，因此几次三番想退出教会，都失败了，直到十九世纪初叶，才有所谓单一宗（Unitarianism）在美国完全成立。据最近调查，美国基督教各宗派中单一宗的信徒最少，然而他所供给的社会领袖人才最多。此类事实最足以证明基督教和智识阶级是合不拢的。此类事实引来与中国的佛教相比，真是大相径庭了。

除了神秘主义派，除了务实主义派，再除了一般的智识阶级，基督教的势力范围就缩小不少。然而这种缩小只是质的而不是量的。因为这一班人的不加入，基督教就越显得平庸，其可以吸引人的特点就越少。但社会上大多数人的性情里，神秘色彩大都不浓厚，他们务实的眼光、理解的能力也不深刻。基督教对于这三方面既都是具体而微，他和这一班人的心理却很合式。西方教会，一方面没有多大宗教意味，一方面却能支撑下去，门面上似乎不很萧条，我看大原因就在此了。这在美国社会里最容易看出来。美国各派教会和资本主义的经济制度很能携手。在教会方面，不能不有资本阶级的人维持，是很明显的。然在资本阶级方面何以肯上千上万的报效呢？要知所谓资本阶级，大部分是中等人物。他们的情感并非不浓厚，但并不是一种很细致的情感，可以领会得宗教中所谓“妙”的成分，却是很粗浅，时常流为 sentimentalism。他们很能办事，常以能务实自诩，但是他们的务实主义是一种狭窄的功利主义，专在物欲方面用功夫的。他们的理解力和研究事物的兴趣很薄弱，所以凡是智识阶级所从事的事物，他们统名之曰 bunk。最近《纽约时报》出了两道题目，征求国内名流答复：第一，美国人最大的优点是什么？第二，美国人最大的缺点是什么？有一位名流答复后一题说：美国人最大的缺点就在不能领会 bunk 这样东西。真是慨乎言之。对于此种中流人物，基督教最合胃口。并且这种人因为物质生活顺利，大都是很乐观的，对于基督教“天国降临”、“灵魂不灭”一类说数，是向来不怀疑的。

回看中国。各色各样的人自然都有，和欧美各国相似，但各式各样人物所处的地位却彼此不尽相同。中国智识阶级的地位一向很高，至少要比在美国高许多。中国务实的观念最是广被，也很深刻，一半也是儒家教育的结果，并且此种观念并不是狭隘的功利主义的一派，是比较的健全一些。这一类人物对于基督教的内容，大都不肯轻信。在智识阶级一方面，我们早就有证明了。基督教在中国办了多少年的教育，造就出来的人才也不可谓少，然而有得几个毕业生在教会事业里终身的？真在教会里尽力的更有得几个出人头地，能在教义上有所发挥的？不要讲别的，就是神学思想，也不过拾些西方人的牙慧。基督教的宗教文学，大都鄙陋不足道，礼拜时所用的诗歌，至今尚无一首是中国人自己做的，通用翻译的诗歌，竟没有一首是通的。中国基督教事业里智识分子之缺乏，实在是极可注意的一件事。说是中国的智识阶级仇视基督教，相率不加入，确无其事，然而根本原因还在基督教的内容不足以吸引智识阶级。何以见之？头脑比较莹澈的人，早年加入了，后来思想成熟，因而退出的为数不少。

然基督教可以吸引的人也还不少。在经济状况紧张的中国社会里，中下的经济阶级便成了教会事业最可活动的区域，因为近代的传教事业只有三四十分是宗教的，其余六七十分实在是经济的。换言之，信徒名义上一进精神生活，实际的物质生活是不愁没有接济的了。此种经济阶级的人，除非出自世代清贫的书香门第，对于中国文化背景有相当的了解的，很容易与教会发生关系，并且一经入教，以后大都不再退出。有的真正基督教化了，有的同化的程度并不很深，但也不退出，因为饮水思源、不无留恋的缘故。有许多由教会培植出来的人，不忍退出教会事业，大都因为此种心理。

撇开经济身份不提，中国有一派人最容易和基督教发生关系。此派人办事能力大都甚好，情感也很发达，看事很乐观，做事很积极，因此种种好处，他们很能急公好义。近年来此派人物之佼佼者着实为基督教添声誉不少。然而基督教因借了这班人而赢得的声望却是不很根本的。要是推敲起来，可知他们的贡献实在和宗教本身无大关系。他们办的是教育，是社会服务，是医学卫生事业……都是一些陪衬的事物，要是没有基督教所谓宗教的动机，也未尝不可办到的。如今办到了，这些事业的根本价值也未始没有怀疑的余地。这一派人物，并起来看，就等于上文所提美国的中流人物。他们智慧上的程度亦大致相等。在彼则认许多不能了解之事物为 bunk，在此则于本国旧文物无相当的尊崇。就是对于基督教自身，他们也不过含糊的信仰，不知底细，不加批评。这一派人因为理解力和批评力薄弱，本来最容易受西方文化的影响，基督教化不过是一种特殊的西化罢了。

我们根据篇首两条原则的议论完了。总结起来我们对于基督教的怀疑不外两层：一是他根本的教义，二是此种教义和中国文化的缘分。本篇所特别注意的是后一层。对于第一层未加深究，因为教义这样东西，本来凭信仰者多、凭理解者少，讨论不出多少结果来。

但在结束之前，我们不妨为基督教自身下一番考虑。要是上文种种，“虽有小疵不掩大纯”，则今后的基督教事业将何以自处？不妨分两层说：一是个人信仰方面，二是向人宣传方面。

在个人信仰方面，第一步须得打破基督教“达之天下而咸宜，传之万世而皆准”的笼统观念。世界上就没有这个东西。“虚心的人有福了”，自信过度和理解的信仰是根本冲突的。我相信一个朋友，这位朋友未必是天下第一好人；我采取一派哲学，这派哲学也未必是上下古今不易的真理。不过因为性情、志趣、习惯种种势力，因缘凑合，把我们扯在一起，未始不是促进我生活的一助罢了。许多信徒溺信基督教，我看一半也是上了历史的当。基督教在西方二千年的历史，门面上真是非常的辉煌，但若是当初罗马皇帝康士坦丁，不加以政治上的协助，从此形成政教联合的局势，试问基督教会不会有今日？康士坦丁于三一三年公许基督教，于三二五年召集宗教会议，从此正统派教会得以成立。到得四五七年东罗马皇帝竟须教主加冕，至今此种风气还在。此类宗教与政治相互利用的事实，是极明显的。若是当初墨子的宗教哲学也有政府为之一路保镖，他的声势怕还要煊赫些咧。把此种史实认清楚了，才能在基督教教义里寻出真正的价值来。

宣传是跟着个人信仰来的。要是不胡乱信仰，也就不胡乱宣传。宣传可以两种：一种是斟酌事实的，是很自然的，好比撒种的子，一面看种子，一面看泥土，要是不适宜，他就决不勉强，免得糟塌了种子、糟塌了地皮；一种是强制的，不管一地方的背景、人民的心理，自己也不大清楚宣传的是什么，却以为“使命”所在，不能不努力。结果就到处发生冲突，不但没有效果，有时更引起反动。当初基督教在欧洲传播，就是如此。耶稣自己播道，是很有选择的，从他的种种比喻里可以看出来，他并不以为人人可以领受他的道理。到门徒时代，传教事业就带着许多群众运动的色彩，强制的程度就深一层了。到得后来，宗教和政治一经联合，不特政府帮忙强制，政府一不如命，教会且强制政府起来。正当的宣传如儒家讲经、佛家说法，闹不出乱子来的。强制的、大团体的宣传却最足以引起社会反动。基督教会和西方文化背景，走一步，冲突一步，一半固因性质不同，没有缘分；一半也是此种挟持的手段激发出来的。如今基督教在中国的宣传，算是第一种还是第二种呢？我看是第二种。与以前的强制宣传不同之点只所用的手段罢了。以前的带政治色彩，今日的却带经济色彩。基督教在中国宣传，要是像以前佛法在中国宣传一样，完全和天竺的政治经济势力不发生关系，或者和景教一般，和波斯的政治经济势力不生关系，也就不成问题了。如今却大大的不然。再如因借了医院、学校、社会服务机关等名目而事间接的宣传，严格而论，也不相宜。有此种种强制的情形，就不能不引起国家观念较深的中国人的猜疑，甚至以传教事业和帝国侵略主义相提并论。中国民族向以忠厚和平见称，否则怕“反基督教大同盟”一类组织，就不自今日始了。一方有了强制的宣传，一方就不能无强制的限制，而文化交际就成一大问题。这个问题的归宿如何，大部分须看今后基督教徒们所持的态度和所用的宣传方法如何了。

科学与“新宗教、新道德”——评胡适《我们对于西洋近代文明的态度》*(1927)

一、适之先生的矛盾

适之先生太把西方文明看得高了，所以他的议论里便发生了一个绝大的矛盾。本篇评论就预备在这个大矛盾上做功夫。

适之先生提出西方精神文明的四五个特色，而加以详细讨论的有两个：一是科学，一是新宗教、新道德。科学是近代西洋文明的一根大柱子，我们谁都承认。近代西方社会里熙熙攘攘、有声有色的种种现象，局部确是适之先生所称新宗教、新道德所激荡而成，这也谁都不便否认，然而仔细看去，这两种特色却实在是不相容纳的。要用两个不相容的因，来造一个完整和合的果，事实上有所不可能。然则难道适之先生对于西方近代文明的成因分析错了？分析大致没有错，可是因子间的关系，他并没有看清楚，所以才觉得凡属特色都是好的。

科学与“新宗教、新道德”何以不相容？新宗教、新道德的信条，适之先生说，在十八世纪，则有自由、平等、博爱，在十九世纪，则有社会主义。再根据他的上下文推论起来，也可知所谓自由、平等、博爱等也是十九世纪的信条，也就是社会主义的一部分，并没有变成陈迹。我们姑不论自由、平等、博爱三端当得起当不起新宗教信条的大名目，我们先要看在科学与真理的观点下，这几个观念能不能成立。据我所见，是不能的。

---

* 本文原载《时事新报·学灯》1927年5月1、2、3日，胡适文原载《东方杂志》第23卷第17号。

什么是自由？许多科学家，不要说没有承认这个东西，连他的概念却不清楚。科学家讲因果，所以在学问方面，求结果的正确，总先从因子的正确入手。近来从事于解决社会问题的人也引用这种方法了。从事于犯罪问题者，求罪案的减少和罪犯的改邪归正，近来很能利用变态心理学的事实与原理，这是最好的一个例证。对于自然界的现象里，有一时不能用因果律来解释的部分，科学家大率取一种暂不思议和存疑的态度。至于研究社会现象与日常接人待物的生活，遇有不能适用因果关系，不能解决时，他大率持一种容忍不干涉的态度。我尝谓真正的科学家，遇到自然界的难题，不能不先讲 agnosticism；遇到社会生活的难题，不能不先讲 tolerance。两种态度实在是二而一的，但所应用有不同罢了。有科学精神的人，进则以因果律论事，退则持暂不思议、暂加容忍的态度，所以大问题化小、小问题化无，所以真理之显者日显，而真理之晦者不因操切武断臆说而益晦。他用这种态度来接人待物，也希望别人用同样的态度待他；他自己不懂什么是自由，也不希望别人乱谈自由或其他不经的概念。“自由”也许是新宗教的信条，却不是科学精神所许可的。

平等的信条可以成立么？在群众的心目中，成立了；在少数哲学家的心目中，也成立了；用科学的眼光——就是适之先生所称西方近代精神文明第一种特色的眼光——看去，却没有成立。拙著《生物学观点下之孔门社会哲学》（《留美学生季报》第十一卷第一期与第三期）里尝详细讨论这一层。读者如不嫌琐屑，请赐参考那篇文字，恕不多赘了。

博爱和平等处同一不通的地位。墨子之徒、基督教徒以博爱为天经地义，世界主义者也向来不怀疑他，许多哲学家也以他为可以成立。但是就生物事实、人类经验和社会问题的前途而论，可知博爱不特从来没有做到，不特事实上做不到，且事理上也不宜做到。拙作《孔门社会哲学》里也有很详细的讨论，现在也不重说了。

适之先生说，西方近代的新宗教、新道德是理智化了，是人化了，是社会化了。读者如以上文驳论为然，可知适之先生心目中的西方新宗教实在当不起“理智化”三个字。人类是偏重理智方面的精神生活，当然莫过于科学。如今科学说：新宗教的信条不切事实，不合经验，经不起分析，当不得盘驳，然则试问他的理智化何在。

至于“人化”和“社会化”的说法，怕也要经一番条件的限制，才可以勉强成立。人化所以别于神道化，所以别于物质化或机械；社会化所以别于个人得救主义：这都是无可非议的。人文主义打破了神道主义，确是解放欧洲近世思潮的大动力。引伸出去，在政治与生计方面，则有人权之说，在社会伦理方面，又有人格之说；二说经传播之后，的确引起了许多的社会变动。适之先生讲近世宗教的人化，说“我们也许不信灵魂不灭了，我们却信人格是神圣的，人权是神圣的”，确有这种趋势。

然而这种“人化”的趋势，究竟合理不合理，要得要不得，实在是另一问题。人格之说，如其目的在求社会公道，使人们彼此相互尊崇，不将人比畜，或将人比物，那当然是合理的。不过“公道”二字很可以包括此种道理，原不必别立人格的观念。然人格而至于神圣，有如适之先生所云，那就不合理了，也就要不得了。至于人权神圣之说，他的根据的薄弱几等于零。英国生物学界泰斗、去世尚不及一年的贝特孙氏曾经说过：“我辈生物学者不识中权为何物，更不识平等人权为何物。”(Wm. Bateson, *Biological Fact and the Structure of Society*, 1912) 贝氏为发挥西洋近代精神文明第一种特色——科学——的有数人物，他的言论该有相当的分量。人权如无此东西，则所谓“神圣”二字，适足以表示信仰神权者的自卫心理和夸大狂罢了。我看不见有何种别的意义。

所谓新宗教、新道德的“社会化”，也不无重大的限制。适之先生说，新宗教、新道德的得以形成，是由于同情心的扩大。适量的同情心为社会进化所不可无，然而过量的同情心，漫无节制、不知分寸的同情心，足为社会进化甚至种族进化的大害。这层我们也不能不顾到。我在《孔门社会哲学》里也曾讨论及此。中国人讲人情，有挑剔，有选择，坏处在挑剔的标准不得当。近代西方社会里的 sentimentalism 可以说是毫无标准，全不挑剔。做人情和 sentimentalism 都是同情心的扩大，也都是社会问题日益难理的一大原因。从事于社会问题者看去，同情心好比一把刀，可以割物，也可以伤手；好比水，可以载舟，也可以覆舟。近代西方人同情心的扩大，因为没有分寸，所以他的结果，好坏参半。适之先生只就他好的方面说，殊欠科学的公允。

科学与“新宗教、新道德”方法不同，精神不同，自然是不相容了，然此中还有一个比较明显的原因在，适之先生未见到，真是令人不解。要知近代西方从事于科学是一派人，从事于适之先生所称新宗教、新道德的又是一派人；二者除互相批评攻讦外，几完全不相为谋。近年来批评社会思想的名著如美国史学家鲁滨逊之 *Mind in the Making* 与

Humanization of Knowledge 还不是为这种现象而作的！从事于第一种特色——科学——的是少数头脑莹澈、讲分寸、讲节制的研究家，他们的根据是事实，是经验，是逻辑；从事于第二种特色——新宗教、新道德——的是若干头在云端、脚不着地的臆想家，下面抬着他们的脚的是无数被压迫群众和血气方刚、理想方盛而识时未定的青年。二者何等的不相同呀！

二、我也来引些赫胥黎

适之先生竭力推崇西方精神文明的第一种特色，特地引了赫胥黎的一段话来代表他，推崇固当，引文也再恰当没有。可是临到讨论西方精神文明的第二种特色时，适之先生健忘，竟完全没有想到赫胥黎。赫胥黎评论西方旧宗教、旧道德的文字，真是连篇累牍，连蒲斯将军的救世军都不放过去。但是他也做过两篇很长的文章，专抨击适之先生所称的新宗教、新道德的。(《赫氏文录》，第一辑）第一篇是“On the Natural Inequality of Men”，专攻击平等，就是“新宗教”中三信条之一；第二篇是“Natural Rights and Political Rights”，专批评人权，就是适之先生认为神圣的一种东西。这两篇文都是赫氏一八九〇年做的。

学适之先生，我也来引一两段赫胥黎的话。第一篇里有说：

> 一七八九年间流行的革命哲学，因为曾经卢梭生花的笔墨，表面上看去似乎很合理的。此种哲学，到如今百年之后，许多人依然认他做人类的《大宪章》看。“自由、平等、博爱”依然是这班人前驱的口号……
>
> 卢梭著书立说到今日有一百五十年了，可是他这种理智的冲动力居然没有消散。不特没有消失，经过一时期的静止之后，如今且又渐渐的时髦起来了。就现势而论，恐于实际的社会生活上难免不发生又一度的严重的恶影响。

赫氏在第一篇的细注里又引法学家梅茵评卢梭主义的话。梅氏说：“到了今日，不论那一国里，一班头脑浮浅的思想家，对于卢梭的哲学，依旧着了魔似的。”又说：“百余年来，种种恶劣的心理习惯，如同鄙夷法律、藐视经验、动辄用臆断（a priori）的思维方法等，无非是卢梭哲学所产生的，所激荡而成的。”（Henry Maine，*Ancient Law*，1861 初版）

赫氏自己对于臆说的思维方法也是痛心疾首，所以他在批评人权的那篇文章里说：

> 有一政治哲学家于此，专用臆说的杠杆来解决重大的思想问题。
>
> 明知他也许要引起社会的纷扰，而同时又没有十分充分的理由来表明这种纷扰为不得不有。我以为这个哲学家荒谬得很，荒谬到一个作孽犯罪的地步。

不图赫氏与梅氏的话——一个是三十六年前说的，一个是六十五年前说的——到今日也还适用，而且所适用的又多了若干国家，中国也在其内。赫氏所称“前驱的口号”就等于适之先生所称的“信条”，梅氏所称的“着魔”大概就等于适之先生所称的“神圣”，赫氏所说的“荒谬、作孽、犯罪”也就是适之先生心目中的西方精神文明的一部分了。“这是西洋近代的精神文明，这是东方民族不曾有过的精神文明”，不可谓非东方文明的幸事了！赫氏、梅氏与适之先生同一谈“新宗教、新道德”势力的硕大无朋，可是一褒一贬之间，眼光大有不同了。

适之先生所讨论西方近代精神文明的特色有二：其一可以推赫胥黎做代表，这适之先生一定可以承认的；其二可以推卢梭，他是“新宗教、新道德”的一个先知，想适之先生也必赞成这个推举。好了。如今我们要请赫氏和卢氏，各举了“文明的火把”并排着开步走。听适之先生的议论，似乎这决没有问题。鄙见所及，以为百分之九十九是走不成的。达尔文称赫氏为他的猘犬（bulldog），是有火性的，卢梭的脾气非常古怪；可是他们二人的不能并辔而行，决不因为浮面的脾气，他们走路的条件实在是太根本不相容了。

总之，用科学的精神来评论，西方的旧宗教、旧道德和新宗教、新道德的种种势力实在是一样的不适当。是一种的药，所换的只是汤罢了。附和新势力，排斥旧势力，在个人方面看去，未尝不可沾然自喜，自以为解放了自己；在社会方面看去，不过是以暴易暴罢了。此种危言谠论，西方人自己也发表过不少，其中一部分，我们尽可以认为反动派因为想拖倒车而发的，不过其中也有我们所认为第一流科学家的言论，不便十分小看吧。文章畅丽且热心社会化育的科学家若赫胥黎不可多得，所以此类批评社会哲学的文字不多见，但是与赫氏抱同一观感的科学家——尤其是生物科学家——决不在少数，这是我可断言的。

一样看西洋近代精神文明的二大特色，适之先生看作相成的，我却看作相反的，理论具在，不得不尔。好比尼采的思想，他反对基督教，做了一篇反基督，又主张上帝已死；后来自己的夸大狂一天发达似一天，向朋友写信时，签起名来，竟用“基督”二字，或“万能”二字，俨然以宇宙的主宰自居了。推翻基督和上帝的，是理智清明时的尼采；自命基督和上帝的，是神志昏迷时的尼采：前后如出两人。西方近代的精神文明还不是应该当作截然的两部分看么？其在理智清明的科学家居然把神权的神圣，把上帝的偶像，推翻了。但是神志昏迷的臆想家和盲目的群众，竟据其位而代之，以人权的神圣自命，别立了 Demos 的偶像。所以我说西方人以“新宗教”代旧宗教，不过是以暴易暴罢了。

经此一番分析的讨论，我们对于近代西洋文明的态度就不求定而自定。我实在佩服近代西方文明里的科学精神，以为东方人应当亟起直追，取为师法。这也是适之先生的态度。不过我的希望还并进一步，要使这种精神的适用，不限于自然知识的探求，而推及社会问题的解决。因此，我对于适之先生所称的新宗教、新道德实在不敢恭维，以为东方社会能免受他一分洗礼，即多一分幸福。我记得前几年的适之先生似乎发表过“只谈问题，不谈主义”的主张。这种主张，非坚信科学精神可以适用于社会生活的人，决不轻易发表的，昔日的适之先生和今日的适之先生何竟前后如出两人？

三、东方圣人可恕

适之先生对于东方的圣人和圣人的言论，大不赞成，几乎出之以咀咒。东方的圣人懒惰得很，常作无可奈何之辞，这是无可讳言的。不过我觉得这班圣人也有可以原谅的地方，未便一笔抹杀。适之先生自己说的，西方近代精神文明的种种特色，实有相当物质的发展为之张本。可见西方圣人的见解，决不是向壁虚构凭空捏造的。推适之先生之论，一若东方圣人真是别有肺肝，专作自欺欺人之语似的。这可以算公允么？乐天、安命、知足、守分的哲学，分析起来，内容虽与西方的社会哲学很不同，其同为顺应环境、调剂生活而发则一。一端有频仍的水旱之灾，一端人口上没有限制的方法；在这种物质环境之内，试问要是没有这种消极的哲学来调剂，还有我们现在讨论这个问题的一日么？若说圣人不该不想积极的预防或补救方法，如开辟富源，如殖民，甚至如少发些“不孝有三，无后为大”的议论，那却成别一问题，且如责备过严，也便成了不问背景、以今度古的议论，为有识者所不乱发。如明此种原委，可知乐天、安命、知足、守分种种社会哲学观察，比适之先生所称道弗衰的自由、平等、博爱几个信条还有根据些咧！

这种社会哲学观念的根据，用今日最新的学识来估量，还不止此，如古所云之乐天、安命、知足、守分，我也不甚赞成，却也以为不宜推翻，宜加以相当的修正，自新达尔文主义发达以来，讲社会生物学的人，知道古时所讲的“天”，所讲的“命”，并非完全没有这个东西，释以今语，便是“自然的限制”，便是“遗传”。也知道古时所讲的“止”，也并非完全没有这个东西，释以今语，便是个人的遗传与环境发生关系所得的社会生活与社会地位。因为遗传不一样，所以生活与地位也不能一样，因为不明白遗传的内容，往往完全用环境优劣的程度来解释“命”，解释“分”，所以发生了许多弊病。如今遗传学识日益发达，我们知道这种弊病是可以免除的。

所以最近的西方精神文明里，也有了乐天、安命、知止、守命的哲学了。这种哲学却不是懒惰的圣人说的，是我们大家佩服的科学家说的。上文引过英国遗传学家贝特孙的话，今再引一两段，做这篇讨论的后殿：

> 德谟克拉西之社会理想和根据生物观察而得的理想不同：德谟克拉西以为阶级之分是一种罪恶，我们却以为非有阶级不可。近代人类所以能制天而用之之故，就因为他品类的不一致。所以社会进化的条件，就在维持此种不一致的现象；换言之，就在维持社会的差分政策。所以改良社会的目的，决不应在取消阶级，却应使各个人率其子女，加入相当的阶级而安之。

这是新的安分论。贝氏又说：

> 中古时代以为国家若干固定的阶级所组织成的——上有国王，下有小人（minuti homines），中有各级的贵族。我们已经把这个观念废除了。但此种级层的社会现象，经过了一番离乱之后，依旧要回复的。
>
> 但是上文所说的 minuti homines，他们怎肯知足呢？我们不是都想也都觉得应该使他们满足么？第一步，也是最重要的一步，即是上文所提出的人人还归其相当的阶级。目下社会上种种不知足的状况，一部分确因为应当居高的人却被制在下，应该在下的人却盘

踞在上。这非有充分的时日无法平复，自社会上发生大变动以来，也不过五六十年罢了。说也奇怪，知足心毕竟还不少咧。再有一种不知足，他的来源，不因为物欲上被人抑制，却因我们自己明白自己的卑劣无能。这却无法救治了。此外，只要有了相当衣食住的供给，所谓一般的 minuti homines，是很可以安居乐业的。（引贝氏文具见 *Biological Fact and the Structure of Society*，1912）

这是新的“知足不辱，知止不殆”论。

读《读〈中国之优生问题〉》——答周建人先生*(1927)

我很感谢周先生这篇批评我《中国之优生问题》的文章。当时百忙中未遑详细答复，只写了一封信给他，表示我读他的评论后的感想和谢意。今当拙稿重新付印的时候，似乎一个比较详细的答复，再也不能展缓了。

读周先生的文章后，知其不惬意于拙作的有下列数大端：

一、我对于旧制度的态度；

二、死亡率与婴儿死亡率的淘汰能力；

三、阶级与智力的相关；

四、天才与健康的相关。

请就这四端逐一答复之。周先生的文章附印在后，以便参阅。

一、我对于旧制度的态度

我对于旧制度——若“无后为大不孝”、“女子无才是德”、“婚姻父母主裁”、“科举取士”等等——的根本态度，无非是一个“谅”字和一个“允”字。这几个制度，从种族卫生的立足点看去，似不无相当的价值。我那篇文章的目的之一，就在把这种价值，不拘多少，指点出来，请攻击他们的人笔下留情，决不是有意要不加条件的提倡他们。所以我一则曰“塞翁失马，安知非福”，再则曰“亦不无功德可言”，三则曰“尚不无抵偿之影响”。读者如只见周先生评我的文字，而不见我的原

* 作于1927年，初刊于《人文生物学论丛》（新月书店，1928年版），1946年商务印书馆再版时改书名为《优生概论》。

文，也许要误会我竭力为旧制度说好话。这就未免不公允了。

家族制度与其内含的种种节目，自有其相当的价值，不容漠视。我自从作《优生问题》后，已一再加以详细的讨论，自觉三四年来求谅察与求平估的态度始终未变，读者如不厌繁琐，请参阅《生物学观点下之孔门社会哲学》一文（《留美学生季报》第十一卷）及《中国之家庭问题》一书。

至于西方优生学者对于中国家族制度的评语，我以前已经引过普本拿与约翰孙的话（见前）。此外英国哲学家兼优生学家歇雷也有同似的服膺的话（F. C. S. Schiller，*Eugenics and Politics*，1926，pp. 20—21，又30—31），我新近也曾介绍过（本年五月，《时事新报·学灯》之《书报春秋》栏）。

关于科举取士之制，也是如此。我在《优生问题》里说："聚一地之优秀分子而考验之，为之分等级次第，可比之绝大规模之智慧测验。"这是三年前的话。去年北京师大心理教授张耀翔先生做了好几篇关于科举制度的文章：他由详细分析得来的结论，竟与我从一般观察所得的不谋而合。至于此制度的种族效用，我后来也曾经从详讨论过，亦见《孔门社会哲学》一文中。

西方优生学者中服膺中国科举取士制的人也不一而足，我以前已经引过戈尔登氏的话。歇雷亦引以为中国文化不衰坠的一大原因。他以为罗马文化没有这种制度，所以未能维持久远；中国文化有了他，所以能一直维持到今日。（*Eugenics and Politics* pp. 179—180）

总之，不论任何制度，不能一百分的完善，也不能有百害而无一利。一笔抹杀的论调，总是不相宜的，何况同时还有人持严重的异议呢。周先生那篇文章最后的一句话，"大概不能再说中国的制度有优生学的价值了"，就犯了抹杀武断的毛病，谨严持平的人是不说的。

二、死亡率与婴儿死亡率的淘汰能力

死亡为自然淘汰的一种手段。这个手段在初民社会里当然很有力量，但是在文明社会里，他的力量似乎也不弱，不过活动的方式略有不同罢了。美国优生学家加州大学动物学教授和尔摩斯曾经做过一篇文字，题目为"文化究竟减杀了天择的力量没有？"他的答复是：没有。（S. J. Holmes，Has Civilization Diminished the Rigor of Natural Selection，*Studies in Evolution and Eugenics* 中第 8 章，1923 年）

据皮耳孙（周先生亦引此人，作披尔逊）分析朋友宗基督教徒家族的结果，说从百分之五十五到百分之七十四的死亡是选择的，即有淘汰效力的；平均约百分之六十。（Karl Pearson，*The Groundwork of Eugenics*，1912）德国人文生物学者普禄兹分析欧洲王室与贵族的死亡数，也说至少有百分之六十是选择的。（A. Ploetz，Lebensdauer der Eltern und Kindersterblichkeit：Ein Beitrag zum Studium der Constitutionsvererbung und der Natuerlichen Auslese，*Achiv fuer Rassen-und GesellschaftsbiologieVI*，1909）所以皮耳孙说："凡是经过严冬的，凡是见过死亡表册的，凡是研究过国家盛衰之迹的，也许都见到过天择的行使。"

周先生说："如果死亡率是选择的，那么死亡率虽高还不失优生的目的，但在文明社会，死亡率并非一定是选择的，这又是不可掩饰的实事。"又说："在文明社会中的死亡率往往为非选择的，这情形似乎很明显。"周先生所称"不一定"和"往往"，不知可以不可以用数量来确定，不知究指百分中的几分。要是比四十分还大，那么虽则未必错，却不免与皮耳孙、普禄兹的计算发生冲突。要是不到百分之四十，那就和我在《优生问题》里所说的没有多少出入了。在化择力有相当力量的社会里，谁也不能说天择有一百分的效率，就是在动物社会里，天择又何尝有过一百分的效率呢？

在中国社会里，天择活动的余地似乎比在欧美社会里要大些，这是许多西方学者所公认的。天择活动的余地大，则种族所得的益处也比较的多，可以预为前途施行优生政策的地步，所以我在《优生问题》特地提出他来。至于天择的用武地何以独大？则历来婚姻生产不受限制且受提倡的一端，要算是最大的原因了。读周先生的评论，好像我又在不识时务的提倡一般的高生产率，好让天择毒辣的手段来大活动特活动似的。其实我完全无此意念，也不能有此意念。因为天择有不能满人意的地方，我们才提倡优生方法来代替他；优生学不是别的，无非是利用天择的原则，而不用其方法罢了。我的《优生问题》不是为提倡优生而作的么？既愿提倡优生，岂有再主张放任或鼓励天择之理？况且我在拙作中不说过下列的几句话么？

> 因为生殖率之高，生产数之多，而同时又无化择力以保护出生者之不夭殇，天择力乃有取给之原料，乃得行使而有余裕。作者为

此推论，非谓中国目下之人口状况为理想的。是大不然。理想的人口状况为低的生产率与低的死亡率并行；生产率如酌量提高，则宜于人口中品质比较良善之部分着力，主要之点尤在使食料与人口不至仅仅相抵，而有多量之余剩。中国人口状况虽不理想，但尚不致使人绝望，前途非不可整顿，整顿之际亦较欧美各大国为易。何则？化择纵有反选择的影响，不若西方之积重难返也。

至于婴儿死亡的选择效力，学者也不无大致确定的公论。死亡的婴儿或幼儿是否必为种族内的劣者弱者，的确是不容易证明，但是我们至少有三项不同的研究的结果说他有重大的淘汰的意义：

一、英统计家士诺研究英伦和普鲁士自一岁到三岁的婴儿或幼儿死亡数，结果说：婴儿死亡率高，则同地域内数年后的幼儿和儿童死亡率低；反之，则幼儿和儿童死亡率即高。这种高低相关的现象，以前有许多人研究过（von Erben Bleicher、Gottstein、Rahts、Newsholme、Koppe、Prinzing、Sadayuki 等），但到士诺手里才算有了定论。这种相关的现象，足以证明在婴儿时期死亡的，就大多数而论，确是比较脆弱的种族分子：因为他们死得早，等不到后来在幼儿或儿童时期内死，所以幼儿和儿童的死亡率便低；反之，要是最初一二年内不死，三四年、五六年后终究要死的，所以后来的死亡率就高了。（E. C. Snow，*On the Intensity of Natural Selection in Man*，1911）

二、活力与寿数是有遗传性的。父母的活力强，寿算高，则婴儿和幼儿的死亡率低，这其间也是相关的。皮耳孙、普禄兹和德律风发明者倍尔等对此都有详细的研究，且得有同样的结论；普禄兹比较德国贵族子弟和市民子弟的结果，尤其是发人深省。他以为大约三分之二的婴儿死亡是选择的。（Karl Pearson，*The Intensity of Natural Selection in Man*，Proc. Roy. Soc.，1912. 普氏参考见前。A. G. Bell，*The Duration of Life and the Conditions Associated with Longevity*：*A Study of the Hyde Genealogy*，1918）

三、男女婴儿的死亡数不一，比较起来，总是男婴比女婴多。生产时的两性比例本来是男多女少，为一〇三——〇六男与一〇〇女之比，但是死亡数的相差更大，为一一〇——一四〇男与一〇〇女之比。和尔摩斯教授以为这是研究婴儿死亡选择力的一条路径。因为他说，男性毕竟是两性中的弱者，这个弱性是极端根本的，男女染色体的组织不同，两性强弱之分，怕就跟着这个不同而来的。男子根性既弱，所以抵抗产后第一年中环境的力量便不及女子大。这种女强男弱之分，不但在婴儿死亡数中可以见到，就是一岁以后的死亡率，除了春机发动与生殖两时期内两性的地位有时有些颠倒外，其余各年龄内，总是男率比女率高。生产以前的死亡率也是如此。总之，人类自受胎以至衰老，死亡愈早，则男子的比数愈大；流产的胎儿，每女胎百个，即有男胎一百八十个，以后的比例便逐渐缩小了。男婴之于女婴，好比男婴中之弱者对男婴中之强者，或女婴中之弱者对女婴中之强者。男婴因为比女婴弱，所以受淘汰者多；弱的男婴或女婴既不如强的男婴或女婴，那么当然也在淘汰之数了。（S. J. Holmes，Is Infant Mortality Selective? *Studies in Evolution and Eugenics*，第 7 章）

周先生说："婴儿的死亡之数，大部分是社会的原因，并非生物学的原因。"这也许也是不错的，但是和上文所征引的各节似乎恰恰相反。皮耳孙的著作，周先生是熟悉的，而且时常引用的。普禄兹是德国种族卫生学的首创者，他主编的《种族生物学与社会生物学杂志》是优生学定期刊物中最有名望的一种；倍尔为美国优生研究事业的先进，和尔摩斯以动物学家及演化论者的资格研究优生，近年来陆续有重大的贡献，他编的优生书目最称精博。同一不能不借重外国学者的权威，但这几位学者的权威是没有问题的，周先生当亦首肯。

我以为周先生的错误正在太重视社会的原因而忽略生物的原因，所以讲起婴儿死亡率，他就说："留心研究社会问题的人，无不知道婴儿死亡率的最多者，在收入不敷家用、生产时母亲不健全、产后缺照看的人家。"讲起成人的死亡，他又说它"与职业有关，凡操作不卫生、过劳、工资低廉的工人中，死亡率必大"。唯其忽略死亡的生物的原因，所以才不觉得他的淘汰的效力。

殊不知这许多所谓社会的原因，一大半也是生物的原因所造成的。低的职业、微的工资，决不能完全是社会不公道的产果，恐怕一大半是当事人智力、体力不甚高明所致。所以人文生物学者说，环境固可移人，人未尝不可自定趋避的方向；又说，人固为一种职业之选择者，职业亦未尝不选择人。一部分的人，因为能力不足，才从事比较低的职业，接受比较微的工资。如此说来，可知这种种社会事实和婴儿死亡、成人死亡，实出同一原因，那个原因便是：遗传不健全。误以同因之二果为一因一果，是"留心，研究社会问题"而不甚懂生物学的人所常有的错误。

死亡的原因，毕竟属于内部的多。和尔摩斯教授说："死亡可以看作内因外缘的产果。各个因缘相对的重要每视个例而定。但就一般而论，出生后的第一年所以比第二年为危险的缘故，八十岁所以比十五岁为危险的缘故，是属于内部的。"（参考书见前）一般死亡的原因，既重在内部、重在遗传，则一般的淘汰能力的存在是不便怀疑的了。

三、阶级与智力的相关

上节说：承受低的职业和微的工资的人，一大半因为他的智力、体力不甚高明。这句话有比较详细申说的必要。周先生说："社会上的上等阶级的人，不一定是优良的，贫穷的人不一定是因为禀性不良的缘故。据我所见，优秀分子陷于贫穷的非常之多……"这句话合理么？也可以推敲一下。

周先生话中的"不一定"和"非常"等字，是应当有数量的注解的；只是"据我所见"四个字，似乎很容易使不留神的人上当。以我所知，我辈讨论此种题目，不能不靠统计，不能不取平均，如其专就少数的个例谈话，往往大家有大家的"所见"，大家有大家的"事实"，寻不出一个结论来。

谁都没有说过，凡是上等阶级的人是个个优良的，或贫穷的人的禀性是个个不优良的。不过我们研究社会现象，不能不作大体的观察，这是近代科学方法所完全许可的。近数十年来，天才研究的结果，智力测验的结果，异口同声的说社会阶级是不无生物学的根据的，不无遗传的根据的。我们把许多社会不公道的事实完全承认之后，这个说数依然可以成立。

戈尔登是近代用科学方法来研究智慧遗传的第一人。他在《遗传的天才》中，对于阶级和智力的关系一端，虽没有正式的统计，但是读过他的人都觉得奇怪，何以大多数的人才并不出自草野，不出自市廛，不出自一般的民间，而出自少数的故家大族。后来戈氏又对于英国科学家一〇七人的遗传与养育下了一番特别的研究。这一〇七人的阶级支配如下（F. Galton，*English Men of Science*，*Their Nature and Nurture*，1874）：

智识阶级……………………………61 人

贵族与世家　　　　　9

文武官阀　　18

智识业务　　34

实业界……………………………43 人

农人……………………………… 2 人

其他……………………………… 1 人

美人克拉克研究美国文学家六百六十六人的阶级支配如下（E. L. Clarke，*American Men of Letters*，1916）：

智识阶级……………………49.2%

实业阶级……………………22.7%

农业阶级……………………20.9%

工人…………………………… 7.2%

又同国心理学家卡泰尔研究科学家八百八十五人的父亲的职业，得有下列的分布（J. Mck. Cattell，A Statistical Study of American Men of Science，美国《科学杂志》，1906）：

	人口中百分数	产生之科学家
智识业务	3.0%	43.1%
工商业	34.1%	35.7%
农业	41.1%	21.2%

前卡氏二年，英国学者霭理士作《英国天才之研究》一书，对于天才的出处，特别辟了一章出来讨论；他的统计，可以归纳如下（Havelock Ellis，*A Study of British Genius*，第 3 章，1904）：

	人口中百分数	产生之天才
智识业务	4.5%	69.5%
实业界	21.2%	18.8%
匠界（高级工界）	26.8%	9.2%
工界	47.5%	2.5%

此种关于天才出处的统计材料很不少，不过这四宗也足以代表了。所谓智识阶级或智识业务项下大率包括宗教家、教育家、律师与法官、海陆军官佐、高级官吏等；若在英国，则更包含非皇室的贵族和务农的旧家，例如达尔文。卡氏和霭氏的统计更是有趣，因为他们都兼带提出

各种阶级在总人口中的百分数，以资比较。智识业务的人居人口总数的最小部分，但是他们所生产的人才最多；工农二界居人口的最大部分，但是所贡献的人才最少。

霭氏统计的意义比卡氏的还要明显。实业界和匠界，就运用智力的多少而论，当然高于工界而低于智识业务，他们所供给的人才也就介乎二者之间；他们自己也有用智多少之分，所以产生的天才数也随着不一样。霭氏自己说过：人口中的阶级分布好比一座金字塔，阶级间的天才分布也好比一座金字塔，但是这两座金字塔是不并行的：若论人口的数量，则智识业务的贡献是塔的尖顶，所占的空间最小；若论天才的数量，则智识业务的贡献是塔的基础，所占的体积最大，其余各阶级则依次递减或递加，以构成二金字塔的中部。

这种阶级间天才出产额的差异，难道都是环境和教育的不一致和不公道所造成的么？如其不是，那末，阶级之分便不无生物遗传的根据了；换言之，阶级和品质的优良确是很相关联的。

也许周先生要认此种论证为不满意。他的理由，依我的猜测，不外两层：第一，霭氏开列的天才大都是十八世纪与十八世纪以前的人物，那时候（一八三〇以前）英国的社会状况尚未改良，平民教育、劳工待遇等都还没有提倡，或还没有大规模的实施。在当时情势之下，难保不有多量的工人子弟无形之中受了埋没。这也许是的确，但是谁都无法加以证明。第二，霭氏、卡氏、克氏、戈氏等所开列的文学家、科学家及它种人才之所以成家、所以成人才，安知大半不是环境适宜、教育良善所致。因为大凡一人当得起“人才”二字，大抵在中年以后，更有大器晚成的，这种人所受的栽培训练，少者二三十年，多者四五十年，这几十年的功夫又岂容忽视？这也许是确的，但也是无人可以加以证明。

姑假定第一层理由是确的，那末，自十九世纪下半以来，教育比较普及，劳工待遇比较改善的国家的人才分布应当改观了；换言之，各阶级的天才产出额应当均平些了。姑假定第二层理由也是确的，那末，自有智力测验以来，教育心理学者应该可以证明，在幼儿或儿童期内，各阶级的优秀程度是大致相似的，即智力高下的散布是不因阶级而生轩轾的了。让我再搬一些统计出来，以示应当那样的究竟是不是那样。

美国某教育心理学者曾经就威斯康新省省城里的学童二七八二人作一统计，以示儿童智力与父亲职业的关系（见 L. S. Hollingworth,

Gifted Children 中引文，1926)：

父亲的职业	儿童的平均智商
智识业务	115
书记业务	106
商人	104
高级工人	99
中级工人	92
下级工人	89

又美人亚律脱女士测验初级学童三百四十二人，得有同似的统计（见 Wm. McDougall，*Is America Safe for Democracy*? 中引文，p. 63，1921)：

家长职业	儿童智商中数
智识业务	125
半智识业务及高级商人	118
高级工人	107
中级工人 低级工人	92

再有一宗统计，与上文二宗的意义相似，但算法略有不同：测验者先算出全数儿童五百四十八人的智商的中数，然后看每一阶级中的儿童超出这个中数之上的百人中有若干人，结果如下（S. L. Pressy 与 R. Ralston，The Relation of General Intelligence of School Children to Occupation of the Father，*Journal of Applied Psychology*，Vol. III，1919)：

父亲的职业	儿童百人中智商超出中数之数
智识业务	85
干事性质之业务	68
高级工人	41
低级工人	39

以上三宗统计都来自美国。近代的美国，天惠的厚渥、工商业的发达、人民的安居乐业、教育事业的普遍，都可以说在他国之上，然而阶级间智力的不齐还是与十八世纪和十八世纪以前的欧洲一样。反对论者

所称论理应当那样的，事实上并不是那样。

自一九一〇年以来，一部分的教育心理学者渐致力于所谓天才儿童的教育。普通儿童的智商为一〇〇，据推孟教授的儿童智力分类法，由此以上凡三级，即智商在一四〇以上者，可以称为天才儿童，儿童人口中百人中不得一人；如包括智商在一三〇至一四〇之间的儿童而论，则儿童人口中每百人可得一人。

天才儿童的产生也和家世与父兄的职业有重大关系。天才儿童的父亲多从事于多用脑力的职业，其完全用体力的业务者不生此种儿童。推孟教授尝就天才儿童五十九人的父亲的职业作表如下（亦见 Hollingworth，*Gifted Children* 中引文）：

父亲的职业	天才儿童
智识业务	53%
书记业务	37%
高级商工	10%
下级商工	无
下级工人	无

后来推孟教授又搜集了许多新的统计，较上文的还要详细，也引在下边（L. M. Terman，*Genetic Studies of Genius*，p. 63，1925）：

	父亲的比数	调查地人口的比数	天才儿童总分
智识业务	29.1%	2.9%	1003%
公仆业务	4.5%	3.3%	137%
商界	46.2%	36.2%	128%
工界	20.2%	57.7%	35%

霭理士分配已成名、已有功绩的成人天才而得一金字塔，推孟分配未成名、未有功绩的儿童天才而也得一个金字塔。这两个金字塔的层次的结构可称完全一致，恐不是偶然附合罢。除非阶级确有生物遗传的根据，即在上等阶级的人大抵是比较优良的，而在下等阶级的人禀性大抵比较不优良的，这两种方法不相同的研究的结果，决不能如此吻合无间。

论阶级与智力的相关完了。但我不妨补足一句，上文所引各种阶级的分类法并不是生物学者或是心理学者的创制，这种分类法是经济学者所确定的，他们不过借用罢了。美国哈佛大学经济教授达乌雪克（Taussig）的五级分类法是大家公认为满意的，上文亚律脱女士的测验统计即完全用此分法，其余也都是大同小异的。

阶级的分类，用职业做标准，而不直接用资产的多少做标准，也有他的公允处。西方学者说，资产的多少和智力的高下也是有正面的相关的。此说在天厚惠、人人有相当职业的美国社会也许很对，在中国却未必尽然，因为中国的生计紧迫，品质高一些的人不屑与民争利，所以形成君子安贫的道德观，所以穷书生之多为他国社会所不经见。如以财产作标准，穷困的世家当然归入下乘阶级里，但如以职业作标准，这种世家便属第一流了。我补这几句话，所以表示上文所引各宗统计的意义，未尝不适用于中国，因为他们分别阶级的标准是职业而不是财产。周先生说："贫穷的人不一定是因禀性不良的缘故。"这不能说是不对的，尤其是在中国，我在《优生问题》里也并没有说过反面的话。

四、天才与健康的相关

周先生说"一个人的性质往往具优劣两面，我们只要翻开名人的传记一看，见许多天才中是带有疾病的"，后周先生又引了约摸有二十个带病的天才。

周先生在这里的语病，与以前的一样。所谓"往往"，所谓"许多"，不知究指多少。除非周先生能够证明天才中带于疾病的人要比一般人口中的人为多，或至少和一般人口中的人一样，他这两三句话就等于没有说，这二十个人就等于没有引，因为本来谁都不能说凡是天才都是健全的，也因为本来世界上有一例，便有例外，不过例外有多少罢了。这里的例便是天才的健康程度，自其全体论之，比较一般人的健康程度要高，换一个说法，便是，智力与体力也是有相当的关联的。

十九世纪末年西方学者研究天才的大致分为两派：一派说天才是病态的，代表他的有诺图、茅资莱、朗勃罗梭（Nordau、Maudsley、Lombroso）等，而朗勃罗梭更是这一派的领袖；第二派说天才不过是一种超越常态的变异，这派的代表便是优生学创说者英人戈尔登。后来（一九〇四）霭理士作《英国天才的研究》，他的结论，以为两派都失之偏激，他以为天才的特点在神经系组织之致密；唯其致密，所以能发为惊人的慧业，也唯其致密，故脆弱易碎，缺乏伸缩力；前者易流为精神的变态，后者使其不能顺应常人所能顺应的环境。这后一点尤为普通，所以霭氏以为与其说“天才近狂易”，不如说“天才近愚拙”的较为妥帖。洵如霭氏的议论，则老子说的“大智若愚，大巧若拙”并不是道德涵养的结果，却是生理的自然咧！

但是近年来天才儿童的实地研究似乎并没有证明霭理士的结论是对的，终究怕还是戈尔登的见解要正确些。去年，美国霍林华士夫人出版了一本《天才儿童》（原文书名见前），对于这个见解有很详细的讨论。我曾经在《时事新报·学灯》的《书报春秋》里介绍过，今择有关系的两三段引录如下：

> 天才儿童之体格较一般儿童为高，其体量亦较重，其头颅亦较大，但并不与体格不相称；其发育较早，推孟教授统计之一部分称：十二岁之天才男童中，已届春机发动期者多至百分之四四．四，而一般同年龄之男童中，仅得百分之一五．五。又一部分称十二岁之天才女童中，已有月经者居百分之一六，普通同年龄之女子则仅得百分之七；十三岁之天才女童，已有月经者约百分之五十，而一般同年龄之女童仅得百分之二十五。又天才儿童之健康程度亦较普通儿童为高，其体力之见于握力及行动敏捷之见于指击（tapping）者亦较一般儿童为甚。兹数端者，书中皆有详细之图表以证明之，不佞所引者仅其最粗浅之结论而已。
>
> 天才儿童之精神状态大率比较普通儿童为稳健，其患精神拗戾者绝不多见。天才儿童早即从事于知识活动，但游戏之活动亦属不少，但其所与游戏者多为年龄较长而智力相等之儿童，故智力愈高者，其择伴也愈难，难则游戏之机会少，而旁人不察，转觉其孤另成癖，从而责其不近人情，其实非也。
>
> 西人形容读书人有一诗句曰：Sicklied o'er with the pale cast of thought。我国孟子亦曰：“人之德慧术知者，恒存乎疢疾。”今不复成立矣。

士丹佛大学心理学教授推孟为近年来研究天才儿童最有成绩的一人，他在一九二五年出版的《天才的渊源研究》第一册（L. M. Terman, *Genetic Studies of Genius*, Vol. I）可以说完全是精密的统计所集合而成的。关于天才儿童体力的强度和发育的速度，他都有数字的征信。如今不能详细转录，姑且引他三张统计的图表：

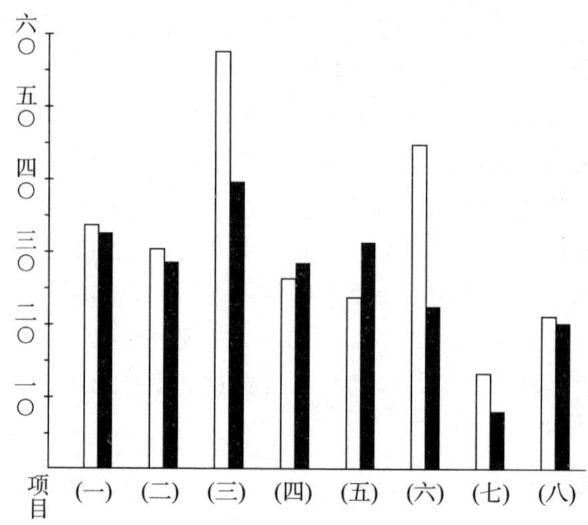

右图表示天才儿童和一般的儿童在发育上的区别。粗黑线代表一般儿童，双钩线代表天才儿童。各项目所表示的如下：

（一）男童生产时的平均重量，量断的单位为四分之一磅。

（二）女童生产时的平均重量，单位同上。

（三）亲母哺乳至八月以上者的百分数，男女一并在内。

（四）男童学步时的年龄，以半月为量断的单位。

（五）男童学话时年龄，单位同上。

（六）男童十二周岁即有阴毛者的百分数。

（七）女童十二周岁以前即有月经者的百分数。

（八）每日睡眠时间，以半小时为量断单位，男女一并在内。

以上数端，天才儿童没有一端不占便宜：出世的时候分量重些，学步要早一月光景，学话要早三个半月光景，春机发动也比一般儿童要早一年两年。发育得早，成熟得早，是活力充盈的一种表示，这是很容易了解的。

右图表示生理或心理上的缺陷或病态，各项目所指的如下：

（一）时常头痛者的百分数。

（二）有一般孱弱的症候者的百分数。

（三）呼吸须以口补助者的百分数。

（四）偶患或常患伤风者的百分数。

（五）听觉不聪或甚不聪者的百分数。

（六）视力不明者的百分数。

（七）神经脆弱者的百分数。

（八）言语有陷阙者的百分数。

（九）特别畏怯者的百分数。

（十）预计事变有闷闷不乐之倾向者的百分数。

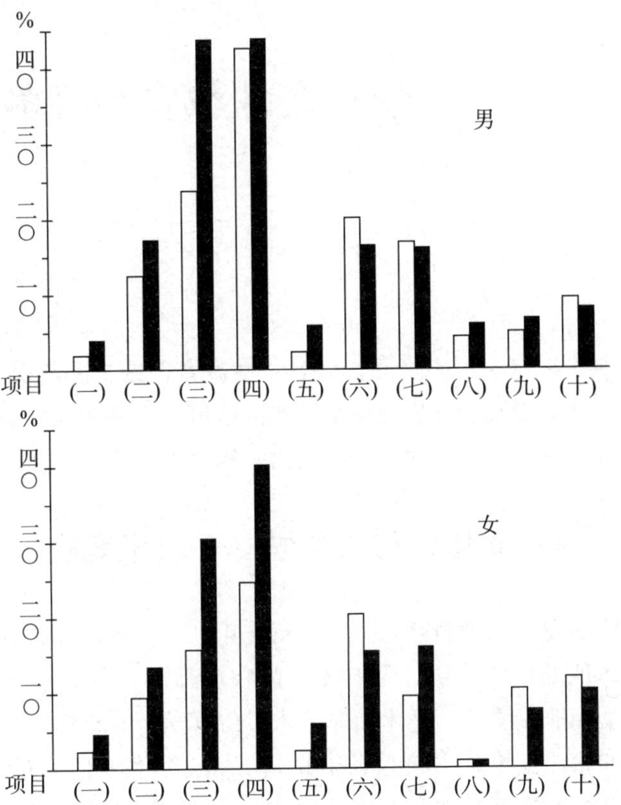

这十项里面，天才儿童又是几乎没有一项不占便宜。天才儿童的确不及一般儿童的唯有视力一端，根据检验报告，大约一般儿童有四人视力不明，天才儿童即有五人。第十项不能算是一种劣点，因为天才儿童眼光远些，筹划得早些，所以反见得有闷闷不乐的状态。

关于医学检查与身体度量两端，天才儿童的成绩也比一般儿童要好，但是数字的征信很复杂，也很分散，恕不多引了。

读了近年来关于天才儿童的研究物，我们不妨说：天才中带于疾病的并不多，至少不及一般人口的多。既然如此，优生学者的希望有才智的人早婚多育，并不算没有理由了。

还有两端——一是社会主义和优生学的关系，一是中国积弱之根本原因——也应该答复周先生的。但因为这两个问题很大，将来预备特地做文字来讨论。

今日之性教育与性教育者*（1927）

民国十五年与十六年之间，假名“性教育”或“性知识”之刊物，充斥社会，其影响及于思想及风纪者实匪浅鲜。观感所及，尝假《时事新报·学灯》发为文字三次。今合辑为一篇。

《新文化》与假科学——驳张竞生

近来坊间发见一种新杂志——《新文化》——大谈性教育与其他类似的题目。他的口气大极，像有无上的权威似的。其中侈谈性育的文字，似科学而非科学，似艺术而非艺术，似哲学而非哲学，本不值得一驳。最近的第二期里，主编者不自知其谫陋，竟讨论性育与优生的关系起来。涉及性的文字，胡乱写来，原与淫书无别，早已成为一班文妖、假科学家与假艺术家的渔利的捷径。优生学的题目比较新颖，在中国社会里，虽时常有人讨论到，三四年来居然还没有经此辈的播弄。如今《新文化》竟以提倡优种学自居，并大言不惭优种之“方法”！一种学术，一种社会革新的理论，始终逃不出假科学、假艺术居奇垄断的一番劫数，真可浩叹；在一切学术方见萌蘖的中国社会里，更是可痛了。《新文化》主编的人说：

> 我今就我国人种与欧美人种比一比。我国人种的衰弱固然由于后天的种种关系，而于结胎时的不讲求女子应出第三种水又是一种先天衰弱的根源。通常我国妇女大都不会丢第三种水的，以

* 辑入《优生概论》，商务印书馆，1946年版。此文为三篇文章的合辑，原文依次初刊于1927年5月5日、6月24日、6月14日《时事新报·学灯》。

致卵珠极呈死笨迟滞之状。而精虫在阴道内须要经过种种的磨难，以致精虫大部分的气力，被酸性液所侵蚀，而所遗卵珠又是痿靡不振，难怪所结成的胎孩，现出种种衰弱的病态了。至于欧洲，他们交媾时认真交媾，大都女子能够出第三种水，故其胎孩格外强壮。又因后天的种种教养得法，于是遂成优强的种族。（当然也有例外，我国人中也有得到极好的胎孩，但皆在两性极兴奋时之下所得来的。）

优种学先前在注重父母的德性等，不免涉入于玄秘之谈。因为贤父母多不能得到贤子女。惟有从卵珠及精虫的壮健与会合的便利入手，较能得到好胎孩。将来有了壮健的身体，自然可望优秀的性格与聪明。故讲优种者，不能不从结胎时入手，而结胎的关键，又不能不从女子的第三种水入手。

这种荒谬绝伦的议论居然也在今日中国的“学术界”自由传播？就其荒谬的程度而论，我们本来可以置之不理。但就其传播的速率而论，我们却也不该缄默。

一、色情亢进无可居奇

《新文化》主编者自诩为新发明的“第三种水”，我们不晓得究竟是什么东西。他自己说就是巴多淋腺的分泌。既是巴多淋液，则略识性生理的人大都晓得，没有什么希奇了。“女性色情亢进之际，阴核与阴唇勃起，阴道口之括约肌颤动，前庭腺及巴多淋腺（即前庭大腺）分泌比较多量之液质。”这是医学生所用生理学教科书里的话（Bunon-Opitz）。此种事实，当然不是尽人而知，但可见他决非《新文化》主编者所可专利与居奇的了。此种现象之名为色情亢进，至今已很普通；主编先生记述同一之现象，不用此通用名词，却只在第几种水第几种水上做文章，诚不知是何居心。

且巴多淋液功用之一，在减少性交时之阻力，大凡欲性发作后，即逐渐分泌出来，分量的多少视欲性之强弱为断，亢进的时候，欲性强至极度，分泌得当然更多。这种分泌作用，女子之中，除了性欲有特别变态者外，是尽人而有的；即使性交不得其当，女子不能达到亢进的程度，这所谓“第三种水”也未尝完全不出来。如今《新文化》主编者却说通常我国妇女大都不会出的第三种水，究不知根据何种统计的事实。又说至于欧洲大都女子能出此种水，也不知根据何种统计的事实。无统计事实而信口开河，其居心也就不可测了。

二、色情亢进与受精之关系

受精成孕，是否必须女子色情达亢进的地步；或是否亢进则成孕易，不亢进则成孕难：也是一个问题。福瑞尔（A. Forel）在他的《性的问题》第三章中说：或言女子当亢进之际，子宫颈发生吸吮之动作，“我不知此果为事实否，然女性亢进殊与成孕无关，可以断言。绝对冷酷之女子，性交之际，或毫无兴会之表示，顾其生育力之大，实不亚于色情极端亢进之女子。是足证子宫颈即在完全静止状态中，亦无碍精子之进行而达其目的也”。执此而论，则可推知不特成孕与否，即卵珠成熟之迟速多寡、精子进行之利钝顺逆，无一件与“第三种水”有甚特殊关系。《新文化》主编者以中国人种之积弱归咎于卵珠与精子之不健全，而又以此归咎于女子不出“第三种水”，简言之，即中国人种之不振由于女子不出巴多淋液！绳以福瑞尔的议论，我们即不失笑，至少亦觉得此种不经逻辑、不问事实一跃而得结论为大可怀疑了。

三、色情亢进与排卵之关系

亢进与受孕的关系，我们偶而还可以遇见一两个特别的例子，至于亢进与卵珠成熟的关系，我们更不得而知了。“在特别的情形之下，亢进也许可以促进卵珠之成熟与排出，这是可能的。哺乳类动物中，卵珠之成熟与排出有自然发生者，亦有似非经交尾不发生者，例如兔子。据目下种种征信而言，人类显属第一类，但在特别情形之下，也许不无属于第二类的例子。”这是美国优生学者普本拿最近发的议论。（P. Popenoe，*Problems of Human Reproduction*，p. 173，1926 年 9 月出版）观此可知亢进与排卵的关系至多是在“特别情形”之下有“可能性”罢了。排卵之数每月不逾一枚，偶或同一囊状卵泡（即格辣夫卵泡）中含卵二枚，但颇不常见：这是早经证实了的事实，无法播弄的。不图《新文化》的主干先生竟即此亦掉头不顾，却说：“第三种水能使新鲜的卵珠下来，这是说其卵珠未成熟者，因第三种水发泄后，而使卵珠能成熟，多成熟，好成熟，与成熟后多活动，快下来！”这是何等荒惑的谬论。所谓“快下来”，虽未必有其事，非必不可能，我们可以不加深责。至于“快成熟”和“多下来”，我们只好完全以臆说目之了。此种臆说不特毫无科学根据，且不经常识的推敲。发育健全与婚姻及时的女子，自发身期至月经绝止，以按月排卵一枚计算，至多不过四百枚，这四百枚之中，用得着的，至多不过二十余枚罢了。试问快成熟和多成熟了更有何用处？

四、复排卵之统计与其真原因

要是排卵和性交真有相当的关系，那末凡是性生活发达的女子，同月之内，二卵或二卵以上受精的可能性应较其他女子为大。据观察卵巢内黄体的统计而论，大约百分之五或百分之六似曾在同时期内排卵二枚。这是西人观察所得的结果。若排卵与性欲亢进的关系真如《新文化》主干先生所臆定，这百分之五或六的数就实在太小了，尤其是在“大都能出第三种水”的欧洲女子。再就复胎和孪生的事实而论，二卵受精的百分数既不大，复胎和孪生的百分数自然更小。布纳维女士（Bonnevie）就挪威的人口统计核算，生产数中只有百分之一．三四是孪生；此百分之一．三四且不尽是二卵孪生，大约有百分之二十，即一．三四之五分之一，是由单个卵分化的。要是色情亢进与排卵真有积极的关系，这种所谓多成熟与快成熟的成绩不能不令人大大失望了。

卵珠多成熟的事实不是没有，但是绝对不多，同时色情发达、性交时能亢进的女子却不少，由此可见色情亢进与排卵，就人类而论，是两个不相干的现象，用不着好事者强为拉拢了。我们把这层弄清楚了，不妨进而求卵珠多成熟的真原因。挪威人口统计，载全国生产数中百分之一．三四是孪生。然就某地一家的生产数而论，其孪生者多至百分之一九．五，除其中同卵化生者不计外，其数已自可观，此外同性质之零星孪生统计尚多。生物学者就此种统计结论，认为孪生的倾向，不论为同卵或异卵孪生，实有遗传的根据，且其遗传方法，似为隐性的，即如与普通单生倾向相遇，孪生的倾向即为之掩过，非男女双方均有孪生倾向，不能有成交孪生子女。隐性之说也许不确，但孪生倾向之为遗传，可以说是确定的了。美国优生学者达文包（C. B. Davenport）尝引一例如下。一个法国妇人，后来移到美国渥海渥州居住，前后嫁给过三人。初次嫁人，产孪生一次。再嫁，初产，孪生女子各一。（女儿长成后出嫁，初产单生一女，第二次孪生。）法国妇人第二次生产三子，二女一男。二年以后，又孪生子女各一，次年又孪生子女各一。及第三次嫁人，初产孪生均男；第二次一产三子，一男二女；第三次小产，一产三女；第四次孪生，一男一女；第五次又小产，凡四子，二男二女；第六次又孪生，一男一女；第七次一产三子，一男二女；一九一二年第八次生产，一产四女；同年第九次，又小产，一产四男；次年第十次，流产三女。总上凡嫁三次，生产十五次，产出已成熟或未成熟之婴孩四十二个。此妇人成熟的卵珠不可谓不多了。所以多成熟的缘故怕不外遗传，因为据此妇人自言，他的母亲和外祖母每次生产，总在二个或二个以上。此妇人与第二个丈夫所生的女儿出嫁后也孪生过一次，总合起来，这个血属系统里凡四代都有孪生和复胎的倾向。撇过遗传，却说他都是善流“第三种水”的结果，未免太不成话了！

观以上讨论，可知《新文化》主干先生于若干基本的事实，尚未研究清楚，其关于优生学方面的推论，更是不可靠了。

五、对于优生学之误解

优生学先前注重父母的德性等细节目，如今还是如此，并没有改，也并不想改。种种品性，多少总有遗传的根据，所以优生学或优生术的基本科学之一便是遗传学；至于遗传学的内容，我怕自诩为哲学家与科学家的《新文化》主干先生从来没有问津过，否则此番关于优生学的胡说，我辈读者也许可以幸免了。“贤父母多不能得到贤子女”，当然又是乱说，优生学统计家言，贤父母得到贤子女的机会总比不贤者为大，而其大的程度视贤的程度而差。这种统计材料，自一八六九年英人戈尔登作《遗传的天才》一书以来，时有增益，近自智慧测验发达，其数量益大，不知《新文化》主干先生何以不加以参考。他也许不知世间有此种智识，此种基本知识而无有，却侈谈优生方法，真是大惑不解。

性教育者的资格问题

近来以介绍性智识自命的定期刊物，雨后春笋似的，忽然增加了好几种，如《新文化》、《性杂志》、《性欲周报》、《性三日刊》、《性报》，多的不及半年，少的是最近一二月或一二星期内才出现的。

这种种刊物，名为介绍正确的性观念，他们自己的动机和态度便很有问题。名为介绍精当的性智识，他们所叙述的事实常有错误，有的更是半出臆造。要辩驳起来，真是辩不胜辩，驳不胜驳。见了这种情形，令人不能不怀疑到介绍者的资格上去。请就理论上谈谈性教育家之资格问题：

第一条资格是精神生活的健全。精神生活的健全与否，和性观念的正确与否有极密切的关系。一个人要是性的教育不完全，或是性欲生活有欠缺，或是性经验中受过什么重大的打击，此人的精神生活一定是不健全的。唯其有以上各种缺憾或其中之一，这种人却极喜欢谈关于性的事实，或发表关于性的意见，他的意见与事实的可靠程度就和他性生活不健全的程度成正比例。社会容许这种人来谈性教育，结果可以使性的问题愈加复杂，愈加难以解决。不正确的性的刊物，虽不能直接目为淫秽，但是它引人入歧途的力量，和淫书差不多：前者在感情方面诱惑读者，后者在事理方面欺罔读者。

第二，是教育的训练。最合于这一条资格的是生物学家与医生，生物学家尤相宜。普通的医生常有两个缺点：第一，他的性的知识虽多，但是偏在变态或病理方面的居大半，因为时时刻刻与病态的性生理或性心理接触，他的见解难免有偏狭的地方；他的力量可以对付病人而有余的，对付常人便觉不足。第二，医生是一种职业，在今日的中国社会里，要寻业医而兼有学问家资格的人，即是，能利用其职业而作医理或生理的研究的人，恐怕不容易。如此，便难免有利欲熏心的医生们借题发挥，而罔市利。至于他种的专家或是“马浪荡”式的博学家出来以提倡“性学”自居，真可以说是牛头不对马嘴了。

第三，须有社会道德的动机。发表关于性的文字决不外两个动机，或目的：一是真欲提倡性教育，解决性问题；二是借此沽名谋利。要在性的题目上沽名钓誉，势不得不发为矜奇炫异的议论；这是精神生活不健全之表示，可以归纳在第一条资格之下。好名的动机虽不如好利的动机普遍，但是也很真实的。好名与好利，出乎人性之自然，也是社会进步的一种动力，无待申说。但是所由得名、所由得利的方法和工具，则大有选择的必要。性欲这个题目，为少数个人的利益计，真是再好没有的工具，但为社会的安全计，却万万用不得。从这方面看去，性的刊物，不论是淫书，是春画，是各种西洋来的许多译著品，是日常的“社会新闻”，都是一丘之貉，健全的社会生活里，是没有他们的地位的。

有了这三个资格或条件，一个人不妨谈一些性的教育或性的问题了。然而同时还须兼顾社会的需要，社会消化力的强弱，才不至于殃祸贻患。今日中国侈言性教育的人，果有几个合乎上列的资格的？

今日谈性教育、性研究的人动辄引英人霭理士（Havelock Ellis），奉霭理士为圭臬。霭氏是医学家，是文艺批评家，是性心理研究的集成家。美国批评家孟更（H. L. Mencken）称他为最开明的英国人，的确不错。奉霭氏为圭臬，当然是很好的事，霭氏的资格确是绝对没有问题的。不过但知标榜别人，于自己的资格并不因此提高分毫。霭氏也搜集过性史一类的材料，并且也曾发表过；他的六大册《性心理研究论丛》里，有好几本后面附有这种史料。可是要注意的：霭氏性研究的文字，是以学理之探讨为主体，中间穿插着这种史料，以示例证；至于征求到的个人自叙的历史，则择尤用小字在书尾附印，聊备参考。今日中国坊间流行的“性研究”的文字，则体例适与此相反。作者的居心，果在提倡性知识与否，观此便可以推想而知了。

性教育实在是家庭教育的一部分。在生物学与心理学教育发达的社会里，父母是最相宜的性教育的导师。一个人性的发育的常态或变态，据精神分析派的理论，在襁褓时期与孩提时期内即已十九命定。近来以介绍性知识自命的人，开口性教育如何要紧，闭口性教育如何要紧；的确要紧，但是要等他们来提倡，已经是计之下了。

变态心理与社会治安

变态心理之极端而具形式者，我辈名之曰癫狂。然变态心理之倾向不一，故癫狂亦不止一种。早熟癫（dementia praecox）、文武癫（manic-depressive psychosis）及夸大狂（paranoia）三种为我国社会中最较习见者，请讨论之。

早熟癫之性质极复杂，故其范围甚不易定，治变态心理学者每区分之为三式，曰无幻觉式，有幻觉式，及呆板式（catatonia）。三者精神方面之症候略有异同，其同者如下：思路初尚清楚无损，记忆力亦不弱，有经数年不变者；注意力则每大坏；联想作用转迁缓且片段支蔓，不复有系统与线索；情感则顿成冷酷，意志力且等于无有，置环境之节目于不闻不问。身非槁木，而心实死灰，可为此种癫症言之。上列种种症候，一经积重难返，乃成所谓精神腐败（mental deterioration）的现象，患者至此，即不可收拾矣。

患早熟癫者大率为青年人，故曰早熟。据奥人克雷北林（Kraepelin）之统计，患者百分之六十为不及二十五岁之人；三十以后，则患之者绝鲜。早熟癫之因缘殊复杂，但精神病学者大率承认遗传为最重要之原因。至二十岁前后，何以患之者独多，则有数说：其一曰发育中止说，其二曰泌液毒醉说，其三曰顺应劣化说。倡之者为美人迈尔氏（A. Meyer）。此三说者，均有其是处，但第三说所可解释之事实最多。后霍煦氏（A. Hoch）发见患者百分之五十一至六十六有特殊之心理组织，谓其人本与世无缘，淡于进取，雅不欲与世人世事接触，霍氏名此种人格曰自锢性之人格（shut-in personality）；取此种人而投之特殊之环境，则必穷于应付，行为上必生变化，是即早熟癫之症候也。自此，迈尔氏之说乃益见精当。

我国于变态心理之科学研究，尚未见萌芽；患之深者，社会统称之曰痴，曰疯癫，而不复为之分门别类。江南人所谓桃花痴者，大约十之六七为早熟癫，谓之桃花者，大约患者年少，其病源常涉及男女情爱，殊不知男女情爱决不能为患癫之因，特其机缘之一耳。中国留美学生患癫者，年必一二起，窃疑其大半属早熟癫之类。一九二三年夏，得就纽约御苑医院（Kings Park Hospital，New York）中患早熟癫之华侨一人，作比较详细之观察。其人王姓，粤之琼州人，年二十二岁，其症候与上文所述者甚相似。察其言动，固一自锢性之人格也。以中国人与欧洲普通人士较，中国人本较恬退，而此人较一般中国人为尤甚；以十分恬退之人格，习于中国乡村之清静生活，一旦投之于纽约市街，在常人已不免手足失措，而况神经脆弱者乎。且患者当时无相当之职业，又似与一素不相识之美国女子发生片面之恋爱。文物之环境既特殊，而男女饮食之两大问题上，又发生如许轇轕，则其精神生活之不能维持常态，殆完全为情理内事矣。观察所及，留学生之患癫者，情性恬退、体气脆弱、环境顿殊三端之外，其中对于美国女子犯单相思者，不一而足，盖与王某之情状大同小异也。王某之事，尝为文详细论之，日后有缘，当发表之，以示西人研究变态心理之一法。

文武癫较早熟癫为易于辨认。称之曰文武者，缘患之者之行为每有截然相反之二时期，彼此轮转，因转换之迟速次序，又可支分为数种，兹不细论。第一时期中，患者行为上最引人注意者为观念飞越、易受刺激、动作急迫、喜怒无常，及患者自以为身心万分舒泰等诸端。及至第二时期，则行为一变而为静止，感觉微弱，联想迂缓，反动迟滞，兴致索然；自外视之，若有无穷说不出之精神痛苦者。因患者有此种行为转变之现象，故名之曰文武癫。此与江湖医家所称之文武疯癫略有不同，彼所指之武痴与此处所论者大约相同，然彼之文痴实包含其他一切行为上不激烈、不狂暴之精神病而言。

美国加入欧战时，尝就应募之兵士与以心理之检查；据检查报告，患早熟癫者，十万人中平均有七十七人，患文武癫者亦有二十一人。诚不可谓不多矣。然此特就平日在外自由行动、比较不易觉察者之局部而言耳。其他不投效者，或居留疯人医院中者，更不知尚有多少。我国尚无确当之人口统计，遑论人口中心理变态者之实数。然我国尚无疯人医院，社会对于患者，除行为暴烈、不得不加禁锢者外，余皆任其自然，甚或任其婚嫁生育。是则以理推之，为数当不在少。前者患癫者，由家庭自为拘束，故自由之中，不无限制。但近来家庭之制度日益崩坏，其维系力日趋薄弱，而社会一时又不能设法以弥其缺，则变态心理之为社会问题，将日即于难理也必矣。近来都市生活中犯罪行为之激增，谅决不尽为经济的或其他原因所致也。

早熟癫与文武癫，其心理与行为皆呈特殊之变态，一般社会易于辨认，故其危及社会治安者尚有限。至夸大狂，一作偏执狂（《医学字汇》），则不然。患之者行为上有二大特点焉：曰自夸，曰猜疑。自夸与猜疑固绝普通之心理状态也，唯其普通，故即趋极端，一般社会亦不易觉察其为变态。

患夸大狂者，思想与理路可以历久不坏，其议论凿凿，无不合于演绎之逻辑。使举一单简之例以明之。一商人自大甚，唯其自大，乃疑人之嫉己必甚。一日，入某肆，适有不相识之某甲自内出，交臂相过。商人归而告其妻曰："某甲嫉我。"妻问故，曰："我方入肆，彼即离肆唯恐不速，是非嫉我而何?"妻曰："彼之出肆，容别有原因，彼与尔不相识，何遽相嫉？是必尔之多疑也。"于是商人咆哮不已，谓其妻必与某甲有私，否则何袒护为？此种理论，可以推广不已，最终商人必视全世界为其仇敌；与之为敌者愈众，则其伟大愈不可几及也。此其逻辑绝明显，其大前提为"我为伟大人物"，小前提为"凡大人物必遭它人疑忌"，其结论为"我为大人物，故遭人疑忌"。由"我为伟大人物"一端，又可生出许多前提，若"人物愈大，则妒嫉者愈众"、"大人物之思想言行必无错误"等等。我辈如承认其大前提，则其他均无问题，无奈我辈不能不先问大前提之合理否何。

普通患夸大狂者犹可，若患之者略有智慧与才干，又假之以教育，则其为社会之殃祸也甚大。其于一切社会行为尚无标准之社会中，则危险愈甚。此等人之在昔日，有以天才自命者，以真命天子自命者，近则有以专家自命者，著书立说，以欺罔一般社会。社会不察，或惑于"狂易近天才"之邪说，从而附和之，为之助长势力。近更有人以其名名其学说，此其自夸之程度，古今中外，直无伦比。据理驳斥之者，自不止一人，则彼又指为骂人者有团体、有组织，专与彼为难；又或疑一人而拟数名，作数稿，投登数种刊物，以示其势力之雄厚。塞格拉士（Seglas）有曰：偏执狂者，"二字可以尽之，曰夸大，曰猜疑"。与今兹所叙之症候抑何相似也？呜呼，智识饥荒之中国社会人士，其慎之哉。

平等驳议[*]
(1928)

世间不平等之事无过于不平等事物之平等待遇。(There is no greater inequality than the equal treatment of unequals.)

世无平等之事实,世仅有平等之理论。然世人不加思考,动辄以“平等”二字相号召,一若实有其事者。名之不立,祸变随之,是不可以不辨。

平等之理论果何自来乎?初民去自然未远,其生活一循优胜劣败之公例,故有权位者大率为社群中比较优秀健全之分子,其顽弱者则依次递降,各成阶级。是阶级之为物,近代醉心民治主义者所视为洪水猛兽者,初不特非人力之威福所强致,且有充分之生物事实以为依据焉。斯时之阶级,谓为生物阶级可,谓为自然阶级亦无不可。及文化日进,社群生活去自然日远,所谓贵族阶级者生齿日繁,除大宗百世不迁永为贵族外,余宗则积世而迁,卒与平民为伍,自兹阶级之组织乃脱离生物之事实而独立,以成后世所称之政治阶级、经济阶级,或综名之曰社会阶级。真正之生物阶级,则散处社会阶梯中,其界限日趋混乱,浸淫至顽弱者得以际遇之佳而尸位弄权,优秀者转以环境之恶劣而侘傺以死焉。

在此种阶级组织下,社会能持久耶?能保其不发生问题耶?曰:不能。优秀而卑贱贫困之社会分子目击或身受阶级间种种不公允、不平衡之情状,目击处同一地位之他人奄忽而死,于是消极者则强作乐天知命之论以慰人自慰,不然者则必置疑曰:是岂事理之当然哉!彼巍乎踞高

* 原载《苦茶》周刊,1928年;辑入《人文史观》,商务印书馆,1937年版。

位者岂真愈于我哉，殆遭际之优异为之也；我之郁郁不得志，又岂劣于彼哉，殆遭际之恶劣为之也。由一己推而至他人，由境遇之不一致，推而至天赋之一致，终乃形成一种社会哲学。是曰平等哲学。其大旨曰：生民之初，天赋无有不同，及营养有不齐，机会有不一，教育之方有不尽，而不同之端见焉。贫富之分，贵贱之等，甚至智愚能鄙贤不肖之类别，无非物力人力所形成，非生物自然固有之现象也。

创平等哲学者在中国则有孟子、荀子[1]，在西方则有卢骚、霍布斯、渥温之流。其议论大率为通人所共晓，可不征引，卢、渥二氏之说，为近代社会运动与政治运动之重要张本，更无烦赘述。我辈姑不论其学说之根据若何与几何，我辈不能不首求解答者即优秀分子若孟、荀、卢、渥，在平民阶级中果否为代表人物，抑为例外是。我恐千百人中犹不得一二焉。以一二人而绳千百人，其已深蹈主观之弊，与以己律人之弊，不待智者而后知。夫愤社会之不公道，思有以拯救之，正有志力者之分内事，然必武断曰人人有为尧舜之可能性，而此可能性者实为彻底改造社会之张本，则不特与科学事实相抵触，且亦为常识所不容许已。

自然平等论在事实上之不能成立，今日已为有识者所公认。是生物演化论发达之效果也。生物演化论之原则，如不经学者之公认则已，一经公认，则其适用之范围自不能强为限制，而人类亦循演化公理之说尚矣。生物演化论根据之一曰变异现象。设取此现象而废除之，则竞争之机绝，而竞存之实无由确立；竞争之机绝，则生物夭寿存亡耦独之间，将无所谓淘汰，无所谓选择，亦即无所谓演化，终至所谓生物界者，将无由形成矣。就人类论，变异现象者，人类之所由发生，亦人类之所由进化。谓人文进化为变异现象之赐，无不可也。

或曰：变异之论仅适用于人类体质上之种种差别，其与精神方面或心理方面之品性则不相干。为此论者，必惑于心物二元之说也无疑。夫心与物，犹之用与体也；心为物之用，物为心之体。生物学者谓体为结构，谓用为作用。生物个体之结构，演化至某种复杂程度时，即发生相当复杂之生理作用，心理作用不过生理作用之一部分耳。结构与作用既若是其息息相关，既为生物之动静二方面，则决无结构既有参差，而作用独无参差之理。是本属逻辑上所可推论而得，而近十年来心理学之发见，又在在与此推论翕然符合。

有无端偶合之多数人于此，设依其身材之高矮而排比之，最高与最矮者居两端，余居中，则见如量断愈严，偶合之程度愈甚，则个别之情形愈显著；又见无论偶合程度之深浅如何，量断之疏密如何，大率愈趋两端则人数愈少，愈趋中心则人数愈多。试举量断二五八一五人之实例如下：

英寸	人数
59—60	50
60—61	526
61—62	1237
62—63	1947
63—64	3019
64—65	3475
65—66	4054
66—67	3631
67—68	3133
68—69	2075
69—70	1485
70—71	680
71—72	343
72—73	118
73—74	42

人类体质之不相等，身材一端如是，其他亦莫不如是，无须一一胪举也。今试观心理方面果有此种变异不平之现象否。

心理测验测儿童之智慧，谓儿童之年龄与智力之发育未必相当，故于事实上之年龄外，别定一抽象之智识年龄，或简称曰智龄。以真实年龄除智龄，则得一商数，为免小数便计算计，复以一〇〇乘此商数，则得数即为量断智力之标准，是曰智商。例如一八龄之儿童，其智龄亦为八，则其智商适得一〇〇；不然者，如其智龄较八为高，则其智商亦高，甚者或为天才焉；如较八为低，则其智商随之而低，甚者为低能或白痴焉。今有多数之儿童于此，试一一加以测验而依智商之高下而排比之，则见智商一〇〇者居最多数，其较高与较低者各递减，至天才与白痴而竭。普通举行之测验，每因人数过少，此种极端之智力每不及见焉。试举一测验九〇五儿童之实例如下：

智商	儿童数
60	3
70	21
80	78
90	182
100	305
110	209
120	81
130	21
140	5

由是可知不平等之自然现象不仅于体质之品性为然，于所谓心理品性亦无不然，所不同者因性质有殊而量断有难易耳。故生物学者有曰：生物界最不变者莫如物种变异之现象。换言之，物种间最平等之一端，亦莫不平等之现象若，而人类不在例外焉。

自然平等之说为科学事实所反证，既如上述。然"平等"二字之喧传于我辈耳鼓间，至今日而弥甚，抑又何也？其为时髦政客之口头禅，其为无知群众啸聚之口号，用意显然，不待深究。顾亦为多数略事学理之搜讨者所乐道，则殊不易索解。兹就各派对于"平等"二字之见解逐一评断之：

一、基督教伦理学派之"平等"。读耶稣"交银与仆"之喻[2]，可知略识经典之基督徒决不信人类天赋平等之说。然是特教徒在世之论耳。其出世之论则反是。其言曰：人人为天父之子，人人在精神上为昆弟，故无论生活之事实有何差别，在上帝宝座之前则人人平等。此种平等观念，果能完全出世，与在世之社会生活无干，则亦已矣。顾以在世之人言出世之事，居人群之中而虑出天国之上，难免不影响社会生活；故一种宽泛尚同之论，每为宗教家所乐道。尚同之流弊滋甚，时人已有详论之者。[3]此平等观念之不能不驳者一也。

二、政治学者之"平等"。不主张"德谟克拉西"之政治学者，十九绝对不言平等，无论矣。主张"德谟克拉西"之政治学者，十九不主张自然平等，亦无论矣。顾后一派未尝不主张所谓法律平等者。其言曰：法律一视同仁，不因人因势而异其行使之效力；法律当前，不徇私情，不阿权贵，唯是非曲直是辨。故曰平等。我窃疑焉。我不疑法律之应否若是行使，我疑平等名词之当否。法律之目的，公道而已，正义而已，行使而当，即合乎公道，不当，即有乖公道，舍此无他义也。且自有社会生活以来，游惰时或暴富，力田不得温饱，残废而妻妾盈庭，健全而终身怨旷，诸如此类不公道之经验亦夥矣。我辈欲一一匡正之，亦将别立资财平等与婚姻平等之名目乎？是必不然。法律之经验何以异是？法之不行，犯法者或挟势挟富而免刑，执法者或阿势徇私而尸位，其无势可恃或刚果以阿附为耻者反惨遭涂戮，甚或沉冤莫雪焉。凡此皆社会正义、社会公道沦丧之著例耳，强乎之曰不平等，无乃不伦。谬以法律公道为法律平等，是不可不驳者二也。

三、经济改革家之“平等”。此辈动辄曰经济机会平等。自社会主义发达后，此说乃绝有势力。国内盛行之三民主义之民生主义即以是为出发点。然持此说者有不同之二派。其一为绝对的。有百亩之土地于此，百人分治之，人各一亩。[4]此派如此绝对，亦即绝对不可通。盖究其逻辑，虽不居主张人类自然平等之名，而未尝不默认其实。其真作此种默认者，我侪可搁置不论。其一端否认人类自然平等而一端犹持此种机会均等之主张者，则应自察其矛盾之处与其主义实行后或然之危害。夫以不平等之人享平等之机会，势必至在甲则废人才，在乙则废物利，是徒夸平等之名，而收不经济、不公道之实，又岂熟权利害者所忍为哉？且人口论者谓人口之增益速于物力之增益，愈久则二者增益率之相差愈甚。洵如斯也，则以比较有限之物力赡比较无限之人欲，已有不应之势；赡不应求而强赡之已不可，况从而均赡之乎？赡之愈均，则公道愈不可问矣。是经济机会平等之一说，我辈所不能不驳者三也。

四、第二派经济机会平等之言曰：甲有五十分才能，即与以五十分机会，乙有七十分才能，则其机会之大小亦如之；以五十除五十，七十除七十，商数各得一：斯为真平等。我辈于此种立意，自无不赞同，顾于其命名则否。夫以五十分机会发展五十分本领，七十分机会发展七十分本领，以言个人权利，则才能与机会相当；以言社会经济，则人无弃材，物无废利。天下公道之事，更有甚于此者乎？明明求公道，明明得公道，乃舍公道不名，而强以平等名，犹之法律公道之以法律平等名，其不可通一也。名不正则言不顺，是不可不驳者四也。

五、教育理想派之“平等”。此派所尽力主张者曰：教育机会平等。其理论大致与上文经济机会平等之第二说同似，特所适用者为别一生活方面耳。有三分天资，受三分教育，八分天资，受八分教育。立意甚佳，无可訾议，所憾者，公道其实，平等其名，名实不相副而已。作此论者大率仅仅着眼在“教育平等”四字，故舍命题之不当外，它无大谬。然教育理想派中别有专在“机会”二字上着眼者，则有类经济机会平等说之第一派，其议论真横冲直撞矣。其言曰：人人应有受小学教育之机会；又曰：人人应有受中学、大学教育之机会。一若小学、中学、大学教育，人人得而受之者，一若机会当前，无人不知攫取而尽其利者，何其溺于理想而昧于事实也？或辩曰：天资之不齐、智力之不一、可教性之不同，固为事实，然我既无法以确定其高下与高下之程度，则舍据“与其杀不辜，宁失不经”、“与其挂漏，不如滥发”之原则行事，以求机会之遍及外，实无它道。是论固亦未可厚非。心理测验之学，今尚未臻美备，尚不能确定一人之智力而无遗误。虽然，我犹未见“平等”一名词之用意果何在也。就同一之教育机会而言，例如中等教育，其自身固无所谓平不平，及真与利用之之人发生接触，于是平不平乃显，而不平之例十居其九焉。中等教育之卒业生，其造诣每因人而异，欲求二三人绝对相平者竟不可得。质言之，机会之平不平，胥视众人利用机会之能力之平不平而定，利用机会之能力既人各不平，则徒以机会平等相呼号奔走，亦无意识甚矣。美人达文包氏尝曰：机会，外铄也，善用机会之能力，固有也，不图增益固有之能力而唯外铄之机会是务，是近代作社会研究者之大惑也[5]，信矣。持教育机会均等之论者，如目的唯在教育机会之扩大与普及，则从而力争教育机会之扩大与普及可矣，其平不平固非若辈能力所可过问也。

教育机会扩大与普及之说固我辈所绝对赞同者也。近年来教育心理学之论断曰：教育之机会愈充溢，则人与人间不平等之现象愈显著。何则？人人得为尽量之发展，而量之不同，得以完全呈露；换言之，人类变异之倾向得如春花之怒放而无顾忌也。目下之教育机会，艰窘特甚，使有百分才能者发展至六十分，使有七十分才能者，或发展至五十分，成就之相差仅十分耳。他日教育机会扩大，百分者乃得为百分之发展，七十分者乃得为七十分之发展，成就之相差且为三十。是则非变目下已然之不平等现象而加厉之乎？提倡教育机会平等者，其目的如在减少人类之不平等，则诚不免心劳日拙矣。我为此言，非有喜于不平等之现象也，特人事既尽，使自然得所位育，无有余不足之病，则不能不认为文化之进阶而引以自慰已耳。

总之，我辈欲求教育之发达，当首求教育机会之公道，如能求才能与机会相当，则效率自高；设不能者，则当本宁滥无阙之旨，求教育机会之扩大与普及，俾穷而有志者得上达而不沮丧。欲求教育机会之扩大，更当求诸社群中生计能力之提高。今教育理想派不是之图，而唯空洞之平等主义是务，是不能不驳者五也。

六、经济理想派之“职业平等”。美国经济学家卡富尔氏[6]有曰：“试从事于某项职业者之经济的成功，平均与从事其他任何职业者相同似，是不妨谓为职业之平等。”又曰：“设此种平等而可以力致，则甚善矣。”真可以力致耶？我窃疑之。属于公共卫生之职业，有清道夫焉，有卫生工程师焉；经济报酬上二者之不平，固人人能言之，其天赋能力之不平，则辨认者盖寡。然辨认固不难也：工程师于必要时未尝不能作清道夫之事，而工程师职分内事，则清道夫无论如何不能胜任愉快。工程师之于清道，不为也，非不能也；清道夫之于工程，不能也，非不为也。卫生工程之职业，社会所不可无，清道夫之职业，亦社会所不可无，固矣，然一则社会分子中十之八九类能为之，又其一则十不一二焉。兹一二者将与彼八九者受同等之经济酬劳乎？揆诸供求原理，我恐百世之下犹不可能！

可习为工程师之人不多也。然此种人才原料多寡之象，每为一班提倡社会改革者所漠视，或熟视而无睹，大可怪已。英哲学家与社会主义者罗素尝曰：

> 以医业论。医学之训练，甚费时日，亦甚繁剧；以不识生理、不谙解剖之人谬作医师，是以我辈之生命作孤注之一掷，我辈固不能甘心也。就目下之状况而论，医业之预备期愈久，则习医者之社会身份愈提高而合格者愈少。使社会主义得行于世，则形势将一变。病者延医治病，将与延普通工人等，其酬资无特别增益之必要。何则？目下作普通工人者届时或舍工而习医，医师既多，则其值自降，而与普通工值等。……于斯时也，医师之身份将与普通工人之身份同；二人之间，我辈将不谓其高下有分，而谓其嗜好有别。二者于社会生活，既均属必需，即应受社会同等之礼遇。[7]

罗氏此论，正我辈所亟欲评论者。工人之所以为工人，医师之所以为医师，舍绝少数外，恐非经济能力、社会地位与意志肯定等原因所可完全解释，最重要之因子仍不外天赋能力之不平耳。此其比较，与上文清道夫、工程师之比较正同；欲求其经济价值之相等而无害于公道，我恐任何主义之政治下所不可能。不可能而强之，行见社会上价值标准日趋紊乱，而公道日即于沦丧而已。大屦小屦同价，人岂为之哉！是平等观念之不可不驳者六也。

七、女权运动者之“男女平等”。种种平等声浪中以此为最高；此无它，同一作呼声，而此则情感之成分最浓也。两性之间，结构不尽同，心理亦甚异，其不同之程度实深，生物学者至谓可以两个物种目之。唯其不同，乃得收分工合作之效；人类文化之演进，其仰仗于此种分工合作者实多。此段分工而合作与相反实相成之因缘，今乃岌岌然有不能维持之势，而其朕兆厥为“男女平等”之呼声。

或曰：男女间之历史关系特深，本不应有平不平之争持，今不得不尔者，良以前此共同生活之经验甚有令女子失望者。昔日之女子，职业，不与焉；教育，几不与焉；政治，绝对不与焉；举凡男子可以加入之社会活动，女子均不与或几不与焉。反是，家庭经济，唯女子是问；性道德，唯女子是问；生男育女，传宗接代，唯女子是问；举凡役使隶属之事，男子所不屑为甚或不屑措意者，唯女子是问。权利之不与享者如彼，而义务之不能不尽者又如此，宜女子之积不能平，而奔走呼号以自求解脱也。解脱之术唯何？曰：首立男女平等之论是。是乌尔斯登克拉夫脱以来，女权论者一致之口吻也。

然主张男女平等者亦有二派：其一主张绝对平等，其气焰不可一世，几欲举“生殖之不平”而铲除之。此辈之狂热较之主张人类自然平等者犹且过之，我辈可不屑论。第二派曰：男女活动，有其共通之点，有其互异之点，可以共通而强之不共通，可以不必互异而强之必互异，而持此强制之权者复为男子，是妇女问题之所由起而平等论之不能不创也。此派颇近情理，且足为第一派下一针砭：盖第一派之趋势，将尽反历史之所为，强男女间不可以共通者而共通之，强本应互异者而使不互异；前途危害，或不亚于历史之所为也。虽然，我犹未明“平等”二字之用意也。因贵贱不同，而法律之行使异势，因贫富不一，而教育之成就殊形；若是者，我辈通常名之曰不公道。及至因男女有差，而发生类似之结果，乃独不以不公道目之何耶？是谬以不公道为不平等之又一例，而我辈不能不驳者七也。

八、人生哲学家之“平等”。平等观念之最不可究诘者，当推此派。此派所标榜者曰人格平等。平等为一不可知之数，具如上述，而人格又为一不可知之数，宜其不可究诘也。何以知人格为一不可知之数？胡适之先生《中国哲学史大纲》中，尝为孟子之平等论辩护，其意谓：孟子非谓人人之才智德行皆平等，第言人格平等耳。[8]将一人之才智德行除外后，我诚不知我侪所谓人格者果为何物。我所识于人格者，举一人一切品性之和而言也。人我之间，单个品性既有不平，则其和之不能平，自无待言。

或曰：人格平等者谓，同属人类，则人我之间，应有相互之尊崇，而不奴使人、不畜视人、不物玩人而已。是固社会伦理之基本观念而未可或非者。顾尊崇之程度不一，社会伦理亦尝诏人曰：尊崇者社会价值观念之实施也，甲应受几何，乙应受几何，胥视其人对于社群生活之有无贡献与贡献多寡而定，有未可一概论者。英经济学者考槃脱氏尝曰："人之有类别，犹犬之有类别也。……甲与乙，其爵位、资产、培植，无不同也；而其实际之不相类，有若犴之于猓。在动物则分而别之，独于圆颅方趾者，则统名之曰人，而不再为之差别，是祸乱之源也。"[9]斯而可信，则所谓人格者，格以圆颅方趾而已，所谓平等者，同是圆颅方趾而已，别无深长之意义也。所谓不役使、不畜视、不物玩人之道，则恕人体物之原则已尽其说，无须别立人格平等之概念以括之也。总之，人格平等之说，论事则不切，论义则过泛，徒供愿人以一种新口头禅，而无裨社会伦理之实际，是不可以不驳者八也。

九、行为派心理学者之平等思想。行为派心理学者未尝直言平等，顾其所持关于婴孩心理之议论，固极有平等论之臭味。作者曩在纽约社会研究新校[10]时，得聆行为派领袖华生氏之言论，私心深致疑焉。兹略述华氏与听讲员之问答一二段，以示其说之大有不能自圆者。

华氏曰：与我以一初生或生不逾二月之婴孩，而使我躬任教育之责，我可使成"天才"，若数理家、若乐师、若画师，唯我所欲。座中有人问曰：先生何术以致此？氏曰：是理之至显者，无论何种复杂之行为，一经分析，实不外百余单纯之反应之集合与变互，而此百余单纯之反应，固尽人而具者也；今使调剂环境中种种刺激，使反动之变互与集合各得其当，则相当之复杂行为唾手可得矣。座中又一人问曰：然则先生反对桑达克与推孟等之才能心理学派乎？曰然。又问：先生亦反对智力遗传之说乎？华氏唯否不定，不解答者移时，既而曰：我辈治心理学者仅能以呱呱堕地之顷为研究之出发点，后此种种，即我辈研究之原料，前此种种，则生物学区域内节目，我辈不暇过问矣。问者显然不以答案为满意，续曰：先生以心理学者之地位，不以遗传为重，亦自有理，然我闻不论何种单纯之反应或反射作用，发生之际，亦因人而有迟速利钝之别，此迟速利钝之别殆不能不以天赋之不同解释之，先生亦恝置不过问耶？先生支吾其辞者又移时，卒未解答。

越二三星期，华氏演讲时对智力遗传之说又下攻击，并再申说任何婴孩可成世人所称天才之理。座中又有人致问曰：先生于智力遗传因人而异之说深致不满，虽然，先生亦认人类形态因人不同，而此不同者可以遗传乎？曰然。先生认神经系、内分泌腺、肌肉、韧带为形态之一部分乎？曰：是不待问。先生认脑部之组织有精粗、肌肉韧带之结构有弛劲、内分泌之作贮有丰损、与其周行有畅滞，而此精粗、弛劲、丰损、畅滞之分亦由遗传授受乎？华氏曰然。然舌较涩矣。问者最后乃曰：先生既承认此种种，乃谓智慧之心理作用可离遗传之变异现象而别论耶！华氏于此亦卒未解答。

行为派虽未尝以平等之名相标榜，然其议论纵横，足为上文种种平等之说作强有力之护符。社会学者不明生物遗传之真相，近颇有引用其说者，以其貌若不乏充分之科学根据也。虽然，观上文华氏之辞穷，可知行为派对于教育学之基本假定，尚大有不能差强人意者在。[11]我辈既列举平等各说而驳之，则对此种议论不能不略述之以解惑焉。

上文种种平等观念或思想，非于事实不切，即于事理未当。而主张之者不惜竭全力以拥护之，真令人百思而不得其解。抑尝闻之，一概念一名词之发生，不经公众之认可则已，否则即根深蒂固，不可卒拔，初不论其根据之合乎事理否也。常人视之若家珍、若私业、若自我之一部分，不肯遽废，无论已。即在有识见者亦每守护之惟恐不力，即明知其不洽事理，亦不惮强为诠释，以求圆通。此于一般之社会哲学名词为然，而迹涉理想者为尤甚。是平等概念虽不能成立而其名称则至今未废，不特未废，且变本加厉之一大原因也。至政客及其他宣传家口吻中之平等。其旨在博民众之欢心而求自逞，其始终不肯放弃之故，更显而易见也。

中国文化中未尝无平等之理论，而平等之名词与平等观念之传播，则西化东渐以后始有之。西化东渐后类是之赐赉多矣：曰自由，曰人权，曰平等，举皆一二好事者幻想之结果，不足经事理之盘驳者也。降至今日，西方社会已由此类不健全之概念渐求解脱：论者谓七十年来西方社会进步之动力已不复为人权平等各说，而为社会效率之说[12]，自是确论。乃国人不察此种变迁之迹，既拾人之唾余，复从而簸扬之，若惟恐其臭味之不广被者。恶劣概念之奴使人类，而人类堕性之深，甘受其奴使，抑何若是之甚耶？

且上文种种曲解平等之说，固未经一般人了解也。略事学问者尚知作条件上之限制，故一则曰法律平等，再则曰人格平等……一般人不暇问此种条件，则直曰平等而已。夫一般人之智力中下，故不暇问者，无能力问也，问且不解。然一般人之欲望，一经有相当之自觉，则每不肯让人，其顽劣者甚或嫉人之胜己，故不暇问者，亦不欲问也，问且识己之不若人而自馁。故一般人心目中之平等犹卢骚创论时之旧，即自然平等论是也。

何以知一般人之平等论为自然平等论？曰：观近百年来各新进国之社会组织与社会价值观念而知之。以言政治组织，有所谓均平选举制者。政治领袖之产生由公民投票，而投票之数不因资格地位而有多寡之分。美国实行此种制度者也，故杜威博士投一票，其寓前日事洒扫之清道夫亦投一票，曾无稍异，而若杜威博士者，又时或适潜心于学问，并此一票而不及投焉。谓此非自然平等论之实施不可也。一国之中，平庸之人居大多数，而中上者居少数，今既人投一票，而中上者或因事冗，不克投票，或明知其意见之寡不敌众，不欲投票，于是平庸之政治主张充塞社会，而一乡之愿人，得因风云际会，一跃而执政治之牛耳矣。美国舆论界之严格者至呼现任总统柯立志为“天下驰名之庸人”，近代美国政治之趋势，于此可见一斑。谓此非自然平等论实施后之效果，亦不可也。

以言经济组织。上文尝论职业平等说之不当，究其实，职业平等亦自然平等之引伸论也。罗素似以为在社会主义政治之下，始有真实之职业平等，殊未必然。今日略有民治色彩之国家大率有此种倾向，且有矫枉过正之势。中国昔日士农工商之社会价值不等，今亦议论纷纭，局势大变矣。职业而真能平等，诚如卡富尔之定义，则亦已矣；实际上则近代职业每视人数之多寡与一时风气之方向为差。故今日美国社会中，商之地位与势力居第一，工似次之，农又次之，而经济上最受打击之职业之一，当推中小学校教员；大学校中资望未深之教授，生活亦常患艰窘。夫教师、商贾、工人三者对于社会国家之责任与贡献，孰轻孰重，原不待较量而后知；今商则利如山积，工亦方日争资金之增加与工期之减缩以自高声价，而从事于文化与教育者则终日孜孜，仅得温饱。此其社会公道为何如，亦不待较量而后知也。一人经济之所入不与其社会价值等比，自昔已然，顾未有如今日之甚者也。此亦自然平等论实施后之效果也。

再言教育与文化组织。美国之大学教育，最称发达，就数量论，大学何止数百所，学生何止数十万人。然二三十年来，大学一般之程度日低[13]，其故安在？教育理想派之言曰：人人应受大学教育，以启发其“无尽藏之天赋能力”。于是人人欲受大学教育，人人欲其子弟受大学教育；卒之，大学教育成一种利前程、光门第之不二法门。社会之要求既扩大，办大学教育者自不能不降格以相从矣。比其末流，大学教育几与职业教育不分；大学树人，几与工厂制物无异，言其如出模铸，千篇一律也。真能领会文化之精髓而有所发明，而同时又不为狭隘之功利主义所束缚之大学生，多乎哉？不多也。今满坑满谷者举皆大学生，则其价值可想见矣。是又自然平等论效果之一部分也。

是犹大学教育耳。以言小学教育，则机械之形迹尤著。一教室中，学生多至四五十人，教员同，教科材料同，钟点多寡同，授课数量同，课余游戏同；所不同者，各人之天资耳。犹之体操，有落伍者，而捷足者不能不为之止步；有蹒跚者，而捷足者不能不为之缓步。一班一级进行之迟速，一视大多数平庸之学生为依归。若是“鹅步”式[14]之小学教育，固维新后我辈所身受目击，不必征诸异国者也。近年来，个别教育之说渐昌，德美诸国乃有天才儿童分别教育之举。德人创办者规模较大，迳名之曰天才儿童学校[15]；美国者较小，名曰“机会班”，或曰“推孟班”，不指明天才儿童者，不欲忤社会大多数人平等之心理也[16]。个别教育之不早发轫，及其发轫而不能得社会之同情。是自然平等论之又一赐也。

总之，今日之政治、经济、文化与教育种种组织之基本哲学，在在无不有自然平等论之踪迹也。有不经之社会哲学，斯有谬误之社会组织，其源不清，其流斯浊矣。今日中外社会问题之日亟而不可理者，岂不以是耶？夫平等论为求社会效率与社会公道而发者也；及其结果，平等之观念愈深遍，则社会效率愈低降，而社会不公道之迹愈显著，诚非卢骚、渥温之辈梦想所及也。不考生物事实、不据人类经验而妄立社会学说之殃祸，我于平等论见之矣。

或曰：当平等论发轫之初，世无生物学，无人类学，更无社会学，学者为学之方法，重臆想，不贵事实，尊直觉，不尚经验，性伪问题之研究方法固不能外是也；今子以今日之眼光，责千百年前之方法，无乃不于其伦？此说我承认之。虽然，我所深怪者，不为孟、荀、卢、渥之辈，而为今之号称学问家者。历史之常识，若辈熟视无睹；百年来生物学、人类学发见之种种原则与事实，若辈置若罔闻；生物变异与人类多形之原理流行且五十年，而若辈犹乐道平等论弗衰，甚或作科学原理不适用于人类与文化之说以自封，若则甚可怪已。人性果平等或否，孟、荀之辈所不能不求诸臆想与直觉者，今则生物、生理、心理诸学已能断定之，奈何不一参考之也？

驳斥平等之议论尽此。将何以善其后？有二端焉：一曰昌公道，二曰励自强。

公道之说上文已再三及之。兹再酌为补充。公道自在人心一语虽不尽确，然公道者，实不乏多量客观之是非标准，使人人得取以衡物，则古今中外同之也。社会进化，社群生活日繁，初则形成若干浮动之舆论，及其固定，乃成所谓“社会良心”者。举凡事物之利弊，人我之是非，莫不以“社会良心”为准绳而定进止取舍与褒贬焉。[17]公道者，社会良心之一部分而已。然则“自在人心”之说，设假以外铄而非固有之条件，不可谓为过当之论也明矣。世之欲求公道者，乃不就固有之社会良心加以提挈，而必创平等、自由、人权一类不经之论，惟恐其不行，又从而润以学理之色彩，蔽何甚也？

上文种种平等之说几无一不可以公道代释之。已往之社会经验——法律之待遇、经济与教育之机会、男女间事权与利益之分配——固未能合乎公道之原则而无间也，视其间而纠正之，则舍提倡真正之公道无由。真正之公道何在？曰：人人认定人类多形之现象，各视其性质与程度之不同而异其权利与义务之支配，达荀子所称“人载其事，各得其宜”之至理，则庶乎其可矣。

平等之哲学，消极之哲学也。不求己之自同于人，见贤而不思齐，而私心唯冀人之降格以同于我；即不冀人之降格，而大声疾呼，徒争平等之名，而不图袪不平等之实。若是者，我徒见其自馁心理之日益扩大而已，于实际生活之促进无裨也。今日中国之社会生活，小之如人己之交谊，大之如国际之关系，几无处不呈露此种不健全之心理。只求人之不出奇制胜我，而我得苟安周旋于其间，相形不十分见绌者，则于愿已足。若是者，固比比也。团体生活中领袖之难产，为今日中国社会习见之现象。或曰：是亦此种顽劣之心理为之厉阶。人人有不肯后人之欲望，而未必人人有可以胜人之能力，平等哲学正所以济此辈之穷者也。其济之之法唯何？曰：人之彦圣，违之俾不通，使同于我而已！世间此辈既不能令、又不受命之人本不在少数，今益之以圆通之哲学若平等论，宜领袖之难产也已。

今欲举一比较健全之心理而代之，有道乎？《易》曰：君子自强不息。演化论之大原则亦曰：竞则进，苟安则退；竞则存，苟安则亡。竞与争不为一事。争者求胜，必先损人，故胜则自肆，败则自馁；竞者以损人而胜为耻，故胜不自肆，败不自馁。故领袖者不骄人，服从者知安分。自强之至意，其在斯乎？君子无所争，而竞固不宜废也。人与人以自强相竞，群与群以自强相竞，而社会不进步者，未之有也。

注释：

[1] 孟、荀之平等论不一贯，矛盾之处甚多，尝在他处论列之。

[2]《新约·路加福音》第十九章第十一节。

[3]《太平导报》第三十六与三十七期。

[4] 是特例举一种机会云尔，非真谓社会主义者有此建议也，且事实上正与此例相反。最近尝有人谓革命政府俄顾问鲍罗廷主张保留中国固有之私产制，但土地则宜收归国有。

[5] 美国优生学者 C. B. Davenport 之演讲词。

[6] T. N. Carver，哈佛大学经济教授。

[7] Socialism and Education，*Harper's Magazine*，1925.

[8] 且此项辩护亦不能成立，尝在他处详论之。

[9] Wm. Bateson，*Biological Fact and the Structure of Society* 引 Wm. Cobbett，*Rural Rides* 中语。

[10] The New School of Social Research.

[11] 此非对行为派全部而言。行为派之研究方法，极合科学原则，自不待言，此第言其假定之一部分有不当耳。

[12] 此为美国达茂大学（Dartmouth College）比较文化教授为我言者。

[13] 见 L. S. Hollingworth，*Gifted Children*，1926，p. 286。

[14] 美人 U. Sinclair 尝作 *Goose Step* 与 *Goslings* 二书，专刺美国大学与小学教育之机械性，尽嘻笑怒骂之能事。

[15] Begabtenschule.

[16] 见 L. S. Hollingworth，*Gifted Children*，1926，pp. 296 与 304。

[17] 英之 L. T. Hobhouse 与美之 J. M. Mecklin 推阐此说最详。

优生与文化
——与孙本文先生商榷的一篇文字*
(1929)

在孙本文先生的《文化与社会》一书里，有一段讨论到优生学的文字，标题为“文化与优生学”。这本来是一篇短篇的文章，早就交给泰东书局《社会科学杂志》第三期发表的。因为杂志脱了期，读者反得在孙先生的论文集——《文化与社会》——里得到先睹之快。

读了孙先生的议论，可知他从文化人类学或文化社会学的立场，对于优生学，不能不取一种很严格的批评态度。他认为优生学说根本有四个错误：

（一）“误以人与动植物同等看待”。

（二）“误以文化影响为生物特性”。

（三）“误以智力测验法为足以辨别先天优劣”。

（四）“误以财富与势力为判断能力优劣的标准”。

优生学是一个幼稚的学科，它的错误当然不止一端，有人处比较客观的地位，能够把它们指摘出来，在治这派学问的人当然是十分欢迎感激的。不过我以为就优生学最近十余年的历史，和它的现状与趋势而论，它的谬误却并不在孙先生所提出的四点上。请分别与孙先生商榷之。

（一）“误以人与动植物同等看待”

优生学家并不把人与动植物同等看待，也并不想利用改良动植物种的方法去改良人种。据我见闻所及，比较有资格的优生学家里面，谁

---

* 原载《社会学刊》第 1 卷第 2 期，1929 年 10 月；辑入《人文史观》，商务印书馆，1937 年版。

都没有表示过这种意思、这种主张。十多年前，优生学说开始流行的时候，一般人不甚了解它的真意义，从而加以种种主观的猜测，孙先生所过虑的这一点，便是当初主观的猜测之一种。到了后来，“优生学家将人比畜”一语竟成为反对论者攻击优生学的口头禅。有宗教成见的人更簸扬其说，对于优生学家否认的论调，置若罔闻，却一口咬定“优生学家将以蕃殖动植物的方法适用于人类”之说。当时不可理喻的一种情状，很像反对演化论的人一口咬定演化论者前尝假定而后经放弃的“人类自猴子直接演化”的说数。一般感伤主义的改造家与文学家，一向把恋爱与婚姻看作绝对个人的事，神圣不可侵犯，对于优生学家，自然也不会有什么好感。他们也往往援引“将人比畜”的口头禅来肆意攻击。例如一九一四年美国《大西洋月报》登载过一篇文章，题目是“优生学与常识”，中间有一段开头便说：

> 优生学将人比畜，欲其蕃殖如畜类然……推此而论，一旦优生学家得志而为政于天下，试思数世后之人民将何若耶？殆将魁梧奇伟，白皙丽都，舍在运动会与赛美会中供点缀外，将无所用之，且旦暮必有医士——优生之医生——为之看护，将不至全无脑经、不识恋爱、怯于公斗、艰于生育不止……优生学家不言恋爱。彼不知恋爱为何物，彼直不知世界为何物。

这种口气当然不像批评，却像说笑话。不过那位作者对于优生学的误解却碰巧与孙先生的误解，一般无二。

因为这种误解非常普遍，后来讨论实用优生学的人，便不得不特别加一些“辟误”的笔墨。例如美国人韦更（A. E. Wiggam）于一九二三至一九二四年间著了《科学新十诫》一书，为优生学当说客，就不说什么是优生学，而竭力辨白什么不是优生学。他总共说了十四个“不”，中间有一个是：“优生学并不主张用蕃育禽兽的方法来蕃育人!”

优生学家不主张以育种的方法育人。他们却主张借重目下种种社会制裁的势力，例如教育、宗教、舆论、法律等等，使人口中比较优秀的部分可以提早几年结婚，多生几个儿女；同时使比较不优秀的部分减少他们的婚姻率与生育率。前者比较积极，后者比较消极。优生学家认为积极的方面比消极的方面尤为重要。开创优生学说的英国人戈尔登不很早就发表过一篇讨论这一层意思的文章么？那篇文章的题目是“论法律与舆情现状下改良人种之可能”（The Possible Improvement of the Human Breed under the Existing Conditions of Law and Sentiment），曾于一九〇一年十月在英国人类学会里宣读一次，现在在戈氏《优生学论文集》（*Essays in Eugenics*）里排作第一篇的就是。三十年来，优生学家所主张的实施方法还不出戈氏所提出的几点。试问在目前的法律与舆情之下，我们可以适用养鸡畜狗的方法么？其不适用，何消说得！

但是我们应该注意，优生学家虽不主张以育种的方法育人，优生学一部分的原理却是完全从育种的经验里得来的。至少，优生学家因为目击动植物育种的好处，才悟到人类自身有自觉的选择的必要。相传古希腊诗人泰乌格尼斯（Theognis）很早就从育种的经验里悟出一些优生的道理来。他做过一首诗，大意说：

> 我们寻觅好种的山羊、绵羊和马，我们想专从它们蕃育出下代的山羊、绵羊、马来。但是一个好人，因为贪图妆奁的丰富，不惜和一个劣等的女子结婚，一个好的女子也不惜嫁给一个劣等的男子。因为人们看重财货，所以男女结合，就良莠不分。我们的种族已经着了财迷了。

后来有人（Stobaeus）替这首诗下注脚，说泰乌格尼斯作诗的本意不在批评财可通神的婚姻制度，却在责备人们对于自己婚姻生产的事，甘居下流，不事振作。这个注脚是很对的。近代关于优生学的著述也十九引育种的经验做一个楔子，更是数见不鲜，无烦征引了。（例如去年十月才出版的 Leonard Darwin，*What is Eugenics*，落笔就讲养狗的经验。）

（二）“误以文化影响为生物特性”

孙先生认为在优生学家的眼光里，这两件事物是不分清楚的。这也未免太瞧不起优生学家了。优生学家——像其它学问家一样——多少不免有他们的“蔽”，但平心而论，总还不至蔽到这般田地。优生学家并不是不分清楚文化影响与生物特性，他们实在觉得这两件事物有些分不清楚。不分清楚与分不清楚是两件事。文化社会学家——除非是他只顾片面的事实——又何尝觉得它们完全分得清楚呢？换言之，谁都不能不承认：没有一种文化的影响没有些少的生物特质做它的张本，也没有一种生物特性多少不受些文化影响的支配。

孙先生说：“动植物惟有生物性，而人类则有文化。文化是人类的产物，而人类亦是文化的产物。”这是很对的。孙先生既承认文化是人类的产物，当然承认它不是一种凭空的虚构，乃是根据了人类比较独有的生物性，才发生了的。文化后期里的种种小节目，自有其累积性，好像和生物特质没有多大关系，但是文化初期里种种基本的成就，和后期里比较大一些的节目，例如大发明、大发见，我们不能不承认他们和人类的生物特性有多量的因果关系。奥格朋（W. F. Ogburn）教授论文化的累积性最详，但也未尝不承认新发明一半要靠天才，便是此意。（参看孙先生自己的笔墨，《文化与社会》，页一三〇）

孙先生接着说："人类自呱呱堕地而后，处处和文化接触，处处受文化的影响。我们所见人类种种方面的活动，全都是受着文化影响以后的表现。"孙先生这番议论里却有不少的毛病。我们要认清楚，人类生物特性的发展，并不以出母体为终点，真正的终点却在出世二三十年之后；身体的各系统，有的长足得早些，有的晚些，例如神经系统的长足，便在出世后二十五年上下。（参看例如 S. D. Porteus，Temperament and Mentality in Maturity，Sex and Race，美国《应用心理学杂志》，第8卷第1期，1924年3月）在这二三十年之内，一个人当然到处受文化的影响。一种生物特性，一面循了遗传的命定，利用物质环境里的营养料，不住的发展，一面也不住的接受文化的影响。初看上去，好像他受了文化的刺激与督促才发展的；文化影响和生物特性根本不容易分清楚，就因为这种同行并进的现象。但是我们只要参考其他高等动物的发育史，例如猿类或古人类的发育史，就可知一种生物特性脱离母体后的向前发展，以至于完成，初不系乎文化的影响；即使没有文化的影响，他未始不继续走它发展的路。猿类的生物特性，也并不是生来就可以完全表现的，不过他完全表现的日子，要比人类提早得多罢了。古人类的文化很浅薄，远不如我们今日的文化，但是古人类在形态上发展的程度，未尝不如我们，有的并且在我们之上。总之，文化的影响固然普遍，一个人在他很长的发育时期（自婴儿以至成人）里，伸缩性确又很大，容易接受文化的影响。但是我们千万勿被这种事实蒙混了，以为人们一出母胎，身体的结构和作用上所发生的变化，都是文化影响出来的。

孙先生的议论，实在有些抹杀。我们只要举一两个极浅显的例子，就可以明白人类种种方面的活动，并非全都是受着文化影响以后才表现的。婴孩初出母胎，便知吸食乳汁。吸食乳汁不能不算作"人类活动"之一，但试问他是不是受了文化影响以后才表现的？人们到了春机发动期前后，便有性的思慕、追求，进而至于性的结合，试问这种活动又是非先受了文化影响不能表现的么？孙先生似乎因为太看重了文化的影响，竟把这种极浅显的事实忘了；要不然，他决不会用“种种”、“全都”一类笼括一切的字眼。

我们目下商榷的一点，简洁了当的说来，实在就是本能的有无与强弱问题。这是一个大问题，也是一个悬案，我们不能在此从详讨论，就是讨论了，一时也不能有什么结果。我不明白孙先生在这个问题上的立场究竟怎样。我自已则采取比较折中的说数：既不赞成麦克图格派的本能命定一切论，也不赞成行为心理派推翻一切本能的议论。但是承认一种动物的演化地位愈高，它的本能的组织愈松散，愈容易接受环境的影响，在行为上的表现愈不一致，愈有变异。美国吴伟士教授说得好：“若说人类本能的倾向比别的动物要少，那就错了，也许比任何别的动物要多。不过人类的本能行为不像下等动物的现存和呆板罢了。”（R. S. Woodworth，*Psychology*：*A Study of Mental Life*，p. 111）这种说法，和上文讲的生物特性与文化影响不能绝对划分的道理，是一样的。

孙先生紧接着又说道：“并不是人类先天就有种种能力，使他不得不有种种方面的活动。”这句话我们更觉得不敢苟同了。治人品遗传学的人，常讲“能力”二字，也许犯一些太笼统、太着痕迹的弊病。譬如说“某人天生便有音乐的能力”，我们觉得有些突如其来，不大合乎事理。但若说一个人天生就有发音的能力，就有分别音节高下与徐疾的能力，这大概谁都可以承认吧。不过一经承认发音辨音的能力是天生的，实际上就等于接受音乐能力出乎先天的说数，因为音乐能力原是发音辨音等能力之和。接着也就可以承认发音辨音一类的能力不免因人而有强弱精粗之分，所以音乐的能力也就不等，上焉者为天才，下焉者为遗传的“调聋”。即就此音乐能力一端而言，我们就不妨说：因为人类先天有音乐的能力，使他在相当的物质环境和意识环境里，不得不有音乐的活动，浸假成为音乐的艺术、音乐的文化。

优生学家或人品遗传学家所讲的天生能力，大都类此。例如数学的能力、绘画的能力、机械的能力甚至于弈棋的能力，莫不有相当的遗传根据。能力（ability）这个名词，因为太着痕迹，他们近来已经不大引用，而改用 aptitude，可以译作能性。但无论能力或能性，他们的着眼点总是在遗传的基础上，而不在后天的文化影响上。我在此用“着眼”二字，指优生学家并没有忘却后天的文化影响；不过兴会所及，不能没有偏重罢了。但是在文化社会学家方面，对于先天的种种能力或能性，却大有掉头不屑一顾的态度，坐使二派学问彼此不能携手，互相启衅，这是我认为很不幸的。

孙先生以为优生学家误将文化影响当作生物特性，也许因为他看了戈尔登（F. Galton）、霭理士（H. Ellis）、乌资（F. A. Woods）诸家的著作，开口讲遗传的才智，闭口讲才智的遗传，真像文化里种种用脑力的活动都是经生物的顺序直接遗传下去似的。读者注意：这是我对于孙先生的猜测，并非谓孙先生心坎里确有这种印象。不过这种印象是很普通的，记得我当初看这几家著作的时候，也未尝不觉得戈氏、霭氏一班人有些一相情愿，太没有把后天的熏染放在心上了。如今我却明白，戈氏等讨论遗传的天才，如诗才、文才、吏才、律才甚至于将才等等，并没有说每种才具都是囫囵吞枣一般的遗传下去，却说：凡是这一代在文化社会里做过诗人、文士、循吏、法家或大将的人，在脑力上、智力上、性情上自有其与众不同的先天根据；而此种根据，既属先天，自有遗传与下一世的倾向，而受此遗传的下一世，在与上一代大致相同的文化环境里，也便有做诗人、文士、循吏、法家或大将的可能性，而这种可能性并且要比在同一环境之内的一般人要大些。这种说法，我想谁都可以承认，因为承认了，一面的确可以解释许多但凭文化原因所不能解释的事实，一面却也不犯“不辨生物特质与文化影响”的嫌疑。

（三）“误以智力测验法为足以辨别先天优劣”

关于这一点我们先要说一句声明的话，智力测验的方法并不是优生学家发明的，乃是教育心理学家发明的。不过及其既已发明，二派学者觉得彼此有相须相成的地方，所以就欢然合作起来。所以优生学家在这一点上，至多不过“误信”（诚有如孙先生云云）了教育心理学家话，上了他们的当，此外没有很大的毛病。

现在要辨明优生学家究竟“误信”了没有。

读了孙先生的文章，可知据他的见解，智力测验法是不足以辨别先天的优劣的。足与不足，姑且不论。有几个先决问题，不妨先行提出：第一，世界上究属有没有“智力”这样东西？第二，“智力”究属有没有遗传的倾向？第三，人与人之间，智力究属有无高下？对于这三个问题，我想孙先生大概都可以答复一声“有”。我们玩味《文化与优生学》

的一段引言，也觉得孙先生对于这几个比较基本的问题，大概是都有正面的答复的。

如此，我们不妨接着问：这种智力的高下，要是能够预先加以估量的话，岂不是一件值得欢迎的事？我看是值得欢迎的。我们从前在政治生活方面，很早就有“用当其才，人称其职”的一种攸关社会效率与社会正义的理想，但是这种理想至今未能充分的实现。为什么？因为无法“量才”。以前从政的人未尝不讲求“量能授官”（语出荀子）的道理，但是没有比较正确的量断标准，便量不出什么结果来。如今要真有比较正确的标准资为量断，自然是可以欢迎的。这层意思，孙先生当亦首肯。

还有一个先决的小问题。无论天生的智力若何，一经与文化接触，而表现为智识生活，便不容易把先天的部分辨别出来，隔离出来。这固然是不容易，但决不至于绝对没有办法，是不是？孙先生对于这一点，我想也可以承认。

现今流行的智力测验无它，就想在人力可能的范围里，用比较客观的标准来量断人们的天赋的智力。“姑无论其所用方法的武断悖谬”（孙先生语）与否，在原则上至少是未可厚非的，在动机或目的上至少也是不错的。这一点，平心而论，我想谁都可以承认。

我不习教育心理学，更不是智力测验的专家；孙先生不满意于智力测验的话，我不能一一详细解释，解释的责任自在专治这一派学问的人，也不用我的哓舌。不过若说智力测验所用的方法“武断悖谬”，则孙先生似乎很犯一些责人重以周的嫌疑。智力测验家在测验的时候，往往不能不用文字和其它文化生活中的事物作为凭借，至少不能不用语言来传达被测验者应当履行的手续。在这种地方，逃不了文化的影响，是无可亦无庸讳言的。一个幼童，在受测验以前，多少已受过文化的训练，这也是无可也无庸讳言的。但若说因此而测验方法“所测验得的，是文化的影响，而非先天的能力”，便真近于武断了。创制测验方法的人，用了全副精神来隔离文化的影响；隔离是不容易的事，当然不会完全成功，他们测验所得，至少总有一些不是先天的智力，而是后天的训育。这种“或多或少”的批评是很对的，从事于测验的人一定也准备接受这种批评。但是孙先生那种“不是便非”的批评，却教人不能接受了。

事实上，智力测验方法的可靠性，有好几重保障：第一，凡是一种用得的测验方法，一定受过相当的标准化（standardization）。至于标准化是什么一种手续，说来话长，只得请读者自己去参考关于这个题目的专门著作了。第二，两种不同的测验方法，若有相当的可靠性，所测验到的结果，一定相差很近；换言之，两种方法的效率，虽不相谋，却有很高的正面的相关现象。第三，教育学家采用智力测验方法后所得的实效的确很大。这一层保障我认为最关紧要。经验告诉我们说：一棵树好不好，只要看他所结的果子。近世实验主义者的价值论，不主抽象的是非，而主实际的效用，正是此意。智力测验方法究竟验得出先天的人品优劣与否，我们不专治此学者大可不必过问，我们但须问：自从此法流行，至今将近三十年间，我们在社会效率与社会正义方面已否得些以前未曾有过的好处。我们得到的答复是很直截爽快的："已经得到不少。"

社会对于智力低下的儿童，因为可以预知其低下，不能受普通的学校教育，便不再浪费人力、金钱、功夫在他们身上；只教他们一些单纯的技能，可以在社会里勉强做几个生利而不专分利的分子。这不是增加了社会效率么？社会对于智力特别优秀的儿童，因为可以预测其优秀的程度，便及早把他们从一般儿童中间挑剔出来，分别教导，使不受普通学级里平庸的或低劣的儿童的牵制，使可以充量的发展、尽率的发展。德国战后设立的天才儿童学校（Begabtenschule）和美国小学校里特辟的所谓机会班（opportunity class），已都有相当的成绩。这种设施不是不但增加了社会效率，对于优秀儿童自身，因为能够因人制宜，不更有助于正义的实现么？推孟教授在一九一六年叙述测验方法的功用一层，已经有很确切的论证。（L. M. Terman，*The Measurement of Intelligence*，中译本名《订正比纳西蒙智力测验》，华超译，商务印书馆《世界丛书》之一）十余年来，又不知加上几许可作证据的材料。著作甚多，有心人尽可复按。

当初在美国攻击智力测验最不留余地要算是孟根（H. L. Mencken）了。这位批评家的一支笔，着实有些可怕。不过最近几年来他的态度变了。无论他的成见怎样牢不可破，笔墨怎样犀利刻薄，终究挡不住日积月累的证据。下面是他两年多前的供词，引来聊供参考：

> 读者至此，自然觉得我和所谓智力测验者在挤眉弄眼。是的……我如今只好承认，时光和经验已经把我征服了，教我不能不归向他们，因为赞助他们的证据，已经慢慢的堆积起来了。换言之，他们的确发生效力。（*Notes on Democracy*，p. 11）

“他们的确发生效力”，也就是优生学家所以置信于智力测验方法的最大理由。看了实在的效力然后相信，便不是误信，也不会误信。

（四）“误以财富与势力为判断能力优劣的标准”

这第四点，优生学家并不承认，更没有主张过。误与不误，一概与优生学家无干。

优生学家至多说过这样的一句话：财富的多少与能力的优劣，不无些少相关之处。这也是有了相当的统计材料才说的。承认甲乙两种现象有些相关，是一件事。引甲现象的变异作为乙现象的变异的指数或标准，又是一事。二事岂宜并为一谈！

若就中国的经济状态与文化背景而论，优生学家对于财富多少与能力优劣二种现象之间，便更不敢骤下相关的断语，遑论以前者作为后者的标准？我以前在《人文生物学论丛》第一辑里早就讨论到这一点，并且我曾经说过，一样要用一个标准，职业可以用得，财富却用不得：

> 西方的学者说，资产的多少和智力的高下也是有正面的相关的。此说在天惠丰厚、人人有相当职业的美国社会也许很对，在中国却未必尽然，因为中国的生计窘迫，品致高一些的人不屑与民争利，转而形成君子安贫的道德观。所以穷书生之多，为他国社会所不经见。如以财产作标准，穷困的世家当然归入下层阶级里，但如以职业作标准，这种世家便属第一流了。（《人文生物学论丛》，第一辑，初版页二〇一）

我以前讨论利用生育限制法应当有的标准，也提到过这一点。读者如不厌琐屑，请许我再提一次，以示优生学家决没有以贫富定优劣的意思：

> 经济阶级不能作为选择的标准，是很明显的，尤其是在人口过剩、物质不够支配的中国，尤其是因为中国人是有一种安贫乐道的人生观的……社会身份，即一般的贵贱阶级，不完全由资产之多寡而定，似乎要比贫富阶级可靠一些。中国人很看得起穷书生，说他门第清高，看得起穷官员，说他清风两袖。孔门论学，至有君子固贫之说。反过来，却极看不起“暴发户”，说他得的是不义之财，走的是侥幸之路，预测他不能持久，子孙也不能守成，也竟时常说

对了。能超脱物质的环境而言社会身份是一件很优生亦很难能的社会习惯。(同上，页二九三—二九四)

孙先生在这里所用的“势力”二字，不知究指什么。若说势力大小便指职业高下，也便指社会身份的尊卑，则我在《人文生物学论丛》第一辑里已有过比较详细的讨论，认为与能力优劣有很显著的相关，并且征引了不少的智力测验的统计以为左证，恕我不在此处多赘了。(同上，页一八九—二〇一）以测验统计做左证，也许孙先生依旧不免用“误信”二字来轻轻搁过，但是我很希望，经过上文一番商榷之后，孙先生对于智力测验的态度，已经可以温和一些。

认职业高下与才力大小为有显著的相关现象，当然也只是一种统计的看法、一种平均的看法，并不是以为凡是职业地位高的人、势力大的人，一定才力大，否则才力一定小。决不是。从统计得来的结论，不能适用于个人，这本来是无须说得的。然而孙先生竟有下列的可异的论调：“优生学家又往往认经济事业的成功者，为社会上的优秀分子……”但这还可以，因为“往往”二字有和缓语气的力量，接着的几句却真可诧异了。“凡是社会上拥有财富、地位或势力的人，便是先天能力优秀的人。反之，凡是社会上贫穷、失势或无社会地位的人，便是先天能力劣下的人。这种见解的错误……”不必再引下去了，这不知究竟是谁的见解、谁的错误！评论优生学家的真正的谬误可，强加优生学家以莫须有的罪名，却不可。

我要和孙先生商榷的话完了。我所说的，无非是为优生学说辩护的话，已经说得很多，比孙先生批评的话多了好几倍。我对于文化社会学派矫枉过正的地方，本来也有些少要批评的话，但此文已经够长，自己已经觉得有些累赘，留待以后有机会再说。

姓、婚姻、家庭的存废问题*（1930）

一

四月十九日《申报》的《全国教育会议特刊》里有一段绝有趣味也是绝有意义的新闻，如今照录于下，只字不曾更动，连标点都仍旧，因为报馆的记者既不免有忽略疏漏，要再加上调动，稍不经意，错误必然更多，去真相必然更远。①

> 昨午
>
> 立法院之盛宴
>
> ▲解决姓婚姻家庭问题
>
> 十八日午刻立法院胡林两院长、邀请全体会员到院餐叙、到会员蔡元培李石曾吴稚晖蒋梦麟杨杏佛等百余人、胡展堂林子超邵元冲等作陪、席间胡展堂致词、略述立法院同人、欢迎诸位会员、因立法与教育关系至为密切、立法院只可在党的立场上订立方针原则、至详细的教育方案、须赖各位专门家之制定、所以在立法院同人、对于各位会员、有很大的希望、同时对于诸位的辛苦工作、甚为感谢、兄弟对教育系一外行、只有在日本学习过三个月的速成师范、已是三十三年前事、回国从事教育工作、同时做革命工作、前

* 原载《新月》第2卷第11期，1930年1月10日；辑入《人文史观》，商务印书馆，1937年版。

① 《申报》引文据原报上的版本逐一校过，“〔〕”内的文字和符号为引用者潘光旦所加。——编者注

后做过两次、每次只有三个半月、均因革命关系失败、此后对教育工作、只有望洋兴叹而已、教育与革命的成功、关系至巨、教育家应具有革命的精神、同样革命家亦应明白教育的道理、初无二致、今天讲了许多废话、不能供诸位的参考、诸君吃了些不好的东西、恐怕不能消化下去、现在立法院的某同志、站在立法的场上、提出了三个问题、请诸位教育家赐教、或许可以助诸位的消化、且敬各位一杯水酒、祝诸位的健康〔、〕将三个问题、提出研究、

第一姓的问题㈠要姓？㈡不要姓？㈢如要姓、应系〔从〕父姓、抑应从母姓、

第二婚姻问题㈠要结婚？㈡不要结婚、㈢如要结婚、早婚或迟婚有无限制？

第三家庭问题㈠要家庭？㈡不要家庭、㈢如要家庭还是大家庭好、还是小家庭好、

次由会员公推江苏教育厅长陈孟钊致答词、略谓今日承立法院盛宴招待、深为感谢、胡先生系教育大家、并且是革命的教育大家、从三十三年前直到现在、处处没有忘记过教育、时时在教育方面做工夫、是我们的真正革命的教育导师、仅代表同人请求、㈠胡先生到会场来给我们讲演、㈡立法院各位革命先进法学专家指导我们的工作、今天适值国民政府成立纪念、请借胡先生们的一杯酒祝胡先生的健康、并高呼国民政府万岁、以后开始讨论、三个问题、兹为节省篇幅、将各会员所解答的、分别问题记录如次、

第一姓的问题㈠钟荣光有姓好、没姓也好、从父姓好从母姓也好、胡庶华女生为姓、大学里如有女生便要姓、如没有女生便不要姓、（记者按胡先生的学校好像是没有女生、那末大可不用姓了）张默君为维持社会秩序应有姓、可听儿女的自由择姓、但以父母的姓为限、不能姓父母以外的姓、吴稚晖要也好、不要也好、有得人请我吃时便要姓、没得人请我吃时便不要姓、蔡孑民、不要的好、用父的姓不公道、用母的姓也不妥当、还是不要的好、可以没〔设〕法用别的符号来代替、李石曾、姓的问题自近于自然科学的问题、从生物学的人类宗系学方面称〔认〕为研究人类的遗传与进化姓似有保存的必要、但姓的如何保存乃系另一问题、定名方法可以随时改进的、蒋梦麟、这是时间问题、五十年以内姓是要的、

第二婚姻问题㈠钟荣光、不要结婚、尤其是教育界的人一个都

不要结婚、如已结婚的、便不要生子女㈡胡庶华、反对不结婚、说假如不结婚便没有后代的青年、那末教育家的饭碗问题、便要摇动了、㈢张默君听人自由、看各人环境如何而定、㈣吴稚晖、结婚的好、因为有人结婚、才有人请我老头子证婚、我才有得大贵〔吃〕、㈤蔡孑民在理想的新村里以不结婚为好、在这新村里、有很好的组织、里面有一人独宿的房间、也有两人同睡的房间、跳舞场娱乐室种种设备应有尽有、当两人要同房居住的时候、须先经医生检查过、并且要有很正确的登记、如某日某时某某同房居住、将来生出子女、便可以有记号了、李石曾与家庭问题、合并解答、因这两问题、均近于社会科学问题、甚为繁复、伸缩力大、从现教方面讲、和蔡先生甚表同情、婚姻制度和家庭的制度、均随社会而演进、将来的解决、一定均趋于缩小的途径、婚姻缩小、至于不结婚、家庭缩小、至于个人的生活、同时或须有合作社性质的组织、如蔡先生所说的一样、总之这是演进的东西、不能有肯定的答案、事实方面、现在已逐渐的向解决方面演进、如这位谭仲达先生的结婚、已废除一切婚礼、便是一个例证、进化是哲学和科学所共同的、宇宙一地〔切〕、都是进化的、一切问题、都归纳到科学的公理、道义是科学的、一面也是进化的东西、解决这几个问题、也不能为例外、八蒋梦麟、五十年内结婚是需要的、五十年后、有人说那时性病便已截止、〔那〕末不结婚也不成问题了、第三家庭问题、一钟荣光不要的好、二吴稚晖不要的好、不要就可以专吃别人的〔、别〕人、也不来吃自己的了、三蔡孑民不要的好、不得已而思其次、小家庭比大家庭好、四李石曾（见第二问题）五蒋梦麟、五十年内是要的、至要大家庭或小家庭、应视经济社会发达的情形、在农业社会需要大家庭、在工业社会需要大〔小〕家庭、到五十年后、便是另一问题了、到五百年后、那末更不可思议了、席终胡展堂先生谓、今日聆各位先生的高论、吴先生谈事实、蒋〔蔡〕先生谈理论、李先生谈科学、蒋先生谈时间、对于我们提出的问题、都有很好的解答、足供立法院的参考、谨以杯酒答谢、散席后、并就立法院花园内摄影、以留纪念、

以前常有人告诉我说，当代的思想家、言论家、著作家里很有几个无话不谈而且谈去总像有不少的权威似的。有一次有一位朋友去听某思想家、言论家、著作家的演说，中间忽然讲到民种的改良，据说，只要

多种树或其他绿色的东西，种族处遍地油绿的环境里，可以得到一种潜移默化的势力，而日臻于优良健全的境界。当时我的朋友吓了一跳，他心里自忖着：要是这是改良种族的不二法门，那末，热带丛林里的猿猴，甚而至于著名不图上进的树懒，早该兼程演进，赶出我们人类了！这一类同似的议论，近年来实在不少，我们似乎在别处听见过提倡体育可以直接改良种族，提倡医学卫生也可以直接改良种族，甚而至于禁绝鸦片也可以直接改良种族。

不过我久不到南京，去文化中心的地域很远，平日没有机会听见许多这一类的议论。有人转告我的时候，要是太离奇突兀，出人意表，我也不轻易置信。不过这一次立法院的宴席上，关于姓、婚姻、家庭的种种意见，除了一部分不可避免的记载与印刷的错误而外，谅来不是向壁虚构，然其离奇突兀的程度，似乎并不在“多种树可以改良种族说”之下，不由得不教人吃惊。惊定了，忍不住要替他做一些分析。

讨论时发言的有钟荣光、胡庶华、张默君、吴稚晖、蔡孑民、蒋梦麟、李石曾八位先生。新闻里说被邀赴宴的有百余人之多，而发言的只有八个。还是其余发言的人讲得不中肯，报馆的记者认为不值得记载呢，还是当时的确没有第九个人发言呢？而其余各位先生的不发言，还是因为一向潜心学问，不惯交际式的谈话呢，还是因为他们觉得“立法院的某同志”所提出的几个问题都是比较很专门的，不要说专攻教育的人，就是社会学家，一时也轻易不能答复，所以才守口如瓶呢？这些我们都不晓得。但是我们很希望当时是后面一种的自觉在那里活动，才教发言的人，没有超过八个。

关于姓、婚姻、家庭的种种问题，固然是尽人而有或尽人可有的经验，大家多少有发言的资格，但他们终究是社会学范围以内的问题，论理应该取决于社会学家。中国的社会学界也不算没有人，听说两个月前他们还召集过一次年会，成立了一个全国的社会学会。如今“立法院的某同志”不向他们征求意见，却向教育界讨教，岂不是隔靴搔腿、不着痒处么？

如今要看隔靴搔腿搔不着痒处，毕竟搔了别的什么地方。

第一，关于专门说笑话的议论，可以搁置不论。例如吴稚晖先生讲的姓和吃饭的关系、结婚与证婚的关系，又家庭和吃自己或吃别人的关系，又如胡庶华先生讲的姓与大学女生的关系，又结婚与教员饭碗的关系，都是纯粹的笑话，于“或许可以助消化”以外，无关宏旨。

第二，依违两可之辞，说了等于未说，也可以搁置不论。例如钟荣光先生论姓之存废与父姓或母姓之从违。

其余的议论，因为多少有些肯定性，我们不妨提出来略加分析。

先说姓的存废问题。研究社会学和社会问题的人，认为社会不但是一个横铺的东西，也是一个纵贯的东西。换言之，他有他的历史的背景。因为横铺，所以有部分的联络性；因为纵贯，所以有因果性、绵续性。社会改造家切心于改革，至多也只宜因势利导，向着比较近情的目标做去；要是取断然处置的方法，说：社会里的某部分，因为有种种的不惬意，非囫囵的铲除不可。不要说说时容易做时难，即使暂时做到了，社会的联络性、绵续性一经截断，一定要引起许多纷乱，结果走了几步不免又走回来，所谓开倒车的便是。饮酒的弊病，似乎是许多人承认的，不饮酒的好处，也似乎许多人都看得出来，但是若用“禁”的方法来处置，不但是徒劳无功，还要制造许多笑话出来，例如十年来的美国。最近美国某大杂志举行一次民意测验，赞成完全开禁或有条件的开禁的人超出反对开禁的二倍有半。论者谓这是美国酒禁问题早晚要开倒车的先声。改用阳历的问题，总算是很小的了，但是要在短时期内，用律法来督促他全部成功，却也真不容易。上海四马路上和租界别处沿街叫卖皇历的人生意一年好似一年。

姓的问题，一则不像饮酒，似乎没有什么生理上的害处，再则不像阴历的使用，也似乎没有什么不方便的地方。既无害处，更无不方便，不要说废除起来要加倍困难，我们实在看不出究竟为了什么要废除它，为了什么要提出要与不要的问题。有人说法律是民意的结晶，大众对于某问题的意旨，先有了相当的成熟性与确定性，然后立法者引为制法之根据，这种律法才比较健全，比较可以持久。如今“立法院的某同志”，观风所及，不知得了多少根据，教他对于姓的存废问题，亟切要求一解答。

姓在中国至少有三千年的历史，姓分为氏，氏分为族，后来统称为姓。此中变迁，并不是凭空的，并不是少数有权力的人强制命定的，实在是各时代里政治的、经济的甚而至于自然环境的与生物的种种势力推移鼓荡而成。从母得姓或从父得姓又何尝不是如此？商代以前，也许是姓从母得，后来生活渐趋固定，自游牧经济进而为游农经济，男子居家时多，渐变为从父得姓。但是真正的父系制度到西周才算完全成立，商代的氏族社会还是行“以弟及兄，以子继辅”的承袭法。战国以后，封建解体，比较严密的宗族又渐成为后此的大家族。自后二千余年间，社会生活无大变动，不要说一人姓的确定未生变动，家族组织的全部，也就未尝有改易的需要。晚近社会生活重心渐自农业移至工商业，风气所至，小家族的制度日渐推广。但是近年的关于家庭的种种变迁，大都是涉及实际的生活方面，即在如何可使家庭生活不阻碍个人的充分发展。而于比较浮面的改革，例如姓的废除与得姓从母方或父方的决定，就一般形势而论，似乎还没有感觉到有什么必要。

各位教育家关于这个问题发言得最近情的自然是张默君先生，她说“为维持社会秩序应有姓”，是很对的。大家在切心于改革的当儿，似乎最容易忘记社会生活原有两方面，一是求进步，一是求安宁，二者缺一不可。姓的存在，不但没有什么不方便，并且是有维持秩序之力，其不宜骤然舍去，不问可知。有许多心理学家谓女子比男子要脚踏实地，要少谈空洞的理想，多看眼前的事实。这种比较论不知果有多少根据。不过这次八位教育家的议论里，碰巧只有张先生这一句话是最最实在，岂不是很值得注意么？至于她主张姓的从母从父，由儿女自择，似乎以维持社会秩序之志愿始者，结果不免以破坏秩序终，未免美中不足。她的所以有此主张，推测起来，似乎是因为拘执了男女平等待遇的说数。若然，她便和蔡孑民先生的地位很相近。

蔡先生说，姓“不要的好，用父的姓不公道，用母的姓也不妥当，还是不要的好”。因为要维持男女的绝对平等，再四思维，乃不能不出于废姓的一途。蔡先生的用心也太苦了。其实打开天窗说亮话，两性间不平等的事体真多着呢，而这种的不平等里，未必男子必占上风。研究死亡统计的人告诉我们，差不多不论任何年龄里，男子的死亡率要比女子为高，女子就在生殖年龄以内，生产的经验虽繁剧，也未必比同年龄的男子死得多。论者谓这是男女根本上体力不平等的最重大的表现。这种不平等，试问向谁算账去。试问这种不平等与姓从父而不从母的不平等，比较轻重又如何？况且从父得姓，既是一种习惯，所以调剂与整饬社会生活者，已历数千百年，在此时期中，女子未必因此而吃过多少亏。如今万一实行废姓，所得的至多不过是一个抽象的理论上的平等待遇，而所失的，也许是社会全部的安宁和秩序。要是我是一个脚踏实地的社会改造家，有人拿了十个百个抽象的理想来交换一个实际的社会生活的安全，我是不要的。不是脚踏实地的人原不能做真正的改造工作。蔡先生是比较脚踏实地的思想家，所以反复说来，最后还落了一句废姓之后“可以设法用别的符号来代替”！既仍须相当符号来代替，废姓之举，岂不是“庸人自扰”?

李石曾先生是一位演化论者，而且好像是“陆谟克派”。他倒是始终没有离开演化的观点说话，这是值得注意的。姓的问题虽未必接“近于自然科学”，“生物学”、“人类宗系学”、“人类遗传学”的研究虽与姓之存废无大关系，因为即使废姓，血统的联络总有法子可以记载，不成多大问题，但是社会的现象也未尝不受演化原则的支配，所以李先生最后的“姓似有保存的必要”一语，毕竟是不错的。蒋梦麟先生的时间论，好像也是当笑话提出的，他说“五十年以内姓是要的”，以后大约就可以不要了。蒋先生说了不止一次“五十年”，在他的社会进化观里，似乎五十年是一个自然的阶段，好比孟子讲“五百年必有王者兴”一般。我想蒋先生像吴老先生一样，一定不是当真的，是说笑话!

关于婚姻问题。钟荣光先生的话，说得很肯定，大概是当真的。果尔，我们不必多说，我们只要请钟先生参考近年来欧美各国关于种族卫生的著述。我们真不晓得，教育界的人不结婚，谁该结婚；不生子，谁该生子。美国电话发明者贝尔氏说得好，你们不要怕种族自杀，种族是不会全部自杀的，因为比较优秀的分子不结婚不生子，自然有别人结婚生子，来填他们的空。不过到那时候种族虽不自杀，文化怕就要销声匿迹了；到那时候，不要说岭南大学没有开着的必要，就是全部教育事业，连教育会议在内，都可以关门大吉!张默君先生“听人自由”之论总算还去情理不远，不过她也应该参考参考种族卫生家的议论，要知道婚姻生殖，是人口中比较优良分子对于种族国家应尽的义务，而不止是个人生活里的一二项目，可以任情取舍的。优良分子而绌于经济生活，国家社会应当设法替他解决，好教他或她的比较优良的血统，不致于断而不可复续，这才是正当的道理。

蔡先生论婚姻的理想，真是美满极了，无奈行不通何，无奈与社会的联络性、绵续性太相刺谬何?蔡先生至少听见过美国奥那埃达的宗教新村吧。这个新村前后只有几十年的历史，内容竟和蔡先生所提出的大同小异。新村的领袖叫做诺埃斯的，凭借了自己和别人（大都是至亲好友）的宗教热诚，终究还不免于失败，到后来只剩得一个合股公司。我们正不知蔡先生将凭何种大力叫他的新村可以实现，可以持久。蔡先生的理想新村里，居然还注意到父的身份的确定，因为他说“当两人要同房居住的时候……要有正确的登记，将来生出子女，便可以有记号了”。说来容易，殊不知得胎的日子未必就是同房的日子，要确定将来父子的关系，男女两人相处，应该有相当持久性。可是一有了持久性，立刻就触犯了婚姻的忌讳。所以真正要废除婚姻，除非是实行无条件的乱交，不要说夫妻关系不必确定，就是父子的关系也无须确定。不过试向演化论者探听探听，和人类比较接近的高等动物，连鸟类在内，有多少是乱交的？人类初民的经验里、今日的野蛮民族里，有过真正的乱交么？反过来再探听探听，现行的一夫一妻或一夫多妻的制度，还是伊甸园里上帝命定的呢，还是一二人像宓羲、姬旦用酋长权或君权确定的呢，还是有相当的生物背景、心理背景、社会背景教这种种制度不由得不产生呢？李石曾先生便可以答复这几个问题。蔡先生自己是中央研究院社会科学研究所民族组的组长，谅来决无不了解这一点初步的社会学智识之理。不过蔡先生一则曰姓“不要的好”，再则曰“在理想的新村里以不结婚为好”，抑何对于民族学的原则与资料，不加参考乃尔？难道研究是研究，实行是实行，理想是理想，三者真是绝对划分、各不相谋的么？因为这三者各不相谋，因为从事于这三种工作的人如秦人之视越人肥瘠，才造成今日这种思想混乱、是非真伪漫无标准的局面！

接着蔡先生的议论，就是李石曾先生的。他始终坚持着演化的观点。不过说也奇怪，他“和蔡先生甚表同情”，我们诚不知同情的根据何在。演化的程序，固然有由繁而简的趋向，但是若拘执了由繁就简的原则，以为将来社会的单位必为个人，可以无须婚姻、无须家庭，便是村学究的见识了。实则有生物训练的社会学家，始终认识婚姻和家庭的基本地位。它们组织上的细节目，容因时地关系而有变动，但是一夫一妻的原则和所谓基本家庭的组织（父母子女），不说生人以来，就是自有猿类以来，始终维持着。婚姻族（moiety）、图腾族、宗族、大家族，分析到底，无非是基本家庭堆上了许多枝叶；群婚、一夫多妻、一妻多夫，又无非是一夫一妻配合的基础上，砌上了许多浮面的结构，来适合一时代一地方的环境。演化的过程中，枝叶可去，浮面的堆砌可去，但是基本却未曾动摇。这并不是说此中有甚天经地义，动摇不得，不过一经动摇，不说社会生活难以维持促进，就是种族的前途也就藩篱尽撤、保障全无了，胡庶华先生讲的教育家饭碗打破，毕竟还是小事咧。

蒋梦麟先生讲婚姻存废与家庭之大小，又以五十年为期！社会生活也许像太阳的黑痣、地上的雨量、商业的盛衰，有一定的时期性，但是一时殊嫌材料不足，无从制为定律，至于年限的长短，普通除了预言家外，社会学家更不敢轻置一辞。至于五十年之后，又何以见得花柳病可以灭绝？据别的医学家或社会卫生家说，近年来的性病，正有加无已。例如美国伊利诺埃州，每年达到成年的丁男（二十一岁）约有一百十万人，这一百十万人里，到三十岁光景，至少有一半以上便已染上花柳病。这便是婚姻生活不确定的结果。如今蒋先生说五十年后花柳病灭绝后，可以不要婚姻，岂非奇论？

社会学界的人，对于这一类问题，向来过于缄默，本来是不相宜的，但一半也因为这一类的题目，影响及社会全部的组织与秩序，非先有充分的准备，不便乱说，乱说了纵没有害处，至少是废话。但是他们一面自己暂守缄默，一面很希望当代其他学问门类里的权威不要越俎代谋。中国求学问的精神，向来主博不主专，但是这种精神，用之于今日，势必至无一而可。在发为议论的人也许自以为随便谈谈，但在青年视听集中于少数权威身上的今日的中国，他们未必肯当随便谈谈看，何况在发言的人自己都不认为随便谈谈呢。即如这次立法院筵席上的一番议论，除了吴老先生的笑话和钟先生模棱两可的话以外，其余都不像随便说的，至少可以代表几位先生平日见解的一部分——一个很基本的部分。这许多话中间，除了口头的废话照例不算外，几乎没有一句像要用科学方法来解决社会问题者的口吻。最近情的要算张默君先生的“维持秩序应有姓”一句话。李石曾先生的口气很深沉，但并没有始终矢志于演化的观点，其余则自郐以下了。这一席议论，作社会改良家的参考，我看还不合格，乃“足供立法院的参考”，胡展堂先生真言重了。

二

上文写完之后，行将付刊，又得读二十一日立法院纪念周席上胡汉民先生关于本题的报告和他个人从立法的见地所发表一些议论。对于几位教育家的意见，前后两次报告，没有什么根本不同之点，我们在上文评论的各点也就无须修正。不过胡先生本人的话，宴会的时候并未发表，似乎很值得提出续加讨论。胡先生说：

> 法律对于社会上各种制度的取舍，从来只注重一个需要，社会需要的便保障，不需要的便取缔，将来不要而目前仍要的，便不能立刻取缔，只好慢慢地促进它。法律并不能创造什么，只能就已创造的去保障或取缔，所以我们不能太过责望立法的效能。它有时间和空间上的责任，不能只宜于甲地而不顾乙地，也不能只顾目前的

> 妥当，而不顾将来的进化。它要具有充分的普遍性，又要合于进化律。无论宗族、家庭、结婚等问题的解决，都不能不顾及这些。
>
> 早婚迟婚问题，很难解决，因为照实际上看，乡村与城市的情形太不一致，这是经济与生理的不同使之然。乡村中的经济，要求多人作工；有儿子的人，能娶个媳妇来帮忙做工，何等便宜？何必将媳妇久久搁在人家呢？城市中的经济，要求少人吃饭；没有相当力量的人，谁敢多养活一个老婆，并且还怕有子女之累呢？法律求周全于这两方面，只好折中规订，多具弹性，使得大多数的事实都得解决。以男女平等为原则，向人情与事实方面谋解决与推进，便是我们现在立婚姻法应取的主张。婚姻问题以外，姓的问题与家庭的问题，其解决也当如此取义。固然内容都不是这样简单。但我们拿定主义，经过相当的调查研究，然后构成法案，总比把这种责任推到司法官临时审判的身上较为妥当。（四月二十六日，《时事新报》）

在这个报告里，胡先生很肯定的说，上次酒席上的讨论，除了吴老先生的，其余都不是笑话，都是正经话。

这一段很长的话，比几位教育家的信口开河，要高明得多了。负立法责任的人毕竟能够多根据一些人情、事实与经验说话。胡先生的一番话，大体看去，谁都可以赞同，尤其是被我们用密圈圈出的几句。但是我们始终觉得诧异：教育家虽说未必懂得法律，但是当着负责立法的人前面说话，在立法人员征求他们高见的时候，似乎至少应体谅一些立法的困难，说一些比较脚踏实地的话；就是不讲立法，讲教育，难道教育事业，也是拿漆黑一团的理想做根据的么？

但是对于几位教育家的和胡先生的议论，我们还有一点总括的批评。这个批评，并且可以适用于其他切心于社会改革的人。

这个批评是他们演化观念的陈腐。这可以分做两部分讲：一是把社会演化当作一种完全自动的过程，似乎是完全超出人力范围以外；人类自觉的努力，至多只能督促这种过程过得快些，可以早早达到一个理想的境界。这个理想的境界又从何而来的呢？说也奇怪，就是督促的人自己所假设，而又不认其为假设的。近来怀抱着这种观念的人绝多，不要说我们半路出家的中国学者，就是西洋学者，不要说教育家，就是历史学家，不要说骨董的史学家，就是新史学家例如鲁滨孙(J. H. Robinson) 教授，也在所不免。鲁滨孙教授讲到社会的变迁，说它后面有一个“进步的活原则”（The Vital Principle of Betterment）在那里活动。这“原则”二字本来是我们胡乱翻译的，应当翻做“元质”或是“灵能”（字典上确有此翻法），要说得更有声有色些，所谓“活原则”者实在是一种“活鬼”、“活怪”在那里摆布，不论人们的旨趣如何、努力如何，也只得由他摆布。希腊人、罗马人、以前的中国人相信一个（希腊人的实在是三个）运命鬼（Fate），基督教统治下的欧洲人相信一个“上天保佑，往无不利”的鬼，叫做 Providence，十八世纪后半以后的欧洲人、美洲人和今日的中国人却相信了一个进步的鬼！孔德假设思想三期，事实上我们至今还没有摆脱第二期，甚至第一期还拖泥带水似的存在。一般的人不去说他，就是思想的领袖、学问的班头，又何尝摆脱了呢？也许孔氏的三期说，自己就是进步鬼统治下的产物，根本就是进步鬼的幌子的一个，无怪其再也不会有完全应验的一日了！

这一次关于姓、婚姻、家庭的存废问题的讨论里，大家口口声声讲“进”、“进而到”、“促进”、“推进”、“进化”、“进化律”。读者要是仔细玩味起来，他们所谓的“进”就是欧洲十八世纪后半和十九世纪前半一班社会理想家所谓“进步”的“进”；所谓“进化”也就等于“进步”，和十九世纪后半——达尔文以后——的“演化”是很不相干的。就是李石曾先生的话又何尝是完全演化的呢？他说：“社会上的结婚，已由繁重的仪式到了简单的仪式，将来进而至于没有仪式，是可能的；家庭已由大家庭到了小家庭，将来进而至于无家庭，也是可能的。”这是明明白白的一种进步的议论；而非演化的议论；是一种 progress 的议论，而不是 evolution 的议论。胡展堂先生在蔡先生的议论后面说“不过这是将来的事，不是目前的事”，试问胡先生怎样知道废姓、废婚姻、废家庭的举动，是将来意计中的事？要是不迷信进步，像古德温、刚道塞一班人一样，怎会把将来看得如许清楚？

我们在上面说那几位教育家的演化观的陈腐有二方面。现在接着上文的语气，就可以讨论这第二方面了。他们的演化观不但就是十八世纪下半和十九世纪上半的进步，并且是十九世纪下半所流行的一种“定向演化观”，也叫做“独系演化观”。他们拾了古德温与刚道塞的牙慧，不够，还要捡起斯宾塞尔与摩尔更（Lewis H. Morgan）的唾余。斯宾塞尔、海格尔一班生物哲学家都以为人自猿猴演化的过程是可以用一根直线来代表的，这根直线又好比一条链条，每一个铁圈代表一个演化的时期；他们满以为古人类学一天比一天进步，一个一个的圈子就可以将次发现，到他们理想中的链条完成为止。但是他们错了。演进的手续决不是这样单纯，这样的随心所欲。后来新的圈子果然逐渐出土，但是拼拼凑凑，并不成为一条前后一贯的链子，却像代表着好几条链子，每条还有些枝节呢。摩尔更讲社会演化，犯了同样的毛病，他在《古代社会》里提出了“进步七时期”，从三个野蛮时期，经过三个半开化时期，到最后的文明期，每期有每期的特点，说得非常简括。但是人事的变迁似乎比生物的演化还要复杂些，五十年来民族学和人类学的发见，和他这种单纯的独系演化观发生冲突的，正不知有多少。摩尔更也讨论到过家庭生活的演化，他认为有八个直系的时期：一是乱交期，二是兄妹婚期，三是群婚期，四是夏威夷式期，五是马来式期，六是部落组织期，七是中国、印度式期，八是一夫一妻制期。也无非是根据独系演化观的一种称心如意的结论。

七八年前，有一位易家钺先生著了一本书，叫做《西洋家族制度研究》。他在开宗明义第一章里，就画上一个图，图里有五个大小不同的圈子，大圈子套在小圈子外面，每个圈子就像斯宾塞尔们所想象的铁链上的圈子一样，代表家族演化的一个时期。自外至内读起来是：

种族──→氏族──→大家族──→小家族──→个人

人家一望而知这位易先生是私淑了摩尔更氏的门墙的。不但私淑而已，并且青出于蓝，于一夫一妻的小家族之外，又新添上一个“个人”的阶段。如今几位教育家眼光里的婚姻与家庭演化，恰恰和这位易先生的没有分别。李石曾先生：

（婚姻）……“繁重的仪式”──→“简单的仪式”──→“没有仪式”

（家庭）……“大家庭”──→“小家庭”──→“无家庭”

蒋梦麟先生：

（姓）　现在要，五十年后不要
（婚姻）现在要，五十年后不要
（家庭）现在要，五十年后不要

这便是几位教育家的独系社会演化观。摩尔更的学说是在一千八百七十余年间初次发表的，去今正好五十年。所以我们要请教蒋先生：他既对于未来五十年后的姓、婚姻、家庭看得如此清楚，为何对于已往五十年前的学说的错误，他却没有看清楚；对于目前社会学家认为依然很有价值的社会制度（姓、婚姻、家庭）他认为可以不要，而对于目前社会学家认为须根本修正的社会学说（独系的社会演化观）他却又有很深刻的信仰呢？

我们还要问问李先生："小家庭"进化的结果，怎么就会变做"无家庭"呢？脊椎动物的生产率：鱼类平均每尾产几十万卵，两栖类平均年产四五百卵，爬虫类二十卵不足，鸟类五卵有余，普通的哺乳类每雌年育三四头，高等些的哺乳动物一头半不足，猿类和人每两年生产不上一个；上等人比下等人要生得少，以前还有人说文明人比野蛮人要生得少。由此推之，岂不是人类若再演进，势必至于达到一个"不生产"的时期么？从多生产到少生产到不生产，岂不是和从大家庭到小家庭到无家庭一样的自然么？

说到这里，一定有人要说这个比论不对。为了种族的绵延着想，不生产就要灭种，所以种族演化的最后结果，生产虽少，总有一个限度，决不让它再少。这话不错，但是为了社会的秩序与治安着想，安知要是完全没有了家庭，这种秩序与治安就要无法维持呢？安知社会演化的结果，家庭虽小，也总有一个限度，人们要顾全相当的治安与秩序，就不会让它再小下去呢？

据我们所知，在西方各大国里，上等人比下等人生产越来越少的结果，虽没有引起种族绵延的一般问题，但是种族品质的维持问题却很早就发生了。在同一的这几个国家里，尤其是美国，小家庭与无家庭倾向的发达，直接间接不知引起了多少社会问题。教育不能解决，法律无从措手，宗教更是无能为力，到了今日竟有不少的社会学家主张把家庭的基本地位重新恢复过来。最近甚嚣尘上的伴侣婚姻制，便是想把婚姻与家庭重新安放的一种很有力而未必有效的主张。

现在我们可以把两种谬误的演化观合并了再说一说。社会演化不是一派超乎人的势力，社会演化和自然演化一样，也不是直系或独系的。因为把演化提出到人力范围之外，所以才觉得他一往直前，毫无周折顾忌，好比山水下注，一直冲去，无巡回顾盼的余地。所以这两个谬误的演化观原是一个的两方面。

但是我们以为社会演化，除了物质的、环境的命定力以外，其余原是人自己的力量。因为人的力量用到了物质、环境身上，才有了社会生活；又因为人们努力的时候，多少有一些目标，才于平铺直叙的生活之中得了一些进境。即使说文化有自然的累积性，累积量越大，累积率也越快，所以看去真有些像斯宾塞尔所谓“超越有机”的倾向。但文化毕竟是人造的，一种文化产生之后，总得有相当的智慧程度才能维持下去，否则也是徒然的。如今家庭与婚姻的进化，也无非是人的智慧和自然的势力推挽而成，已往既经如此，未来大概也是如此。照了文化自然的累积性推去，或顺了所谓“潮流”的走去，也许会有无婚姻、无家庭的一天，但是从人们自觉的、有目标的努力方面看去，这种无婚姻、无家庭的状况究竟要得要不得，却是另外一个问题。理论上，从种族、社会与文化的需要方面看去，或实际上从西洋各国已经得到的经验看去，似乎是婚姻与家庭的社会制度，它们的枝节纵可以增损，而基础的结构是不可少的。所以韦思特马克述人类的婚姻史，始终以为一夫一妻的长久结合是一向婚姻经验里最牢不可破的部分，也是人们努力向前的目标之一。许多社会学家（我说社会学家，不说社会主义家）论家庭进化，也始终以为父母子女的团结关系是一向聚族而居的经验里最牢不可破的中坚，也就是今后社会生活里所不能不维持的骨干。比较寻根究底的社会思想家，例如英国人文主义者歇雷，并且倡为家庭主义之说，以补救个人主义的不足，而芟除社会主义的过度。家庭向为社会的中心和重心，歇氏这种主张，无非要把它这种中心和重心的地位特别提出来，要在个人主义与社会主义猖狂的时代中，挽回一些造化罢了。

文化的生物学观*
(1930)

从我们人类的眼光看来，文化是演化过程中最后的一步。要是这过程是自上而下的——因为人类有价值的观念，总喜欢有高低上下的比较——文化就要算最登峰造极的一步或一级了。如下图：

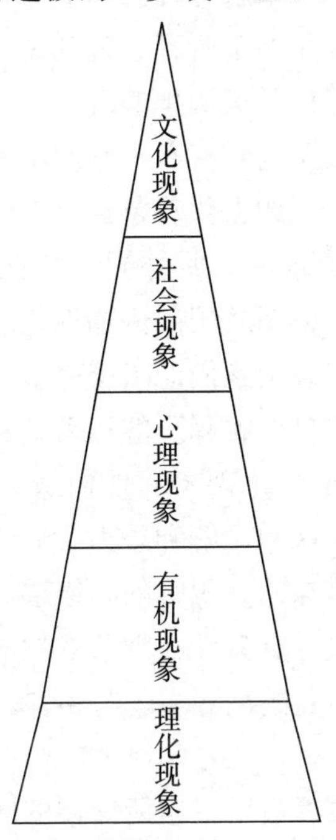

社会学家和文化学家的确把演化的过程看作一条梯子，或是一座塔，或金字塔，可以历级而升，走到文化现象的时候，我们就到了塔尖了。

---

* 1930年作，原载《东方杂志》第28卷第1号，1931年1月10日；辑入《人文史观》，商务印书馆，1937年版。

这座塔一起有五层，下面的级层产生上面的级层，产生的那个手续就叫做演化。越下的级层越基本，地盘越大；越上的级层，依靠以为根据的级层越多，在现象界里所占的部分却越小。这种种是略知社会科学的人的常识，无须多说。

什么叫做“文化的生物学观”？就是站在生物学的立脚点来观察文化，观察的结果，自然不能不继以解释。所以普通所谓这个观那个观的“观”字，原来兼具“观察”与“解释”两重意义，而解释似乎更加重要。

什么是解释？哲学与玄学的解释是一种，科学的解释又是一种。科学家的解释说起来很单纯。原来他只会把甲批的现象来做乙批的现象的注脚，注清楚了就算解释清楚了。所谓甲批、乙批又逃不出刚才所说那个金字塔的范围，所谓“批”又往往就是塔上的级层。最普通的自然是拿下一级层或数级层的现象来解释在它们上面的一级，例如以理化现象解释有机现象，或以二者共同来解释心理现象。反是，在上级层里的现象也未始不可以拿来解释在下级层里的现象，因为演化的过程既经走遍了这几个级层，而各级层又同时存在，它们中间包括的现象自然不免来复的、相互的发生影响。例如文化现象也可以引来解释心理现象，心理现象也可以引来解释有机现象。此外同级的现象也有其前因后果的关系，所以彼此也可以引作解释之用。例如理化现象就不能不在同级的现象中自寻解释，因为我们假定它们的级层是最基础的级层了。最近几年来，在别的级层里也有“自谋解释”的运动，例如行为主义派的对于心理现象与文化学派的对于文化现象。他们认为这种“自谋”的“不求人”的解释是最科学的。这种见解和毅力我们不能不佩服。但是我们要记得宇宙间的现象原是错综的、绵续的，级层原是人类为便于了解起见的一种看法，并不是现象界真有什么划分的领域。要比较圆满的解释一种现象，要比较完全指出它的因缘来，势不能不多方的顾到，不宜局守一隅。

文化现象演化出得最迟，所以它所凭借的因子也最多最复杂，比较最接近的是社会因子，次为心理的，再次为有机的或生物的，最疏远的是理化的因子了。这种种因子都可以引来解释文化，再加上文化现象自身的解释，这种综合的解释才算比较圆满。完全按照上文金字塔的说法，“文化的……观”至少可以有五种。但目下学问界所流行的实在可以归纳为三种：一是文化的地理观或自然环境观，二是文化的生物学观，三是文化的文化学观。余如别的“文化的……观”，例如思想观、种族观、唯物史观等等，大都可以归纳在这三个里的一个或一个以上。能够把这三大观法、三大解释法统统顾到，结果也就不能不算圆满了。

用生物的现象或原则来解释文化，原是片面而不圆满的，然则这一篇讨论又何以单单的讲“生物学的解释”呢？这里有三层不得已的理由。一是现象无涯涘，因果关系无穷期，一人尽一手一足之烈，决难面面俱到，我们不能不分别的观察或解释。一个人求学问，在今日的情势之下，不能上知天文，下识地理，中通人事。学问越发达，分工越细到，其实也不过这个原因，就是能力有限。只要我们求学问的时候，作观察与解释的时候，不把自己的一种学问当作唯一的学问，自己的观察法与解释法当作唯一的观察法与解释法，也不把别种学问、别派解释与观察忘记了、抹杀了或小看了，我们便算尽了人事。

第二个理由是：生物现象比较基本而也是比较可以用人力来左右的。用社会现象与心理现象来解释文化，固然很方便，因为它们与文化现象最接近，要利用它们的势力来左右文化也很容易，也是因为彼此接近的关系。但是这种解释、这种人力的支配比较要缺少基本性与固定性。例如改变社会组织、提倡教育，自然可以教文化有一度的兴奋，但是要是聪明才智的程度有限，这种兴奋是不会持久的。反过来，理化的现象自然是最基本了，但是它们比较的最不受人力的左右，寒带的奇冷、热带的酷热、日本的地震、中国西北方的沙漠化，是绝对没有多大办法的，人类生活只有迁就它们，很难教它们来迁就人类。在一切现象之中，能够比较受人力的转移的，同时也具有充分的基本性的，是生物学的现象。也许有一天，人类的知识发达到一种程度，可以教后天获得性遗传，也可以用理化的方法自由的唤出精质的突变，到那时候，不但社会现象、心理现象和文化现象自己要取得多量的基本性，就是理化现象也要比较的变为可以用人力来左右的了。到那时候，我们便可不必在“生物学观”上多发议论了。

第三个理由是：文化的种种解释中，生物学的解释比较最不受人注意，尤其是在科学幼稚的中国。即就近数百年来中国的国势问题而论：中国的积弱，自然是一种文化的现象，但是国人多方的解释，总是逃不了政治不良、外交失败、生计穷困、教育不普及、帝国主义压迫几个方面——没有一个不是文化级层以内的。偶有以中国地势、气候、交通不便等等比较地理的现象来解释的，但已属少数。至于根据了生物现象与原则出来说话的，几乎没有。以前翻译赫胥黎《天演论》的严几道先生在他给朋友的书信中偶然提到一二，后来却也没有嗣响的人。但是即使自因推果而言，一国的积弱、一国文化的衰落，决不是一二原因或一二种原因所可圆满的解释，我们又怎样知道没有很严重的生物原因在后面活动呢？关于这一层，这一篇讨论里谈不到，读者如有好耐性，请就拙作《人类学家对于中国问题的观察》（《中国评论周报》一卷三期）和下文中的《说“才丁两旺”》、《人文选择与中华民族》，以及本书的其它两辑，加以参考。

生物学家观察文化与解释文化，有一个假定，就是：文化盛衰由于民品良窳，而民品良窳由于生物的原因。这个假定还可以逼进一步说，就是：文化盛衰由于人才消长，而人才消长由于生物原因。这两种说法原是差不多的，大凡人口一般的品质好，特殊的人才就容易产生，否则便不容易产生。所谓生物的原因有三：一是变异，二是遗传，三是选择或淘汰。选择有两种，因了自然势力而发生的叫做自然选择，因了社会与文化势力而发生的叫做文化选择。选择所由发生的途径有三：一是生产，二是婚姻，三是死亡。如限于某一地方或时代说话，我们还可以加上一个第四个途径，就是人口的流动或移殖。

变异现象是生物现象里最基本的，大率一种生物在演化过程里的地位越高，变异的品性就越多，每一种品性的变异性也越大，造成生物学所称的“多形现象”（polymorphism）。多形现象的发达，到了人类而登峰造极。许多带有社会性的昆虫，例如蜜蜂，也是很“多形”的。但是蜜蜂只有蜂后、雄蜂、工蜂三种，并且三种中间，有两种的地位——蜂后与工蜂——是彼此可以交换的。人类便远不止三种，诗人、画家、医生、政客、牧师、建筑师、各种的科学家……说之不尽，试问他们任何两种的地位能不能随便对换？人类的多形现象，不比别的动物，一半自然是文化环境的势力所造成的，这谁都不能否认，但是生物学家也相信诗人、画家、科学家等等，无论你怎样利用教育功夫和训练功夫，决不是人人可以做到的。一定要一个人的变异的倾向中间，有可以做诗人、画家或科学家的基础因子，再加上文化环境启发的效能，这个人方才可以成为诗人、画家或科学家。这种基础的因子当然不容易证明，但是这种因子的不容易证明和物理、化学领域内电子和原子的不容易证明差不多。

一个民族的变异品性（variations）和每一品性的变异性（variability)，往往因为历史的背景和地理的环境关系和别的民族不同。品性有多少，而每一品性的变异性有大小，品性多，各种人才也多，而文化的表现也就多变化，不拘拘于一二方面。例如中国二千余年来的文化和二千余年前的文化，在这一点上就很不同，春秋战国时代的文化是多么的陆离光怪？秦汉以来的文化是多么的一成不变？难道这种相反的局面完全没有生物的背景么？我相信不会没有。

品性多固然可贵，尤贵乎每种品性的变异性大，因为除了人才的种类加多以外，每种人才的才力要加强，而文化每一方面的造诣要更加未可限量。一种品性在一个人口或民族里的变异可以用一条曲线表示出来，如下文第一图，大率中等的人最多，越趋中下、中上两个极端人数便越少。这种曲线的曲法，自然又要看一种品性在一个民族中分布的特殊情形。要是中庸的少，而趋极端的多，则曲线的中段要扁平，而两端所被的地面要广大，否则反是。假设有两个民族于此，讲起他们智力——就是聪明的程度——的分布来，一个是中庸的少，极端的多，一个恰好相反，如第二图。算起平均来，这两个民族也许没有分别，但是双方在文化的造诣上也许有惊人的差异！为什么？生物学者的答复是：文化原是人才所产生的，人才在统计的分布上占的总是中上的地位，中庸的人和中下的人是没有多大贡献的。如今乙民族的中上的人就要比甲民族的为多，文化的成就自然更要可观了。不但如此，中上的那个极端伸出得愈远，杰出的人才便愈多，而文化的发扬光大越是了不起。这种极端的人才自然不会多，但是一个民族只要能产生指头上数得清的几个，他的文化也就可以压倒其它民族了。近代的西洋文化其实就靠几个这种极端的台柱子，例如里奥那陀、筏克拿、莎士比亚、奈端、达尔文、赫胥黎、爱因斯坦。生物学者不相信这种人可以完全用文化的力量栽培出来。

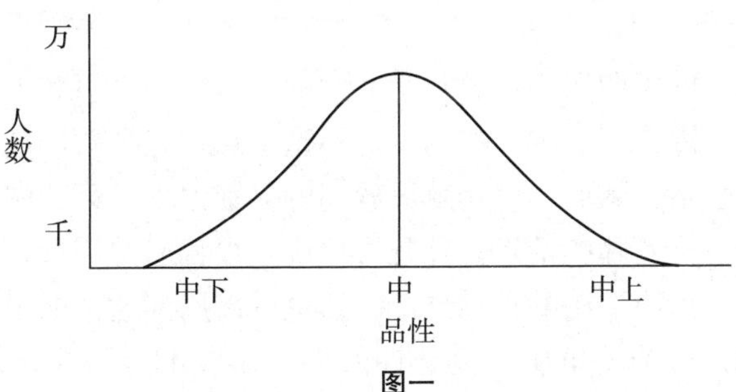

图一

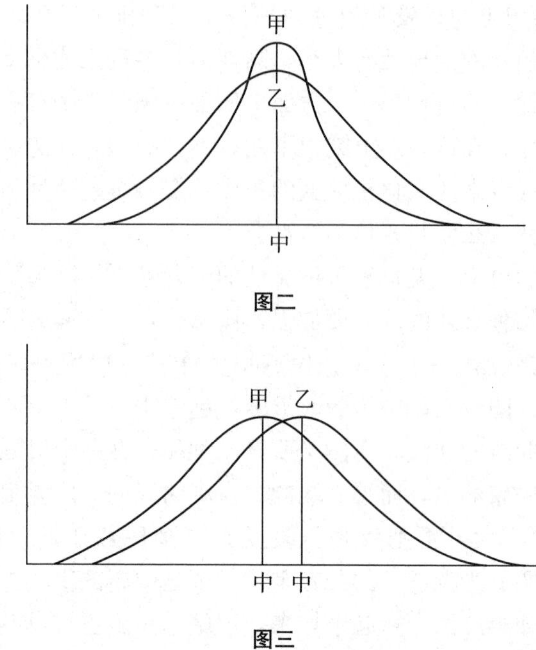

图二

图三

据一部分生物学者的观察，上面第二图所示的两条曲线也可以代表男女两性的分别，就是：男性的变异性大，女性的小。这个看法要是可以成立，就可以局部解释为什么女子对于文化直接的贡献向来没有男子的一般大。

到此也许有人要说：第二图所示的变异性的大小也许是完全由于环境激发出来的。这话不错，但是未尽然。生物界的变异固然有两种，一是遗传的，一是环境激发的。上面第二图里的两条曲线所代表的生物倘若是一种纯系动物的两派，那末，变异性大小的不同，的确是完全环境所唤起的了。但是不论任何民族是不知多少纯系所错综结合而成的一个"庶众"或"人口"，两个"庶众"间的变异性的大小却不能完全用环境势力来解释。

第二图里两条曲线的中庸点是共同的，这也许是引起上面有人误会的一个原因，因为一个纯系的两派，不论生长在怎样不同的环境里，他们的中庸点总是一致的。但是就民族间的差别说来，第二图所示实在是很理想的；至于实际的情形，并且可以说是很普遍的情形，则如第三图所示。上面关于第二图的种种推论自然也可以用到这个图上，并且要更加有力，因为这个图里所示变异性的大小比较不容易拿环境势力来解释开。

上面关于两个民族比较的话，不论依据第二图或第三图，也可以适用到一个民族的前后两个时代上，根据第三图的说法也自然比较要实在。我相信若是可以把春秋时代中国人智力的分布和秦汉以后的比较起来，也可以得到像第三图中所示的两条曲线。

关于遗传这一点，我们不预备多说。遗传的几条原则，什么韦思曼的精质绵续与精质比较独立说、孟特尔的三律、跟了韦氏的理论而发生的新达尔文主义或后天习得性不遗传说、杜勿黎的突变说、约杭生与摩尔更的“基因”遗传说——是大多数生物学家已认为有效，而且在生物学教本中已经数见不鲜的。人类既然是生物之一，他当然逃不了这许多原则的支配。比较不适用的也许是杜勿黎氏的突变一说，因为突变的发生似乎与一个种族的寿命有关，一个种族在青年精壮气旺的时候突变多，过此就少。人类也许已经过了这血气方刚的时期，不会产生许多突变了。但是对于这一点我们不敢断定。有人说，伟大的天才是一种突变，但安知他不是变异性趋极端的一个表示呢？但无论突变或变异性趋极端，要都不能无遗传的根据，也都有继续往下遗传的可能。不论天才或普通一些的人才，都不能没有遗传的张本，这是全部生物学家所公认的，至于心理学家与社会学家，大多数也承认这一点。

看了刚才说的几句话，可知生物学者讲起人类的遗传，不但顾到形态与生理方面，连智力、性情、脾气也都牵入范围。这是他们直认不讳、居之不疑的。他们的理由是：形态与结构是“体”，生理、智力、性情是“体”之“用”，“体”的变异既可以遗传，“用”的变异自然同样的可以遗传；所不同的，“体”既在前，“用”既在后，前者的遗传比较直接，不容易受环境势力的转移，后者比较间接，比较似乎容易被环境所左右罢了。

近五六十年来西洋文化里有种种活动，就拿这一点“体用”共同遗传的假定做根据，而寻到它们所以存在的理由（raison d'etre）。例如：

英美两国的优生运动；

德、奥、捷、瑞典、挪威、瑞士的种族卫生运动；

才能心理学派与智力测验运动；

天才及各种特殊才能的研究；

德、美、英诸国的天才儿童教育；

低能教育；

生育限制运动的一部分；

移民与移民禁止运动的一部分（美国、澳洲、新西兰）；

工业管理用人新法；

医学界对于体气之重新注意；

一部分的弭兵运动；

罪犯的待遇（局部）；

新史学运动中的“史量学派”；

德谟克拉西与社会主义的新评价。

拉杂说来，已经是十多种有组织的文化活动了。不说别的，就是优生与种族卫生两种其实类似的活动，已经在最近三十年的西洋文化界与学术界里起了轩然大波，现在还在不住的动荡震撼。（参看拙作《优生概论》中“二十年来世界之优生运动”章）关于这一类活动的事实，因为介绍得不多，国人还没有十分注意到，所以不感觉到它们影响的远大。但是在西方思想界里，即素以怀疑派著称的人，最近也改变了他们的态度。例如美人孟根，向来是攻击智力测验最有力的一人，现在却接受了它的结论了，并且自己还认了错。罗素在《人类往那里走》那本讨论集里讨论到科学的前途，结论中竟把优生认为最主要的保障和出路。西方文化的时代精神，德人所时常称道的 Zeitgeist 要是真有的话，于此也可以窥见一斑了。

现在说选择。上一代种种品性的支配情形，到了下一代发生了变动，有的加多了，有的减少了；上一代某种品性的变异性，到了下一代也发生了变动，或是加大，或是缩小：这便是选择作用的结果，就叫做选择。品性附丽在人身上，所选择的也就是人，不过根据了品性的说法似乎细密一些。可以发生选择作用的势力有两派，而两派势力所由凭借的支点，好比象棋里“炮”的“炮架子”，有三个或四个，上面都已提过，现在要说得略微仔细些。

生物学家既认为后天获得性不能遗传，那末人类的遗传还有别的发生变动的机会么？有。一是突变，突变是遗传的，他所表现在外的便是一个新品性的产生或旧品性的失落。这一层在人类比较不易捉摸，我们不去多说。二就是选择，也是影响到遗传的本质的，但是他所引起的变动不是品性的质地上的掉换，而是各个品性在人口中数量上前后不同的支配。例如智力是一个品性，上一代因为选择得当，聪明的人多，并且聪明的程度也高，下一代因为选择得不得当，结果也许相反。上下两代之间，接得很近，也许不会有这种相反的选择局面发生，但是这种相反的局面，在任何民族的历史里很容易指摘出来。选择的局面一有变动，文化的局面也就跟着变动：这又是生物学者观察文化的一个基本假定。

自然界的势力，可以使有某种品性的人死亡得迟、结婚得早、生产得多，也可以教缺乏这种品性的人恰恰有相反的行为，这就是自然选择。凡是懂得演化论的人，这一点是无须解释的。自然选择的结果，若用人类带有价值意识的眼光看来，未必都是好的。例如中国民族自私心、自利心的畸形发展，据美国耶鲁大学亨丁顿教授的观察，便是二千年来历届荒年所选择出来的。（参看拙译《自然淘汰与中华民族性》，现入本书第三辑）以前严几道先生曾经说过，中国人有许多恶劣根性，须经自然淘汰的势力，层层挞伐，然后可以澄清。现在读了亨氏的议论，可见严先生的眼光也不尽然了。

文化选择的原理的发见，比自然选择的要迟二三十年，就在今日西洋的思想界里可以说还没有长下根。其实是很简单、很容易承认的。自然而外，人类也未尝不受社会与文化的种种势力的支配，使死亡率、婚姻率与生产率发生轩轾的局面。所谓轩轾的局面，就指社会人口中各部分的死亡、婚姻、生产并不是一般多少，或一般快慢，乃指因为各部分的品性的分布有差别，生死婚嫁的频数也就有差别。简言之，轩轾的局面便是经过选择后的局面。可以产生选择作用的文化势力，有的是人类自己觉察的，有的是不觉察的，但是在近代以前，可以说都是不受理性的控制的。不受理性所控制的文化选择与比较无法控制的自然选择一般，结果是未必好的。例如欧洲中古时代的基督教，实在产生了不少不好的选择影响，或称反选择的影响。它一面禁止宗教领袖和僧侣的婚嫁，一面又压迫和杀戮它所认为异端的人，又一方面它又无限制的鼓励慈善事业，教顽劣游惰的人可以生存传种。论者说这种势力合起来，便是中古时代所以局部成为黑暗时代的一大原因，并且在今日的西班牙、葡萄牙等国，还可以见到他们末流的影响。关于天主教提倡独身主义一端，我在下文最后一篇里说过几句话，如今引在下面，以见文化选择力所及的远且深：

> 旧教把凡是性情温良、比较能够损己利人的分子，一批一批的吸收去当神父、尼姑、和尚。他们是照规矩不能结婚的，所以日子一多，教会越发达，社会上温良恭让的分子越少；到得今日，只落了一句优生学家不胜感慨系之的话：The Church has brutalized the breed of our fore-fathers（教会把我们祖宗的血统兽化了）。我们总

觉得奇怪，欧洲人自己也觉得奇怪，为什么基督垂教二千年，人们的社会行为不但不见进步，反见退步。历届的战争、帝国侵略主义的膨胀、劳资和其他阶级间的攘夺嫉妒，无非是损人利己、违反教义的行为，我们又安知这不是基督教自身的选择作用所帮同酿成的呢？

可以产生选择作用的文化势力正多着咧。战争的选择作用是可以不言而喻的，大致古代的是比较好的，近代的却很坏。以前中国的重农，今日美国的重商，近代的都市运动、妇女运动、高等教育运动，甚而至于医学卫生运动，因为缺少理性的控制，因为没有充分参考生物演进的原则，从选择的眼光看来，对于文化的前途多少都有几分不利。

死亡、婚姻、生产三端之所以为选择的途径或支点，一望而知，无须多说。但何以移殖也是一个途径或支点呢？移殖的选择效用，有直接间接两种。大批人口移动的当儿，总有一部分不耐风霜跋涉因而死亡的。这种选择作用是间接的，因为直接还是死亡的功劳。游牧民族的易于强大而一发不可制，甚而至于能够征服文化远比它自己高的民族，例如辽、金、蒙古、满洲等的入主中国，便是受了这种选择作用之赐。但是讲起有直接的选择作用的移殖，我们心目中先得存着两个不同的区域：一个是吃选择作用的亏的，一个是托了选择作用的福的。若把全世界或全国总看，那就无所谓选择了，因为失之于彼的，即得之于此。

自然势力和文化势力都可以引起有直接的选择作用的移殖。中国北部及西北部常有水旱之灾，不断的把比较能进取、敢冒险的分子驱逐到别省去，以前向南，近年来大都向东北，到东三省。这种移殖便是自然势力所唤起的。甲地频年战争，把能够安居乐业的良民都驱逐到乙地或丙地去，五代十国时候的吴越便是当时避兵的乐国。十七世纪初年英法各国的宗教倾轧把许多富于毅力而能特立独行的教徒迫出国外，来到新大陆的加拿大、新英伦。这种种移殖行为，便是文化势力所激发出来的。

把可以命定文化的生物因子说完之后，我们接着要讲几个实例。我们要看历史上几个已经衰落或灭亡的和现代正如春花怒放着的几个文化，能不能根据生物原则加以具体的概括的解释。我预备举出希腊、罗马、犹太、美国、日本五个例子。

一、希腊　希腊文物的繁荣，是谁都承认为了不得的。自公元前五三〇到四三〇，一百年间，大约六万七千多成年的自由人里，竟产生十四名第一流的天才，平均不到五千人里有一个，这实在是人类文化史里空前绝后的成绩。但是过了这一百年，希腊文化便突然降落，不久就完全消灭，正应着中国史家“兴也骤、亡也速”的六个字。为什么？原来希腊半岛当地中海要冲，当时为各方移民麇集的区域。当时的政治与社会组织，既严自由人与奴隶之分，当时都市国家的人口政策又往往主张严格的限制，不肯轻易接受外邦人，所以移民的得为自由人的大都是严格选择的结果。当时自由人的婚姻生殖，又多少要受国家法令的制裁，很有一些近代优生行政的意味。但到了后来，法令废弛，移民加入日滥，迟婚与独身之风盛行，自由人与奴隶亦可随意通婚，有能力的女子往往以娼门为最高尚的职业，因而不事生育。总之，希腊文化之兴，便兴于有选择的移殖、婚姻与生产；希腊文化之亡，便亡于反选择的移殖、婚姻与生产。（参阅戈尔登氏《遗传的天才》，页三四〇—三四三）

二、罗马　自颉朋作《罗马的衰亡》以至今日，替罗马文化的衰落寻解释的人很多，寻出的解释也不少。德人塞克（Otto Seeck）作《古代世界的衰落》，胪列的解释有十个之多，中间倒有好几个是生物学的，或有生物的含义的：第一便是“优秀分子的淘汰”，第二是“频年的征伐”，第三是“人口的减少”，第四是“移民的杂遝”。第五到第十个解释便不是生物学的，而是文化的，但它们中间有的可以看作文化选择的结果，有的本身便是有选择效用的文化势力。最近英国人文主义派的哲学家歇雷，又就这许多解释加以仔细的分析，大致很赞同塞克的说法，并且加以发挥，但是他并不承认“人口的减少”是一个适当的解释。（参看歇雷《优生与政治》，页一六九 — 一九六）

三、犹太　犹太文化是最奇特不过的。犹太教的文化，远在古代，不去说他，且说近数百年来犹太人对于文化的贡献。自从公元后七〇年到今日，犹太人散处各国，不成国家，但是民族存在，文化也存在，不但存在，并且极有光荣。近数百年来犹太人里出了不少的第一流的人才，在思想界与金融界，都能够取得盟主的地位，自斯宾诺莎以至爱因斯坦及马克斯，无非是思想界的代表人物。世界第一等的富人里以犹太人为多，是谁都晓得的。上海外国寓公里最富的便是几个犹太人。这都因为什么？我们又不能不谈到选择的作用了。犹太人在欧洲是到处受压迫与侮辱的。基督教徒不许他们住乡间买地种田，他们便只好住在城里，挤在一个狭小的特殊区域以内，干基督教徒当初所不屑干的勾当——商业，尤其是银钱兑换——于是年去年来，层层剥削淘汰，终于产出一派，我们不妨说，“持筹握算、锱铢必较”的天才来。同时他们因为身体不能像基督徒一般自由走动，又因为受到了欺侮不能自由发泄，逐渐养成一种极严厉的批评态度和富有革命性的思想习惯；其不能抱这种态度和思想力薄弱的，在当日颠连困苦的情形之下，也就无法维持，终归淘汰。这种淘汰后的局面至今还保留着，正合着《旧约》里一句话：凡是上帝喜欢的人，上帝要教他受灾受难。

四、美国　美国文化的勃兴，实得力于最初到新英伦的几批移民；即在今日，在文化各方面做领袖的大部分还是他们的子孙，并且彼此之间往往可以寻出血缘的关系来。这些移民，当时的生殖力又很大；人口激增的结果，逐渐把中部、西部也都开拓了。那种情形和今日中国吉、黑两省的情形大同小异。从事于开拓的人大都是勤俭耐劳、不避艰险、富有朝气的人。但是最近几十年来，美国人口的情形很起了些变化，早批移民的子孙，比较有能力的，大都成婚迟而艰于生育，所以数目不见增加，而后来的移民，不但品质杂遝，并且结婚早而生产多。所以凡有生物眼光的人都觉得美国文化目下的繁荣决不能长久保持。他们说：美国人生物的资本确是很大，但近年来的费用，已经靠本钱，不靠利息，因为没有利息。这恐怕不是耸动听闻的议论，实在是慨乎言之。

五、日本　说到我们的近邻，也是很有趣的。近六七十年内日本的勃兴，在人类文化史上是不能不大书特书的。一个文化能够改头换面得这样快、这样精到，在文化史里恐怕也是绝无仅有的事。对于这一点，近人提出的解释很多，但是几乎没有一个是生物学的。但是我以为日本的勃兴有很明白的生物学的根据。从自然选择方面看来，日本是一个岛国，天惠又并不富厚，所以顽劣分子被淘汰的程度比较我们大陆的“地大物博”的中国要深。从文化选择方面看来，日本到今日还沾受封建制度的余泽。真正的封建制度，不管他在别的方面的种种功罪——其实我们研究史实原不应讲功罪的——实在有保障人才的力量。日本的藩臣武士，在封建制度之下，也许只知讲武仗义，比较的吃粮不管事，但是后来在维新的当儿，各方面的领袖就从他们中间产生出来，到今日长、萨诸藩的子孙犹足以左右国势。从封建文化变为工业文化易，因为双方都靠严密的组织，都仰仗强有力的领袖；从以家族为中心的农村文化进入工业文化难，因为以家族为中心的农村文化是最散漫、最不依靠强有力的领袖的一种文化。这是近代日本所以不落伍而中国所以至今还落伍的一大原因。很多人口口声声骂封建势力，我看中国所吃亏的就是缺少真

正的封建势力，这种势力在二千年前就消灭了呀。（关于此节，参看拙著《日本德意志民族性之比较的研究》）

对于中国文化的盛衰消长，也未尝不可以用生物的原则来帮同解释。中国的历史很悠久，各方面的因子异常繁复，要从生物学方面来妥为解释，自非熟研历代掌故的人不办。我在下文末章里曾略加探讨，所得的结果还很有限，不过我相信越探讨得进一步，便会越感觉到生物因子的不可轻视。

人文史观与“人治”、“法治”的调和论*（1931）

史观的变迁或方面虽多，可以有一种归并的看法，就是不外唯神、唯人、唯物三个范围。各派宗教的史观，自然是唯神的。中国以前墨子派的哲学，因为动称天志，也有不少唯神史观的意味。儒家议论很一致，显而易见是唯人的。唯物一派，古时并不发达，道家的史观很杂，无为论当然与唯人论不相容；法天、法道、法自然的说数则兼具唯神、唯物的色彩。这三端以外，再不妨添一个唯文史观，以前中国法家的史观属之。此外又有所谓适然史观或机遇史观等史观。

到了近代，唯神史观的地位自然日就减削。但是唯人、唯物、唯文的三派都维持着，并且都有新的进展。彼此责难攻讦的文字，时常可以见到。大率生物学者与种族学者是唯人的，地理学者与经济学者是唯物的，文化学者与哲学家是唯文的。一个完全圆满的史观自然是这种种派别之和。但是因为学科的门类既多，内容又日趋复杂，一人精力有限，只能专注到一二种的学问，结果，方面越多，顾此失彼的机会越大，于是党同伐异的态度与偏激固执的议论就不能免了。晚近讲种族史观和经济史观的人犯偏狭武断的弊病最深。

人与文原是不可须臾离的，有了人，接着就有文，然则何以唯人史观与唯文史观又要截然分为二说呢？这里有一层道理。通常我们说“有人斯有文”，唯文论者说，不错，但是文教一经开端之后，便无须乎特出的人才，他自己就会生生不已，继长增高，变做“有文斯有文了”。不但如是，文教对人，有模铸熏陶的大力量，究其极，我们可以得到

* 原载《人文》第2卷第2、3两期，1931年3月15日、4月15日；辑入《人文史观》，商务印书馆，1937年版。

“有文斯有人”的结果。唯文论者大约可以分做两三个小派别：侧重制度法则的可以称为唯法派，极言思想观念的重要的可以称为唯识派，总论文化的各方面的才是唯文论的正式代表。但他们都承认文化势力处的是主动的地位，而人处的只是比较被动的地位。

作者是一个人文论者。人文论者在在以人为前提，以人为重心。他相信“有人斯有文”，以为不但在生人之初，文化的发轫要靠少数人的聪明智慧，到了后来，文化的能继续维持，或代有累积，继长增高，也得靠少数人的聪明智慧，这少数人也许在鱼盐版筑陇亩之间，但其为聪明智慧的人则一。这样一说，一个人文论者不止是一个唯人论者或人本论者了，并且是一个好人论者了。人文论者虽未尝不主张好人须得好的文化来维持、将养，但是他始终以人为出发点，以人为归宿。

人文论者有到这种见解，一定要受人唾骂。不谅的人要说他食古不化、违反潮流，比较谅解一些的人至少也要质问他两个问题：第一，人文史观和历代相传的伟人史观或“英雄造时势”的旧说究竟有什么分别？第二，在近日“法治”与“人治”的争论中，人文论者是不是完全左袒人治之说，完全否认“法治论”的地位？人文论者对于这两个问题不能直截爽快的答复。容先分别加以讨论。

人文史观和伟人史观的对象是很相同的：彼此都看重人才的产生。但是，以前伟人史观里有很重要的两点，在人文论者看来，是绝对不可通，或是极不圆满的。

第一，伟人史观论人才的产生，往往不讲因果律。所以不讲因果律的缘故，是因为太注重意志论。意志原是一个不受因果律支配的东西。以前的意志论又可以分做三层说：一是天的意志，二是他人的意志，三是一己的意志。

前人论人才的勃兴，开口便讲“天地钟灵，山川毓秀”一类笼统的现成话。所谓“钟”，所谓“毓”，自然是天志的一部分，法则所不能支配、人力所不能左右、理智所不能分析的一种手续了。一样是这块天地，何以这里不钟灵，而偏在那里钟灵？一样是这幅河山，何以以前毓过秀，而如今不毓秀？这一类的问题，自然是无人提出，因为一切一切既出乎天的意志，人类当然莫测高深了。

在宗教信仰比较发达的人，或比较普遍的地方和时代里，人才的产生自然更归功于天的意志了。繁庶之区、富贵人家，出了人才，当然是天降百祥的结果。所以人说，既富且贵之后，又笃之以人才，以维持其地位于不替。穷乡僻壤、贫贱人家，也出了人才，当然更是上天之赐了。但是何以在出人才以前，天却教这家人家贫贱，甚至于到一个很不堪的地步？关于这一点，愚陋一些的人便不求甚解，聪明一些的便有一种极婉转动听的自圆之词，例如：

> 故天将降大任于斯人也，必先苦其心志，劳其筋骨，饿其体肤，空乏其身，行拂乱其所为，所以动心忍性，增益其所不能。

这谁都认得是孟子的话。孟子当时那种“生于忧患，死于安乐”的议论，原是一片大道理，并且有不少的教育价值；至于说这都是天所预先替人规划定当的，那就教我们无从领悟了。

讲起孟子，真是教人高兴。他是中国古代讲伟人史观讲得最热闹、也是最有精彩的一个学者。我们在下文还有好几处要仰仗他的议论。

上文说天的意志是不受任何法则的支配的，这也许是过甚之词。大凡相信天志的人，都以为天志虽不受外界的法则制裁，他自己总守着几分规矩，决不会颐指气使的。所以人才的产生也不是胡乱的，而有相当的时期性，《旧约》时代的犹太人就深信经过了多少年，就有一位弥赛亚降生，后来居然出了一个耶稣（犹太人承认不承认他，为别一问题）。至今耶稣教里有好几派相信耶稣要第二次降临人间。他们推定了几个黄道吉日，但都失望了，他们深怪自己信心不坚。

孟子也深信天生圣贤是有时期性的，他说：“五百年必有王者兴，其间必有名世者。”他在全部《孟子》的煞尾里又说：“由尧舜至于汤，五百有余岁……由汤至于文王，五百有余岁；由文王至于孔子，五百有余岁……由孔子而来……”孟子以孔子比“王者”，以自己比“名世者”，但说到这里，他忽然未能免俗起来，仅仅的叹着一口气说：“然而无有乎尔，则亦无有乎尔！”读《孟子》的如以此为孟子最后不再信仰天生人才有时期性的说数，那就上他的当了。

自堪舆之说盛行，天生人才的意志，又往往借了“地理”表现出来。这一类的故事很多，尤其到了科举的时代，姑举一例如后：

> 苏城吴氏始祖茔，明时葬在胥门外桐泾，与七子山相对。有术者过其地曰：“此吉壤也，逢壬戌当发，惟先旺女家耳。”嘉靖壬戌，申文定公时行中状元，申为吴婿。天启壬戌，陈文庄公仁锡中探花，陈为吴甥。康熙壬戌，彭太史宁求中探花，彭为吴婿。乾隆壬戌，陆明府桂森中进士，陆为吴甥。嘉庆壬戌，吴裔孙棣华殿撰

> 廷琛始中会状。道光壬辰，廷琛堂侄钟骏又中状元。（钱泳，《履园丛话》）

这种故事，读来很像神话，人的脑经能不能窥其秘奥，留待下文再说。

其次，除了神道或天的意志之外，人的意志也未尝不能产生人才。所谓人，也许是别人，也许是自己。先说别人的，这便是旧派教育的基本信仰之一。自胎教、家教以至于一般的师道，向来以为都有绝大的力量。胎教是做母亲的在胎期里善于运用意志的结果。《大戴礼》、《列女传》、《博物志》都讲胎教之法，教凡为孕妇的须要聚精会神，把持得定，不为外邪所感，生儿自然聪明良善。二百多年以前有一位日本人（稻生恒轩）说得最精警：

> 儿在胎内，与母一气，母之意态，其影响深印于儿心。是以母心正直无邪，则胎生之子亦与之为无邪。凡自怀胎之日始，即应整躬定虑，诸恶勿为，静待分娩，是谓胎教。（下田次郎，《胎教》）

要是世间的孕妇都能这样的善用其意志，岂不是普天之下莫非人才么？文王的母亲太任据说是如此的。可惜我们不晓得后来“野合”而生孔子的徵在，天使感梦而生耶稣的马利亚是不是如此。好在这些超等的大人物五百年内总得生一次，数中注定，也就无须乎胎教了。这一番话并不是拿先圣昔贤来开玩笑的，不过借此可以晓得胎教既是意志的产物，当然也是不受因果律的支配的了，不受因果律支配的事物，人文论者只好置之不论。

事实上近代生物家就不承认胎教这样东西，他们只承认“胎养”。孕妇与胎儿的关系实在是很隔膜的，营养物从母亲的血管传入胎儿体内，尚且得经过一层薄膜，其他生理作用的各不相干，以至于心理交感的绝对不可能，更无须说得了。

胎教所凭借的是孕妇的意志，一般教育所凭借的便是教师的意志了。以前师道的尊严大部分就建筑在意志力的伟大上。“君子所过者化，所存者神”，凡属君子意志力所及的，“顽夫廉，懦夫有立志”，顽懦的既可廉可立，又何往而不是人才呢？

第三种产生人才的途径是一人自己的意志。一般人听从了孔孟之教，也很信这一点。孔子所谓“我欲仁，斯仁至”，孟子所谓不思而已、思无不得，都是责人运用一己意志之论。孟子自称不动心，又称善养浩然之气，都表明他自己确是一个在意志上善用内功的人。不善用意志因而失败的人，是“自”暴的，是“自”弃的。

但我辈用今日的眼光看来，个人的自由意志和天的意志、孕妇教师的意志，是一样的不可捉摸。人才如孟子，动辄以“养志”的大道理训人，殊不知有孟子之聪明毅力则可，无孟子之聪明毅力则不可。并且到了真正有人向他们请教实地“养志”用什么方法的时候，他们也支吾其词，从来没有说一个清楚。公孙丑问浩然之气，孟子只说得一句是“难言也”。曹交很想做尧舜，情愿做孟子的及门弟子，孟子却说：“夫道若大路然，岂难知哉？人病不求耳，子归而求之，有余师。”“病不求”，“归”而“求”，都是教曹交自用其意志的意思。后来曹交的成绩如何，我们不得而知，我们只晓得除了《孟子》里有这一段关于“大人物速成法”的谈话而外，在别处再也没有遇见这位“九尺四寸”大饭量的曹交先生。

这三种产生人才的意志论之间，实在有几分演化的关系。最初人类对于生存尚没有多少把握，故一切委诸神道、委之天命，后来文化日臻进境，始信人们的意志可以彼此互感，于是才发生英雄的崇拜，才明白教育的效能。最后，更进一步的信任自己的意志可以转换环境，可以左右一己的前程。中国春秋战国时代的文化是一种过渡的文化，所以这几种“意志可以产生人才”的论调交光互影的同时存在。

佛教文化加入中国之后，人才产生的解释又多了一个——并且是极端重要的一个——就是因缘果报之说。果报之说，在中国古代本有相当地位。“作善降之百祥，作不善降之百殃”一类的话，是很早就深入人心的。但佛教输入之后，有了有组织的宗教为之后盾，果报之说才到处在人的行为上发生影响。人才的产生是行为之一，自然也受他的制裁。

因缘果报与人才产生的关系极切，以前是绝对没有人否认的。尤其是在科举时代。千余年来，科举几乎是产生人才的唯一途径，所以一人在科举上的成败，往往向一己或祖宗的行为善恶里去觅解释。祖宗积了德，子孙才可以“出秀”，出秀的数量自然又和功德的数量成正比例。清朝初年昆山徐氏弟兄出了三个鼎甲，当时传诵一时的解释是这样的：

> 昆山徐健庵司寇之祖赠公某，于明时尝为常熟严文靖公记室。时三吴大水，赠公代具疏草请赈，文靖犹豫未决，筮之；因嘱卜者第曰，“吉”。乃请于朝，全活无算。生子开法。于鼎革时，有镇将某寇掠妇女数百人，锁闭徐氏空宅大楼，严命开法监守。开法悉纵

> 之，送还其家，遂将空宅焚烧。及某来索取，曰：“不戒于火，俱焚死矣。”某默然而去。开法连举三子，元文中顺治己亥状元，乾学中康熙庚戌探花，秉义中康熙癸丑探花。（《履园丛话》）

在科举时代，这一类的故事极多。因为一己或祖宗的行为失检，因而功败垂成的，也很多。果报论发达的结果，似乎把意志论的地位攘夺了。其实不然。果报论原来就建筑在意志论之上，不过后来的意志论比较以前的要多几分伸缩性罢了。怎么说呢？在以前，天的意志和人的意志似乎是各不相谋的，天要怎样，就得怎样。果报论发达的结果，天的意志至少有一部分可以受人的意志所左右，所以即使素来作恶的人，一旦能自新起来，改邪归正，广行功德，也可以把天的意志转变过来，到了子孙手里，也可以出几个人才。由此可知意志论的深入人心，牢不可破。以前解释人才产生的人，始终不能不仰仗着他。这里说天的意志可因人力转变，所谓天，并不一定指什么特殊的神道势力，而是指以前士大夫动称“冥冥之中、冥冥之中”那种不可思议的势力。

说到这里，我们又想起一两段有趣的故事来。相传范文正公觅葬地，既得一地，有堪舆家告诉他说，这是“绝地”，葬了子孙传不下去。文正公想既是绝地，不如由范氏占去葬了，免得别家上当。后来范氏“当绝不绝”，并且出了不少的人才。在文正公当初，也许是一种不信风水的托辞，但是深信“人力回天”——即人的意志可以转变天的意志——的人，便把他当做大把柄，来劝人为善。又有一段故事，比较的更是凿凿有据。清初：

> 吴门蒋宪副公改葬贞山。堪舆云：大不利于长房。公冢媳盛夫人谓其子荣禄公之逵曰：子姓至多，若仅不利于我，无妨也。荣禄素孝，闻母命，即以言达于各房，为宪副公改葬焉。时盛夫人弟御史符升曰：此一言已种德，堪舆之说，且将不验……（《履园丛话》）

后来果然不验，蒋氏长房科甲名宦，几世不绝。“一言种德”，“人定胜天”，有如此者！

不过果报论总要比纯粹的意志论略胜一筹。意志论完全不讲因果，果报论似乎还讲一些。所谓因缘果报，中间就包含着“因果”二字。因果律的译名原是从佛学中得来的。我们至少可以承认这一点，就是：在果报论势力之下，人们对于人才的产生，至少承认有前因后果，并且以为可以受几分人力的左右；若在纯粹的意志论势力之下，就完全不可捉摸了。

人文论者讲人才的产生，当然连果报论都不能接受，因为因缘果报论所讲的因果，仅仅有因果之名而无因果之实。它所认为有因果关系的两件或两件以上的事物，实际上碍难发生因果关系。例如上文所举一门三鼎甲的例，三鼎甲的祖父全活了无数灾民，他们的父亲又放走了不少的妇女，当然都是事实，但人文论者看不出来这二桩好事究属用什么法子、经什么手续来产生那三位鼎甲。

人文论者了解一些近代科学的原则，他略加思考，便知因缘果报论者所指的前因后果，实在无一不是果，并且是同出一因的果。这个因，在果报论者固然无从了解，人文论者却知道不是别的，就是“遗传与教育”。试再引昆山徐氏的故事来说，三鼎甲的祖，因为遗传与教育良好，才会用急智和权宜的方法来纾人于难，他们的父亲也是如此；到了三鼎甲的一代，时势太平了，遗传与教育的良好就在科举上表现出来。“果”的表现虽因时势而有不同，而“因”的蕴蓄，则三世如一。这种解释和果报论的大有出入，可以用单简的图式表示出来：

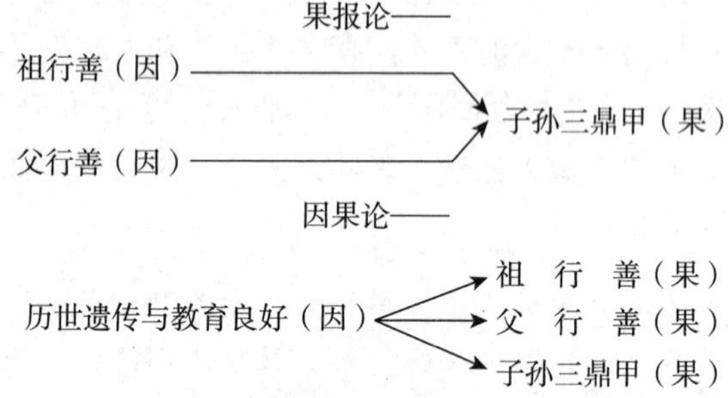

上文所引苏州吴氏和蒋氏的故事，岂不是也可以用同一的方法解释？遗传与教育既良好，门第的婚姻又把良好的程度一代一代的加笃提高，自无怪其科举人才的层出不穷了。至于吴氏的先旺女家、逢壬出秀，也许是偶然巧合，也许是讲故事的人因为深信了堪舆家言，不自觉的把少数在其他年份内出秀的吴氏本家忘掉了。这是蒙蔽的心理常做的事，不足为奇。至于蒋氏盛夫人的那种见识，几乎等于完全否认堪舆之说，岂不超出寻常女子万万？这种见识的智力根据，自然可以遗传，有这种女子做一家之主，家教自是蔚然可观。这种人家不出人才，谁家出人才？又何必乞灵于果报之说呢？一言以蔽之，果报论者的错误在把同出一因的两个或两个以上的果，认为前因后果。

人文史观不能与伟人史观或贤人史观苟同之处，这是第一点。

第二点是跟着第一点来的。意志论者或果报论者既把一切一切都归于天命、祖宗、鬼神、自由意志，对于人才的形成自然不遑仔细推敲，亦无须仔细推敲。“圣人生而知之”一类的语气，最可以代表他们不求甚解的精神。

人文论者则以为形成人才的因缘是极复杂的，归纳之为三类：一是属于生物遗传的，二是属于文化背景的，三是属于平生遭际的。上文不说过遗传与教育么？把教育劈分为二，其一便是过去的文化遗业，又其一是临时的意识与物质环境，也就成为三类了。西洋人文学者所称生命的三边形，就是指此。

一人成才的程度当然视这三种因缘结合的程度而差。如以上中下为每一种因缘的等差，则自上上上始至下下下终，可得二十七级，上智、下愚、中庸各色的人物，不论成功失败，都可以包括在内。（说详美人我尔特的《遗传学引论》）

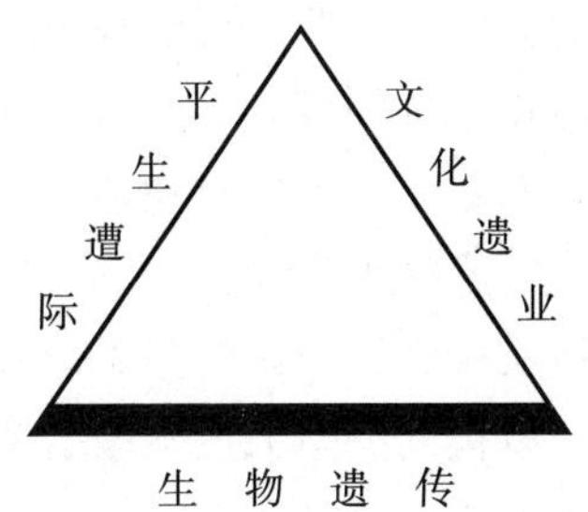

三种因缘之中，遗传比较的最为基本。他是成器的玉、铸刀的钢，玉不琢，钢不铸，固不成任何工具，但原料若不是玉、不是钢，怕就琢不起、铸不成，勉强琢起铸成了也是不经用的。这是极单纯的一点事理，而历来侈言教育的人大都未能体认。近来教育事业的浪费、不经济，一大部分是因为不能体认遗传的重要所致。

真正的人才，第一靠遗传的良好。但他可以成才到什么程度，局部也要看他所处的社会有多少文化遗业，有什么文化遗业。把初生的婴孩置之羲皇而上，任他有多么好的遗传，长大了最多也不过发明了钻木可以取火、烧土可以成陶器罢了。当代最大的发明家爱迭孙，倘若早生五六十年，他的成绩怕就不会像现在一般大，因为电学里有若干先决条件那时候还没有具备。

不过有一点要注意。常人只能受文化遗业的笼络限制，在人才，却往往能够不受他的羁绊，能跳出范围之外，而作一番客观的端详评论。结果，他们能够对于已成的遗业，加以损益纠正。文化的所以有进境，全靠这种损益纠正的工夫。至于何以在同一情势之下，他们能如此而常人不能，这就怕不能不推论到遗传的有高下了。

遗业与遭际都是供给刺激的东西，不过一是纵的而有时间性，一是横的而有空间性。遭际之论，充其极，就变为“时势造英雄”的旧说。时势虽不能真正“造”英雄，却有力量教人才走上什么途径。有人说，达尔文若生在中国，怕就不会成为演化论的集大成者。这话是不错的，因为在当时的中国文化里可以说丝毫没有教人研究演化论的刺激和机会，同时也没有多少演化学说的遗业。些少有一点，又多隐没在春秋战国时代诸子的学说里面，早失其刺激的效力。

这种楚人楚语、齐人齐语的议论，谁都不能否认。不过有两点要注意。长才如达尔文，到了中国之后，虽不成演化论大师，至少在别种当时流行的学问上，可以有博大精深的贡献，像顾亭林一般，因为遭际所能上下其手的只是造诣的方向，而非造诣的程度。这是一点。当时英国文化的背景，相对的固然比中国的好，但绝对的又何尝适合于演化论的发展呢？达氏倡论之初，基督教统治思想的能力还很大，当时反对演化论的空气与论调要比赞成的不知大多少倍。然而达氏、赫胥黎一班人居然成功了。这也算时势造英雄么？若说时势可以供给一种阻力，更引起人的挣扎奋斗，那末，何以世间因阻力而失败的人又到处皆是呢？这又不能不教我们推论到遗传的有高下了。

说到这里，我们再回头解释昆山徐氏的成功，就越发明白了。昆山徐氏原是有根柢的旧家，所与婚媾的也是旧家，例如顾氏。三鼎甲的父亲开法，娶的便是顾亭林的姊妹，所以三鼎甲就是顾氏的外甥。两个有根柢的血缘，合在一起，产的果实总要比通常的肥大些。以前用果报论来解释此事的人，竟会把顾亭林的关系都忘了，真可谓心切于求、目眩于视了。中国人以前对于血统传授的道理并非完全不明白，但因为深信了因缘果报之说，原有的常识反至受了蒙蔽。

徐氏兄弟既有了优越的遗传，再加上当时科举文化的遗业，清朝初年，天下大定，朝野都能以文教相尚，所以际遇又比别的时代要强——种种因缘凑合的结果，一门就出了三位鼎甲。这样说来，此事也就不足为奇，不必诉诸神道果报之说以求解答了。

人文史观和伟人史观不同之处，最重要的，就是这两点：前者论人才的产生，以因果律为根据，后者则以意志论；前者论人才的形成，认为因子很复杂，而后者则错认为很单纯。

凡属根据因果律的现象，便可供分析。人们可以借果知因，因因造果，因而取得几分驾驭控制的力量。这又是人文论者较胜一筹的地方。

人才既经形成之后，他们供给组织的领袖、发明的科学家、审美的艺术家、综合的思想家，只要有物质的环境相副，他们到处，便是文化到处。这种看法，人文史观和伟人史观没有什么大分别，人文论者所不敢苟同的，就是伟人史观看得太浪漫、太抹杀武断、太犯英雄崇拜的嫌疑。英人卡腊尔说任何时代的历史是大人物的传记之和；中国一部二十四史，把列传部分除去之后，几乎等于没有历史。这种说法办法，人文论者是不肯随声附和的。人文进步固然靠少数人才的反应，但反应的启发则靠适当的刺激。刺激又从何而来的呢，还不是阖群所供给的么？况且，社群的分子，才具虽有大小，却决不能分为人才与非人才两种。才大贡献大，才小贡献小，又怎能把一切功勋都算作少数领袖的专利品呢？

现在要答复第二个疑问，就是：在今日人治与法治的争论中，人文论者究属处什么一个地位？中立呢，还是偏袒一方呢？我们觉得都有一些，但在确切答复以前，也要略加讨论。

人文论者以为人治、法治缺一不可，人与法的关系犹之人与文的关系，彼此处的是一种互感共发的关系，这是中立的说法。但上文说过有人斯有文，法是文的一部分，就等于说“有人斯有法”，所以虽重法，而始终以人为归。这是偏袒的说法。

历来法治与人治的争论，总是愈烈而愈不得结果。为什么？病在争论者眼光太近，只就目前的或一时代内横断的局面看，只就同一世代以内的人物制度看。法治论者口口声声要好的制度，而不知没有好人，好制度就不会产生，勉强产生了，或从外国借来了，也未必能维持久远。人治论者口口声声要好人，而不知没有制度的保障，好人就产生不出，勉强产生了也未必能传宗接代、绵延不替。双方只要把眼光放远一些，争论自息。

怎样的放远？法治论者须得进一步的推寻人才所由“产生”的原

因，人治论者须得进一步的推求人才所由“消灭”的原因。前者进一步，就明白遗传的重要：若是人们的遗传本质日趋下流，任你有什么好的制度，终不免于破坏。后者进一步，就知道社会制度的势力和自然界的势力一样，有选择淘汰的效用，就是教“适者生存，不适者死亡”的力量。若是一种制度有反选择的影响，即淘汰人才的影响，那末，任你的人才怎样轰轰烈烈、盛极一时，数世之后，他的血统也许就靡有孑遗了。

遗传的重要，上文已言其梗概。至于选择的意义，作者在下文《人文选择与中华民族》里另有比较详细的讨论。大意是这样的：人的流品不同，他们在文化——包括制度在内——生活里的竞存力，也就有高下。一种制度盛行的结果，可以把甲派的人维持扶植，而把乙派的人自觉的或不自觉的逐渐淘汰。这是古今中外历史里常有的事。例如欧洲中古时代的基督教，因为武断、不容忍、严领袖们独身之戒，便断送了不少聪明的、能独辟蹊径的与富有同情心的人。汉武帝以后的中国儒家文化也很有几分反选择的影响。他和君主政体携了手来推行二大制度。选举制度因为标准狭窄，推崇古人太甚，无形之中——要比基督教无形得多——也许淘汰了不少有科学头脑、能标新立异的人才。家族制度之下，个性的发展受了钳制，一门之内，自成天地，也许又牺牲了不少富有社会意识与组织能力的人才。今日的中国在在需才孔殷，尤其是科学家与政治领袖，而竟不可得，又安知不是吃了制度畸形发展所引起的反选择作用的亏呢？

唯文论者与法治论者动讲“有法斯有人”或“有文斯有人”。要是他们能够看得这么远，人文论者也就不再有微词了。可惜今日之下，他们还不能。

总之，“才难”。产生固难，维持也不易。法治论者知二而不知一，人治论者知一而不知二。人文论者惩前毖后，乃知好法虽须赖好人而产生与执行，好人尤须赖好法的保障而生存，且所保障的不止是一二个好人，而是好人的血统。保障了好人的血统，好法的维持与进步也就得了保障。可以保障好人血统的法始终存在，好人也就生生不已，且得继续的提高其好的程度。世间虽不能有郅治的一日，到此，至少法治论者与人治论者的争讼可以告一段落了。至于怎样才是好法，好法怎样保障，都是狭义的优生学范围以内的问题，在此无须答复。

妇女解放新论
——介绍英人蒲士氏的学说*
（1931）

我久矣感觉到女权运动或女子解放运动是没有下文的，要有，也是思想复杂、章法凌乱的一篇东西。但事到今日，此种运动已是欲罢不能，即下文已是不能不做，难道就任其盲目的前进、胡乱的写去，丝毫不加以理智的裁制与指导么？不。不。我四年前在我那本急就章的《中国之家庭问题》里曾经说过：

> 妇女运动之大目的曰：求性的公道。今于宜于室家生活之女子，惑之使独身，使营经济独立，使为过当之生育限制，使其个人之能力不克与社会种族之需要相须相成，是得谓之公道乎？妇女问题固属近代社会问题之一，我辈无不承认之，然本为少数人之问题，即若干母性不足而才智有余之女子之问题，今经女权运动者之播弄，竟一变而为大多数女子之问题，是甚非有志于社会改革者之本意也。最初之妇女问题为如何安插此少数母性特薄而才力特厚之女子，今日之妇女问题为如何使大多数妇女恢复其适当之家庭生活。

换言之，妇女运动既不能无下文，而下文既不能像以前一般的无条理、无目的，则惟有改变思路，别求发挥的途径。

那时候是一九二七年，我对于欧美——尤其是欧洲——妇女运动的新趋势并没有十分注意到，但私心自忖，“德不孤，必有邻”，这一种见解决不是很新奇的。西方学者，与女权运动的接触，比我要久、要直接，具此见解的一定大有人在。至一九二九年五月，乃得购读英人蒲士

* 1931年7月18日作，原载《优生》月刊第1卷第3期，1931年9月15日，即刘英士译《妇女解放新论》序，同年11月出版；辑入《人文史观》，商务印书馆，1937年版。

新著的这本《妇女解放新论》，细玩内容，触处都是“实获我心”之论。我若有此材料，有此笔墨，我的志愿之一也就是要写这样的一本书。

蒲士这本书的内容，大致可以分为三大部分：第一部分论女权运动已成“推车撞壁”的形势，越求解放，越受梏桎，越求幸福，越得痛苦；不但女子自身没有得到真正的解放，社会生活全般因为功能失其适当的分配与调节，已经有一步不可行的危险。（书中第一至第四章）第二部分首叙作者所谓的“有机的社会观”或“功能的社会观”。社会功能以自然功能为基础，其中最显而易见的当然是莫过于男女功能的斩然有别，所以接着就论男女平等观念的谬误与流毒，接着又论男女生理与心理的异点根柢如何深固，决非教育、环境与极端的女权运动家的口号所可转变、呵逐、排遣（第五至第七章）。第三部分，即最后部分，始归到所谓“解放新论”的本题。妇女生活的中心场合，说来说去，还是家庭；妇女教育的出路，说来说去，还是不外做人之道。不但自己要怎样为人，并且怎样要为社会种族创造新人出来，好教我们今日所维持、建设、享受的种种，到后代不致无人维持、无人建设、无人享受。妇女生存的目的，充其极，还不是种族的绵延与发扬光大么？这便是新解放论的结论。读者如其接受第二部分的有机论与分功合作论，也就不能不接受这种比较不合时宜而合乎情理、合乎经验、合乎科学事实的见解。（第末章，又散见全书其他部分）

蒲士在这本书里有不少的谠言宏论，发人之所未发，值得我们击节叹赏的，我现在要不惮琐碎的、不嫌重复的把他们择尤引在下面。

他认为妇女运动已到了推车撞壁的地步，他用着一个很有趣的譬喻说：

> 妇女运动的发展，很显明的已经达到一个关口。已往，它所由存在的主要理由是因为它能够替许多女子开门，好教她们进入一向认为是男子工作的园地。这种司阍的责任，现在可以说是已经尽了。各门已经大开，并且已经发现大多数的屋子，一个发育寻常的女子进去之后，并不觉得特别的自在。不过，不管自在不自在，一个新式的女子现在总可任意踏进任何屋子，没有丝毫外界的拘束。不过司阍的责任既已完毕，妇女运动势不能不别定方针，别图发展，否则只好从此退休。（原书页二三）

蒲士以为历来的妇女解放运动，一面似乎解决了不少问题，一面也引起了不少的新的问题；一面似乎产生了一种新自由、新的独立精神，一面却也造就了一种新桎梏、新的依赖性。他说：

> 事实明明是如此：近代世界所了解的妇女解放，所答复的旧问题和引起的新问题，实在一样多。（原书页一五）
>
> 我顺便要提到近代女权运动者的一个很古怪的迷梦。什么呢？一个女子，自朝至暮，为了一个不相干的男子，在一间又热又闷的办公室里工作——据说是“自由”的。另外一个女子，为了自己工作，为了一个自己心爱、自己挑上的男子工作，工作时间又并没有多大限制——据说便是一个“奴隶”。痴人说梦，一至于此！（原书页二二）
>
> 近代的新女子不但并不能不扶自直，从心理方面看去，并且是恰恰相反。她依赖男子的程度，自昔已然，于今为烈。生活的男女两方面里，女性方面的受男性理想、观念、标准的包围征服，再也没有像今日的这般厉害的。（原书页二五）

解放运动的结果，不但没有解放女子，并且产生了许多痛苦，教女子来忍受。据说凡是男女同工的制度或场合之下，女子的疾病率要比男子为高，害病的要比男子多许多。（原书页四七）女权运动家提倡女子体育，认为可以间接提高下一代子女的健康，但是事实上不但没有提高下一代的健康（原书页四五），并且把产妇自己的健康相对的打了一个折扣。最近二十年间，各种疾病的死亡率大都有降低的趋势，唯独产母的死亡率，年去年来，依然如旧。这其间一部分的责任，不能不教但知提倡男子式的女子教育的人负去。女子运动便是这种教育的一部分。（原书页四五—四六）

解放运动的结果，不但妨害了女子的健康，并且把女子弄得不男不女，把社会生活也闹得不伦不类：

> 若有男子把持了某种职业，不许女子加入，例如牧师业，于是妇女运动者便根据了男女平权的理论，要求加入。驾驶汽车一向是男子的职业，但若有一个比较进取的女子学会了开汽车，居然也靠此吃起饭来，于是平权论者必欢呼相庆。诸如此类，不一而足。这种“女权运动”实在应当叫做“男化运动”，因为它的目的无非在模仿男子，男子做什么，她也要做什么。（原书页八一）
>
> 近来常有人说，女子的日子到了，女子恢复了她的本来面目

了。是么？要是的话，当代的女子应该心满意足了，又何以事实恰恰与此相反？女子，尤其是年轻的女子，有史以来，怕再没有像当代的这样不安定的了。这种不安的现象到处皆是，但是最厉害的恰好在男化运动最发达的国家里。这一层，在明白不安定与不知足的真正原因——而非女权运动家所称的原因——的人，自然并不以为奇怪。英美两国是女权最发达的国家，也是这种不安定、不知足的现象最显著的国家。为什么？英美的女子什么权利都有，单单没有“做女子”——即发展女子固有的特性——的权利！（原书页五五）

女子“解放”后的社会生活怎样？十二个字可以叙述干净，“男子无以为业，女子无以为家”。更可以缩成六个大字，“男无业，女无家”！蒲士说得好：

我们一定得还归那条永久的真理，就是男女是相须相成的敌体。阴阳双极性是宇宙的一条大原则，性的分别也无非是这条原则的表示。要是没有它，人类的文化怕就不会有和谐的发展了。把它取消了不打紧，只怕文化要沦胥以尽！

近代的生活虽复杂，但是男女分工的局面，并不因此而必得变动：男的基本功能在产生食粮与财富，女的基本功能在产生子女。妇女主义者竭力想把这种分工的现象搅一个混乱。结果怎样？百千万的男子没有工做，百千万的女子不生儿子！（原书页六六—六七）

妇女解放运动的所以求仁失仁，原因在一般社会思想的不健全与性观念的根本错误。不健全在那里？把所由造成社会的分子当做彼此同一价值，彼此可以分立，彼此可以自足，而不知事实上适得其反。蒲士的有机论或功能论便根本否认社会分子是同一价值的、可以分立而各个自足的。（原书页七二—七五）错误在那里？在根本否认男女两性的种种不同是天赋的、有作用的，并且在不自量力的想造成各种势力，来根本推翻这种种天赋的不同。两性平等和平权的口号便是这种势力的一种。蒲士有一段话，很能够总括一般功能论与男女分工论的两层意思。他说：

读者如其不期然而然的感觉到“母道”和任何种男子的职业有绝大的区别，未便相提并论，那末实际上就不啻承认了女子在社会里的地位是特殊的，决不能和男子的地位同样看待。他也不啻已经

放弃了男女平权论的防线而加入了男女分工合作论的壁垒了。(原书页一三二)

从他的有机论里，蒲士又产生了两层见解，在我们中国人看来，是极对胃口的：第一是他的家庭单位论，第二是他的反权利论。关于第一点，他说：

实际上，个人自由的原则——妇女运动中最中心的观念——和一夫一妻的法定婚姻制度的根本冲突是显而易见的。自决的原则，要是真正的合乎逻辑的应用起来，势必至于把一向认为社会单位的家庭完全消灭。婚姻以合异的观念为基础。它责成两个人把唯我的意念消除了，好教一个更高一些的本体可以产生，这个本体便是家庭。但是这条自决的原则却根本否认在个人与自我意志之上还有什么更高的本体。这个个人与种族（由家庭代表着）的根本不相容，便是“妇女与社会”问题的中坚，也便是这本《解放新论》想提出解决的。(原书页一二五)

蒲士的反权利论，我还嫌他说得不透澈、不肯定。他只说得：“凡属两人相与，彼此真能谅解，真能尊重，他们就不会站在权利的立场上说话。”这当然是很对的，可惜说得太轻淡了些。其实权利观念不打破，功能观念即无由产生，因为权利发乎个人，而功能才顾到全体，其立脚点完全相反。在国家政治里如此，社会生活里如此，而家庭分子间的相与与男女两性的关系上尤其如此。说到此处，我不能不联想到梁任公先生的一段名论，要比蒲士的深刻多了：

权利观念，可谓为欧美政治思想之唯一的原素。彼都所谓人权……所谓阶级斗争，种种活动，无一不导源于此。乃至社会组织中最简单、最密切者，如父子夫妇相互之关系，皆以此观念行之。此种观念，入到吾侪中国人脑中，直是无从理解。父子夫妇间，何故有彼我权利之可言，吾侪真不能领略此中妙谛。(《先秦政治思想史》，页一四四——一四五)

蒲士以为男女平权运动的结果，造成了一种女掌男权的局面、女子有特权的局面、女子有权利而无义务的局面。他关于这三点都有很长的讨论：关于第一点我们在上文已经引过他一段论“男化运动”的话；关于第二点，他说，凡属不是以前女子名分内做的事，她们都要根据了平等的理论，来抢来做。

> 但是一到了她们名分内能做的事，她们却大都不讲平等而讲特别待遇了。例如……（原书页八一—八二）
>
> 某评论家五年前曾经说过："女子根据了自然'平等'的理由，来握取政权，又根据了自然'柔弱'的理由，来维持她历来所已得到的种种特权。"五年前的话现在都成为事实了。（原书页八三，注）

蒲士发现要是女权运动的政纲能够一一实现，便可以使妻子有百权而无一责，丈夫有百责而无一权，他在原书一一二页上，还列了一张很有趣的比较表：

> 妻子的权利如下：赡养权；家庭以外工作权（即丈夫反对，亦在所不顾）；居住地点抉择权；邀请友人宴会权（请客费自然由丈夫负担）；生育节制权；家事交付仆妇权（仆妇薪工自然由丈夫担任）；身体"完全自主权"（近代妻子大约不再承认性的结合是婚姻契约的一部分）；再就一般言之，妻子应有完全的"个人自由权"。
>
> 男子权利如下：无。

事实上虽还未到此种地步，但是夫妻在法律上的不公允，妻子所受法律的保障远在丈夫以上，则至少在英美各国已经成为事实。法学家蒙德摩伦西说"已婚的女子是英国法律里溺爱的骄子"，便指此意。这一层，蒲士说，又岂是平权运动在理论上原有的期望？

原来男女之间是不能讲平权或平等的，至少万不能像历来一班极端的妇运家那种讲法，既经讲了，结果自然是难免一种"乾纲废颓"与"坤纪荡弛"的局面。

男女的不平等，可以从三方面观察得来：一是从一般发育的快慢迟早，二是从体力、智力、性情等等的品性，三是从生殖的作用。对于这三方面蒲士都讨论到，但是在心理品性一层上，说得最是透澈。

蒲士对于男女发育不同的讨论，我还嫌其太少。他在《男与女》的一章里，似乎完全没有提到；他在第三章论当代女子教育的根本谬误时，曾经说过几句，并且引了不少的注解，以示不顾到发育不同，因而得到的害处。但是此外便没有了。关于这一点，我希望读者能参考霭理士前年订正的第二版的《男与女》（Havelock Ellis, *Man and Woman*），以补蒲士的不足。

关于男女智力与性情的不相同，蒲士的议论可以说是面面俱到，应有尽有。原文全书不过二百五十页，而专论心理品性的多至四十页，即五分之一不足、六分之一有余。虽没有霭理士《男与女》中间那般赡博，但读去要比霭理士那本书有趣。

蒲士接着从男女心理品性的不同，论到生殖作用的轻重悬殊。原来就是因为生殖作用轻重悬殊，才有今日心理品格的性质各异。他说，男女智力的不同是：

> 性的演进的过程里不可免除的一种现象。生人以来，世代嬗递，做女子的始终负着行经、分娩、哺乳的重大责任——结果，不但把她的行动束缚住了，并且把她所有的空闲时间都占了去；否则她也许可以有机会把抽象的思考能力发展一下，像男子一样。几千年以来，一个通常的女子没有不生育的，而子女的数目又总在四个以上。至于不生育的女子，她的理智生活的机会固然要好些，但是因为不生育，她的能力就传不下去。由此观之，一个通常产生子女的女子，在智力上，是多少受了遗传的限制的……（原书页一七六）

所以女子生殖责任的重大，不但影响了她的社会活动的范围，并且限制了她的遗传的能力。生殖责任既不能豁免，即此种影响与限制无法消除。即使普天下的女子，从今日起，情愿——并且假定她们也能够——完全放弃生育的任务，以与男子争一日之长，怕也是无济于事，何况，她们未必人人情愿，事实上也万不可能，至少在行经的日期里，她们是不便努力太甚的呢。这种责任的不平均和因此不平均现象而引起的种种吃亏与便宜，英国另外有一位妇女解放新论家称它做“生殖上不平等的牺牲”，言其男的牺牲极少，而女的极多。蒲士这一番议论，大都采自这位作家，读者若要穷究此种议论的原委，最好是读这位作家的原书（A. M. Ludovici，*Man*：*An Indictment*）。

蒲士这一段议论有一点美中不足，就是，他还不能忘情于“平等”这个名词。他认为要是男女能各就其本性发展，对于社会与种族前途能彼此分工合作，那就不妨叫做平等，那才是真平等。（原书页一四二）对于这一点，我认为霭理士比他要进步了。霭理士在他第二版的《男与女》里就很不客气的把“平等”（equality）这个名词完全放弃，另外引进了一个“等值”（equivalence）的名词。但据我看来，这都是思想不能脱离前人窠臼的表示，蒲士不必说了，霭理士的新名词也足证他对于以前通用的旧名词未能完全忘情。其实二位作家所论的现象无非是人与人之间“公道”的一部分，就是性的公道。通常一个人的发育机会、作业、享用，若是可以和他的天赋的能力相副，不过度亦非不及。这种情形我们就叫做平等，其实这就是公道。如今因性别而男女彼此的发育机会、作业与享用，也各与其天赋的能力相副，无有余不足之病，岂不是就是性的公道么？二百年来，社会生活中抽象与空洞的名词的毒也不算不厉害了，也该有机会稍稍休息了吧？（详见上文《平等驳议》）

蒲士的结论，不用多说，是很简单的。他并不主张今后不要妇女运动，妇女运动到今日已是欲罢不能。已前的妇女运动已经在几个先进的国家里帮同造成了“男无业，女无家”的局面；如今要改造这种局面，解铃须是系铃人，这责任自然还得在妇女运动身上。

不过，今后的新妇女运动、新解放运动真要发生实效，须得注意三大要点：

第一要认清科学的事实；

第二要转换价值的观念；

第三要改变运动的目标。

科学的事实是：男女的品性是有天赋的不同的。品性既有不同，功用岂能一致？不能一致而强之，才有今日种种纷乱的局面。如今要拨乱反治，非先重新认清所谓“性的两极性”和它的涵义不可。

以前的极端的妇女运动家以为创造文化和产生财富的事业是高一等的，而创造家庭和产生子女是低一等的。其比较不极端的，虽不致鄙弃家庭与子女，至少也把它们当作一种无可奈何的责任。殊不知创造家庭、产生子女，即所以创造文化、产生财富；手续虽较间接，责任尤为基本。若以男子为创造文化、产生财富的人，那末，女子便是创造创造文化的人的人、产生产生财富的人的人，岂不是更少不得、撇不开么？可是要教女子们了解这一层很简单的道理，非先更换她们的价值观念不可。至于男子们，对于这一层道理，尤其不能不有深切的体会。若是他们早就能体会到此，他们就决不会鄙视女子和历来女子的事业，而所谓女权运动者也就不必发生，即使发生，至今也早上了正轨了。

以前妇女运动的目标是个人的解放与舒展，今后妇女运动的目标是社会与种族的治安与演进。生物演化的大原则，发现了已久，久已成为通人常识的一部分，也久已在动植物界应用而得有惊人的效果。但是对于人生至今尚未发生何种实际的影响。妇女运动确乎是一种强大的社会势力，用得其当，可以促进人类的演进；不当，可以制人类的死命。这决不是一句耸人听闻的话。一个“男无业，女无家”的社会里，个人生存既已不能有充分的保障，试问尚有几分余地，可以教人做生育的事，尤其是教健全优秀的分子做生育的事。健全分子而不生育或少生育，人类纵不至于一朝覆灭，虽生亦等于死耳。已往的妇女运动，便不为社会与种族——尤其是不为种族——通盘筹算，我们因此可以不客气的说它是反演进的。如今要幡然变计，作演进的功臣，而非其掣肘者，惟有放弃以前极端的个人独立自由的旧目标，而代以社会与种族的安全与繁荣的新目标。所谓种族者，也无非是未来的社会而已。

蒲士对于新解放的“事实基础”、“价值观念”与“进行鹄的”三点是认识得异常清楚的。关于各点的议论散见全书中，但关于第一点的集中在书的中部，关于第二点的集中在书的前部，尤其是第三章，关于第三点的自然是在最后的一章里，就中约有五分之一是专谈“种族问题”的。

蒲士（Meyrick Booth）是英国人，生于一八八三年。初习科学于里兹大学（Leeds），后留学德、奥、瑞士，入耶纳（Jena）等大学，专攻哲学及心理学，为倭铿（Eucken）、理普曼（Liebmann）与弗厄士德（Foerster）的入室弟子。关于倭铿，他曾经翻译过他两种最长的著作；自己也著书一种，叫做《倭铿的哲学与影响》。弗厄士德《婚姻与性的问题》一书的英译本，也是他的贡献。欧战期内，蒲士加入了朋友宗的赤十字会工作，服务了三年。战后尝漫游德、奥、意、瑞士诸国，探讨社会状况，其论文散见各国诸大杂志中。这本关于《妇女解放新论》的书也是他战后三四年间观察探讨的成绩，恐怕要算他一生的大手笔之一了。

优生的出路*
（1932）

挽救民族危亡的出路不止一条，政治的出路、教育的出路、实业的出路、党治的出路、宗教道德的出路、打倒帝国主义的出路，甚而至于音乐的出路，一切一切都有人提出讨论过了，有的并且已经经历过多少的试验，成或败也都有可说的。

但优生这一条出路似乎还没有人具体的提出过，我从民国十二年起在优生的题目上，或站在优生的立场上，固然不揣谫陋的发表过不少的文稿，但几乎没有一次不是旁敲侧击的。我有鉴于西方优生运动的覆辙，深怕一做正面文字，就不免有一知半解的好事者出来大敲大擂，不但不足推进优生运动，反足以阻碍他的健全的发轫。往年平社历次的叙会里，我担任过两次的讨论，第一次从优生方面分析中国问题，第二次从同一方面寻一个解决的方案，但两次的文字都没有完全发表。那篇胡适之先生认为是平社讨论的产物的《说才丁两旺》，实在和平社无干。中间固然论到优生的出路，但只是偶然提及，并不具体。那篇《人文选择和中华民族》确是第二次讨论会中宣读的，也确乎带着方案的性质，但只详全部方案的一部分——人文选择的部分，其他部分完全没有顾到，所以也不能说是具体。

去年八月间在广州演讲，题目之一便是“优生的出路”。这一次不但题目很显明的具有方案性质，内容也确还具体。但人事碌碌，至今没有机会把他写成稿子。最近自日本侵占东省和上海以来，国人为民族和国家求出路的声浪又甚嚣尘上；一切一切又都谈到了，只是谈不着优生。一向在这方面审慎又审慎的我，却真有些按耐不住了。下面便是按

---

* 原载《新月》第4卷第1期，1932年1月。

耐不住的结果。

优生的出路，可以分做两部分说：

一是优生的目的。

二是优生的方法与路径。

(一)

优生的目的是极简单的，就是，要教民族中的优秀分子相对的加多，不优秀分子相对的减少。美国有一位生物社会学者把民族画做一个陀螺形的东西（是外国式的陀螺，非中国式的“地黄牛”）：一个中下分子特多的民族好比一个普通玩的陀螺，上小下大，上轻下重；一个中上分子多的民族便好比把同样的一个陀螺倒了过来，变做上大下小，上重下轻；一个中下中上比较均衡的民族便好比一个中间大两头一般尖削的陀螺。我相信中国民族是好比最后的一种陀螺，同时又有像第一种陀螺的倾向，即，平庸的人独多，中上和中下的分子比别的民族相对的要少，同时又因中古以来种种反选择的影响，中下的分子有日益增多的趋势。

上文“优秀”、“不优秀”、“中上”、“中下”一头的说法，自然是指民族分子的能力和品质。讨论到一个民族的盛衰兴亡，终究不免谈到民族分子的能力和品质上去。以前讲出路的人也谈到这一点，如今讲优生的出路自然也不能自外。不过有一些不同，优生者着眼在能力和品质的天赋限制上，讲其他出路的人注意的却是后天的、人为的种种努力的程度。

谈一切出路的人几乎谁都承认下面四种能力或品性的不足，至少不足以应付二十世纪内中西、新旧种种势力交流的局面：

一、体力。

二、科学能力或研究能力。

三、团结能力和组织能力。

四、社会意识或“八厶为公”的能力。

至于这四种能力为什么缺乏，却一百个里有九十九个不是从环境里寻答复，便是从意志力里求解释。我不妨举最近的一个例。

黄任之先生去年到日本去观察，大受感触，回来做了一本很有趣的《黄海环游记》。他在最后一节里提出了四项改进中国的办法：一是人人把体格练好起来，二是坚决的信仰科学，三是大家团结起来，四是大家从本位上努力进取。黄先生是为中华民族找寻出路的一位前辈，我们谁都很敬爱他的。他这四项办法里，至少有三项牵涉到能力问题，但黄先生似乎并不承认中国民族的能力在这几方面有多大欠缺，不过没有下决心去做罢了。他说："今后的问题，就是对于这四办法，快快去做，快快去做。"可知他所见到的，始终是一个意志问题，不是一个能力问题。即使他也见到能力的薄弱，他很明白的否认这种薄弱是因缘于先天的不足。他说："如果我们还觉得我们的土地是很肥美的，物产是很丰富的，基础到现在还是很好，病就在人的方面，而且人的生殖是很繁盛的，资质是很聪明优秀的，病仅仅属于后天，而完全不在先天，那么中国决不是不可为的国家。"

我为《黄海环游记》做了一篇书评，我也承认"中国决不是不可为的国家"，但要可为，第一先得承认目下民族体力的不足、科学能力的薄弱、领袖人才与组织能力的缺乏、自私自利心的普遍深刻与夫团结的不易，不但不是一个意志问题，而且是一个遗传的能力问题。不承认这一点，便不知病根所在，不知病根所在，便不能开方下药。

上文不说到四种能力的欠缺么？如今我要根据遗传和淘汰的原则，来给他们分析一下。

打头我应当再说一遍，我是相信中国民族先天不无问题的、不无病态的。"民族病态"的意义当然和"个人病态"的意义不同。因为淘汰不得法，使民族分子一般的体力智力不足以应付一时代一地方的环境，这个民族便不妨说是有病的。我很怕中国民族便是这样的一个民族。

所谓淘汰，也似乎应当不惮烦的解释一下。达尔文死了五十年了，《物种原始》出来了七十多年了，严译赫氏《天演论》以来也三十多年了，但是除了少数生物学者以外，大家对于达氏演化论的精义至今并没有抓住。达氏演化论的精义便是淘汰或选择。

究竟什么叫做淘汰或选择？生物个体因为遗传品性和平生际遇的不同，配偶行为的发生有有无、迟早的分别，生产后辈的行为又有有无、迟早、多少的分别，死亡的行为也有迟早的分别。这三种不同的行为，在人类方面，我们有三个名词来代表，叫做：轩轾的婚姻率，轩轾的生产率，轩轾的死亡率。这种轩轾的现象便是淘汰或是选择的结果。早死、迟婚、不婚、不育、少生是属于淘汰一面的，迟死、早婚、多生是属于选择一面的。同一地段里，同一时期里，人物的各种流品在数量的分配上，因此关系便有显著的不同。在同一地段的不同的各时期里，流品数量的分配也大有不齐，为的是同一原因。

选择或淘汰有两种，一是自然选择或淘汰，即在不懂生物学的人也晓得在文章里引用的。一是，在普通动植物方面，人工或人为选择，在人类方面，可以叫做社会选择或文化选择，我一向喜欢把他叫做人文选择。在人的方面，达尔文自己并没有来得及发挥，大部分的研究是后来的德、法、英几国学者做的。这一点，知道引用的人就不多，即在翻译赫氏演化论的严几道氏似乎还没有十分了解。他始终以为中国民族的种种恶劣性根，非经天然淘汰的巨灵之掌层层洗伐，不足以言更新。

其实呢？所谓人文选择是极容易了解的。一时代有一时代的文化势力，这种势力决不是混同划一的，往往某派文化势力特别占优势，而成为社会生活里人们适应或位育的最大的对象，顺之者生，逆之者亡。例如汉代以后的中国人，凡是比较能够在孔门或儒家的学说和制度里讨生活的，个人生存的机会总要大些，配偶的机会也要早些，生男育女的机会也要多些。这一层至今还未经切实研究，但是正统者和异端者不能共戴一天，至少不能“戴”到同一程度，是中外古今通例，可以无疑的。但假如一种文化对于婚姻与生产的机能有抑制的影响，则顺生逆亡的原则可以一变而为“顺亡逆生”，例如两晋三唐以还中国的佛教信徒，或欧洲中古时代的基督教信徒。

明白了选择或淘汰的意义，我们不妨进而分析目下中国民族品性上的四大缺点了。

中国人的体格显然是千百年来饥馑荐臻、人口过剩所淘汰成的一种特殊体格。说他坏，坏在没有多量的火气，以致不能冲锋陷阵，多做些冒险进取开拓的事业。说他好，好在富有一种特别的顺应力或位育力，干些，湿些，冷些，暖些，饿些，饱些，似乎都不在乎；有许多别的民族认为很凶险的病菌，他也能从容抵抗。有一位西方学者说，任何民族可以寂灭，但有两个民族不会，一是中国，一是犹太。大概就因为这两个民族饱经世故，最富有“牛皮糖”的劲儿的缘故。我们平日在街头所遇见的“半人半鬼”的“同胞”，其实身体并不柔弱到什么地步。在已不卫生的环境之内，他们的生活力倒比西方人要强；卫生的环境经他们居住之后也往往可以变做比较不卫生的，因为不卫生了，对于他们的生活并没有多大妨碍，他们并不因此而多遭淘汰，他们祖宗的邻舍早就承了他们的乏，他们是已经被选择了的。海禁开放以来，第一种救国的口号，就是提倡体育、锻炼体格，但这种“牛皮糖”似的体格平日就没有锻炼的要求，也不容易养成锻炼的习惯，锻炼之后也决不会变成西洋人一般的体格，因为彼此种族的系属和淘汰的背景原是不同的。数千百年历史和环境所形成的不同要靠三年五年的操练来变换他，是一件绝对不可能的事。

在海禁开放以前，中国人的体格至少是够应付中国的特殊环境的，水也罢，旱也罢，兵也罢，疾疠也罢，官司豪强的压迫也罢，死了张三，李四总还活些，民族全般总可以苟延残喘。但开放以后就绝对不行了。“牛皮糖”的劲儿尽多没有用处，我们要的是火气、活力，可以冲锋陷阵，可以冒险进取开拓发见，才有希望和别的民族打一个平手。这种火气和活力更不是学校里的徒手体操可以锻炼得出的。

科学能力的薄弱，时至今日，大概是谁都承认的，至少是怀疑到的。而所以薄弱的原因，也可以在不良善的淘汰中求之。迫于生计，日以孜孜的，无非是开门七件。民族分子中间或有些科学头脑，也就用武无地，早晚受了糟塌埋没，所谓糟塌埋没就是淘汰；科学头脑特强的人，兴趣所属，每每不能兼事家人生产，结果自然是受人排斥贬薄。这是比较在自然淘汰方面的说法。二千年来的选举和科举制度也是富有淘汰能力的。选举的目的和标准异常狭窄，至后期尤甚，所有种种变异品性的极端——举凡可以促进科学的研究和发明的——都在不能维持滋大之列。在选举制度之下，人口中并非没有智力卓越的人，但这种智力都是清一色的，至多总跳不出考据、词章、义理三个圈子，而考据的范围又仅仅限于古书的厘订诠释，至于声光化电、动植生理，初则因社会不与鼓励故，为兴趣所不属，终则因生物淘汰故，为才力所不逮。及西化东来，发明与研究的刺激和需要虽多，而研究精神和发明成绩的卑不足道如故。这又是人文淘汰的说法。

团结能力和组织能力的薄弱，也一半因为自然淘汰，一半因为人文淘汰。千百年来水旱灾荒的选择势力在中国民族中间酿成了一种最不幸的心理品性，就是：自私自利心的畸形发展。（说详拙译美人亨丁顿氏《自然淘汰与中华民族性》）畸形的自私自利的人聚在一处（家庭中人另有血缘关系，不论），当然难望他们通力合作，打成一片。这是自然淘汰的说法。中国家制的发达与乡村中“无为而治”的精神的普遍，像选举制度一样，是中国文化比较独有的特征。这种特征虽有别的好处，却最不利于领袖和有组织能力的人才的产生。大家族里，有了一位比较有力量、有见识的家长或族长，一村之中有了一位年高德劭的村正或村长或绅董，几乎一家一村的事都可以因他们的一言而决。平日用不着组织，用不着多量政治上的分工合作，几乎完全用不着法律，也用不着比较严格的领袖和随从的身分区别。在这种情形之下的团体生活，所凭藉的权威是一个血缘的“亲”字，是一个高年的“长”字或“齿”字。有时候一村即是一族所构成，村正也就是族长，于是两重权威合而为一，越见得牢不可破。在这种权威之下，偶有一二富有领袖天才和组织能力的子弟产生，试问究有几分用处。他们若想施展他们的才力，想创造一些比较有组织的共同生活，一些法治的观念……来，恐怕话还没有出口，已经要蒙“不务本”和“犯上作乱”的罪名，受大众的钳制、宰割和淘汰了。夫团结全靠组织，无组织或组织不严密的团结不叫团结，只是一个部分不相联络的集合体，所以团结的先决条件是领袖人才与其组织能力；有了真正的领袖人物，才有真正的服从人物。家制与村制的服从只是感情的、习惯的，并没有经过理性的盘驳的。如今真正的领袖既不易产生，真正的服从性也就无法培植；缺少团结的原料与条件而轻言团结，无怪其不可能了。这是文化淘汰的说法。（说详拙作《人文史观》）

中国民族的四大弱点，上文已去其三，第四弱点是因自私自利心的畸形发展后所产生的贪污与公私不分。在家，我们想尽方法要教老妈子不揩油；为国，又想尽方法要澄清吏治、整饬官方。所谓澄清，所谓整饬，无非是教他们不贪赃，不刮地皮。但在这方面我们至今不但没有成功，并且更觉得束手无策。为什么？这同团结能力的薄弱一样，又得向自然淘汰和人文淘汰的势力求解释了。贪污是自私自利的一大表示。在饥馑荐臻的自然环境里，唯独贪得的本能（Acquisitive instinct）比较特强，而平日之间能下功夫去搜刮、储藏以备不虞的分子才最有机会生存和传种。这是自然淘汰的说法。家庭的畸形发展把阖族的经济生活打成一片，人人把家族的利益看在个人利益之上，一人不生利则已，否则直接间接即负赡养阖族或全家的责任。这在生计比较充裕、凡属丁壮尽人可执一业的时代，可以不出乱子，但一到“生寡食众”的时候，这生利的人势非作奸犯科不可了。而唯独作奸犯科的在这种年头才有保全个人和全家的能力。所以家制的畸形发展不但淘汰了领袖人才，并且选择了贪官污吏、土豪劣绅。这是文化淘汰的说法。

四种劣点的话似乎是完了。不过我对于团结力的薄弱，还要补充一句，因为谁都承认他是二三十年来国家多难的第一大症结。上文不提到陀螺的比喻么？假定中国民族的结构真好比一个两头尖中间大的陀螺，那就等于说民族中极愚顽不灵的分子虽少，而第一流的领袖可以开拓和挡头阵的分子也同样的不多，最多的是庸庸碌碌的中人。在第一流人物比较充足的民族里，中等人物原是极有用的，他们受了第一流人物的感动、指挥，往往可以心悦诚服的陈力就列，而为公众出力。如今中等人物独多而第一流人物几乎少得没有，于是人与人的关系，正合着江南人一句俗话——“你看人家不多大，人家看你大不多”；办起公事来，又往往合着孟子的两句话——“既不能令，又不受命”。谁都想坐第一把交椅，又谁都坐不稳，谁都只配做些守成的事，而谁都想开创。近代的教育又很错误的假定谁都可以培植成第一流的人才，从而打动各人的领袖欲，同时却不能把领袖的能力从外面灌输进去。结果，就造成了二十年来政治上、经济上、教育上种种倾轧、嫉妒、散漫、混乱与相持不下的局面。局面既不是一朝一夕所造成，又岂是一朝一夕所可改革？

最近有一位教育界的先辈对人说，我们参考暹罗兴国的旧例，以为只要第一流人物能团结，民族与国家是定可挽救的。不错。无奈我们缺少第一流人的而多中流的人物何！纵有二流三流的人物，无奈根本缺乏团结的能力何！

（二）

但上文种种并不能教我们失望。优生学者是对于任何民族不失望的，因为他知道一个民族的遗传品性原不是固定的，而是因为轩轾的生产，死亡与婚姻率的关系而会随时发生变迁的。这种种变迁既可以像上文所说那般的自陵成谷，也未始不可因淘汰与选择势力的转变而自谷成陵。所谓淘汰与选择势力：其属于文化与社会的，既完全出诸人为，可以随时斟酌损益；其属于天然环境的，在今日科学昌明的时代，也未始不能因人力而多所左右。

优生的目的，就今日中国民族的特殊情形而论，是在增加四种富有遗传基础的才力或有此才力的分子，已具如上述。说起增加，我想谁都赞同的，不过增加的门径，优生学者的见地与一般的见地很有不同。优生学者要增加的，第一是这种人才的原料，第二是希望这种原料于既得之后，不要浪费。他相信这种原料并不是现存的，尤其是在“饱经世变”的民族像中国民族；唯其不现存，所以有先事增加的必要。一般人的看法却以为这种原料是现存的，并且俯拾即是，所以只要不糟塌，只要尽心利用就是了。“玉不琢，不成器”，这是优生学非优生学都承认的至理，不过优生学者主张先得有玉，玉是要开采的，不是俯拾即是的；有了玉，然后言琢。琢是教养，开采是原有才力分子的早婚与多育。以前讲改革的但知教养的重要，而不问教养的原料如何，更不问原料的由来，更不问原料有何增益的方法。优生学者却要双方兼筹并顾，并且认定原料的认识与增加比原料的琢磨还要基本。

上文所说又可以归纳为下列几点，也可以说是几个步骤：一是才的认识，二是才的增殖，三才是才的培养。这里所谓步骤当然并不指时间上应有先后，乃是指在我们的见解里应有先决后决之分。

根据了上文的理论，我们不妨提出下列几条应走的途径来。

一、在自然环境方面，救荒是目前最急迫的一条路。这里所谓救荒，因为立场不同，当然和现下救荒的目的与工作不很一样。目下的荒政，说得大些，目的在挽救国计民生，说得小些，在减轻被灾民众的痛苦。这些当然也是不可少的。不过我们目的是在挽救民族品性的一部分，教它不变本加厉的恶化。灾荒的淘汰的影响，上文已经提到的，不但我们的自利心突飞猛进的发展了，并且降低了乡村人口的智力（《自然淘汰与中华民族性》，页九九——〇三），养成了一种牢不可破的、逆来顺受的体力和心态。自利心的增益即等于同情心的减少。见人急难，不但不加援手，反要引为笑乐，这种变态的性格未始不出荒年之赐。政治腐败，社会混乱，生计凋敝，而可以漠然无动于中，这种西洋人所不能了解的逆来顺受的本领，也未始不出荒年之赐。对于荒年已能充量“位育”的民族，试问还有什么吃不下的横逆？

所以要改革民族的品性，非先改革荒年与荒年的成因不可。西北苦旱，东南苦水，水与旱是天时气象有大变化的表现，往往有时期性，初非人力所可更改。但水可以宣泄利导，旱可以蓄水预防。造渠所以蓄水，筑堤所以防水，浚河所以泄水，都是很根本的。但最基本而水旱可以兼治的是大规模的山麓与河岸造林。近年来因灾荒的层出不穷，公私的力量忙于救济，这一类根本的工作还做得很少，导淮、长江堤岸、陕西的泾惠渠已经要算荦荦大者了。至于造林，似乎更没有通盘筹划过，去实际的设施尚远。

关于灾荒的成因与根本救济办法的议论，最完全的，据我所知，要推美人麦劳瑞（W. H. Mallory）的《灾荒的中国》（*China*：*Land of Famine*），是民国十五年美国地理学会所出版的。麦氏先把灾荒的经济的、自然的、政治的与社会的成因先分析一过，然后再就四方面提出了许多办法。他在自然方面，对于造林、筑堤、疏浚、灌溉诸端都有很赅括的讨论，于灌溉与疏浚两端所论尤详细。造林一端，他虽以为未必能防旱，至少可以防水。

麦氏在分析灾荒的自然成因的一章里，打头就讲到森林的关系。他说：

> 有几次的饥荒，差不多完全因缘于自然的原因；同时和自然现象完全没有关系的灾荒，也可以说是不常见的。自然状况对于人民的不利，中国要首屈一指，至少在像中国领土与人口一般大的国家里，中国要首屈一指。中国人民，有一大部分居住在有曲折的河道通过的大沙滩上，这种河道往往没有界线分明的河床。雨水非常不调匀，在北部与西北部尤甚……
>
> 科学家将上述的情形及其联带发生的灾害都归罪于中国历代任意蹂躏树木的民众。我们深信现在的中国本部，以前是曾经布满过树木的，并且我们已经得到很充分的历史和地质学的证据来坐实这个信仰。
>
> 南京金陵大学劳德宓而克（W. C. Lowdermilk）教授，曾经研究过树木茂盛的山陵怎会变做一些濯濯的山坡。他新近会将山西省从前的情形和现在的情形作一比较的研究。山西省境，十分之九是山地，并且大部分的山坡有百分之二十五的斜度。在大雷雨的时候，没有遮盖的山土立刻就被冲坏。山西的北部，在三年与十五年之间，泥床就要被雨水冲去一层。关于目下山西树木的剩余的情形，劳氏曾说："最可靠的标识，恐怕要算庙产内的树林了。山西所有树木如能遮掩像庙产一般高或较高的山西全部山地，已经就了不得了。"
>
> 至于中国人民所以毁坏这个天然大富源的原因，我们在这里不讨论。我们已很充分的知道中国前代蹂躏树木的行动，比任何国家都要来得残暴。任意斫伐的行为，其害不特造成了今日的情形，且使中国西北两部的地方日渐干燥。不但如此，现在比较肥沃的地段也会越来硗瘠，越来越沙漠化，像中亚细亚的土地一样。（据吴鹏飞君译本酌改）

"解铃还得系铃人"，中国民族的许多"劣根性"既因缘于灾荒的反选择的影响，而中国的所以成为“灾荒的国家”是因为西北的旱化，而西北的旱化又局部因为先民斫丧与蹂躏树木的行为。那末，要祛除这许多劣根性，基础的工作在防旱、在止旱，防旱须有大规模的造渠工程，止旱须有大规模造林运动。

二、在经济生活方面，我们可以提出两点：一是求国家生产能力的提高，二是求分配的利便与公允。要做到第一点，大规模的改良农业是第一步，适度的工商业化是第二步。中国向来是重农的国家，以后仍应以农业为立国的大本。工商业的发展，一壁既受制于重要原料的缺乏，一壁又限于组织能力的薄弱与领袖人才的不敷分配，前途本来不能望欧美各先进国的项背。所谓重要原料的缺乏，如煤、铁、石油之类，向来以地大物博自豪的国人近亦将次领悟；至于组织能力的薄弱，当代从事改革的人还讳莫如深，但早晚也不免默认。民族分子中组织能力比较富厚的向推两广的土著及自两广移出的华侨，历来规模较大与组织比较复杂的工商企业十九是华侨回国创办的。但据我去夏在广州的观察和外人对于华侨企业的评论，可知在这里所表现的组织能力虽较一般内地的中国人为强；较之欧美企业界所表现的，还不知要落后几级。日本南洋富商与南进运动的领袖堤林数卫氏看透了中国侨民的这种弱点，所以说：“华人勉励精勤，善于贮蓄；贮蓄后渐起新业，至倒闭而后止。彼等最初是劳动者，少积资产，为乘时崛起之商人，其贮蓄最多者有数亿之富力。此乃华人之共通性。然而华人之短处，则利己心甚强。个人企业，往往成功，团体企业，往往失败也。”去年基督教协进会举行民生改进会议的时候，燕京大学教授泰雷氏（J. B. Taylor）提出一篇专论小企业组织的论文，我认为是最合理可行的，因为小企业组织不特不背国情，并且适合民性，上文所谓适度的工商业化，便是指有合于国情民性的工商业化。

生产的能力提高以后，经济享受的分配尤不能不求利便与公允。分配的利便靠交通的发达和银行与信用机关的进展，而分配的公允则大部分视工商业的组织。资本主义下分配的不易公允，尤其是对于劳力的人，到今日是很容易承认的，但社会主义之下也未必公允，尤其是对于劳心焦思的人，则承认的人还少。中国在这方面的出路似乎应酌取二者之长，而应作整个的迎拒，尤其应该参取原有的农村经济与家族经济的优点，融合既久，也许可以演变出一派比较合乎国情民性的经济组织来。上文所说的小企业运动，便正向着这条路上走。近来很多人提倡的合作运动，也是同样的值得赞助的。

上文所论的各点谁都可以主张，初不待从事优生学的人出头说外行话。不过，主张尽可相同，而主张的见地多少有些出入。谁都着眼在个人生计的充裕与分配的公允上，优生学者对于“充裕”与“公允”的注脚却有些别致。他所谓“公允”并不是等于一般人所说的“平等”。一方面他否认在资本主义的社会里凡属有钱财、有地位的人都是好人，都是有才力的人；同时他也看不出来为什么没有钱财、没有地位的人却会有孟子、渥温、马克思与其他平等或平权论者一般的聪明智慧，而人人有做尧舜的资格。换言之，经济的待遇，应视才力与运用此种才力后对于社群与文化的贡献为移转。目前所称的上流阶级中，便有许多分子不配受目下他们所得的待遇；目下所称的下乘阶级中，也便有许多分子应受更良好的待遇。前者既不肯放弃已得的待遇，而后者又非挣扎奋斗来改善他自己的待遇不可，于是一种不安定与敌对的社会局面以起，而社会经济与人才的虚耗于此种局面中的正不知凡几了。生产的增加与分配的便捷如能实现，至少可以教现在没有财富、没有地位的人多得一些自由发展的机会，不致横遭淘汰。

优生学者所谓“充裕”不但指一个人一身与一生的赡足，同时要参考到这个人的血统的前途，尤其是要是他或她是民族中的比较中上的分子。所以不以个人做单位，而以家庭做单位，而这里所指的家庭一定得包括适量的子女。以前民族理想之一“光前裕后”，我们以为依然适用，尤其是“裕后”。不过所谓“裕”，决不应完全指钱财，更不应指多量的钱财。《汉书》与《三字经》上所说的“人遗子，金满籝”决不是“裕后”的精意。“裕”字固然脱不了经济的意义，一个人要立业成家，相当的赡足是绝对不可少的。若不止赡足而成富足，则自来社会经验早就告诉我们，不但于个人的发展与生活未必有益，并且往往可以减少遗留子息的愿望，尤其是在一夫一妻制通行的社会里。英国的贵族、美国的富豪，大半子女极少，甚至于绝嗣，而遗业终于转入他姓的。所以我们说“充裕”含有“裕后”的意义，“裕”的程度要适中，以不妨害产生适量子女的愿望与子女出生后的教养的健全为限。

三、在社会生活方面，我们也可以提出两点：一是都市化的控制，二是家庭制度的整顿。

都市化的控制问题，与上文所说农本经济与适度工商业化有密切的关系。农业人口的减少与农村的衰落、工商业的勃兴、都市化的突飞猛进是工业革命以后三种拆不开的现象。所以上节里所未能详细讨论的，我们希望在这一节里补足。

都市化对于个人卫生的害多利少是显而易见的。空气的过浊、污物的不易扫除、细菌的容易散布、一般生活的不自然与不守规则，在在有提高疾病率与死亡率的能力。比起农村来，都市人口因结核、麻疹、白猴、猩红热、肠炎、肺炎而死亡的，要多许多。至于社会卫生的不易讲求也是尽人而知的。罪案的沓出、娼妓的充斥与花柳病的传播、自杀的频数、哑产流产与私生子的成分之高、烟酒药毒的消耗之巨，无一不是社会不卫生的症候。这一类事实凡是从事公共卫生与医术的人类能言之。但是都市化对于种族卫生的危害要远在个人与社会卫生之上，即都市化有绝大的反优生的倾向，则见到的还少。

近代都市人口的发展并不靠都市人口自身的生殖，而是靠四乡的移殖，上文所云反优生的倾向就可以在这移殖的现象里寻出来。真要靠自身的繁殖，现在有许多大都市早就不能维持了，遑论继续的扩大。德法学者对于柏林、巴黎人口消长的研究都能证明这一点。所以不能维持的缘故，是因为生产率的低落与婴儿养育的不易。凡属在城市中作业的人，其生活的大目标决不在子女满堂、儿孙绕膝，而在个人功业的成就、竞争的胜利与物质的享受。一个都市的成功者决不能领略下列这样的一首诗（［清］汪绎《田家乐》）：

短篱矮屋板桥西，
十亩桑阴接稻畦。
满眼儿孙满檐日，
饭香时节午鸡啼。

都市中死亡率既高，生产率又低，无怪其不能维持了。但就统计的字面而论，往往死亡率反比农村的为低，而生产率也反而要高。这是因为都市中多青年与壮年的人，他们年富力强，不但自己不容易死亡，并且因为正当生殖时期，多少会生一些子女。乡村人口的年龄分配恰与此相反，老弱的人多而中年的人少，无怪生产数要少而死亡数要多了。但这是因年龄分配不同而发生的一种特殊现象，并不足以证明城市生活要比乡村生活为良好。假定把双方的年龄分配用统计方法纠正划一之后，再加比较，便可见城市人口的活力与生殖力实在不如乡村人口了。

个人的活力与生殖力不足而都市依然可以进展，这显而易见是靠四乡的帮衬。这帮衬就便是不断的移民。要是人们都是平等的，或从事移殖的人各式各样的人都有，并且分配得很平衡，那也就不成问题了。可惜不然。老态龙钟、疲癃残疾、眼光狭窄、保守性成的人不会自动的移到都市里来，唯有年轻力壮、躯体健全、品貌整齐、思想灵敏的人才有移殖的志愿与成功的能力。换言之，移殖是有选择作用的。从乡村人口中选择了许多比较优良健全的分子放在都市里，教他们死得容易些，少享受一些安定的婚姻与家庭生活，少生一些子女，或生而得不到充分发育的机会——这可成问题了。

中国人口，至今十分之八还在乡村或小市镇中居住。但照现在的趋势，这分数难免不日就减少，而终于要步西方大都市的后尘，形成像上文所说的反优生的问题。即据现状而论，这种问题已具不少的端倪。上海的电影明星、舞女，甚至于上等的妓女，都是本地的土著么？十个里恐有九个以上不是。他们原是四乡工农或小商家的子息，他们一面受经济的压迫，一面羡慕上海的繁华，才陆续向上海移住，她们的智力与姿色也自然会替她们找到相当的去路。现在的问题是，她们在一般的乡村与小市镇女子中间，是不是算比较优秀的。若说是，那末她们的加入都市生活，对于民族终究是一个损失。理由我们已经在上文说过了。都市生活是不利于婚姻、居家与子女的养育的，对于这一类的女子，这种行为越见得像儿戏。美人亨丁顿氏讲起北方频年受灾荒的乡村里，因为历年出卖女子的关系，品貌比较特出的女子几乎是没有了。这种现象其实随时随地可以发生，不过在荒年的时候强迫性比自动性要多一些罢了。

所以都市化要受限制，不能任其自然，是中国优生学者应有的主张。至于这样的限制方法，教都市农村化、园艺化呢，还是学德国的归农运动呢……这就有待于市政专家与农村社会学家的通盘筹划了。

四、在社会生活方面，优生学者还可以提出一种主张，就是：家庭制度的整顿。对于家庭的制度，近人或主根本推翻，或主照欧美流行的方式改革。我在已往的五六年里，偶有论列，始终只主张整顿。从本文的观点看去，家庭应有两大功用：比较抽象一些，它是培植种族观念与优生观念最自然的一个机关；比较具体一些，它是生育儿女与教养儿女最适宜的一个场合。关于第一种功用，西洋的家制，除了犹太民族的以外，是向来不顾问的。最近意国的泛系主义竭力把民族绵延不断的观念拉作主义的一部分，但除非它同时提高家庭的地位，我们以为这一部分的主义是行不通的。但试问在国权党权高于一切的政制之下，家庭又会有多少地位呢？至于第二种功用，即，家庭环境九九归原是教养儿女最好的地盘，西方流行的小家庭制多少已证明这一点。小家庭制所欠缺的，只是往往得不到老年人阅历与经验的赞同，因为他们另立开户不和小辈同居的缘故。至于家庭中幼年教育的效能，往往有非学校教育所能比拟，更非学校教育所可替代，亦早经教育学者与儿童心理学者的公认。儿童公育的学说，不特经不起学理的盘驳，即在今日的苏俄，除了劳动妇女临时的托儿所以外，也未见已经实施到什么程度。最近霭理士在《人类往那里走》那本合作的集子里也讨论到这一点，认为与其公育，不如私养。（Havelock Ellis，*in Whither Mankind*？页二一七）

我以前在拙著《中国之家庭问题》和《人文选择与中华民族》里设过一个譬。有两条交叉而成的十字街于此，东西的一条代表横面的社会的空间占有，南北的一条代表纵贯的民族的时间经历，家庭应有的地位是十字街的交叉点：

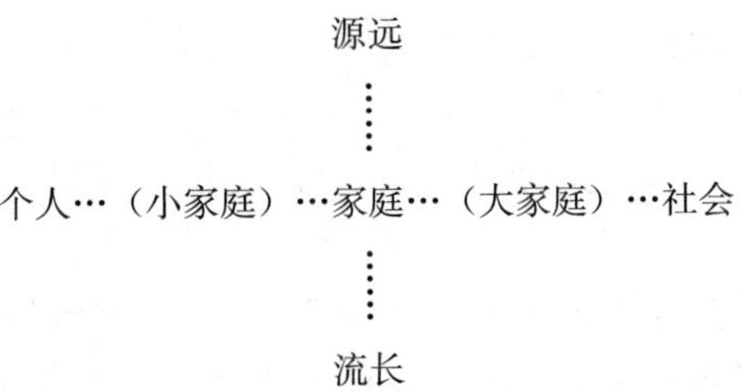

我当初还有下列的几句解释：“自其横亘空间者观之（社会组织），个人为一极端，社会为一极端，而居调剂者为家庭；自其纵贯时间者而观之（民族或种族经验），上为种族血统之源，下为种族血统之流，而承上起下者为家庭。”社会组织之最小单位为个人，小家庭以个人为重，所以图中倾向左方；最大单位为社会全部，而往昔的大家庭不啻一小社会，其组织与精神极像小规模的国家社会主义，故图中倾向右方。

今后要整顿中国的家庭，就不妨用这个十字图做根据。我们要一种家制，左不至于抹杀个人，右不至于忘却社会；上能对于已往，有相当的留恋，下能对于未来，有充分的愿望。以前的旧家制，因为组织上的发展，对于社会与个人，似乎两未讨好。自成一种小社会之后，竟把更大的社会忘了，中国人社会意识与公众观念的缺乏，胥坐此故。而同时因家长的权力大、家人的众多庞杂，个人的发育好比茂林中的一棵小树、密篁中的一枝小竹，别人既但见林与篁，小树与小竹自己也就得不到充分的阳光、雨露与养料了。这是一点亟宜整顿的地方。但此种整顿的工作，我以为不宜过于效法英美或苏俄的家制，因为从个人与社会宜乎两全的眼光看去，他们的弊害正复相同，不过方向不同（一则个人太跋扈，而一则个人太受抹杀）罢了。

至于第一种功用，即对于种族观念与优生观念的培养，中国旧制的功似乎要在过之上，而西洋的家制可以说是一无贡献。我最近为《申报月刊》论优生学的应用，中间有一段话，我认为不妨在此摘要再说一遍：

> 种不可灭与血脉相绳的观念，在中国是极强烈的。……“承先启后”、“继往开来”、“光前裕后”一类的成语，可以说是中国的专利品，在外国文字里是绝对找不出来的。若说以前血脉相绳的观念只教人向已往看，不向未来看，事诚有之。但上文所引成语中云云，一半也未始不以后来者为念，而诗经所说的“无忝尔所生”与钟鼎砖瓦上层出不穷的“宜子孙”，更是完全为未来者着想。唐人张说之《冯府君神道碑》的起结数语，说得最是妥帖。起语说：“积德垂裕之谓仁，追远扬名之谓孝；仁则庆钟厥后，孝则荣及其亲。”结语说：“毓至德以庇后嗣，仁之厚者也；扬令名以崇祖考，孝之大者也；仁为五常之先，孝为百行之首。”西方优生学者最近始讲到“忠恕下逮子孙”的道理，中国在千余年前，早就成为人生哲学的一部分了。
>
> 这种一脉相绳、种不可灭的观念，并且不限于智识阶级，它在平民的思想中，也早就有了很坚固的地位。有一个很有趣的证明。近来翻阅大家的谱牒，至比较乡僻的支派而命名发生困难时，子姓的名字就不免大同小异，甚至于雷同的，而雷同最多的几个字是“根”、“泉”、“茂”、“荣”、“源”等，尤其是“根”与“泉”二字。
>
> 我认为这决不是偶然的遇合，而是一种文化精神的表现。自来家庭文献——唯有中国可以说是有家庭文献——里最常见的是“木本水源”、“枝荣叶茂”、“根深柢固”、“源远流长”一类的语气。乡曲小民，虽不识字，而不知怎的，居然把这种血脉相绳不绝的观念吸收下来了。

一面要保留这种旧有的精神，一面又要使以后的家庭可以不再为个人发育与社会进步的一种障碍，我在五年前曾经提出过一种整顿的方法，即所谓折中的家制，大旨主张保留大家庭的根干，而去其枝叶的支蔓与芜杂；家庭的组织应兼收并蓄老、壮、幼三辈，老的贡献阅历经验，壮的贡献成熟的思想与能力，幼的贡献热情与理想，不可缺一，三辈中以壮的一辈为主体；家大须分，但只限于成立的兄弟与妯娌之间，而不适用上下世代之间，好比斫竹，宜直劈而不宜横截，宜分割其纤维，而不宜中断其关节；兄弟房分众多的人家，老辈可以轮流居住。至以前家制中“慎终追远”的观念，“瞻前”固有余，“顾后”则不足，要实现“启后”、“裕后”、“开来”的理想，宜另立“敬始怀来”的观念，以资调剂。详见拙作《家庭问题》中[①]“大小家庭制平议”一节，兹不多赘。

五、在政治生活方面，优生学者有消极与积极的两种主张。在消极方面，我们主张思想、言论与学术的自由；在积极方面，我们主张国家厉行一种科目举士的制度。

思想、言论与学术的自由显而易见是人才所由呈露的第一条必要的条件。人才不止一种，其所表现为思想、言论与学术的也不限于一门，惟有在最宽大、最优容的政治环境里，才各有尽量表现的机会。秦始皇焚书坑儒，汉武帝表彰六经、罢黜百家，而春秋战国朝代学术思想的蓬勃繁变就从此销声匿迹，在中国历史里再也看不见第二次。政教不分的中古时代的欧洲，对于离经叛道的人，重则杀戮，轻则放逐，最轻的亦必强其收回已发的言论或学术主张——例如近代科学的祖师盖立刘(Galileo)，结果造成了所谓黑暗时代，把文艺复兴的运动阻压了好几百年。当代所谓的党治，不论其为中国的国民党或俄国的布扎维克党或意大利的泛系党，因为不容许其他政论与社会学说的共存，对于文化与民族品性，长此不改，势必养成中国秦汉以后和欧洲中古时代同似的恶果：轻则阻碍文化的焕发于一时，重则斩绝人才流品的繁变于万世。中国国民党五六年来在这方面的成绩是很显明的。凡是对于党与主义有微词的，轻则拘禁，重则杀戮，例如二年前《新月》月刊编辑罗隆基氏的被捕与被迫脱离光华大学与最近韩玉宸氏的被看管。即如许多被杀戮的共党青年，其间很有几个才识卓拔的分子，难道国家对于他们，除了杀戮灭绝再没有别的应付的方法？这样的国家和治理这国家的党与主义，也未免太没有能力了。最近政府将有言论自由保障条例的颁行，但观其内容，名为保障，实多限制，去自由与容忍的意义尚远。

言论自由的重要，英国政论家拜戛特在他的《物理与政理》一书里讨论的最周到。近代国家里最能容忍言论的自由的也就是英国。英国国势的优强，直接固由于人才的众多与一般民众智力的高超，而间接实由于思想、言论、学术的不受钳制。凡有才识的人，不论程度，不论品色，莫不有建白的机会与途径，有到建白的机会与途径就等于有生存与

① 指潘光旦著《中国之家庭问题》，新月书店1928年版。——编者注

光大其流品的机会与途径。这样的一个民族与国家是不怕不能保世滋大的，因为真能保障思想、言论与学术自由，就等于对于有能力思想、有胆力说话、有才识可以从事学术研究的人，保了一笔寿险，并且所保的还不止是这种的人本身，而是他们的子孙。

选举的制度一样使有才识的人可以自由，却要比言论与学术自由的风气更为具体化。自由的风气不过容忍才识优长的人出来，选举制度却要特地甄拔他们出来，给他们一个优越些的地位，教他们于充量的发展一己的才力之外，还有余裕把这种才力遗传给后代。环顾古今中外的国家，只有中国是有过这样的一个制度的。不论汉以前的乡举里选制，或魏黄初以后、隋开皇以前的九品中正制，或唐以后直到清末的科目考试制，方法虽有异同，标准虽有宽狭，其甄拔与选择的原则则一。上文论中国人才的缺乏时，我们把选举制看作人才所由缺乏的一种原因。原是不错的。但以前选举制的不孚人意，在他标准的过于狭隘、方法的客观程度不足，至于选择的原则是依然值得称赞的。明清两代的科举，标准是狭窄极了，但终究选出了不少的才识卓越的人才来。英国有一位人文主义的哲学家说："罗马所以灭亡的理由，中国都有，但中国至今未亡，为的是他三千年来选举与科举制的存在，不知怎的把民族中优秀的成分保留了。"用今日所谓智力测验的眼光看去，这种局部的成分是不难解释的。智力也许有各种，一是普通的智力，一是特殊的才能，在狭隘的选举制或科目考试制之下有各种特殊才能的人或因不受选择而终归淘汰，而一般普通智力高的人却依然可以受甄别。近人心理学者张耀翔氏氏称八股文为一种智力测验而非教育测验，可以为此说左证。

所以我们主张重新规划一种用科目考试的选举制度，目的与原则依旧，但方法的客观化要增加，而标准与考试范围愈其要放大。唐代科目最多，但今日视之，犹嫌太少，不足以尽人才流品的繁变，依然免不了野有遗才之叹。孙中山氏的政治学说里，主张设考试一权，目下的国民政府也确有考试院的设立，以"选拔真才，建设三民主义的新国家"来号召。骤然看去，很像可以恢复旧制固有的精神，而匡救其不及。事实上却并不如此。名为选才，实则选官。旧制虽由政府执行，它的最大效用却是社会的与教育的，今则完全是政治的；旧制试法有智力测验意味，今则完全为教育测验，教育测验而可以选拔真才，则学校出身也就够了，只要政府能整顿学校教育，便不怕没有做官的专家，又何必叠床架屋，多添一次考试呢？所以我们以为真要使考试合于优生的主张，那种考试的目的决不在甄拔官员，而在选择各种人才出来，一壁给人才本身以充分教育与传种的机会，一壁也教社会有所表率，而实现“义者宜也，尊贤为大”的民族理想。

六、在教育设施方面，我们不妨提出两点：一是教育的人文化与种族意识化，二是教育应适合性的分化。

近代人文思想的派别很多，但归纳之不外三说：一为人本主义，所以别于神本、物本等思想；第二说承认人为有分化的动物，故论能力与身分为差等的而非平等的，论社会作业宜分工合作；第三说以为个人平日操行应守中道，不走禁欲与放浪的两个极端。近代西洋教育，显而易见的是反人文的。或迷惑旧日基督教的神话，或一味推进物质享乐的生活，于人的自身，近之如一人处世接物的道理，远之如种族全般的前途的休戚，则反不加存问。平等的谬说，深入人心，故论才力则认为人尽相同，论业务则认为任何人可作任何事，与任何两种不同的事业的价值相等。近代教育也就建筑这种错误的信仰上。近年来自智力测验之法行，教育界中人才知稍稍改革，但因流弊已深，一时效力还不见大。至于“节制”的观念，也口说的多，而实践的少。名为节制，实同禁绝，而反对此种“节制”的，又成放任。论者谓近数百年来的西洋文化，不啻基督教的禁欲主义与浪漫主义一段互争雄长的历史，不偏于此，便倚于彼，永远得不到“节制的中道”。这话不幸是确的。

人文主义与优生的关系深切是不言可喻的。优生的大目的在驾驭和促进人类自身的演化。它对于人类自身的兴趣，自较任何事物要浓厚。从优生的眼光看去，教育既为人类活动之一，自不应不在在以人为本位。圣人初以神道设教，又制规矩方圆以为人用，迨其末流，喧宾夺主，不但神以威福制人，畸形发展的机械也役使起人来，浸假都变做淘汰人文的媒介。论者谓以前的宗教与今日的机械，初则由人创制，而终不免以人为刍狗，真是慨乎言之。人是有变异的动物，生物学者称者一种多形的（Polymorphic）动物，唯其变异多方、品质不齐，才可以供选择。选择是一种过程，这种过程所到达的状态就是优生。所以差等或不平等的现象是优生的出发点，岂可被社会冥想家的任情曲解与抹杀？个人卫生与种族优生往往冲突，但在“节制”与“执中”的原则上，彼此却可以完全同意。即就性的行为而论，娼妓的纵欲固不合，尼姑的禁欲又何尝是人情的正轨？再就人品而论，不失诸狂，即失诸狷，而优生的目的之一，未尝不想为民族增加一些中行的人。

在中国提倡人文主义的教育应该比较不难的，因为中国文化里早就有一派很成熟的人文思想，而这一派不是别的，就是孔门的。上文所列叙的人文三说里，有那一说是越出了孔门的范围的？“不语怪力乱神”、“未能事人，焉能事鬼”、“鸟兽不可与同群”、“人存政存，人亡政息”一类的见地，属第一说。讲礼、主“分”，是第二说。讲礼也主“节”，是第三说。近代西方人文主义者，动辄推源到孔子，不是无因的了。

可惜短视的中国教育家至今还没有看到这一点。这一次在上海举行的高等教育讨论会里，无锡国学专修学校校长唐蔚芝先生提出“尊崇礼教，以正人心”一案，竟被认为不成立。不知因为提案措辞陈旧呢，还是因为诸位教育家根本不认识孔门思想颠扑不破的价值。假若把这提案改为“提倡人文思想之教育以促进人文案”，不知几十位教育家的反应又将怎样。

种族意识的教育较人文主义的教育还要进一步。一样以人为本位，而种族意识的教育却明明白白的用未来的人做对象。西方有几位学者，例如美国哈佛大学教授伊士德（E. M. East）与英国汤姆斯·赫胥黎之孙友廉·赫胥黎，往往把种族意识与他们所称的科学人文主义混为一谈。这一种教育，在西方最近才算萌芽，在中国却久已成为家族文化与教育的一部分。我们所要补正的，上文已经说到过，只须于“慎终追远”之外，另申“敬始怀来”之旨。能怀，庶可以维持民族的数量；能敬，更可以改进民族的品质。

于上文所说种种以外，今后的教育更应注意到男女两性的分化。性的分化的教育也是人文教育的一部分，因为人文思想的大原则之一就是“差分”，上文已提过了。这种教育也可以说是种族意识教育的一部分。种族造端乎夫妇，婚姻的所由成立、所由维持，盖完全以分工合作的原则做基础。所以要培植种族意识，非先了解男女品性的分化不可。

男女不但身心的品性不同、发育异率，甚至于彼此的细胞都没有一个同的。双方身心外表的差异，正坐细胞内容有差异的缘故。近代从事于所谓妇女解放运动的人，往往不理会这种基本的差异，而一心唯男女平权是求。在她们情令智昏，犹可原谅。但教育事业中人，动辄以学理做根据的，也不免熟视无睹，这却教人难以索解了。试查阅各级学校的课程与设备，真像新时代的教育只承认“同是圆颅方趾”的人，而不再承认身心各异的男女。真能一视同仁，男女之间打一笔统账，倒也罢了。实则在在以男性历来习惯了的种种做标准，而强女性削足适履似的来迁就。所以名为男女平等待遇，实则抹杀了女性，其抹杀的程度要远在解放运动发轫之前以上。学校里对于女子的待遇如此，出校后社会对于她们的期待也无不如此。于是男女分工合作的局面一变而为同行嫉妒与竞争的局面；于是婚姻的关系、家庭的组织、子女的生产与教养，一天比一天散漫、浮薄与失所凭藉，终于造成今日都市社会杌陧不安的状态。

但婚姻与家庭崩坏的恶影响，不止是社会的，并且是种族的与生物的。有智力的女子敝屣治家教子的职务而不为，而日惟熙来攘往于大工厂、大商店或其他公共场所之间，以营所谓经济独立的生活；妇女一己的生活果然是独立了，争奈全般的种族生活何。贤母良妻的理想的放弃，实际上就等妻与母的职务没有适当的人担任；母的职务没有适当的人承当的民族，迟早必有家亡国破的一日。

要纠正这种局面，或预防这种局面的产生，惟有根据男女身心品性的不同与发育率的各异，实施分化的教育；要认清女子的主要作业依然不能越出贤妻良母的范围，而贤妻良母的职业价值不在任何职业之下。我以前曾经说过，假若男子是产生财富的人，女子便是产生产生财富的人的人；假若男子是创造文化的人，女子便是创造创造文化的人的人。男女都能用这种眼光观察贤母良妻的地位，男子既不会鄙夷女子，女子也更可不必以业务卑下自馁了。能运用这种眼光，婚姻、家庭与民族的前途，才有保障。

民族的出路不止一条，优生不过十百条中之一，而优生的途径也不止一条，上文所举的也不过五六条荦荦大者。我相信中国民族中人品的分配以中材的为独多，所以问题的症结似乎在中上的流品不敷分配，而不在中下的流品太多，以至妨碍改进的工作。所以在上文的几条主张完全侧重旧派优生学者所称的积极优生，即中上流品的增殖，而于消极优生，即低能、癫狂、羊痫一类恶劣流品的减少，则只字未提。这并不是说中国民族中这一类的分子很少，可以无庸顾虑。那决不是。不过说就近代迫切的形势而论，积极方面比较更应受关心国是者的注意罢了。

《性的教育》译序*（1934）

谁都承认性是当代许多重大问题里的一个，也谁都承认霭理士（Havelock Ellis）是对于这个问题研究得最渊博、最细到也是最有健全的见地的一个人。他的《性心理学研究录》，到一九一〇年为止，一共出了六集，他几乎把性心理的各方面都已包举在内了。但霭氏犹以为未足，以后又陆续有些新的研究文字发表，到一九二八年，归纳为一个第七集。这七大集里的笔墨，都是直接以性的题目做对象的，其他比较间接的作品还多，其中有科学的研究，如《男与女》（*Man and Woman*），有艺术的欣赏，如《生命之舞》（*The Dance of Life*），也有问题的讨论，如《社会卫生的任务》（*The Task of Social Hygiene*），旨趣虽殊，其中心一贯的思想则一，就是：性与人生。

《性心理学研究录》的第六集的总体是《性与社会的关系》，其中包括《母与子》、《性的教育》、《性教育与裸体》、《性爱的估价》、《贞节的功用》、《禁欲问题》、《娼妓》、《花柳病的征服》、《性道德》、《婚姻》、《爱的艺术》、《生育的科学》等十二个分题。本书便是第二分题——《性的教育》——的译文。在各分题中，自然要推它为最基本，与青年生活的关系也最较密切，所以我拿它做一个最初的尝试，倘若成功，当进而选择其它的分题。

译书信、达、雅三原则中，我自问信与达两原则还能勉强做到，雅则不敢自信。惟普通读者所痛恨的欧化语体，则曾竭力设法避免，间有不能避免的地方，则亦必斟酌损益，务使减少它的生硬与琐碎的程度。原文本自成一章，不分细段，兹根据它在篇首所列的纲要，改订为二十

* 《性的教育》，青年协会书局，1934 年版。

五节。原文用大小不同的两种字模排印，讨论原则的部分用“十号”，铺叙事实或证据的部分则用“八号”；今译文中也维持这种分别，前者用四号，后者则用五号。附注三种：“原注”是原文中大字部分的注，“小注”是原文中小字部分的注，译注则由译者酌加。

现在要就原文的内容和价值说几句话。

任何一本讨论问题的书总有它的时间和空间的限制，本书当然不是一个例外。就时间而论，从最初在美国出版以至今日，它已经有二十四年的历史。二十四年前的资料，到今日当然有一部分已经不很适用，例如叙《性教育的书籍》的第九节。就空间而论，一本在英国写、在美国印的书，移到中国来读，即使假定民族文化之间没有多大的歧异，已不能期望它完全适用，何况民族文化之间确乎有许多不同之点，而目前的题目又不是别的，而是变化万端的性的题目呢?

这空间上的限制，亦即文化背景的限制，是最显明不过的。原始民族对于性的看法，总是很健全的。文化发达以后，此种健全的程度便有减少的倾向，但也不一定，例如希腊的文化与罗马初期的文化，中国也是很好的一例。文化的发达一定得转个弯，把人类自身的重心与自身的福利看模糊了，健全的看法才会一变而为病态的看法，例如基督教发达以后的西洋文化。中国文化在佛教东来以后，也几乎步西洋文化的后尘，我们在篇末译注里所引的那一首达摩禅师的《皮囊歌》，就十足代表着一种病态的看法，后世善书里所刊行的种种“戒淫”文字，便十九是这种看法的推演，或至少采用此种看法，把它当作“淫”所以不得不戒的一大理由。但是就大体而论，在中国文化里这种看法究竟是外铄的，不是固有的。我们心目中的性始终是一种现象、一个事实，从来既没有把它捧上三十三重天，也没有把它推下十八层地狱。我们应付性生活的原则，始终是一个“节”字，一面固然反对纵欲，一面却也从没有主张过禁欲。“淫”字的原意之一便是“溢出”、“过甚”、“失当”，所以久雨而溢，叫做“淫雨”（《礼记》）；执法过度，叫做“淫刑”（《左传》）；滥施恩惠，叫做“淫惠”（《申鉴》）。两性之间的关系，自然也不是例外，所以“不能以礼化”（《诗序》）的结合，便叫做“淫奔”。所谓礼，所指也就是分寸与节制的原则。就是后世的戒淫文字，虽则夹杂上一些释氏臭皮囊的看法与因缘果报的宗教笔墨，究其极，也不过志在劝人安于婚姻生活罢了。至于根本以性为秽恶、以性行为为罪过的态度，终究是没有。

我们在性教育的方面，不用说，也是向来没有什么设施的。但因为我们传统的对于性生活的态度还算健全，真正可以阻碍性智识的获得与性发育的自然的势力，倒也很少。做男子的，在这方面，七拼八凑的，总可以取得一些将就得过的准备，是可以无疑的；做女子的，至少在出嫁的前夕，总可以从母亲那边知道一些婚姻生活的实际与意义。我们虽不明白的指导子女，我们却也并不对他们一味的缄默、特别的掩饰，到不能缄默与掩饰时，便满嘴的撒谎。在这种比较任其自然与不干涉的局面之下，我们的性生活虽未必圆满，但性的变态心理与变态行为也似乎并不多见。德国性心理学家希尔虚费尔德（Magnus Hirschfield）三年前到中国来演讲，也就注意到这一点，并且曾经说过几句赞许的话。

在西洋，情形可就不同了。因为他们所见的性是龌龊的，所见的性行为是有罪的，于是便不能没有“缄默的政策”，不能没有“造作的神秘主义”，不能没有“伪善的贞洁观念”。于是对于婴儿的由来，大家不能不说谜话，让儿童自己去摸索；对于婚姻生活的究竟，大家更不能不守口如瓶，让女儿自己去碰运气。于是在上级的社会里，连一个“腿”字都不能说；在男女杂遝的场合里，身体可以半裸，可以有种种皮里阳秋的诱惑挑逗，但若裤子上撕破了指头大的一块，全场空气便可以突然黯淡起来。这种精神生活上的自作自受的禁锢与自甘下流，在最近四五十年之间，虽已经减轻不少，但依然时常可以遇到。霭氏这篇文章，一半是以解放、澄清做职志的，所以有很大的一部分是消极的清道夫的工作。对于中国的读者，这一部分虽不无相当的趣味，可作海国奇谈读，但并非必要。

然则这本小书的价值又在那里呢？我在上文说过，中国人对于性的看法不过是大体上比较的健全而已，若就其细节目而言，则不健全的地方正复不少。这些不健全处便须纠正。此其一。自西化东渐，西洋文化中的糟粕，包括旧的性观念在内，也成为输入品的一部分，而竭诚接受它的也大有人在。一部分的基督教的信徒就在其内。对于这些人，这本小书也自有它的贡献。此其二。这还都是消极一方面的话，若就积极的价值而言，它终究是一篇专论性教育的文字，于清除粪秽、摧拉枯朽之外，毕竟大部分是建设的笔墨。这种建设的笔墨却是我们向来所没有的。此其三。

这种建设的笔墨中间，也有好几点是值得在这里特别提出的：第一，性的教育原应包括性与人生关系的全部。所谓全部，至少可以分做三部分：一是性与个人，二是性与社会，三是性与种族。坊间流行的性教育书籍，大率只讨论性与个人卫生的关系，最多也不过因为花柳病的可惧，勉强把社会生活也略略提到罢了。霭氏便不然。他是各部分都顾到的，我在此不必举例，这种能抓住问题的全部的精神也决不是一二单独的例子所能充分的传达，总得让读者自己去随在理会。第二，在霭氏心目中，性教育的施教方法也是和生活的全部打成一片的。教育家说，生活就是教育，社会就是学校。霭氏对于性教育也有同样的见地。所以家庭里的母亲与学校里的教师而外，医师有医师的责任，牧师有牧师的贡献；自然历史的训练而外，文学可以助启发，艺术可以供观摩。必也全部的社会与文化生活能导人于了解、尊重与欣赏性的现象与经验之域，性的教育才算到达了它的鹄的，否则还是片段的、偏激的、畸形而不健全的。霭氏之所以不斤斤于教授方法的细节目，所以十分信任儿童在发育时代那种天然纯洁的心理与自动的能力，所以主张做母亲的人但须有正确的观念、光明的态度、坦白的语气，以激发儿童的信托之心，而无须乎多大专门的智识，原因也在于此。第三，霭氏于一般的启发功夫之外，又主张在春期开始以后，举行一种所谓诱掖的仪式，使青年的新发于硎的心理生活可以自动的控制与调节它的含苞乍放的生理生活，而无须乎外界的制裁。他说："我们总得明了，'春机发动'中所指的春机，不但指一种新的生理上的力，也指着一种新的精神上的力。……在春机发动期内，理想的世界便自然会在男女青年的面前像春云般的开展出来。审美的神妙的能力、羞恶的本性、克己自制力的天然流露、爱人与不自私的观念、责任的意义、对于诗和艺术的爱好，这些在这时候便都会在一个发育健全、天真未失的男女青年的心灵上自然呈现……"又说，诱掖的仪式的目的是在"帮助他们，使他们自己可以运用新兴的精神的力量，来制裁新兴的生理的与性的力量"（页九六—九七）。这种见地与建议真是得未曾有。性教育到此便和伦理教育、宗教教育、艺术教育打了一笔统账，而一个囫囵的人格便于此奠其始基。这种诱掖的仪式原是健全的原始民族所共有的一种经验，霭氏相信我们不谈性的教育便罢，否则此种民族的经验总有换了方式复活的一天。第四，霭氏一面极言性教育的重要，一面却也深知性教育的限制。凡是谈教育的人，大都以为教育是一种万能的力量，远自中国古代的孟、荀，近至哥伦比亚大学师范学院毕业的教育专家，几乎谁都有此笃信。霭氏却是一个例外。他开宗明义，就讨论到遗传与环境的关系。遗传健全的人，固然可因恶劣的教育的阻挠摧残，以致不克充分发展，但对于遗传恶劣的人，就是在性的生理与心理方面天然便有阙陷的人，良好的教育亦正无能为力。这一层精意他在第一节以外也曾再三的提到。一个人的智慧，应从了解一己的弱点始；教育的功能，也应从从事教育的人明白它的限制始。近年来时常有替性教育的题目过事铺张的人，观此也可以废然思返了。

最后，我要把这一本小书作为纪念先父铸禹公（鸿鼎）之用。先父去世二十一年了，因为他去世得早，生前又尽瘁于乡国的事务，对于儿辈的教育没有能多操心，但对于性教育的重要，他是认识得很清楚的。记得有一次，因为有一位世交的朋友有手淫的习惯，他在给我的大哥的信里，便很详细的讨论到这个问题。他曾经从日本带回一本科学的性卫生的书，我在十三岁的时候初次在他的书橱里发见，他就容许我拿来阅读。明知书中叙述的种种，不是我当时的脑力所能完全了解，但他相信也不会发生什么不健全的影响。有时候我们看些有性的成分的小说，他也不加禁止。他当时那种态度，如今追想起来，竟和霭氏在下文二十四节第六段上所采取的很有几分相像。显而易见他是一个对于青年有相当信任心的人。他虽不是一个教育专家，他却深知在性的发育上，他们需要的是一些不着痕迹的指引，而决不是应付盗贼一般的防范与呵斥禁止。

《性的道德》译序*
(1934)

译了《性的教育》以后，进而续译霭氏的《性道德论》[①]，似乎是很合情理的。性教育的效果所及，以个人方面为多，性道德的，则以社会方面为大。性教育是比较现实的，性道德是比较理想的。由个人推而至社会，由现在推而至未来，所以说很合情理。

霭氏的《性道德论》，实在有五根柱石：

一、婚姻自由。

二、女子经济独立。

三、不生育的性结合与社会无干。

四、女子性责任自负自决。

五、性道德的最后对象是子女。

这五根柱石的实质与形式，具详本文，无须重复的介绍。不过它们的价值，不妨在此估量一下：一、婚姻自由的理论，我想谁都不会持异议。不过有两点应该注意。西洋的婚姻制度，历来受两种势力的束缚，一是宗教，二是法律。这法律的一部分又是从宗教中来，所以束缚的力量是分外的大。唯其如此，霭氏在这方面的议论，便不能不特别的多；好比因为西洋人对于性的现象根本认为龌龊的缘故，他就不能不先做一大番清道夫的工作一样。这是一点。霭氏这里所称的自由，似乎目的端在取消宗教、法律与其它外来的束缚，是很消极的；至于怎样积极的运用自由，使婚姻生活的效果对于个人、对于社会以至于对种族可以更加美满，霭氏却并没有讨论到。而所谓“积极的运用”里面，往往自身就

---

* 《性的道德》，青年协会书局，1934 年版。

① 此处及下文的《性道德论》，即潘光旦译注《性的道德》。——编者注

包含相当客观条件的节制，这一层霭氏也没有理会。自由是应该受客观条件的范围的，否则便等于自放，等于“盲人骑瞎马，夜半临深池”，没有不遭灭顶的惨祸的。霭氏在下文说（页七一八）：“往往有很有经验的男子，到选择女子做妻子的时候，便会手不应心、身不由主起来；他最后挑选到的结果未始不是一个很有才貌的女子，但是和他的最初的期望相较，也许会南辕北辙似的丝毫合不拢来。这真是一件奇事，并且是万古常新的奇事。”霭氏写这几句的时候，也许精神分析派的心理学说还不大发达，从这一派学说看来，这种手不应心的婚姻选择实在并不是一件奇事，并且只要当事人在事前稍稍受一些别人的经验的指导，即稍稍受一些客观条件的限制，而不完全诉诸自由行动，它就不会发生。这是第二点。就中国与今日的形势而论，我以为第一我们不必像霭氏那般的认真。中国以前的婚姻也是不自由的，但是束缚的由来不是宗教，也不是法律，而是家族主义的种种要求。无论这种种要求的力量在以前多大，到现在已经逐渐消散，而消散的速率要比西洋宗教与法律的还要来得快。结果，尤其在大一些的都会里，不自由已一变而为太过自由，而成为一种颓废的自放。好比自鸣钟的摆一般，以前走的是一个极端，现在又是一个极端。要挽救以前的极端，我们固不能不讲些自由，要免除目前的极端，更不能不讲求些客观条件的节制。霭氏所自出的民族是一个推尊个人与渴爱自由的民族，所以他的议论也很自然的侧重那一方面。但我们的文化背景与民族性格未必和盎格鲁—撒克逊人的完全相同，斟酌采择，固属相宜，全部效颦，可以不必。

二、女子经济应否独立的一个问题，到现在可以说是已经解决了的；但究宜独立到何种程度，和男子比较起来，是不是宜乎完全相等，还始终是一个悬案。霭理士在这一方面讨论，好比他在别的方面一样，是很周到的。在原则方面，他不但完全承认，并且把它认为讲求性道德的第一个先决条件。不过在实际上他也认为有很严重的困难。霭氏写这篇文字的时候，原是西方女权运动最热烈的时候，但是热烈的空气并没有蒙蔽他的视线，别人也许忙着替极端的男女平等论鼓吹，心切于求、目眩于视的把男女生理作用的区别完全搁过一边，认为无关宏旨，但是霭氏没有。他说：

> 但上文种种还不过是一面的理论。女子的加入工业生活，并且加入后所处的环境又复和男子大同小异，这其间也就无疑的引起了另一派的严重的问题。文化的一般的倾向是要教女子经济独立，也

> 要教她负道德的责任，是没有问题的。但是不是男子所有的职业以及种种业余职务女子都得参加，都得引为己任，而后不但女子自身可得充分发展之益，而社会全盘亦可收十足生产之功，我们却还不能绝对的看个清楚。但有两点事实很清楚：第一，社会现有的种种职业与业余职务既一向为男子所专擅，则可知它们的内容和设备的发展是在在以男子的品格与兴趣做参考，而与女子太不相谋；第二，种族绵延的任务与此种任务所唤起的性的作用，在女子方面所要求的时间与精力，不知要比男子的大上多少。有此两点的限制，至少我们可以了解，女子之于工业生活，决不能像男子的可以全神贯注而无遗憾。

不能无遗憾的话是对的，二十几年前霭氏写这篇文章的时候，这种遗憾还不很明显，但男女职业平等的试验又添上二十多年的经验以后，这种遗憾已一变而为切肤的痛苦。英人蒲士（Meyrick Booth）在他的《妇女与社会》（*Woman and Society*，即刘译《妇女解放新论》）一书里，在这方面讨论得最精到。霭氏那时候，因为情形还不严重，所以他这一段话是用小一号的字排印的，但在我们看来，以为它的重要并不在其它段落之下，所以在译文里也用四号字排印，而不用五号。事实是雄辩，这唯一擅专改窜的一点，我也不向读者告罪了。

我以为时至今日，我们对于女子职业自由与经济独立的问题，实在已经可以有一个比较圆满的解决办法。在原则下它是毫无疑问，上文早就说过。就实际而论，我们折衷近年来一部分通人的见地，以为有一种看法与两三种办法值得提出来商量。就健全的女子而论，我们总得承认生育是她们一生最主要的任务，不论为她们自身的健康计，或为种族全般的发展计，这任务都是绝对少不得的。至少就她们说——不就她们说，又就谁说——职业的活动与经济的生产只得看做一件附属的任务，一件行有余力方才从事的任务。这是看法。由这看法，便产生下列的一些办法。无论一个女子将来从事职业与否，她应该有一种职业的准备，应该培植一种经济生产的能力。宁使她备而不用，却不能不备。在她受教育的时期里，除了普通的教育以外，一切有职业训练的机会也应当为她开着，就是那些平日专为男子而设的，也不应稍存歧视的态度，目的是在让她们各就性之所近，有一个选择的自由。同时我们当然不希望一班极端的女权运动者出来吹打鼓噪，因为这种吹打鼓噪的功夫也未始不是自由选择的一个障碍。有了职业与经济独立的准备，用也行不用也行，要用的话，我们以为不妨采取两种方式的任何一种：一是直接适用上文所提宾主的看法的结果。一个精力特强的女子，尽可于生育与教养子女之外，同时经营一种或一种以上的事业，但总以不妨碍子女的养育为限。二是精力寻常或觉得同时不能兼顾两种工作的女子，便不妨采取罗素夫人所提的分期办法，就是：在婚姻以后，最初十年或十五年作为养育子女的时期，过此便是从事职业的时期。这两个办法，我认为都很妥当。这两个办法又可以并做一个说，就是上文所说宾主的地位到了后来，不妨逐渐地对掉，起初养育子女的工作是绝对的主，后来子女渐长，不妨变做相对的主，到了子女都能进学校以后，职业的活动即作“夺主”的“喧宾”，亦无不可。

三、霭氏主张凡是不生育的性行为、性结合，与社会无干，社会不当顾问。这个主张可以说是富有革命性的。西洋社会对于这种主张，到现在当然还是反对的多、赞成的少。在赞成的少数人中间，在美国我们至少可以举一个做过三十年青年法庭的推事林哉（B. B. Lindsey）。在英国，则至少有哲学家罗素。他根据了三十年间应付青年性问题的经验，起初做了一本《现代青年的反抗》（*The Revolt of Modern Youth*，1925），所谓反抗，十分之九是对于旧的性道德观念的反抗，对不合情理的宗教、法律与社会制裁的反抗。全书的理论与所举的实例，几乎全部可以做霭氏的“婚姻自由论”的注脚。林氏后来又发表一本《伴侣婚姻》（*Companionate Marriage*，1927）。要是《反抗》一书所叙的是问题，这本书所要贡献的便是问题的解决方法了。这方法是很简单的，就是：男女以伴侣方式的结合始，一到有了子女，才成为正常的婚姻，在没有子女以前，双方离合却可不受任何限制。所谓伴侣的方式，就是一面尽可以有性交的关系，而子女来到的迟早则不妨参考经济和其它的环境情况运用生育节制的方法，而加以自觉的决定。这种见解，可以说是完全脱胎于霭氏的学说的。罗素的见地则详他的《婚姻与道德》（*Marriage and Morals*，1929，中译本改称为《婚姻革命》）一书中，大体上和林氏的没有分别。

至于反面的论调，我们至少可以举马戈尔德（C. W. Margold）做代表。他做了一本专书，叫做《性自由与社会制裁》（*Sex Freedom and Social Control*，1926）。马氏以为人类一切行为都有它们的社会的关系，性行为尤其是不能做例外，初不问此种行为的目的在不在子女的产生。他以为霭氏在性心理学方面虽有极大的贡献，但因为他太侧重生物自然与个人自由，对于社会心理与社会制裁一类的问题平日太少注意，所以才有这种偏激的主张。这是马氏的驳论的大意。他还举了不少从野蛮、半开化，以及开化的民族的种种经验，以示社会制裁的无微不入、无远弗届。

对于这个问题，我很想做一个详细一点的讨论，并且很想贡献一种平议，但现在还非其时。不过这平议的大旨是不妨先在这里提出的。霭氏因为看重个人自由，所以把性道德建筑在个人责任心的基石之上；因为看重生物的事实，所以主张自然冲动的舒展，主张让它们自动的调节，而自归于平衡。自然的冲动既然有这种不抑则不扬、不压迫则不溃决的趋势，那末，只要再加上一些个人意志上的努力，即加上一些责任心的培植，一种良好的性道德的局面是不难产生与维持的。这种见地，我以为大体上虽可以接受，却有两个限制：一是霭氏所假定的对象是去自然未远的身心十分健全的人，这种人在所谓文明的社会里似乎并不很多。他们自然冲动的表现，不是不够，便是过火，而能因调剂有方、发皆中节的，实在并不多见。中国古代的圣哲不能不说“不得中行而与，必也狂狷”的话，原因也就在此。第二个限制是责任心的产生似乎也不是一件轻而易举的事，而究竟应该用什么方法来培植它，霭氏也并没有告诉我们。要是马氏和其他特别看重社会制裁的人的错误在过于侧重外力的扶持，霭氏的错误就在太责成个人，而同时对于个人自己制裁的能力，并没有给我们一个保障。

性道德应以社会为归宿的对象，是不错的；应以个人的自我制裁做出发点，也是不错的。制裁不能不靠责任心的培植，也是一个不可避免的结论。但制裁与责任心的养成，一面固然靠一个人的身心健康，一面也不能完全不仗外力的扶持。但这层霭氏却没有完全顾到。但所谓外力，我以为并不是一时代的社会的舆论，更不是东西邻舍的冷讥热笑，而是历史相传文化的经验。这又是马氏的观察所未能到家的地方，说到这里，我们中国儒家的教训就有它的用处了。以前儒家讲求应付情欲的方法，最重一个分寸的“节”字（后世守节的“节”字已完全失却本意），所谓“发乎情，止乎礼义”，便是这“节”字的注脚。我们和西洋的宗教人士不同，并不禁止一个人情欲的发动，和西洋的自然主义者也不同，并不要求他发动到一个推车撞壁的地步，但盼望他要发而中节、适可而止，止乎礼义的“义”字便等于“宜”字，等于适可而止。这适可的程度当然要看形势而定。夫妇之间的性生活的适可程度是一种，男女朋友之间的当然又是一种。张三看见朋友李四的妻子年轻、美貌、人品端庄，便不由得不怦然心动，不免兴“恨不相逢未嫁时”之感。这就叫做“发乎情”，情之既发，要叫它立刻抑止下去，事实上当然不能，理论上也大可不必，要让它完全跟着冲动走，丝毫不加搁阻，势必至于引起许多别的问题，非特别喜欢多事的人也决不肯轻于尝试。所以张三要是真懂得情理的话，就应当自己节制自己，他尽可以增加他敬爱李四妻子的程度，提高他和他们的友谊关系，而不再作“非分”之想，那“非分”的“分”就是“分寸”的“分”，这就叫做“止乎礼义”。发乎情是自然的倾向，止乎义也未始不是，不过是已经加上一番文化经验的火候罢了。“发乎情，止乎礼义”七个字，便是一种文化的经验，谁都可以取来受用，来培植他的自我制裁的能力，来训练他对人对己的责任心肠。

这样一说，不以生育为目的的性关系究竟是社会的还是私人的，也就不成为性道德问题的症结，问题的症结在大家能不能实践“发情止义”的原则。西洋社会思想的系统中间，总有一套拆不穿的“群己权界”的议论。任何道德问题，说来说去，最后总会掉进这权界论的旧辙，再也爬不出来。这在我们却并不是不可避免的。我们只知道此种行为不但不干社会全般的事，更不干第二个旁人的事，而完全是我个人的操守问题。而此种操守的准绳，既不是社会的毁誉、鬼神的喜怒、宗教的信条、法律的禁例，而是前人经验所诏示的一些中和的常道，中和的常道之一就是“发乎情，止乎礼义”。霭氏曾说（页一五）：“我们不会对不起道德，我们只会对不起自己。”发乎情而不能止乎礼义，所对不起的不是礼义，不是道德，不是社会，而是自己。

四、关于这一根柱石——女子性责任的自负自决——不比以前的三根，我想谁都认为是毫无问题的。性责自负，当然和经济独立的条件有密切的关系。霭氏的理想，大约假定能够实行新性道德的社会，也就是所有的健全妇女经济上能够自给的社会。对于这一点，我们在上文已经略有修正，到此我们更不妨进一步的假定，以为所谓经济独立不一定要完全实在的。在教养子女之余，或教养子女以后，经营一种职业的女子，当然有她的实际的独立，不过在没有余力经营职业的女子，或平日有此余力而适逢分娩的时期以致不能工作的女子，我们始终得承认她们有与经济独立有同等价值的身份。有到这种“等值”（equivalent）的身份，不论她实际赚钱与否，一个女子的责任、权利与社会地位便应该和实际从事一种职业的人没有分别。至于性责自决，也是一样的不成问题，若就生育子女的一部分的责任而论，她不但应该自决，并且应有先决之权。在生育节制方法已经比较流通的今日，这不但是理论上应该也是事实上容易办到的事。

要女子能够自负自决她的性的责任，经济的条件以外，还有一个教育的条件。也许教育的条件比经济的还要紧，因为经济的条件往往可以假借，有如上文云云，而教育的条件却绝对不能假借。所谓教育的条件，又可以分为两部分说：第一是一般的做人的教育。这当然是应该和男子的没有分别。这部分的教育也包括专业的训练，目的在使她前途能经济独立，或有独立的“等值”。第二是性的教育，目的在除掉启发性卫生的智识以外，要使她了解女子在这方面的责任要比男子的不知大上多少倍，并且假若不审慎将事，她在这方面的危险也比男子要不知大上多少倍。有了第一部分的教育，一个女子就可以取得性责自负的资格；有了第二部分的教育，她更可以练出性责自决的能力。资格与能力具备以后，再加上经济自给的事实或准备，女子在新性道德的局面里才算有了她应得的女主人的地位。霭氏在全篇议论里，对于这一层似乎没有加以相当的考虑。他对于性的教育固然已另有专篇，但是对于上文所说的第一部分的教育，他既没有讨论，对于这两部分的教育和女子性责自负自决的密切关系，又没有特地指出。这实在是全篇中的一个遗憾。

五、上文说过性道德的对象是社会，但这话还不完全。性道德的最后的对象是未来的社会，若就一人一家而论，便是子女。对于这一点，除了极端的个人主义者以外，我想也是谁都不能不首肯的。霭氏说：

> 就已往、目前与未来的形势而论，我们便可以得像法国女作家亚当夫人（Madame Juliette Adam）所说的一个综合的观察，就是：已往是男子的权利牺牲了女子，目前是女子的权利牺牲了小孩，未来呢，我们总得指望小孩的权利重新把家庭奠定起来。（页八五）

又说：

> 社会要管的是，不是进子宫的是什么，乃是出子宫的是什么。多一个小孩，就等于多一个新的公民。既然是一个公民，是社会一分子，社会便有权柄可以要求：第一他得像个样子，可以配在它中间占一个地位；第二他得有一个负责的父亲和一个负责的母亲，好好的把他介绍进来。所以爱伦·凯说，整个儿的性道德是以小孩子做中心的。

爱伦·凯不但这样说，并且还为了这说法写了一本《儿童的世纪》（*The Century of Child*）的专书咧。

自从优生学说发达以后，子女不但成为性道德的中心，并且有成为一般的道德的对象的趋势。在民族主义发达的国家，这趋势尤其是明显。优生学家有所谓种族伦理的说数，以为伦理一门学问，它的适用的范围，不应以一时代的人物为限，而应推而至于未来的人物。有一位优生学的说客，又鼓吹“忠恕的金律应下逮子孙”的道理。六七年前，我曾经不揣谫陋的写了一本《中国之家庭问题》，站的也完全是这个立场。

以子女为最后对象的性道德或一般道德，终究是不错的。我们为什么要生命？不是为的是要取得更大的生命的么？这更大的生命究竟是什么，当然各有各的见解。一班个人主义或享乐主义者，以尽量满足一己的欲望为尽了扩大生命的能事；一班狭义的宗教信徒，以避免痛苦于今生、祈取福祉于来世，做一个努力的对象。但是另有一班人以为更大的生命实在就是下一代的子孙，而使此种生命成为事实的责任，一大部分却在这一代的身上。

说到这里，西洋近代的性道德就和中国固有的性道德慢慢的走上了同一的大路。霭氏在这篇文字里，曾历叙西洋性道德的两种趋势，在中国的历史里，我们当然也有我们的趋势，读者要知道它梗概，不妨参考陈东原《中国妇女生活史》一类的作品，我们不预备在此多说。但这趋势里的最昭昭在人耳目的一点事实，是不能不一提的，就是：子孙的重要。“宜子孙”三个字始终是我们民族道德的最大理想。女子在婚姻上的地位，大众对于结婚、离婚、再醮、守寡等等行为的看法，虽因时代而很有不同，女子所蒙的幸福或痛苦也因此而大有出入，但最后的评判的标准，总是子女的有无与子女的能不能维持一姓的门楣与一宗的血食。贞操一事，始终似乎是一个目的的一种手段，而自身不是目的。“饿死事小，失节事大”终究是一两个理学家的私见，而不是民族经验的公言。民族经验的公言是：失节事小，子孙事大。俞樾（曲园）的《右台仙馆笔记》里，记着这样一段故事：

> 松江邹生，娶妻乔氏，生一子名阿九，甫周岁而邹死，乔守志抚孤。家尚小康，颇足自存。而是时粤贼已据苏杭，松江亦陷于贼。乔虑不免，思一死以自全。而顾此呱呱者，又非母不活，意未能决。其夜忽梦夫谓之曰：“吾家三世单传，今止此一块肉，吾已

请于先亡诸尊长矣，汝宁失节，毋弃孤儿。”乔寤而思之：夫言虽有理，然妇人以节为重，终不可失；意仍未决。其夜又梦夫偕二老人至，一翁一媪，曰：“吾乃汝舅姑也。汝意大佳，然为汝一身计，则以守节为重。为我一家计，则以存孤为重；愿汝为吾一家计，勿徒为一身计。”妇寤，乃设祭拜其舅姑与夫曰：“吾闻命矣。”后母子皆为贼所得，从贼至苏州。

乔有绝色，为贼所嬖，而乔抱阿九，无一日离。语贼曰：“若爱妾者，愿兼爱儿，此儿死，妾亦死矣。”贼恋其色，竟不夺阿九。久之，以乔为“贞人”，以阿九为“公子”——“贞人”者，贼妇中之有名号者也。

方是时，贼踞苏杭久，城外村聚，焚掠殆尽，鸡豚之类，亦皆断种，贼中日用所需，无不以重价买之江北。于是江北歹诸贫民，率以小舟载杂货渡江，私售于贼。有张秃子者，夫妇二人操是业最久，贼尤信之，予以小旗，凡贼境内，无不可至。乔闻之，乃使人传“贞人”命，召张妻入内与语，使买江北诸物。往来既谂，乃密以情告之，谋与俱亡。乘贼魁赴湖州，伪言己生日，醉诸侍者以酒，而夜抱阿九登张秃子舟以遁。

舟有贼旗，无谁何者，安稳达江北。而张夫妇意乔居贼中久，必有所赍，侦之无有，颇失望。乃载之扬州，鬻乔于娼家，乔不知也。

娼家率多人篡之去，乔仍抱阿九不释，语娼家曰：“汝家买我者，以我为钱树子耳，此儿死，我亦死，汝家人财两失矣。若听我抚养此儿，则我故失行之妇，岂当复论名节。”娼家然之。乔居娼家数年，阿九亦长成，乔自以缠头资为束修，俾阿九从塾师读。

俄而贼平，乔自蓄钱偿娼家赎身，挈阿九归松江，从其兄弟以居。阿九长，为娶妇，乃复设祭拜舅姑与夫曰：“曩奉命存孤，幸不辱命。然妇人究以节为重，我一妇人，始为贼贞人，继为娼，尚何面目复生人世乎?”缢而死。

[俞曲园曰]：“此妇以不死存孤，而仍以一死明节，不失为完人。程子云：‘饿死事小，失节事大。’然饿死失节，皆以一身言耳。若所失者，一身之名节，而所存者，祖父之血食，则又似祖父之血食重而一身之名节轻矣!”

我记得以前看见这一段笔记的时候，在“天头”上注着说：“推此论而用之于民族，虽千万世不绝可也。”我现在还是这样想。

中国人文思想的骨干*（1934）

一个国家或一个时代的文化，必有其重心所寄，必有其随时随地不忘参考的事物，必有其浸淫笼罩一切而大家未必自觉的一派势力。这种重心、事物或势力，归纳起来，大率不出欧美所称神道、人事、自然三大范围，或中国所称天、地、人三才的范围。中西相较，天可以对神道，地可以对自然或一切物质环境，人可以不用说。

就西洋文化史而论，希伯来文化是重神的，希腊文化是比较重人的，中古时代的文化和希伯来的相像，文艺复兴时代的文化和希腊时代的相像。所以英人安诺德（M. Arnold）有“西洋文化，无非为希伯来主义与希腊主义互为消长”之说。降至近代，神道的地位固已日就衰落，但西洋文化之究为人的，抑为物的，则论者颇不一其辞。我们隔江观火，也许比较清楚，不妨认为名为是人的，而实际则是物的，面子上是人本，骨子里是物本，因为我们随时随地可以观察到物质以人为刍狗的事实。不过我们也觉得，物本的文化，在一部分思想界里，现在已经发生一种反响，所以近年以来，在那里力求解脱的，也大有人在。

就中国文化史而论，在各个方面我们也都能找出一些代表来。春秋战国是各派思想孕育得比较成熟的时期，那时候真是什么都有。讲天道的有墨子，重自然的有老庄，以人事为本位的有孔孟。战国以后，各派盛衰消长之迹，大体上也很显明。墨子最先销歇，儒家最受推崇，道家除在两晋六朝与唐代之际一部分因统治人物的提倡有过一度振作外，平日的势力并不十分具体。汉以后佛教势力日渐扩大，至六朝而臻极盛，

---

* 原载《人文》第5卷第1期，1934年2月15日；辑入《政学罪言》，观察社，1948年版。

但是它的性质并不划一，大率平民所崇拜的是它的神道的部分，而智识分子所注重的是修身养性的部分，多少不脱人道的意味。

但全部中国文化史终究是一个重人道的文化史。各派思想中，比较最有线索、最有影响的也终究是儒家。春秋战国以前暂且不说。秦重用法家，排斥以古非今的儒生，固然是儒家遭逢厄运的一个时期，但这时期并不长久。汉代以后，儒家的地位便已根深柢固。三国、两晋、六朝和唐的时期里，儒、释、道三家并育不悖，但主体依然要推儒家；六朝与唐代的四五百年间，佛家虽盛，但也曾再三受政府的压迫，出家人被勒令还俗之事，屡有所闻，无非是儒家不肯放弃它主体的身份的表示。五代以后，儒家地位的牢不可破，也是无须说得的。

儒家思想的对象是人道，所以人文思想和儒家思想两个名词往往可以通用。所谓人道并不是很优侗的一种东西。西洋文艺复兴时代里所盛称的人道（humanity）似乎目的专在对付历代相传而畸形发展的神道（divinity），近时西洋人文主义者所盛称的人道（law for man），又似乎专门对付物道（law for thing），两者都可以说是很优侗的。中国儒家的人道却并不优侗，它至少可以有四个方面，四方面缺一，那人道就不完全。[1]

第一方面——对人以外的各种本体。

第二方面——对同时存在的别人。

第三方面——对自己。

第四方面——对已往与未来的人。

这四方面合拢来，就成为题目中所称中国人文思想的骨干。现在分别说一说：

（一）第一方面当然是最基本的。所谓各种本体，可以包含许多东西，概括着西洋的神道与物道或中国三才中的天、地两才所指的一切事物。一切自然的物体当然在内。但人道范围以内的事物，或人为的事物，无论抽象的所谓精神文化，或具体的物质文化，如一派信仰、一种制度、一件器用，也往往会畸形发展到一个尾大不掉的程度，使人不但不能驾驭，反而被驾驭，不特无益于人，反有害于人，原以辅助人道始者，反以危害人道终。这样的一种事物就俨然取得了本体的身份，可与人道对抗，驯至人道无法抵抗而至于衰微寂灭。

我们不妨举几个例。欧洲中古时代神道抹杀人道的事实，是谁都知道的。近代文化中物道抹杀人道的种种情势，近来也逐渐受人公认，都可以不说。但历史上与目前和人道不相成而相害的事物固远不止神道与物道而已。国家主义的只认国家不认人，社会主义的只认阶级或社会而不认人，家族主义的只认家族不认人，金钱主义的只认金钱不认人，何尝不是很显著的例证。这些主义自然也有用得到人的地方，但他们所见的并不是人，而只是公民，只是社会或阶级的一分子，只是家族的一员，只是父亲的儿子，是生产财富的一分势力而已。就在个人主义所认识的也并不是人，而只是一个个人！就在近代教育所注意与期望的也并不是人，而是一些专家、一些不通世事的学者罢了。人道之在今日，事实上已经被宰割、被支解。

人利用了自然的事物创造了文物的环境。他自己应该是主体，文物的环境终究是一个客体。但结果往往会喧宾夺主，甚而至于反客为主。人也创造了全部的意识的环境，包括宗教、道德观念、社会理想等等在内。他自己应该是一个主体，而意识的环境是一个客体；他自己的福利是一个常，意识环境的形式、内容与组织是一个变，应执变以就常，不应强常以就变。但结果也往往弄得常变倒置、主客易位，这种局面，是讲究人文思想的文化所最犯忌的局面，因为充其极，人类在天地间的地位，可以根本发生动摇，至于立脚不住。所以在希腊的人文文化里，便有“任何东西不宜太多”（nothing too much）的原则，太多了就有积重难返、尾大不掉的危险。中国的儒家思想在这方面比希腊人还要进一步，它以为就是这一条“任何东西不宜太多”的原则也不宜太多，即不宜运用得过火。孟子不有过一段评论子莫的话么？杨子为我，墨子兼爱，子莫执中，孟子说：“执中为近之。执中无权，犹执一也。所恶执一者，为其贼道也，举一而废百也。”所以儒家的人文思想里，于“经”的原则之外，又有“权”的原则。执中无权，犹且不可，其它不执中的种种执一的例证，也就不必举了。

（二）中国人文思想的第二方面的对象是与本人同时存在的人；换一种说法，它所要考虑的是人与人之间彼此应有什么一种分别，和应有什么一种关系。在这一方面，中国文化可以说是最在行的，就是希腊文化也没有它那样见得清楚、说得了当。

说来也是谁都知道的。中国人文思想里又有一条极简单的原则，叫做“伦”的原则。但这条原则虽然简单，虽只一个字，却有两层意义，一层是静的，一层是动的。静的所应付的是上文所说人与人之间的分别，动的所应付的是人与人之间的关系。所谓静的人伦，指的是人的类别、人的流品。类别事实上既不会不有，流品也就不能不讲，因为人是一种有价值观念而巴图上进的动物。《礼记》上说“拟人必于其伦”，那“伦”字显而易见是指的流品或类别。历代政治最注意的一事是人才的遴选，往往有专官管理，我们谈起这种专官的任务来，动辄说“品鉴人伦”，那“伦”字显而易见又是指的类别与流品。近来我们看见研究广告术的人，讲起一种货物的优美，也喜欢利用“无与伦比”一类的成语，那伦比的“伦”字当然又是静的类别而不是动的关系。

明白了静的人伦，才可以谈到动的人伦，因为动的是建筑在静的上面的。这动的人伦便指父子、君臣、夫妇、兄弟……之间分别应有的关系。静的人伦注意到许多客观的品性，如性别、年龄、辈分、血缘、形态、智慧、操行之类，如今动的人伦就要用这种品性做依据，来孥求每两个人之间适当的关系，即彼此相待遇的方式来。静的人伦所重在理智的辨别，动的人伦则在感情的运用。

这静的伦与动的伦是相须相成、缺一不可的。仅仅有静的伦，仅仅讲流品的辨别，社会生活一定是十分冷酷，并且根本上怕就不会有社会生活，历史上也就不曾有过此种实例。仅仅有动的伦，仅仅谈人我的应如何相亲相爱，完全不理会方式与程度上的差别，结果，不但减少了社会进步的机缘，并且日常的生活流入了感伤主义一途。这种被感伤主义所支配的社会生活，历史上却很有一些例子，在今日的西洋例子尤其是多。我们在这里，就可以看出“人文思想”和常人所乐道的“人道主义”的不同来了。同一重人道，同一注重道的和同，而后者所见的“同”等于“划一”，等于“皂白不分”，所见的“和”，等于和泥土粉末之和，而不是和调五味之和；前者所见则恰好相反。荀子在《荣辱》篇所说的“斩而齐，枉而顺，不同而一”，最能代表这一层精意。前者并且其同与和之间，特别着重和，认为与其同而不和，毋宁不同而和。

西洋希腊以后的文化是不大讲伦的，即使讲，也十分偏重动的一方面。最近自生物学与遗传学发达以后，静的一方面才受到优生学、心理学与教育学者的充分的注意。不过在日常生活里这方面的影响还很有限。在中国，以前是动静二者并举的，现在治伦理学与人生哲学者讲起“伦”字，却十有八九只讲动的伦，而不讲静的伦。但我们相信以前所谓“彝伦攸叙”或学宫中明伦堂上的“明伦”二字决不单单指人与人的感情关系，殆可断言。

（三）中国人文思想的第三方面的对象是一个人的自己。人是一个总称，所指是一般的人性、人道、做人的标准、完人的理想等。但每一个个人也是人。一个人应付一个人固属很难，应付自己却也不易。人是一种动物，动物皆有情欲，在演化过程中的地位越高，情欲的种类与力量也似乎越多越大。在别种动物的生活里，情欲变化既少，随时又受自然的限制与调节。例如性的冲动吧，在大多数的高等动物里，一年中只有一个时期以内是活跃的，即自有其季候性的，但到人类就不同了，唯其不同，于是就发生了自觉与自动应付的问题。情欲之来，放纵既然不利，禁绝亦非所宜。于是怎样在两个极端中间寻出一条适当而依然有变化的途径来，便成为历代道德家以至于生理与心理学家所努力的一大对象。但努力的人虽多，而真能提供合乎情理的拟议来的似乎只有人文思想一派。别的派别的目的似乎专在防止放纵的一个极端，防止越严，便越与另一极端相接近，就是形同禁绝。旧时基督教对于性和其他物欲的观念，便是一例。佛家的也是一例。但物极必反，好比时钟的摆一般，基督教的禁欲主义便终于造成了文艺复兴时代以及后来的自然放纵主义。此在当时虽也有人把它看做人文主义的一部分，其实它和人文思想的标准相去的距离和禁欲主义的毫无分别，不同的只是方向罢了。

一九三二年的夏季，我有烟台之行，在轮船上遇见一件很有趣的事。在头等舱的饭厅里，我发见在一只四方桌上，坐着四个女子，东南两边的两个，是天主教里的“嬷嬷”，南方人叫做“童身姑娘”，她们除了面部和两只手以外，其余的身体是包扎得几乎不透风的。西北两边的却是两个白俄的娼妓，她们不但袒胸露臂，并且连鞋子、袜子都没有穿，只穿上拖鞋。她们四个每餐都这样的坐在一起，自然只有两搭角说话，两对过之间则横着一道无底的鸿沟，到“审判的末日”，还是通不过去。

在受人文思想支配下的中国文化里，这道鸿沟是没有的，至少就大体而论，没有这么广阔深邃。我们平日应付自己的情欲时，所持的大体上是一个“节”的原则，既不是“纵”，也不是“禁”。我们把男女和饮食同样看作人生的大欲，本身原无所谓善恶。诗人论一代的风气制度，首推《周南》、《召南》之化，甚至于把“内无怨女，外无旷夫”看作良好政治的一个基础和一个表识。讲禁欲主义的佛教虽在中国有很大的势力，但佞佛的人平日既有“做居士”、“带发修行”一类的假借的方法，而遇到做和尚、做尼姑的风气太厉害的时候，政府也会出来干涉，影响所及，便远不如基督教对于中古欧洲的深刻。在性以外的其他方面，亦复如是。例如饮酒，我们的原则是"不饮过量"、"不及乱"，如大战以来美国民族所开的那种玩笑，在中国是从没有发生过的。但近时也很有人把"节"与"禁"混为一谈，例如妇女节制协会对于烟酒的态度，名为节制，实际上却主张禁绝。

"節"字从竹，指竹节，有分寸的意思，凡百行为要有一个分寸，不到家不好，过了火也不好。不但情欲的发出要有分寸，就是许多平日公认为良善的待人的行为也要有个分寸。所以《论语》上有"恭近于礼"则远耻辱、"克己复礼"始得谓仁一类的话。"礼"字原有两层意义。教育修养的结果，使人言动有节制、有分寸，便是合礼，这是第一义，是多少要人内发的。凡属可以帮生活的忙，使言动合乎分寸的事物工具，也是礼，是第二义，是由社会在环境中加以安排的。后来的人似乎但知礼的第二义，即仅仅以"仪"为"礼"，而忘了礼的第一义。积重难返，最后便闹到了"礼教吃人"的地步。如今"恭近于礼"与"克己复礼"的礼，显而易见是第一义的礼。恭也要恭得有分寸，克己也要克己得有分寸，所以"摩顶放踵利天下"的宗教家与侠客，在人文思想家的眼光里，并不是最崇高的典型人物。

中国人文思想在第四方面的对象是已往与未来的人与物。人文思想者心目中的人是一个整个的人、囫囵的人。他认为只是一个专家、一个公民、一个社会分子……不能算人；人虽是一个有职业、有阶级、有国、有家……的东西，他却不应当被这许多空间关系所限制，而自甘维持一种狭隘的关系或卑微的身份。这是在讨论第一方面时已经提过的。如今我们要更进一步的说，一个囫囵的人不但要轶出空间的限制，更要超越时间的限制。换一种说法，他现在那副圆颅方趾的形态，他的聪明智慧，他的譬如朝露、不及百年的寿命，并不能自成一个独立的单位，不能算是一个囫囵的东西。真要取得一个囫囵的资格，须得把已往的人类在生物方面与文化方面所传递给他的一切，统统算在里面。不但如此，他这承受下来的生物的与文化的遗业，将来都还得有一个清楚的交代。约言之，他得承认一个"来踪"，更得妥筹一个"去路"。认识了来踪，觅到了去路，这个人才算是相当的完整。

在中国人文思想里，这一点是极发达的。在文化的传统方面和生物的传统方面我们都轻易不肯放松。师道尊严，创述不易，所以叙一个大师的学问时，我们总要把他的师承与传授的关系叙述一个明白，甚至于要替他编列出一张道统或学统的世系表来。但尤其要紧的，毕竟是生物的传统。若有人问什么是儒家思想最基本的观念，我们的答复是：就是本的观念，或渊源的观念。所以说到：万物本乎天，人本乎祖，孝悌是为人之本，君师是政治之本，乡土是一人根本之地，一个人无论如何不长进，只要不忘本，总还有救。所以要尊祖敬宗，所以要慎终追远，所以要有祠堂，要有宗谱。既惓惓于既往，又不能不惴惴于未来。所以便有“有后”之论，所以要论究“宜子孙”的道理；有了有价值的东西，总希望“子子孙孙永保存”。更进而把已往与未来相提并论，于是祠堂与宗谱里便充满了“源远流长”、“根深叶茂”、“继往开来”、“承先启后”、“光前裕后”……一类标语式的笔墨。记得唐朝有一位文学家替人家做墓志铭，劈头就是两句：“积德垂裕之谓仁，追远扬名之谓孝。”追远扬名之所以为孝，是谁都了解的，但积德垂裕之所以为仁，却早经后人忘却，反而见得新颖可喜。

这一方面的人文思想，在西洋是很不发达的。近日始有一派的思想稍稍的谈论到它，就是讲求淑种之道的优生学。美国有一位优生学者说，我们要提倡优生学，我们先得提倡一种“种族的伦理”。又有一位说，我们应该把“忠恕”的金科玉律推广到下代子孙的身上。试问这种见地和我们“垂裕后昆”、“庆钟厥后”的理想又有什么分别？所谓“种族的伦理”与下逮子孙的“忠恕”又岂不就是上文那位唐代的文学家所提的“仁”字？不过我们却要忝居先进了。

我们到此，便可以把上面所讨论的人文思想的四个方面并在一起说一说。这四个方面都受一个原则的节制。就是分寸的原则或节制的原则。在第一方面，我们要防人以外的本体或俨然有本体资格的事物出来喧宾夺主，以至于操纵我们的生活。换一种说法，就是人和它们各个的关系都得有一个分寸。“敬鬼神而远之”、“虽小道，致远恐泥”一类的话，所指无非是一些分寸的意思。甚至于我们把人看作中心、看作比其它本体都要重要的时候，也还得有个分寸，决不能目空一切、唯我独尊。所以孔子对于鬼神、天道、死，始终保持一个存疑的态度，不否认，也不肯定。所以至少在董仲舒的眼光里，通天、地、人三才的人才配叫做儒。所以至少儒者平日对人接物的态度要居敬，要自谦，要虚己。这便是“人文思想”与“人本主义”根本不相同的一点了。西文中“儒门业士盟”（humanism）一字，有人译为人本主义，也有人译为人文主义。但若就中国儒家的思想而论，那确乎是人文而非人本。目下美国流行的想取基督教而代之的那一派信仰，才不妨叫做人本主义。他们那种超过了分寸的自负心理与自信心理，以为一切一切都在人自己的手里，要如何，便如何——以前中国的人文思想家便不能接受。我也以为不相宜，我不但不能接受人本主义，并且觉得人文主义中的“主义”两字就不妥当，有执一的臭味，所以本文始终只说人文思想而不说人文主义。

人文思想的第二方面也不免受分寸观念的节制，是最显明不过的。静的人伦，一壁以自然的变异做基础，一壁以价值的观念来评量，自然是讲分寸的。动的人伦所承认的最大的原则，不外用情要有分寸，满足一种欲望时要有分寸。所以亲亲有杀、尊贤有等，所以孟子有亲亲、仁民、爱物的论调。讲到用情要有分寸，岂不是就和人文思想的第三方面衔接了起来？一个人情欲的外施，有的是比较限于自身的，例如饮酒，有的却迟早要影响到别人的休戚利害，例如性欲。不论为了自己的福利讲分寸，或为了别人的福利讲分寸，以至于为了节省物力讲分寸，结果总是一般的福利的增加，一般的位育程度的提高。这种福利的增加与位育程度的提高，以前的人文思想学者就叫做“和”。所以说：“发而皆中节，谓之和。”又说：“礼之用，和为贵。”

其实平心而论，除了在情欲上讲分寸以外，社会生活就再也没有可以发生“和”的途径。如其走放纵的那条路，结果自然到处是权利的冲突，虽不至于到道学先生所说的“人欲横流”的地步，至少那种骚扰纷乱的局面——例如目下的国际情势与大都市里的工商业状况——是无可避免的。如其走禁绝的那条路，修道的修道，念佛的念佛，理论上，在人与人之间便根本不发生和不和的问题，因为和的局面是先得假定有两个不同的东西发生接触。如今因禁欲的教条的关系，两个人既同在一种紧缩与收敛状态之中，调和不调和的问题当然不会发生。但事实上，这禁绝的路，却往往是产生更大的不和的一个因缘。在个人方面，近代精神病学所告诉我们的种种的病态已经是够明白了。而此种个人的内部的不和迟早亦必不免形诸生活造成社会的不和而后已。

其在第四方面，这分寸的原则也是一样的适用。无论那一方面，我们都发见由三个据点所构成的一个格局，两点是静的两极，一点是动的中心，就是人自己或人所立的一个标准。第一方面是天、地与人道之人。第二方面是社会、个人与能兼筹并顾到社会需要与个人需要的人。第三方面是情欲的放纵、禁遏与适当的张弛操守，也就是节制。第四方面呢？两极端指的是既往与未来，而中心之点是现在或当时。三点之中对人最有休戚关系的当然是现在，理应特别加以措意。但若我们过于注意现实，只知讲求所谓现实主义，置已往的经验成效与未来的理想希望于完全不闻不问之列，那我们也就犯了执一的弊病，不鉴戒于前车的得失，则生活的错误必多，无前途的瞻望希冀，则生活的意趣等于嚼蜡，这便是弊病之所在了。反之，如果一味依恋着过去，或一味憧憬于未来，则其为执一不悟，更自显然；至其弊病之所在，在前者为食古不化、故步自封的保守主义，在后者则为不知止与不知反的进步主义或维新主义。方之于水，前者等于不波的古井、不流的腐水死水，后者则有如既倒的狂澜、横流的沧海，奔放而靡所底止，两者都失去了水的效用。但若我们一面把握住现在，一面对已往与未来又能随时与以适当的关注，无论前瞻后顾，脚步始终踏实踏稳，这些弊病就不至于发生了。一样的执中，这执中是有权衡的。有权衡也就是有分寸。

人文思想的四个方面很早就在中国儒家哲学里打成了一片，有如上文所述。西洋的思想界，自文艺复兴以来，也不时以人文主义相号召，最近二十余年间，且骎骎乎有成为一种运动之势。上文所叙的四个方面，也随时有人谈到，但不是举一遗二，便是主甲的人与主乙的人互相攻讦。例如近来美国流行的宗教人文主义便始终没有越出第一方面的范围，并且始终没有摆脱狭隘武断的人本主义的臭味。白璧德（Irving Babbitt）教授一派的人文主义是以第三方面做重心的，其涉及第一方面时，则谓与神道主义携手可，与自然主义携手则万万不可。议论往往有不能自圆之处，且对于任何事物的深恶痛绝，本身便不是一个人文思想应有的态度。他们也承认人与人间的关系，应适用差等的原则，但于伦的观念，所见尚欠真切。至于第四方面，他就几乎完全没有提到。至优生学者，则一面接受狭隘的人本主义，认为人类对于自己的前途演化，即自己的运命，可以完全控制，一面根据变异、遗传与选择的理论，自亦特别注意到第二方面类别与流品的部分，第三方面则几于完全不问。英国哲学家席勒（F. C. S. Schiller）一派的人文主义最初几完全致力于智识与逻辑的“人文”化，后来和优生学者携手以后，范围始较前扩大。总之，在近代的西洋，我们还找不到一派比较完备的、可与中国儒家哲学相比拟的人文思想。

注释：

[1] 此文作于十六年前，抗战避地，旧存印稿完全损失，最近再经觅得，酌加订正，辑入本书。十六年来，我对于人文思想的了解，大体上没有变动。骨干的四部分或四方面，以及贯串此四方面的分寸的原则，自省均可以任其存在。不过在此期间，在骨干上也曾添上不少的筋肉，即另外写出这一些补充的文字，可供参阅。

属于第一方面者：

《说本》

《说“文以载道”》

属于第二方面者：

《明伦新说》

《论品格教育》

《说伦》（天津《益世报·社会研究》副刊）

属于第三方面者：

《类型与自由》

《散漫、放纵与“自由”》

属于第四方面者：

《悠忽的罪过》

《所谓“历史的巨轮”》

《优生的经验的适用》（《人文生物学论丛》，第六辑，《环境、民族、制度》，印刷中）①

以上各篇，除另行注明者外，分别见《自由之路》及《人文生物学论丛》第七辑《优生与抗战》二书中。又本书中“上篇”所列其它文字，泰半与人文思想有关，或可与此文互相发明，可不待言。

① 此文原名《优生学的应用》，见《潘光旦文集》第8卷。《人文生物学论丛》第六辑《环境、民族、制度》一书未见出版，稿佚。——编者注

纪念孔子与做人*
（1934）

二十年来的孔子，和二十年来的中国一样，地位很不稳定。记得民国最初成立的时候，有一部分人很拥护他，甚而至于想把他的教训立为国教。同时也发起种种组织，例如孔教会与孔教青年会之类，真想把孔子之教像宗教一般的宣扬光大起来。但这种活动却不大受人理会。大多数的人总觉得孔子已经是一个过去的人物，是另一个时代与文化背景的产物，他的教训无论在那时候怎样的好，到现在当然不很适用，不适用而勉强的替它宣传，不是徒劳无功，便是引出许多矫揉造作的行为来。还有少数的一部分人更进一步的认为中国今日的积弱，推原祸始，却是孔子的错误。要是以前开罪于孔子的人是名教的罪人，那末，他们以为孔子便是中国民族文化的罪人，所以应该打倒。这种主张打倒的人又可以分做两派，一派是明火执仗的，一派是冷讥热嘲的。他们言谈之间，总是孔二先生长，孔二先生短。这好几种人，当然没有一种对于孔子的地位是有利的。后面两三种人不用说，就是第一种，像《孔门理财学》的作者之流，也可以教孔子受宠若惊、望而却步。

经过这二十年的风雨飘摇的经验之后，孔子的地位近来似乎又有转趋稳定的倾向。照前几年的形势，全民族的模范人物，除了孙中山先生以外，几乎加上了一位耶稣。要是那个现在在北京做寓公的将军不失势的话，耶稣也许得把这第一把交椅让给老子。再照一二年来各种法会盛极一时的情形而论，又像宗喀巴快要从西、青入主中国本部，做各大模范人物的盟主。不想在这个模范人物互争雄长的时候，中央政府第一、二、三次会议竟会把八月二十七日的孔子诞辰定为一个“国定纪念日”，

* 原载《华年》第3卷第34期，1934年8月25日。

并且还颁布了好几条的纪念的办法。所以我们说孔子的地位有重臻稳固的趋势，不过在孔子自己看来，经过了多少年的不瞅不睬以及冷讥热讽之后，突然接到此种待遇，怕也必有些惊疑莫定咧！

一个民族不能没有模范的人物，这是谁都不怀疑的。不过我们对于一个模范人物究应发生一种什么关系，却是一个值得考虑的问题。把他奉做一个神明，高高在上的，可仰望而不可几及，当然是不妥当的。以前为了“孔教”的建立而奔走于国会之门的人，便犯了这个毛病。只是到了他诞生的日子，一年一度的举行一种纪念的形式，也似乎没有多大的意义。只是纪念的形式，不要说一年一度没有用处，就是一星期一次也未见得会发生什么效力。

要教一个模范人物在今日的社会生活里发生效力，只有两条狭路可走：一是明白了解他的教训，二是效法他的个人的生活。智力在中上的人这两条路都得走，不在中上的至少也得被引导了走上第二条路。我们一面承认一个人的思想和见解往往受时代与环境的支配，但同时我们也承认这其间也有比较能超越环境与比较能不受时代限制的部分。我们一面承认人生的经验随不同的时地的影响而变迁，但同时我们也承认在变迁之中也有比较不变迁者在。一个模范人物之所以能为模范人物，历久而不失他的地位，就是因为他比别人更能代表这种比较不变的经验，也就是因为他的思想与见解能够超越一时代一地域的限制。我们要了解的就是这些超越与不受限制的部分。一个模范人物也是一个对人、对己、对天地万物都比较能够有一个交代的人。换言之，就是他在宇宙之中、在社会生活里面、在自己的种种欲望之间，都有一个比较能周旋中矩的方法，都能够“位育”，能“无入而不自得”。话再换回来说，就是都有交代。一个人在生活的各方面，要有交代不难，要都有交代却不易。我们把古今中外的圣哲比较一下以后，就不能不承认孔子的思想确乎有颠扑不破的地方，孔子的个人的生活确是一种对各方面都有交代的生活。所以他的模范人物的地位，我们也是不难承认的。

孔子的思想的最大的特点，是拿人做一切的重心。他要一个囫囵的人。这个人对宇宙万物，一面自己要假定一些地位，一面却也不宜把这地位假定得太大。太没有地位了，自然生活不能维持，例如宗教文明或物质文明太发达的国家；地位太大了，把形上形下两界可以福利人生的事物都置之度外，生活也必至于一天比一天逼窄，例如二千年来中国的文化。对一个囫囵的人，个人主义与社会主义的争论是不会有的，“群己权界”议论是大可不必的，因为他没有承认社会生活是一个静的物件，他只承认社会生活是一个动的过程，所谓格、致、正、诚、修、齐、治、平，就是这个过程的由近及远、由小及大的八个阶段。这个囫囵的人，又充分的承认他是一种生物，有他的情欲，应付这些情欲的原则是一个“节”字，不是“放”字，也不是“禁”字。假若一种情欲的表示可以影响到第二人的福利，这“节”字就可以有“发乎情，止乎义”六个字的注解。这些都是就一个囫囵的人在一时代的空间以内的关系而言，假若就时间方面的关系而论，他一面尊重前人和前人所遗留下来的经验的精粹，引为自己生活的一部分；一面又缅怀未来的人，想把这些精粹连同他自己的贡献一并交付给他们。这样一个囫囵的人，才真正是一个人，他同时是一个家属的一员、社会的一分子、公民、党员、专家，但最要紧的他是一个人。目前最大的弊病是我们只有这些在各方面活动的分子，而没有人。

孔子就是要教我们做一个人，做人而有余力，再向各方面做活动的分子去。例如做一个专家吧，一个人总得先做了人，然后再做专家；人是主体，专家是副体。说到这一点，我们对于最近邵元冲氏在中央纪念周所报告的说话，就不敢苟同了。他说：“只求各人各向自己本业方面或专长的部门内，尽量发挥其力量，为国效劳。民族复兴之道，即在于此。”是么？要是的话，欧美、日本各民族该没有什么问题了，然而它们问题之多正不亚于我。它们的毛病，以至于世界的毛病，正坐只有专家，只有国民……而没有人。

孔子不但有这种做人的教训，他自己就是这样一个人。所以于了解他的教训以外，我们更有仿效他的生活的必要。读者骤然看见“仿效”两个字，也许不免失笑，以为近代的教育最重自动的创造，却忌被动的模仿。不错，近代的教育确有这样一个绝大的错误。提倡了这几十年的新教育，我还没有看见过完全创造的新行为，完全不受榜样所支配的新动作。就是那几位教育家的“自动创造”之论，据我所知，也是拾的外国人的牙慧！我始终以为教育生活当前最大的问题，还是一个榜样的问题；教育行政以至于其它政治工作最大的任务，是拿榜样出来给大家看。有了好榜样、学像了好榜样以后，再谈“自动的创造”不迟！

论自信力的根据*
(1935)

两年前我做过一篇短稿，叫做《不着边际的“民族”议论》，大意说大家口口声声讲民族复兴、民族自救、民族出路一类的话，却根本没有理会到民族的生物的基础和民族一名词中所不可避免的生物的涵义。近来这种不着边际的议论虽然还是不少，而着边际的却也逐渐加多。例如第一五四号的《独立评论》上便有一篇陈衡哲女士的《心理健康与民族的活力》，七月七日《大公报》的“星期评论”栏里又有一篇吴景超先生的《自信力的根据》。两年前的批评，现在已经不大适用，这是私心以为很可喜的。

吴先生所谓自信力的根据，可以分做两点：一是体格的适应能力不坏，二是脑量与智力并不在别的民族之下。一般人都承认民族图存非具有自信力不可，吴先生更认定要有自信力非具有体力与智力的生物条件不可。这些我们当然是极端赞成的。吴先生所提出的种种论证，无疑的我们也乐于接受。不过我们以为吴先生这篇文章还有可以补充的地方。

中国民族适应环境的能力很强，似乎是一个很显明的事实，不但我们自己明白，外国人也时常称赞我们。不过所谓适应的能力实在是很复杂的，它可以分做三种：第一种是积极的，即对于环境能加以修正转变，使比较永久的合乎人用；第二是消极的，即仅仅能迁就环境，逆境之来，也能顺受；第三是半消极半积极的，即用移徙的方法，来永久的躲避一个不良的环境，而另觅一个良好的环境。吴先生所提出的种种适应的能力，大都属于第二种，就是消极的。随遇而安的能力、抵抗疾病的能力、耐劳忍苦的能力、逆来顺受的能力，无一不是民族品性中最显

---

* 原载《独立评论》第160号，1935年7月21日。

著的一些特点，也是无一不消极的。但若要我们开拓、发明、建设、创造、兴一种利、革一种弊，却又当别论了。

关于这种消极的适应能力，我以前曾经再三的讨论到过，详见拙稿《民族的病象》(《华年》第三卷第二十五期)，现在恕不重渎读者的清听。我也是一个主张培植民族自信力的人，不过始终以为培植的第一步是在了解我们民族性格的真相，优点固然值得注意，弱点也应明白的承认。这种消极的适应力虽不能说是一个弱点，至少也不能完全说优。这是我要补充的第一点。

第二点要补充的是关于民族的脑量与智力的问题。吴先生所引的许多资料都很可以教我们高兴，但据我所知，反面的资料也并非没有，姑且就在下面举一个例。

美国有一位心理学者，叫做鲍蒂思（Porteus），一向在檀香山大学里担任教授，中间曾经回到过美国，去替代低能问题专家高达德（Goddard）做伐恩兰低能教养院的研究主任。一九二四年三月，他在《应用心理学杂志》里发表了一篇研究稿，专论年龄、性别、种族三者和性情与智力的关系，中间一大部分讲到中国人，并且处处和日本人相提并论。他的结论是中国人的智力很不高明，比不上大部分的西洋人，并且也比不上日本人。我现在姑且把那篇文字摘要译在下面：

> 我在檀香山大学担任了两年病态心理学的教席。在这两年里，我前后量过五千个头颅，东洋、西洋人都有。我曾经预备过一张图，从这图里可以看出，六岁的日本儿童和同年的盎格鲁—撒克逊儿童几乎有同等的脑量发展程度，六岁以后，一直到十六岁，两种人的脑量发展虽稍有上下，但是很并行的。十六岁以上的，我来不及量，就离开檀香山了。但就它种观察所及，十四五岁以上，白种人的发展有加快的倾向，从此两条线就不大并行了。这也许因为日本人比较矮小的缘故，十四五岁以后，身材既不大长高，脑量也就不大长大了。但若这个解释是确的，那末，中国人的不如日本人是很显而易见的。中国儿童，不论任何年龄，都比不上日本儿童。这却不能归之于身材的不同了，因为中国儿童不但不比日本儿童矮，反而要高大。这种平均脑量发展的分别，我不能不认为是很重要的。我并且相信他可以帮同解释为什么日本成为列强之一，而中国的国际地位反而不如日本。就种族的本质而论，日本人要比中国人聪明。不但男的如此，女的也是如此。（附图中有四条线是关于中

日民族的，两男，两女，其高下次序为日男、中男、日女、中女。）

现在我们进而论智力的高下。脑量是结构，智力是作用，两者不能无连带关系……讲起学习的能力来，中国儿童比日本儿童强些，但讲起适应生命的种种境遇的能力起来……中国儿童实在不如日本儿童。

智力的定义不一，以前很普通的一个是："对于新境遇的一般的适应力，叫做智力。"我现在提一个比较简单但是比较更达意的："日进有功的适应力"或"进步的适应力"……

记住了这个新定义，我们可以进而比较各种族的近代的成绩的多寡大小和智力的高下。例如中国人，他们是有过一段很伟大的历史的。他们对于世界文化，也有过好几桩重要的贡献。火药、印刷术，都算是他们的发明。但是他们的适应能力并不见得日进有功。很多年以前，他们的文化发展就到达了高原，以后就在平线上走动，再也不向上了。印刷术也许是他们最初发明和利用的，但是因为他们的文字异常重笨，发明之后，对于平民们也没有多大利益。种族全般的文化进步，大部分原在教天才们的成绩可以公诸平民的同好，使他们都能享受。可惜中国人似乎做不到这一点。但是西洋人的智力，取得了印刷术之后，不但不放松，并且继续改进，使合于自己的用途。所以我们要寻优越的脑量的优越的作用，不宜仅仅求之于学习的能力。我们一定得承认所谓进步的适应力不仅仅是学习的能力，而是许多心理品性之和，勇敢呀、毅力呀、耐性呀、决心呀、远见呀、计画的能力呀，和实行计画的随机应变呀，统统在内。有这种种品性的人，其成功的程度一定远在没有这种品性的人之上。个人如此，种族也是如此。

因为要测验这种品性，我在十年前（一九一四）便编制了一种迷宫式的测验法……我在檀香山的两年里，就用他和别种方法来测验过一千多儿童，也是东西洋的都有。讲起学习的能力，我发见葡萄牙人、中国人、日本人之间，没有多大分别。我用的是比纳西蒙的测验法，这个测验法是最宜乎测验学习能力的……

但是这一类的测验是很片面的，他对于一个人的适应能力、日进有功的适应能力，似乎测不到或测到得很有限……

换了迷宫式一类的测验之后，各种族的分别就比较显著了。用比纳西蒙的测验法测验的结果，日本男童的智力较中国男童的智力

> 稍低，但用了迷宫测验法的结果恰恰相反，不但相反，并且日本的男童要高许多：从十岁以后，每一岁都比中国男童强；在十岁以前，日本男童并且超过了美国的男童；日本的女童，虽在日本男童之下，却在中国女童之上。……

鲍氏这种论断究属对不对，他所研究到的中国的人的智力是不是恰好代表一般的中国人，我们不得而知。不过我们要注意的是，他的结论和吴先生所引的很是相反。吴先生所引的固然可信，鲍氏的结论我们也未便完全否认。换言之，民族智力的问题和体力一样，也是很踳驳的，未可简单的论定。学者因材料的不同、方法的各异，发见的结果，自然是瑕瑜互见。事实上恐怕也确乎是一个瑕瑜互见的局面。这是要补充的第二点。

不过话又得说回来，弱点的发见，岂不是不免减少我们的自信力么？这却又不然。自信力有两种：一是带伤感主义的色彩的，情绪的成分多于智识的成分，甚至于以假作真，以虚为实，来自己勉强安慰自己；第二种是以自我认识为基础的。以自我认识做基础的自信力才是真正的自信力。

同时我们还得了解，一个民族的品质是一种流动的东西，这一代与下一代的之间，就可因选择作用的不同而发生变化。目前的优点固然可喜，但若不加护持培养，下一代也许会逐渐消磨。反之，目前的弱点也未尝不可因选择的得当而逐渐纠正。明白了选择的道理，我们的自信力便更可以多一重保障。

优生与社会设计*
(1935)

一、一个观点

把优生和社会设计相提并论的时候，我们觉得至少有两篇文章可做：一是狭义的，就是提出一个优生的改良社会的方案来。这在西洋从事优生运动的人很早就做过，我们要照抄是很容易的。第二是广义的，就是一样提出一个设计来，在每一个节目之下，总要顾到它的可能的优生的影响。这两篇文章，第一篇我根本不想做，倒并不是怕剿袭人家，实在因为它没有多大意义。一则因为它和目前中国的情形相隔得太远，大家对于优生学基本假定还未必肯接受，还说什么改革的方案。再则优生的方案，即使大家都能了解，也不能独立进行，总得和别种改革的办法共同推进，才可以收实效。第二篇文章很应当做，但可以不必做，至少可以不必全做，因为做的人事实上已经不少，他们所欠缺的不过是一个优生的观点罢了。

优生的社会设计和其它的社会设计，就所顾到的方面而论、所引用的事实而论，可以说丝毫没有分别。所不同的只是一个看法、一个背景里的哲学。社会设计的总目的无疑的是团体的幸福、繁荣与效率的促进。这是谁都承认的。但所谓团体并不是一个单纯的东西，它有三个很分明的方面，这却未必人人了解：一是团体所由造成的个体；二是团体的全般，断代的看去；三是团体的将来。谁也知道团体虽由个体集合而

---

* 原载《复兴月刊》第3卷第9期，1935年5月1日；修订后载《社会学刊》第5卷第1期，1936年1月20日。

成，而团体的幸福并不等于个人幸福的总和，反之，面子上团体全般幸福的取得未必能使每个个体有分，更未必能使每人所得的适如其分。同样的，一时代以内的团体的繁荣未必能保障这团体的未来的繁荣，一时代的效率也未必能保障这团体的未来的效率；往往有因为一代的繁荣太大、效率太高，反而根本上妨碍了后代的繁荣与效率的。历史上这种例子并不算少，希腊文化的昙花一现，便有人用这种眼光来解释。现代美国的繁荣，谁都觉得可忻可慕，但已经有人在那里着急，以为假若团体的精力可以比做一种资产的话，现在美国人所在动用的已经是本钱，不是利息，本钱用亏到相当程度，繁荣就不免消歇。

所以一个合理的设计，应当兼备并顾到这三个方面。个人主义发达的社会里，社会设计也许是根本不可能的，万一有人尝试，也不免是偏颇的、片段的，不能照顾到社会的全般。社会主义的社会里，宜乎是很有设计的资格了，但对于个体的权能与享受未必能考虑周到。“各尽所能，各取所需”的理想终究不免是一个理想。至于其他的设计的尝试，也许能把个人与社会双方顾全，但往往只以当前的时代做一个对象，或者，尝试的人自以为能瞻念前途，而事实上前途并不因他的瞻念而得到什么保障。

优生学者与其他社会学者不同的一点，就在他比较的能够瞻念前途，并且瞻念得要比较清切。一样做一个设计，于个人与当前的社会以外，他更要进一步顾虑到未来的社会，或种族的前途。他希望，我在上文已经说过，在每一个节目之下，设计的人要想象到前途的可能的优生影响，即对于前途种族的健康究属有利或有弊。中国人以前讲道德以为有三个阶段，一是独善其身，二是兼善天下，三是兼善后世。近代西洋优生学者也说我们应当把“恕道”的金科玉律在时间上推广出去，以达于后代。他所希望的一种社会设计，就是要兼善后世的，他和以前道德家所不同的地方，就在他因为科学——尤其是生物科学——的帮忙，能够供给一个比较切实的途径。

讨论到此，我们就可以明白为什么上文所提的那第二篇文章就不必做，至少不必全做。优生学者但须就现有的社会设计的文章上，郑重的添上一笔，也就够了。

二、观点的内容

社会设计不能不从环境下手，这也是谁都承认的。但环境的作用也并不是单纯的，而有很分明的两种。这就在演化论很发达的今日，也未必人人谅解：一是它对于个体的熏陶、浸润、感化的作用，二是它在个体之间的选择与淘汰的作用。这两种作用是很不相同的，不但不相同，有时候并且根本冲突。对于个人极有利益的环境势力，要用选择的眼光看去，即从种族的立场看去，也许根本有害。我不妨举一个很小的例子。记得从前读书的时候，有一个外国老师问我，你们中国人的牙齿如何，我说还不坏，至少我的老祖母到了八十多岁还能吃干炒的硬蚕豆。他说，那自然很好，但以后怕也要退化了，不看见大批的外国牙科医生和各式各样的牙粉、牙膏都向贵国那边输送么？这话不免太得罪牙科医生和卖牙膏的商人，但他的本意是这样的：牙齿的好坏也是一种遗传的品性。在以前，牙齿坏的人在生存竞争里比牙齿好的人总要多吃几分亏，因而容易失败；牙齿坏的人因失败而相对的减少，牙齿好的人就因胜利而相对的增加，这样，民族健康的程度，在牙齿一方面，不就提高了么？牙科与齿牙卫生的讲求，就个人健康的立场说，自然是极好，但若因它的姑息回护而牙齿根本上便不健全的民族分子一代多似一代，闹到一个人人非请教牙科医生不可的田地，终究也未必是民族的福利。

我们举这个例子，并不是说牙齿坏的人应该让他们去听受自然的淘汰，要这样说，岂不是一切只便宜个人不便宜种族的文化遗业都得废弃么？那决不是。有一部分自然主义者根本以文化为一种病态，也未尝不这样主张过。但我们不是自然主义者。齿牙的卫生，终究是比较无关宏旨的一件事，种族尽可以让个人多占一些便宜。不过在较大的争端上，种族便无论如何不便放弃，例如保护低能者到一个程度，许他们可以自由繁殖。好在在这一类大些的争端上，个人与种族的利益，并不是完全不能调和。即如刚才所说低能者的例子，社会尽可以保养他，给他一些他所能吸收的教育，到尽其天年为止，而始终不让他有接触异性与产生子女的机会，或用绝育的方法（sterilization），使虽和异性接触，也不会产生子女。

优生学者在做社会设计的时候，所坚持的原则是什么，到此我们就不妨加以更直截了当的说明。一样注意到环境上的种种设施，他认为这种设施的结果，于顾全个人一身的发展与幸福以外，更应该注意到这个人的血统的去路。假定他是一个优秀分子，他的智能与体力都在中人以上，我们要看他的血统是不是因这种设施的帮衬，而得以充分的传授到下一代。假定他不但不是一个优秀分子，而是一个低能的人，并且这种低能显然有遗传的来历，我们就要看他的血统是不是因环境的有条件的帮衬，而从他起可以断绝。好血统的遗传，是社会环境的选择作用；坏血统的断绝，是社会环境的淘汰作用。一个社会设计能兼顾到这两种作用，才算圆满。

三、适用的一个实例

根据上面的说法，我现在要举一个实例。广义的社会设计的方面很多，我们现在姑且专就教育一方面说话。一样做一个教育设计，我们可以有三个不同的周密的程度。第一个程度是只顾到各个人的均等的发展，以为人人若有这种发展的机会，一个团体的文化就可以一跃而登一个很高的境界，所以设计的最大目标是在普及，所用号召的口号就是“普及教育”或“义务教育”、“国民教育”、“识字教育”之类。二三十年前的西洋教育，及中国今日的教育，要有一些设计的话，全都是只限于这第一个程度。这种程度只好说是周而不密，并且事实上能不能周，也还有问题。

第二种程度是于周遍之外，还要加以一番选择。设计的目的，一面固然要使人人受教育，但同时更要每人受相当的教育。所谓相当，是指所受的教育要和一个人的才力相呼应；一个人受教育的机会，和旁人所期望于他的造诣，应当看他的才力而有大小高下的分别。这种选择的功夫可以做到什么地步，当然也还有斟酌。理想的地步是：普通人有普通人的教育，上智下愚有上智下愚的教育，一般智力高的人受一种教育，特殊高的人另外受一种教育。假定做不到这地步，也许只好就有限的地域、有限的人口，作一些小规模的选择，甚至于因为应急需求速成的缘故，只好把大部分的精力、财力集中在少数高材的人口分子身上。这种有选择的教育设计所用以号召的标题，大一些的是“儿童本位教育”，小一些也许就是“人才教育”。他的目的决不专在求普遍，甚至于不能不牺牲了普遍，以求效率的增加。智力测验发达以后的西洋教育、大战以后的德国教育、近一二年的俄国教育，至少是有一部分的设计是能以这第二种程度做参考的。美国的“机会班”、德国的“高材儿童学校”，都是专为智力在中上的儿童设想的，同时许多新式的低能院的设立又可以安插一部分智力特低下的儿童。这种办法虽还不很通行，但就已经办到的而论，不已经比以前要经济、要有效率了么？智力测验的结果，虽未必十分可靠，但拿他做根据的教育设计，事实上已经收不少的选择的实效，已经减轻不少时间与精力的浪费。所以比起第一种程度来，这第二种可以配得上兼称“周密”两个字。

上文所说的两种周密的程度，凡是从事教育的人是谁都知道的。他们也大概以为只要能设计到第二种程度，而能切实的见诸行事，便已经尽了教育的能事，以为对个人、对团体已经全都交代得过。但是根据上文所提出的优生或种族健康的看法，我们以为这样一个设计，去圆满的境界还远。

真正要求设计的圆满，我们必得推进到第三种周密的程度。就是不但要取得当代的效率，更要祈求下两代、三代、四代的效率。不但要选择，并且要使选择出来的果子可以维持久远。近代文明国家中最不健全的一种趋势是，能力中上分子的婚姻率与生殖率远不及能力中下的分子。能力中上的分子，假若他的社会地位是中平或中下，他的婚姻率与生殖率也许还可以保持相当的水平，但若能力中上而社会地位也是中上，那末，他的迟婚以至于不婚、少生子女以至于不生子女的危险，便和他的能力和地位成正比例。

在这种趋势之下，上文所叙的两种教育设计的最后效果是很显然的。它对于团体的前途，不但没有益处，并且有极大的害处。就个人生活而论，就当代的社会生活而论，谁都不能不承认这种教育设计的实利是很大的，但若瞻念到团体的前途，顾虑到未来的社会生活，我们便会不寒而栗。有功臣资格的教育，到此便突然变做一个罪魁！要是教育不普及，不把一个能力中上的人从中下的社会地位里选拔出来，他的才力当然不能充分发展，他的贡献也许只限于一方的乡党邻里，他的一般的生活也许很平凡、很不出奇，但是在婚姻与生殖的经验上，他也就一样的平凡，并没有许多翻新的花样，结果，他的血统是很充分的传了下去，以至于好几代不替。但现在的事实并不如此。教育已经普及到一个地步，居然把他也卷入了旋涡，已经能分别智愚到一个地步，居然把他也提拔了出来，并且把他安放在一个很高的社会地位之上、很汹涌的社会潮流之中，教他把所有的精力几乎全都用在个人与社会的功利上面，扰攘了一生，也许丝毫没有留下一些血种，甚至于连正常的婚姻生活都没有经验到。这不是爱之反所以害之了么？名为为社会前途设想，实际上不是反而断绝了它的去路了么？

有人对于此种汰强留弱的趋势，曾经下过一个比喻。有一玻璃杯的鲜牛奶在此，滋补力最大也是最可口的一部分——奶油——正不断的向上浮起，一到顶上，便有人吹一口气，把它泼了，后来陆续上浮的奶油也遭遇到同样的运命。结果是奶油泼了一地，再也捞不起来，而剩余的牛奶已经是味同嚼蜡。目前的社会就是这样，奶油是有中上能力的人，他的糟蹋是此等人的归于淘汰、万劫不复。教育的罪过在那里呢？就好比一种势力，不断的在旁边吹嘘鼓动，使奶油的上升更加来得直截爽快。奶油能有上升的倾向，正好比能力中上的人有在社会阶梯上高攀的倾向，都是极自然的。在上升的过程里，加以一些鼓动，也是情理上应有之事，不过假若鼓动的结果适足以速淘汰的实现，那末，“我虽不杀伯仁，伯仁由我而死”，教育就不能不负相当的责任了。

有了上文这一段讨论，我们可以明白，以前所谓周密的教育设计其实还很不周密，不但不周密，并且还有极大的破绽。为今之计，从事教育设计的人，就得随时随地顾到选择与淘汰的可能性，从而加以控制。他也许不必高谈优生的教育，但是在凡有教育的设施里，总得把种族健康的一些基本原理寄寓进去，使凡是有智力受高等教育的人，不但要把他们教育的造诣公诸当世，并且根本要把他们所以能受这一番教育的智力、他们的高级的“可教性”（educability）传诸后代；不但要为当代的文化添些贡献，更要为未来种族的品质留些余地。

这样一个教育设计，我以为于顾到普及与选择两个标准以外，至少更应当包括下列二个部分：

一是男女分化的教育。分化教育又得注意到两种事实：一是发育的速率女快于男，发育的成熟也是女快于男；二是智能与兴趣的互异。两性的智能平均虽无轩轾，但因为变异性的广狭，合而言之，受教的能力固然相同，分而言之，造诣的程度容有区别。同时因为两性情绪生活的不同，兴趣的对象与适用智力最有效率的途径也有不少的分别。这些都是应当充分顾虑到的，否则便不足以言真正的周密。

二是性功能的教育。这又有三重关系：一是性与个人卫生的关系，二是性与社会卫生的关系，三是性与种族卫生的关系。就现状而论，性功能的教育还几乎完全没有，偶然有一点，也是只限于第一重关系，并且是家庭与学校以外一部分热心人干的事，并没有成教育设计的一个有机的部分。至于第二重关系，例如婚姻的准备与指导，便更没有人过问。至若第三重性与种族的关系，就是优生的关系，便越发在不论不议之列了。此而不论不议，我以为无论一种设计自以为这样周密，也决不是一个百年的大计。

这一番话固然是专就教育一方面的社会设计说的，但是这一番话的背后的原则，对于任何方面的社会设计，都可以适用。不论都市化、工商业化、慈善事业、卫生事业……全都得顾虑到个人的乐利、当代社会一般的幸福与种族比较永久的安全。三者缺一，那设计便不完全、不周密。就目前的情形而论，大家最容易忽略的，或大家还没有能十分理会的，是种族的安全一层。本篇的唯一的用意，无非是把他特别提出来，使和其他两层至少可以同样的受人注意，而成为未来社会设计的一个基本的出发点。

谈“中国本位”*（1935）

一月十日，有十位教育界与出版界的领袖发表了一个《中国本位的文化建设宣言》。一月二十一日，他们又召集了一次“文化建设座谈会”。据说这是第一次，以后还要陆续举行。我们对于这个宣言大体上很赞同，对于座谈会的公开讨论方法，也认为很有价值，不妨多多的举行。一个民族好比一个个人，不能没有它的所由“立身”的道理；一个个人不妨作相当的孤高自赏，却不能完全遗世独立，和别的人老死不相往来；一个个人应当和社会其他部分发生种种相互的关系，却也不宜像一滴水掉在海里一般，完全与环境混化——一个民族也复如此。所以所谓“中国本位”的理论，在原则上是谁都不会不赞成的。不过“本位”二字究竟有甚么意义，它的内容究属包含些甚么，倒是一个值得推敲的问题。《建设宣言》里固然已经加以解释，但似乎只说得六七成，并且连这六七成也没有说得很清楚。

何以见得没有说清楚呢？第一次的座谈会便是证据。座谈会席上的议论原是根据了宣言的内容而来的，照理应该有相当可供寻绎的总线索，但事实并不如此。例如，刘湛恩先生一面看到民族自信心的重要，一面却提出“基督教本位”的意见；欧元怀先生提出的是“科学化、标准化、普通化”的“三化原则”；俞寰澄先生主张以农村为本位；黎照寰先生也申说“科学化”的重要；叶青先生则主现代化；黄任之先生很看重中国旧有文化因素的分析与选择；李浩然先生注意的是城乡的平衡发展；陶百川、何西亚、谢俞三先生都主张以三民主义为最高的原则；邰爽秋先生又以为应特别注重三民主义中的民生主义；吴子敬先生特别

* 原载《华年》第4卷第3期，1935年1月26日。

提出“纪律化”与“脚踏实地”的两点；李麦麦先生说“我们应接受欧化，应肯定的宣示资本主义的文化”……这第一次座谈会的结果，似乎教我们对于“本位”二字的意义，越看越糊涂起来。许多发言人中间，有的就压根儿没有顾到它；有的把它和原则、标准等事物混为一谈；有的似乎于中国的大本位之外，又提出了一些小本位来；有的并且发为和“本位”观念根本上相冲突的议论。我们不禁要问，目前文化界的领袖对于“中国本位”的见解，既若是其纷纭歧异，前途的文化建设工作又怎样着手呢？我们唯一的安慰是：座谈会多举行几次以后，大家集思广益的结果，可以得到一个比较共通的见地。

在这共通的见地没有得到以前，我们不妨参加一些愚见，可以分两部分来说：一是“中国本位”一名词的意义，二是它的内容或方面。

“本位”二字原是不难了解的。物有本末，事有先后，明白得这一点，古人称为“近道”。以中国为本位，是以中国的治安与发展为先务。本末也有主客的意思，所以本位就等于主体；也有轻重的意思，所以本位所在就等于重心所寄；也有中心与边缘的意思，所以以中国为本位就无异以中国为中心，译成英文，是 Sino-centric。“中国”的称号原有这个意思，但同时也养成了一种妄自夸大的心理。今而后此种自大的心理应去，而自恃、自爱、自尊的态度却不能不培植。本末也有常变的意思。中国是一个常数（Constant），世界文化潮流的动荡终究是一些变数（Variables）。我们决不能因变数的繁多，而忘却了常数的存在。我们更应该以变的迁就常的：常的对于变的事物，虽宜乎不断的选择、吸收，以自求位育，但也不宜超越相当程度，使外界对于它的个性发生怀疑、错认甚至于根本不认识的危险。本末也有体用的意思。以前提倡“洋务”时代张之洞“中学为体，西学为用”的两句话，也不能说是全无道理。

至于“本位”的内容或方面，也可以比较具体的说一说。这其间实有三个方面或三个因素：一是我们个别的地理与物质的环境，二是我们个别的历史文化与社会组织，三是我们的也是比较个别的民族性格。真要讲中国本位，这三者便全都得认识。中国的地理与物质环境自有它的特殊之点，不能和别国的完全相提并论；以前大家总以为我们地大物博，可以举办任何事业、创造任何格式的文化，但近年来地质学家再三告诉我们说，中国地虽大而物不博，农业经济家又说，就可耕的面积而论，并且连地都并不很大——这便是一些关于第一种因素的本位上的认识。中国的历史文化更有它的特殊之点，更不便和任何别的国家混为一谈。在以前讲社会与文化改革的人，动辄主张把旧的全盘推翻，把新的从根再造，真好像创造文化是和造屋一般的简单容易。但近年以来，这种主张已不大听见，大家已经逐渐明白一个民族的经验好比一个个人的阅历与记忆，要完全不认账是不可能的，也是不相宜的。这就是关于第二种因素的一些本位上的认识。记得梁任公先生曾经说过一句比较自负的话，他说我们闹了好多年的维新运动，别无成绩，总算把科举推翻了。我们今日看来，这便是一句不大认识历史与文化本位的话。从来美国孟禄博士在他的《中国：一个演化中的国家》一书里，认为科举取消得太快，弄得新旧教育制度与人才所由产生的机括青黄不能衔接，实在是一件遗憾。孟禄博士这种见地，足征他虽然是一个外国人，但是对于“中国本位”，却很有一些认识。说也奇怪，就我们平日听见与读到的议论而言，这种“中国本位”的认识，倒往往是外国人表见得充分；大约是夹江观火，特别来得清楚罢。例子很多，最近也是最有力的一个便是国际教育调查团的报告。在本国思想界里，近来很不可多得的一例是梁漱溟先生在《中国民族自救的最后觉悟》一书里所发表的议论。

至于本位的第三个因素——民族性格，历来谈的人自然是更少。在这方面不断的作一些寒蝉之鸣的，恐怕只有本刊了。但民族性格这样东西，无论我们把它当作一种后天的习惯看或先天的遗传性看，终究是很实在的，并且它的个别性的显著，也不在地理与历史两个因素之下。依我们的愚见，我们并且相信这种民族性不能全没有先天的根据，这种根据一部分可以推源到民族所由组合而成的各个种族的原先有的特质，一部分乃是历史期内自然淘汰与文化选择的产果。这一方面的话我们以前已经说过不少，现在不赘。沈有乾先生在最近期的《教育杂志》里，发表了一篇《中国民族性的一斑》，报告他试用美国朋路透氏品性测验法的结果。他所得的结论也许一时还不能认为定论，但也不能说与事实完全不切。只要与事实有五六成以上的符合，那就不容我们不注意。江山易改，本性难移，无论是为好为歹，我们总不能不明白承认民族性格是本位中的一大因素。

我们在上文说《文化建设宣言》里对于“本位”二字的解释似乎只说得六七成，并且连这六七成也没有说得很明白，现在我们可以更具体的说几句了。宣言在第三节“我们怎么办”下面，承认中国地域的特殊性和现在的时代性，主张不复古、不妄从——这些都表示发宣言的人对于上文所提的第一、第二两因素，已经有了一部分的认识。但是对于第三个我们认为是更根本的因素，便压根儿没有提过只字。他们说“我们特别注意于此时此地的需要”；又说，吸收欧美文化的标准是“现代中国的需要”。不错，我们有我们此时此地的需要。但需要是一事，满足此种需要的条件与能力又是一事，条件应求诸我们的个别的地理环境与文化背景，能力应求诸于我们的民族性格。我们要科学，我们要组织，我们要工业化……那一件近代国家所由强大的法宝我们不要？但我们的条件、能力究竟能否满足和满足到若何程度，大家却没有问。不问能力与条件而谈需要，结果等于不谈；不问能力与条件而言文化建设，即使有些微成就，也决不是“中国本位”的文化建设。

家族制度与选择作用*(1936)

半年前，英国人类学家布朗教授（Professor A. R. Radcliffe-Brown）来华，在燕京大学讲学，并主持专题讨论会。当时提出的专题很多，其中一个——中国家制的畸形发展与其因果——便由我担任介绍。下文便是一番介绍的话。原稿是用英文写的，如今燕京方面要编印一个结束布朗教授来华经过的集子，又要我再用中文叙述一过，我也照办了，并将原题改称为“家族制度与选择作用”。

光旦识

我选取这个题目做讨论的对象，是有三个理由的：第一，当然是我平日对于这个题目很有几分兴趣。第二，这题目是以前的讨论会所引起的。在二十四年十一月五日晚上，布朗教授不有过一次关于亲属的演讲么？那天演讲完了以后，大家讨论到中国家制对于民族的社会生活发生了些什么影响，当时布朗教授和杨开道先生两位的见解便大有不同。偌大一种制度，流行了这么久，对于我们的民族当然不免有些影响。不过，这种影响究属是那一类的、有多么深刻与普遍，还是尚待答复的一些问题。本篇便是一个答复的尝试。第三，这题目实在也是布朗教授自己所暗示给我的。四五年前（一九三一），他以不列颠科学促进会 H 组主席的资格，发表过一篇演讲，题目叫做“人类学研究在目前的地位”。这篇讲稿的内容很丰富，但有一点我个人特别感觉到兴趣，就是：他把人类学的领域分做三个部分，而对于三部分之一的“人文生物学”应该管些什么，也有很好的说明。他说：“人文生物学和社会人类学本是两

* 原载《华年》第 5 卷第 29、30 期“优生副刊”，1936 年 7 月 25 日、8 月 1 日；修订后载燕京大学《社会学界》第 9 卷，1936 年 8 月。

个很分得开的部分，但在两种问题上，它们是彼此须碰头的。这两种问题的一种便是：社会制度对于人口体质的品性会发生什么影响。这种影响的研究，我以为与其属于社会人类学的范围，无宁作为人文生物学的一部分，因为作此种研究的人，最好是一个受过生物学的专门训练的人。问题的第二种恰好和第一种相反，就是我们要研究民族文化上的种种区别究有多少可以推溯到种族的差异上去……”布朗教授这一段说明人文生物学与社会人类学的关系的话，我完全赞成，不过我不妨加一句，我以为这两个或两种相反的问题，在比较进步的民族文化里，实在是一个或一种，而应该并在一起研究。让我先解释一下。

我以为所谓种族的差异实在有两类：一是比较原始的，二是比较后起的。人类自猿类分化而来，当其初期，人口的数量既不大，文化的成就也很寡薄，在这时候的种族品性是比较原始的，而此种品性的所由形成，也不出自然淘汰的一条路径。迨后人口日多，文明渐启，社会生活日趋复杂，于是一部分的品性便不能不因社会淘汰或选择的力量而发生变迁，这种变迁后的品性便是上面所称比较后起的了。换言之，社会势力或文化势力，例如风俗、制度之类，一样的可以引起选择或淘汰的作用，和自然环境里的势力并无二致，而同时此种作用所演成的品性，其根深蒂固的程度，即其为比较永久的与种族的，而非暂时的与浮面的，亦不下于自然淘汰所演成的品性。由此可知种族品性与文化特点实在是两种互为因果的事物；种族品性可以产生和限制文化特点，而文化特点又可演成与维持种族特性。所以我在上文说，布朗教授所提的两种问题实在可以算作一种而合并了研究。

我现在就拿中国的家族制度做个例，来证明上面所说的话。事实上，我以为就中国民族的经验而论，怕也没有比这个更好的例子。家族这个制度，无疑的自己就是自然淘汰的间接的产物。种族是要生存的，是非生存不可的。人类的品性，有的对于种族的生存有利，有的有害。恋爱、婚姻、生育、保幼……一类的行为倾向所根据的品性自然于种族生存有利，于是便受了自然选择的照拂，越来越确定。而这些品性也就是家族制度所由建立起来的一些品性，不妨就叫做家族的品性（familial traits）。迨后家族制度一天比一天发达，这些家族的品性，自然不免跟着一天比一天的牢不可破，而这番所由牢不可破的原因却不再是自然淘汰，而是家族制度自身所唤起的文化选择。这些，我们以为凡属文化已达相当水准的民族，包括中国在内，都是先后经历过的，不过在中国似乎是有些变本加厉罢了。在别的民族里，家族制度与家族品性的此推彼挽、互相汲引，到达民族生活进入一个组织更扩大的境界时（例如国家组织）便迟早会停止或不生效力，但中国民族的经验似乎很与此相反。人口尽管众多，生活尽管复杂，国家组织在表面上尽管扩大，而家制的地位与夫家族品性的活跃，始终是牢不可破。换言之，家族制度与家族品性在中国是畸形发展了。何以会畸形发展？家族制度的自身以外，更有什么势力把它包围着，不断的在那里激发它，使它畸形发展？畸形发展之后，家族品性对于一般的社会生活究属又产生了些什么恶劣的影响？这些问题，我们在本篇中想加以初步的答复。

我们先不妨把中国家制的发展与沿革大略温习一下。和许多别的民族一样，中国民族最早的家制大约是母系的。姓的由来、神话时代许多英雄诞生的方式、亲属称谓的一部分，以及其它零星事实，都似乎能证明这一点。从母系演变到父系的一段过程，其详虽尚无法查考，大约就是商代以前很长的那段神话时期的一部分。商民族时代，父系制虽已流行，但还没有确立，至少在初期里似乎还有舅权的存在。伊尹是太甲的舅父，据说伊尹放太甲于桐，便是行使舅权的一个表现。同时，殷商二十九帝中，传位之际，兄终弟及的例子占十四个或十五个，即占一半或一半以上。实际上在那时候兄终弟及是传位的一大原则，总要到上一代的弟兄都轮到以后，下一代的子侄辈才有入承大统的希望，而最有希望的还是小兄弟的儿子。换言之，那时候还并没有宗子权或长子权的办法，商民族的家制是没有宗子权的父系氏族，而不是有宗子权的父系宗族。

有宗子权的父系宗族是周民族文化的一大特点。宗族制度是和封建制度同时存在的，并且是封建制度中不可须臾离的一部分；这在别的民族里，也往往可以遇见，固不仅周民族为然。宗族的所由形成，自来不一其说。诸侯的公子，除了将来预备承袭做诸侯的长子以外，其余都分封出去，成为一宗或多宗。如为一宗，则公子中的老二和他的长子长孙便享有宗子权，叫做大宗；如为多宗，则各公子和他们的长子长孙分别享有宗子权，分别各为大宗。这是一说。甲国的公子到乙国来，矢忠于乙国的诸侯，接受乙国的封地，也可以成立一个宗，他自己和后代的长子长孙都是大宗。这是二说。第三说最有民本的意味。一个平民，因一己的努力而崛起为士大夫，同时把家族的地位也提高了好几级；这样一个人也配建立起一个宗族来，自身和后来的长子长孙也就成为“百世不迁之宗”。这三说是一向讲宗法的人所分别主张而引起过不少的辩论的。其实依我看来，这三种宗族所由成立的说法都可以成立，所要注意的是它们适用的时期略微有些先后罢了。大约第一说最适用于封建的初期；第二说最适用于中期，那时候封建诸国的贵族人口已膨胀到相当程度，非流动不足以资调剂；第三说最适用于封建的末期，那时候贵族阶级已逐渐解体，人口之间，于横的、地域间的、有形的流动以外，且已发生纵的、阶级间的、比较无形的流动，所谓“社会流动”者是。

长子权实在有两种，有限的与无限的。方才说的是无限的一种，一个宗族之中，只有长房的长子可以享有。无论这长子的年岁大小与辈分高低，他总是一族之长，叫做大宗。大宗有好几种职司：祭祖的时候主祭，婚丧宴享的时候当主席。同时他似乎也有教育与司法的任务。这方面的记载并不多，但有一个例子证明大宗有接受上诉的权利，当时官式的司法机关也竟有借重它来解决案件的。有限的一种长子权则由小宗享有。除了大宗以外的各房长子都可以成为小宗。所谓有限，指的是他的长子权只受他本支或本房的族人所承认，而所谓本支本房，竖看不出五世（包括自己的一辈在内），横看不出四从兄弟，换言之，即非属同一高祖所产生的族人，不受他的统治。小宗的职司和大宗的没有多大分别，不过规模较小罢了。此外，小宗似乎更有一个经济的任务。这方面的记载也很少，但凡属同祖（父之父）的子孙，虽未必同居，而往往共财，即往往成为一个经济的单位。而身为小宗的人（祖父或其代表人，即长子或长孙）有“取有余”的权利与“补不足”的义务，所谓“有余则归之宗，不足则资之宗”的便是。大小宗的分别，大概是如此。从不为大小宗的任何族人看去，他实在受一个大宗与四个小宗的统治：大宗是百世不迁的，即永远属于老大房的长子，在血统上也许和他已经离得很远很远；四个小宗之中，一个代表高祖，一个代表曾祖，一个代表祖，一个代表父，即所谓祢，这代表祢的其实就是他的大哥哥。

我们把宗族的组织这样比较不惮烦的温习一过，因为它和下文的讨论很有一些关系。历史告诉我们说，封建制度是在公元前第三世纪里废除的，同时，所谓宗法的社会组织也就无形的跟同消灭。不过，制度与精神往往是两件事。就制度而论，真正的封建与道地的宗法，在公元前第七、第八世纪，即在春秋以前，便已渐呈衰退之象，初不待第三世纪官式的废除的宣告。就精神而论，则封建与宗法的寿命延长，固远在第三世纪以后，亦不因官式的宣告而戛然中止。就宗法一端而言，我们更不妨说，它的精神，甚至于一部分的组织，直到现在还留传着，尤其是在中国南部的省区，如湖南、江西、福建、广东、皖南、浙东等处。在有的地方，在某一时代里，氏族组织所发展到的强大的程度，比道地的宗法时代所有的氏族组织不知要高出多少倍。即近在五六十年前，一部分食古不化的学者和省区的长官对于宗法制度的价值和恢复的必要与可能，还很郑重的讨论过一番咧！

从封建时代到今日，中国的家制是兼具氏族（clan）与瑞弗士（Rivers）教授所称的联合家族（joint family）两种性质的。联合家族亦即日耳曼人所称的大家族（Grossfamilie）。在建筑宗祠的时候，或编纂家谱的时候，家制的单位总是氏族；至于社会生活的其他方面，包括法律、经济、教育等在内，那单位便往往是联合家族或大家族。无论单位是氏族或大家族，一种变相的长子权总是受大家公认的。如用宗法制度的术语来说，我们不妨提出这样一个大体上的区别，就是：管理祠堂与谱牒的氏族是建筑在大宗法上的，而大家族则以小宗法做基础。这就不啻说，宗法的制度虽久不存在，宗法的精神到如今还活着。

我们现在的问题是，这种宗法的精神与组织何以会一直流传到现在？老派一些的社会学者如同摩尔根（L. H. Morgan）与缪勒利尔（Mueller-Lyer）等动辄以为各个民族的社会生活全都得经过一定的几个时期，或演程，或阶段。中国民族在这方面的经验，从母系到父系，从氏族到宗族，从宗族的解体而形成一种半氏族半大家族的家制，其间固亦未尝无相当的演程可寻，但何以上下三千年之间，一种家族中心或家族至上的精神竟始终能维持于不坠败，似乎比演程的事实更值得推敲一下。

我以为这其间有两个原因。第一个是文化的或思想的。社会思想的派别，在中国古代原是很多的，尤其是在春秋战国的时候；一端有很纯粹的个人主义，一端也有富有乌托邦性质的社会主义，两端之间，自尚有许多不同的支派。但日子一久，经过美国社会学者桑姆纳与恺莱（Sumner 与 Keller）所称的一番社会演化（societal evolution，即制度、标准、风俗等等间之竞争与选择）以后，有一派社会思想终于占了优势，而对于民族的社会生活上统治了二千余年之久。这派社会思想便是儒家的思想。儒家思想的一大特点是赞成中庸、反对极端。它既不要个人主义，也不要社会主义，因为个人和社会都代表一个极端，前者是社会最小的单位，后者是社会最大的单位。儒家思想以为一个人要与身外的世界合而为一，要取得位育的效果，总得经过一番努力，这努力共有八个由近及远、自小到大的步骤，就是：格物、致知、诚意、正心、修身、齐家、治国、平天下。这八个步骤之中，最居中心而能兼筹并顾到个人与社会两个极端的，自然是齐家一个步骤。从格物到修身五个步骤，原是属于个人生活的，但要切实履行，也宜乎有一个良好的场合，这场合儒家以为是无过于家庭。治国、平天下两个步骤虽属于社会生活，但其第一步的准备也应该有一个良好的地盘，这地盘也宜乎是家庭。所谓“刑于寡妻，至于兄弟，以御于家邦”一类的话，就指齐家是社会化的起点，治国、平天下是社会化的终点，范围虽有大小，精神应无二致。近世社会学者以家庭为社会道德的初步的养成所，其实也不外这一层意思。我们不妨举“仁”做个例。仁是儒家思想里最基本的一个社会道德。仁的解释很多，有作爱的，有作同情心的，也有作社会意识或同类意识的。无论怎样解释，儒家以为仁的适用应自家庭出发，而出发之际，应以父母为最基本的对象，所谓“仁者人也，亲亲为大”的便是。从此再推而广之，以至于家庭以外的同国的人、本国以外的世界上的人类，以至于人类以外一切有生气的东西，所谓“亲亲而仁民，仁民而爱物”的便是。当其向外缘推广的时候，越是向外推出一步，情感的运用宜乎越减轻一分，所谓“亲亲之杀”和“爱有差等”的便是。儒家以为这样一个适用仁爱的办法不但很自然，很近寻常的人情，并且理论上也是无可避免；否则滥用情感的坏处，正不下于不用情感，即同样的使健全的社会组织与生活无法实现、无法维持。

我以为儒家这一类的见地是不错的，是很合情理的。布朗教授在某一次演讲里说，我们研究社会生活，理应拿一个小而把握得住的东西做单位，例如一个家族，或一个村落，理应由此向外缘逐步推广研究，而不应倒行逆施，即不应好高务大，或舍近求远。所见也正复相同，所不同的是儒家注重在社会生活的控制，而布朗教授则注意在研究罢了。

不过我们总得承认，儒家这种见解并没有能实行出来。家族之在中国，固然始终是一个个人与社会间的重要的枢纽，但它并没有尽它的承上启下或左拉右拢的职责。它固然始终是中国社会组织的真正的单位或基体，不过这基体发展得过于庞大了、过于畸形了。畸形之至，它自身便变做一种社会，或自身以外更不承认有什么社会的存在，我们甚至于可以说，家族自身就是一个小天地，以外更无天地！结果是个人的发育既受了压迫，所谓社会化的过程也受了莫大的障碍，无从进展。在这种文化环境之内，大多数有中上的智力的人，无论他们格、致、诚、正等初步功夫做得如何努力，一到修身、齐家的段落，便尔“自画”的不再进行。仁的适用也受了限制，大家不再把它向家庭以外的社会推广开去，而始终以家族为唯一的对象。父母之爱变为孝的宗教，尊祖、敬宗、睦族以外，更无它种有价值的社会生活；祖宗的丘墓成为一种必须死守的偶像，一个人最大的抱负往往是造祠堂、修家谱……这些都是家制畸形发展的一些症候。

这便是家制所由畸形发展的第一个理由。至于儒家的社会思想何以会中途发生变化，使齐家的一个步骤受到特殊的、甚至于几乎等于全副精神的注意，这其间当然还别有解释。后世儒者的眼光狭小，不能及远，是一说。或但知执中，而不能行权，修身、齐家是人生努力八大步骤的中坚，有的人就握住这中坚不放，以为做人之道尽在于是，也是一说。专制的君王，一面利用选举的制度，使少数“天下英雄尽入彀中”，一面也利用家族的制度，使大多数的民众养成一种“天高皇帝远”的看法、“不识不知，顺帝之则”的习惯、“不在其位，不谋其政”一类的原则，约而言之，使大众的兴趣集中于家族生活，而对于国事、天下事不加问闻。心理学家称一个个人可以发生一种“内转”的心理变态，即事事物物总是向自身求一种主观的解脱，而不向外界谋一个客观的解决，好比一只蜗牛，遇有外来的刺激，便往壳里一缩，满以为问题便可以解决。中国人之于家制，便有一种类似的情形。中国人的集体生活，便往往把家族做一个蜗牛壳子，有事便往里一缩，而担负政治责任的人，也往往不免利用这种习惯，来减轻政治纠纷的程度，因而使这种习惯更变本加厉的发达起来。这也可备一说。

但是无论第一个解释听去如何合理，要是没有第二个的帮衬，也是难以成立。第二个解释得向民族自然淘汰的经验里去寻找，所以不再是文化的而是生物的了。我们上文早就说过，家族之所由形成，是选择作用或淘汰作用的一个结果。在人口比较稀少，而自然环境比较优渥的民族里，自然淘汰的作用是没有多大的力量的，至少是不引起什么问题的。但在中国则不然。以前在华洋义赈会当过总干事的美国地理学者麦劳瑞（Walter Mallory）曾经替中国起了一个绰号，叫做“饥荒之国”。这绰号是最合式不过的。中国人口早就膨胀过它的目前的天惠与富源所能供给的程度，同时，西北一隅的沙漠化又早就在进行之中，至今日而区域更广；以无限的人口分润有限，不但有限，并且日在紧缩中的天惠，结果自然是一种十年九荒、十地九荒的局面了。在这种形势之下，生存竞争无疑的是极惨酷的，而竞争的结果，竞争后所遗留的下一代的人口分子，和上一代的总有一些分别。什么分别呢？就是自私心重些的人要比上一代多些，因为只有多量的自私心才可以在饥荒的经济环境里保全一个人。但所谓自私却也得有一个限度。一个人的自私心肠要能传得下去，即，要使选择作用有用武之地，便不宜专以他自己一个人做对象，而宜乎把妻孥都包括进去，换言之，即至少得把单纯的家庭做个对象。哲学家说自我（self）可大可小，最适于生存的自我，无疑的是以家庭或家族为范围的大我。根据"有余归宗，不足资宗"的原则而成立的宗族有时候也可以成为一个大我，而发生其选择的效用。

耶鲁大学教授亨丁顿氏（Ellsworth Huntington）曾经为中国人自私心的畸形发展觅一解释，毫不迟疑的认为这种性格和饥荒有密切的因果关系，但同时也补说这样一段富有意义的话："不过说到这里，我们必得顾到另外一种情形。自私自利的心肠未尝不能发达过火。把一切责任义务都掉头不顾的人未尝不可以保障一己的生存，但若把妻孥都抛撇了，他的血统却就从此断绝，再也传不下去。他自然可以续娶，但是他那种逃荒的经济状态未必能许他如愿以偿……即使他续娶，他的子女也不会比义气重些的——即，至少只肯牺牲一两个人来维持全家的——人家那般多，他的后裔也就不会比这种人家多。……这确乎是中国荒年史里所数见不鲜的事。总之，极端的自私自利心肠可以使一家人家度过荒年，生存下去，只要当家的人不把自己做单位，而把全家做单位。"（详拙译《自然淘汰与中华民族性》，今入《民族特性与民族卫生》中）二三千年来，所能生存而传宗接代的人，大约以此种以全家为单位的自私自利者居多，越至后期而越多；此等人越多，家制便越发展，以至于牢不可破，以至于畸形。这便是第二个解释。

上文这两个原因，文化的与生物的，自然又彼此推挽、互相激荡，使畸形的已成之局更来得普遍与深刻。文化的原因所贡献的是一些理论的根据，生物的原因所贡献的是事实的需要与无可避免。用意国社会思想家柏瑞图（V. Pareto）的话来说，以全家做对象的自私心是一种所谓"底脚动力"（residue），而"家齐而后国治"、"一家仁，一国兴仁；一家让，一国兴让"一类的话，以及三纲之二、五常之三，一概转变为种种口惠而实不至的所谓"引伸结构"（derivation）。有了这种种引伸结构，于是底脚动力的种种表现便越见得冠冕堂皇、无懈可击。一直到最近，因为国家生活在复杂的国际环境里发生了困难，到处感觉到捉襟见肘的痛苦，于是大家才渐渐憬悟到家制的畸形也许和整个民族的位育问题有很大的关系。

上文所说的全都是属于家制所由过度发展的因的。下文再略说几句关于果的话。布朗教授在他那次关于亲属与“社会统同”（social integration）的演讲里说，亲属统同是整个的社会统同的一部分，又说，亲属制度的功能大小可以命定一个社会的形式。布朗教授这两句话我想我们都承认，我们更要了解的是：这命定究属是怎样来的，究属经过些什么路径。这路径无疑的是种种行为的型态，个人的，或是集体的。如今我们知道一切行为型态有两种根据：一是体质的或生理的，一是社会的或文化的。所谓体质的或生理的根据就是我们在篇首所提的许多种族的品性的综合。要亲属制度或家族制度对于社会的形式发生一种命定的影响，面子上固靠在家族制度下所习得的许多行为型态，而骨子里却靠家族制度下由淘汰作用所提炼出来的许多种族品性。

这些品性又是什么？这回答我们在上文也已经提过，说是许多家族的品性（familial traits），或“宜室宜家”的品性。但这是不够的。我们应该把这些品性列举出来，并且最好要把它们在社会生活上所发生的影响逐一加以推敲，才是圆满。只是替它们起一个总名字，或跟同美国社会学者葛学溥（Kulp Ⅱ）说，中国的社会生活是家族中心的或家族主义的，总嫌过于笼统。

先略举这些所谓“宜家”的品性。极度的自足，极度的依赖，领袖力缺乏；服从性不足，组织能力薄弱，守法或遵守团体决议的困难；同情心浅薄，忍耐性发达，不易接受刺激与神经的不易受震撼；难于激动情绪与感伤主义（sentimentalism）的不发展；冒险性与进取心缺乏，保守性与知足心发达；自私心发达，嫉妒与猜疑心理的强烈，公德心的薄弱。这些品性，有的是彼此相掩叠的，有的是相反而相成的，也有相反而必须分别在两个人身上发见的，例如自足与依赖。但它们无一不与家制的畸形发展有关。这些品性恰好是畸形的家制所能产生与培养的品性，也惟有这些品性才能教畸形的家制维持于不坠败。

中国家族中的人员是难得有和外面一般人来往的必要的。中国家族是一个西洋人所谓比较“关得紧的系统”（a closed system）。在这个系统内的人员，要是有才干的话，便不难自给自足，甚至于把全家的生计都能担当下来，要不然，他也可以有恃无恐，可以一生做一个寄生虫而不受人家的指摘。“少年公子老封君”一类的标语很可以证明，在中国人心目中，依赖而不越出家族的范围，不但不是一个罪名，并且是一个理想。但就大多数的人说，一个家庭人员总是有一些工作可做，而对于全家的生计总要负一二分责任的，所以，遇有危难以至于父母兄弟不能相保的时候，也大率能自己混一个最低限度的糊口的方法。在家族环境之内，一个人的欲望与情绪也大都获得满足与发泄的路径，无须乎向外更寻出路。亲亲之道既然没有能向外推广开去，同情心的发展自然不会走得很远。外国人常说“慈爱行为从家里做起”（Charity begins at home），我们总觉得他们言行不符，往往社会服务的努力胜过了爱亲敬长的精神。中国人的慈爱行为总算是能从家里做起，但同时亦未尝不就在家里打住。尽管一个人对于同族的人、同宗的人，甚至于同姓同乡的人，能如何解衣推食，他对于一个素不相识的人，可以丝毫不表示同情心，其人虽处十分危难的境地，他也可以漠然无动于中。这种漠不相关、若秦人视越人肥瘠的心理，在饥荒的时候自然是最显而易见，但在平日也随处可以遇到。他的所以能漠然无动到一个冥顽不灵的程度，一半也因为他的神经不容易受刺激、受震撼；对于些微的事物，他轻易决不动心，决不滥用他的情感。这也未始不是一个有利的品性。但不管有利无利，这也未始不是家庭的环境所产生与选择而来的。基本的欲望与情绪都得到满足与发泄的人自然比较要心平气和，无所用其滥动情感。同时，在中国式的人多口杂的家庭环境之中，也惟有此种不动情感的人最能相安无事，所以此种人是占便宜而受选择的。在家族环境之中，各个人员的相处与合作是完全建筑在血缘或姻缘上的。血缘与姻缘又各有其本能与情绪的基础。一个人听命于他的父亲、祖父或他们的代表如大宗、小宗，并不因为他们一定比他自己能力高强，而是因为在血统上，他们是他的尊长；在年岁或辈分上，他们比他要高。换言之，于亲属的尊长与年辈的高大以外，他更不承认有什么可以领袖他、指挥他的权威。一个领袖人才不容易在中国家族里发育，不容易在中国社会里出头，原因在此。有组织能力的人，结局也是如此。家人之间如有冲突发生，此种冲突的解决，十有九个不诉诸事理，而诉诸根据血缘的一些情感，而居间解决的权威也决不是一些法理，一些聪明果断，而是年龄之老，或辈分之高。对于吃亏的人员，时常谆劝的一种美德是凡百忍耐，惟有忍，才能教大事化小、小事化无。清代朱锡珍作《忍字辑略》，龙起瑞替他作序，说“言忍之道，用之一人一家之事，不啻十得其八九矣”，可见忍和中国的家庭生活是不可须臾离的。从选择的立场看，遇有不和睦的情事发生，越是生性比较知足与忍耐的分子，越有在家族制度下位育与竞存的机会，比较躁急与倔强的分子是比较容易遭淘汰的。其它所谓“宜家”的品性也大都可以用同样的方法来解释、来引伸，读者可以类推，恕不多赘。

这些所谓“宜家”的品性，如果始终在家庭或家族范围以内活跃，也就不成什么问题了，设或不然，我们便决不能用“宜家”这两个字。但“宜家”的品性未必“宜社会”、“宜民族”、“宜国家”，而畸形家制下所产生的许多品性终于不免应用到社会生活上去，终于不免直接限制了我们社会行为的型态，而间接命定了社会组织的方式。结果，无疑的是很不合式，即很不相宜。中国民族人口的膨胀与文化的进展，很早就用得着一种远比家族组织更巨大、更复杂、更有效率的社会组织。这种组织不能向壁虚构，必得有适当的行为型态与种族品性做它的双重基础。家族组织固然也有它的双重基础，但这种基础用之于家族组织虽极相宜，用之于国家组织或其它比家庭更大的集体生活，便不免捉襟见肘而到处发生罅漏。这便是中国民族二千余年来所经历的最大的一种痛苦，国家组织的始终不能完成由于此，一般社会生活的保守与无进境也未始不由于此。在闭关时代，这种痛苦虽存在，我们还不十分感觉得到，但在二十世纪的国际环境里，在动辄讲国家本位、动辄讲集团生活的时候，我们的痛苦便再也无法讳饰了。

欧洲局势与思想背景*[1]（1936）

今日欧洲的局势真可以说是混乱极了，然混乱之中也自有它的条理。只看种种军事、政治或经济的关系，这条理是看不出来的。这条理我们必须从思想的背景里寻找。当局者迷，旁观者清，这条理在欧洲人自己未必看得清楚，恐怕还得让我们东方人来加以指点。

西洋的社会思想虽有二千几百年的历史，表面上也像有过许许多多的派系，但从大处看去，似乎始终是一个个人主义与社会主义互为消长或彼此对垒的局面。西洋的思想家也似乎始终承认个人与社会是根本上无法调和的两个东西。我们无妨先把这种互为消长或彼此对峙的历史很简单的叙述一下。希腊人，尤其是雅典人，是一些很容易走极端的个人主义者。很早的所谓诡辩学派就建筑在这趋向之上，他们认为凡是对个人有利的东西对社会也一定有利。苏格拉底根本反对这种见地，认为凡属可以教人成为一个良好的社会分子的品性，一定也可以教他取得自我安全与自我发展的品性。换言之，一样讲道德，前者主张各行其是，后者主张应遵循一个社会公认的标准。柏拉图与亚里士多德一面承苏格拉底的余绪，一面鉴于个人主义的变本加厉，便都提出了一个侧重社会主义的解决方法，柏氏的《理想国》对于个人的自由几乎不留丝毫活动的余地。同时，希腊民族的内部也早就有实行很极端的社会主义的一部分民族，那就是斯巴达人。斯巴达与雅典的对立与各不相让，我们也是知道的。希腊在将亡未亡之际，又出了两个学派，一是以个人乐利为主的埃毕鸠鲁派，一是以社会大同为主的司笃依克派。希腊是西洋思想的第

---

* 原载《大公报·星期论文》，1936年11月15日；辑入《政学罪言》，观察社，1948年版。

一个大泉源，而终希腊之世，我们所见的已经是一个个人与社会互争雄长的局势。

基督教传播到欧洲以后，我们满以为这局势可以有些变化，事实却很不然。基督教原从犹太教脱胎而来，而犹太教的第一教义是以整个民族为“得救”的对象，个人并没有什么地位。及变做基督教而成为欧洲人的唯一的信仰以后，它在精神上很早就分为两派。一派和罗马民族的组织能力与法治天才混合，而主张极端的统于一尊主义。约言之，即以团体为信仰的重心所寄。于是罗马教会便应运而生，至今还维持着庞大的威力。一派则与条顿民族的特立独行的性格合而为一，一面以个人得救为重，一面以为个人对于教义有绝对选择与解释的自由；初期修道士的许多畸形的活动，以及后期宗派的四分五裂，解释教义时的擘肌分理、各不相让，都是一些很具体的表现。晚近社会主义或集团主义日趋发达，于是一向以“个人解释”相号召的新教徒中间，又时常发生“福音”的价值究竟是个人的抑或为社会的的争议。有一部分教徒且从而为所谓“社会福音”的提倡。犹太的宗教文化是西洋思想的第二个大源泉，而二千年来，流泽所被，也似乎并没有能消除个人主义与社会主义的隔阂。不但不能消除，并且有教它变成更牢不可破的趋势；宗教原是一种以情绪为基础的东西，基督教的统治所引起的种种冲突，自自由思想者的淘汰起到宗派之间的屠杀止，那一桩不是片面的宗教情绪为之厉阶呢？

上文所说值得我们更综合的观察一下。希腊思想不妨说是个人主义的，是以理智的分析为重的；柏拉图一类哲学家的努力只表示一种抗议，并没有发生实效。犹太思想不妨说是社会主义的，是以人我之间情绪的调和为重的。一部西洋文化史，据英国批评家安诺德（Matthew Arnold）的看法，就是这两派思想互为起伏的一个过程。他说，希腊主义（Hellenism）教我们作理智的自由探讨，所以给了我们“光明”。犹太主义或希伯来主义（Hebraism）教我们觅取情绪生活的宁静，所以给了我们“甘美”。但很不幸的是，光明与甘美似乎从没有能同时存在过。

再就近二三百年来狭义的社会思想而言，情形也是一样。卢梭《民约论》一派的思想家，便始终在个人与社会的分际问题上努力。我以前曾经说过，卢梭的所谓“一般意志”便是硬想把这两个不相能的东西拉拢在一起的一个如意算盘。穆勒约翰写了一本《自由论》，名为专论自由，实则也无非是讨论个人自由与社会制裁如何可以相成而不相害。严几道先生翻译此书，最后确定译名为《群己权界论》，“权界”两个字可以说是下得再恰当没有，因为西洋社会思想所重的始终是“权利”二字，个人有个人的权利，团体有团体的权利，而所争的始终是权利行使的界限。斯宾塞尔有一个论文集，专替个人主义作说客，尤其是反对国家干涉人民的教育，书名就叫做《个人对国家》，那“对”字用的是拉丁文的介词 versus，正是两个球队比赛时在通告上常用与必用的一个字。个人与社会两方的旗帜鲜明、壁垒森严，只此一个介词便已形容尽致。

个人与社会所构成的西洋生活，始终是一个起伏与代谢的局面，而不是一个平衡与相制的局面。这一点上文所引安诺德的话里已经暗示过，事实上也确乎是如此。希腊、罗马的时代可以说是一个个人主义制胜的时代。自罗马教会的确立，经过漫长的中古时代，以迄于文艺复兴，可以说是一个集团主义或社会主义制胜的时代。自文艺复兴与宗教革命，以迄于一九一四年开始的欧洲大战，可以说是个人主义否极而泰、贞下起元的时期。专重分析与发明的科学、民权民主的政治、自由竞争的经济，都是这时期内的产物。但是从一九一八年大战结束以还，形势又复一变，“剥”极了的社会主义似乎又走上了“复”的途径而抬起头来。一部分新教徒的改入旧教、若干立宪政治国家的转变为独裁、共产主义的由理论而趋于实践，无一不是集体主义或统于一尊主义的具体表现。

但降至近代，西洋的思想背景比上文所说的还要略为复杂一些。个人与社会的此起彼伏是西洋思想舞台上的一折老戏，固具如上述，但是在这老戏再度唱演之际，西洋社会里又逐渐培养了两个新的脚色，终于在社会与个人以外，也要擅一番胜场。这两个脚色就是阶级与民族。在十九世纪，在第二个个人主义时代的后期里，这两个脚色已经训练得相当成熟，等到最近社会主义再度抬头的时候，它们也就出场了。

因为有这两个新脚色的加入，欧洲各国的社会组织与国际的政治壁垒初看不免见得异样的复杂。其实明白了阶级与民族这两个概念与夫此种概念在一般人中间所能唤起的情操，这种复杂情状就会见得减少。今日与以前不同之点，就是于个人与集团的冲突之外又添上了集团之间自身的冲突。同一是集团，同一建筑在统于一尊的主义之上，又何以会发生冲突呢？我们的答复是：这集团与那集团的阶级基础或民族基础不同，至少当事的集团自以为不同。

今日（一九三六）欧洲的政局虽然混乱，九九归原，并没有跳出这两种冲突所造成的阵线，就各国分论是如此，就国际合纵连横的情形而论也是如此。德国是一个比较清一色的集体主义的国家，它的集体主义是建筑在民族主义之上的。意大利也是如此，不过其清一色的程度赶不上德国，十月（一九三六）上旬便曾经有过一部分工人参加反法西斯活动。苏联也是一个讲求集体主义的国家，不过他所由建筑的基础不是民族意识，而是阶级意识。若用希特勒的眼光来看，这种阶级意识也就等于民族意识，就是犹太民族的民族意识，因为他认为共产思想的传播与世界革命的号召都是犹太人的阴谋。总之，从严格的社会思想的立场看去，德、意、苏都是集体主义的国家，在这几个国家里，个人的地位都是很弱小，如果没有阶级与民族的意识夹杂其间，是找不出什么鸿沟来的。英国是一个传统的个人自由主义的国家，不过此种传统的地位近来也有不能维持的危险，因为德国式与苏联式的两种集体主义正不断的向它进攻。十月十六日（一九三六），海相贺尔发表演说，曾经对国内法西斯党与共产党的活动情形加以猛烈的攻击；攻击得越猛烈，便越见得传统的地位已在摇动之中。同日自由党执委会所通过的议决案也不能不引起我们同样的感想。法国的地位虽与英国相似，但一种“不归杨，则归墨”的趋势比英国还要显明。最近所谓人民阵线的发展，便是个人自由主义已经不得不和共产主义携手的一大表示。十月十八日（一九三六）里昂伯伦在急进社会党的宴会席上，对于此点，曾经加以很坦白的说明。比国的情形本来是和英法相似的，但因为国小，又介乎德法两大之间，一种左右做人难的情景自是无法避免。最近王党与内阁的冲突，以及中立的宣告，在在表示它的彷徨的痛苦。小协约国的地位，最初准备中立，最近则有侧向德意一方面的趋向，尤其是南斯拉夫。至于西班牙，我们可以不必说了，它是这两派集体主义的最惨痛的牺牲者，前途无论是那一派得胜，它那早经削弱的民族元气恐非数百年不能恢复。别的国家越是帮它的忙，这种元气的损失便越大，越不容易恢复。我们说西班牙的元气早经削弱，因为它在十六世纪和以前不久，便因宗教法庭和穷兵黩武的两重关系，已经把民族的元气大大的损失过一次。至于国际间合纵连横的形势，个人主义者与个人主义者结合，或苏联式的集体主义者与德意式的集体主义者各与其式样相近者结合，可以推想而得，事实也都在我们面前，无烦细说。大体上不能不提到的一句话是，英法一类的国家，暗地里虽未始不希望左右两种集体政治可以因内哄（从社会思想的立场，不能不说是一种内哄）而彼此抵销，事实上恐怕是不会的。要是安诺德的历史眼光不错，则大势所趋，个人主义的民主政治也许会根本塌台，亦未可知。

上文云云，初看不过是一些隔江观火的话。不过我们要知道，隔江的火若是太大了，尤其是在环海棣通而这江面越来越窄的今日，要传过来而成一种燎原之势是很容易的。事实上，西洋的个人主义，我们在维新以后早就薪传过来，左右两派的集体主义，近来也先后有人很认真的介绍。这两派或三派的思想也多少都有过一些试验的机会，此种试验所引起的问题似乎也不比所解决的问题为少。说得更不客气一些，数十年来国是的混乱，这种思想上的争斗与信仰者的操切行事要负很大的责任。近代欧洲的混乱，自有其自己造成的思想背景为之厉阶，种因食果，无可怨尤。我们原没有这种思想背景[2]，至少我们的思想背景另有它的来龙去脉，不同得多，而也不免吃到同样性质的亏，未免有些不值得了。社会思想的国际授受，当然有非我们所可完全左右的地方，但如果我们明了最近欧洲大局的所以混乱，一大部分可以推溯到社会思想的偏詖与不健全，我们中间负有思想介绍之责的智识分子，从今以后，至少也可以知道一些警惕，而不敢过于轻率从事了。

注释：

[1] 此文写于一九三六年十一月中旬，揭登十一月十五日的《大公报》“星期论文”栏，后来又经最后一期的《独立评论》（第二二九期，十一月二十九日）转载。这期里有张奚若先生的《冀察不应以特殊自居》一文，开罪于地方当局，于是《独立评论》便关门大吉了。这是十一年多以前的事，我在文中所论的也是十一年多前的光景。但以当时的议论绳十一年后今日的局面，我还看不出有什么特别不适用的地方，所以除了文字上略加润色以外，没有加以改动。事实上我认为适用的程度不但没有减少，竟是加多了。个人与社会互争雄长的思想背景渲染了全部的西洋历史，也烘托了一九三六年前后整个的欧洲局势，也终于招致了第二次的世界大战。自思想的立场言之，这大战可以说就打在这题目上。邱吉尔及其它人士口口声声说这次与未来可能的战争是意识的战争（ideological wars），是很对的。我固然承认，第二次世界大战的题目不止是这一个，其它涉及实际利害以至于意识概念的较小的题目尽有，否

则苏联的加入同盟便有些费解。（参看拙著《自由之路》中第十一篇关于苏德曾一度妥协的一文）实际的利害搁过不谈，苏德之战虽不打在集体主义的题目上，至少一部分是打在民族与阶级的概念之上的，这我在此文中亦曾讨论及之。不过在西洋历史舞台上，个人主义与社会主义毕竟是老主角，民族与阶级一类的概念是新配角；第二次大战，就轴心与同盟之间言之，大体上是个主角之战，而并不纯粹，就苏德之间言之，却是一个配角之战。第二次大战结束以来，美苏的关系一天坏似一天，前途规模更巨大、旗帜更鲜明的主角战是不是得以避免，目前尚在不可知之数咧！

［2］先秦杨、墨的思想派别与个人主义和社会主义之分最为近似，双方也似乎有过一段争雄的历史，孟子“杨、墨之言盈天下”的话恐不完全是形容过甚之词。不过这段历史并不长，取得了正统地位的儒家思想、发展得至于畸形的家族制度，从理论与实际两方面，很早就给了它们一个打击，使一蹶而不能再振。

中国民族自救运动中的人口问题[*]（1936）

二十五年春，国立清华大学举办课外演讲三种，每种各有分题若干个，由本校教师及校外专家分别担任。其第一种之总题为“中国民族之自救运动”，其分题之一为人口问题，由作者承乏。本篇即为当日宣读之讲稿。兹者中山文化教育馆《民族学研究集刊》索稿甚亟，一时不克别有论列，即寄此以应，尚幸读者予以匡正焉。

光旦识

上次李景汉先生讲乡村建设运动的时候，已经暗示了中国民族自救运动中实在有一个人口问题。中国的人口，乡村多于都市，并且多出许多；中国的乡村人口，要占到全人口的百分之七十五到百分之八十五，所以不讲乡村问题则已，一经讲到，背景里我们就可以想象到一个人口问题。李先生又提到，在定县平民教育促进会的工作程序里，有四种民族自救的教育：一是救弱的教育，二是救愚的教育，三是救私的教育，四是救穷的教育。所谓弱、愚、私、贫四种毛病当初又从何而来的呢？像许多普通的病一样，它们既有一个外缘，也总有一个内因。讲起外缘与外缘的改革，是乡村建设问题范围以内的事；讲起内因与内因的消除，便属于人口问题的范围了。

人口问题有两个方面，一是量的方面，二是质的方面。讲中国乡村人口要占全数百分之八十，这百分之八十应如何安插、如何分配，才可以使大家养生送死而无憾——这是一个量的问题。讲起乡村人口中的私、愚、贫、病，要推究这四种毛病的来源与其诊治的方法，便是一个质的问题。

---

* 本文作于 1936 年春。原载《民族学研究集刊》第 2 期，1940 年 3 月。

质的问题的解决，又可以从两方面下手。一是环境方面，一切教育的努力都属于这方面：医学与卫生教育所以救弱，人才与识字教育所以救愚，社会与公民教育所以救私，生产与劳作教育所以救贫。二是从生物方面或遗传方面来改进人口的品质，那就是优生学或民族卫生学所要担当的任务了。

根据刚才所说的话，可知人口问题的范围是极其广大，我们以一人之力，在一个小时以内，决不能把它完全讲解明白。好在事实上我们也没有这种需要。人口的量的问题，下次张印堂先生讲粮食问题的时候，一定会充分的加以介绍，因为食粮问题的发生，至少一半是因为人口太多的缘故。至于人口的质的问题，那改良环境或促进教育的一半，在这第一种课外演讲里演讲的人正不止一位，目前更不用我们操心。所以事实上用得着我们特别注意的，是人口的质的问题的另外一半，就是，要我们从生物学或优生学方面来观察民族全般的健康。我们不妨把我们的题目紧缩为“优生与民族健康”。

这个题目里的三个名词，似乎都应当先解释一下。优生一个名词，本来是题目中的主脑，非解释不可的。民族与健康两个名词，虽极普通，但普通的解释与站在优生立场的解释颇有不同，有时候并且竟会相反，所以也有说明的必要。

先说民族。自孙中山先生提倡民族主义以后，民族一名词的用途日见其广；近二三年来，所有以前种种救国运动的呼声，全都一变而为民族复兴的呼声。报纸上，杂志上，演讲坛上，大约最流行、最时髦的名词要推“民族”这两个字了。但是民族这个名词，究属指的是什么东西，谁也说不很明白。

有三个名词是很容易相混的：一是国家，二是种族，三就是民族。“国家”容易和“民族”相混，例如西文的 nation 一字，有人译做国家，也有人译做民族；nationalism 一字，有人译做国家主义，也有人译做民族主义，更有人把旧译的两个名词并合起来，改译做“国族主义”。“民族”容易和“种族”相混，因为一个民族总有它的种族的成分，一个民族大抵由多个种族结合而成；也因为同种族的人，因为气息相像，容易聚合在一个民族之下，而不愿意分散在几个民族之内。

其实这三个名词是不难分别的。同是一种结合，国家是有政治、经济、法律等意味的，种族是生物学与人类学的，民族却介乎二者之间。一个结合，在种族的成分上，既有相当混同划一的性质，而在语言、信仰以及政、法、经济等文化生活方面，又有过相当持久的合作的历史——这样一个结合，就是一个民族。

国家（政治……的）
种族（生物……的） ＞ 民族（政治的，生物的……）

这种分法虽然和普通政治学教科书上所说的有些出入，但似乎是比较清楚，比较不含混。

所以民族一个名词，一半实在是生物学的。其实即就字面而论，"民"字与"族"字，又何尝不富有生物的意味？尤其是"族"字。种族、民族、家族一类的名词，所指的结合全都以生物血缘做基础。但是说也奇怪，年来所见所闻的民族议论，百分之九十九是绝口不提这一方面的。甲说民族复兴，所说的只是一些文化创造；乙说民族复兴，所说的只是一些经济建设。至于那些专以打倒帝国主义、铲除封建思想做民族复兴的口头禅的，当然是更自郐以下了。总之，说来说去，总说不到民族的生物基础。我们现在要说的却不能这样的随波逐流，我们认定：要不提"民族"两个字则已，一经提到，我们便不由得不想到这两个字的生物学的涵义。这是我们对于民族一个名词事前应有的解释。

其次解释"健康"二字。这"健康"二字当然是和"民族"二字一样的耳熟。就运用的历史而论，它比"民族"二字还要来得悠久。那一个医生不用到它？那一个卖新式药品的店铺不拿它做幌子？那一种提倡体育、提倡卫生的机关不把它挂在嘴上？但是我敢说，"健康"二字，在今日不但也已经成一种口头禅语，并且事实上大家也并没有把它认识清楚、认识完全。

很多人以为我们提倡体育来锻炼身体，提倡卫生来预防疾病，提倡医学来治疗疾病——便已经尽了健康的能事。这样一个认识就很不清楚、很不完全。何以说不完全、不清楚呢？我们可以从两方面来说：第一是我们仅仅注意到了生理上的健康，而几乎完全忘掉了心理上的健康——这是不完全的说法；二是我们所口口声声讲的健康，始终是个人的健康，而与民族的健康很不相干，我们不知道个人健康的总和并不等于民族健康。这是不清楚的说法。

我们把我们自己和西洋各民族以至于日本民族相比，我们大都以为体格上很不健全、很不如人家。但假若有人疑心到我们的聪明智慧、我们的意志情绪、我们其它的心理上的品格在目前也不很健全，也有不如人家之处，怕谁也不肯承认，或根本不认为这种疑心是值得加以推究而或许可以证明不是一种杞人的过虑。其实呢，谁也知道健全的精神必得寓于健全的身体，要是大多数的分子身体上不很健全，大概精神上也多少不会全无问题。而这里所说的精神，当然是指心理生活的全部，包括智力的贤愚、意志的强弱、情绪的稳妥与否，一概在内。要是有人把“精神”二字只看做做事的兴会、劲道或毅力，那就根本没有懂得精神生活的全部。就现状而论，这种把精神生活看小了的人就不在少数，所以他们往往以为只要把大家的身体弄好以后，目前很普遍的那种萎靡不振的精神，三分像人、七分像鬼的民族分子，就可以减少。我们却不这样看，我们所认识的精神生活是广义的，我们认为目前的健康问题不仅仅限于体格或生理一方面而已；我们深怕民族的智力、意志、情绪，以及全部人格的其它方面，根本上都有几分不健康之处。这样一番对于健康的认识，我们认为是比较完全的。

为讨论方便起见，我们不妨把民族目前的健康分做两部分来说：一是一般的活力的不健康，二是个别的品性的不健康。

先说一般的活力的不健康。我们以前声明过，对于人口量的问题，我们不预备说。不过讲起一般的活力或竞存力，这数量方面我们也多少得提一提。近代西洋有一部分人口学家［代表人物为美国约翰霍布金斯大学教授柏尔（R. Pearl）］以为一个民族在一个时代以内的活力，可以用一个很简便的方法来计算，就是用死亡率来除生育率，再乘一百，假如答数恰好是一百，即等于死亡相抵，便是指这民族是在一种停顿状态之中，没有进步，也没有退步。假如比一百多，即生多于死，便是进步，否则，死多于生，便是退步。这样一个答数就叫做“活力指数”。

有一位美国的人口学家，根据已往四十多年以内各国或地区的生死统计，算出各民族的平均活力如下（择要录出）：

香港	24.7	瑞典	144.2
新加坡	54.4	比利时	145.9
槟榔屿	56.3	日本	148.1
海峡殖民地	70.3	葡萄牙	150.7
法国	104.0	荷属东印度	151.3
印度	111.6	帝俄全部	151.4
智利	123.8	德国全部	157.5
西班牙	127.0	英伦与威尔斯	161.3
匈牙利	129.3	芬兰	163.2

奥地利	133.1	苏格兰	163.9
爱尔兰	136.2	美国	176.1
意大利	140.3	荷兰	179.4
罗马尼亚	140.5	丹麦	180.3
瑞士	144.2	挪威	187.3
加拿大	200.4	澳洲	239.2
阿根廷	210.0	新西兰	286.9

(J. S. Sweeney, *The Natural Increase of Mankind*, pp. 51—53)

中国的活力指数又在那里呢？上面说过，“活力指数”的算法虽然简单，即也得有些先决的人口统计做条件。中国到现在还没有正式与可靠的人口统计，每年人口的生育率与死亡率自然也在不可知之数。近来算是估计的工作比较以前做得谨慎了些。清华大学社会学系的陈通夫先生在五年前曾经根据各地方的零星资料，估计中国人口的生育率为一千人中三十八人，死亡率为一千人中三十三人。根据了这两个暂时的估计，我们也不妨暂时替中国人口计算一个活力指数出来，那就是一一五.二。

同时我们要注意，刚才引的许多民族的活力指数里面，虽没有中国，却有一部分是和中国很有关系的，那就是香港的二四．七、新加坡的五四．四、槟榔屿的五六．三、海峡殖民地的七○．三。这三四处地方的人口，至少有一大半是中国的侨民。

从这三四个地方的指数和我们刚才算出的一一五．二的指数，我们对于中国民族的活力，不妨做一些暂时的推论了。我们打头就可以说，这活力不见得高明。一一五．二的数字虽比一百为高，但高得很有限，和上面所引的各大民族比较，不如我们的只有法国和印度，其余都在我们之上。意大利是一四○．三，日本是一四八．一，俄国在帝国时代是一五一．四，现在自然是更有进无退，德国是一五七．五，英伦与苏格兰却在一六○以上，美国是一七六．一。除了法国以外，列强的活力谁都比我们大、比我们强；“列强”这个名字的由来，可见也不全靠他们的坚甲利兵，而多少还有一些更深的生物的基础。

香港与新加坡等三四个地方的指数很低，都远在一○○以下，是可以有两个解释的。一是侨居的人口往往富有流动性，中间很大的部分是单身的男子，不是没有妻子，就是把妻子留在故乡。所以就人口表面的动态而论，死亡的例子虽照常的多，而生育的例子则比较的少，于是便形成一个死多生少的畸形状态。第二个解释是，我们民族的活力也许确有不及其它民族之处，华侨虽以富有开拓与冒险能力著称，也还不是例外；我们知道华侨挈眷而入英籍的人为数也不少，并非全是单身汉子，看来他们的生育率似乎也有问题，否则各指数决不会如是之低。

上面所说是关于民族一般的活力的不健康。其次要说个别的品性的不健康。

个别的品性的健康，和一般的活力的健康一样，自然也有它的生物学的基础。所谓生物学的基础，不但指一时的生理或心理状态，并且指比较永久的遗传根性。一个人身体的强弱，一半固然由于营养、摄生与锻炼，但至少另一半是由于从前理学家所谓先天的气质，或现代生物学家所称道的遗传。遗传而强，则加上相当的调摄训练，健康的状态便是一种必然的结果。遗传而弱，则纵有多量的调摄训练，结果也是徒然。智力的高下、意志的刚柔、情绪的稳健与否，也是一样。假若有人以为多量教育、宗教、艺术一类努力的结果，可以使“虽愚必明，虽柔必强”，迟早必会发见即使不是一个失望，至少也是一个奢望。反过来，假若先有了良好的遗传，然后再加上适度的教育的启发以及其他文化势力的熏陶浸润，那末，心理的健康，以及由此种健康中所表见的种种才能，更由此种才能所发挥的各方面的文化事业也就成为一个必然的结果。

上文所说个人健康和民族健康并不是一件事，到此就容易明白了。一个人呱呱堕地的时候，甚至于在成胎的时候，他的遗传是便经决定了的。既经决定的遗传性格，当然是不能再有所左右。到此，人力所能做的无非是就营养、训练、教育等方面，尽力的替他设法，明知这种设法，对某种人固然可以收很大的健康的效果，对另一种人也许是完全徒掷虚牝。质言之，个人健康的种种设施固然要紧，固然在所必有，但是成效是很没有把握的。民族健康的设施却不然。此种设施的目的是在增加遗传本质在身心两方面全都是健康的分子，它的方法并不是个人的教养，而是健康分子的选择，说得细一些，就是多多的使健康分子能和健康分子婚配，因而多产生一些遗传上就有健康的基础的儿女。一样是一种健康的设施，这却是很有把握的。我们还可以进一步说，假若我们真懂得民族健康的意义，那末，我们关于个人健康的设施，也可以减少不少的浪费。一个天分不很高的青年，我们就不必一定责成他进高中、进大学；一个筋肉组织不很健全的青年，就不必一定要他练习百米竞走；

同时却应该把他们所留下来的机会与设备交付给其它天分高些与筋肉组织健全些的青年，这样一来，不就可以减少不少精神、时间与金钱上的浪费了么?

不了解民族健康的精义，而一意孤行的做些个人健康的设施，结果不但是徒劳无功，并且还可以减低民族健康的程度。这话说来似乎骇人听闻，但确乎是一个一经指点便可以明白的事实。记得从前读书的时候，有一位外国老师问我，你们中国人的牙齿如何，我说，还不坏，至少我的老祖母到了八十岁还能吃干炒的硬蚕豆。他说，那自然很好，但以后怕也要退化了，不看见大批的外国牙科医生和各式各样的牙粉、牙膏都向贵国那边输送么？这话不免太得罪牙科医生和卖牙膏的商人，但他的本意是这样的：牙齿好坏也是一种遗传的品性。在以前，牙齿坏的人在生存竞争里比牙齿好的人总要多吃几分亏，因而容易失败；牙齿坏的人因失败而相对的减少，牙齿好的人就因胜利而相对的增加，这样，民族健康的程度，在牙齿一方面，不就逐渐提高了么？牙科与齿牙卫生的讲求，就个人健康的立场说，自然是极好，但若因它们的姑息回护而牙齿根本上便不健全的民族分子一代多似一代，闹到一个人人非请教牙科医生不可的田地，终究也未必是一个民族的福利。牙齿的健康，在全部的健康问题中，毕竟还是一个较小的节目。个人健康的种种设施，因为根本不了解民族健康的意义，而引起的养痈贻患的局面，比这大的还多着咧。有一大部分的慈善事业与教育事业，都可以用这种眼光来加以严厉的批评。

这便是我们对于健康一名词的解释。这样一个解释，我们认为比普通流行的要清楚、要不含混。

民族一般的活力不如人家，而要设法加以纠正，大体上是一个人口的量的问题。我们不怕人生得太少，而是怕人死得太多，中国目前的问题，正坐生得多而死得亦多。到处见到的是疾病、死亡的惨痛，是生命的一钱不值的浪费。我们相信这一方面的问题的解决，总得等生育节制的方法有了合理的传播以后。至于品性的不健康，那便完全是一个质的问题，而不能不仰仗优生学术的发达了。

明白了民族是什么，更认识了健康是什么，我们对于优生这个名词，便没有详细解释的必要。优生就是民族健康。优生学就是研究民族健康的专门学问。在德、奥、瑞士、荷兰、瑞典、挪威等国家，优生与优生学等名词就不通用，通用的是种族卫生与种族卫生学，就因为这个道理。

从事优生学的人有几个基本的见解：第一，他承认人类的不齐。孟子说“物之不齐，物之情也”，优生学者以为人也是如此。第二，他认为这种不齐的现象有血缘的基础，就是，是遗传的。品质良好的人大率会产生品质良好的子女，否则，便大率会产生品质不良好的子女。所谓“大率”，所谓“会”，当然是指这种因果关系有很大的或然性或盖然性，而并不是必然的。唯其遗传是不齐一的，所以，第三，他以为民族健康的真正有效的促进，应求诸遗传良好分子的选择，使他们的数量可以相对的增加，与遗传不良好分子的淘汰，使他们的数量可以相对的减少。讲到选择与淘汰，优生学者便不能不仰仗环境的力量了。他盼望，不但盼望，并且要设法，来维持或创造适当的物质与文化环境，使优良健全的分子可以受到选择，而不至于横遭淘汰，不但要使他们的各个个人可以维持于不败，并且要把他们的血统从根培植起来，前者就是以前中国治家谱学的人所称的“保世”，后者就是“滋大”。能够使优良健全的血统“保世滋大”，便是尽了优生学的能事。至于运用环境的淘汰的力量，使遗传品性恶劣的分子逐渐减少，毕竟还是一种次要的任务。不了解优生学的人，往往说优生学者太看轻环境、太抹杀环境的势力，可见不过是一种求全责备之论，而并不是事实。优生学者不相信环境可以根本的转移一个个人的品性，那是事实，但同时他相信环境可以借选择与淘汰的手，来改变各色人品的数量上的分配。这种选择与淘汰的力量实在要比转移个人品性的力量重要得多，正因为它所引起的不是零星的个人健康问题，而是整个的民族健康问题。选择得法，健康的程度就高；不得法，健康的程度就低。

上面所说的种种，大部分还是就一般的情形立论，如今要专说一些中国民族的情形。

中国民族目前的健康情形究竟如何，自然决不是立谈之间可以答复的一个问题。普通在报章上及讲坛上所见闻的，大率不外下面这几个见地：第一，民族并没什么病，就不过是年纪大些，所以不时要表见一些龙钟老态。这种说法，究竟是文学的与修辞的呢，还是有客观事实做依据的呢，我们就不得而知。假若论者认为确有实事做依据，那末，问题就十分严重，比普通的不健康要严重得多，因为不健康还可因营养与调摄之力，而多少有些转变的希望，但返老还童却是一件绝不可能的事；个人的返老还童，既不可能，民族自更不必说了。我们正不知那些认民族为衰老的人将何以善其后。第二个见地是民族确乎不健全、确乎有病，但不过是一种后天失调，并不是先天不足，所以只要调养得宜，早晚会恢复常态。他们以为就体格而论，我们根本上并不柔弱，所以只要体育发达，卫生知识与医学事业普遍以后，便不难与东西洋各民族并驾齐驱。在心理与智力方面，我们在气质上也是毫无问题，所以只要一面能普及国民教育，一面能提倡人才教育，便很容易在文化方面将东西各国“迎头赶上”。

我们以为这两个见地离开事实太远。就它们所能引起的情操而论，第一个是过于悲观，第二个是过于乐观。我们所认识的是，中国民族并不衰老，不但不衰老，并且是尚在青年。英美各国有一部分新兴的人类学家以为现在的人类是好几个种族先后演化而成的，就目下有高级文化的几个民族而论，大约要推造成拉丁民族的主要种族为最老，其次便是那造成条顿民族的主要种族，再其次是造成斯拉夫民族的主要种族，这些种族散布得很广，不过在欧洲一角便分别形成了拉丁、条顿、斯拉夫等民族。形成斯拉夫民族的主要种族又可以分做前后两派，它们的散布大都限于欧洲的东部及亚洲中西部。这后一派演化得最迟，所以散布的区域也最狭，只有少数的民族里有它的成分，例如俄国与德国。中国民族原是许多种族先后累积混化而成的，其中固然也有些很老的种族，但同时和俄德等国一样，也有年纪极青的种族。（详见泰雷教授所著《环境与种族》一书）要是我们接受这种演化的看法，可知假定条顿民族是比较在壮年的话，拉丁民族便已经是渐渐的由壮而老，而斯拉夫民族以及和斯拉夫民族有同样种族成分的中华民族便不能不算做青年了。

我们第二个认识是中国民族虽不衰老，而确乎有许多不健全之处，并且这种不健全是有先天的因素的。换言之，我们的民族，在已往几千年的早年发育期内，确乎受过一些不良的淘汰影响的磨折，所以元气虽旺、病态亦多。要是及今不对症下药，元气便不免要变本加厉的受斫丧，以至于无可挽救；不然，好比一个发育困难的青年，只要调护得宜，迟早不怕不会走上正常发育的途径。这里所谓“对症下药”，所谓“调护”，当然不指仅仅以个人健康做对象的那些努力，例如目下正在推行中的教育制度与经济改革之类，而是一些自觉的合乎优生原理的选择作用。

根据上文的见地，我们相信中国民族的健康状态是因时因地而有不同的。就历史而论，我们以前当然有过比较一般的健康，不过此种健康，似乎秦汉以后，便告一个段落，到了五代以后，更有一种江河日下的趋势。若就现状而论，则所有的健康便是片段的、零碎的，只限于全国的少数地域，如太湖流域、钱塘江流域、两广、湖南、东北三省等处。这当然不是说别处便没有比较健全的民族分子，不过说在这几个区域里，比较健全的人要多一些罢了。不过就全民族而论，终究不健全的状态是常例，而健全的状态是例外。所谓不健全的状态究竟指的是什么，我以前曾经提出过四点：一是体格的柔韧化，二是科学头脑的缺乏，三是组织能力的薄弱，四是自私自利心的畸形发展。（详见拙作《民族的病象》一文，《华年》第三卷）体格的柔韧就是弱，科学头脑的缺乏就是愚，组织能力的缺乏与自私自利心的发达就是私；这三者合作的结果，再加上上面早就说过的人口的过庶，就是穷。恰好就是平民教育促进会里一般乡村运动的朋友所见到而见得不很完全的四点。至于已往的健康何以会变做今日的不健康，比较一般的健康何以会变为零星、片段的健康与只限于少数地域的健康，换言之，即上文所提各种不健全的状态究竟从何而来，我们的答复还是不出“选择作用”或“淘汰作用”四个字。目前不健康的状态是种种反优生的自然淘汰与文化淘汰所酝酿出来的。目前尚还留剩的一些健全的状态，是一些比较合乎优生原理的自然选择与文化选择所维持下来的。至于这些淘汰与选择作用是什么，我们现在不能逐一说明。

我们对于上文的讨论假若能大体接受的话，那末我们应该提出的应付方法是很显然的。我们需要一些优生的学术，来把民族的健康重新培养起来。说得更具体些，我们第一要了解民族的健康状态，在身心两方面究竟有多么高的一个水平。第二，要推敲这水平是怎样造成的。其间有多少是自然物质环境所选择与淘汰而成，又有多少是文化与历史势力的产果。第三，明白了解了这两层以后，我们要进一步的设法控制这些自然环境与文化环境中的种种势力，使它们活动的结果对于民族健康的前途都有辅翼之功，而无斫丧之害。第四，我们对于目前所接触的西洋文化的各种势力，也应当同样的加以控制，切不可因为羡慕新奇与贪图一时功利的缘故，把民族健康的远大前途轻轻断送。

妇女与儿童*
(1939)

已过的三月八日是妇女节，未来的四月四日是儿童节。在这两个很有意义的日子中间，应该有人说几句应时节而未必合时宜的话。

妇女与儿童是两种有密切的有机关系的人，三八与四四两个节日的先后呼应，可以看做这有机关系的一个表示。不过，不知大家感觉到过没有，这有机关系近来很有脱节的危险。完全的脱节当然是不容易发生的，要有的话，结果无异民族自杀。不过这一种方式的民族自杀的实例在人类史里也不是完全没有。希腊、罗马的灭亡，原因虽多，其中最致命的一个就是这有机关系的不能维持。

所谓有机关系，我们可以用三个字概括起来：生、养、教。生，显而易见是妇女的责任居多，在这一点上要讲男女平权，事实上是不可能的，除非真有一天，生物学可以发展到一个程度，实行所谓体外生殖，就是：像体素的培植一般，让男女两性的生殖细胞，在玻璃管与玻璃缸的人工环境内，配合发育起来。生产时节的辛苦，也不是男子所可分减的。在一部分文化简单的民族里，有所谓“产公”的制度，就是在生产以后，丈夫替妻子坐蓐，起居饮食，像产妇一般的受人服侍，据说广西的僚人中间就有这种制度。不过这究竟只有象征的意义，而丝毫不能减轻产妇的痛苦。

养，至少是初期的养，就自然所安排的说，当然也是妇女的一种辛劳；哺乳的功能，少则几个月，多则一二年，亦不是男子所能替代的。子生三年然后免于父母之怀，虽则父母并称，终究是母的责任重大，所

* 原载《今日评论》第1卷第14期，1939年4月2日；辑入《优生与抗战》，商务印书馆，1944年版。

以才有“母氏劬劳”一类不胜其感激的语句。

教，在以前一向是看做男子的任务。“养不教，父之过”，即或易子而教，或父子之间不责善，而另请严师管教，最后的责任总在做父亲的身上。在女子教育不发达甚或根本没有女子教育的当日，这也是很自然的。不过就在以前，儿童最初八九年里生活的训练与习惯的养成，其实还是在母亲的手里；历史上有不少的人物把他们的成功归到母教身上，足征以前虽无女子教育，而女子在家庭中的教育影响并不在少。没有女子教育的时代犹且如此，有了女子教育的今后，我们对家庭教育的期望不应该更大么？

上文说的是妇女与儿童间本有与应有的三种有机关系。所谓脱节，又是怎样解释呢？就生的一层说，许多女子视生育为畏途，越是受过教育的、越是醉心于平等自由与经济独立一类学说的，越是不肯走上婚姻生产的一条路；即使勉强结婚了，一方面因为这种见解的关系，一方面也因为年龄关系，子女自然不会多，或根本没有。

独身、迟婚与少生子女或不生子女，不但是近代少数妇女的个别的经验，并且已经成为一种时髦的风气。英国有一位提倡民族健康的学者，某次参观一个女子中学，问起毕业生出路的好坏，校长某女士答复说，大约可以分为三类，第一类是成功的，第二类无所谓，第三类——校长加上一口叹气说——是不成材的。学者问她什么叫做不成材，又何必要叹气，她解释着说，她们结婚了！无疑的这位校长先生自己是不结婚的，否则又怎样可以做新妇女的表率呢？

这位校长的见地无疑的也是很多新妇女的见地，这位校长的模范教育无疑的也已经产生了不少的果子，不要说在先进的英美，在中国也正布满着这果子的种子。让我也举一个不要指得太明白的例子。有一个妇女的组织，里面工作人员的不说明的资格之一是“未婚”，一旦成婚了，这人员最好是自动的告退，至少也以暂时不生子女为宜，否则她虽照常供职，她在精神上一定异常不痛快，同事中间会向她发出这一类有趣的问题，例如：你好好的为什么要结婚呢？你怎么生起孩子来了呢？你怎么又生一个了呢？好像她是天下第一个喜欢多事的人！

第二种的有机关系，养，近来也是越来越不时髦，在所谓上流阶级的妇女中间，更其如此。从另一方面看，这一点倒不是维新，而是复古。记得《礼记·内则》上说，“大夫之子有食母，士之妻自养其子”，所谓食母，大概就是奶妈，在民治主义的今日，以前大夫阶级以上的权利当然要公诸大众，不足为怪！不过所谓食母自己，当然也有她的子女，这些子女的营养问题，民治主义虽则发达，也只有付诸不论不议了。

自己哺乳，我们叫做自养；倩人或其它外力哺乳，我们叫做它养。它养可以有许多方式，用食母不过是一种罢了。用食母往往有许多人事上的麻烦，例如检验乳母身体与乳汁之类，于是马、牛、羊的乳汁以及各式各样层出不穷的代乳品便成解放近代妇女的第一恩物；从此，做母亲的，没有乳汁，固然有恃无恐，有乳汁，也不妨自由堵塞、任其涸竭了！

对于第三种的有机关系，教，我们暂时不欲深责。教育为母亲责任的说法，以前没有，至少在理论上没有确立，至于今日，虽有提倡的价值，也还没有人认真的提倡过。不过，就近来的趋势而论，这方面的不健康也是很显然的。要是养的风气是它养，教的趋势自然不免是它教了。在“社会化”的好听的名词之下，儿童脱离家庭环境与加入学校环境的年龄越来越早，便是这趋势的一个表示。大都市里所谓托儿所或慈幼院的创设，也是一个表示，并且更有意义。这种受付托的机关是养教兼施的，所以一个切心于解放的妇女，除了生产非亲临其事不可外，其它一切都不妨委之于人，而妇女与儿童间的有机关系，更是不绝如缕了。

生育是妇女的本能，母道是妇女的天性，上文再三说的有机关系原是建筑在这本能与天性之上的。如今一定有人要问，信如上文云云，妇女方面的天性又怎样得到满足的呢？这里有一个答复。熟悉基督教教义的人，知道有所谓替代的得救论（vicarious redemption）。我们的答复不妨叫做替代的满足论（vicarious satisfaction）。近代一大部分的妇女职业就富有这种替代的功用，例如医术、看护术——尤其在产科一方面的医术与看护——各式各样的社会服务、教学等等。教学的替代价值尤其是大。

不过，替代终究是替代。就妇女本人论，它的满足的力量固然有它的限制，否则西洋社会里，老处女的问题论理是不应当发生的。就民族健康的一般的立场来看，这种替代更是弊多利少。民族健康所要求的：民族中比较优强的分子要自生、自养、自教，如今的趋势是，生的是一部分人，养与教的又是一部分人或两部分人。有教养能力的分子，照理应当多生一些子女，而事实是少生或不生。他们的教养能力又何所施呢？一大部分就施在根本不值得大加教养或教养不出多大结果的别人家的子女身上。目前许多从事于教学、医事卫生、社会工作的妇女就是这种舍己耘人的民族分子，努力于妇女运动的固然是她们，热心于慈幼工作的也未尝不是她们，不过，热闹了一大顿，对民族健康在前途，又有几许帮助呢？

我以前曾经写过两篇短稿，分别指出妇女运动是没有下文的，而慈幼工作却是不管上文的。（入《论丛》第四辑，《优生闲话》①）妇女运动者熙来攘往了几十年，因为不婚、迟婚、不育、少育的缘故，对于民族的健全程度不但没有增加，反而有所减损，甚至于把下一代可以推进妇女运动的人才原料都给打了折扣，不等于没有下文么？目前的慈幼工作只不过是一种建筑在感伤主义上的慈善事业，来者不拒，往者不追，对于儿童的家世来历，既在所不问，对于如何改进婚姻与家庭等等制度，来增加品质比较优秀的儿童，而使不生则已，生必得所养、得所教，而无须乎好事之辈如慈幼运动者的栖栖皇皇，唯恐其工作的不能扩大、不能普及，自更在不论不议之列。这种不问上文的态度，势必至于把下文闹到一个不可收拾的地步。这不问上下文的现象，也就是本文所称的脱节的现象。

要纠正这些现象或不健全的趋势，还是要从妇女运动入手。我们目前需要一种新的妇女运动，新的妇女运动应当注意下列的三点：

第一，要看清男女分化的科学事实，承认子女的生、养、教是妇女无可避免的任务，从而坦白的与勇往的担当起来。

第二，要转换价值的观念。以前极端的妇女运动家瞧不起生、养、教的事业，尤其要是这事业是在本人的家庭以内。她们一口咬定创造文化与产生财富才是人做的事。这种错误的观念根本得转变一下。试问若无生、养、教的事业，又何来创造文化与产生财富的人。假若大体说来，男子是创造文化与产生财富的人，妇女岂不就是造就这种人的人，其责任岂不更重，荣誉岂不更大？

第三，要改变运动的目标。以前的目标是个人的解放与发展，今后的目标应当是民族健康的推进。民族健康的根本条件决不是外铄的公共卫生，而是内在的遗传良好，而遗传的良好端赖民族中中上分子能维持与增加他们的数量，此外更没有第二条路径。

---

① 《优生闲话》稿佚。——编者注

妇女运动转入正轨以后，儿童与慈幼的问题自然是迎刃而解，因为脱节了的，到那时候自然会联系起来。欧美自大战以后，妇女运动已经能按照上述的三点而逐渐纠正，详见蒲士（Booth）、卢道维畸（Ludovici）一类作家的著述。温和一些的妇女运动家和对妇女运动表示同情的人，不论在大战前后，也始终没有把妇女与儿童的问题隔绝了看，例如爱伦凯与霭理士。就是很多人认为最理想的苏俄也始终没有放弃“自养”的原则，苏俄的托儿所比我们宁、平、沪、粤一带的托儿所要“落伍”得多；“牛奶是牛吃的，人奶才是人吃的”标语，初见于卢道维畸的《妇女的将来与将来的妇女》一书，而实行大规模的加以宣传黏贴的却是苏俄的工厂所附设的托儿所。这种种情形，显而易见和专拾二三十年前人家牙慧的中国妇女运动，大有不同。我们就是为“迎头赶上”（!）人家计，我们也得在这三八节与四四节的当儿，想一些改进的办法，又何况这是我们民族的健康正遭遇着空前严重的测验与试探的时代。

关于妇女问题的讨论*（1939）

作者在《今日评论》上初次发表上文《妇女与儿童》一文以后，半年之中，得先后读到张敬女士的《智识界妇女的自白》、林同济先生的《优生与民族》、陈佩兰女士的《妇女与儿童抑父母与儿童》等三篇文字，都是对拙作的一种答复。抛砖引玉，问一得三，荣幸之余，不能不续有论列。

拙作《妇女与儿童》原是一篇应时节的文字，三月八日是妇女节，四月四日是儿童节，拙作是四月二日发表的，为的是要把这两种人物联系起来，把他们原有与应有的有机关系指点出来。任何两种人物之间可以发生联系，也多少总有几分有机的关系可寻，假定儿童节前后有一个男子节，或丈夫节，或父亲节，我们应时说话，我们也多少可以把男子、丈夫或父亲对儿童的关系，指点一些出来。固然，我们大都承认，那几位答复拙文的作家也未尝不承认，这种关系，比起妇女、妻子、母亲的来，不免要疏远一点。这一层应时节的微意，三位作家里的两位似乎都没有能充分的理会。所以张女士一则曰，“潘先生忽略了病因……囫囵的把错误……推在妇女的身上，这一点不能不辩”；再则曰，“……维系民族健康的枢纽，不能说全在妇女一身”。陈女士也说，在“男女均治”的原则之下，“对儿童而言，何必假设妇女与儿童或者男子与儿童，实际上还是父母与儿童”；又说，对于儿童生、养、教的义务，“是具有父母资格的人所应认清的现代家庭教育的意义，更不是此推彼诿，或是互相辩难”所能解决的。其实作者在《妇女与儿童》里实际上所说

---

* 原载《今日评论》第2卷第20期，1939年11月5日；辑入《优生与抗战》，商务印书馆，1944年版。

的是：生、养、教之事，“生，显而易见是妇女的责任居多”，“养，至少是初期的养……当然也是妇女的一种辛劳……子生三年，然后免于父母之怀，虽则父母并称，终究是母的责任重大”，“教……就在以前，儿童最初八九年里生活的训练与习惯的养成……是在母亲的手里……没有女子教育的时代犹且如此，有了女子教育的今后，我们对家庭教育的期望不应该更大么?”作者并没有把生、养、教的责任完全推在妇女身上，更没有意思把不负这种责任的罪过全都归给妇女，而认为男子可以置身事外，是显而易见、不容误解的。作者是一个已婚而有子女的人，实际上分担此种责任者，亦且有十多年的历史，理论上固未尝推诿，事实上更未敢推诿；自信在这方面的主张见地大部分是从经验中得来，与高谈理论者稍有不同，这是要请读者与几位作家谅察的。

《妇女与儿童》一文无疑的牵涉到整个的妇女问题与作者对于这问题的通盘的见解。不过周刊的文字不但最受时间的限制，也受空间的限制，三四千字的篇幅里，这种通盘的见解当然是无法介绍到的。换言之，作者不能不假定，一般的读者，在他们的常识里，多少也有这种见解，或对于作者十年来在这方面所尝再三论列的，已经有过相当的认识。如今这几位作家的文稿既已多少证明这些假定是一相情愿的，作者很愿意再借一次《今日评论》的篇幅，把他对于整个妇女问题的见解简括的说明一番。

大约五年以前，北平各界的妇女团体成立一个联合会，联合会开成立会的时候，曾约作者到场讲演，那一次讲演的大意多少代表着作者对于妇女问题整个的看法。① 人有人格，人格不是一个笼统的东西，它至少有三个方面：一是一人所以同于别人的通性，二是一人所以异于别人的个性，三是男女所以互异的性别。一个健全的人格是这三方面有均衡与协调的发展的人格，社会生活的健全的程度便是视这种人格的多少为转移。通性、个性、性别是尽人而具的，不过三方面的先天的禀受与后天的培植又往往因人而异；就某一个人论，也许三方面都有充分的天赋与发展，也许三方面之某一方面或两方面特别发达，成一种偏倚的现象。偏倚的人格是不健全的，这种人格多的社会也是不健全的。偏倚的发展到达相当深的程度以后，尤其要是这种发展是由于外缘的压力，例

① 参见《北平晨报·妇女青年》，1934 年 12 月 1 日，题为“妇女问题总检讨”，讲演记录未经讲者审阅。——编者注

如由于文教的强制，社会就不免发生问题。

妇女问题就是这样来的。妇女是人，自有她的人格，这人格当然也有三方面——通性、个性、女性。妇女中的女性固然需要发展，但是她的通性与个性何尝不需要发展？在中古时代的欧洲，宗教曾经一度怀疑过女子究属有没有灵魂，并且曾经把这问题在宗教会议提出讨论过。许多宗教始终把妇女看作魔鬼或与魔鬼类似的东西：基督教有一度便有这种看法；在中国，戒淫的教门把女子看做“带肉骷髅”、“蒙衣漏厕”，相去也不很远。把女子看作魔鬼的文化，也曾一度大反其所为，把女子看作天仙与安琪儿一流的东西，从而加以顶礼膜拜。无论把妇女当作神仙或当作魔鬼、蛇蝎与缺乏灵魂的东西，总是一样的否认了她的通性一方面的人格。

在西洋与中国，女子的个性，除了绝少数的例外外，也曾遭遇到抹杀。这在女子教育方面，当然是最容易看出来，也是谁都已相当的承认的，可以无庸再事解释。

通性的否认与个性的抹杀终于引起了近代很大的一个社会问题，就是妇女问题。一个完整的人格，到此只剩得三分之一，其余三分之二完全为社会所漠视，并且长时期的一贯的受漠视，而受此漠视的人数，在任何世代里，要占全人口的半数或半数以上，试问问题的发生又如何可以始终幸免?

讨论到此段落为止，作者以为答复《妇女与儿童》一文的几位作者都不难表示同意。张女士明知故问的说：“女人若是仅为生小孩、养小孩、教小孩而活着，何必深求造诣，何必博学多能!”不错，女子不仅为生、养、教小孩而活着，女子也有其深求造诣、博学多能的必要，正因为她有她的通性和个性。林先生的话更暗示着女子同样的有通性与个性，不宜忽视。他问着说：“中国民族的生理与心理颓萎到今天的田地，是不是直接间接都与个性的被压——尤其是女性的被压——发生最根本的因果关系呢?”我们对这问题很可以作一个肯定的答复，不过“女性”二字，若改为“女子的个性”字样，便妥贴了。林先生又说：“民族健康的推进，大前提还是女性的解放。根本的原则是人格尊严的树立与社会机会的平等。不消说，所谓人格尊严绝不是女性男化，所谓机会平等并不必是男女同工。”这话说得最好，可知林先生不但注意到通性的存在，并且又承认了性别之性的不可抹杀。陈女士再三申说的“人权”是兼括通性与个性而言的：“先说到人权吧！两性除了生理机构微有不同外，是同具着人的品格、人的欲望、人的才智和人的壮志。他或她都要过着具有人的意义的生活。”两性的生理机构究属是微有不同或大有不同，我们姑且存而不论，陈女士的其余几句话是谁也不容否认的；所云品格、欲望与人的意义的生活，大抵与通性有关，所云才智与壮志则与个性有关了。

不过下面要说的话，几位作家，尤其是两位女士，怕就未必十分同意了。近代的妇女解放运动，不用说，是为解决妇女问题而发的。不过因为它犯了和历史刚好相反的错误，它表面上虽对妇女问题不无解决之功，实际上却只是把妇女问题改换了一个方式。问题的存在还是和以前一样。以前的错误是只看见了妇女的女性，即妇女的性别之性，而漠视了妇女人格的通性与个性；解放运动发轫以来的错误是单单重视通性与个性的部分，而忽略了妇女所以不同于男子的性别。陈女士的一稿里有“矫枉过正”的一段观察，所指大约也就是这一点。她在评论张女士那篇文字的话里说：“女性……缘男权高压的可畏、男子二三其德的可伤，不平则鸣，久压思伸，加以社会的机构、教育的制度，在在可以造成矫枉过正的病因。”又引西洋最近的经验说，“欧西人士正在竭力补救矫枉过正的错误”。从只承认性别之性到几乎完全否认性别之性与其涵蓄的种种功能，当然是一种矫枉过正，而“过”的错误与“不及”的错误实在相等。不过陈女士虽有此种认识，而本人依然不免于蹈袭此种错误，便令人难以索解了。她讨论所谓人权的时候，便说“两性除了生理机构微有不同外”云云，微有不同的“微”字是很成问题的。生物学家告诉我们说，男女两人的分别是深入腠理的，男子身体所由组织成的细胞便和女子的不同；又说，假若以普通生物分类的标准相绳，男女简直不妨分为两个不同的种！所以，微有不同的判断，如其解作“即极微处亦有不同”则可，解作“不同处至为微细不值得深切注意”，便不为事实所许可了。陈女士又说：“合乎人道的观念，践乎人道的行动，肩着人世的重任，干着人群的工作，只凭才智旨趣为主体，原无性别之可分……”这不更是一派十足的只承认通性与个性而抹杀性别之性的矫枉过正的话么？林先生所了解的“人格尊严，绝不是女性男化；机会均等，不必是男女同工”，毕竟要和平中正一些。

总之，目前的妇女问题决不是一个单纯的问题。我们尽管承认，就一部分的妇女而论，解放的程度还不够，通性与个性的发展受着严重的桎梏——到如今依然成为问题的一部分。我们也不能不承认，就另一部分的妇女而论，解放的程度也许够了，也许已经过了火，通性与个性发展的结果竟然把女子所以为女子的事实都给一笔勾销了——这又何尝不成为问题的一部分？同是问题的一部分，认识前一部分的人尽有，而窥见后一部分的人还少；问题的严重性一半也就在于此，就一般的社会说，以至于就受过高等教育的一部分人说，我们对整个的妇女问题至今还没有充分的认识。

这种不认识是无庸讳言的。当代的所谓女子教育便建筑在此种不认识之上。就忽略女性之性一端说，我们对当代的女子教育下一个“无知”或“盲目”的评语，也不为过。陈女士是家庭教育的专家，所以我们在她的议论里，还寻到一两句“……社会的结构、教育的制度，在在可以造成矫枉过正的病因”的话；至若张女士，在这一点上的态度就比较不易捉摸了。她说：“我国现今的大、中学女生，她们所学得的，多半和男生一样……她们用了多年的光阴，学成以后，莫非无所应用、无所表现的就归隐了不成?”这是问得很对的，不过张女士根本没有说明，这种女子教育究属合事理不合事理；就她全段文字的语气说，似乎她也未尝不感觉到此种教育实在有些不大合理（观段末“潜心学问也许能将天赋的妇女母性通通斫丧了”之语，益信），但就“归隐不成”一类的语句说，她又似乎很有些将错就错的意思。无疑的，今日智识界的妇女，尤其是那些能作自白的妇女，多少已经自觉，她们像希腊神话里的赫居里斯（Hercules）一样，已经走上了一条歧路的叉口，所以才会有这一类彷徨的语气。

根据人格三方面的理论，作者决不会主张“把妇女，受了教育，尤其是受了高等教育，连同在社会上好不容易才挤得一个小角落立足的妇女，统统赶回家去，关在家里，让社会上一切的事业完全归男子一手来经营”。这是大可以请张女士及其它智识界的妇女放心的。事实上，在《妇女与儿童》里，作者也似乎没有妄作主张到此种地步。不过，站在民族健康的立场说话，作者不能不希望一切优强秀异的妇女，像同样的男子一样，能走上婚姻生育与教养子女的一条路；她们在走上之后，能否兼筹并顾到社会事业或文化事业，那就全凭她们的兴趣与精力，任何人都不能加以理论上或事实上的限制。上文也说过人格三方面的禀受，因人而有强弱的不同；一个通性、个性、女性或母性比较平衡发展的妇女当然是比较难得的健全分子，民族希望她要“有后”是极有理由的，因为民族自身的“有后”就建筑在此等人的“有后”之上。一个女性或母性特强的妇女也许用不着什么外力的诱掖，便会踏上婚姻与生、养、教的路；反之，一个个性特强的妇女，即有有力的劝诱，怕也不生效果。这都是很自然的，张女士也曾很有见地的讨论到此。不过就民族前途的需要来说，假若所求只是人口在数量上的增加，则只须母性特强的妇女人人尽她的天职，于事已是。但若所求为人口品质的提高，则最大的问题便在如何运用标本兼治的方法，使个性强而母性未必强的妇女也能把子女的生、养、教认作她们一生最大的任务。这是目前优生学的很大的一个问题。

即不为民族的前途设想，而为智识界妇女阶级的将来设想，为妇女解放运动的命运设想，上文的一段推论也是很适用的。智识界的妇女不要增加与扩大她们的力量则已，妇女运动不想维持其活力于不败则已，否则第一个条件便在永久培植有高级智能足以获取智识而推进运动的妇女种子。根据物从其类的原则，此种种子的维持，一小部分固然可以靠征求吸引，一大部分总得靠智识界妇女自身肯不躲避生、养、教的艰辛任务。换言之，个性特强的妇女总须能稍稍抑制她们的个性于一时，才有希望遗留与维持此种个性于百世。设或不然，也许这一世代里，妇女的智识活动与争取公道的活动虽盛极一时，到下一世代，忽然销声匿迹起来，而奄有天下的，像运动未发轫以前一样，依然是一班女性与母性特强而在男子手里受尽了委曲不敢喘一口气的女子，这又何苦来呢？作者以前曾经有机会讨论到这一点，也曾经在妇女出版界方面挑起不少的反响，不过，无论反响如何，智识界与有领袖才力的妇女总得同时认清与力行“运动不忘生育”与“生育不忘运动”的原则，妇女问题的解决与民族健康的维持才得有所利赖。

说　本*
(1939)

二十八年六月我去过一次昆明附近的玉溪县。玉溪有一个名胜叫九龙池，是一股很大的泉水，附近四十二屯的稻田都靠它灌溉。农民饮水思源，照例有龙王庙的建置。平时，在庙的四周有许多禁忌，以示尊崇，例如山上不许采樵、池里不许渔钓，到了秋收的时候，更不免唱戏酬神，大家热闹一番。

龙王在中国神道设教的传统里，有悠久的历史，有广大的传布；有水的地方就有它，有水的问题的地方更不能没有它。靠它所设的教是什么？用普通些的成语来说，是“饮水思源”；用古老些的《礼经》上的话来说，是“报本反始”。我们借这个引子来说一说“本”字。

“本”字在我们的民族文化里占有极重大的位置。它是取法于生物现象的一个象形又兼指事的字，象的是什么形，指的是什么事，是尽人通晓无须解释的。主要的是我们的先民很早就把它的意义应用到人事上来，并且应用得非常之广，从个人的行为起，到民族的盛衰兴亡止，几于无时无地不用到本的观念。孝弟是为人之本，所以君子要务本，还是本之小者。“枝叶未有害，本实先拨，殷鉴不远，在夏后之世”，便是本之大者了。春秋之世，弑君三十六，亡国五十二，太史公的断语是寥寥的“察其所以，皆失其本已”九个字。本的观念支配了我们的宗教信仰，所以说“万物本乎天，人本乎祖”，又说“天地者，生之本也；祖宗者，人之本也”。而家的所以主中流，国的所以主社，也无非表示报本反始。本的观念也支配了我们的政治和教育，所以说“君师者，治之

* 原载昆明《益世报·星期论评》，1939年6月11日；辑入《优生与抗战》，商务印书馆，1944年版。

本也”，而这两种政教的领袖也终于会加入祀典，成为民族宗教的一个重要部分。本的观念也支配了我们的经济生活，所以说“德者本也，财者末也，外本内末，争民施夺”。本的观念支配了我们整个的礼治的文化，所以说“礼也者，反本修古，不忘其初者也”，又说“天下之礼，致反始也。致反始，以厚其本也”。要是礼治主义是中国文化最大的特点，而本的观念又是礼治主义的核心，那末，本的观念和中国文化的关系的如何密切，是不言而喻的了。

务本的观念支配了我们的文化，是比较容易了解的；务本的信仰同时也控制了我们民族的寿命，似乎理会的人还不多。“本”字原是一个生物的字，把它适用到人事上来，最方便的当然是在人事的生物的一方面。上文引用的许多牵连到“本”字的说法里，最具体、最容易受人了解的，自然是“人本乎祖”的话，其余就比较抽象了。从生物的立场看，人既本乎祖，这祖宗的本就得培植，庶几可以有强固的枝干、繁盛的花叶、优美的果实，而果实的散布更可以无穷尽的把我们的品类绵延推广。所以在我们的诗教里，很早就有“本枝百世”的话。降至今日，任何人家的祠堂里、家谱上、门楣上，总有一些“源远流长，根深叶茂”的语句，并且这一类语句的运用并不限于通都大邑的世家望族，在穷乡僻壤的农工细民的生活里，正复同样的流行。假若我们有机会把乡民的名字做一些统计的话，我们不难发现利用得最频数的是“根”、“泉”一类的字样；凡是见过农工阶级的花名册的人，对这一点已经可以做一个初步的证明。

更从教化的立场看，人既本乎祖宗，而此本又非报不可；报的方式虽不限于一端，而最具体、最可以维持久远的一式，自然是使祖宗的血系不因我而斩。于是就形成了有后主义。三千年来，我们的家庭组织与婚姻制度，不用说是建筑在这主义之上，所以有“大昏万世之嗣”的话，就是一般的个人与团体生活也无往而不把它当做一个最终的参考点。春秋时代的贤士大夫，喜欢根据了一个人言动举措的当否，来逆料一人、一家、一国的有后无后，一部《左传》里记载的例子便不知有多少，后世也往往如此。总之，因务本而崇孝，因崇孝而主有后，百行孝为先，而孝以有后为最大，而人生最不幸的归宿是无后，是不血食——这些，在中国民族里早就成一派极坚固的信仰，其地位相当于许多宗教的灵魂不灭的信仰，而其力量要远在灵魂不灭的信仰之上。两种信仰虽同样的建筑在不朽的愿望上，而有后的信仰却有天然的事实做依据，有具体的效果供体验，宜其历时愈久而愈牢不可破了。这样一派信仰是不会没有深远的功能的，这功能便是民族寿命的延展，至于今日而不替。记得所谓新思潮发轫之初，有人唱为非孝的论调，也有人挂出无后主义的招牌来；当时窃尝期期以为不可，为的就是上面所述的理由，为的是怕枝叶已有害、本实更拨！

这样一个注重根本的民族与文化像中国，宜乎是十分十二分的健全了。事实却又不然。这其间的原因我以为就在过于重本、过于务本，用今日的口语来说，就是，我们多少也吃了“唯本论”的亏。我一向认为任何带有“唯”字的思想学说是不健全的，是无法健全的，在主张它的人无论如何虚怀若谷、从善如流，总不免失之偏颇、失之武断，自己吃执一的亏，别人蒙抹杀之害。唯本之论当然不是一个例外。唯本的不良的结果不一而足，我们不妨提出比较大的两三点来：一不妨叫做唯本的感伤主义，二可以叫做务本而舍末，三是一本论。

一、什么是唯本的感伤主义？不管本是什么，本总是代表一个对象，也许是天地，也许是祖宗，也许是孝弟忠信一类的行为标准。对任何对象我们总有一个态度，这态度有时侧重理智一方面，有时侧重情绪一方面。但是在“唯”的局面之下，势必永久的侧重情绪一方面，其末流之弊就是一种感伤主义。以理智遇一种对象，我们所得的结果是这对象的本体与原委的了解；以情绪遇一种对象，我们所得的是喜感或悲感，或二者糅合的一种情感。我们对于任何我们所认为本的对象，既用情多于用智，所得的结果自然是大都属于后一种了。我们一面承认天地为生之本，但宇宙一切究竟是什么、是怎样来的、已经有过什么变化、前途会有什么变化，我们几乎全不了解，一向也似乎根本不求甚解。天地对我们只不过是一个很笼统的宗教与道德的对象，我们连一派比较细密的天神地祇的神学都拿不出来，哲学与科学的不容易发展更是在意料之中了。我们从祖宗的本上早就悟到血统的道理，从农业畜牧的经验里更早就明白一些血缘的关系，但这种初步的了解并没有能教我们对生物演化的现象作更进一步的观察。我们根据了报本的原则，对祖宗父母始终是生事死祭那一套；对供给民生衣食的动植各物，我们最大的排场，也不过一年一度的蜡祭。一切的一切，只是一些情绪的反应而已。

情绪的反应到一个感伤主义的程度，当然在孝的畸形发展里最容易看出来。大舜五十而慕，至于向天号泣，固然有他的特殊的苦衷，但后世很大的一部分的孝行，见于正史与地方志传的，是无疑的属于感伤主义性的愚孝，其中有一部分的所谓孝子，用今日的眼光看来，并且是精神上还没有能断乳的一种属于所谓早熟癫的疯子。就整个的民族来看，这种疯子也许不太多，但在孝与一般的唯本论之下，感伤主义所培养出来而在精神上始终未曾断乳的人，怕是不在少数。一个民族文化，在这种始终未能断乳的人的支配之下，怕也不免呈露几分幼稚病的症候。以前辜汤生先生曾经为文论中国人与中国文化富有童年气象，辜先生的观察是对的，但辜先生的估价也许是错了。辜先生对童年气象的由来似乎并没有加以推敲，假若有的话，我以为他也会承认，这童年气象之中，至少有一部分是过期不断乳的幼稚病。

二、什么叫做务本舍末？以前史传上常见到舍本逐末的评论。子游拿这话来批评过子夏的教育方法。重农的时代，以农为本，以工商为末，商更是末之尤者，最被人瞧不起；后来工商业一发达，蒿目时艰的人便时常有舍本逐末不胜其欷歔感叹的话，并且竭力设法，想重新奠定一个农本的政策。欧阳永叔著《本论》上下篇，认定儒道是教化之本，后人佞佛，是完全由于不修本的缘故，有了舍本之因，才有逐末之果。不过，我们如今就整个的民族文化看去，弊病还是不在舍本逐末，而在务本舍末。就理论说，本末和经权博约一类的原则一样，是宜乎兼筹并顾的。子夏在答复子游的批评里，就包括这层意思。《礼经》上有先王立礼、有本有文、无本不立、无文不行的话，《大学》教我们先本后末、内本外末，并没有教我们务本忘末。

但务本发展到唯本的程度之后，我们终于遗忘了末。俗有“猢狲种树”的寓言：猢狲种了一棵树，十分关心它究竟活不活，他不看上面有没有新枝嫩叶发生，却天天把树拔起来，看长了新的根须没有，结果这棵树就死了。这寓言的本意是喻人不宜过求速成，或过于宅心不定，但我们以为大可引来比喻中国的民族文化。我们像那猴子一样，太过关心于文化的本根了。先圣昔贤所三令五申的是务本与不忘其本。中国的文化，本来以通天、地、人三才为目的的，通三才在人，人是本，天、地到此可以看作末，但人本主义发达的结果，终于把天、地遗忘了；到了后世，研究义理之学的人居然会告诉我们说，一切的大道理全都寄寓在伦常日用之间。我们如今学习到一点外来的哲学科学，便知道伦常日用之外，属于天、地两才的，还不知有多少大道理可供推敲。就是在研究伦常日用的道理时，我们在务本与不忘本的原则的暗示之下，也似乎只知道向已往看，不晓得对现在与向未来看；只知道向经验里寻鉴戒，不晓得就现状中求改革。我们承认历史是经验阅历之本，非随时随地参考不可，但若说非先王之法言、法服、法行，便不敢言、不敢服、不敢行，而事事必得走前人的旧辙，那文化演进的机缘不就不绝如缕了么？乡土的留恋也是我们不忘本的观念的一方面。《檀弓》称太公封于营丘，比及五世，皆反葬于周，君子美之。这种不忘本的精神，降至后世，更有畸形发展的趋势，至今我们到处有“树高千丈，叶落归根”的话；上文说人生最不幸的归宿是无后，其次怕就是不得归葬故乡了。乡土观念虽也有它的价值，但是中国民族开拓的迟缓、向外发展与冒险精神的薄弱、国家意识的迟至今日才逐渐成为事实，乡土观念不能不与家族观念共同负其责任。这些因了唯本论的压力而无从发展的种种，我们都可以叫做末，都是一个比较健全的民族文化应有的一些枝叶花朵；我们对于民族文化的这棵树，对于本根也许太关注了、太烦扰了，结果是，枝叶花朵虽始终维持着，却时常呈发育不全与早期萎缩之象。发育不全与早期萎缩也就等于上文所说的幼稚病，所以所谓唯本论的前两个不良的影响根本还是一个。

三、唯本论还有一个方式，就是一个人或一个时代始终只承认一个本，即不知道因时、因地、因事之宜而转移本的对象。这种唯本论不但唯本，并且所唯的只有一本，那就更危险了。例如讲宗教时，以天为本，讲治道时，就宜乎以人为本；讲家事时，以亲亲之仁为本，讲国事时，就宜乎以尊贤之义为本。但一本论者往往不明白转换的道理，于是人本论者对于天地万物的论调也许十之七八不脱拟人的道德主义的范围。在这种论调充斥的时候，我们知道哲学科学也是不会发展的。父亲攘羊，孔子以为应当子为父隐；瞽瞍杀人，孟子为舜着想，以为应当窃负而逃，遵海滨而处。我以为无论如何这两位圣贤是犯了亲亲主义的一本论的错误；这种错误而存在，政治与社会生活也是没有法子走上清明的道路的。孟子批评墨者夷之，不一本而二本，就夷之的厚葬其亲而论，这批评是对的，夷之实在是犯了主张与行为上的矛盾。但若儒者只承认亲亲的一本论，那也就不是了。中国民族的团体生活在这方面吃的亏，二三千年来，正不知有多少，家族的畸形发展、法治的无由确立、国家组织的不能巩固都可以推溯到这个一本论上。

唯本论与其弊害究属从何而来，是一个亟切不易答复的问题，但我们不妨作一个答复的尝试。我们民族文化里最大的两派势力，自莫过于道家与儒家；道家发展较早，历史上动辄把黄、老并称，其早可知；儒家的一部分哲学也脱胎于道家，孔子曾经向老子问礼的一段传说至少有几分象征的意义。道家的中心思想是自然主义与原始主义，自然与原始都是本——天地为万物之本——的另一种说法，其流弊当然也不能免于上文所说的感伤主义。说归真，说返朴，真与朴都所以形容本原的生活状态，这种生活状态是诗境，是象牙之塔，是海市蜃楼，可以憧憬，可以想象，可以向慕，而势有所不可几及；不可几及，则伤感随之矣。近代精神病学者说人生本有留恋原始、躲避现实的倾向，知其无法躲避，从而切实应付的人是健全的，不能切实应付而妄以幻境为实境从而取得精神上的慰藉的人是病态的，病态到此，就比感伤主义更进一境界了。精神病学者又比较刻画的说，人的潜意识也留恋着胎期中的生活，常人睡眠的时候，最舒服的姿态是胎儿在母腹中佝偻的姿态，据说就因为这个道理。不管这一类刻画的推论有多少价值，总之，道家的迷恋原始是一大事实，而“玄牝之门，为天地根”一类的话会教我们联想到，也许这种推论还不算是太过刻画的咧。道家在这种精神状态支配之下，于是便有极端的清静无为之论，知止知足一论，绝圣弃知，抑衡剖斗一切反人治、反法治之论，到此，唯本论的三种弊病也就完全具备了。

儒家的唯本论大概是从道家承继而来。说报本反始，报本论中固然有儒家自己的成分在内，但反始却完全是道家的气味；说报本，还有当时、此地与自我的立场，说反始，这立场就完全放弃了。后世比较严格的儒者未尝不斥黄、老为异端，但是黄、老的伏流在儒家的发展里，可以说始终没有干涸过，并且这伏流事实上也并不很伏，遇到儒家势力盛极而衰的时候，它往往有取而代之之势，例如汉代初年及两晋六朝。这种更迭取代的局势也是在意料之中的：一种伏流总有呈露出来而成为明流的时候，是一点；根据文质相胜的自然趋势，儒家文胜之弊不能不靠道家来补救，又是一点。不过，无论两家如何更迭取代，也无论两家在别的方面上如何各不相谋，至少在唯本论上，两家既有师承的关系于前，又有此推彼挽、协力维持的关系于后，可见是始终一致的。这便是唯本论的由来与所由维持的一个初步的解释了。

不过话得说回来做个结束。要是旧日的弊病在唯本舍末，今日的弊病似乎在忘本逐末。革命的哲学要是走上极端，一定是一个忘本的哲学。维新与太过于讲“把握现在”的一番理论，也是。前几年苏俄学校里不读历史，一口咬定民族的以前种种譬如昨日死，最好是一笔抹杀。二三十年来中国的教育，有能力把农工子弟从乡村里吸引出来，却无方法把他们送回乡村里去，从而改造农村，重新奠定国家的经济与社会的基础。科学的发展，产生了无限量的力，原是何等有利的事，但从国际的战争里，以及机械工业的种种弊害里，我们发见这种力已经成为草菅人命的最大的工具，并且已经大到一个程度，教产生它出来的人无法控制。老道士召鬼，原准备教鬼当差的，但不期鬼来得太多了，来势又太凶猛了，以致老道士指挥不灵、斥退不去，弄得竭汗淋漓、进退不得。科学与机械主义下的今日的人类正复类是。这些，都是一些忘本逐末或本末倒置的现象；“尾大不掉，末大必折”，及今不图挽救，整个的民族与人类迟早会走上危亡的路。

本文的结论在上文里已经隐含着，可以无须多说。感伤主义不用说是应该加以制裁的，任何感伤主义应受制裁，固不仅对待本的一种为然，汉代的杨恽说：君父至尊亲，送其终也，有时而既。真正知礼的儒家也教我们不以丧亲之故而伤生灭性。我们已往的文化，是无疑的带有几分伤生灭性的意味的。这一点应当改。感伤主义既去，我们对本的态度才能够逐渐的理智化，而一切形上形下的客观的学问才有发展的希望。近代西洋人治学的方法里，亟称“渊源的方法”（genetic method）的重要，许多天人物理的学问造诣就从应用这方法后得来，所谓渊源的方法还不就是寻本的方法么？本末的应当兼顾，与夫本的不应当执一不变，是更显而易见的一些结论，无须再事赘言的。

德苏妥协的思想与其它背景*[1]
(1939)

苏德两国于本月（一九三九年八月）二十日来了一个商务协定，最近又来了一个互不侵犯协定，于昨日（八月二十四日）签字。柏林合众电称："消息宣布后，各国外交家均目瞪口呆、不知所措。"巴黎哈瓦斯电说："此间官场方面闻悉之余，极为惊讶。"柏林路透电称：德国自己的"外交部要人，对此消息均表示惊异"。只有日本在表面上故示镇定，东京路透电称"日本消息灵通方面，仍不以为异感"，但一望而知这是装出来的，他们内心上的失望与着急是决不会对新闻社记者和盘托出的。那几天里，外交评论家的惊讶的程度也不下于各国的外交家。他们用的字样里，有"莫测高深"、"晴天霹雳"、"外交革命"、"非理智所能预测，非常识所能判断"等等。

就这件事的比较的突如其来一点说，这种惊讶的态度是很自然的。但若就这件事的原委稍加分析以后，我们的判断以为是不足为奇。

第一，从现实政治的立场看，这是不足为奇。我们统观近代的国际关系，真正有那一国、有那几桩事是不受"现实主义"支配的？美国的国际关系算是比较的讲一些理想主义，一则因为它立国之初，确乎有过一批人才用理想主义来号召，而这一种遗业到如今还没有完全泯灭；再则因为它立国之日浅，好比一个青年，多少总有几分戆直之气。不过这种理想主义是受空间与时间的限制的。美国地理上的位置与其它各大国迥殊，财力又特别雄厚，比较的可以高谈理想而不吃亏，而不受人奚落。这是空间之说。美国民族的阅历还少，一旦饱经世故，这种理想主

---

* 原载昆明《益世报·社论》，1939年8月25日；辑入《自由之路》，商务印书馆，1946年版。

义也是无法维持的，孤立派的逐年抬头就是一个证据。这是时间之说。至于其它各国和它们的外交家，可以说到现在全还都是麦奇亚弗利（Machiavelli）的信徒，全都是现实主义者，对一个邻国，今天有利可图，可以矢刎颈之交；明天金尽交疏，可以下陷井之石。这种国家真无异一伙狼，今天合伙，明天散伙，是完全以利害为转移的。

第二，从苏德两国的近期历史关系看来，这次的妥协也是不足为奇。一八〇二到一八七九年间两国曾经缔结过同盟，因同盟的日子特别长，双方都得到过不少的政治上互助之益。第一次欧战后，一九二二年《拉伯罗条约》订立成功，双方又恢复了正常的关系，并且还相当的亲密。一直到希特勒总揽大权，这关系才告一段落。但双方仍能于一九三五年成立一种商务协定，维持相当的经济关系。次年，德国与日本签订防共协定的时候，苏联曾派秘密使节赴德，虽因希氏态度冷淡而未获什么结果，但多少总代表一重维系。到一九三九年一月，苏方又派经济使节到德，二月中，苏方又允许把大量的汽油卖给德意两国，这些和最近签订的商务协定都有直接的关系，和昨天签字的不侵犯协定也有间接的关系。再从政治方面看，数月前，李维诺夫与莫洛托夫的更代也是很有意义的，李氏以亲英著称，而莫氏则素来倾向德国，李去而莫来，足征苏方早就有舍英取德的意向，这意向到最近才算完全实现①。

第三，从两国的经济需要看，这一着突然妥协的棋子也是不足为奇。苏德两国都是在第一次欧洲大战中吃过大亏的。它们真是同病相怜，尤其是在经济方面，两国都需要经济的复兴，而复兴的方式却不一样。苏方有的是原料，而缺乏的是技术人才与机器，德方的有无恰好相反。以常情论，这不是一个再好没有的、相须相成的局面么？假如苏德两国能蠲弃其它方面的成见，能断然撇开别国的拉拢或离间，而一心以本国的经济需要作为国际关系的参考原则，它们不也很容易看清楚这相须相成的局面么？这次的妥协多少可以证明，也许以前没有十分看清楚的，现在经过许多周折与挫折之后，是看清楚了。俄国需要的技术人才与机器，一向以取给于英美者为多，但假若能取给于德国，岂不是更近便、更精良？希特勒觊觎乌克兰，好比他要求收回殖民地一样，目的无非要取得原料，如今假定可以有和平方法获取原料的供给，他又何乐而不为呢？

上面三个不足为奇的理由是比较近而易见的，在两日来的外交舆论

---

① 原文为“现实”。——编者注

中我们也多少已经看到。不过还有两个比较远而难知的理由不能不一提。它们虽远、虽难知，但对于这番妥协的所以成功，未始不是一些很有力的因缘，其力量之大，比起上文所已缕述的三个来，或许有过之无不及。

第四，从两个民族的种族成分上看来，这次的妥协也是不足为奇。我们并不相信偏狭的种族主义，认为种族可以命定一切、可以解释一切。但种族至少是人群社会生活的因素之一，这是我们不能否认的。苏德两国在种族成分上是很相同的。欧洲的人种，我们统称为高加索种，但细分之，实有三族：一是诺迭克族，相当于近代史上的条顿族；二是阿尔卑奴族，相当于斯拉夫族；三是地中海族，相当于拉丁族。各大国之中，大抵这三族的成分都有，不过多少不同罢了。在苏德两民族中，阿尔卑奴族的分子，都是占绝大多数。这是有一个共同的原因的。种族演变论者告诉我们，三族当初都是从亚洲西部发展，而共同伸张到欧洲的，不过阿尔卑奴族最较后起，繁殖力也最大，就先进而已深入欧洲西部的其它二族说，它好比一个三角形的楔子或尖劈，很不客气地向西劈进，一面逼迫其它二族集结到大西洋海滨，一面更用强大的生育力把二族逐渐替代。在这逼迫与替代的过程里，最适当其冲的是俄国与德国。这是种族成分相同之说一。阿尔卑奴族在血缘上和蒙古利亚种最近，史期以前不说，就在史期以内，蒙古利亚种人也曾几度的伸入欧洲，而成为欧洲人口的一部分的基础。体质人类学家告诉我们，蒙古利亚种的特点在德国境内发见得很多，并且一直要西进到佛司脱法仑（Westphalen 即 Westphalia）才看不见。俄国境内蒙古利亚种的成分之大，可以不必说了。这是种族成分相同之说二。种族的成分既相同，根据方以类聚、物以群分的旧说（也是近代生物学的一大原则），他们本就很容易发生声应气求的关系；换一种说法，这样两个民族，即使中途因外力而发生隔阂或敌对的现象，迟早总会拉拢在一起的。所谓声应气求之说，看了下文还要明显。

第五，从两国的政治与社会思想看来，这一次的妥协也是不足为奇。东京路透电称："观察家顷发表评论，以为无论如何，日本已因此得一沉痛之教训，即反共公约精神上的联系，初不足以影响希特勒之现实政策。"柏林哈瓦斯电却说："关于反共产国际公约的命运如何一层，主管人士不愿表示意见，仅谓此项公约系以思想为根据，互不侵犯条约则属于政治性质。"中国的外交评论家中，也有人说"理论的冲突在实际政治上是不重要的"。这些，我们认为都是错看了苏德思想的异同与小看了思想的势力的话，我们以为苏德两国的政治与社会思想根本相同，而这次妥协之所以成功与成功得如是其快，局部就因为这思想上之沆瀣一气。苏联讲的是集体主义，德国讲的也是集体主义。苏联讲共产主义，德国讲国家社会主义，名称尽管不同，集体的精神则完全一致。苏联讲无产阶级革命，而所深恨的是帝俄时代的贵族资产阶级；德国讲日耳曼民族最高无上，而所恶绝的是犹太民族。彼此所尊崇的对象与所归罪的对象虽微有不同，而其是丹非素、党同伐异、出主入奴的精神则又完全一样。微有不同的又一点是苏联的民众是无产的，而德国则是中产的，但事实上苏联近年来正越走越上金力政治（bureaucratic）的途径，而德国因恢复军备关系，对民众搜括得十分厉害。所谓无产与中产之分，也是有名无实的。上文说过苏德两国都是第一次欧战后经济上最残败的国家，这一点便足以教它们在思想上归于一途。斯宾塞尔早就说过，军国主义、共产主义与社会主义是弟兄辈，当代的社会学家又添上一句，说：假定战争把国力弄得十分凋敝之后，这种做弟兄的机会就更大。何以故？集体精神的需要更急迫故。

不过苏德两国思想的所以根本相同，其间还有一个种族的解释，阿尔卑奴族或斯拉夫族是以善服从著称的，不但能服从，并且能驯服。“斯拉夫”一字和西文“奴隶”一字是同一源头的。只有一个驯服性发达的种族才能形成、接受与实行一个集体主义的社会哲学。我们还相信这一族在血统上是相当混杂的，其混杂的年限虽已相当悠远，但还没有到达一个十分和谐的程度。至少有一部分的人类学者说，凡是血统上因混血而不甚和谐的分子，在政治上是善服从的，在人生观上是悲观的，弄得不好，并且会走上自杀的途径。这种分子的生命，更得靠集体主义来维持。对于因蒙古利亚种的血统的搀入而发生的身心上不和谐的分子，这一番话自然更其适用。说到这里，第四与第五两个不足为奇的理由就携手了。

根据上文，我们还不妨有两个近乎预测的观察：第一，我们认为苏德可以妥协，而苏或德与英美根本上无法妥协，因为双方的思想与此种思想所由产生的生理因缘太不一样。第二，国际的阵线，连同日本在内，终于会减到两个，即个人主义者与集体主义者，除非真有一个国家能就二种主义中找出一个新的折中来。

注释：

[1] 此文作于一九三九年八月二十五日，即苏德互不侵犯协定正式签字的次日。不到两年，德国开始侵犯苏联（一九四一年六月二十二日）；

同时，苏联改与英国订立互助协定（同年七月十二日）。从此以后，第二次世界大战中“同盟”与“轴心”的阵线完全分划清楚，二十六国的联合国的关系，包括英、美、苏、中的核心在内，也一天比一天强化，终于把“轴心”的阵线打破，把意、德、日三国先后击败——文中一片“妥协不足为奇”的论调表面上已成明日黄花，不再有丝毫意义。因此，我这一篇文字，也就没有再事保存的价值。不过，我在这篇文字的末尾里也说到一些预测的话，认为前途国际的阵线终于不免减到个人主义者和集体主义者的两个，而自第二次大战结束以来，英苏的磨擦在欧洲，美苏的磨擦在亚洲，已有逐渐形成此种新阵线的趋势，则思想背景与政治的关系的一般论调还是可以成立。若说敝帚自珍，完全不肯放弃，则我岂敢。

英美与苏联的政治在思想上的冲突，自来讨论的作家很多。在第二次大战期内，一则因为大家忙于战事，无暇及此；再则因为苏联与英美既同属同盟国家，在一条战线上，彼此自以不相批评为宜。但自本年（一九四五）起，这方面的讨论就一天比一天多了。其中最重要的一种是三四月间在美国出版的哈埃克（Friedrich A. Hayek）教授所著《到奴役的路》（*The Road to Serfdom*）一书。哈氏是一位有国际声誉的经济学家，原是奥国人，因不胜初期泛系主义的压迫，于一九三一年移居英国，旋改入英籍，任伦敦大学经济科学教授。哈氏此书专就自由竞争在经济上的价值立论，对一切计划经济表示反对，殊失之偏激，不过他对于集体主义的评论大体上是很健全的。他在奥国，在泛系主义兴起之前，受过苏俄式的集体主义的压迫；在他离开奥国以前，又吃到过德国式的集体主义的亏，所以对于任何集体主义，不免有一种深恶痛绝的情感。在他讨论的话里，凡属说到德国，一定要在括弧里一并提到俄国，说到俄国时，德国也一定要被带到一笔，以示两国的政制在基本精神——就是集体主义的精神——上实在没有多大的分别。哈氏此书，在一九四五年四月号的美国的《读者文摘》上曾经有过一次很详细的介绍。哈氏认为自由经济与计划经济不能两立，过分的抨击计划经济与一切的集体主义的措施，我是不赞成的，我认为个人主义与社会主义或集体主义，一成主义，便各有它们的弊病，说见《自由之路》第一篇中“八”与第五篇中“三七”二文。他指出集体主义的方式尽有不同，而基本精神则一，同样的值得批评，那我是赞成的。我评论当年苏德签订互不侵犯协定，认为不足为奇，也就从这一层意思出发。

学生参加政党问题*（1940）

钱端升先生在第三卷第二十二期的《今日评论》上发表了一篇论党的文字。党是多年来难得有人讨论的一个题目，不大有人讨论的缘故大抵不出三个：一是不敢，怕罹法网；二是不便，怕得罪在党里的朋友；三是不屑，一部分的人也许因为渴爱自由，也许因为潜心学术，觉得犯不着讨论。虽有此三不，事实上讨论的人还是不少，不过只在口头、不在笔头罢了。在笔头，党终究成为一个忌讳的题目。如今居然有人在笔头上讨论到它，并且讨论得很周到，我不能不为党的前途与国家民族的将来庆幸。

根据先哲的遗训与民族的经验说话，“党”当然不是一个好字眼，而“党”字所指的现象不是一个好现象。最古老的一部讲政治的经书就说：无偏无党，皇道荡荡。孔子说：君子群而不党。孔子因为称赞鲁昭公的关系，自己还接受过未能不党的批评。后此关于不党的议论不一而足，例如欧阳修的《朋党论》。历史上有过不少的时代吃过党祸的亏，例如东汉的末年、唐代的末年、北宋与南宋、明代末年等等，其间尽有君子之群，而不是小人之党，党的称呼是反对的人加上去的，但对于当时的祸乱多少总要负几分责任。乡党之党，原无所谓好坏，但畛域主义或地方主义一发达，党同伐异的精神也就多了一种凭借。孔子称他的门徒为“吾党小子”，那“党”字也无所谓好坏，但后来学派日多，各成门户，出主入奴的风气也就多了一种根据。无所谓好坏的党也终于成为坏的了。

---

* 原载《今日评论》第3卷第25期，1940年6月23日；辑入《自由之路》，商务印书馆，1946年版。

当然今日所了解的党有不能和旧时所了解的党相提并论的地方。今日的民主政治理论并且承认党是一个万不可少的现象。大学的课程里不还有一种“政党论”的课程么？不过无论今昔，不说党则已，否则它多少有培养畛域、门户、派别的精神的危险，是谁也不能否认的。在西洋，“党”与“偏袒”（party，partisanship）两个字还不是同一来源么？

有人以为党与偏也不一定永远是坏的。人生与政治的经验里，往往有许多党与偏的已成的事实。他们认为要纠正此种事实，也得用些党与偏的手段，在求近功与速效的人看来，更以为是非用不可。所谓非过正不足以矫枉的道理就是。这种见解也许有它的地位，也许有不少的地方可以适用，但就青年的教育一方面说，我以为这见地是无论如何站不住而不适用的。

我一向主张学生不入党。十年来在笔头上曾经说过不止一次。庐山谈话会之前，北平方面赴会的朋友，事前对于预备提出的谈话的题目，曾经有一度的商讨，当时我提出的就是这个——青年学生不入党。最近讨论到“青年的社会思想”、“宣传不是教育”和“所谓教师的思想”等问题，不用说也和这题目有密切的关系。

学生不宜入党，我以为可以从三方面来看：一是学生本身的发育，二是学校的行政，三是国家民族的前途。

国家教育青年，在着手之前，应当承认下列的三点：第一，我们不能不假定他是一个正在发育而尚未成熟的人。第二，就方法说，我们要将就其天赋的本质和发育的自然顺序，好比树艺，切忌揠苗助长。第三，就目的说，尽管一个青年在材质上有所偏注，我们却不能不力求补偏救蔽，而期其终于变做一个健全与圆满发展的成人。至于什么才算健全与圆满的发展，我们至少可以引荀子的“以群则和，以独则足”的两句老话做一个标准。这三点是最基本的。我虽不学教育，我想专攻教育的人对此也不会持什么异议。

如今教学生入党或类似党的预备的团体，我以为对这三点是根本冲突的。一个党与它所包括的种切，连同它的党义、党纲在内，是一套囫囵、完整与固定的东西，至少就党的立场不能不如此肯定，而一个在学生时代的青年却是富有流动性的，也是应该多有几分流动性的，他对人生的一切尚在探寻、摸索与实行心理学家所称尝试与错误的方法之中。教他入党与接受党所包括的一切，其为不智，岂不是和强勉尚在萌蘖中的植物或尚在襁褓中的幼儿接受固体的肥料或营养品一般无二？约言之，就等于否认他是一个尚未成熟而正在发育的动物。

党的扩展靠宣传，宣传所用的方法是灌输，其为强勉，有时候可以到一个生吞活剥的程度，这种方法的违反自然发育的顺序与迹近揠苗助长，我在下文《宣传不是教育》一篇里别有讨论，在此无须再说。

至于学生入党违反"以群则和，以独则足"的教育的鹄的，也是显而易见的。一个人加入一个党派，至少从党内的立场看，似乎不但与"以群则和"的原则不相反背，并且可以在这方面多得一些训练。但也不尽然。党内分化或党内有派的事实告诉我们，一个党实际所能做到的往往是表面上的同，而不是部分间的和，而同与和并不是一件事。至若党外，那"和"字就更谈不到了，对党外无党的人，既多少不免有几分歧视，对党外别有党的人，此种歧视更可进而为排挤、倾轧，以至于短兵相接的斗争。这种态度与行为，即发自成年的人，从社会生活的大处看，已属万分不幸，何况发之于尚在准备做人的青年学生呢？从一方面看，加入党派的学生，我们相信有很大的一部分是受了青年时代理想与热情的驱使。他们切心于国家的再造、社会的革新，希望入党与信奉一种主义之后，可以更快的实现他们的目的，不过从另一方面看，为了增加课外活动的声势，为了获取一时的生活费用，为了毕业后找出路的方便，因而入党的，为数也不在少。同时在党的方面，也似乎很有一番有形无形的努力，来成全他们的愿望。我们对一个经历过这一类的"诱掖"功夫的青年学子，到成年与进入社会以后，要希望他能自立，能不因人成事，能取不伤廉、与不伤惠，遇到危机时，更能拿出不移、不淫、不屈的风骨来，是绝对不可能的。一二十年前，留美的中国学生中间，盛行所谓"兄弟会"的组织，我当时曾经从同样的立场加以评论，认为此种迹近朋党的团体对于青年人格的健全发展有很大的妨碍。如今回想起来，当时我的评论，对兄弟会的会员容或失诸太苛，而对于近年来入党的大学生，我以为倒是十分恰当。约而言之，因功利的诱引而入党的青年是谈不到"以独则足"的。近年来的教育极言其所谓社会化，对"以群则和"的鹄的多少还照顾得到，对"以独则足"的鹄的，或自明、自强、不自欺、求诸己一类的原则则早已置诸度外。自学生入党之风开，此种鹄的与原则的横遭抹杀，便更有江河日下之势了。不过我们总得了解，这对群对己的两大原则是相辅而行的，强恕而行、求仁莫近、以独不足的人实际上也就是不配讲以群则和的人。

其次，就学校行政的立场说，学生入党也是一个极不相宜的举动。

在这里我不能不追叙我个人所亲自经历到的一些不幸的事实。国民革命军北伐，将近到上海的时候，某国立大学里和党有联络的学生就骚动起来，在学校生活与行政上引起了不少的纠纷。到北伐军进抵淞沪，这国立的大学就被市党部强行接收去了，后来并没有再开出来。过了一二年，大约正当清党的时期，上海某私立大学竟受了所在地的区党部的控制，一个在区党部当委员的学生突然在学校里作威作福起来，初则借拜谒之名，到各教授家检查有无反党的书籍，我的家里也承蒙他光顾过；继则张贴告示，擅发指令，并且故意张贴在校长布告的旁边；再继竟与学校当局正面发生冲突，甚至对于副校长拍桌大骂，终于教副校长、文学院院长和一部分文学院的教授，一起八个人，洁身引退。这大学到今日还在一蹶不振之中。在淞沪一带，在另一个历史很久的大学里，一位很知名而受人爱敬的校长想把学校整顿一下、学风饰新一下，办法还没有宣布，便因热心党务的学生鸣鼓而攻，灰心去职，同时引去的还有到任不及三日的社会科学院院长和一部分的教授。这个有悠久历史的大学，从此呈一种支离破碎的局面，不到几年，也就无形的消灭了。在北平，在抗战前的三四年里，各大学的学生都闹着左右派的明争暗斗。各校行政当局比较怕事的，自然是不断的感觉到左右做人难，偶有举措，更不免左支右绌、两不讨好。比较负责而以行政的事权统一与纪纲整饬为第一义的，更不免心力交瘁。记得某大学的左右派学生，在庆祝蒋先生从西安脱险的那晚上，还打过一次架。原来庆祝虽是全体的意志，不分左右，但庆祝的意义则左右小有不同，这一点小小的不同，就成为打架的导火线。事后学校当局不问左右，对打架者各处以应得的惩戒，而在右的一方，接着竟有最高的教育行政当局出来替他们说话，要学校收回惩戒的成命！这简直是不成话。当时那个学校虽未遵命办理，但党派学生的气焰之盛与此种气焰的大有人在后面策动，即此一例，已昭然若揭了。

中国旧有“物莫能两大”的原则，天无二日、民无二王之说就从这原则出来的。西洋的政治学说也认“邦国内别有邦国”（imperium in imperia）是一件很切忌的事。一个行政系统，不论大小，自有它的完整性与自主权，如果这完整性随时可因外力而破碎，自主权可因外力而消灭，那就干脆不必有此系统，国家不办学校则已，或虽办而只承认党办的才能合法的存在则已，否则应当承认已往这一类从党方面出发的干涉学校行政的行为是一大错误，而应当痛加忏悔。如果真有忏悔的表示，应从明令各党派不招学生党员入手。

七七事变以来，情形是略有变动了。庐山谈话会的召集、参政会的成立、近顷实行宪政的酝酿以至于大学党部直属中央党部一类办法的修订、抗战所引起的一般必须的团结与合作的精神等等，总算教国家的政治生活与此种生活的缩影的学校生活取得了暂时的小康。学生加入各党各派的虽大有人在，但因这究竟是一个外御其侮的时代，兄弟阋墙之事还不多见，使学校行政当局还能安心于校务的整顿扩充。但谁都承认问题始终存在。形形色色的学生社团，满目琳琅的壁报，各是其是，各非其非，不断的提醒我们，暗斗的局面既未尝一日间断，而明争的局面，可因国家大局的变迁，随时爆发出来。[1]这决不是一些耸听的危言，而是凡属关心学生生活的人都敢虑而不忍讲的话。一旦宪政实行，各政党有公开活动与竞争的机会，而占有政治优势的党更能持一种宽大的、优容的态度以后，这局面自然可望改善，不过就目前的趋势论，这希望一时怕还不易成为事实。即使成为事实，我根据上文第一个立场与下文第三个立场，依然认为学生不宜入党、党的预备团体或类似党的政团。

复次，为国家民族的前途设想，学生入党也是一件极不智的行为。清儒戴震在《原善》一文里说："人之不尽其材，患二：曰私，曰蔽。私也者，其生于心为溺，发于政为党，成于行为慝，见于事为悖为欺，其究为私已；蔽也者，其生于心为惑，发于政为偏，成于行为谬，见于事为凿为愚，其究为蔽已。"[2]戴氏这一段话，我以为不但适用于许多个人，并且也适用于我们整个的民族。无论如何，我们民族的私的通病，是很多人已经公认的。不过私与蔽原是一件事，好比党与偏也是一件事，所不同的是私属于情绪生活一方面，而蔽则属于理智生活一方面；蔽是见事的私，私是用情的蔽。民族的私见于我们的社会生活，民族的蔽见于我们的文化生活。

中国家族制度的畸形发展是私的最有力的表现，也是私的所以变本加厉的最大的原因。由家族之私推而至于乡党之私，其结果是上文提到过的畛域主义或地方主义。私的表现与所由附丽的事物，不一而足，但家族（包括亲串在内）与乡土终究是最大的两个。国家社会意识的薄弱、国家观念的缺乏、法治精神的卑不足道，直接几于全部可以推源到家族主义与地方主义上去，间接可以说完全是一个"私"字为之厉阶。

就文化生活说，情形也正复相似。荀子批评墨子之徒，说他们蔽于天而不知人。而荀子以来，我们民族的文化与理智生活的通病是蔽于人而不知天地为何物。我们常骂人，说他不知天高地厚，其实中国的文化真是一个不知天高地厚的文化。我们蔽于人，我们算是发展了一套比较像样的伦理学或人生哲学，但结果我们没有了科学，也没有了很高深的超越人生的哲学。我们的文化始终是在那十分狭窄的人境里讨生活，并且是越讨越狭窄，越活越穷愁潦倒。理智的蔽，其结果可以如此。

目前当务之急，也是所以奠定民族复兴的基础的第一要图，无疑的是在力戒私与蔽的两大通病，或一大通病的两个方面，而尤其应当从青年分子的身上做起。凡是足以有形无形的培养私与蔽的事物都应在戒除与避免之列。党的组织与一种主义的传播，也许是近代政治的必要条件而无所逃于天地之间的，但我们希望，至少尚在学生时代的青年可以暂且豁免。近年以来，家族制度的权势已远不如前，地方观念的威力也日见薄弱，这原是可以庆幸的，但我们在上文已经说过，私的附丽的事物初不限于家族与乡土两端。家族与乡土可以成为培养私心的场合，党派又何尝不可以？自西洋学术的输入，我们的“蔽于人”的痼疾也幸而渐有昭苏之望，但我们应知一种主义的信奉，其足以锢蔽人心、桎梏思想，或且更甚于以前“蔽于人”的倾向。

上文引戴氏说，“私也者，发于政为党；蔽也者，发于政为偏”，转过来说，党的政足以养私，偏的政足以养蔽。信如这种说法，我们为民族的健全发展着想，特别是为民族命脉所由寄托的青年着想，岂不是应竭力避免在人伦上足以养私的党政，与在事理上足以养蔽的偏政？真要避免，第一件应做的事是不教学生加入任何党派。

归结上文，我们不妨再说几句比较积极的话。今日青年学生最大的需要，也未尝不是任何时代青年人最大的需要，是身心的锻炼。身心的锻炼自有学校在。若认为锻炼尚不足，我也认为不足，则第一要务自是在充实学校，我虽主张学生时代不入党、不信奉主义，我未尝不承认他对民族的需要、民权的爱护、民生的亟待改进，应当有充分的认识。要取得充分的认识，任何学生于分科之前，对于自然科学、社会科学和哲学与历史，都应当打上相当的基础，我更可以比较具体的提出，文法的学生应多习些自然科学，理工的学生应多习些社会科学与人文科学，都应当比现在学校所规定必修的多得多。这是就心的锻炼一方面说。至于身的一方面，一般体育的设备无疑的是尚待充实。若求意志的坚强化、生活的纪律化，则一般的体育课程尚嫌不够，而不妨辅之以适当的军事训练与军事管理。大学的军事训练，自民国二十九年起，似乎已经取消，而军事管理则虽有而有名无实。这一点是亟待纠正的。有了健全的身心而后，一个出学校的青年，便是一个健全的国民分子，抗战可，建国亦可。为增加抗建的效力计，加入党派可，不加入亦未尝不可，就让他就性情见地之所趋向，自由抉择好了。

注释：

［1］这话真是不幸而说中了。我在一九四五年十二月整理这些旧稿的时候，正是昆明各大中学与党政军当局发生事件以至于惨案而尚未获平息的时候。

［2］《原善》一文分三篇，《戴东原集》卷八。

异哉所谓教师的思想问题*
(1940)

民国二十九年五月十二日与十三日重庆与昆明《中央日报》的“每周专论”栏里，登载着潘公展先生的一篇《教育上两个迫切问题》，一是教师思想问题，二是青年营养问题。关于前一个问题，公展先生说：“须知今日的青年思想的歧误，与其说是青年思想问题，不如说是教师思想问题。我敢说，教师思想如果一致、如果纯正，学生思想是决无驳杂的问题的。”这是一番何等严重的话。作者厕身大学环境且二十年，所见和公展先生的很有不同，又忝为教师的一人，责任有归，未敢缄默。

公展先生所说的教师虽没有指明那一级的教师，作者以为大概是大学的教师，不过依作者的见地，大学教师的思想似乎不成问题，因为大学教育里根本就不多谈思想，多谈思想还是大学范围以外的文化界的人士，包括政治界在内。这并不是说大学的教师根本不谈思想，谈的自然也大有人在，不过他们大都了解这不是他们的主要任务，他们主要的任务是教授自然科学、社会科学、人文科学的种种课程。这也并不是说课程的内容里根本没有思想的成分，课程里讲思想方法的很多，讲思想根据的事实的更多，讲思想的演变、派别、所引起的问题的也不少。约而言之，大学教育里没有专门灌注思想的教师与课程；教师与课程只供给思想的方法、思想的资料、思想的历史与家数，至于学生在学成之后究竟服膺那一派或几派的思想，甚至于加上一番发明综合的功夫之后，自成一些学派，那是学生自己选择与努力的结果，与教师和课程很不相干了。教师既不灌输思想，试问公展先生所暗示的青年思想歧误的责任问

* 原载《今日评论》第3卷第20期，1940年5月19日；辑入《自由之路》，商务印书馆，1946年版。

题将从何说起?

不过我们也知道，公展先生也曾明白的指出，他所说的思想不是一般的思想，而是三民主义一类的思想。也好，我们不妨再进一步的对大学教师和三民主义的关系观察一下。我们打头就可以坦白的承认这关系并不密切，远不及公展先生所期望的密切。不过，这怕是事实上无可避免的。在讲授自然科学的教师各有各的专科学问，教学之外，还须从事研究，此外要对本行以外的社会思想与学说作深切的探讨，兴趣不论外，时间也确乎不许可。不过他们也很可以说，他们的专科学问也并不是和社会思想全无关系，即就三民主义而言，民生主义背后有地质学、化学、物理学以至于生物学，民族主义与民权主义背后至少都有生物学；他们的潜心研究与教学直接所以为三民主义补充事实的根据，而间接对于民族的发展、民权的扩充、民生的利济，迟早也会有实际的贡献，他们甚至于可以说，到目前为止，谁都不敢承认有那一派的社会思想、学说、主义已经到达一个尽善尽美的最高境界，而无待乎修正补充。修正补充是要事实与经验的，而一部分的事实与经验必须求诸于自然科学的领域；然则他们目前的真正的本分，是在多做些脚踏实地的试验室与厂屋的工作，而决不在高谈阔论任何一种的社会理论。作者以为这种见地是对的。所以就理工一部分的大学教师说，他们对于三民主义一类的思想，虽不能说有功，也绝对不能说有过。公展先生所暗示的责任问题，至少对这一部分的大学教师是不适用的。

至于人文科学与社会科学范围以内的大学教师和一般社会思想以及三民主义的关系，比起自然科学的教师来，当然要密切得多了，但也远不如公展先生所期望的那般密切，而且所谓密切的性质也许也和公展先生所想的不一样。他们的确和三民主义，至少和三民主义的思想的内容，时常发生接触，尤其是社会科学的教师。信仰三民主义的人也承认三民主义未始不是近代思潮的一部分，而是有它的来历的；民族主义相当于近代思潮里的 nationalism，民权主义相当于 democracy，而民生主义则相当于 socialism，三者经历过孙中山先生的一番修正、补充与联系之后，终于成为一派胡展堂先生所认为有连环性的综合思想。在讲授社会科学的教师，对于这三部分的思潮是最熟悉不过的，也是非熟悉不可的；教政治学的教师对民族主义与民权主义自然特别的研究过，教经济学的对民生主义也是一样，至于教社会思想史的社会学教师更是责无旁贷的必须把三部分认识一个清楚。他们讲到这三部分思潮的衍变与发展时，会把中山先生一番修订的苦心埋没么？当然不会，所以就认识与了解论，这一部分大学教师和三民主义的关系，事实上绝对的不能说不密切。不过就研究与教学的方法与态度说，我们也不妨坦白的说，便决不是一般信仰三民主义的人所有的或所期望于它人的了。第一，不讲现代思潮则已，讲则不能限于一派，不讲某一派的思想则已，讲则不能不把一派的家数与变迁充分的叙到。第二，学派与家数的价值虽不一样，却没有一派或一家是至善而无懈可击的，所以教师讲解的时候，只能取一个介绍与评论的态度，而不能用宣传与灌输的方法；即或一个教师对某派某家表示更大的同情，而私衷拳拳服膺，他还是应当力持客观的态度，庶几不至于在学生的心坎上留下一个偏见的印象。三民主义既属现代思潮的一部分，其内容与实质是应当在介绍与评论之列，也是无疑的。这种评论是根据客观的原则的，而就作者所知，也没有不是善意的而是富有建设性的。这班教师也未尝不深知三民主义是主张社会与民族进步的一派学说，而学说的自身也常在力求充实与进步，不甘一成不变、故步自封，所以他们认为善意与富有建设性质的评论，无论如何应当有它们的地位。信如我们这一番的解释，可知社会科学范围以内的大学教师对于三民主义，不但无罪可言，且有微功足录。而公展先生所暗示的责任问题，对于他们，也显然是不适用的。

作者就公展先生这篇文章以及其它类似的报章稿件看，以为三民主义目前已到达一个歧路的路口，一条路是宗教化，一条路是真正的思想化。许多服膺三民主义的人无疑的是希望它走第一条路，他们希望中山先生可以成为教主，中山先生的学说成为一成不变、万古不磨的经典，并且希望人人可以成为信徒（公展先生文中即一再用到信仰与信徒等字样），人人可以布道。从这个立场，无疑的大学教师是十有九个不合格的了。公展先生所暗示的责任问题大概就在这里无疑了。不过，大学教师似乎根本不感觉到有这样一种责任。他们中间，有少数是已经入党的，但入党是一回事，宣传主义往往又是一回事，好比西洋的基督教徒不必尽人要负起宣教的责任一样，至于绝大多数未入党的自更无从了解这种责任。不过这些未入党的教师，据作者的观察，对党与主义却也并不存什么成见，他们中间更有不少的人对主义抱着一个积极的希望，就是，希望它走第二条路，就是思想化。他们认为宗教化是一条绝路，而思想化才是一条活路，三民主义的理论也许已经是相当成熟，但总还不能说已经到一个十全十美、无可增损的程度。中山先生是一位虚怀若谷的思想家，九原可作，自已一定也有这样的一个观感。既可增损，则此种增损的责任便应公诸国内以至于国外的一切有学术思想的人，其中最责无旁贷而作者以为也最乐于承受的人，应该就是这一班大学的教师。不过就目前在歧路口的形势论，这样一个责任是几乎不可思议的，中山先生的学说应该如何解释、归谁解释，目前已有严格的限制，又何况增损呢？不过我们希望服膺三民主义的人要了解，这终究是一个孔子所说的自画的政策。自画是进展的反面。

有人说，宗教化的一条路对目前抗战的局势特别的有利。教师是领导青年的人，他们处的是一个提纲挈领的地位，所以假若他们能扫数入党，成为主义的信徒，则全国青年必风靡景从，而抗战建国的壁垒必可以十百倍的更加坚固。无疑的，公展先生的立场就是这样的一个立场。不过这是无须的，而也是不一定有效的，爱国家、爱民族、拥护国民政府、支持抗战建国的国策，时至今日，早已成为全国人共通的意志，初不问一个人是不是党员、信仰不信仰三民主义。国民参政会的组织是谁都晓得的，参政员中间有不少是国民党以外的别党别派与无党无派的人，而参政会的历史是和抗战的历史同时开始的。若说无党籍与不信主义的人不免削弱抗战的力量，则参政会便是一个最大的反证。若说必须人人有党籍才足以增加抗战的效率，则与抗战同时开始的参政会便是一个绝大的错误。目前直接间接参加抗战工作的人中间，究属有多少是党员，多少是非党员，我们没有统计，怕谁也没有统计过，但我们相信非党员是要比党员多得多。抗战与入党与否没有不可须臾离的关系，好比做人与信教与否没有不可须臾离的关系一样。这是无须的说法。目前反对抗战国策与夫认贼作父的人中间，非党员固然不少，党员也不乏其人，汪精卫如何了？周佛海如何了？周佛海不还写过一本《三民主义的理论的体系》么？这是未必有效的说法。

先贤告诉我们，师克在和；又告诉我们，君子和而不同。抗战的目的是最后胜利，是克。克的条件在和，而不在分子的完全相同。真正有见识的人，虽不同无害于和，否则，虽同亦无补于和。目前整个的青年思想问题，以及对于这个问题教师所负的责任问题，以及这类问题对于抗战建国的关系，我们诚能用这种眼光来看，当可省却无限的精力、无限的莫须有的歧视与争论。

上文云云完全是作者个人的一些观感。其它做教师的人是否有同样的观感，作者不敢断定。作者不是国民党党员，但记得中山先生逝世的那一年，中国学生在纽约开追悼会，需用遗嘱和《国民党第一次全国代表大会宣言》的英文本，当时遗嘱是作者承乏翻译的，宣言是作者和一位朋友合译的，至今美国人所著关于中国的书里，间或还沿用着这些最早的译本。作者追提到这一点，无非要表示他对国民党和党义并无成见，以前如此，现在还是如此，也因为没有成见，才有兴趣提出这样一篇文字来。[1]

注释：

[1] 附潘公展先生原文《教育上两个迫切问题》：

本学年结束期已近，教育部即将派督学专员分赴各省市视察教育设施，以为今后指示改进之依据。他们的使命非常重大！因就感想所及，提供教育上当前两个迫切问题的管见，借供教育当局参考。

第一，教师思想问题。三民主义既是抗战建国的最高准绳，则在三民主义的教育政策下所培育的青年，无疑的应该全是三民主义的信徒。青年思想原来不应再有问题，但是事实上，目前真能认识三民主义和信仰三民主义的学生，还不过是一部分，而且竟还有些学生迷惑憧憬于不合国情的幻想。这不能徒责青年，实在应该由教师负其责任。总理说："要中国不亡，惟有振兴我们的教育，才是根本办法。"总裁说："现代国家的生命力，由教育、经济、武力三个要素所构成，而教育是一个事业的基本。"他们所以重视教育如此，可见教育是"思想的国防"，也就是"精神的国防"。如果教师不竭其全力，用三民主义的坚固工事在青年思想上建筑国防的基础，就决不能达成抗战建国的革命教育的任务，故在国民政府下之学校当局，自校长、教授以至职员，理应全是三民主义的革命战士。夫以三民主义建国治国的中华民国，而可一听身负教育重任的教师，超脱于三民主义之外，驯至不免有人视征求教师入党，似乎为不应该有的举动，宁非教育界的一怪现象！须知今日的青年思想的歧误，与其说是青年思想问题，不如说是教师思想问题。我敢说，教师思想如果一致、如果纯正，学生思想是绝无驳杂的问题的。必须教师自身先对于三民主义有深切的研究、有真诚的信仰，进而见之于笃实践履的行动，发挥生死以之的精神，然后可以示范后学，可以感导青年。教师们所潜心研究的学科尽有不同，所指导传授的技能尽可各别，而其为国家、为民族培育青年的旨趣，则不可不一律遵从总理的遗教、总裁的训示，以实现三民主义引为自身的责任。总裁去年在第三次全国教育会议致词，曾痛切的说道："过去教育上趋向不坚定、信守不专一，已经耽误了十载的光阴，造成了严重的困难，我真不肯不希望我们教育界为国家民族的前途、为当代青年和后代国民的幸福，而真诚确实的归于一致。我愿我们教育界各位贤达，一心一德，同志同道，决心集结到三民主义的总目标之下，为中国革命而努力。"所以我希望此次出发视察的省督学和专员，首先应该注意到这个教师思想问题。尤其要用万分诚意、万分的努力，协助推动学校党务的发展。尽可能的大量征求学校教师为本党党员，切实做到典型的三民主义革命战士。同时应该认真考察学校的图书室，以及学校附近的社会，有无违反或曲解三民主义，以及违反抗战建国纲领和国民精神总动员纲领的书刊，依然存在和流布，如果有的话，就该任劳任怨，协助地方党政当局和学校负责人员，切实依法肃清，以拯救一般青年的无辜被毒；也可以免得他们不知不觉的坠入陷阱之中，到了将来后悔不及。

第二，青年营养问题。（下略）

宣传不是教育*
(1940)

寒假期内（民国二十九年），西南联合大学的同学到四乡去做了些兵役的宣传，又举行过不止一次的兵役宣传讨论会，在讨论会的布告上用大字写着“宣传也是一种教育”，意思是深怕人家瞧不起宣传，因而不高兴参加关于宣传的讨论会，或是不热心担当宣传的工作。我在这篇文字里，准备向热心从事宣传的人进一解：宣传实在不是教育，不宜与教育混为一谈。教育工作是越多越好，宣传工作是越少越好，一件用一张嘴或一支笔来做的工作，要真有教育的价值，真值得向大家提倡，那就不客气的叫它做教育就是了，大可不必袭用宣传的名称。兵役的教育就是一例。那些瞧不起宣传的人，对宣传工作取怀疑态度以至于厌恶态度的人，是很有他们的理由的。

宣传与教育都是一种提倡智识的工作，这一点是双方相同的。但双方相同的只限于这一点，不相同之点可就多了。

教育与宣传的根本假定便不一样。因为假定不一样，于是提倡或施行的方式也就大有分别。教育假定人有内在的智慧，有用智慧来应付环境、解决问题的力量。教育不预备替人应付环境、解决问题，而是要使每个人，因了它的帮助，十足利用自己的智慧，来想法应付、想法解决。教育又承认人的智慧与其它心理的能力虽有根本相同的地方，也有个别与互异的地方，凡属同似的地方，施教的方式固应大致相同，而互异的地方便须用到所谓个别的待遇。根据这两层，近代比较最健全的教育理论认为最合理的施教方式是启发，不是灌输，遇到个别的所在，还

---

* 原载《今日评论》第3卷第8期，1940年2月25日；辑入《自由之路》，商务印书馆，1946年版。

须个别的启发。

宣传便不然了。他所用的方式和教育的根本不同，而从方式的不同我们便不能不推论到假定的互异。宣传用的方式显而易见是灌输，而不是启发。它把宣传者所认为重要的见解理论，编成表面上很现成的、很简洁了当的一套说法，希望听众或读者全盘接受下来，不怀疑，不发问，不辩难，这不是灌输么？这种灌输的方式是说不上个别待遇的。说法既然只有一套，或差不多的几套，又如何会顾到个别的不同呢？从这种提倡或施行的方式，我们便不由得不怀疑到从事于宣传工作的人多少得有如下的假定，否则他便不免气馁，而对于他的工作无从下手。他得假定智慧是一部分人的专利的东西，只有这一部分人、比较很少数的人，才会有成熟的思想，才能著书立说，才有本领创造一派足以改造社会、拯救人群的理想；其余大多数的人只配听取，只配接受，只配顺从，至少，这些人虽有智慧，那程度也只到此为止，说不上批评创造。“民可使由之，不可使知之”的两句老话，“民”字，古人有训瞑的，有训盲的，有训泯然无知的，在民本与民治思想很发达的今日，我们不能承认这两句话和这一类“民”字的解释为合理，真正从事于教育的人也不承认，但我们替宣传家设想，却真有几分为难了。

教育与宣传的其它不同之点，可以就来历、动机、狭义的方法、内容与结果等简单的说一说，这几点虽没有上文那一点的重要，但也可以教我们辨别一篇文字或一个讲演的教育价值或宣传价值。宣传原是一个由来甚远的提倡的方法，社会学家也一向把它认为社会制裁的一个方式，不过把它当做一个社会问题看待，把它判断为近代社会病态的一种，却是欧洲第一次大战以后的事。十余年来，欧美的思想家、教育家、社会学者，心理学者、尤其是社会心理学者，在这题目上已经下过不少的功夫。我们在下文要说的话，大部分便是他们所已得的一些结论。

一篇宣传性质的稿件往往会引起来历的问题。我们看到一种宣传品之后，时常要问这宣传品究属是谁的手笔。我们所能找到的答复，有时候是一个笼统的团体的名字，或者是一个个人的两个字的假名。有时候连这一点都找不到。约言之，宣传品是往往来历不明的，是没有一定的人负责的。何以要如此？我们可以推测到两个原因，一是内在的而一是外来的。宣传的动机与内容也许有经不起盘驳的地方，所以作者不愿或不敢把名字公开出来，愿意藏身幕后。这是内在的原因。在思想与言论统制得很严密的社会里，顾忌太多，动辄得咎，在所谓“正统”中的人为了拥护正统而不能不有所宣传，固然可以大张晓谕的做去，甚至于组织了机关专司其事，但在所谓“异端”的少数人士就没有这种方便了。他们除非是甘冒不韪而干法犯禁，便只有藏身幕后的一法。这是外铄的原因了。但无论原因如何，在接受宣传品的大众中间却发生了一个严重的问题。听信么？来历不明，为何轻易听信？不听信么？其间也许有些很有价值的见解或主张，轻易放过了，又岂不可惜？大抵轻信的人最初是听信的，但若宣传的方面一多，甚至彼此互相抵触，轻信的人也终于不再置信。而多疑善虑的人，则因来历不明的缘故，始终不肯听信，甚至于还要怀疑到幕后必有恶势力的操纵指使等等。结果，在宣传盛行的社会里，究其极可以闹到一个谁都不信谁、谁都怀疑谁的地步。宣传的所以成为社会问题，这是很大的一个原因了。不用说，这来历不明的问题，在教育一方面是很难想象的。

教育也没有动机或用意的问题。要有的话，根据上文启发智能的一段理论，我们可以知道主要的动机还是在促进受教者的利益，而不是施教者自己的利益。受教者终究是主，而施教者是宾。在宣传一方面，这主客的地位却往往是颠倒的。一个卖某种货品的商人，在广告里说了一大堆价廉物美的话，好像是专替顾客设想，其实最后的用意总不脱“生意兴隆，财源茂盛”。一个教门送宣教的人出去，为的是要人改邪归正、去祸就福，甚至于出死入生，从他们那种摩顶放踵的生活看来，他们的动机不能说不纯正，用意不能说不良善，但从他们对于信仰的态度看来，他们依然是主，而接受的人是宾。他们笃信天下只有一派真理，只有这派真理可以挽回人类的劫运，不惜苦口婆心的向人劝导。从这方面看，他和那卖货的商人根本没有分别，同样的名为无我、其实有我。一个宣传一种改造社会的理想或主义的人，所处的地位正复和宣教师的相似，他费上无限量的笔墨与口舌的功夫，为的是要人群集体的生活进入一个更高明的境界，不错，但我们不要忘记，他费上了这许多功夫，也为的是要成全他的理想，他的理想的“他”字上照例要加上一个密圈。

不过从接受宣传的人的立场看，商人、牧师和主义宣传家的努力总见得太过于一相情愿。同时有别家的出品、别派的信仰、别种的主义在，他为什么一定要接受这家的而不接受那家的呢？他也许根本不需要这商品，也许正期待着科学家给他一个比较正确的宇宙观、人生观、社会观，而无须乎一派特殊的宗教与社会理想来撑他的腰。这种物欲少的人，与不做白日梦的人，社会上并不太少，只是广告家与宣传家太过“心切于求，目眩于视”，看不见他们罢了。自从广告术与宣传术盛行，这种人也确有日渐减少的趋势，宣传的所以成为社会问题，这也是方面之一了。

教育与宣传又各有其狭义的方法。我说狭义的，因为广义的上文已经说过，就是启发与灌输的分别。在宣传方面，所谓狭义的方法事实上只配叫做伎俩。这种伎俩有属于机械性质的，有属于艺术性质的，例如交通工具的利用，又如公务机关会客室里琳琅满壁、五光杂色的统计图表等等。但这些还是伎俩之小者，我们搁过不提。最关重要的是属于逻辑性质的一些不二法门。研究这题目的人普通把这种伎俩分做四种：一是隐匿，就是把全部分或一部分的事实压下来，不让接受宣传的人知道；二是改头换面，大的说小，小的说大；三是转移视线，就是，把大众的注意从一个重要的甲题目上移到比较不重要而比较有趣的乙题目上；四是凭空虚构。这四种伎俩都是无须解释的，大凡不修边幅一点的宣传家，包括一部分的新闻事业与广告事业的人在内，大都很擅长，而在稍微有一点眼光的接受宣传的大众也大都看得出来，决不会每次上当，不过，就一般的社会影响而论，结果一定是很坏的。一个问题的解决，一方面固然靠人的智慧，一方面也靠比较准确的事实的供给，如果负一部分供给责任的人可以任意播弄、指黑为白，甚至于无中生有的捏造，其势必至于增加问题的复杂性而永远得不到解决的途径。至于教育一方面，无论近年来研究教学法的人怎样的设法花样翻新，这一类的弊病是没有的。

其次说到内容。这和上文所提的方法或伎俩很难分开。它和动机也有密切的关系。内容的价值如何，当然要看动机纯正到什么程度与伎俩巧妙到什么程度了。大抵动机纯正的程度，与伎俩巧妙的程度成一个反比例。不过我们即就动机比较纯正的宣传说，它多少也得用些伎俩，而这种伎俩势必至于影响到内容的价值。这种宣传家总喜欢把一个问题看得特别的简单，而提出一个同样简单的解决方案来。把问题看得简单，也许故意的看得简单，是伎俩，而这伎俩是近乎上文所提的改头换面的一种。把方案提得简单，便是内容了。举一两个浅近的例子看，有的宗教把人世的痛苦都归到初元的罪孽上去，是何等简单的一个问题的认识与问题的诊断？只要大家能忏悔，以前的孽债就可以一笔勾销，而新生命可以开始，又是何等简单的一个解决的方案？孟子是中国古代很有力量的一位社会改造家。改造家照例不能不用宣传，而宣传家照例得有一套关于问题诊断与问题解决的说法，即，照例得有标语与口号一类的东西，照例得有一个幌子。孟子的幌子只有十来个字：人性本善，人皆可以为尧舜。他的诊断和一部分宗教家的恰好相反，而简单的程度，则彼此如出一辙。人性是何等复杂的问题，以孔子之圣，还不免讳莫如深，而孟子信手拈来，便下一个“本善”的妙谛，不是很奇怪的么？不过我们只要把孟子的宣传家的身份（他的身份不用说不止一个）认识清楚以后，也就觉得不足为奇了。当代社会问题一天比一天复杂，像孟子一般蒿目时艰的人也一天比一天增加，像“性善”一类非十分十二分单纯不足以广招徕的说法也一天比一天的滋长繁荣起来，读者自己应“能近取譬”，无须我举什么例子了。

孟子自称知言，又提到他能辨别四种辞，诐辞、淫辞、邪辞、遁辞，而知道每种的病源所在。我们看了孟子的性善论，觉得应该再加一种辞，不妨叫做“易辞”，而其病源便在太切心于求得一种结果，初不论这结果是商品畅销，或天下太平。因为过于热中，就不免把问题看得过于容易，把解决的方法说得过于容易。目前宣传家的大患，正坐内容中“易辞”的成分太多。

根据上文，我们可以知道宣传的结果和教育的结果不能相提并论。宣传在来历上、动机上、方法上、内容上既有这种种可能的弊病，则在接受的人会受到什么不良的影响，是可想而知的。他可以受蒙蔽、受欺骗、受利用，即或所接受的是一派未可厚非的信仰或理论，其动机决不在利用、在欺蒙，其影响的恶劣还是一样，也许更严重。受骗是一时的，上过一次当的人也许可以不上第二次，但一种偏见一经培养成功，要设法纠正往往是一件穷年累月而不见得有效果的事。近年讲教育理论的人有所谓“重新教育”（reeducation）之说，也无非是想运用教育的原则与方法，就中过宣传的毒害的人身上挽回一些造化罢了。[1]

注释：

[1] 参看美国 F. E. Lumley 所著 *The Propaganda Menace* 一书，特别是第四、五、六、十四等章。又拙译赫胥黎《自由教育论》中“说暗示的抵抗力及其它”一节。《宣传不是教育》一文作于一九四〇年，

而赫氏的议论则我在一九四三年才看到；大而至于一般的自由教育的见解，小而至于宣传足以为自由教育的一大障碍的看法，赫氏的话真是每一句“实获吾心”。后来我把他关于自由教育的讨论（原是《目的与手段》一书中的一章）选译出来，作为单行本问世，这也未始不是一部分的动机。

再论宣传不是教育*
(1940)

上一篇文字发表了一星期之后，昆明版的《中央日报》很快的来了一篇社论，题目是“教育家的大责重任”。[1]从表面看，它是和我的文字没有什么特殊关系的，实际上却是针对着我的一个答复。

不过《中央日报》的社论虽则切心于答复我的文字以及近来教育界所发表的一切类似的议论，实际上它又没有能真正的答复。我说宣传不是教育，多少还说了一些为什么不是。那篇社论说宣传就是教育，却没有说为什么是。它只引了孔子、孟子以及中山先生的说法、作法，认为这就是宣传即教育的论证。在一向承认或误会宣传就是教育的人，这种的论证无疑的是足够了。别的姑且不论，关于孔子，《论语·阳货》篇里有一段话说：“子曰，予欲无言。子贡曰，子如不言，则小子何述焉？子曰，天何言哉？四时行焉，百物生焉，天何言哉？”孔子是一位教育家，我们很多人相信；若说孔子是一个宣传家，我们看到了这一段话，就不能没有怀疑。

不过我向不喜欢作辩论的文字，这第二篇里的话也决不在和任何人辩难。前文说宣传不是教育，意有未尽，愿再就近时教育的实际情形加以申说。

前篇说过，教育一向有两种方式与意义，一是灌输，一是启发，而近代教育学者的见解，则以为唯有着重启发的意义而力行启发的方式的教育才是真正的教育，否则便是宣传。启发的原则原是从生物经验中得来的，自近代生物学的昌明，而这个原则的价值更见得彰明较著。从此

---

* 原载《今日评论》第3卷第14期，1940年4月7日；辑入《自由之路》，商务印书馆，1946年版。

我们知道教育就本人说，就是生长，就是发展，就是功能的协调的分化。就从事教育的人说，就是培植，就是诱掖，就是启发，也就只应限于培植、诱掖、启发而止。一个人种一棵花，他所应尽的人事，也就是所能尽的人事，是看水分足不足、阳光够不够、肥料充分不充分、有没有侵蚀它的病害虫害，至于这花长什么式样的叶子、开什么颜色的花朵、结什么香味的果实，他管得着么？他管不着。硬要管的话，他也就是孟子所称的一个揠苗助长的愚人。

根据上文的看法，我们很容易承认，旧日的所谓教育，大部分不是启发式的教育，而是灌输式的宣传。上自经书的诵习，下至《圣谕广训》的听受，一个人自小至老所接受的几于全部是宣传；至于其间究竟有没有教育的成分、有多少成分，则一方面要看一个人自身聪明的程度、意志力的大小，与夫接受暗示的难易，而另一方面要看宣传家在揠苗助长的时候所下的工夫的强弱久暂了。教育成分的大小，和一个人自身的能力成正比例，而和宣传家所下的功夫成反比例。不过世间智力特高、意志特强、不容易接受暗示的人毕竟为数不多，而个人的撑拒终究不容易胜过社会与时代的包围，所以“教育”的结果，终于造成了大批顽父的孝子、暴君的忠臣、庸夫的节妇，而找不到几个“天见其明，地见其光”[2]的成人。至于乡僻之地，则有为贪污土劣所鱼肉的安分良民，易代之际，更有受猾夏蛮夷所役使的顺孙孝子，其数量更不知纪极。这些，又何莫非以前所谓教育的重大收获？今日持宣传即教育之说的人似乎有不能不为旧时教育辩护的苦衷，试问清代的皇帝，在颁布《圣谕广训》的时候，何尝不以宣传当教育？更试问“九·一八”以来，敌人在东北的种种文化上的设施，也何尝不以宣传当教育？持宣传即教育之说的人应知后之视今，亦犹今之视昔，则对于宣传究竟是不是教育的一个问题，就可以思过半了。

不过我们也得承认，中国旧时的教育始终并没有忘记启发的原则。以前有人为了巩固政权、为了维持名教、为了收拾人心、为了挽救劫运等等，固然用过大量的宣传的功夫，但讲起真正的教育来，至少讲起教育的理论来，这启发而不灌输的原则是未尝不昭昭在人耳目的。《易·蒙》卦说“匪我求童蒙，童蒙求我”的时候，教育便有儿童本位与儿童自动的意思。后世称初期的教育工作为启蒙工作，显而易见是托始于此。孔子自述教育方法说，“不愤不启，不悱不发”，中间就包含“启发”二字。颜渊赞叹孔子的教育方法说：“夫子循循然善诱人。”孔子真对弟子们宣传么？我读到了这几句话，便绝对的不能相信。《学记》是中国古时教育学说的一个总汇，也说：“君子之道，喻也；道而弗牵，强而弗抑，开而弗达；道而弗牵则和，强而弗抑则易，开而弗达则思；和易以思，可谓善喻矣。”“喻”字等于“晓”字，也是启明的意思。以宣传当教育的人只知道做些“道而牵，强而抑，开而达”的工作，甚至于专做些牵抑的功夫；把自己所认为已“达”的东西硬送给人家，硬教人家“达”，并且是一模一样的“达”，结果自然是“不和、不易、不思”，而最伤心的是“不思”！西洋哲学家说：我思，故我在。不思岂不是等于自我抹杀，岂不是和教育的最大目的“个性发展”恰恰相反？即如孟子，我们一面承认他是一个宣传家，但他不做宣传的时候，他始终维持他教育家的本来面目（前篇说过他的身份不止一个）。他在《离娄》篇里说：“君子深造之以道，欲其自得之也，自得之，则居之安，居之安，则资之深，资之深，则取之左右逢其源，故君子欲其自得之也。”“自得”两字实在太好了。以宣传当教育的教育的大病，正坐不让受教的人有自得的机会。一样用水做比喻，从宣传方法灌输进去的水量，和用教育方法开发出来的水量相比，一则其涸可立而待，一则取之左右逢源，岂不是有极大的分别？这话恰好和《中央日报》社论里所说“水银泻地，无孔不入”的话针锋相对。孟子又论贤人政治，也引前人的话说，“劳之来之，匡之直之，辅之翼之，使自得之，又从而振德之”，也提到自得的原则。先贤持政教合一之论，近世以宣传为教育的人也未尝不主政教合一，其所主者相同，而其所以主之者则大异，也是很有趣的一点！

回过头来看我们当前正实施着的教育。我以为当前教育的最大的危险，就是在一部分从事教育事业的人心目中，教育和宣传混淆不清，甚至于合而为一。所谓社会教育，或公民教育，名为教育，实际上大部分是宣传，可以不用说。即如比较严格的学校教育里，宣传的成分近来也一天多似一天，而主张宣传即是教育的人还虑其太少，而虑之之人事实上又不尽属一派，于是流弊所至，非把学术自由、思想自由的学校环境变换做宣传家钩心斗角、出奇制胜的场合不可。在最近的几年里，这种明争暗斗的大小局面已经是数见不一见。学生的社团生活里、课余作物上，甚至于数仞的门墙之上，随在可以发见此种争斗的瘢痕！我们真不知道这种宣传，和因所宣传的内容不同而引起的更多的宣传，究有几许教育的意义、几许学术的价值，更有几许作育人才的功效。唯一的效果是鼓励青年们入主出奴的情绪与行为罢了。

我们细察这种以宣传为教育的教育的内容，事实上也没有什么新奇与卓越的地方。以言政治，则这些内容在学校课程的政治学里也未尝不讲到。以言经济，则经济学的学程里也复不少，找不到什么特别的挂漏。所不同的，而也许正是宣传家所认为不满的，是学程之中事实多而理论少、经验多而理想少、细节目多而大原则少、各方面平均的议论多而单独一方面的发挥少、铺叙已往与现在的多而悬测未来的少、教人增加批评能力的努力多而教人兴起信仰精神的努力少。不过这是没有办法的，除非有一天，宣传借了政治的力量，完全把教育排挤出去，学校的环境完全变做宣传的场合，教师完全变做宣传家，这局面是无法改变的。这种完全以宣传替代教育的试验，当代实地在做的国家也未尝没有，并且还不止一个，零星在那里做的为数更多。谁都不能禁止我们不邯郸学步，事实上我们中间想学的人也复不少，不过前途成败利钝的责任将由谁负，却是一个问题。我们相信以宣传当教育或想以宣传替代教育的人到此也不能没有一番犹豫。我们为他们着想，他们目前的地位也真困难，要把宣传完全替代教育，其亟切无从措手，既有如上述，要使宣传和学校教育并行，或把宣传的资料渗和在教育的资料里，则又似乎与一向揭橥的学术自由的宗旨相反，而学校的教师，自己既在这宗旨之下训练而来，对学生又不断的以这宗旨相诏示，对这种并行或渗和的办法，轻易也不会听命。结果他们唯一可行的办法是在学校教育之上，添一些额外的“教育”，不幸主持这额外的“教育”的人事实上又不止一家，于是上文所说宫墙上一类的瘢痕就势所难免了。

近代有两种教育表面上虽和宣传没有关系，实际上对宣传却有“为渊驱鱼，为丛驱爵”的功用：一是偏重识字的平民教育，二是偏重专门技术的人才教育。识字所以读书，读书所以明理，向来是这样说的，不过事实并不如是其单纯。记得有一位美国的生物学家说过一句话：你能教人怎样去读书，你却不能教他们读什么书。（You can teach people how to read，but not what to read.）意思说，你教人粗识之无，是很容易的，要他知道选择有价值的书本或写作品来阅读，而真正得到读书的益处，那权力却不在你，而在识字者本人的眼光，眼光怕是教不来的。迷信识字或误信识字就是教育的人，一度有机会到国外去观光，归国之后，动不动对于外国文盲之少、报纸之多、报纸的观众之广，总要称赞几句。不错的，一个人识字总比不识字好，一国之中，文盲少总比文盲多好。但若这种观光的人有功夫作进一步的观察，他们很容易证实上文那位生物学家所说的话是一点不错的。这些识字读书的大众十之八九是但知阅读，而未必知选择读物，因为不知选择，无形有形之中就变做所谓“黄色新闻”的最大的顾客。他们虽不知选择，却别有人替他们选择，也正唯他们不知选择，专替他们选择的人便应运而生。这种人就是各式各样的广告家与宣传家了。美国此风最盛，做宣传家的鱼与雀的民众也最多，因而引起的社会问题也最严重。近年来美国社会科学界独多关于宣传问题的研究，而对于宣传的危害认识得特别清楚，可见是不为无因的了。我国近来宣传的发达，无疑的与识字运动有很大的关系，就宣传的立场看，这当然是一个成功、一桩进步；从教育的立场看，此种成功与进步果有几许价值，尚有待于从长论定。

专门技术的人才教育何以也会帮宣传家的忙，骤然看去是很不容易了解的。这种教育不就是理工教育么？理工教育不极重视所谓科学方法么？科学方法不教人怀疑、重实验、信证据、不轻下断语么？何以接受这种教育的人也会做宣传家的鱼与雀呢？这解释大概是这样的。专门教育固属重要，但专门教育必须建筑在良好的普通教育之上，才不至于发生流弊。一个人的普通教育的底子没有打好，而贸然接受一种专科的训练，他对于这一项专科，也许因为年限较长、用心较久，可以有很多的贡献。在他的本行里面，无疑的他是一个极度谨严的人。他对于方法的运用，一定是一笔不苟。别人有新的学说或发明拿出来，他也决不轻易接受，他起初不免很诚恳的怀疑，接着总要把人家所发表的东西推敲一过，最后或许依样的实验一道，实验而信，这新学说或新发明才能算数。不过他一出本行，一离开他的熟门熟路，这些法宝的效力就减低了，至于减低到什么程度，要看他在本行中专精的程度与夫对于别行及一般学术思想的不通的程度了。要知他虽是一个专家，同时也还是一个人，他虽有他的专业，他不能不和别的行业发生接触，亦即不能不于本行之外有些立场、出些主意。他对于政治、经济、社会方面的种种问题，能完全置身事外、默尔而息么？不能。不但不能，他还不免特地去寻找表示立场与意见的机会。我们知道这种人的生活往往是极辛苦的，他平时的天地极小，他的研究的对象与方法不容许他有多少回旋的余地，一日工完或一个问题结束之后，他不免亟于要找一个远足的去处、一个智识的假期（an intellectual holiday），而信步所至，又很自然的会踏进人事与社会科学的领域里来。这里，就是宣传家的机会了。专家到此，大抵拿不出什么高明的立场与意见来。他一些海阔天空的议论，往往一大部分是有意无意之间从宣传方面拾来的牙慧。据说在美国加入第一次欧洲大战的前夕，这一类从本行里出来散步的专家特别多，同时闹的笑话也特别多，研究宣传问题的人还很不客气的举过一些例子。

归结上文，我国目前的教育是正在一个很危险的过程中，一方面旧时原有的宣传的成分既未能廓清，而新的宣传的成分又已经纷至沓来；另一方面，我们所特别提倡的几种教育，又无形之中正在替宣传清宫除道，并且做一个有力的前驱。如何消弭这种危险，是目前教育的一个最大的问题。

注释：

[1] 附昆明版《中央日报》的社论《教育家的大责重任》：

教育是革命建国的基本事业，教育家是负有革命建国的大责重任。总裁领导全民抵抗暴敌，维护人类正义，保障东亚和平，真所谓以一身系天下之重，而他自己总说："自黄埔兴学以来，未尝一日离弃教育者之生涯。"可见在革命领袖的眼光中，教育家对于国家民族所负的责任是何等重大了。

然则，教育家如何才可以负起他的大责重任而无愧呢？总裁在十天以前勖勉全国校长约电文中，训示已详，兹再①引申其义，更举两端言之。

一、确立中心思想。往昔学界人士，有惑于思想自由之说者，以为幻想空论，不妨清谈，立异标新，可称诡辩，于是稗贩学说，莫衷一是；他如顽固之徒，抱残守阙，又以为教育乃清高事业，应与政治绝缘。殊不知国家存亡，民族生死，既已间不容发，断不容各逞臆说，贻害青年。而教育原为国家作育新民、栽培英俊，自更与政治、法律等息息相关。唯其如此，欲国民之众志成城，必先求教师之一心一德；欲国民之见危授命，必先求教师之赴义争先。教育家而果皆以总裁之心为心，以总裁之志为志，则必首先对"建国原则"之三民主义，确立生死不渝之信仰，然后一切"脱离现实之空想"、"侥幸成功之幻想"，可以一扫而空。夫以全国之校长、教师，服从总裁之领导，"奋其毅力"，"发其热诚"，则十年、二十年前，我国教育无中心、无本质所发现之缺

① 查原报此字为"始"，疑本为"姑"。——编者注

点，“散漫凌乱，自私自利之风习”，必因教育家之一致努力而焕然改观。全国青年身受此伟大时代新教育家的陶铸，也必能健全他们的思想、齐一他们的目标，在目前则抵抗敌人残暴的侵略，在将来则担当复兴建国的使命。这是青年光荣的前途，也就是教育家不朽的功绩。

二、重视革命工作。少数学校教师，在平时不无怀着一种错觉，以为只要能够传授学生以知识技能，已经尽了他们的天职。姑无论这种见解是否合乎真理，但至少我们得说，在此抗战建国的非常时代中，抱这种狭隘观念的教师，断不能负起领导青年的责任的。不但如总裁所示教师之对于学生，必须于知识技能之传习以外，更“毅然肩负指导学生思想、陶铸学生品性、管理学生生活、锻炼学生体力、健全学生人格之责任”，而且应该认识，教育本身就是一种革命工作——革命的宣传工作。须知孟子所谓“先知觉后知，先觉觉后觉”，这是教育，也就是宣传，教育者无他，持久的宣传罢了。有人以为没有纯文艺，凡是文艺都是宣传。我们对于教育，也可以这样说。总理曾经有一段话：“人类的天性，本来没有蜜蜂和蚂蚁的天生长处。所以能够变好的原故，多半是由于学习。普通人要学习，便是不知，先知先觉的人要他们知，便应该去教育，这便是宣传。”孔子为万世师表、中国历史上一个最伟大的教育家，可是总理却称颂孔子是最有力量的宣传家。他说：“今日中国的旧文化能够和欧美的新文化并驾齐驱的原因，都是由于孔子在二千多年前所做的宣传工夫。”即此可认教育的确就是宣传，毫无疑义。宣传是革命建国的重要工作，而教育家在实质上就天天负起这重要任务，如何可以忽视革命工作，以为与我无干呢？我们常说，要实施三民主义的教育，所谓三民主义的教育者，三民主义的宣传而已。不但讲“公民”、讲“党义”，离不开三民主义，推而至于教“国文”、教“史地”、教“卫生”、教“常识”、教“体育”，乃至教一切社会科学，都应该把三民主义的精神灌输进去。须如水银泻地、无孔不入，夫然后可谓尽三民主义的教育之能事，可谓无负革命工作之重大使命。

全国的校长、全国教师诸君既为现代中国的教育家，也就是为现代中国在抗战大业过程中的宣传家。诸君肩负革命的大责，担当建国的重任，黾勉辛勤，艰苦卓绝，必能作育新民、完成使命、受百世无穷之尊敬。

［2］语出《荀子·劝学》篇。

苏俄政治与人才淘汰*
——《出勤在乌托邦中》一书中的读后感
(1940)

抗战以后，特别是海防、仰光两个西南交通的口子先后陷于敌手以后，我们在后方的人几乎看不到原板的西书，二十七年夏间总算在朋友处借到了罗素的一本新作品，叫做《权力，一个新的社会分析》(Bertrand Russell，*Power*，*A New Social Analysis*)。罗氏这本新书又打动了我寻觅另一本新书的兴趣，原来罗氏在这本书里引到美国合众社记者莱盎斯的一本书叫《出勤在乌托邦中》(Eugene Lyons，*Assignment in Utopia*)，并且转载了莱氏的一节很有感慨的话，大意说：

> 狄克推多制下的民众生活，不啻受了一种无期徒刑的判决。什么样的无期徒刑呢？就是始终得表示着热诚的一种无期徒刑。这真是一种可以消磨精神的徒刑。他们要是有机会的话，他们一定是十二分的愿意把他们的头钻进他们愁苦生活的核心，而暗地里舐他们的创伤。不过他们不敢，这种退缩的行为几乎就等于叛国。他们像队伍里的士兵一样，经过长途跋涉以后，已经是疲乏得要死了，但是还得齐齐整整的排列起来，准备着检阅。

我看了这一段话，就很想看莱氏的全书。三个月后在重庆，居然有机会借到这第二本书，尽三日之力，把全书六百多页从头至尾看了一遍。大约在此三年前，我另外看到过性质上很相仿佛的一本书，叫《我曾经是苏维埃的工作者》。著者是一对青年夫妇，姓斯密士，原是美国的共产党员，后来转移到俄国去，在工厂里当了三年机师，乘兴而往，败兴而归，归后便写成这本书，对于苏俄的社会主义的新试验的内幕很

* 原载《今日评论》第3卷第3期，1940年1月21日；辑入《优生与抗战》，商务印书馆，1944年版。

不客气的下了一番批评，不止是批评，简直是揭穿。从他的议论里，读者得到一个印象，即，苏俄新试验所有的成绩多少是装点出来的，而其实际的内幕则往往比资本主义的国家还要来得不清明、不景气。这是一个讲究宣传的世界，有正面的宣传，也有反面的宣传，有善意的，也有恶意的。正面而善意的宣传，我们一向见过不少，我们固然不会完全相信；这种像斯氏夫妇的反面的论调，安知一部分不也是宣传呢？安知其中没有恶意的成分呢？这一类的怀疑，在要明了事实真相的读者，是一定不会没有的。三年以来，我就始终怀疑着这一点。不图如今又有莱氏好像是一鼻孔出气的这本书。

莱氏也是一个美国的共产党员，在新闻界努力了许多年，好容易找到一个机会，被合众社派遣到俄国去当记者。像斯氏一样，他也是打足了精神去的，也满心希望苏俄的实际的政治与经济设施可以坐实他童年以来所怀抱着的理想。但是他终于失望了，至少他的说法表示他失望了，不止是失望，简直是灰心。他在俄国住了六年，从一九二九到一九三四年。因为采访的关系，他似乎和俄国的党政要人接触得很多。他还见过斯太林，长谈过一两小时，他对斯氏个人的印象很不坏。但他总觉得俄国目前的试验是一个失败。六年的观察，把一二十年的希望打一个粉碎，在他自己也觉得不甘心，觉得太上当，太不好意思和盘托出的写出来给别人看，但不写又觉得太对不起自己，不写，他自己内心上的理想与现实的冲突始终无法清算、无法解除。为了这一点，他的确踌躇了很久。他一九三四年离开俄国，而这书到一九三八年才问世，这也是一个主要的理由。书中有一章，叫“讲出去不讲出去”（To Tell or Not to Tell)，是专叙述这一番内心的争持的。不过，话得说回来，这是一个为宣传的风气所笼罩着的世界，莱氏又是一个以新闻事业起家的人，这种自白究属有几分意义，自白后所发表的种种议论又有多少价值，在五里雾中的我们就很不容易断定了。

无论如何，我们不妨把莱氏最有分量的一部分观察与议论介绍在后面。

一、莱氏认为苏俄目前的局势，可以用五六条原则的话来概括的说明，其中似乎更关重要的三条（三、四、五）我们译录如下：

> 人命只当人命看是不值钱的，它只不过是造成历史的一些原料。这个信念在苏俄统治的一批领袖中间，似乎是越来越牢不可破。生活自有其更大的目的，比起这种目的来，血与肉的地位似乎

要卑微得多。为了要达到这种目的，为了维护真正的信仰，我们即使不免在这信仰的祭坛前面牺牲任何数量的生命，也是值得的。因此，为了拥护一种运动而发生的摧杀败坏的力量一天比一天增加，因此种力量的增加而养成的一种奇特的自豪的心理也一天比一天的发展。这种力量他们自己替起了一些名字，叫“布尔扎维克的残刻”或“列宁主义的坚忍”(Bolshevik ruthlessness 或 Leninist firmness)。

社会的出身，指的是普罗的或穷苦农民阶级的出身，成为个人价值与身份的唯一尺度。别处的人以富贵骄人，在俄国是拿这种出身骄人，并且骄得可怕，更可怕的是由骄人而凌人，凡是不属于这种出身的人都认为是属于“敌对”的血统，而例应在被凌之列，而这种敌对与凌蔑的心理后面又好像有一种“恐怖狂”在驱策似的。同一个政府，一方面夸张他大量的托儿所和幼稚园，一方面却教同样在锤子与镰刀下出生的成千成万的儿童不免于穷愁潦倒，以至于死亡，不为别的理由，单单为了血统上有他们所认为的沾污。这些儿童是不许入学校的，是不得不和它们的父母同被放逐的。祖宗的罪孽在苏俄的儿童身上真是取得了报应，基督教所称的“原始的罪孽”是已经被宣告万劫不复的了。

阶级斗争是社会进步的至高无上的方法，凡是本来没有阶级和无须斗争的场合，他们会用人工的方法教它有、教它成为必须……总之，克兰姆林宫方面比马克斯自己要走得远得多。它更进一步种植了不少的温室里的阶级斗争。(以上三节，见原书页二〇五)

二、莱氏讲到智识人士对目前俄国的局面的态度，和因为这种态度而遭受的待遇，说：

大多数的教育阶级的人士诚哉是犯了一个很深与无可救药的罪，就是怀疑。就大体说，他们认为克兰姆林一方面的种种努力是光怪陆离的，工业化的速率是一种推车撞壁的速率而势必失败的，全部试验所牺牲的人力与人的生命是野蛮的。所谓“怠工”的罪名，究其极，其实就是这种怀疑与腹诽的态度，再加上了物质生活的艰苦和思想生活的钳制所逼出来的种种心理上的不满，而这种态度与心理上的不满已足够教多少千人被拘禁、拷问、放逐以至于判处死刑。(原书页三四六—三四七)

所谓多少千人被拘禁、拷问、放逐以至于判处死刑，莱氏在他的书里也有不少的记载。上文说过他和苏俄党政的领袖都有往来，他叙到某人的时候假定这某人在他追叙的时候，已经遭遇这一类的不幸，他照例在正文的页底，加上一个注脚：于某年某月被拘、被放或被处死。别的不说，单就处死一项说，我们可得如下的一些零星统计：

姓氏	处死年月	生前地位或职位	罪名
Sergei Trivas	1930 年	国际文化交谊会主席	不详
Riazantsev 及其它 47 人	1930 年 9 月 24 日	教授、农业经济专家及粮食托辣斯主管人员	不详
姓氏不详 35 人	1933 年 3 月	农业专家	第一次五年计划之失败
Zinoviev	1936 年 8 月	革命元勋、列宁最密切之合作者	不详
Kamenev	同上	同上	不详
Smirnov	1936 年至 1937 年间	同上	不详
Piatakov	1937 年 1 月	同上	脱派
Serebriakov	同上	同上，曾任党秘书	不详
Tukhachevsky、Putna、Yakir 及其它 5 人	1937 年 6 月	红军司令长官及军略家	不详

（按，此次德国进攻俄国的初期里，德军所以未能长驱直入，是完全由于 Tukhachevsky 所预先布置下来的战略，但此种战略发生效力的时候，发明这战略的人的墓木已经拱了三年光景了。）

三、莱氏说到苏俄目前的局面所根据的社会思想事实上又并不很固定，而从这种不固定的情形里产生出来的问题自然不少。书中专有一章叫“修正了的社会主义”，中间对于平等观念的变迁，叙述得很详细，摘录如下：

> 这些以及其它有联带关系的改革有一个数学上所称的公分母，就是平等观念的放弃；收入的平等、生活程度的平等、社会权利的平等，终于都被放弃了。平等的事实当然从来没有存在过，在它处如此，在苏俄也如此。但它终是一个有发动行为的能力的理想、一个期于至善的鹄的，凡属文明的社会向来是认定了不放的。在新经济政策的时代，苏俄也认为这是一个最重要的理想，事实上，尽管

> 不平等的现象和资本主义的国家一样的普遍，以至于比这种国家还要来得粗俗，这一颗社会主义的理想的明星，就是“各尽所能，各取所需”的中心思想，始终像日月经天似的，没有暗晦过。
>
> 但到了一九三一年的上半年，这理想是放弃了。……马克斯和其它的社会主义的先知先觉都经过了一番新的解释。“党员的最高收入”的标准起先是提高了，后来也终于取消了；薪工的分级不但受了承认，并且变成一条非实行不可的规律。以前有许多歌颂平等主义的戏曲、小说忽然变做不时髦的东西，甚至于“反动”的东西；许多外国人写的称赞俄国情形的书，说人民委员会的委员和街头挖沟的工人如何如何的平等的书也过时了，也被认为太不近情理的瞎恭维。
>
> 费了一两年的文词（意识形态）上的偷天换日的功夫，终于把差等的现象确定为一个积极的布尔扎维克的德操。俄文里本有一个字叫 uravnilovka，意思等于“经济收入的平等化”，斯太林自己就把这两个字提出来，认为是一个可鄙的名词，其所代表的行为，在苏俄的道德标准之下，是一个非同小可的罪孽。也是斯太林自己，在一九三四年二月的一次演说里，把平等主义看做“布尔乔亚的一点蠢不可耐的自作聪明，在一个原始的禁欲主义者的宗派里，不妨有它的地位，但是在根据了马克斯主义而组织的社会主义的社会里，是绝对的没有它的地位的”。（以上三节文字见原书四一九到四二一页）

接着上面的引文，莱氏又有对于所谓辩证法、唯物论极不客气的一段评论，我们在此不具引。（页四二三）莱氏自己原是这一派哲学的信徒，而终于发出这一类的议论，是不能不教人骇怪的。

四、莱氏书中还有专叙苏俄文化的一章，这一章的题目不妨译作“禁锢中的学术文化”。我们也摘录一部分的议论如下：

> 我在出勤的几年里，也曾不断的注意到一部分更重要的戏曲、影片、书籍、杂志，但没有敢希望碰到什么比较自出心裁的东西。文笔的力量是有的，美也是有的，但思想的内容总是那么千篇一律、教人发腻、过于单纯的一套。在科学的园地里，例如地质学的研究、北极的探险工作等，因为诛索异端的人比较不容易进去，所以还可以找到一点自由研究与放胆探讨的精神。但一到近乎纯粹思想的各领域里，遇到凡是足以启发科学的怀疑态度的东西，或鼓励“危险

的"好奇心的东西，我们便进了一个理智的富有恐怖的专制时代了。

所谓历史实在是一堆任情拼凑与随意修正的事实，目的在使它和克兰姆林所发出的政令不相抵触。所谓人类学一定得和一部分的政策相呼应，就是关于苏俄对各弱小民族的关系的政策。所谓心理学一定要和斯太林思想中的种种假定相符合（举一个例吧，全部福洛伊德派的心理学是一种禁忌，倒并不是因为苏俄的心理学家曾经加以驳斥，而是因为它根本和"党的阵线"冲突）。至于哲学，假定有人对于斯太林的辩证法、唯物论有什么疑问，他所遭遇的危险，比中古黑暗时代提出地球究属平不平的问题的人所遭遇的还要担当不起。就在自然科学里，我们也有许多奇形怪状的东西，什么"列宁主义的外科医学"呀，"斯太林主义的数学"呀。在生物学方面也有不少所谓"意识形态"上的修正。

要有真正的文化，要有真正的理智的自由，必须科学家能大无畏的作些富有创造性的研究，必须艺术家能大无畏的产生些富有创造性的作品。但在目前的俄国，这些东西是想不得的、不可能的，除非一个人愿意自召杀身之祸。就在法国，在一七八九年的革命以前，我们多少还有得一点相对的自由，但在今日的苏俄，谁可以想象找到第二个福禄特尔、第二个迪特罗，来对苏俄的制度、标准、习惯，下一番不客气的攻击呢？就在帝俄的时代，我们也多少有一点同样的自由，但现在又那里去找一个托尔斯泰，或一个涂琴尼夫（Turgenyev），或一个萨尔蒂柯夫（Saltykov），来指摘当前的种种措施呢？不说指摘，就是对于这种种措施，胆敢作一个忠实与准确的叙述的人，我敢说还找不到。帝俄的检查机关可以不问，只要一个科学家、艺术家取一个中立的态度，而不谈政事。但是对于苏俄的检查员，中立是最罪大恶极的一种行为，每一个科学家和艺术家总得拿出证据来证明他是积极的在拥护党国的信条……（以上三节见原书页四六七到四六九）

莱氏出勤的期间，也曾一再旅行到欧洲大陆，他对于德意等国所推行的主义，也一样的取深恶痛绝的态度，并且也有一番极不客气的批评（页六二一到六二三、六三九、六四七），我们不暇详细征引。他这种态度与批评究属对不对是另一问题，不过他终究是一个美国人，是一向在比较自由的社会里生长的。因此，虽在早年对于集体主义有过一度热烈的信仰，终于不免归宿到自由主义，而替自由主义作说客——这一点是可以确定的。

我们在上文所介绍的只限于思想的一部分。莱氏对于苏俄民众生活的水深火热、几次五年计划的他所认为的实际的成绩、对于几番清党的内幕等等，都有很详细的叙述，并且在叙述中夹上不少不平的呼吁。这种叙述与呼吁，假定莱氏读过《道德经》的话，他很可以套老子的笔调，归结一句说："主义不仁，以人命为刍狗！"

我们青年中间，有不少钦佩苏俄的新试验的人，他们所能看到的叙述苏俄各方面的成绩的书本也不少。但这一类作反面的论调的书似乎极难得遇见。我并不相信莱氏所观察到的完全是真相，但我对于把俄国情形描写得天花乱坠的作品，也不能不表示怀疑。大约最适当的立场是把两方面的作品参证着看，而自己加以折中，也许事实的真相离此折中不远。我们总当再三记取，这是一个以宣传替代教育而以偏蔽为能事的世界，唯一可以信托的，恐怕还是我们自己的一些判断与折中的力量。

明伦新说*
(1940)

中国到处有文庙，而文庙中必有明伦堂。革新以来，各地方的明伦堂既已改充别的用处，例如民众教育馆或民众礼堂之类，而“明伦”两个字所代表的民族理想也就束诸高阁、无人道及。最近的几年里，似乎表面上很有些人想把孔老夫子抬出来，到了八月二十七日，尽管阴阳历不分，我们的一支笔、一张嘴总要忙一阵；发动了六周年的新生活运动也很想把孔门留传下来的一部分的道德观念重新装点起来，使在大众的日常生活里发生一些效果。但是孔门遗教里画龙点睛的明伦观念却似乎始终没有人垂青过。这是很可以诧异的。

其实“伦”字是最有趣的一个字，比“忠、孝、仁、爱、信、义、和、平”一类的字要有趣得多。第一，它比这一类的字要具体而不抽象，从下文的讨论里，我们可以知“伦”字所指的东西是很清楚的，一点也不含糊，但“仁”指什么、“义”指什么、“忠”指什么、“孝”指什么……各家的说法就很不一样，甚至于孔老夫子自己对徒弟们的说法往往看人打发，不一其辞。第二，“伦”字比所谓“八德”一类的字要来得概括，它实际上可以网罗它们以及其它许多代表德行的字；我们若真能“明伦”，我们对这一类的德行也就自然认识，并且可以认识得更清楚。

“伦”字实在有两种意义，而这两种意义的产生似乎有些先后。第一义，也是比较先出的一义，是类别，是条理。这从字源上可以看出来。凡是从“仑”字的字，如伦、论、沦、纶，多少都有类别、条理的意思，而到了从手的“抡”字，更进而有挑选的意思，而这些字又都是可以互相假借的。“伦”字所指的显而易见是人中间的类别与条理的现

---

* 原载《云南日报》，1940年2月25日；辑入《优生与抗战》，商务印书馆，1944年版。

象。《礼记》说："拟人必于其伦。"《孟子》说："圣人人伦之至也。"而在另一处又说："圣人之于民亦类也，出于其类，拔乎其萃。"可见所谓"人伦之至"的伦所指也不外类别的一义。

"伦"字的第二义，或许也是比较后起的一义，是关系。因为人与人之间有种种分别，虽同是人类，而有老少、男女、贤不肖等等的歧异，可以归成若干小类，而彼此不能没有往来，于是便产生了关系的观念。所谓君臣、父子、夫妇、兄弟（或长幼）与朋友的五伦的伦显然属于这第二义。君臣的关系称大伦，似初见《论语》（《微子》）；父子的关系称伦，初见《礼·祭统》；夫妇的关系称大伦，初见《孟子》；兄弟的关系称天伦，则初见《春秋穀梁传》。至于五伦之说究始于何时，似乎很是一个问题。《王制》上说过"七教"，《礼运》上说过"十义"，《中庸》上说过"五达道"，《左传》上说过"六顺"，指的都是后世所称的伦常关系。而《祭统》上"十伦"之说，虽用到"伦"字，其中鬼神、爵赏、政事三伦所指却不像关系，甚至于不是人与人的关系。五伦或五常之说，我们普通总推到孟子身上，但孟子似乎始终没有用过"五伦"两个字，他只说道："契为司徒，教以人伦……"接着又列举了君臣等五种关系罢了。总之，以"伦"字当关系看待，就逻辑论，应是比较后起的，而五伦的成说更是后来的发展。

"明伦"两字联缀在一起，亦初见《孟子》。孟子讨论到三代学校的功用，说："所以明人伦也，人伦明于上，小民亲于下。"后人的注把人伦解释做人事，我们在这里不妨认为所谓人事应该包括人的差别与人的关系在内，若把此种差别与关系撇开不论，也就没有多少人事可言了。

"伦"字的两种意义都是很有价值的。类别或差等的伦是具体而静的，要靠理智来辨认；关系的伦是抽象而动的，要靠情绪来体会与行为来表示。动的关系无疑的要用静的认识来做依据。长幼的关系以年龄与阅历不同的认识做依据，男女的关系以两性的分化与相须相成的认识做依据，君臣的关系或领袖与随从的关系则以德行厚薄、才能大小的认识做依据。社会生活的健全靠分子之间关系的正常与各如其分，而关系的正常与各如其分则靠认识准确。近代人文科学所讲求的又何尝不是这种准确的认识与各如其分的关系的两大问题呢？差等的认识大部分是生物学与心理学范围以内的事，而所谓才能心理学一派尤其是注意到流品不齐的辨别；关系的研究是社会学范围以内的事，而所谓形式社会学一派尤其是关怀到这一部分的社会现象，甚至于认为只有这一部分的社会现象才是道地的社会学的研究的对象与题材。总之，近代人文生物学、心理学与社会学的工作，始终没有能离开“明伦”两字的范围是显而易见的。

回到“伦”字的两种意义在民族文化里的发展，我们可以发见有许多欠缺的地方。这两种意义的产生尽管有些先后，但一经产生之后，我们倒希望它们可以有并行与互相发明的演进。事实却很不如此。第一义的发展到汉代三国而渐盛，至两晋六朝而登峰造极，但一过唐代，便似乎销声匿迹了。班氏《汉书》里别列《古今人表》，把古今人区分为九品，区分得公允与否虽属另一问题，区分的尝试便有它的价值。东汉末，品评时人便已成为一种风气，专家的品评而外，更有地方的品评，而品评用的字眼与词气已成为一种艺术。黄初而后，一直到六朝末叶，九品中正的选举制度推行的结果，这“伦”字的第二义可以说是发展到一个顶点了，当时掌选政的人以及所谓“知人”的人都有所谓“藻鉴人伦”的本领。一部《世说新语》和它的注便全部是藻鉴工作的成绩。唐代还有一些这类的流风余韵，但后来便荡然无存了。到了近世，九品只剩得一个名目，在“未入流”的名目里居然还保留着一个流品的“流”字。至于做品鉴工作的人，似乎只限于一些捧名角的戏迷与开花榜的嫖客；而以“藻鉴人伦”的招牌来号召的人，只剩得街头巷尾的一两位相面先生！

到了最近，一半也是因为受了西洋平等哲学的影响，我们不但把“伦”字的第一义忘了，并且根本不愿意提到这第二义与人类差等的种种事实。即就教育与学校的领域来说（而学校，照孟子说，是所以明人伦的），在以前科举时代，考试后的发榜是第一件大事。写榜有专官，写好了，摆在特别预备的香案上，做考官的要祭、要拜，是何等的郑重！到了今日，许多大学是不发榜的，到了学期终了，只是把每门课程的分数公布出去，公布的时候是不拿成绩优劣做先后的；用学号的地方，并且根本不写学生的姓名，公告板上只看见一大串的号码和一大串的分数。这种办法，从学校预算的立场看，也许是相当的经济，但从明伦与为国家选拔真才的立场看，却是极不经济。劣等学生的颜面是多少顾全了，但奖惩的至意是完全取消了，教育而不讲奖惩，便何必办教育？奖惩的原则一去，人才又何由自见？从这一点看，我们即使批评今日的学校是不足以明伦的，也不为过。

“伦”字第一义的沦亡，一半也是因为第二义的畸形发展。不论五伦之说是何时确立的，后世所了解的伦，除了上文所提的三国到六朝的一节以外，似乎始终是关系的伦，而不是流品的伦。宋以来理学家常讲做人的道理不出伦常日用之间，所指无疑的是关系的伦。近年来整理中国思想的许多作家，说到“伦”字，似乎谁都只了解第二义，而忘怀了第一义。西洋学术东来后，有人把道德的专门之学翻作“伦理学”，也显然是完全受了第二义的支配。

后世所了解的“伦”字的第二义不幸又是非常偏狭。《王制》七教里，兄弟与长幼是两教，而朋友之外，还有宾客；《礼运》十义也把兄弟、长幼分开；《祭统》十伦，多贵贱、亲疏、上下三伦。到五伦之说确立，而伦的第二义便受了束缚，再也解放不开。五伦之中，父子、兄弟、夫妇三伦是属于家庭的，这当然是和家族制度的畸形发展有互为因果的关系，君臣一伦一向又看得非常呆板，其实一切领袖与随从的关系何尝不可以看做君臣关系？朋友一伦比较后起，而其弊病也在不足以概括。我和一个不相识的人究属有没有伦的关系？是不是一经相识，两个人便进入朋友一伦？这一类的问题以前没有人问，到了现在大家又觉得不值得问，大多数的态度总以为这一类的骨董让它们自生自灭好了。乡僻的地方所供“天地君亲师”的牌位，有改做“天地国亲师”的，虽改得不通，至少还表示着一番推陈出新的苦心与努力，倒是值得佩服的。

第二义的所以能畸形发展，一半也未始不是第一义转晦后的结果。上文提过正常与适如其分的社会关系必须建筑在流品的准确认识之上。广义的流品固然包括年龄、性别一类先天的不同，和身份、地位、贫富、贵贱一类后天的区别，但主要的应该还是比较不容易分别先后天的德行、智力与才能的高下优劣。一个人孝父母，若是单单因为他们是父母，而不一定是贤父母，这孝可以走入愚孝的一途；一个人忠君，若是单单因为他是君，而不一定是贤君，这忠可以走入愚忠一途。二千年的历史上，百千州县的地方志里我们可以找出不知多少愚忠、愚孝的例子来。若问何以会有如许例子，我们的答复就是这些人只明白“伦”字的第二义，而不知道第一义，更不知道第二义应拿第一义做底脚才站得稳。明伦明伦，须兼明二义，并须先明第一义，才不致有流弊。

总结上文，明伦是民族文化里很有价值的一个观念。它原有两个意义，到了今日，第一义变晦了，第二义则嫌太狭。恢复与发挥第一义、补充与修正第二义，是从事人文科学的人应有的任务。

大学一解（稿）*
（1941）

今日中国之大学教育，溯其源流，实自西洋移殖而来，顾制度为一事，而精神又为一事，就制度言，中国教育史中固不见有形式相似之组织；就精神言，则文明人类之经验大致相同，而事有可通者。文明人类之生活要不外两大方面，曰己，曰群，或曰个人，曰社会。而教育之最大目的，要不外使群中之己与众己所构成之群各得其安所遂生之道，与夫共得其相位相育之道，或相方相苞之道；此则地无中外，时无古今，无往而不可通者也。

西洋之大学教育已有八九百年之历史，其于此种教育之目的，虽未尝有明白之揭橥，然试一探究，则本源所在，实为希腊之人生哲学，而希腊人生哲学之精髓无它，即为“一己之修明”（Knowthyself）是已。此与我国儒家思想之大本又何尝有分毫之差别？孔子于《论语·宪问》曰“古之学者为己”，而病今之学者舍己以从人。其答子路问君子，曰“修己以敬”，进而曰“修己以安人”，又进而曰“修己以安百姓”。而君子者无它，即学问成熟之人，而教育之最大收获也，曰安人、安百姓者，则又明示修己为一手段，而本身不为目的，或只是一番重要之基础工作，而其堂构、其归宿、其最大之效用，为众人与社会之福利，此则较之希腊之人生哲学又若更进一步，不以一己理智方面之修明润饰为已足而沾沾自喜者也。

---

* 《梅贻琦日记选》，1941年4月12日晚梅先生“作《大学一解》要点”。4月13日“约光旦来食早点，以《大学一解》要略交烦代拟文稿，日来太忙，恐终难完卷也”（《近代史资料》总89号，1996年11月）。梅贻琦先生署名《大学一解》一文发表于《清华学报》第13卷第1期，大学三十周年纪念号上册（1941年4月）。这里编入的是潘光旦执笔的手稿。原稿标题为：《大学一解》。稿边有字云：“镜秋兄：潘先生嘱请吾兄一抄。久庵七、十四。”周久庵先生时为清华大学办事处文书科主任。

及至《大学》一篇之作，而学问之最后目的、最大精神，乃益见显著。《大学》一书开章明义之数语即曰："大学之道，在明明德，在新民，在止于至善。"若论其目，则格物、致知、诚意、正心、修身，属明明德，而齐家、治国、平天下，属新民。《学记》亦曰："九年知类通达，强立而不反，谓之大成；夫然后足以化民易俗，近者悦服，而远者怀之，此大学之道也。"知类通达、强立而不反二语可以为明明德之注脚，化民成俗、近悦远怀三语可以为新民之注脚。孟子于《尽心》章，亦曰："修其身而天下平。"荀子论"自知者明，自胜者强"，亦不出明明德之范围，而其泛论群居生活之重要、群居生活之不能不有规律，亦无非阐发"新民"二字之真谛而已。总之，儒家思想之包罗虽广，其于人生哲学与教育理想之重视明明德与新民二大步骤，则终始如一、后先贯彻。

我辈于今日之大学教育，骤视之，貌若与明明德、新民之义不甚相干。然若加深察，则可知今日大学教育之种种措施，固始终未能超越此二义之范围，所患者，在体认尚有未尽而实践尚有不力耳。大学课程之设备，即属于教务范围之种切，下自基本学术之传授，上至专门科目之研究，固格物致知之功夫而明明德之一部分也。课程以外之学校生活，即属于训导范围之种种，以及师长持身、治学、接物、待人之一切言行举措，苟于青年不无几分裨益，此种裨益亦必于格致、诚正之心理生活见之。至若各种人文科学、社会科学学程之设置，学生课外之团体活动，以及师长以公民资格对一般社会所有之努力，或为一种知识之准备，或为一种实地工作之预习，或为一种风声之树立。青年一旦学成离校，而于社会有所贡献，要亦不能不资此数者为一部分之挹注。此又大学教育新民之效也。

然则所谓体认未尽、实践不力者又何在？明明德或修己功夫中之明德，所谓己，所指乃一人整个之人格，而不是人格之片段。所谓整个之人格，即就比较旧派之心理学者之见解，至少应有知、情、志三个方面，而此三方面者实皆有修明之必要。今则不然。大学教育所能措意而略有成就者，仅属知之一方面而已，夫举其一而遗其二，其所收修明之效固已极有限也。寻常教学之法，于知之一方面最为相宜，固不待论。然即此一端，目前教学方法之效率亦大有尚待扩充者。理智生活之基础为好奇心与求益心，故贵在相当之自动，能有自动之功，斯能收日新之效；所谓举一反三者，举一虽在执教之人，而反三总属学生之事。今日之教学亦足以语于此乎？曰，否。就日常课堂生活而论，十分功夫之中，我恐灌输之功十居七八，而启发之功十不得二三。于此所谓明明德者，释以今语，即为自我之认识，为自我知能之认识，此即在智力不甚平庸之学子亦不易为之，故必有执教之人为之启发、为之指引，而执教者之最大能事，亦即至此而尽，过此即须学子自为探索。方之树艺，灌园叟之任务不外浇水、施肥与偶一加以修剪而已，植物之萌芽、发叶、开花、结实，固灌园叟所不得而干预者也；又方之名山游览，登山之前，自须作相当准备，或觅一久于其地之人为之指示，或就前人游览之经验加以参考，登山而后，则探奇涉险，穷幽极胜，事诚在我，设必须按图索骥，或跬步须人扶持，则亦大失游览之本旨矣。故教法之善者，《论语》谓之善诱，《学记》谓之善喻。孟子有云："君子深造之以道，欲其自得之也，自得之，则居之安，居之安，则资之深，资之深，则取之左右逢其源，故君子欲其自得之也。"此善诱或善喻之效也。今大学中之教学方法，即仅就知识教育言之，殆犹不足以语于此。此体认不足实践不力之一端也。

至意志与情绪二方面，既为寻常教学方法所不逮，其所恃者厥有二端，一为教师之树立楷模，二为学子之自谋修养。意志须锻炼，情绪须裁节，为教师者，果能于二者均有相当之修养功夫，而于日常生活之中与以自然之流露，则从游之学子无形中有所取法；古人所谓身教，所谓以善先人之教，所指者大抵即为此两方面之品格教育，而与知识之传授不甚相干。治学之精神与思想之方法，貌若完全属于理智一方面之心理生活，实则与意志之坚强与情绪之稳称有极密切之关系；治学贵谨严，思想贵不偏不蔽，要非持志坚定而用情有分寸之人不办。孟子有曰："仁义礼智根于心，则其生色也，睟然见于面，盎于背，施于四体，四体不言而喻。"曰根于心者，修养之实，曰生于色者，修养之效而自然之流露；设学子所从游者率为此类之教师，再假以相当之时日，则濡染所及、观摩所得，亦正复有其不言而喻之功用。《学记》所称之善喻，要亦不能外此。试问今日之大学教育果具备此条件否乎？曰否。此可于三方面见之。上文不云乎？今日大学教育所能措意者仅为人格之三方面之一，为教师者果能于一己所专长之特科知识，有充分之准备，作明晰之讲授，作尽心与负责之考课，即已为良善之教师，其于学子之意志与情绪生活与此种生活之见于操守者，殆有若秦人之视越人肥瘠；历年既久，相习成风，畸形之物，竟成常态，即在有识之士，亦复视为固然，不思改作，浸假而以此种责任完全诿诸于负训育之责之学校行政之人，曰，此乃训育之事，与教学根本无干。此条件不具备之一方面也。为教师者，自身固未始不为此种学风之产物，其日以孜孜者，专科知识之累积而已，新学说与新试验之传诵而已，其于持志养气之道、待人接物之方，固未尝一日讲求也；试问已所未能讲求或无暇讲求者，又何能执以责人？此又一方面也。今日学校环境之内，教师与学生大率自成部落，各有其生活之习惯与标准，舍教室中讲授之时间而外，几于不相谋面，军兴以还，此风尤甚，即有少数教师，其持养操守足为学生表率而无愧者，亦犹之椟中之玉、斗底之灯，其光辉不达于外，而学子即有切心于观摩取益者，亦自无从问径。此又一方面也。古者学子从师受读，谓之从游，孟子曰“游于圣人之门者难为言”，间尝思之，游之时义大矣哉。学校环境犹水也，师生犹鱼也，其行动犹之游泳也，大鱼在前，小鱼随后，是从游也，从游既久，其濡染观摩之效，自不求而至，不为而成。今日师生之关系，直一表演者与看客或说评话者与听众之关系耳，去从游之义不綦远哉！此则于大学之道，体认尚有未尽、实践尚有不力之第二端也。

至学子自身之修养又如何？学子自身之修养为中国教育思想中最基本之部分，亦即儒家哲学之重心所寄。《大学》八目，涉此者五；《论语》、《中庸》、《孟子》之所反复申论者，亦以此为最大题目。宋元以后之理学，举要言之，一自身修养之哲学耳；其派别之分化虽多，门户之纷呶虽甚，所争者要为修养之方法，而于修养之必要，则靡不同也。我侪以今日之眼光相绳，颇病理学教育之过于重视个人之修养，而于社会国家之需要，反不能多所措意；末流之弊，修身养性几不复为入德与人才作育之门，而成为遁世与躲避现实之路。理学之贡献虽多，于此端当亦无以自解。然理学教育之所过即为今日学校教育之所不足。今日大学生之生活中最感缺乏之一事即为个人之修养。此又可就下列三方面分别言之：

一曰时间不足。今日大学教育之学程太多、上课太忙，为众所公认之一事。学生于不上课之时间，又例须有多量之“预备”功夫，而所预备者又不出所习学程之范围，于一般之修养邈不相涉。习文史哲学者，与修养功夫尚有几分关系，其习它种理实科目者，无论其为自然科学或社会科学，犹木工水作之习一艺耳。习艺之徒固不足与语修养也。何以故？曰，无闲暇故。仰观宇宙之大，俯察品物之盛，而自审其一人之生应有之地位，非有闲暇不为也。纵探历史之悠久、文教之累积，横索人我关系之复杂、社会问题之繁变，而思对此悠久与累积者宜如何承袭节取而有所发明，对复杂繁变者宜如何应付而知所排解，非有闲暇不为也。人生莫非学问也，能自作观察、欣赏、沉思、体会者，斯得之。今学程之所能加惠者，充其量，不过此种种自修功夫之资料之补助而已，门径之指点而已，至若资料之咀嚼融化、门径之实践以至于升堂入室，博者约之，万殊者一之，则非有充分之自修时间不为功。就今日之情形而言，则咀嚼之时间，且犹不足，无论融化，粗识门径之机会犹或失之，姑无论升堂入室矣。

二曰空间不足。人生不能离群，而自修不能无独，此又近顷大学教育最所忽略之一端。《大学》一书尝极论毋自欺、必慎独之理。不欺人易，不自欺难，与人相处而慎易，独居而慎难。近代之教育，开口社会化，闭口集体化，卒使黉舍悉成营房，学养无非操演，而慎独与不自欺之教亡矣。夫独学无友，则孤陋而寡闻，乃仅就智识之切磋而为言者也；至若情绪之制裁，意志之磨砺，则固为我一身一心之事，他人之于我，至多亦只所以相督励、示鉴戒而已。自“慎独”之教亡，而学子乃无复有“独”之机会，亦无复作“独”之企求；不复知人我之间精神上与实际上应有之充分的距离、适当的分寸，浸假而不复知情绪制裁、意志磨炼之为何物，即不复知《大学》所称诚意之为何物，充其极，乃至于学问见识一端，亦但知从众而不知从下，但知附和而不敢自作主张、力排众议。晚近学术界中，每多随波逐流（时人美其名曰“适应潮流”）之徒，而少砥柱中流之辈，由来有渐，抑亦无足怪矣！

上文分距离为精神的与实际的二种。黉舍有类营房，生活必求集体，是谓实际距离之不足。然则精神距离又指何物？黄钰生先生近作《青年之志气与思想》一文，谓近年来之大学教育，已不复为教育，而为宣传、诱惑、姑息，洵如黄先生所言，是即精神距离之缺乏也。论者又谓今日之青年，并做白日梦之机缘而不可得；白日梦且无法做，又遑论身心之修养？

《大学》一书，于开章时阐明大学之目的后，即曰：“知止而后有定，定而后能静，静而后能安，安而后能虑，虑而后能得。”今日之青年，一则因时间之不足，再则因空间之缺乏，乃至数年之间，竟不能学绵蛮之黄鸟，觅取一丘隅以为休止。休止之时地既不可得，又遑论定、静、安、虑、得之五步功夫？而所谓自我修养者，固非履行此五步功夫不办也。抗战军兴，大学所在地之都市时遭敌人之空袭，于是全校师生不得不作临时远足之计，或走森林，或隐空洞，或趋岩穴，或登丘垄，谓之“疏散”。窃尝思之，疏散之法，自修养之立场言之，乃竟有若干不期然而然之收获。疏散之时间，少则数小时，多则大半日，是学子之时间解放也，疏散亦为距离之重新支配与空间解放，更不待论。而疏散之际，耳目所接受之刺激，思虑所涉猎之对象，或为属于天人之际之自然现象，或为属于兴亡之际之民族命运，或为属于生死之际之个人际遇，要能一跃而越出日常课业生活之窠臼，一洗平日知、情、志三方面活动之晦涩、板滞、琐碎、藐小而使之复归于清空广大与活泼之境！然一旦抗战结束，空袭无虞，我辈从事大学教育者，为青年之身心修养计，亦将有一积极与自觉之疏散办法否乎？是则我所亟欲知者。

三曰师友古人之联系之阙失。关于师之一端，上文已具论之。今日之大学青年，在社会化与集体生活化一类口号之胁迫之下，所与往还者，有成群之大众，有合伙之伙伴，而无友。曰集体生活，又每苦不能有一和同之集体，或若干不同而和之集体，于是人我相与之际，即一言一动之间，亦不能不多所讳饰顾忌，驯至舍寒暄笑谑与茶果征逐而外，根本不相往来。此目前有志之大学青年所最感苦闷之一端也。夫友所以祛孤陋、增闻见而辅仁进德者也，个人修养之功，有恃于一己之努力者固半，有赖于友朋之督励者亦半；今则一己之努力既因时空两间之不足而不能有所施展，有如上文所论，而求友之难又如此，又何怪乎成德达材者之不多见也。古人亦友也，孟子有尚友之论，后人有尚友之录，其对象皆古人也。今人与年龄相若之同学中既无可相友者，有志者自犹可于古人中求之。然求之又苦不易。史学之必修课程太少，普通之大学生往往仅修习通史一两门而止，此不易一也。时人对于史学与一般过去之经验每不重视，甚者且以为革故鼎新之精神，即在完全抹杀已往，而创造未来，前人之言行，时移世迁，即不复有分毫参考之价值，此不易二也。即在专攻史学之人，又往往用纯粹物观之态度以事研究，驯至古人之言行举措，其所累积之典章制度，成为一堆毫无生气之古物，与古生物学家所研究之化石骨殖无殊，此种研究之态度，非无其甚大之价值，然设过于偏注，则史学之与人生将不复有所联系，此不易三也。有此三不易，于是前哲所尝再三申说之“以人鉴人”或“人镜”之原则将日趋湮没，而“如对古人”之青年修养之一道亦日即于荒秽不治矣。学子自身之不能多所修养，是近代教育对于大学之道体认尚有未尽实践尚有不力之第三端也。

以上三端，所论皆为明德一方面之体认未尽与实践不力，然则新民一方面又如何？大学新民之效，厥有二端：一为大学生新民工作之准备，二为大学校对社会秩序与民族文化所能建树之风气。于此二端，今日之大学教育体认亦有未尽，而实践亦有不力也。试分论之。

大学有新民之道，则大学生者负新民工作之实际责任者也。此种实际之责任，固事先必有充分之准备、相当之实验或见习，而大学四年，即所以为此准备与实习而设，亦自无烦赘说。然此种准备与实习果尽合情理否乎？则显然又为别一问题。明德功夫即为新民功夫之最根本之准备，而此则已大有不能尽如人意者在，上文已具论之矣。然准备之缺乏犹不止此。今人言教育者，动称通与专之二原则。故一则曰大学生应有通识，又应有专识，再则曰大学卒业之人应为一通才，亦应为一专家，故在大学期间之准备，应为通专并重。此论固甚是，然有不尽妥者，亦有未易行者。此论亦固可以略救近时过于重视专科之弊，然犹未能充量发挥大学应有之功能。窃以为大学期内，通专虽应兼顾，而重心所寄，应在通而不在专，换言之，即须一反目前重视专科之倾向，方足以语于新民之效。夫社会生活大于社会事业，事业不过为人生之一部分，其足以辅翼人生、推进人生固为事实，然我辈决不能谓全部人生即寄寓于事业也。通识，一般生活之准备也；专识，特种事业之准备也。通识之用，不止润身而已，亦所以自通于人也，信如此论，则通识为本，而专识为末，社会所需要者，通才为大，而专家次之，以无通才为基础之专家临民，其结果不为新民，而为扰民。此通专并重未为恰当之说也。大学四年而已，以四年之短期间，而既须有通识之准备，又须有专识之准备，而二者之间又不能有所轩轾，即在上智，亦力有未逮，况一般之中资以上乎？此并重之说不易行之说也。偏重专科之弊，既在所必革，而并重之说又窒碍难行，则通重于专之原则尚矣。

难之者曰，大学而不重专门，则事业人才将焉出？曰，此未作通盘观察之论也。大学虽重要，究不为教育之全部，造就通才虽为大学应有之任务，而造就专才则固别有机构在。一曰大学之研究院，学子既成通才，而于学问之某一部门，有特殊之兴趣与特高之推理能力，而将以研究为长期或终身事业者可以入研究院。二曰高级之专门学校，艺术之天分特高而审美之兴趣特厚者可入艺术学校，躯干刚劲、动作活泼、技术之智能强而理论之兴趣较薄者可入技术学校。三曰社会事业本身之训练。事业人才之造就，由于学识者半，由于经验者亦半，而经验之重要且在学识之上，尤以社会方面之事业人才所谓经济长才者为甚，尤以在今日大学教育下所能产生之此种人才为甚。今日大学所授之社会科学知识，或失之理论过多，不切实际，或失诸凭空虚构，不近人情，或失诸西洋之资料太多，不适国情民性；学子一旦毕业而参加事业，往往发见学用不相呼应，而不得不于所谓“经验之学校”中，别谋所以自处之道，及其有成，而能对社会有所贡献，则泰半自经验之学校得来，而与所从卒业之大学不甚相干，以至于甚不相干。至此始恍然于普通大学教育所真能造就者，不过一出身而已、一资格而已。

出身诚是也，资格亦诚是也。我辈从事于大学教育者，诚能执通才之一原则，而曰，才不通则身不得出，社会亦诚能执同一之原则，而曰，无通识之准备者，不能取得参加社会事业之资格，则所谓出身与资格者，固未尝不为绝有意识之名词也。大学八目，明德之一部分至身修而止，新民之一部分自身修而始，曰出身者，亦曰身已修、德已明，可以出而从事于新民而已矣，夫亦岂易言哉？不论一人一身之修明之程度，不问其通识之有无多寡，而但以一纸文凭为出身之标识者，斯失之矣。

通识之授受不足，为今日大学教育之一大通病，固已渐为有识者所公认，然不足者果何在，则言之者尚少。大学第一年不分院系，是根据通之原则者也，至第二年而分院系，则其所据为专之原则。通则一年，而专乃三年，此不足之最大原因而显而易见者。今日而言学问，不能出自然科学、社会科学与人文科学三大部门；曰通识者，亦曰学子对此三大部门，分而言之，则对每门有充分之了解，合而言之，则于三者之间，能识其会通之所在，而恍然于宇宙之大、品类之多、历史之久、文物之繁，要必有其一以贯之之道，要必有其相为因缘与依倚之理。此则所谓通也。今学习仅及期年而分院分系，而许其进入专门之学，于是从事于一者，不知二与三为何物，或仅得二与三之一知半解，与道听途说者初无二致；学者之选习另一部门或院系之学程也，亦先存一“限于规定，聊复选习”之不获已之态度，日久而执教者亦曰，聊复有此规定尔，固不敢以此期学子之必成为通才也。近年以来，西方之从事于大学教育者，亦尝计虑及此，而设为补救之法矣。其大要不出二途：一为展缓分院分系之年限，有自第三学年始分者；二为于第一学年中增设“通论”之学程，如“自然科学通论”、“社会科学通论”、“文化概论”、“宇宙与人生”之类，或更于通论之中认定一比较可以总摄之原则，有如演化之理论。窃以为此二途者俱有未足，然亦颇有可供攻错之价值，俱可为前途改革学程支配之张本。大学所以宏造就，其所造就者为粗制滥造之专家乎，抑为比较周见洽闻、本末兼赅、博而能约之通士乎？胥于此种改革卜之矣。大学亦所以新民，我侪于新民之义诚欲作进一步之体认与实践，欲使大学出身之人，不借新民之名，而作扰民之实，亦胥以此种改革为入手之方。

然大学之新民之效，初不待大学生之学成与参加事业而始见也。大学学府之机构，自身亦正复有其新民之功用。就其所在地言之，大学俨然为一方教化之重镇，而就其声教所暨者言之，则充其极可以为国家文化之中心，可以为国际思潮交流与朝宗之汇点（近人有译英文 focus 一字为汇点者，兹从之）。即就西洋大学发展之初期而论，十四世纪末年与十五世纪初年，欧洲中古文化史有三大运动焉，而此三大运动者均自大学发之：一为东西两教皇之争，其终于平息而教权复归于一者，法之巴黎大学领导之功也；二为魏克立夫（Wyclif）之宗教思想革新运动，孕育而拥护之者英之牛津大学也；三为呼斯（John Hus）宗教改革运动，与惠氏①之运动均为十六世纪初年马丁？路得宗教改革之先声，而孕育与拥护之者，布希米亚（战前为捷克地）之蒲拉赫（Prague）大学也。大学机构自身正复有其新民之效，此殆最为彰明较著之若干例证。

间尝思之，大学机构之所以有新民之效者，盖又不出二途：一曰为社会之倡导与表率，其在平时，表率之力为多，及有危难，则倡导之功为大。上文所举之例证，盖属于倡导一方面者也。二曰新文化因素之孕育涵养与简练揣摩。而此二途者又各有其凭借。表率之效之凭借为师生之人格与其言行举止。此为最显而易见者。一地之有一大学，犹一校之有教师也，学生以教师为表率，地方则以学府为表率，荀子所称“学莫便乎近其人”之理，一人如此，一地方之人亦不能外此。古人谓一乡有一善士，则一乡化之，况学府者应为四方善士之所一大总汇乎？设一校之师生率为文质彬彬之人，其出而与社会往还也，路之人亦得指认之曰，是某校教师也，是某校生徒也，而其所由指认之事物为语默进退之间所自然流露之一种风度，则始而为学校环境以内少数人之所独有者，终将为一地方所公有，而成为一种风气。教化云者，教在学校环境以

① 原文如此，疑即指上文“魏克立夫”（Wyclif）。——编者注

内，而化则达于学校环境以外。然则学校新民之效，固不待学生学成出校而后始见也明矣。

新文化因素之孕育所凭借者又为何物？师生之德行才智，图书实验之设备，可无论矣。所不可不论者为自由探讨之风气。宋儒安定胡先生有曰："《艮》言思不出其位，正以戒在位者也。若夫学者，则无所不思，无所不言，以其无责，可以行其志也；若云思不出其位，是自弃于浅陋之学也。"此语最当。所谓无所不思，无所不言，以今语释之，即学术自由（academic freedom）而已矣。今人颇有以自由主义为垢病者，是未察"自由"二字之真谛者也。夫自由主义（liberalism）与流放主义（libertinism）不同，自由主义与个人主义，或乐利的个人主义，亦截然不为一事。假自由之名，而行流放之实者，斯病矣。大学，致力于知、情、志之陶冶者也，以言知，则有博约之原则在；以言情，则有裁节之原则在；以言志，则有持养之原则在。秉此三者而求其所谓"无所不思，无所不言"，则流放之弊又将孰从而乘之？此犹仅就学者一身内在之制裁而言之耳，若目新民之需要言之，则学术自由之重要，更有不言而自明者在。新民之大业，非旦夕可期也，既非旦夕可期，则与此种事业最有关系之大学教育，与从事于此种教育之人，其所以自处之地位，势不能不超越几分现实；其注意之所集中，势不能为一时一地之所限止；其所期望之成就，势不能为若干可以计日而待之近功。职是之故，其"无所不思"之中，必有一部分为不合时宜之思，其"无所不言"之中，亦必有一部分为不合时宜之言；亦正惟其所思所言，不尽合时宜，而未必不有合于将来，新文化之因素胥于是生，进步之机缘，胥于是启，而新民之大业，亦胥于是奠其基矣。

大学之道，在明明德，在新民，在至于至善。至善之界说难言也，姑舍而不论。然明明德与新民二大目的固不难了解而实行者。然洵如上文所论，则今日之大学教育，于明明德一方面，了解犹颇有未尽，而践履亦颇有不力者，而不尽不力者大要约有三端；于新民一方面亦然，而不尽不力者大要约有二端。不尽者尽之，不力者力之，是今日大学教育之要图也，是《大学一解》之所为作也。

新母教*
（1942）

三月八日是妇女节，四月四日是儿童节，五月八日是母亲节。两个月之间，先后有此三大节日，是富有意义的。当初有人规定这三个节日的时候，是否就用过一番心，我不得而知。不过，有妇女斯有儿童，有儿童斯有母亲，有此三种人格，民族的生命斯有前途，民族的健康斯有保障。三个节日最初规定的时候，也许没有人用过这样的一番心，规定以后，也许也没有人把三个节日，或三个中的任何两个，拼合起来，用类似的眼光加以论列。不过，我们不妨根据所谓“礼以义起”的原则，坚决的认为把三个节日放在一起，并且很合自然、很合逻辑的排定了一个次序，决不是偶然的，而有深长的民族意义存乎其间。

所谓礼以义起的看法，是一种合乎情理的看法。情理始终存在，也许以前的人没有看到，或没有十分看到，或只是不自觉的经验到，到了后来，才有人看到、看清楚，于是对于某一种观念或习惯给一个新的或比较新鲜的解释。民族文化里这一类的观念与习惯，即“以义起”的“礼”，真是非常之多，如今我们把三个节日用民族的眼光联系了看，不过是千百例中的一例罢了。

到现在为止，节日虽多，却还没有“男子节”与“父亲节”，以后大概也不会得有。没有这两个节日，而偏有妇女节与母亲节，这一层就富有“礼以义起”的意味，而所谓义，不是别的，就是民族之义。儿童的生、养、教，有人以为完全是国家之事，有人以为是父母应当平均负担的任务。不过，平心静气的说，国家与父亲对于这样一件大事，固然

---

* 原载《云南日报·星期论文》，1942 年 5 月 3 日；辑入《优生与抗战》，商务印书馆，1944 年版。

脱不了很重要的干系，但主要的责任终究是在家庭与做母亲的妇女的肩膀上。苏联的佛塞烈爱夫认为这是女子身上生物学的悲剧的一部分而是无可避免的。无可避免是一个事实，至于是不是悲剧，却要看一个人的立场了。从个人主义的立场看，这也许是一个悲剧，因为这种责任不免剥夺了一个女子自由发展与获取功名利禄的一部分的机会；而从民族的立场看，却是一出喜剧，近乎“荣归”、“团圆”性质的一出喜庆剧。女子而能体念到这个民族的立场，八厶为公，推小己以成大我，认为一己的辛劳和民族的保世滋大有不可须臾离的关系，从而从最大的贡献以至于牺牲中觅取最富厚的快乐，则以悲剧开场的，也终有以喜剧收场的一日。其以世界人生为本属一大悲剧，无可挽救亦无须挽救者，自又当别论。

三十一年四月四日那一天，我曾应昆明广播电台之约，广播“新母教”一题。这题目对于上文所说的三大节日，可以说都适用，特别是对于后两个节日。儿童节那天我既用口说了，如今应《云南日报》之约，借母亲节的机会，把它用文字再说一遍。

我认为新母教应当有五个段落：第一个段落是择教之教，第二个是择父之教，第三个是胎养之教，第四个是保育之教，第五个是品格之教。五个段落是顺着来的。

什么是择教之教？教育是一桩最大最难的事业，母教又是这桩事业里最最基本的部分。如今要全国国民中比较健全的女子人人负起母教的责任来，她们在事先是不是应当有些充分的准备？现在这种准备有没有？可以说完全没有。现在高中和高中以上的所谓教育，只教人如何做一番社会事业，说得小一点，只教人如何找一种职业，再小一点，只教人学一套吃饭本领，并没有教人如何做父母，更没有教女子如何做母亲。师范教育也是一样的不着边际，它只教人如何做别人家的儿女的老师，没有教人如何做母亲，做自己的子女的老师。这样，一面教女子实行新母教，一面却又丝毫不给她准备，不是等于教“盲人骑瞎马，夜半临深池”么？所以我以为如果国家真要实行新母教，而全国凡属健全的女子真想做健全的母亲的话，她们第一件事是应当向国家要求一种“母道”的教育，要求在高中和高中以上的学校里添设种种和新母教有关系的课程。“学养子而后嫁”在从前是一句笑话，从新母教的立场看，却是一条原则、一条金科玉律。儿女的生、养、教是非于结婚以前有充分的学习不可的。这就是我所谓“择教之教”。我们在高中和高中以上的青年，特别是女青年，要有这种坚决的要求，要选择她们所认为最有意义、最有价值的教育，要认定做父母，特别是做母亲，应有充分的学识与态度上的准备。

第二个段落是择父之教。要有好的母教，先得有好的家庭生活，要有好的家庭生活，先得有好的夫妇。《中庸》上说：天地之道，造端乎夫妇。真是一点也不错的。所以一个女子在结婚以后想做一个好母亲，想实行新母教，第一要郑重的选择她的配偶，一定要选择一个家世清白、身体健康、品貌端正、智能优秀、情绪稳称、意志坚定的男子做配偶。惟有两个身心品性都比较健全的人所组织的家庭才会成为一个健全的家庭，也惟有这种家庭环境之中才能实行新母教。如果一个“巧妇不能为无米之炊”，如果一个“巧妻常伴拙夫眠”，是人世间最可以伤心的事，例如《西清散记》里所讲的贺双卿女士一般，那末其它的一切，包括新母教在内，便无从谈起，就是勉强的做，也是事倍而功半的。所以新母教的第二个段落是要在婚前替子女选择一个良好的父亲，替子女在生前选择一部分的良好的血统或遗传，替子女在生后供给一部分的良好的榜样与家庭导师。有了好遗传、好榜样做张本，再谈母教，不就可以收事半而功倍的效果么？这就是我所谓的“择父之教”。择父之教大部分是属于所谓优生学的范围，表面上好像是和教育没有关系，其实良好的遗传是一切教育的基础，特别是母道教育，所以不能不认为新母教的一个段落。目前教育事业的一大通病，正坐办教育的人对于这方面注意得不够。

第三个段落是胎养之教。我提到这段落的用意只在打破几千年来中外古今所共有的一种迷信。我说胎养之教，我不说胎教。胎教就是这种迷信。胎儿在娘肚子里是无法施教的，孕妇在生活里所接受的种种印象、取得的种种经验，好的不能教胎儿好，坏的也不能教胎儿坏，可以说和胎儿全不相干。婴儿生出来缺嘴，决不是因为母亲在怀孕期内看见了兔子；儿童有音乐兴趣与天才，也决不是因为母亲在怀孕期内多练了几天钢琴。这一类好坏的品性是在遗传本质里早就存在了的，即使不见到兔子、不练习钢琴，也一样的会表现出来。所以胎教之教，是已经过去的了，胎教之教，丝毫没有科学的根据。不过胎养之教并没有过去，胎养之教有很大的科学根据。胎儿所需要于母亲的，一是保护，二是营养，保护不周密，营养不适当，都可以影响胎儿的健全发育。如果孕妇有不良好的习惯、不规则的生活常态、不和谐的家人关系，以至于饮食起居没有节制、喜怒哀乐的表现没有分寸，则势必影响到胎儿的安全和营养，一旦出世，多少要成为以前所谓“先天不足”的人（其实还是“后天失调”，是后天初期的失调）。

第四是保育之教。这是就儿童出世以后而进入小学校以前的一个时期说的。我说小学校，而不说幼稚园，因为我认为幼稚教育应该是家庭教育的一部分，而不应另成一个段落。关于这个段落，我只准备提出一个原则，就是自养与自教的原则。在自养的原则之下，一个母亲如果自己有奶，第一最好不用代乳品。因为就营养的品质而论，天下没有一样东西敌得过自己的母亲的奶。从避免传染病的机会来说，奶头上的喂养比奶瓶上的喂养也不知要高明得多少倍。第二最好不要用奶妈。一则因为奶妈的奶大概不会比自己的奶好，说不定其中还带着传染病的种子，再则奶妈的知识程度和生活习惯大概也不会比自己母亲的好，婴儿虽小，无形中总不免有几分模仿。（详见拙作《中国之家庭问题》一书）我们常听人说，吃谁的奶就像谁，这一层和奶妈的选择有关系，和吃乳时候的模仿也有关系，是不能不提防的。在自教的原则之下，奶妈自然更用不得，你说她不管教，只管养，事实上她是教了，并且教下许多要不得的习惯。第二，保姆也最好不请。做保姆的也许是一个专家，假定在目前的中国已经有这种很进步的人物的话，因为就儿童的幸福而论，天下没有一样东西可以敌得上、比得上母亲的爱，一分的母爱，比起十分的专家的知识来，价值要大得多，何况如果我们能照着上面所说的择教之教的一番理论做去的话，结果每一个母亲都可以做一个教养的专家呢。第三，我们最好不要把儿童送进所谓托儿所，特别是中国式的托儿所，我们根本用不着这一类的托儿所。那是一种有几个钱的人躲懒的方法、推诿责任的方法，和对于新母教有兴趣的人完全没有缘分。就是国家来办这种托儿所，我们自己不用花钱，好像端的为我们减轻负担，我们也不感激，我们也不放心，我们良心上要觉得对不起子女。子女的个性，只有父母最知道，而只有母亲知道得最清楚，托儿所一类的办法也许可以在集体生活方面，或所谓社会化生活方面，给儿童一些初期的训练。但我们知道人的性格是两方面的，社会化也要，个别的修养也要；国家文化所期望于我们的，也是这两方面的并行与协调的发展。一个儿童的社会化的训练，将来的机会正多，从小学校读书起一直到学成服务，无非是这种机会，而个性的发见与启迪，应该是家庭教育的一个责任，也唯有家庭教育，唯有母亲，最能尽这个责任，教家庭以外的人来做，并且和别人家的子女混在一起做，总有几分隔靴搔痒。

大家现在都在歌颂苏俄的制度。对于苏俄的儿童教养，大家也都在那里不断的称赞，但称赞的人未必都知道苏俄的底细。在苏俄，关于儿童教养所贴的标语、所喊的口号里，我们知道，就有这一类的话：

> 牛奶是牛吃的，人奶才是人吃的。

“天下没有一件东西敌得过母亲的爱。”列宁夫人就是喊这一类口号喊得最响的一个人。苏俄的托儿所，所谓Créche，也和我们所想象的不同。这些托儿所是为女工人在工厂旁边临时设立的，在白天，女工人得按了时间，停了工作，跑出来喂奶，喂自己的奶；到了晚上，还得把自己的孩子抱回家去。这不是正合着自养自教的原则么？（详见哈勒女士《苏俄的妇女》，Fannina Halle，*Women in Soviet Russia*）

第五个段落是品格之教。这是就儿童入小学校以后以至于成年的一个时期说的。目前的学校教育，就一切的步骤说，最大的贡献是知识的灌输，而最大的缺乏是品格的陶冶，这是谁都晓得的，也是谁也想不出办法来加以改正的。在没有改正之前，家庭是唯一陶冶品格的场合；即使学校教育有一天真正能实施品格教育，家庭还是逃不了它的责任。换言之，品格教育的最大的责任还是在家庭以内，还是母教的中心部分，实际上，家庭教育就等于品格教育，母教就是品格之教。上天下地、三教九流的无尽藏的智识自有学校在教、社会在教，本来就用不着家庭来教，用不着母亲来教。我们除非完全没有读过中国历史，否则，就知道古代有过多少的人才是母亲教出来的，而这些人才的所以成为人才与所以被称为人才，是因为他们在品格上高人一等。战国时代的孟子、王孙贾，后汉的范滂，东晋的陶侃，宋朝的欧阳修、苏轼、岳飞，都是最好的例子。王孙贾的母亲、范母、岳母教的是忠，孟母教的是信，陶母教的是廉，欧母教的是节，孟母、欧母、苏母教的也是苦学。

儿童时代不教，家里最可敬爱而最能明了儿童个性的人不教，而留到青年以后才教，让不很相干的老师、学校来教，让儿童对着校训，或在开月会与纪念周的时候，把“礼、义、廉、耻”，把“忠、孝、仁、爱、信、义、和、平”一类的大方块字看得烂熟，试问又有什么用处。

第四段落的保育之教与第五段落的品格之教里，还有两三点应当特别提出的。第一点和第二点也是两个原则，第三点是母教的一个实际的方面。第一点是榜样的原则。品格教育，在全部教育里，本来最难，但也是最容易。它用不着多说话，它用不着许多的书本，更用不着什么仪器材料。它所需要的就是一个榜样，如果做家长的人的一言一动，或不言不动，他的操守、出处、语默，无论对人的或对物的都能守着相当的道德标准，儿童在前面如此，不在前面也是如此，始终一贯的如此，这就是品格教育。儿童是最能模仿的动物，结果也自然而然会收到不教而自教的效果。关于这一点，不用说，父亲的地位差不多是和母亲的一样的重要。

第二点是一个距离的原则。人与人的关系，一面讲究相亲相爱，一面也要讲究适当的距离。所以朋友之间，要亲而不狎；夫妻之间，要相敬如宾。唯有平时能讲究距离，临事才能真正的相亲相爱。在母亲与子女之间，这原则自然是特别的重要。唯其有距离，所以亲爱之中能互相尊重；唯其有距离，所以在实行母教的时候，母亲可以客观的看出子女的长处和子女的短处；唯其有距离，做母亲的才不会溺爱，不至于像孟子所说的“莫知其子之恶”，才能于物质的除奶之后，让子女可以取得精神上的除奶的机会，才不至于吞灭了子女的人格，教子女的人格成为自己的人格的一部分。我们应当知道精神病的一种，叫做桃花痴的，是根本因为母亲过于溺爱所致，以至于虽然到了发生异性爱而应当结婚的年龄，一个青年在精神上还是撇脱不了他的母亲。父女之间也有同样的可能性，也是应当提防的。

第三点是性的教育。这是一个大问题。性教育不能在学校里教，更不能成为一种课程。最适当的教师是父母，而最适当的指示的环境是家庭。子女成熟到那一种程度，发生那一种程度的疑问，被问的人应当根据了日常接触的动植物的材料，以至于人类自身的材料，按着程度加以答复、加以解释，不太多，也不太少，老老实实的，简简单单的，到子女暂时不再提出问题为止。这是要准备的，要功夫的，要涵养的，要有聪明能随机应变、触景生情的。试问一个中小学的老师，自己还没有成婚，能担当起这个责任么？即使已经成婚，生有子女，他肯随时随地花费这种功夫么！两性的教育，在全部的儿童教育里，目前最不受人理会，而其重要性却又不在任何部分之下，从小处说，个人毕生的幸福和它有关；从大处说，整个民族的运命便拿它做基础。谁能负起这一部分的责任来，谁就是民族复兴的最大的功臣，而这种功臣，除了健全的父母而外，谁也不够资格。

我把五个段落说完了。但说话易，实行难。在实行新母教以前，我们有三个先决的条件：第一要做母亲的自己认识、自己主张，就是母亲的职业、母教的责任，是社会上最高的职业、最大的责任。我以前说过，假定男子是创造文化产生财富的人，那女子就是创造创造文化的人的人，和产生产生财富的人的人。能这样看，母教的责任自然是高于一切了。第二个先决条件是要政府和负民族教育之责任的人充分的认识而主张、而加以规定的。就是男女教育，在高中与高中以上，应当大致的分化，而不应当完全混同。这个要求和上面所说的新母教的第一个段落——择教之教——互相呼应。女子教育大体上不从男子教育分化出来，女子便永远得不到做母亲的准备，提不起结婚成家、生男育女的意志和兴趣，还谈什么新母教呢？第三个先决条件是要全国做父亲的人了解而帮忙的。他们要知道结婚成家，不止是他和妻子的终身大事，而也是他的子女的终身大事，而从民族的休戚关系看，更是民族的终天大事，因为如果子女的遗传和教育有欠缺，一时受累的不过是一家一代，而长期受累的是整个的社会、整个的国家，以至于未来世代的民族。他更应当了解，在民族演化的机构里，在女子的最深沉的本能的认识里，他，做男子的，做父亲的，拆穿了说，不过是一个工具，恋爱、婚姻与家庭是运用这工具的一些方法，而产生、养育与教导健全的子女才是真正的目的。他如果知情达理的话，他应当从旁做一个良好的工具，而不应当以目的自居而妄自尊大。

谈中国的社会学*（1942）

西洋的社会学，以及中国大学校里所讲授的社会学，我一向嫌它过于空疏、不切实际。社会学的对象是社会，社会是许多人的一个集合，是人与人之间的关系的总和，是一个很切实的东西，而研究到它的这一门学问，也应当是一门很切实的学问。

我们到重庆去，我们会发见大小机关最感棘手的一个问题，是人事问题。我们到各地去观风问俗，也发见同样的问题。不但政治机关感觉到人事问题最难解决，就是生产机关如工厂，教育机关如学校，商业机关如公司，可以说凡属组织比较大、用人比较多的场合里，十有九个整年的闹着这个问题。我们和这类机关的人闲谈，我们所得到最深刻的一个印象是，他们所耗费的精神，在人事方面的往往多于事业方面。我们时常评论在政治方面工作的人，说他们只做官、不做事，也就等于说，他们只知应付人事，不知办理事业。"应付"两个字，不用说，就包含着许多的问题。

所谓人事问题，其实就是一个社会问题，而且是一个最道地的社会问题，是社会问题的一个核心，是社会学应当研究的一个最大的对象。但历来就不大有人把它当做一个社会问题看，不要说加以切实的研究了。一般人了解的社会问题是人口问题、家庭问题、种族问题、犯罪问题、劳工问题、贫穷问题之类。我们若略加分析，可见这些只不过是一些特殊的社会问题，以至于一些边缘的社会问题。说它们是特殊的，因为它们往往只牵涉到一部分的社会分子，并且往往是很特别的一部分，

---

* 原载昆明《中央日报·社会》，1942年1月19日；辑入《自由之路》，商务印书馆，1946年版。

甚至于只是有某种病态的一部分。说它们是边缘的，因为它们往往牵涉到别的生活现象，研究起来，势须牵涉到别的学问的门类，而所牵涉到的往往不止一门两门，例如生物学，或心理学，或经济学，或法律学……约言之，这些社会问题，其道地的程度，要远在我们当前的人事问题之下。人事问题是一个比较纯粹的社会问题，所牵涉到的社会分子可以说各类人都有，不分年龄，不分性别，不分贫富贵贱……而这些分子大体上又相当的健康，没有什么显著的病态。因为各式的人都有，固然就容易引起问题，又因为其间病态的人较少，而犹不免于发生问题，则其为严重而有切实研究的必要，应在任何其它社会问题之上。人事一类的问题可以说是社会问题之本，而其它是末。所以数十年来社会学虽发达，其所研究的问题虽多，所已得的结果虽复可观，我总觉得它有几分舍本逐末，特别是从中国社会的立场看去。这是一点。

这第一点的不切实际很自然的引起第二点来，就是，我们多年来所注意到的只是一般的社会，甚至于即以西洋的社会当做一般的社会，而忽略了中国的社会。研究动植物分类学的人告诉我们，许多物种，尽管西洋有，中国也有，表面上好像是属于一类，而底子里可以有很大的不同，一旦研究清楚之后，也许不得不划分开来，别成一类。自然的物种尚且如此，何况人为的社会？几十年来我们用的社会学教本是西洋的，或用西洋的教本缀辑而成的，我们在讲解作稿的时候，所征引的材料是西洋的，所讲到的原理是完全从西洋的资料归纳而来的。近几年来，自从调查的风气发达以后，统计的资料加多以后，情形当然的比较好些。但社会现象不是一个平面的东西，它有它的来历，它有它的原委，它有它的“然”，也有它的“所以然”。近时的调查工作所能发见的最多只是一个然，于其所以然，实际上还没有人过问。换言之，研究社会的人大都不通晓历史，而在研究历史的人又往往不通晓社会。研究历史的不懂社会，还不要紧，而研究社会的人不通晓历史，却有很大的危险，好比医生只看见症象，而不探问病源，也就无怪一切解决方案的不切实际了。到了今日，大学社会学系所列的“中国社会史”一学程，始终没有人会教，即使有勉强开这一课的学校，也无非勉强凑合、以符功令罢了。

有人说，上面的话是不大公允的。近来至少有两门学问目的是在了解社会现象的原委与所以然的：一是考古学，二是民族学。考古学对于中国社会现象的原始，已经逐渐有所发现；民族学研究苗夷文化，在这方面也渐有贡献，而因为苗夷文化中的一部分，原是中国旧有而目前已成过去的东西，所以研究明白以后，也可以引为中国社会史的一部分的材料。前人说，礼失而求之野，如果我们可以把礼当做文化的代名词，则前途可以搜求到的东西正复不少。这话不错，考古学和民族学的贡献，前途自必越来越多，我们要写一本比较完整的中国社会史，也正复不能不仰仗它们所陆续发见的资料，但我们也应当知道，这两门学问所能供给的，至多也不过是这一部社会史的很小的一部分，至多也占不到十分之一二，其余十分之八九，还得向二三千年来的文献里，以至于不成文的民间习惯里去张罗，而这一部分的张罗的工夫就是目前最感到缺乏的。尽信书，则不如无书，这话固然很对，但对于已往的文献过分怀疑，认为全都是断烂朝报，也不是做中国学问的人应有的态度。据考古学家说，《周官·考工记》的内容，究属可信到什么程度，以前本来不知道，但后来发掘的结果，找出了许多实在的制作物，例如殉葬用的车子，证明《记》中所描写的种种有许多是很对的。可见原有的文献中，总有很大的一部分是相当可靠的，要在我们善于抉择与多作考据罢了。如果一切学问都得靠实物，那我们还有多少学问可以做呢？何况社会的现象，特别是人伦关系的比较主要的一部分，又是非常抽象，从泥土里绝对挖不出来的呢？近代中国社会学界忽略本国的文献，不注意本国社会的由来演变，我不能不认为是空疏而不切实际的第二点。

这第二点又引起了第三点，就是，一方面中国的社会资料不够，或虽够而尚未经大量的搜集与细密的整理，而一方面已经有人发挥他的历史哲学或社会史观；社会史还没有着落，不知所谓史观者又从何而来。而事实上真有，则可知它的来路不出两条：一是主观的凭空结构，其为疏阔而不切实际自不待言；一是摭拾西洋的牙慧。西洋近百年来流行一种历史哲学叫做经济史观，或唯物史观，于是摭拾牙慧的人就想，我们中国不也有历史么？不也有经济现象么？中国人不是一样要吃饭，一样的以食为天么？经济史观如果适用于西洋，当然也适用于中国，于是只要把食货志一类的史料组织一下，选择一部分，再套上一些现成的公式的理论，一部不知从何处读起的二十四史不就有了一个纲领可以提挈而起了么？这种摭拾牙慧的人根本没有想到，这样一个史观，即就史料已经相当整理过的西洋社会而言，也许还不一定必适用，至少只能做一偏的适用，如今搬到社会史料未经整理的中国，岂不是于偏蔽之上，又加以一个空疏的毛病？从真正研究社会现象的立场来看，这两个毛病都是绝对的要不得，而应力求避免的。

中国的社会学所以有这三种弊病，是有一个主要的原因的，而这原因也未始不是从西洋的社会学沿袭而来。这弊病可以叫做“见同而不见异”。社会原是一个很笼统的东西，我们口口声声讲到社会分子，把它比做生物学的细胞、化学的分子、物理学的原子电子，那不等于承认各个社会分子都是一样的么？如果社会分子都是一样，上文第一点里说的人事问题一类的问题论理是不应当有的，发生了我们也不会看见。肥皂厂里出产的肥皂，块块一样，我们从没有听见肥皂会打架。不过人不是肥皂，从没有两个人是完全相像的，所谓人事问题就从这流品的不齐产生。但流品的不齐又有几个社会学家加以深切注意过呢？比较注意这题目的不是社会学家，而是心理学家，连所谓社会心理学家就很忽略这一部分的社会现象。社会是一个笼统的东西，所以中外古今的社会大都逃不出几个原理的范围，适用于西洋社会的几个原理大抵也适用于中国，适用于今日的大抵也适用于已往，所以事实上也许就没有特别研究中国社会的必要，更没有特别研究中国历史的社会的必要，这显而易见的又是吃了见同不见异的亏。总之，第一点弊病是由于见不到人与人之间之异，第二点是由于见不到此社会与彼社会之异，或群间之异，第三点则由于见不到此历史的社会与彼历史的社会之间之异。要祛除这几个空疏而不切实际的弊病，从而建立起一派中国社会生活可以利用的社会学来，当务之急是要增加我们辨别同异的眼力。

工业教育与工业人才*[1]
(1943)

工业化是建国大计中一个最大的节目，维新以来，对国家前途有正确认识的人士，一向作此主张；晚近自抗战以还，更自《中国之命运》一书发表以后，这种主张更有成为天经地义、家喻户晓的趋势。这是应当的。如果这种主张不成为国人上下日常信仰的一部分，前途便有推行不力与推行不广的危险。

不过，认识与主张是一回事，推动与实行又是一回事。工业化的问题，真是千头万绪，决非立谈之间可以解决，约而言之，这期间至少也有三四个大问题：一是资源的问题，二是资本的问题，三是人才的问题。而人才问题又可以分为两方面：一是组织人才，一是技术人才。近代西洋从事于工业建设的人告诉我们，只靠技术人才，或只靠专家，是不足以成事的，组织人才的重要至少不在技术人才之下。中国号称地大物博，但实际上工业的资源并不见得丰富。所以这方面的问题，就并不简单。资本也谈何容易？抗战期间，英美要我们并肩作战，在财力上已经帮了不少的忙，一旦抗战结束，建国的大业真正开始，同盟国是否肯继续的，以至于加强的，在这方面切实的资助我们，当然也是一个问题。不过以一个多年从事于教育事业的人所能感觉到的，终认为最深切的一些问题，还是在人才的供应一方面。

我认为人才问题有两个部分：一是关于技术的，一是关于组织的。这两部分都不是亟切可以解决的。研究民族品性的人对我们说，以前中国的民族文化因为看不起技术，把一切从事技术的人当做"贱工"，把一切机巧之事当做"小道"，看作"坏人心术"，所以技术的能力在民族

* 1943年作，原载《自由之路》，商务印书馆，1946年。

的禀赋之中，已经遭受过大量的淘汰，如今要从新恢复过来，至少恢复到秦汉以前固有的状态，怕是很不容易。[2]组织的能力也是民族禀赋的一部分，有则可容训练，无则一时也训练不来。而此种能力，也因为多年淘汰的关系，特别是家族主义一类文化的势力所引起的淘汰作用，如今在民族禀赋里也见得异常疲弱，一种天然的疲弱短期内也是没有方法教他转变为健旺的。[3]这一类的观察也许是错误的，或不准确的。但无论错误与否，准确与否，我以为他们有一种很大的效用，就是刺激我们，让我们从根本做起，一洗以前头痛医头脚痛医脚的弊病。所谓从根本做起，就是从改正制度、转移风气着手。此种转移与改正的努力，小之可将剩余的技术与组织能力，无论多少，充分的选择、训练而发挥出来；大之可以因文化价值的重新确定，使凡属有技术能力与组织能力的人，在社会上抬头，得到社会的拥护和推崇，从而在数量上有不断的增加扩展。

改正制度与转移风气最有效的一条路是教育。在以前，在国家的教育制度里、选才政策里、文献的累积里，工是一种不入流品的东西，惟其不入流品，所以工的地位才江河日下，如今如果我们在这几个可以总称为教育的方面，由国家确定一些合理的方针，切实而按部就班的做去，则从此以后，根据“君子之德风，小人之德草，草上之风必偃”的颠扑不破的原则，工的事业与从事此种事业的人，便不难力争上游，而为建国大计中重要方面与重要流品的一种。

这种教育方针前途固然缺少不得，但也不宜于狭窄。上文所言“合理”两个字，我以为至少牵涉到三个方面：一是关于工业理论的，二是关于工业技术的，三是关于工业组织的。三者虽同与工业化的政策有密切关系，却应分作三种不同而互相联系的训练，以造成三种不同而可以彼此合作的人才。抗战前后十年以来，国家对于工业的提倡与工业人才的培植，已经尽了很大的努力，但我以为还不够、还不够合理。这三种训练与人才之中，我们似乎仅仅注意到了第二种，即技术的训练，与专家的养成。西洋工业文明之有今日，是理工并重的，甚至于理论的注意要在技术之上，甚至于可以说，技术的成就是从理论的成熟之中不期然而然的产生出来的。真是着重技术，着重自然科学对于国计民生的用途，在西洋实在是比较后起的事。建国是百年的大计，工业建国的效果当然也不是一蹴而几，如果前途我们在工业文明上也准备取得一种比较独立自主的性格，不甘于永远仰人鼻息、拾人牙慧，则工业理论的一部分训练，即自然科学的训练，即大学理学院的充实，至少不应在其他部分之后。这一层我们目前就没有做，并且就最近的趋势说，尚未多加注意，这就是不够合理的一层。不过，这一层我们目下除提到一笔而外，姑且不谈。我们可以认为他是工业化的人才问题中比较更广泛而更基本的一部分，值得另题讨论。本文所特别留意的，还是技术人才与组织人才的供应问题。

为了技术人才的训练，我认为应当广设专科学校或高级工业学校和艺徒学校。高级的技术人才由前者供给，低级的由后者供给，而不应广泛的设立或扩充现有的大学工学院。德国工业文明的发达，原因虽然不止一端，其高级工业学校的质量之超越寻常，显然是一大因素，此种学校是专为训练技术而设立的，自应力求切实，于手脑并用之中，更求手的运用的娴熟。要做到这一点，切忌的是好高骛远、不着边际。所谓不好高骛远，指的是两方面：一在理智的方面，要避免空泛的理论，空泛到一个与实际技术不相干的程度；二在心理与社会的方面，要使学生始终甘心于用手，要避免西洋人所称的“白领圈”的心理，要不让学生于卒业之后，亟于成为一个自高身价的“工程师”，只想指挥人做工，而自己不动手。我不妨举两个实例来证实这两种好高骛远的心理在目前是相当流行的。此种心理一天不去，则技术人才便一天无法增加，增加了也无法运用，而整个工业化计划成为徒托空言。

我最近接见到一个青年，他在初中毕业以后，考进了在东南的某一个工程专科学校，修业五年以后，算是毕业了。我看他的成绩单，发见在第三年的课程里，便有微积分、微分方程、应用力学一类的科目；到了第五年，差不多大学工学院里普通所开列的关于他所学习一系的专门课程都学完了，而且据他说，所用的课本也都是大学工学院的课本！课本缺乏，为专科学校写的课本更缺乏，固然是一个事实，但这个青年果真都学完了么？学好了么？我怕不然，他的学力是一个问题，教师的教授能力与方法也未始不是一个问题。五年的光阴，特别是后三年，他大概是囫囵吞枣似的过去的。至于实际的技能，他大概始终在一个半生不熟的状态之中，前途如果他真想在工业方面努力，还得从头学起。这是关于理论方面好高骛远的例子。

不久以前，某一个学校里新添了几间房子，电灯还没有装，因为一时有急用，需要临时装设三五盏。当时找不到工匠，管理学校水电工程的技师也不在，于是就不得不乞助于对于电工有过专门训练的两三位助教，不图这几位助教，虽未必读过旧书，却也懂得“德成而上，艺成而下”与“大德不官，大道不器”的道理，一个都不肯动手，后来还是一位教授和一位院长亲自动手装设的。这些助教就是目前大学理工学院出身的，他们是工程师，是研究专家，工程师与研究专家自有他的尊严，又如何可以做匠人的勾当呢？这是在社会心理上好高骛远的例子。

关于艺徒学校的设立，问题比较简单。这种学校，最好由工厂设立，或设在工厂附近，与工厂取得合作。初级的工业学校，也应当如此办理。这层目前有许多地方已经做到。不过有两点应当注意的：一要大大的增添此种学校的数量，二要修正此种学校教育的目标。目前工厂附设艺徒班，全部是只为本厂员工的挹注设想。这是不够的。艺徒班所训练的是一些基本的技术，将来到处有用，我们应当把这种训练认为是国家工化教育政策的一个或一部分，教他更趋于切实与周密，因而取得更大的教育与文化的意义，否则岂不是和手工业制度下的徒弟教育没有分别，甚至于从一般的生活方面说，还赶不上徒弟教育呢？艺徒学校的办理比较简单，其间还有一个原因，就是加入的青年大都为农工的子弟，他们和生活环境的艰苦奋斗已成习惯，可以不至于养成上文所说的那种好高骛远的心理。对于这一点，我们从事工业教育的人还得随时留意，因为瞧不起用手的风气目前还是非常流行，而是很容易渗透到工农子弟的脑筋上去的。

大学工学院的设置，我认为应当和工业组织人才的训练最有关系。理论上应当如此，近年来事实的演变更教我们不能不如此。上文不引过一个工学院毕业的助教不屑于动手装电灯的例子么？这种不屑的心理固然不对，固然表示近年来的工业教育在这方面还没有充分的成功、前途尚须努力，不过大学教育毕竟与其他程度的学校教育不同，他的最大的目的原在培植通才；文、理、法、工等等学院所要培植的是这几个方面的通才，甚至于两个方面以上的综合的通才。他的最大的效用，确乎是不在养成一批一批限于一种专门学术的专家或高等匠人。工学院毕业的人才，对于此一工程与彼一工程之间，对于工的理论与工的技术之间，对于物的道理与人的道理之间，都应当充分通达，虽不能游刃有余，最少在这种错综复杂的情境之中，可以有最大限度的周旋的能力。惟有这种分子才能有组织工业的力量，才能成为国家目前最迫切需要的工业建设的领袖，而除了大学工学院以外，更没有别的教育机关可以准备供给这一类的人才。

因此，我认为目前的大学工学院的课程大有修改的必要。就目前的课程而论，工学院所能造就的人才还够不上真正的工程师，无论组织工业的领袖人才了。其后来终于成为良好的工程师和组织人才的少数例子，饮水思源，应该感谢的不是工学院的教育，而是他的浑厚的禀赋与此种禀赋的足以充分利用社会的学校或经验的学校所供给他的一切。就大多数的毕业生而言，事实上和西洋比较良好的高级工业学校的毕业生没有多大分别，而在专门训练的周密上、不良态度的纠正（如不屑于用劳力的态度）上，怕还不如。

要造就通才，大学工学院必须添设有关通识的课程，而减少专攻技术的课程。工业的建设靠技术、靠机器，不过他并不单靠这些。没有财力，没有原料，机器是徒然的，因此他至少对于经济地理、经济地质以至于一般的经济科学，要有充分的认识。没有人力，或人事上得不到适当的配备与协调，无论多少匹马力的机器依然不会转动，或转动了可以停顿。维新的初期，我们不也有过不止一两处的大企业的尝试么？招商局是一例，汉冶萍的铁厂又是一例，但这两处的机器终于停止转动了。这其间的原因虽多，人事的不修终究是最大的一个。因此，真正工业的组织人才，对于心理学、社会学、伦理学以至于一切的人文科学、文化背景，都应该有充分的了解。说也奇怪，严格的自然科学的认识倒是比较次要。这和工业理论的关系虽大，和工业组织的关系却并不密切。人事的重要，在西洋已经深深的感觉到，所以一面有工业心理和工商管理一类科学的设置，一面更有“人事工程”（human engineering）一类名词的传诵。其在中国，我认为前途更有充分认识与训练的必要，因为人事的复杂，人与人之间的易于发生摩擦、难期合作，中国是一向出名的。总之，一种目的在养成组织人才的工业教育，于工学本身与工学所需的自然科学而外，应该旁及一大部分的人文科学与社会科学，旁及得愈多，使受教的人愈博洽，则前途他在物力与人力的组织上所遭遇的困难愈少。我在此也不妨举一两个我所知道的实例。

我以前在美国工科大学读书的时候，认识一位同班的朋友。他加入工科大学之前，曾经先进文科大学，并且毕了业。因为他在文科大学所选习的自然科学学程比较的多，所以进入工科大学以后，得插入三年级，不久也就随班毕业了。就他所习的工科学程而言，他并不比其他同班的为多，甚至于比他们要少，但其他方面的知识与见解，他却比谁都要多，他对于历史、社会、经济乃至于心理等各门学问，都有些基本的了解，结果，毕业后不到十年，别的同班还在当各级的技师和工程师，他却已经做到美国一个最大电业公司的分厂主任，成为电工业界的一个领袖了。

这是就正面说的例子，再就反面说一个。抗战以还，后方的工业日趋发展，在发展的过程里，我们所遭遇的困难自然不一而足，其中最棘手的一个是人事的不易调整与员工的不易相安。有好几位在工厂界负责的人对我说，目前大学工学院的毕业生在工厂中服务的一天多似一天，但可惜我们无法尽量的运用他们。这些毕业生的训练，大体上都不错，他们会画图打样，会装卸机器，也会运用机巧的能力，来应付一些临时发生的技术上的困难。但他们的毛病在不大了解别人，容易和别人发生龃龉，不能和别人合作，因此，进厂不久，便至不能相安，不能不别寻出路，不过在别的出路里他们也不能持久，迟早又会去而之他。有一位负责人甚至于提议，可否让学生在工科学程卒业之后，再留校一年，专攻些心理学、社会学一类的课程。姑不论目前一样注重专门的心理学与社会学能不能满足这位负责人的希望，至少他这种见解与提议是一些经验之谈，而值得我们与以郑重的考虑的。

值得郑重考虑的固然还不止这一点，不过怎样才可以使工科教育于适度的技术化之外，更取得充分的社会化与人文化，我认为是工业化问题中最核心的一个问题；核心问题而得不到解决，则其他边缘的问题虽得到一时的解决，于工业建设前途，依然不会有多大的补益。这问题需要国内从事教育与工业的人从长商讨，我在本文有限的篇幅里，只能提出一个简单的轮廓罢了。

至于工科大学的教育，虽如是其关系重要，在绝对的人数上，则无须比高级工业学校毕业的技术人才为多，是不待赘言的。工业人才和其他人才一样，好比一座金字塔，越向上越不能太多，越向下便越多越好。因此我以为大学工学院不宜无限制的添设、无限制的扩展，重要的还是在质的方面加以充实。而所谓质，一方面指学生的原料必须良好，其才力仅仅足以发展为专门技工的青年当然不在其内；一方面指课程的修正与学风的改变，务使所拔选的为有眼光、有见识与富有想象能力的青年。所以进行之际，应该重通达而不重专精，期渐进而不期速效。目前我们的工业组织人才当然是不够，前途添设与扩充工科大学或大学工学院的必要自属显然，不过无论添设与扩充，我们总须以造就工业通才的原则与方法为指归。出洋深造，在最近的几十年间，当然也是一条途径，不过我以为出洋的主要目的，不宜为造就上文所说的三种人才中的第二种，即狭义的技术人才，而宜乎是第一种与第三种，即工业理论人才与工业组织人才。第一种属于纯粹的理科，目前也姑且不提；就工业而言工业，还是组织人才比较更能够利用外国经验的长处。不过我们还应有进一步的限制。一个青年想出国专习工商管理，宜若可以放行了，不然，我们先要看他在工业界是否已有相当的经验，甚至于在某一种专业方面是否已有相当的成就，然后再定他的行止。要知专习一门工业管理而有很好的成绩，并不保证他成为一个组织人才。

最后，我们要做到上文所讨论的种种，我必须再提出一句话，作为本文的结束。学以致用，不错，不过同样一个“用”字，我们可以有好几个看法，而这几个看法应当并存，更应该均衡的顾到。任何学问有三种用途：一是理论之用，二是技术之用，三是组织之用。没有理论，则技术之为用不深；没有组织，则技术之为用不广。政治就是如此，政治学与政治思想属于理论，吏治属于技术，而政术或治道则属于组织：三者都不能或缺。工的学术又何尝不如此。近年来国内工业化运动的趋势，似乎过于侧重技术之用，而忽略了理论之用和组织之用，流弊所及，一时代以内工业人才的偏枯是小事，百年的建国大业得到极不健全的影响却是大事。这便是本篇所由写出的动机了。

注释：

［1］本文是我完全根据了清华大学校长梅月涵（贻琦）先生的意思而替他代写的。月涵先生是一位电机工程专家，同时也是一位自由教育论者。某一次，某报索专论稿甚亟，月涵先生已答应下来，但终因学校的公事太忙，无暇执笔，于是自己写了一个比较详细的节目，嘱我代他写出。我于工业完全是一个门外汉，但抗战的几年里，一半因为公事的关系，一半因为同一主张自由教育，又因为彼此住得很近，谈论的机会较多，所以我对于月涵先生在这题目的种种见解是很熟悉，而也是都能表示同意的；自己间或有些零星的看法，也往往蒙月涵先生首肯。所以

这篇文字也可以说两个人合作的东西，如今把它辑入这集子，我想月涵先生是不会不同意的。①

[2] 参看拙稿《工与中国文化》，民国三十二年二月《自由论坛》与《云南日报》。

[3] 参看拙著《人文生物学论丛》第三辑，《民族特性与民族卫生》，页二七八、二八三。

---

① 梅贻琦署名文：《工业化运动中的人才问题》，载《当代评论》第4卷第4期，1944年1月1日；再次以“工业化前途的人才问题”为题，载《周论》第1卷第11期，1948年3月26日。——编者注

工与中国文化*
(1943)

一、绪论

已往的中国文化，就大体说，是极不利于工的发展的，儒家思想注重人，不注重物，道家思想注重自然，反对一切人类自作聪明的活动，都是和工的发展正面冲突的。儒、道二家是中国文化的主流，在别的方面也许往往两不相能、此起彼伏、互为消长，但在这一方面却是沆瀣一气。换言之，儒家也未尝不接受一部分的道家的自然主义，因而对于人为的技巧的东西心存歧视。

这种歧视以至于鄙夷的态度，至少在已往二三千年的中国历史里是很一贯的。我们但须拉杂的引一些旧文献里的话便可以证明这一点。《乐记》说："德成而上，艺成而下。"《学记》说："大德不官，大道不器。"《论语·为政》一篇里也说："君子不器。"《孟子·尽心章》说得更肯定："为机变之巧者，无所用耻焉。"从此以降，反对所谓奇技淫巧的论调在载籍中几乎是触处可见、引不胜引。诗是有自然主义的气息的一种文献，这种态度的流露自更在意料之中，例如清人某咏扫尘断句说："惯嫌机巧除蛛网，为惜辛勤护燕泥。"又如某家厅事的楹联上写着："胸无机巧心常静，腹有诗书气自华。"这一类语气所代表的人生哲学固然也有他的见地，也有他的价值，不过就工的发展而言，显而易见是不利的。

---

* 原载《云南日报》，1943年1月3日，2月14、15日；修订后载《资源通讯》第3卷第2—3、4—5、6期，1945年3月16日、5月16日、6月16日。

我们再举两三个故事来证明这种歧视与鄙夷的态度，第一个是《礼记·檀弓》里的：鲁国“季康子之母死……敛，〔公输〕般请以机封，将从之，公肩假曰：‘不可……般，尔以人之母尝巧，则岂不得以，其毋以尝巧者乎？则病者乎？噫！’弗果从”。公输般相传是木工的老祖师，而老祖师在开始试用他的机械的技巧的时候，就遭遇到了挫折。公肩假的意思是：他何必一定要拿人家的母亲做他的机巧的试验品呢？这其间的态度是很清楚的：一是机巧并不是好东西，二是被人当做适用机巧的对象是一件不幸的事。而公肩假对公输般的称呼和说话的态度也明示就在当时匠工的地位是很不高的。

第二个故事出晋皇甫谧《高士传》：“汉阴丈人者，楚人也，子贡适楚……见丈人为圃，入井抱瓮而灌，用力甚多而见功寡。子贡曰：‘有机于此，后重前轻，挈水若抽，其名为槔，用力寡而见功多。’丈人作色而笑曰：‘闻之吾师，有机械者，必有机事，有机事者，必有机心，机心存于胸中，则纯白不备，纯白不备，则神生不定，神生不定者，道之所不载也。吾非不知，羞而不为也。’……”接着他又把子贡以及整个的孔门骂了一顿。汉阴丈人所代表的是一个十足道家的态度，子贡和儒家并不反对比较单纯的机械，桔槔原是很简单的一种机械，但汉阴丈人连这种机械都不能容忍。这故事也载在刘向的《说苑》，主角虽不同，内容却一样。

这一类的故事不一而足，但我们不妨再举一个比较近代的。清人笔记牛应之《雨窗消意录》说：“明万历时，浙江戴某，有巧思，好与西洋人争胜，尝造一鸟铳，形若琵琶，凡火药铅丸，皆贮于铳脊，以机轮开闭。其机有二，相衔如牝牡，扳一机，则火药铅丸自落筒中；第二机随之并动，石激火出而铳发矣。计二十八发，火药铅丸乃尽。拟献于军营，夜梦神呵曰：‘上帝好生，如使此器流布人间，子孙无噍类矣。’乃惧而止。”据说这位姓戴的是钦天监的一员，后来因为得罪南怀仁去了官。戴某的梦，不用说是一派神话，但任何神话都有社会学的意义，那意义就是说一般的社会态度不赞成这样一个发明。因为中国社会有这种态度，中国文化有这种鄙薄机巧的价值观念，所以到了清道光年间，英人犯广东的时候，武将如杨芳之类不能不献厌胜之计，想用粪桶和其他肮脏的东西来抵御夷人的枪炮；也因为同样的理由，才有义和拳一类的怪组织出现。

谚语说：少成若天性，习惯成自然。我们如今根据了遗传与淘汰的说法，更知道少成原是基于天性，而民族习惯可以经由淘汰的途径而造成一种自然的局面。我们在习惯上既鄙薄工的发展，歧视工的成就，工在文化中的地位既一贯的往下降落，所由造成工的文化的一切技能智慧也就在民族分子的遗传品性中一贯的衰微下去。这种衰落的过程与迹象，我们现在不妨再分析一下。

一方面是凡属有工的技能智慧的人，经由所谓社会流动的过程，初则沦于下贱，终则归于淘汰。大凡职业与人的关系，其间至少有三个因缘：一是人根据了自己的能力而选取职业；二是职业根据了业务的需要而选取人；三是人在选业的时候，特别是才具高一些的人，势必参考到一种行业在社会上的地位，即当时的文化对这行业取什么一个态度，是看得起呢？还是看不大起呢？如果很看得起，而自己的能力又恰好够得上，那当然是再好没有，否则就要发生问题了。古称四民，士农工商，农商二民姑且不谈，士就是所谓看得起的行业，工就是看不起的行业。如果一个人的才能可以为士，可以为工，在这场合下当然不成问题，他可以加入士的行业，而暂时把工的能力搁过不用，能力的搁过不用并不等于能力的消灭。一个能力只配做士而不配做工的人当然也很自然的加入士的行业。这就有问题了，因为一经加入，他在生存竞争的场合里是特别占便宜的，不但本人的发展与享受要好些，并且长养子孙的机会也要大些，这样经过若干时代以后，为士的一般智能在人口中虽相对的渐见增加，而为工的特殊智能便不免相对的渐见减少。至于一个工的技能智慧特别强大，工的兴趣特别浓厚，最宜乎为工，而不宜于为士的人，则引起的问题更大。尽管社会瞧不起工，文化价值中工的地位很低，他也只有加入工的行业的一途。例如上文所提的公输般，尽管公肩假一班的士流对他呼么喝六，也只好安于他的机匠的地位。又如音乐在古代也早就沦为一种技工，以至于一种贱工，春秋末年的音乐家师乙，在子贡面前，便以贱工自称，自认为不配答复子贡的垂问，我们如今连他的真名实姓都无法知道，但他也只好安于这个贱的地位。不过从社会淘汰的立场看，这种安于一种贱业的心理事实上就等于自甘暴弃，自甘于生存与传种机会的日趋狭小，亦即自甘于本人所属的流品的归于汰灭。

一方面是技术的失传。一种事物的失传不外两个原因：一因缺乏传习的人，即才的失传，这在上文已经暗示到过；二因缺乏传习的工具，而引起法的失传。传习的工具不一，最重要的是文字。文字几乎是士的行业所独占的东西，士与工既是两个不相为谋的行业，而中间又隔着一道很深的鸿沟，工的行业也就和文字的教育不发生关系。中国文献中关于工的部分不用说是少得可怜，它和医卜星相以至于堪舆的文献比起来还差得多。医卜星相、堪舆往往是读书人的副业，或至少是读书不成而借以糊口的一些手段，不能不用少量的文字做传习的媒介，因此还有不少的文献流传下来。而工则不然，当其初，它和文字教育既无关系，一切的技能只好口授；而当其后，技能既缺乏进步，甚至于反趋单纯，并且是始终的那么单纯，师弟间的一些耳提面命也就于事已足，自无须乎特别的记载。工的文献无征，这当然是最大的原因了。《周官》的《考工记》是后人补缀成篇而极不全的，即郑《注》所称“司空篇亡汉兴购千金不得，此前世识其事者记录以备大数”的是。后来《天工开物》一类的著作我们举不出第二部来。

工学与工业人才的缺乏是目前最显著的一个现象，也是目前最严重的一个问题。旧的士大夫阶级里似乎不容易供给这种人才，如果不因外缘的督促鼓励，而但凭他们的志愿兴趣，恐怕十之八九会走文法的一路，而避免理工的一路；其因外缘的督促鼓励而选择工的学科的，事实上大都不能安于所习所业。有因兴趣不属，而终于改习其他学科的。有虽在工的方面卒其所习而终于改业的。有习工业而高理论，借口研究，以用劳力、事手工为耻的。有组织团体，参加运动，专事提倡理工，而个人的习业事实上与理工很不相干或全不相干的。这一类的现象至少作者个人认为非根据中国文化的史实，非追溯到上文所论列的人文淘汰的过程，不足以充分的解释。

即如工农阶级的子弟，也往往只能以工为一种啖饭的手段。他们的不以努力为烦、不以用手为耻，比起从前来，比起士大夫阶级的子弟来，已经是一种进步。不过要他们对于新式的复杂的机械，在理智上有清切的了解，在情感上作亲切的爱护，恐怕还不是数十年的技工教育所能成就的事。去年作者到乐山武汉大学和校长王复五先生①偶然谈到这个问题，他说以前有一位德国的工程师对他说过，在中国，要汽车的司机对机件不但能了解，并且肯爱护，至少还要二百年。我们固然不希望这句话不幸而中，不过上文的议论如果有见地，则我们也就不得不承认二百年并不算多。

士的阶级里，因历代淘汰的关系，工的人才根本不多。而其它的阶

---

① 武汉大学校长王星拱的字应为“抚五”。——编者注

级里，因为同样的关系，能习工而安于工的人虽不少，而比较高级的才智怕也为数有限，能以所习所业为可乐，从而加以情感上的爱护的当然更属难得。

上文说过，第一流、第二流的技能人才，初则因社会的歧视而沦于下贱，继则因日久陷于下贱而渐趋减少，则最后能安于技工的分子势必是一些技能比较微弱、兴趣比较淡薄而情绪也比较粗疏的人。这种情形，在今日西洋所称的轩轾生育率（differential birthrate）的情形之下倒是不会发生的。但在以前的中国，生育率要有轩轾的话，吃亏的是工农阶级，而不是士大夫的阶级；即使其间的轩轾不多，不像近百年来西洋阶级间生育率的高下悬殊，但因为经历的年代比较悠久，所牵动到的人口比较众多，这种淘汰的影响，一经累积也势必大有分量，而这种大有分量的影响目前正在抗战建国的迫切的过程中表现出来。

二、本论

我们相信远在二千五百年以至于三千年之前，工在中国文化里是有过地位的，《绪论》里提到过的《周礼·冬官考工记》便是一个证明。《考工记》的开头便说："国有六职，百工与居一焉。"又说："知者创物，巧者述之，守之世，谓之工，百工之事，皆圣人之作也。烁金以为刃，凝土以为器，作车以行陆，作舟以行水，此皆圣人之所作也。天有时，地有气，材有美，工有巧，合此四者，然后可以为良。"可见当初并没有贬薄工的意思，更无鄙夷机巧的成见，有之乃是后世的事。再从文字源流上说，"工"字在六书为指事，所指为规矩勾股之事，固然不错，但同时我疑心他所指的不止于此，他也许是一个和"巫"字属于一类的字，即上下两画所指的是天地，而中间一竖有通天地之意，取法乎天、取材于地以成物的人和事叫做工；"巫"字我以为也应当属于此类，徐锴对于《说文》上"与巫同意"一语的解释是很牵强的，我所不取。古人造字，如果真有此用意的话，那工的地位就非常之高，至少不在古代巫的地位之下，而根据《周官》"皆圣人之所作"一语推之，更可知此种地位的获得也很在情理之中。不过我不是一个小学专家，以前的小学专家，据我所知，对于"工"字来源，也从没有作过这样的解释，姑存此一说以供参考。

无论如何，我们如今要把工的文化建设起来，要使工在中国文化中取得其应有的地位，除了把工的地位提高之外，更无第二条途径。提高工的地位，有条件，也有限制，不讲求条件与限制而一味盲目的提倡鼓吹，是非徒无益而又有害的，而被害的对象不止是工的本身，并且是中国文化的全部。

第一个条件是思想的。儒家的人文思想原是相当的完整的，但一变而为人本论，再变而为唯人论，结果是终于把三才中的天、地两才搁过一边，置之不闻不问。搁过了天，是慢忽了哲学和一切形上的东西；搁过了地，是遗忘了科学和一切形下的东西。工和机巧的视同敝履，是思想中搁过了地的必然的结果。关于这一层，我以前在别处已有过比较详细的论列，在此恕不再赘（见《说本》，二十八年六月十一日昆明《益世报》）。

惟道家思想一方面，我们不妨再多说几句话。道家反对人类的故作聪明、妄加创制，固然不利于工的发展，已如《绪论》所述，但何以对于比较抽象与理论的哲学科学也不能有多大的贡献呢？西洋的哲学科学，以至近百年以来贯通一切学问的学说如同演化论，不就从自然主义产生出来的么？只要自然主义能产生科学，那工学技术的发展岂不是就不至于落空？原来道家的自然主义和西洋的大有不同。西洋的自然主义是宗教的超自然主义的一个反响，富于理智的成分，故其目的是在了解自然、分析自然。

中国的自然主义，至少就春秋以后的历史说，是儒家人为主义与礼教主义的一个反响，富有感情的色彩，故其目的是在接纳自然、顺适自然，而所接纳、顺适的自然是整个的，不是经由人力而支解了的。在这种自然主义之下，要干涉自然而有所利用，固然事所不行，就是要分析自然而有所了解，也是理有未可。中国人对于自然的态度是：只求欣赏，不求认识，只问完整的外形，不问内容的节目。这种的自然主义固然树立了乐天安命的人生观，创造了一部分的诗与大部分的画，在许多人的生活里养成了种花、饲鸟、游览山水以至于赏玩石块等等的习惯，但天命的窥测、花鸟的解剖以至于地质的挖掘检视，不但在意识里无此兴趣，并且在情绪上可以引起反感。这样一路的自然主义决不能产生科学的理论，更不能孕育工学的技术，是在逻辑上无可避免的一个结论。

所以第一件我们应努力的事是思想上或民族观感上的补正。补正的工作可以从好几个方面下手，根据上文，便已经有两个方面：一是重整儒家的思想，重申通达三才而不蔽于人的人文思想；二是补充道家的自然主义。两晋六朝以还，一方面因为佛教的发达，一方面因为道家取得了一部分统治阶级的信仰，我们本来有过一度重新整理所谓人文思想的机会，因为二氏是至少不蔽于人的。唯其不蔽于人，所以从晋代以迄宋元，我们多少还有一些形上与形下的收获。葛稚川的《抱朴子》是最好的一例，晚近治科学的人说《抱朴子》中有不少科学的种子。许多高僧，于发挥佛典而外，往往也做些形下的观察，例如宋之惠洪、元之永亨，《冷斋夜话》和《搜采异闻录》两种作品里的一部分的观察与见解是墨守儒家成说的人所做不到与说不出的。不过就大体说，道家既蔽于一种近乎感伤主义的自然主义，而佛家又蔽于心，客观与可容分析的物便不在他们注意范围以内，所以在这时期里，我们虽不乏有综合九流的头脑的大师，如朱熹等，也不能多所裨补了。

近三百年来，欧洲学术的输入当然给了我们第二度的机会。不过这机会我们到如今还没有能充分与合理的利用。这机会引起了一度科学与玄学的论战、一度本位文化与全盘西化的讨论，以及目前对于理工的狂热的鼓吹，此外还不见有何成绩。其实欧西文化也离不了三才的范围，希腊文化是比较最能兼筹并顾的、比较最通达的，但是早就过去了，文艺复兴时代一番重整的努力并没有成功，晚近一部分英美学者的呼声也就不啻寒蛩之鸣，无裨实际。实际的局面是：中古时代蔽于天，而文艺复兴以还蔽于物，而蔽天蔽物的结果均是以人为刍狗！唯物论产生了思想的禁锢，其所刍狗的是人；唯物论也产生了畸形发展的理工的技术，其所刍狗的也是人。三十年来的西洋史，包括苏俄的革新运动以及第一次与目前第二次的世界大战在内，可以说是西洋蔽物思想的一个总结算。

中国文化和欧西文化，从三才通论的立场说，是各有所蔽的。就其二千余年来的发展说，前者是蔽于人，后者初则蔽于天，而终则蔽于物，或蔽于地。不过从本题的立场说，欧西文化表面上占了一些便宜，底子里是否便宜，上文已稍加别论。三才通论是一个最较完整的文化观，是一二比较原始而元气磅礴的民族所产生的，在欧洲是希腊民族，在中国是代表《易经》中《系辞》的时代的汉民族。自此以降，因为民族的以及文化的种种内在的原因，始则发生了动荡，终则不免于支离破碎。结果在我们是蔽于人，而西洋是先后的蔽于天与蔽于物。说起动荡，最好的比喻而也是物理上所无可避免的一种象征是钟摆的摆动，钟摆的摆动是弧形的，两端极是天、地两才，而和地心成直线的一点是人的一才。中国文化蔽于人，就好比钟摆动得极为微弱，始终离人的一点不远；西洋文化则好比钟摆作有力的摆动，所以时常到达极端，而于中间则极少徘徊瞻顾的机会。从这个立场看，蔽于天与蔽于物的文化，表面上虽若南辕北辙、各不相干，而底子里却并不冲突，因为蔽于天的反动就是蔽于物，而蔽于人的文化则终有一天不知天高地厚，甚至于不知天、地为何物。换言之，西洋黑暗时代的宗教文化，对于后来的科学文化和技术文化，不但不是一种阻障，并且是一个最主要的动力，而在中国则此种动力根本不存在。所以上文说，欧西文化虽同属偏蔽，而从工的发展的立场看是比我们要占便宜的。

从上文的讨论，就可知欧化东渐以来，我们因为力求位育，而在理论上与行为上的若干努力，到目前为止，不是很徒然的，便是未必有利的。第一，玄学与科学便无须发生论战，不有蔽于天的因，就不会有蔽于物的果；不有玄学，何来科学？第二，本位文化和全盘西化之争也是枉费心力，因为两者所患的偏蔽虽有不同，而其为不免于偏蔽则一。大凡有所偏蔽，即有所废坠，在西洋所废坠的是人，而人的废坠到相当程度以后，天地亦必不免于闭塞，目前正进行着的大规模的屠杀如果再延长下去，这天地闭塞、乾坤止息的终局怕也就不远了。至于中国，直接而先废坠的是天地，而因为天地废坠，以致不能讲求利用厚生的结果，间接而亦终不免于废坠的是人。这样说来，本位文化固有他不能再事维持的理由，而全盘西化又有什么可以艳羡的地方呢？至于目前的一味提倡理工，若目的在矫正以前的积习，认为非暂时“过正”，不足以言“矫枉”，则还说得过去，但若非如此不足以重新奠定民族文化的基础，从而认为国家百年大计的一部分，那即使事实与能力容许我们做到，也无非是甘心于踏上西洋文化的覆辙而已。

所以不说到思想的重新整理则已，否则问题就非常之大。我们想把工向中国文化里再度配合进去，使他取得他的应有的地位，势必牵动中国文化的全部结构，势必参考到西洋文化的内容与演变，而也势必牵扯到我们对于沟通中西文化的一大问题的应有的态度。但牵涉到的场面虽大，内容虽复杂，如果上文的讨论可以成立，而值得做依据的话，那结论倒是相当的单纯的。复古、维新、恪守本位、全盘西化、恢复固有精神、锐意于现代化等等，都不成其为问题，都不是问题，问题是怎样建立一个通达三才的新文化，使一切的事物，包括工在内，各有他们的地位；使一切的才能，包括机巧的技能在内，各有其用武的场合，而不再发生任何一方面过于偏蔽的弊病。说到这里，可知思想的整理，无论其为儒家思想的重新检讨，或道家自然主义的补充，或佛家极端唯心论的纠正，或西洋近代思潮的节取与调和，其实只是一个问题。

第二个条件是教育的。我们把第一个条件打发开以后，这第二个条件是比较简单了。教育固然所以传播思想，而国家的教育制度以及时代的教育政策终究是建筑在思想的基础上的。思想偏蔽，斯有偏蔽的教育；思想通达，斯有通达的教育。因为单单看重士的行业，所以二千年来，我们只有读书识字、传述古人的教育；因为尊尚法治，提倡民权，才有三四十年来的法政教育；因为注重技术，锐意建设，我们才有最近几年来的理工的专门教育。

不过理工的专门教育，特别是近年来提倡与实行的那一种，还不能真正提高，并且会有再度沦落的危险，下文当续有讨论。基本的教育条件有三个：一是一般的思想教育，目的在发挥传播上文所已讨论过的民族思想的根本改正。我们如果不能兼通三才，不能用中执两，工的地位是绝对无法提高的，因为工是“两”中之一的一大部分。第二个可以叫做手艺或技能教育。这种教育我们本来已经有了一些，但是不够，并且也有错误。中小学有手工一课，大抵只学做些轻便或美观的东西，谈不上机械的技巧。这是不够的一方面。我们提倡职业教育，主张手脑并用，也已历有年所。职业学校里，特别是工业学校里的机巧的训练固然比较多，但又仅仅以此为限，其为偏蔽，与高一级的理工专门教育相同。并且职业教育的名称也有弊病，似乎所重的，对社会只是有业人士的增加、生产能力的提高，而对个人只是一种出路的准备、一种吃饭本领的获得，而不在机巧的训练本身。这是错误的一方面。

如今我们提倡手艺或技能教育，所重的应完全在此种教育所能供给的训练，至于前途对社会经济与个人经济有何利益，至少在办理与接受教育的人是不问的。这种教育要办得普遍，即一切学校教育里应当有一些，而不限于比较低级的普通学校教育和职业教育。这种教育也要办理得相当深刻，即使任何青年对于科学化的工的技巧要直接有些接触，要亲切的获取一些经验，不管他们将来进什么行业，要使他们对于日常应用的机械能有明白的了解，能自己装配修理；要让他们拳拳服膺，物理不比人事，是硬性的，是一是一、二是二的，是无法通融、不能违拗的，设有违拗，不但不能成事，说不定对己对人还可以发生很大的危险。要技能教育普遍化与深刻化，我们应当主张各级学校教育，对于理化的课程，以及表证工作、试验实习、工厂实习等，都得有适度而充分的设备；大学生更应人人修习物理、化学和机械大意，也人人应做些最低限度的工厂实习。目的务使民族分子中所有的一些技巧能力，无论剩余多少，能有充分表见与发挥的机会；其能力过于薄弱、无可表见，或只能胡乱应付，以至于容易出岔子的分子势必逐渐趋于沦落而归于淘汰。由反选择一路而来的一种局面，非改循选择的路，即非反其道而行之，是无法改变的。

第三我们才数到工的专门教育。在提高工的位置的努力里，此种专门教育的提倡与专才的奖励当然有他的地位，不过这里有一个极端重要的条件，就是此种专门教育，以至于任何专门教育，必须建筑在一个比较圆到的通才教育之上。为什么必须如此，我们又可以从三个不同的方面加以讨论：一是维持健全的教育理想；二是加强工的专才的效用；三是扶植工的地位，使不至于再度归于沦丧。

教育的理想是在发展整个的人格。我以前在别处讨论到过人格有三方面：一是人之所以为人的通性，二是此人所以异于彼人的个性，三是男女的性别。健全的教育是三方面都得充分顾到的，如果舍男女之别不论，则须兼筹并顾的至少尚有两方面。个人的先天性格尽管不免有所偏倚，教育的鹄的则不能不力求通性与个性的平衡发展。通性是通才教育的对象，而个性是专才教育的对象；一个人应当受的教育是一个通专并重的教育，以至于“通”稍稍重于“专”的教育，因为归根结蒂，我们必须承认，做人之道重于做事之道，生命的范围大于事业的范围。至于一个人究能通到什么程度与专到什么程度，那自须看他的才力了。这一层理论我相信是古今中外所同的，从前“本末”、“博约”、“文质”一类的原则所指也未能外此，扬雄的儒伎之分所指的也就是通才与专才之分。

我一向感觉到近年来大学理工教育是不健全的。其所以不健全之故并不在专的过度，而在通的程度远不足以相副。有充分通识做衬托的专识，无论专到何种程度，是不妨的。至于通识不足，或极端缺乏，即使专的程度不深，也往往可以误人误事。所谓误人指的是人格的畸形化，成一个偏废或半身不遂的局面。好像西洋有一位生物学家说过：“专化的代价是死亡。”古生物学界里此种例子最多，而其中最足以发人深省的是龙类。近代欧西文化的危机，我以为也就在此。欧洲的理工文化已经发展到一个尾大不掉的程度，其结果是战争、屠杀与死亡。族类专化的代价如此，个体大概不成例外。

第二方面指的是对于事业的妨碍。一个专家，如果没有充分的通识做衬托，其实是等于一个匠人，至多不过比普通的匠人细腻一些罢了：第一，他不大了解他所专擅的学术以外，尚有其他的学术；他不大知道他的专门学术，在整个学术界里，以至于全部的文化生活里，究占多大一个位置，究有多少分量，究应如何配合起来方才觉得称当。第二，他不大认识人。他和从前的读书人似乎恰好相反，懂得“物”是什么、声光电化是什么，但人是什么，他多少有几分莫名其妙。因此，不但他的学术事业和别人的不容易配合起来，他和别种学问事业的人，以至于和同学问、同一事业中的别人，也容易发生 扞格，发生凿枘。最近有一位工业界的领袖对我说，而所说事实上等于一种饱尝痛苦后的呼吁：“我希望工学院的毕业生，于读毕理工学科以后，再费一年功夫，来读些社会学、心理学之类，好教他们一旦就业，于应付事工之外，更能应付人，于一己独力工作之外，更能与人合作！”有组织的工业场合里，如果人与人不能合作，也就根本没有事工可言。是不是读了一些心理、社会之学，就可以替这位工程界的领袖解决问题，我们不得而知；不过这一层我们是知道的，人事的处理是属于通识一方面的，通识不足的人尽管会设计、打样，以至于发明机械，头头是道，件件在行，要他应付人，却是困难极了。而在中国社会里，必须应付的人事又是特别的多。在中国社会里，人事不修，事业便根本无法推进。所以上文说，我们为加强工的专才的效用计，也认为必须把工的专门教育安放在一个比较圆到的通才教育的基础上。

不过第三个理由终究是最关重要。只有专才而没有通识的人，是一个比较健全的社会与文化所瞧不起的人，而此种瞧不起的态度是很有理由的。上文提起过，此种挂一漏万的专才或只钻牛角尖而不识大道的专才是畸形的，是残缺的，也就是不健全的。他只是一个匠人，一个扬子云所称的“伎”，一个师乙所自称的“贱工”。工的所以沦于下贱，实际的中国文化发展固然要负责任，但及其既经沦落，原有的比较完整的文化标准确乎也很有理由把他看作“不入流品”、“不上场面”！明代的文徵明，最初以单单画家的资格入侍内廷，曾经受当时科甲出身的人如状元姚徕等的白眼，认为画匠何得厕身士流，直到后来文氏自己也取中甲科，入了词林，才出得这口气。姚徕这一类人只用俗眼看人，固然可恨，但此种看法背后所依据的人才理想和文化标准，毕竟是未可厚非的。

如此说来，一个工的专才要教社会瞧得起，必须同时是一个富有通识的人。社会看重这样一个专才，并不因为他有专识，而是因为他于通识之外，更有专长，于做人之外，又能做事。我认为我们对于民族文化不能控制则已，否则此种对于人才的看法，便应当在积极发挥的范围之内。惟有在这样一个看法之下，也惟有中智以上的人都能照此看法努力，蔚为人才，工的地位才有真正提高的可能，而一经提高，不再有沦于下贱的危险。

这第三个理由还有另一个方面，就是人才个人的旨趣方面。近年以来，工的专才教育，因为提倡得力，确乎吸引了不少的智能很高的青年，如果我们在若干大学里举办一次智力测验，我相信工学院的平均分数要比其他学院的为高。工院学生有所写作，词理通达的程度往往不在其他院系学生之下，也是一个很好的证明。不过暂时的吸引是一回事，比较永久的维系是又一回事。就目前的形势说，我相信一部分习工的高材生迟早会脱离工的一路而别寻发展的方向的，在外国专才教育的历史里就有过这种情形。社会学大师斯宾塞尔是以铁道工程师出身的。法国家位学派①的社会学大家勒泼莱原是一位矿冶工程师。美国优生学的领袖达文包，起初也是专习工程的，后来终于完全放弃工程，而转入兴趣较广的人文生物学的领域。其他社会与人文科学的历史里，也大都可以找到这一类改弦易辙的第一流与第二流的人才。为什么？大凡才能较高的人，学力所及，往往可以求通，也可以求专，其对于通的企求，大抵不在对于专的企求之下，且往往超出专的企求之上。如果所受的教育能通专互重，他自然能安于此种教育，一旦就业，也因为兴趣及准备并未过分受教育的限制之故，而安于其位；他往往能于专业之外，同时从事于一些和专业很不相干的学术上的活动。但如果所受的专门教育只是一种比较高深的技能的训练，本身的范围既十分狭窄，又没有启迪通识的学科做有力的衬托，则忍耐性到达一个限度的日子，也就是他幡然的变计，去而之他的日子。约言之，前一种教育，表面上不完全为工的学术设想，实际上则适足以维系工的人才；后一种的教育，即目前所施行的教育，表面上十足的为工的学术设想，实际则适足以驱遣工的人才。而这种人才的陆续引去又势必教工的行业再度的沦于微贱。

总之，历史的教训，我们是不能忘记的。工的所以沦于微贱，就因

---

① 潘光旦有《家制与政体》一文，介绍、评价此派学说颇为细致，可以参看。此文收入《潘光旦文集》第10卷。——编者注

为他和通识的教育完全脱了联系，因而被摈在文化的洪流之外。音乐也复如此，戏剧的艺术也复如此。绘画却是一个例外，而其所以成为例外之故，就因为凡属成画家而不是画匠的人，在通才方面也都有相当的发展；画家大抵能诗能文，甚至于不乏学术的兴趣、经济的长才，可以当官师，可以办事业，而同时无害于其画术的发展，不妨碍他的以画起家、以画名世，以至于以画传后。上文所提的文徵明就是最好的一个例子。换言之，如果士的教育等于通识的教育，那就任何人应当先受相当于其一般智力的士的教育，然后再从事于相当于其特殊才能的专门教育。士的教育是一个公分母，而农工商以至于各种艺术的教育是一些分子。目前的公分母是太不够大了。我们诚能以这种见地作为教育兴革的张本，则一方面既不怕专才的成为废物，而另一方面，对于文、法、理、工等各种学科，即使因一时的需要而偶有侧重，也不至于发生什么过于偏蔽的影响。

第三个条件可以说是政治的或社会的。就是国家应积极奖励多技能与善机巧的人才。这一层我无须多说，一则因理由最为显明，再则因实行比较容易，三则因政府及较大的公私企业机关已经逐渐注意及此。不多几天以前云南经济委员会的一个工业组织，不就因为工作勤慎与对所司机件爱护有加的关系，特别奖励过一位汽车司机么？

要提高工的地位，发展工一方面的文化，工的人才固然是最大的要素，而增加这要素的条件，已具如上述。不过要素尚不止此。就人事方面说，机巧的才能而外，尚须组织的才能。近代工业的发展，有赖于组织能力的或许比有赖于机巧能力的还要多。中国民族的组织能力是薄弱的，至于如何薄弱、所以薄弱的原因，以及如何改变此种原因，使薄弱者复归于比较健旺，我以前曾别有论列，无烦再赘。还有一个要素是工业的资源。我们的资源不能算多，地大而物则不博，似乎已成一般的公论。不过大体说来，我们的资源总还够我们比较长时期的支配，借了不很充裕的资源来启发我们不大充裕的工的才力，于事亦尚公允；在短时期内，才力的施展虽不能太多，物资的消耗与浪藉亦宜乎有限。此次战事结束以后，国际大概会规定一种资源上贸迁有无的办法，此种办法而成事实，则一旦我们的才力逐渐增加，其所需的更大的资源也就不患无从取给。所以我认为这一点目前也无须多加讨论。

最后还有不能不略加申说的一层。就是上文云云必须和讲求品质的人口政策联系起来，才会发生效力，尤其应该注意的是，要慎防轩轻生育率的发生。如果我们不能严防这一点，而同时居然把工的地位抬得很高，那结果就无异明知故犯与变本加厉的断送了民族本质中也许蕴蓄着不太多的技工与机巧的才能。我说明知故犯，因为我们不比前人，已经懂得一些选择的原理；我说变本加厉，因为前代似乎不曾有过轩轾生育率的现象，而近年以来已大有发生的可能，而变本加厉的方式的一种是速率的增加！我们的技巧才能，特别是高级的，本来怕就不多，经不起再度的沙汰，更经不起加速度的沙汰，是很显然的。

从本篇冗长的讨论里，读者可以看出，一个文化的问题，究其极，也就是一个民族的问题，以至于一个人口的问题。一个民族发展文化、累积文化，及文化发展入某种途径，累积到相当程度，他就会发生选择的作用，转而影响民族的性格、人口的品质，包括继续创制文化的能力在内。约言之，民族与文化是互为因果的两个本体，我们要加以控制的话，决不能举其一而遗其二，工的一方面如此，其他生活与事业的种种方面也莫不如此。

散漫、放纵与“自由”*（1943）

人是一种会设词的动物。他会自圆其说，会“从而为之辞”。每逢有一种行动的时候，他总要有个说法。说他为什么有此行动的必要，不过所说的十有九个是好的理由，而不是真的理由，这就叫做设词。

任何社会里，总有一部分的人在行为上很放纵，很私心自用，但这种人决不自承为放纵，为私心自用；他们一定有许多掩饰自己的设词或饰词，其中很普通的一个，特别是晚近二三百年来最流行的一个，就是“自由”。

中国民族的习性里有许多人都承认的几个缺点：无组织，不守法，既不能令，又不受命。这些缺点，就其在团体方面的表现说，大概不会有人加以辩护，不过一到个人自己，说不定就会自觉的，或不自觉的，说出不少文饰的话来，而这种话里最现成的一个名词恐怕也就是“自由”。这“自由”事实上就等于上文所说的放纵与私心自用。

散漫与放纵都不是自由，而都极容易被假借为自由。然则我们是不是就因此准备废弃自由的名词与概念呢？近年以来，很有人表示过意见，认为应当废弃。我却以为不然。我们不能因噎废食。我们也不能因为世上有假仁假义的乡愿、政客、伪君子而弃绝仁义。贪官污吏，假民生之名，行自肥之实，我们就得闭口不讲民生主义么？这一类伪善的行为越多，我们对于真善究竟是什么，便越应当多说，越应当说一个清楚，到一般人都能够明了，而一部分人势不能再事假托为止。

然则自由究竟是什么？我们姑且不说自由是什么，替任何比较抽象

* 原载昆明《大国民报》三日刊第26期，1943年6月26日；辑入《自由之路》，商务印书馆，1946年版。

的东西下界说是不容易的。我们先说自由的两种先决条件，一个人能先具备这两个条件，则不求自由而自由自至；别人在外表上不容许他自由，在实际上自由还是他的，剥夺不了；否则一切都是空谈。

第一个条件是自我认识。一个人如果对世间事物真有一种智识上的义务而不得不尽的话，第一个应当效忠的对象就是他自己，他自己是怎样来的，一般的强弱如何、智愚如何，有些什么特别的长处可以发展，特别的缺陷须加补救，如果不能补救，又如何才可以知止、可以自克、可以相安、可以不希图非分？能切实解答这些问题，一个人就可以有自知之明，古书上一个“德”字，一个“诚”字，其实就是自我，就是我之所以为我，而明德、明诚、度德量力一类的话，指的就是这自我认识的功夫。

第二个条件是自我的控制，在科学与技术发达的今日，人人都喜欢谈控制：社会的控制，环境的控制，自然的控制，甚至于自然的征服。在科学技术很不发展的中国古代，我们却早就在讲求自我的控制与自我的征服。自我应该是第一个受控制与征服的对象。我认为中国人生哲学的一大精华，就是这个。中外历史上的一切扰攘，特别是西洋近代式的大战争，可以说是控制了环境、控制了自然，而没有能控制自我的必然的结果。以前所称格物的一部分，诚意、正心、修身的大部分，所谓自胜者强，所谓无欲则刚，指的就是这一些功夫。

自我认识是第一步，自我控制是第二步。控制的过程中虽也可以增加认识，但两者大体上有个先后；知行难易，虽可容辩论，知行先后，却不容怀疑。所以一个人完成他的人格的过程中，学问的努力比较在前，而涵养与历练的功夫比较在后。教育的根本、教育的核心，应该就是这些；他如一般知识的灌输、技能的训练、职业的准备、专家的造就，有如近代学校教育所能供给的种切，都是末节，都是边际，有时候还不大着边际。

从这种学校教育出身的人，既没有认识自己，更不能控制自己，“自由”两字，当然是无从谈起。因为不认识自己，不能度德量力，不知诚中形外之理，便不免妄自尊大、希图非分；因为不能控制自己，便不免情欲横流、肆无忌惮。他们根本不配讲自由，不配讲而偏要讲，则末流之弊，以个人言之，势必至于放纵不羁、流连忘反，以团体言之，势必至于散漫凌乱、争攘不休。自由本不易言，在比较良好的教育之下，已自不易，何况在目前支离灭裂的学校教育之下呢？孔子自己说他

“七十而从心所欲不逾矩”，“从心所欲不逾矩”就是自由，就是自由最好的注脚、最好的界说。孔子到七十岁才做到自由的境界，也可见自由之难了。白刃可蹈，而中庸不可能，我对于自由，也几乎用同样的话来说，我甚至可以说：中庸的难能，实就是自由的难能；可立可权的道理，事实上就等于从心所欲而不逾矩的道理。这在对儒家思想有心得的人自知之，在此无庸多说。

唯难能者弥可贵。中庸虽不可能，而在三千多年的中国文化里，特别是儒家所代表的那一股主流里，不特从未放弃过，并且是一贯的被认为至精至当。在西洋文化史里，特别是最近三四百年来，自由也占一个相似的地位。我们知道我们中间事实上没有几个真正做到过中庸。我们见到的只是许多骑墙的人、模棱两可的人，与更多的平凡庸碌的大众，即，全都是假冒中庸的人，西洋史上又有过几个真正自由的人呢？也没有几个。我们见到的是许多各走极端的思想家与行动家，与更多的放纵、流浪、侵夺、争斗的大众，即，全都是假冒自由的人。中庸与自由，一个健全理想的两个方面，都做过不健全的人的护身符。在这种理想的双重掩护之下，正也不知发生过多少龌龊卑鄙与放僻邪侈的行为，但我们能因此而绝圣弃知似的把这理想放逐到文化以外么？我们断乎不能。

上文所说的也许陈义过高，不切实际。自由如此其难，岂不是谈了也等于不谈？那又不然。天下事是比较的。谈总比不谈好。按照上文的说法而加以谈论的结果，纵不能教人从心所欲不逾矩，至少可以教人对自己多认识几分、多控制几分，而其必然的趋势是，在个人可以取得比较有分寸、有裁节的生活，在团体可以取得比较有组织而更协调的秩序。我们厌恶放纵，欢迎节制，应知只有讲求自由后的节制才是真节制，是内发的节制，而不是外缘的遏止。我们厌恶散漫，欢迎组织，也应知只有讲求自由后的组织才是真组织、真秩序，是自动发生而有机的秩序，而不是外铄与强制的机械的秩序。我们为促进个人生活的节制与团体生活的整饬计，近年来也下过不少的功夫，只可惜这种功夫全都是外铄的而不是内发的、强制的而不是自动的，所以各式各样的规条、法制、运动、集训，尽管一天多似一天，究有几分成效，即身历其境的人也还不能断定。

最近我们都读到当轴颁布下来的一本极端重要的新书：《中国之命运》。这本书也讨论到本文所讨论的问题，就是自由的问题。似乎书中先讨论到的那一种自由，就是我们所说的假自由[1]，就是散漫与放纵，而后来讨论到的那一种是真自由[2]。我对于这两节讨论都极赞同。不过有不关文字的一点我们竭诚希望当轴能于再版时加以更正，就是后一节讨论里的“自由”两字上所用的引号（“”）应当移到前一节讨论里的“自由”两字之上。我认为真的自由无须引号，而假的自由非纳入引号之中不可。这样，真假可以划分得更清楚，黑白可以表见得更分明，而读这本书的国民得以更进一步的知所适从了。

注释：

[1] 蒋中正：《中国之命运》，页七二、页一二四。

[2] 同上，页一八二——一八六、页一八九。

说学人论政*[1]（1944）

民国三十三年“七七”纪念日，昆明各大学师生举行了一次座谈会，出席的多至三千余人，会场内外，挤得水泄不通，景况的热闹，真是得未曾有。就昆明一地说，竟不妨说是空前的。[2]

纪念会的一夕谈里引起的问题很多。其中最有兴趣的一个是：从事于学问的人同时应否有政治的兴趣。当时并没有直接提出这样一个问题来，不过我们于事后加以推论，觉得这实在是重要的问题之一，并且可能是最重要的问题。大体说来，当时到场的人，对于这个问题，是没有不作肯定的答复的，他们肯参加纪念会便是一个肯定的答复。

当时我也发表了一些肯定的言论，大意是和上文《隐遁新解》里所说的一样。

不过当时有一位发过一些否定的议论，就是云南大学的校长熊迪之先生。熊先生说明三点：第一点，他认为这次座谈会是学术性的，是寓纪念于学术的讨论的，所以他才参加；第二点，他认为中国的积弱是由于学术不昌明；第三点，要救中国的积弱，要昌明学术，我辈做师生的人就应当每人守住他的讲求学术的岗位，孜孜矻矻以赴之，而不应当驰心于学术以外的事物，例如政治、商业之类。

这三点之中，我们对于第二点是完全赞同的，学术不昌明，至少是积弱的大原因的一个。关于第一点，熊先生的参加与否，自有熊先生的自由，我们不问；用讨论学术的方式来纪念“七七”也未始不是方式之一，我们也没有异议。不过若说我辈中人只宜乎采用这个方式，那就大

* 原载昆明《自由论坛》第2卷第6期，1944年8月1日；辑入《自由之路》，商务印书馆，1946年9月。

有问题了，其为问题和第三点所引起的问题是一个。“七七”两个数目字所代表的问题，或在我们心目中所引起的问题，虽不能说和数学[3]全无关系，更不能说和学术全无关系，至少不是一个单纯而直接的学术问题，而是一个“国是”的问题、一个在二十世纪国际场合里立国的问题。换言之，它是一个政治的问题，我辈读书人于谈论学术之外究竟应不应谈论政治，便是我们非解答不可的问题了。

在熊先生说话以前，我们一向以为这题目是早经解答了的。在民主政治没有上场的前代，甚至于远在先秦的封建时代，无论在理论上，或实际上，我们对此早就有了答案。君师并称，同为治本；政治与教育文化总求其有密切的联系，倒不是要政治来控制教化，而是要教化来辅导以至于督责政治，也是先秦时代早就到达的一个结论。孔孟以降的先哲，其所以成为先哲而值得我们景仰的原因，决不仅仅在他们是学术家、教育家，而也在他们是政论家，得其位则推行政治，不得其位则议论政治，不议论即不足以收辅导与督责之效。不说有名有姓的先哲，就是乡校中论政的郑国人，在贤明的执政者如东里子产就觉得有益无害，无须干涉，更无须釜底抽薪似的把乡校拆毁。[4]降至后代，学人论政之风虽至今没有到达一个十分自由的境界，舆论与清议的不可侮却始终是历史上的一大事实。

学人论政是中国文化的一大传统，这方面的代表人物不一而足。在近代史上最值得我们钦仰的一个是顾亭林先生。明社既屋，亭林先生到昌平哭陵三次。亭林先生是一位学术家，是明末清初的第一位大师，但哭陵不是学术性的，明社虽亡，他的学术仍在，他哭陵则甚？他的三位外甥在新朝做了大官，他到一次北京，总要督责他们几句，对那位声势最喧赫的大外甥尤其是不肯放松。这位外甥喜欢提倡风雅，就说是喜欢提倡学术吧，亭林有一次对他说：“有体国经野之心，而后可以登山临水；有济世安民之志，而后可以考古论今。”这不是等于说，一个人一面讲求学术，一面必须有政治的志向与抱负，甚至于此种志向与抱负要在讲求学术之前，是讲求学术的先决条件么？所谓政治的志向与抱负所由表见的途径，一个人如果不预备从政，试问除了论政而外，更有第二条么？亭林先生也是一个学术家，正和我们所希望做到的一样，所不同的是，那时候中国没有大学，他不是一位大学教授；不过何以一进大学的门墙，便不宜乎论政，便非全神灌注于学术不可，甚至于参加了非完全学术性的纪念会，便不免感觉得几分上当——这是我们所大惑不解的。

其实这问题是简单的。任何人的身份与权责，以至于任何动物个体的身份与权责，原不止一个，连蜜蜂、蚂蚁中的工蜂、工蚁也不能除外。一个人有做人的身份，就是他有做一个比较完整的人的权责。一个人也有国民的身份，就是他对他的政治团体也有一些不可分离的权责。一个人有他专业的身份，就是他有学术家、教育家、店员、匠人……一类的权责。任何人有做人、做国民、做一种专业的身份与权责，而做人与做国民的比起做专业的来更要先决、更要基本。没有做一个完整的人的意识的专家，无论他的专业如何精深，他终究是一个匠人，学术家也罢，泥水匠也罢。没有政治意识的专门人才，可以加入伪北京大学，可以到沦陷区做顺民，而无害其为专门人才，学术家也罢，泥水匠也罢。明乎此，我们对于学人应否论政的问题，也就思过半了。

注释：

[1] 此文可看作《隐遁新解》一文的一个补充。

[2] 后来这一类的集会就比较渐渐的多起来，人数也有比这次还要多到一倍以上的，全都是秩序良好、议论和平；一直到今年（三十四年）十一月二十五日的内战问题座谈会，才因为当地党、政、军当局的措处失当而引起了学生罢课的问题。

[3] 熊迪之先生是一位数学家，在他主持云南大学校务以前，曾任清华大学数学系主任。不用说，我们是老同事，也是老朋友。

[4]《左传》襄公三十一年说："郑人游于乡校，以论执政；然明谓子产曰，毁乡校何如？子产曰，何为？夫人朝夕退而游焉，以议执政之善否，其所善者，吾则行之，其所恶者，吾则改之——是吾师也。若之何毁之？我闻忠善以损怨，不闻作威以防怨。岂不遽止？然犹防川，大决所犯，伤人必多，吾不克救也；不如小决，使道不如，吾闻而药之也。……仲尼闻是语也，曰，以是观之，人谓子产不仁，吾不信也。"

妇女问题的一个总答复*
(1944)

妇女运动，自从一七九二年英国窝尔斯东克拉夫脱女士（Mary Wollstonecraft）发表她的《女权宣言》以后，到如今可以说有过两个时期，而前途可能的进入第三个时期。第一个可以叫做抗议时期。好比宗教革命以后，新的耶稣教派对旧的天主教称为抗议教一样。第二个时期可以叫做解放时期。抗议相当成功以后，女子在社会与文化里得以自由活动，至少，实际上虽依然有种种限制，法律上的种种限制早就几乎完全不再存在。我们目前就在这时期里。这两个时期先后都曾解决了一部分的问题，但也产生了不少新的问题，这些问题有关于妇女自身的，也有关于社会一般的，例如家庭组织的动摇与子女教养的欠缺等。要运动的结果不但使妇女问题自身能比较长久的不再成为问题，并且使全般社会与民族不再蒙受不良的影响而发生新问题，我认为我们应当进一步的导引它、控制它，以入于第三个时期，我这里称它为位育的时期。

在前两个时期里，我们对于妇女问题有过四个不同的论点，两个属于抗议时期，两个属于解放时期。属于前者的，（一）是与男子抗衡，（二）是对家庭革命；属于后者的，（三）是争个人人格，（四）是应社会需求。在第三个时期里，我们应当有的新论点是：（五）促进女性健康。此外可能还有别的，不过有此五个，似已足够概括了。这五个论点也可以说是建筑在三种不同的自觉上的，一、二的基础是“女子也是人”的自觉，三、四的基础是“每一个女子也是一个个人”的自觉；非等到大部分的女子，至少是受过教育的女子，有“女子属于女性，与男

* 原载昆明《中央日报·妇女与儿童》，1944年6月22、28日，7月5、12、20日；修订后载《观察》第5卷第3期，1948年9月11日。

性根本上有些不同”的自觉，那第五个论点就不会产生，即使产生，也不会有发人深省与解决问题的力量。

第一个论点，与男子抗衡，显然是最早的。在父系以至于父权的社会里，一半因为积习，一半也未始不由于自然的趋势，一种重男轻女的局面是极容易养成的。我说积习，是谁都知道的；我说自然的趋势，怕就有人不能同意。其实这趋势是最明显的。阴阳两性的分化原是一个有机演化的事实，远在人类登场以前，便有过极悠久的历史。性的基本功能原在生育，而一经分化，两性对于生育的责任便有轻重悬殊的分别，这是表面上谁都看得见的；看不见的是，为了适应此种不同的责任，两性在一般的生理上也就发生了根本的差分，就最基本的新陈代谢作用而论，阳性是谢多于代，阴性是代多于谢。在后者，唯其代多，所以能负起艰苦的生育责任；在前者，唯其谢多，所以才会有种种社会活动与文化事业的表现；也可以说，唯其谢多，唯其于生育之外，尚有多量的余力，才终于造成了父权的社会，造成了一种近乎男子独占的局面。我所谓自然的趋势就是这一番演化的经过。我认为研究妇女问题时，我们于积习之外，必须承认这一层自然演化的过程；积习固然不健全，特别是对于女子，理应改革，就女子一方面而言，更理应抗议，但自然的趋势却是抗议不来的事。近人一部分关于妇女运动的著作，往往不明此理，以为女子社会地位的低落，以至于女子体格的弱小，全都出于男子的侵占与压迫，并且好像是完全出乎男子有计划的安排。例如，德人凡尔亭（Vaerting）夫妇所著《男女特性比较论》和陈东原君所著《中国妇女生活史》都犯这个毛病，凡尔亭一书且有故意歪曲事实来替妇女运动张目的嫌疑。

不过，上文已经提到，重男轻女的积习是应当革除的。男女有根性上的不同，是不错的，在社会生活里男女大体上会趋于分工，也是不错的，然而双方都是人，都具有人的性格，谁都不是谁的工具，不是附属品，终究是一个更大的事实。妇女运动所以成为一种抗议的运动，在这一点上是绝对的有理由的。运动发轫期间的《女权宣言》最有力的根据也就是这个理由。

家庭革命的论点在中国比较的更有力量，因为家庭的制度在中国最较发达，甚至于畸形的发达。中国女子，除了妻母的地位而外，几乎没有别的地位可言。当抗议的初期，这论点也是很有理由的。男子于做丈夫、做父亲而外，又有许多家庭以外的身份与活动，何以女子于做妻子、做母亲而外便没有？而同是家庭的一员，同是建筑成家庭的两块基石，又何以男子要特别占优势？都是一些极值得提出质问的问题。再就性的一个题目而言，何以男子可以多妻、可以提出离婚、可以有家庭以外的性的自由，而女子比较的没有？同一讲性的道德，又何以适用于男子的标准比适用于女子的要特别宽大？守节、守贞、一生不二色的德操何以单单的责成女子，而不责成男子？不说别的题目，单单这一个性的题目已经足够成为革命的理由，教女子揭竿而起。

女子的所以成为家庭的动物，驯至家庭而外，更没有其他活动的范围与余地，这其间也是一半由于积习，而一半由于自然的趋势；积习应当改正，而自然的趋势又是无可如何之事。女子因为性生理的不同于男子，春机发陈（旧称春机发动，今就中国旧有之医学文献酌改）以后，有月经的运行，结婚以后，又有怀妊、生育、哺乳一大串的生物的任务，而此种任务，前后又不止一串而止，在生育力比较强大的女子，从结婚至月经停止，二三十年之间，可以完全没有间歇。而当月经将绝未绝的少数年份里，生理、心理又大都需要一些休息与调摄的时间——这些，合并起来，就不免大大的紧缩了女子向外活动的范围；比起男子来，教她不得不安于一种比较静止的生涯。而这种紧缩的范围与静止的场合，不用说，就是家庭了。这就是自然趋势的说法。这种自然的趋势，有的固然可以不理会，例如月经，有的可以阻止使不发生，例如孕育、哺乳。不过过分不理会与阻止的结果，小之可以影响女子个人的健康，大之可以危及种族的生命。换言之，就是非理会而与以发生的机会不可，至少大多数的女子，为了个人与种族的安全计，非顺适此种自然的趋势不可。其少数不能顺适的势不免被摈于自然演化的洪流之外，而归于删汰。

所论家庭革命的论点，到此可以分成两部分说：一是对此种自然趋势的革命，一是对积习的革命。我们根据上文的议论，可知对于前者的革命是徒然的；对于前者，我们所能做到的是一些调适的努力，这种努力目前还极少，大约要上文所提到的第三个时期充分来到以后才有希望。不过对于积习的革命不是徒劳的。男权社会的演成，父权家庭的产出，一面虽依据自然趋势，一面也未始不由于我们过分利用这种自然的趋势。这种过分渔猎的地方，就是我所称的积习了。《易经》称“乾知大始，坤作成物”，在大体上是对的，但若一方一味的始，一方一味的成，即一方一味的利于进取，一方一味的安于保守，那自然的趋势便有变本加厉的危险。两性的相与，本是一种荀子所称的不同而和之局，变本加厉的结果是增加不同到一个有害于和的程度。这种危险无疑的是要加以消弭的。

与男子抗衡、对家庭革命，都是消极的论点。一到争取女子个人的人格与适应社会的需求，就比较的积极了。前两个论点所已使妇女运动收获到的东西，是很笼统的，就是争得了女子一般的人格。到此，所争的便进一步而为每一个女子的个性化。在抗议时期里，运用了最初两个论点来从事运动，那从事的人无须太多，只要少数有魄力、有见解的女子，登高一呼，据理力争，便不难取得社会与文化的同情与承认。甚至于明白事理的男子也会替妇女仗义执言，来增加运动的声势，促进运动的成功，例如英国的穆勒约翰之流。到此，形势也复一变，一方面，参加的女子必须大量的增加，一方面，男子不能再越俎代谋，即在旁边打几声边鼓，那效力也很有限制。更重要的一层是，第一时期可以用议论取胜，到此便不能不用事实证明；第一时期里，只要有人鸣金击鼓，到此便非切实作战不可了。换言之，到此，必须有比较大量的女子分别的把自己所有的本领拿出来，为的是要证明，凡属男子所有的能力，她们也有；男子所能胜任的事业，她们也能胜任。

这第二期的运动我们也不能不承认是相当的成功的。第一步教育机会的争取，可以说还是属于第一时期的努力，但第二步教育机会的利用，与第三步教育结果的运用，却完全是属于这第二时期的。这些，都不能不说是相当的如愿以偿的。教育机会的利用，无论在为女子专设的学校里，或在男女共读的学校里，已经充分的证明女子和男子同样的有个性，此种个性同样的有发展的可能与必要。智力测验如此证明，各种特殊才能的测验，以及各种学科的成绩，大体上也证明如此；至于教育结果的运用，更事实胜于雄辩的证明了这一点。历年以来，妇女从事于家庭以外的职业的人数，一天大似一天，延用的女子职业的门类，也一天多似一天；如果女子的个性不够发达，不足以利用一切教育的机会，对于各种职业不足以胜任愉快，这种日增月盛的光景，是不会发生的。至于一部分的职业，例如教育、医事卫生、社会工作，女子参加的人数往往超越男子之上，工作的效率也往往比男子为高，更证明了以前那种迹近禁锢的政策是一个历史上的错误。

上文这一段话事实上已经把个人人格与社会需求的两个论点兼提并顾，似乎无须再分别的加以讨论。不过，社会需要的一个论点好比家庭革命的论点一样，在中国似乎是特别的有力量，而其原因也正复相同。就是，以前家庭的禁锢越严，今日向社会寻求解放的动力自越不可遏制。压抑于内的“潜能”越多，则发挥在外的“动能”越大，原是一层单纯的力学的原理。所以二三十年来，社会服务的呼声，在中国妇女运动里是有很大的地位的。女子之所以争取教育机会，为此；女子于完成教育之后，迟迟不肯结婚，也为此。有的女子，到了结婚的前夕，为此不得不和未来的丈夫约法三章，于婚后仍须维持她原有的职业的位置、继续她服务的精神。又有特别开明的新娘，在婚礼席上致词，为此不免作一些公开的申明，说她对于服务的意志决不因婚姻而动摇，对于服务的劳绩当亦不因婚姻而减色。一种信誓旦旦的态度与辞气，在这种场合上应当为婚姻关系而发的，她们却为社会服务而发，真是得未曾有，令人肃然起敬。自从抗战以来，因为社会上人力不敷分配，这论点自更见得振振有词、发人深省。

不过，这是一个很大的“不过”，在这种论点之下，社会与文化虽有时多少占了一些便宜，这种便宜并不是绝对的，即有一方占便宜，有另一方要吃亏。这另一方是谁呢？不是别的，就是女子自己。女子所吃的亏是从三个不同的方向来的：一可以说是由于力不从心。在第一个时期里，她的努力只限于心思的一方面，所费的往往只是一些口舌与笔墨的工夫，当时的问题比较简单。到了第二个时期，这种努力便不限于心思的一方面，而牵涉到体力一方面。论心思才智，男女大体上是平均的；在智力的变异性一层上，男女可能有些不同，但在平时的社会生活里，这种不同也并没有多大的实际影响。但体力的高下有殊，至少适合于男子体力的许多工作与活动未必适于女子的体力，却是一大事实；实际的体力不能应付，而多年来妇女运动所已养成的意志非教她应付不可，结果便非吃亏不可了。这一层，凡属在男女共同工作的场合里，例如学校、工厂、商店等，已经积聚了不少的材料，可资证明。女子所吃的第二种亏是由于情绪生活受忽略而来的。男女的性别不同，性情绪也不同，而一般的情绪也就不同。女子善怀，女子多愁善病，原是一个极古老的观察，近代性心理学家也说：“女子往往用情绪来解释理智。”近代的教育是谁都承认只重理智而不问情绪的，这种教育，即就男子而论，已经是极不相宜，而自第二期的妇女运动以来，女子所争得的教育恰好就是这偏颇狭窄的一套，结果的比男子还要不健全，自是可想而知。性心理学家的结论是，由于这种教育，“一种不和谐、不调协的趋向便会发生，驯至使人格受局部的损伤或全部的破碎”（详拙译霭理士《性的教育》，页七八）。至于独身、迟婚、不生育或生育过迟种种现象的发生，使性的生活以及母爱的倾向不能有适当的发展与满足，转而影响到一般生活的健康，便是女子所吃的第三方面的亏了。

综合三方面说，妇女运动的结果，特别到了第二时期，就女子自身说，是以解放、独立、自由、平等一类的虚名换得了生理与心理健康遭受严重的威胁的实际。其间原因虽不止一端，其主因所在可以用四个字来概括，就是“舍己从人”。“从人”，指的是运动的目标端在“思齐”男子，不惜以男子的标准为标准，惟恐自己的活动范围受了限制，以致赶不上男子的那般宽大。中国的妇女运动从开始的时候便反对所谓“三从四德”，那是很有理由的，不过从“从父、从夫、从子”的三从换取了“从男”的一从，尽管“从”字的解释略有广狭的不同以及主动与被动的分别，在明眼人看来，不免觉得收获终究有限。

至于“舍己”，指的是妇女运动始终忽略了女子的本性，或完全把这种性格忘记了；即或不忘记，又往往刚愎自用的认为无足重轻，甚或以为完全属于后天获得的品格，而并不是真正的本性。关于这一层，目前的篇幅不容许我作比较详细的解释，我姑且再引性心理学家霭理士的一段比较长的结论，以示此种本性的存在，而不容漠视。霭氏说：“当务之急，在要让大家知道女子有女子的特殊需要，好比男子有男子的特殊需要一样，要是不能顾到这种特殊需要，而强其接受适用于男子的一些原则与限制，则不特对于女子自身有害，对于社会生活全般也是毫无益处。我们对于男子也可以说同样的话。总之，男女之间，无论在学校里或社会上，我们虽则希望他们能共同工作、相须相成，但彼此所由达到生活的鹄的的路径，终究因天性的不同而有歧异，鹄的的能否到达，即凭能否遵循这天性的法则为断。我们在这里要牢牢记住的一点是，女子之于男子，不但躯体比较短小、组织比较细腻，并且她们生活的重心又极容易受一种富有节奏的、性的波浪所震撼动摇。这种重心易受颠簸的现象，在男子可以说是完全没有，但在女子，却几于无时无刻不受它的支配。所以名为同是圆颅方趾，而实则女子的生活好比一座持平的戥子，动不动便有不能保持均势的危险——无论大脑也罢，或神经系统的全部也罢，或肌肉部分也罢，只要受一些有分量的压迫，便要比男子容易引起严重的纷乱。上文所谓特殊的需要，与此种需要的不能不体贴，在此。”（拙译《性的教育》，页七四—七五）这一番话事实上就等于上文“吃亏”之论的一个综合的叙述，而于情绪生活的最容易吃亏一层，说得尤其切实。

讨论到此，我们至少在理论上已经进入妇女运动应有的第三个时期，就是以女子自身的健康为唯一的论点的时期。至于如何使理论演成实际，我们在这里只能作一些原则上的提示，详细的节目终必有待于女子的自觉与自求多福的努力。第一个极单纯的原则是，我们一面对于男重女轻、男外女内一类变本加厉的积习虽应竭力的破除，一面对于上文所再三论到的自然的趋势，包括生物学上两性分化的基本事实在内，却仍宜充分的尊重；横加抹杀，或熟视无睹，是有百弊而无一利的。第二，既承认生物的分化，便不能不承认社会的分工；这分工当然不是绝对的，好比分化原不是绝对的一样。男女同是人，男女都有个性的变异，是虽异而同的一方面；男有男性，女有女性，而个性的变异又往往因性别而互有不同的表现，又是虽同而异的一方面：所谓分化的不绝对在此。如何斟酌于分化的同异之间，从而安排青年男女的教育，分配成年男女在社会上的作业，以及对于家庭子女的责任，孰者宜乎共通，孰者宜乎维持均势，孰者宜乎稍分宾主，孰者宜乎由一方稍专责成——这便是所谓不绝对的社会分工了。男女的分化还有一种不绝对的所在，就是一部分男子有女子的性格，而一部分的女子有男子的性格，或更大一部分的男子间或有些女性的表现，而女子间或有男性的表现，虽非通例，为数亦不太小。对于这些，我们在分工的局面中，也宜乎预为之地。总之，我们的目的是使每一个人能得到他的适性而无碍于健康的位育，为女子设想如此，为男子设想也未尝不如此。到此，不特妇女运动到达一个比较所谓位育的时期，就是家庭、社会、文化、民族的生活也就转进一个更和谐、更高明的境界。

个人、社会与民治*（1944）

近来许多报章杂志的文字以及许多朋友们的谈论无疑的都一致趋向于民主政治的主张。不过在一致的主张之中，我们又很清楚的发见两个很不相同以至于针锋相对的立场或侧重之点：一则侧重于英美式的个人主义的民主政治，而一则侧重于苏俄式的社会主义的民主政治。前者评论后者为有团体而无个体，后者评论前者为有个体而无团体。又换一种评论的说法：前者认为后者至多只做到一些经济的民主，至今未能有政治的民主表见；后者认为前者至多只表见了一些浮面的政治的民主，始终未取得稳固的经济民主的基础。讨论更进一步，双方可能的认为两者都不可少，但又不免引起一个先后所谓“阶段”的问题，就是，个人主义的民主政治和社会主义的民主政治二者之中，究属那一个是政治制度的最终目的、最高理想。

这是近年来新发生的一个问题。清末民初年间，至五四运动的时代为止，中国人心目中只有一种民主政治，就是英美式的个人主义的民主政治。苏俄革命前后，社会主义与共产主义一类的学说最初传入中国的若干年里，问题也还没有发生，因为当时大家的观听里，民主政治自民主政治，社会主义自社会主义，好像是截然两事，截然两事之间可能发生冲突，而不容易发生辩论。迨至苏俄革命成功，民主国家如英美采取了一部分近乎社会主义的政策，中国国民党的三民主义又将“民生”、“民权”相提并论，而近年来的中国共产党也以“新民主主义”相号召，益以西方政论家如英国的拉斯基（Laski）又一再推论到大战结束后的

* 原载《民主周刊》第1卷第4期，1944年12月30日；辑入《自由之路》，商务印书馆，1946年版。

苏俄在政治方面势必日趋于民主，即个人势必日即于抬头。于是上文所提出的问题就发生了。

其实在健全的理论里，这问题是不存在的。我以前讨论社会理论，曾经提出一个诊断的尺度来，合乎这尺度的是健全的，否则是不健全的，以至于病态的。[1]我认为在政治理论上，这尺度是一样的适用，因为政治生活原是比较组织化的社会生活，就是社会生活的一部分。这尺度，恕我再重复的说一下，是这样的：

个人—	通性之同	……………… 社会秩序	—社群
	个性之异	……………… 文明进步	
	男女之分	……………… 种族绵延	

更让我把这尺度再解释一下。尺度分为纲目两个部分。纲有两个，就是个人与社群。每纲各分三目。个人生活或人格不外三个方面：一是通性，即人之所以为人；二是个性，即此人之所以不同于彼人；三是性别，即男女之所以互异。社群生活亦不出三个方面：一是静态的社会和同或秩序，二是动态的文明进展，三是所以比较长久维持此动静两方面的生活的种族绵延。个人生活的三个节目和社群生活的三个节目又恰好呼应，即后者是前者的功能或作用：通性是社会和同的张本，个性是文明进步的张本，性别是种族绵延的张本。一种社会理论要对这两纲六目都有发落、都有交代，才算健全，一种政治理论也是如此。

话多少得从头说起。在演化的过程里，两纲六目的出现是很有一些先后的。最初，演化史里可以说是有过个体与群体不分的一个时期，有一部分的单细胞生物便是如此，例如，不大容易分别为植物或动物的团藻（Volvox）。换言之，两纲的分化是比较后起的事。纲的分化实在是由于目的分化。就个体一方面说，通性与个性之分最初是很不清楚的；个别变异的现象尽管早就存在，此种变异也尽管可以用细密的科学方法——所谓生物量学的方法（biometric methods）——来衡量，但对于生活的作用是绝少以至于没有的。最显然的节目上的分化还是两性的分化，在单纯的动物里，所谓通性，与其说是对待个性的一种性格，无宁说是对待性别的一种性格。因此就群体一方面说，秩序与进步一类的概念就不大适用。只有一种进步可以发生，那就是由于突变的进步，但此种进步一经发生，原有的一个物种可能就剖分为两个物种，而又当别论了。结果三个节目就剩了一个，就是种族绵延，也就是两性分化后的不可避免的一种作用。无论在什么物种里，一讲到群体生活，种族绵延的节目总是要大书特书的，事实上值得一讲的也只有这个节目。从本文的立场看，这可以说是演化过程的第一个段落。

两性生殖的成立有一个重要的结果，就是个体变异的增加。此种增加的变异又有两个用途。在大部分的动物里，似乎除了扩大两性选择的范围而外，更无其它的用途，最显著的一例是蝶类中的多形现象。在蝶类中，雌的只有一品，而雄的可以有两三品。其它的动物，包括演程中最后起的鸟类与哺乳类在内，也是一贯的牡者变异多而变异性大，而牝者反是。在很小的一部分动物里，个体的分化更进而成为所谓专化，于是一种分工合作的局面、一种形似人类所称的社会生活，便逐渐演成，蜂与蚁就是最好的例子。这可以说是演化过程的第二个段落。在这个段落里，就个体方面说，性别是属第一段落之旧，可以不再赘言；通性与个性的分化比第一段落要清楚得多，并且也发生了些捉摸得住的作用。就群体方面说，种族绵延的节目也可以不论。通性与个性既分化得更显著，宜若秩序与进步一类的概念也就比较的可以适用。一种可以称为秩序的东西是有的，而且也还具备相当的复杂性，特别是在能分工合作的蜂蚁中间。但这种秩序配不配叫做“社会的”，学者的意见很不一致，大抵生物学者承认它是，而社会学者则以为不是。至于进步则依然难言，其难言的程度并不低于第一个段落。上文说个性的作用是在招致进步，个体的变异就是群体生活变化的张本，是不错的，但在这个段落里，似乎个体变异的结果，仅仅增加了秩序的复杂性与固定性，以及扩大了两性选择的范围和种族绵延的机会，而和群体后天生活的进步无干。例如蜂蚁之伦所表见的分工合作的生活，自最初演成以至今日，始终是一个定局，换言之，秩序始终是这末一个秩序，没有变迁，秩序的变迁也就是我们这里所说的进步。

到了人类，我们才算进入了第三个段落。生物学家承认人是多形现象最发达的一个物种，也就是流品的分化最多的一个物种。唯其流品的类别极多而程度极不齐，所以通性之同与个性之异更见得为截然两事。到了人类，由于神经系统的演进，又产生了自我觉察的能力，而通性与个性的分立也就成为自我觉察的一部分的对象。我们上文再三说到“个性”，其实真正的个性到此才完全成立，以前只是一些不自觉的个体的变异而已。自觉的个性一经产生，其自觉的程度又复一天比一天增加，于是群体生活便发生了巨大的变化。就一个人的发育而言，自觉的发展过程大抵是这样的：第一是自我的发见，第二是我属于一个群体而与群体中的其它个体互有异同的觉察，第三是我属于一个族类而对此族类有一种承上启下的关系的认识。自觉的发展到此，个人才成为一个人格，而群体才成为一个社群。到此，才发觉个体与群体各有其价值意义。前乎此，群体是唯一的目的，个体只是一个手段，特别是种族所由绵延的手段；到此，个体虽依然不免是一个手段，但也浸假而自成为一个目的；到此，群体固然要发展、要成全，个体也一样要发展、要成全。

总之，演化的过程一到人类的段落，个体与群体的两个生活大纲便有了对等的重要性。据斯宾塞尔（Spencer）的看法，个体的渐进的变为重要，与群体在种族绵延一方面的相对的变为不太重要，是演化过程中一个一贯的倾向。斯氏"个化对待繁殖"（individuation versus genesis）之说，指的就是这个倾向。这倾向究属是不是一贯的渐进，是颇有问题的，特别是到了人种。人种中各族的演出有先后，先出者往往生育力小，而后出者生育力大。不过无论斯氏的看法如何，到了人类，个体的重要性已经提高到一个程度，得以企求和群体并立，总是一个很大的事实。

说到这里，有两个很普通的错误的比论是应当指出来的：一是把人类的社会比做蜂蚁的社会。根据上文，这比拟的不伦是一望而知的。蜂蚁中间只有个体的分化以至于专化，而绝对没有个性的自觉。蜂蚁能分工合作，仿佛和人类一样，但方式上尽管形似，意义上却大有不同。一个工蜂，或一个兵蚁，活动了一辈子，始终只是所以保障群体生存的一个手段、一个工具，和它个体自觉的发展与成全毫不相干。蜂蚁根本没有意识，更没有自我的意识，自然谈不到自我成全的企求了。第二个错误的比论是把社会比做一个生物的个体。我们在《尚书》所代表的时代，就有所谓元首股肱之论，国君是元首，臣子是股肱，不过这还是一种文学上的比喻，没有很大的弊病。到了近代，便真有把一个政治社会当做一个有机的个体看的，那问题就多了。如果希特勒是元首，戈林之流是股肱，德国的老百姓自然是一大堆细胞了，细胞怎会有独立存在的资格？在十九世纪，社会为生物有机体之说，在德国最称发达，结果是造就了一个希特勒和他的许多爪牙、毁灭了一个最奋发有为的民族！斯宾塞尔也主张一部分的有机论，但他很聪明的指出，社会有机体和生物有机体有两层很大的区别：一是社会有机体的部分或基体是分得开的，就是，个人还是有他的地位。再根据斯氏其它的议论，可知这地位是再重要没有的。[2]二是社会有机体的知觉和意识的机构并不集中，即仍然分散的寄寓在各个人的知觉与意识的机构里面。斯氏的有机论因此便没有流弊，没有被野心家利用做中央集权以至于中央极权的一个口实。总之，两种比论的错误都在极端重视群体，而忽略以至于抹杀了个体。前一比论把社会分子比做蜂蚁，可以当兵，可以做工，事实上等于否定了每一个分子的个别的人格。后一比论尤其是尽了抹杀个人的能事，群体自身既变成了一种个体，真正的个体还有存在的余地么？

其次关于两纲的六个节目，我必须再加以进一步的说明。两纲既同样的重要，每纲的三个节目中间也自不容强分轩轾。通性之同和个性之异是尽人具备的，也是尽人企求充分而平衡发展的。二者之中，如果稍有偏废，则一人的人格便不健全，不是随俗浮沉、与时俯仰，便是立异为高、逆情干誉。荀子所再三称道的不同而和的人我关系便建立在通性与个性的平衡发展之上。性别也是不容忽视的人格的一方面，男女的区分是深入腠理以至于细胞的内容的，第一性征最是彰明较著，第二性征次之，第三性征又次之，明显的程度虽逐渐递减，其为人性中一些基本的事实则一。性别的发展势必影响通性与个性，因此，男女于同具做人的通性而外，又各有各的通性，即男有男的通性，而女有女的通性。女子的个性发展，又往往多少要受一些性别的鼓励或牵制。近代女子的解放运动，就女子的通性与个性的发展而言，是显然的有利的，但就女子性别的需要而言，便是有害的。因为女子，特别是受高等教育的女子，在此方面所得的，不是解放而是抹杀。换言之，这种女子的人格，至少有三分之一是有阙陷的，因此，其余三分之二的发展可能的是畸形的。

社群一纲的三节目当然一样的不能有其一而遗其二三。二千余年来，不尚专才的中国社会是稳定有余而进步不足的，甚至于绝少进步可言。重专才、尚技术以及提倡一般个人主义的当代美国社会恰好和历史上的中国相反，就是生活各方面的生动与进展有余而稳定则不足。初到美国的人，耳闻目见，真有一种陆离光怪、五花八门的感觉。但稍事留连，便可以发见各种社会学家所称为“解组”（disorganization）的情形，如劳资间的纠纷、家庭的聚散不常、老弱的无所依托等等。所谓少年法庭是美国独有的一种制度，也是社会解组的一个很特别的表示。总之，历史上的中国社会与今日的美国社会都有几分病理的状态，如果美国人犯的是痉挛，我们犯的便是瘫痪。事实上，要用我们目下所用的尺度来量，古今中外真正健全的社群生活可以说是没有。其比较健全的又可能因为忽略了种族绵延的一个节目，终于昙花一现似的成为历史上的陈迹，徒供后人的凭吊，希腊便是最好的一个例子。大抵社群生活里任何节目的偏废：最后总须追溯到个人生活的某一节目的偏废，通性的不发展，个性的遭汩没，性别的受漠视，三者必居其一。

要个人生活与人格的健全发展，要通性、个性、性别三节目的不偏废，责任端在教育，在一种通达的教育，就是自由教育。要社群生活与群格或国格的健全发展，要秩序、进步、绵延三节目的不偏废，责任端在政治，在一种通达的政治，就是民主政治。自由教育与民主政治的相辅而行、互为因果，是我们一向认识而主张的。但何以必须相辅而行，互为因果的迹象究属安在，本文的讨论便是一个说明的尝试。一个民族不能把握住自己的命运则已，否则前途政教是终须合一的，但此种政教合一决不是欧洲中古的政教合一，即君士坦丁帝而后政治和基督教的合一；也不是以前中国人所了解的政教合一，即汉武帝推尊儒术、罢斥诸子百家以后的政教合一；也不是近代建筑在特种的“政治意识形态”上的政教合一，例如苏俄之有共产主义、德意之有纳粹或泛系主义、中国之有三民主义。未来的政教合一，也是最健全而无流弊的政教合一，是以自由教育为体而民主政治为用的政教合一。

关于自由的真义，关于自由教育，已见上文《论品格教育》、《论宣传不是教育》、《散漫、放纵与“自由”》、《自由、民主与教育》、《类型与自由》、《政治与教育》、《说“文以载道”》等篇。[3]关于民主政治，我们不妨再根据了篇首所提出的尺度申说几句。

总观历史上已经有过的政制、目前正流行着的各国政制，以及前途可能由目前的政制演进而成的新政制，只有民主政治是最富有综合性的，它的综合性就是它的健全之所在。古代各种已经沦亡的政制无论已，沦亡的事实就是不健全的最后的证据。德苏以至于日本一流的极权政治也大可以不论，意大利的政制已成过去，日德也是在急速解体的过程中。极权政治的根本错误，就在完全漠视个人的一纲，而只有社群的一纲；而在社会有机体论的感应之下，社会既自成为一个庞大的假个体，个人的真个体自更在抹杀而万劫不复之列。在这种政制之下，要有一二真个体的存在，那就是希特勒自己和他手下的少数头目了，而这些少数的个体也势必是畸形而极不健全的。至于绝大多数的民众早就不成其为个体或个人，而是一些行尸走肉。他们的灵魂是被希特勒一类的恶道士摄去了的，不是被摄而锁闭在某一个所在，便是被摄在恶道士自己的身上，供他作歹为非的驱使。这样一个政制而能维持，是没有了天理与人理的。退一步说，在个人的一纲里，德国一类的政制是只认识三节目之一的，那就是性别的一目，所以一则厉行所谓三 K 主义，把妇女都赶回家庭里去；再则操切的实施绝育的政策，断绝了所谓稗劣分子的生殖机能；三则颁行奖励生育的种种法令；四则把所谓的劣种的犹太人驱逐屠杀。这样，宜乎在社群的一纲方面，种族绵延是不成问题的了。不过只是种族绵延又何尝足以造成与维持一个健全的社群或政治社会？希特勒上台而后，德国的人口确是增加了，但增加了又怎样？牛羊茁长的结果，还不是一个大规模的屠杀？照目前屠杀的速率，靡有孑遗是一个很可能的归宿，还谈什么种族绵延呢？

英美的政制是和我们的尺度所要求的政制最较近情的。不过它的弊病也是不一而足。就大纲说，它过于偏袒个人，所谓个人主义的是。个人主义的民主政治决不是真正的民主政治，好比社会主义的民主政治的不是一样。英美自己的政论家也看出这一点，所以五六十年来，穆勒约翰（J. S. Mill）有“群己权界”之论，斯宾塞尔有“个人对待国家”之论，罗素有“自由对待组织”之论，而自苏俄革命以后，韦勃夫妇（Sidney and Beatrice Webb）与拉斯基等又屡屡以苏俄作为歌颂与攻错的对象。是的，英美的政制是不健全的。个人与个人主义不是一回事，正好比自由与自由竞争也不是一回事。个人主义与自由竞争的结果，徒然造成了少数的财阀，置百分之九十九的社群于不闻不问，又怎样算得健全呢？再就节目说，在英美，个人人格最接受鼓励的一方面是个性；通性是一致的受忽略的，尤其是在美国。在并世各大国中，性别的漠视也以英美两国为最甚。妇女运动史上两员最大的健将，窝尔斯东克拉夫脱（Mary Wollstonecraft）是英国人，福勒（Margaret Fuller）是美国人。欧洲大陆诸国的妇女运动始终没有走英美的极端。俄国在十月革命以后，虽也有过一度性别的抹杀，但不久又就稳定下来，至今苏俄在这方面的见解和措施，可能比英美的还要“保守”几分。个人人格的节目上既有此种阙陷，则群格或国格方面也就势必不甚健全。美国的社会秩序有问题，是上文已经说到的；其在英国，据拉斯基的近著《当代革命观感集》里所论，是随时可以发生问题的。此次大战所唤起的同仇敌忾的心理，只是延缓了问题发生的日期，而与问题的症结无干。进步的一节目，生活方式的日新月异，是个性发展后必然的结果，英美在这方面的收获必然的最多，也可以不再论。种族的绵延一方面，则又复未可乐观。美国近百年来的人口增殖，大部分靠移民的生育力，早年先入为主的血统大有不能竞存的趋势，三四十年来关心民族健康的人所引为最大的隐忧便是在此。英国也有同样的情形，一般的增加有问题，比较优秀分子的增加更有问题，我们读到人口学者如查尔斯（Enid Charles）等的论著[4]，便可以知其梗概。法国的情形与英美相似，但问题之多而严重，则尤在英美之上，特别是在种族绵延一方面。[5]

最后说到苏俄。苏俄是一个社会主义的国家。社会或社群诚然是重要的，但若重要到成为一种主义以至于一种信仰的程度，便不免产生一种和个人主义相等而异趋的流弊，就是抹杀个人，特别是抹杀个人人格的个性一方面。十月革命以来，几次清党、清军的结果，这方面的牺牲之大、毁灭之多，无论赞成苏俄的政制与否，是谁也不能不表示惋惜的。[6]同情于苏俄政制的人诚然也可以替它解释，认为革命初成，内而反侧的势力，外而列强的仇视，随时可以把革命的成果摧毁，所以不能不消极的力求意志的统一；而收拾帝俄的残局，弥补革命的疮痍，适应几度五年生产计划的要求，更不能不积极的力求力量的集中。要意志划一，力量集中，牺牲是无法避免的。拉斯基在《革命观感集》里也有此类替苏俄文饰的议论。我们一面尽可以接受此种议论，一面却依然不便承认此种政制是健全的，更不能承认它是理想的。拉氏预测，此次战争结束以后，内部的反侧既早经肃清，外缘的仇视将大见减杀，斯太林与其党员必有进一步的归政于民的表示，而苏俄民众一方面也必然的会有此种要求。

我们竭诚的希望这预言可以成为事实，正好比我们希望英美的个人主义的政制也可以有一番改进，前途可以切实的多替十分之九的民众设想，多让十分之九的民众抬头，从而充实其政制的经济基础一样。目前怀抱着此种愿望的人实繁有徒，但他们的目的是消极的，就是希望英、美、苏俄的政制会走上相似的路线，小之可以消弭国内的革命，大之可以避免国际的战争。但我们的是积极的，我们希望一切政制要奠定个人与社群间应有的平衡，要取得人格三方面与群格三方面应有的协调。这种平衡与协调是一切文明人的人性的要求，要求而能得到满足，一切国内的革命与国际的战争是不待消弭而自会消弭的。

能满足这种要求的政制可能不限于一个方式，但就人类的理性截至目前所能想象得到的而论，似乎是只有民主的一个，“民”与“人”是通用的名词，西洋的政论如此，中国前代的政论也是如此。民或人，可能是个体的人，也可能是群体的人。民主政治只是人民自作主宰的政治，是个体与群体兼赅的一种政治。个人主义的民主政治，或社会主义的民主政治，偏重政治平等的民主政治，或偏重经济平等的民主政治，都是一些不可通的名词。政治、经济一有所偏，社会、个人一成主义，民治便失其所以为民治的理由了。偏重之论既不成立，则后先“阶段”之论，也就不攻而自破。

注释：

[1] 即上文《论青年与社会思想》一文。

[2] 详见斯氏所著《个人对国家》一书。

[3] 又别见拙译赫胥黎《自由教育论》。

[4] Enid Charles，*The Twilight of Parenthood*，1934 年。

[5] 说详拙著《优生与抗战》，页二〇三—二一四。

[6] 同上书，页二一五—二二四。

民主政治与先秦思想[*]
(1944)

一、引言

自美国林肯总统以来，大家认为民主政治有三个方面：一是民有，就是政治属于人民；二是民享，就是政治所以为人民造福，人民是福利的享受者；三是民治，就是人民直接可以参加实际政治，而间接可以由意思的表示来左右政治。这三分法倒也方便，在不专攻政治的人看来，也觉得应有尽有。英文所称的"德谟克拉西"，合而言之，是民主；分而言之，是民有、民享、民治。下文的讨论，即用这三分法做依据。

民主政治中的民治，据政治学家对我们说，是由四种要素组合而成的：一是自由，二是平等，三是人民参与政权，四是法治。自由指在法律范围以内，任何人的言动行止不受任何外力的约束或强制。平等指的是社会中没有特权阶级的存在。任何社会不能没有分工，不能没有职业的分化，职业之间也不会没有高下优劣之分；但在一个没有特权阶级的社会里，虽分而界限不严、隔阂不深，任何人得以自由移动、自由改业：才力高、志向大的分子可以向民族文化认为价值高些的职业攀登，否则也可以自由下降，社会中并没有特殊的势力教一个才能薄弱的人始终维持他很高的一个地位。换言之，一个人在社会中的升沉要完全凭他的才志，而不凭其它的关系，如同种族、宗教、门阀、党派等等。这就是我们对于平等一名词应有的了解。我说应有，因为寻常的了解完全并

---

* 原载《自由论坛》第2卷第3期，1944年3月1日；辑入《自由之路》，商务印书馆，1946年版。

不如此，寻常的了解往往撇开了才志说话，认为人是一种天生平等的动物，从而反对人事上所有的一切高下不齐的现象，那是错了的。其实真正的平等就是公道，为避免平等一名词的误解，我并且认为我们应当把它放弃，而迳用“公道”两字。一个才高志大的人，奋斗了半生，攀登到了很高的地位，我们就不免嫉妒他、愤恨他，一定要把他往下拉；反过来，一个才志平庸的人，没有自知之明，却一心想往上攀登，别人也替他说话，认为他的处境卑微，是完全由于环境的限制、由于旁人的压迫——这在表面上是为了争取平等，实际上岂不成为天下最不公道的一件事？[1]

关于人民参与政权和法治两个要素，我们无须多作解释，因为名词的涵义比较清楚，不像平等一名词的容易引起误解。不过有一两点应当注意。关于参与政治的一层，我们必须了解所谓参与，可以有多种不同的方法、多种直接与间接的程度。在广土众民的国家，每一个国民直接参与政治，事实上不可能，而势非间接不可，因此，最近情的方式自然是英美等国所实行的代议制度。不过，间接的方式并不限于代议制度一种，只要就一般民众而论，下情可以上达，可以得到充分的反应，而就民众中一部分有聪明才智的人而言，可以有方法直接加入政府，把聪明才智发挥出来，也就差强人意了。关于法治的一层，最主要的是要官吏能守法。要民众守法易，要官吏守法难；官吏地位高、权柄大，容易舞文弄法，而舞弄的结果，民众往往轻易看不出来。宪法的最大意义就在此，宪法之所以为国家根本大法也就在此，宪法原所以限制君主的专权、防止官吏的弄权，否则就不会产生，这在英法两国法治的发展史里是最彰明较著的一点。若单单就民众而论，一些民法与刑法的条文岂不是已经足够了么？不过关于君权与吏权的监督牵制，宪法的产生与存在，无论成文不成文，也无论成文的内容细密到何种程度，固然是最较有效、最较有系统，引用时也最较现成，不过我们也应当知道，宪法也不过是方法的一种，不是唯一的方法。

我们的讨论，特别是就社会生活经验的一部分背景而言，不妨即以这民治的四个要素做依据。要素而存在，无论其采取何种方式存在，我们便算有了民治，至少曾经有过民治；要素而不存在，我们便没有民治。关于这一部分背景，我准备用另一篇文字来讨论。

在引论里我们最后还必须提出一点。我们讨论到中国民主政治的社会背景，我们所注意的当然是民主的精神，而不是民主的形式。所谓精神，可以分别在民主的三个方面表现，也可以分别在民治的四个要素上表现，且待前途逐一交代明白。不过有两个可以供测验之用的标准应当在此先行提出。这两个标准我叫它们为民主政治的试金石：一是就民众而论，是不是在社会里，特别是在所谓社会的阶梯之上，可以升降自如，不受任何身体以外的限制？用社会学的术语说，中国社会里社会级层间的“社会流动”是不是相当的方便？[2]其实这也不外上文公道之说。二是就民众与执行政权的人的关系而论，在君主或官吏不守法纪而实行暴民政治的时候，民众方面最后有没有理论与方法可以加以牵制阻止？再扩大的说，我们对于政权有没有一股对立并峙的力量，为善时可加以辅导，为恶时可加以防杜纠正，根本不足与为善时，甚至于可以加以推翻？如果我们对于这几个问题都能作肯定的答复，那我们便具备了民主政治的精神。

我们谈精神，倒也不是完全不谈形式；没有形式，精神便无从寄托、无从附丽。没有形式的精神是不能想象的。不过我们所要提到的形式当然不是狭义的形式，不是近代英美人士所了解与习用的形式。我们将来可能的会进一步的采用英美的形式，如同宪法，如同议会，如同多党政治，如同责任内阁，那是另一回事，那也随我们的便，不过若说近代英美人士所了解的民主政治形式而外，天壤间便不曾有过别的形式，前途也不会有别的形式，那是不通的。最近在陪都，有一位美国记者声言我们至今还没有具备民主政治的形式。若所指是英美等国的形式，他是对的；若所指是任何形式，又若说话背后又隐含着“皮之不存，毛将焉附”的意思，那就历史而论，就社会背景而论，他是大错特错，他根本不认识中国，他不配派遣到中国来当记者。

二、先秦的民本论

中国思想里没有民有、民享、民治的说法，但未尝没有这种看法、这种想法，并且这种看法、想法在先秦时代便早已大致确定。说法可以两样，而精神却不失为大同小异。民有论在我们是民本论或民为贵论。民享论在我们是民父母论或视民如子论。民治论在我们是贤人政治论。这些名词并不相当，不过至少在民本、民为贵、民父母、贤人政治诸种议论里，我们可以很充分的找到民有、民享、民治诸种议论的成分。

我们先说民本论或民为贵论。民本之说最早见于《夏书·五子之歌》，歌凡五节，第一节述大禹之戒说，“皇祖有训，民可近，不可下；民惟邦本，本固邦宁；予视天下愚夫愚妇，一能胜予……”自此以后，以民为本的说法不一而足。在字面上说得最明白，记忆所及，至少有两处，都在《春秋穀梁传》，一是桓公十四年，一是僖公二十六年，两处都说，“民者，君之本也”。穀梁氏两次提到这个民本的原则，都因为当时的诸侯往往滥用民力、驱之于死地，君民之间本末倒置的缘故。从这一类的文字里，我们可以看出民之所以为本，一面是对国家而言，一面也是对掌治权的君主而言：国家与君主处的都是一个比较末的地位。

民为贵之论则初见于孟子。孟子在《尽心章下》里说：“民为贵，社稷次之，君为轻。是故得乎丘民而为天子，得乎天子为诸侯，得乎诸侯为大夫。诸侯危社稷则变置。牺牲既成，粢盛既洁，祭祀以时，然而旱干水溢，则变置社稷。”自来民为贵的说法也自不一而足，和民为本的说法一样，但字面上最直截了当的，在先秦的文献里，似乎只有此一节。但这一节的意义真是再深长没有了。先秦时代对于国家的构成，一致认为有三个因素：一是人民，二是社稷，三是君主或其它治权的掌握者。人民与君主两因素均是属于人的。社稷则表面上虽有宗教或神道的意味，实际上却代表一个地理与经济的因素。社是地神，稷是农神，和经济生产最有关系。这三个因素虽一个都少不得，其间却有先后轻重之分；究竟孰先孰后、孰重孰轻，在先秦长期的民族文化孕育史里经过了不少的演变，到孟子所代表的战国时代，至少在理论上已经有了一个定局，就是，人民第一，社稷第二，君主第三。（当然我只说理论上有定局，事实的定局到现在还没有。）孟子在上面引文里一再提到“变置”两个字，一是诸侯可以变置，二是社稷可以变置。说诸侯危社稷则变置，是孟子客气的说法，其实等于说天子也可以变置，一切危及社稷的掌握政权的人都可以变置。孟子对于汤武革命，最表赞同，对于桀纣一类的暴君，认为是独夫，不是君主，虽加诛杀而不成弑的罪名，都是一类的见解。最有趣的是社稷也可以变置，就是神道也可以撤换；神道既可以撤换，掌政权的毕竟同是圆颅方趾的人，自更可以撤换了。唯有人民是不能变置的、不能撤换的，至少孟子始终没有提到“变置”的字样，事实上也确乎是无从变置，没有更大的力量可以把几百万、几千万人变置：民之所以为贵在此。

上文说到先秦时代中民族文化的孕育史里，构成国家的三大因素在地位上有过一些争长的演变。这是值得再加说明的，说明的结果似乎更可以坐实民本与民为贵的理论。上文说社稷那一个因素有宗教的意味，推广言之，就是一般的神道，再推广言之，就是天。所谓三因素者，在国家形成的初期里，也就是天、君、民的三角关系。在这三个关系里究属谁坐第一把交椅呢？所谓演变的痕迹就要在这里寻找。这种演变可能的有过四五个时期。

在第一个时期里，天或神第一，君第二，民第三。君是天的代表。天子的称呼，以及一般的神权政治，都可以追溯到这个时期。在这个时期里，三者的地位的先后轻重，在实际上与理论上是一样的，过此以后，事实历久未变，理论却渐渐的发生变动。

第二个时期，是君民易位的时期。天还是高高在上，不过民攀登了第二位，而君则退居第三位，例如《春秋左传》上一再说到“天生民而立之君”（襄公十四年）、“天生民而树之君”（文公十三年）：天当然是最先存在的，生民是天的第一步动作，立君是第二步动作，是则民的存在必然的先于君。讲出世的先后，讲资格的大小，这才是真正的事实上的次序，不过，到此，理论才自觉到一个程度，敢明白的加以承认。到此，天的代表的地位也就从君的手里转移到了民的手里。君临万民，多少要看天意，但天意直接无法知道，只有间接的得之于民。所以《虞书·皋陶谟》说：“天聪明，自我民聪明；天明畏，自我民明威。”《周书·泰誓》中也说：“天视自我民视，天听自我民听。”从此，民不就成为天的耳目、天的代言人了么？

天民并重与并称是属于第三个时期的演变。说天的视听就是民的视听已经有相提并论与双方并重的意思。不过到此第三时期，民的地位又抬高了一步，摆脱了代表的身份而独立，不但独立，并且和天或神并驾齐驱。古代文献中最早的并称的例子是《虞书·舜典》上的“神人以和”一语。人与民在古代是往往通用的。不过《舜典》所代表的时代太早，这“人”字可能指一般的人，包括君在内，而不专指民众。到了《左传》所代表的时代，神人并称等于神民并称，就丝毫没有问题了。成公元年，叔服论刘康公伐戎于既平之后，说，背盟而欺大国，不祥不义，“神人弗助”。昭公二十年，因为齐景公久病，将诛及祝史，引起了一段很长的讨论，说到善政可以使“神人无怨”，而恶政可以使“神怒民痛”。人与民通用，在这里是最清楚的。后世说天怒人怨，大概就本源于此。不过昭公元年，周刘定公评论晋赵孟的一段话最足以表示此种齐驱并驾的精神。他说：“谚所谓老将至而耄及之者，其赵孟之谓乎？

为晋正卿，以主诸侯，而侪于隶人，朝不谋夕，弃神人矣！神怒民叛，何以能久？赵孟不复年矣。神怒不歆其祀，民叛不即其事，祀事不从，又何以年？"

到民权高出神权，我们就进入了第四期。《左传》桓公六年季梁谏随侯不追楚师，说了一大篇大道理："臣闻小之能敌大也，小道大淫；所谓道，忠于民而信于神也。……夫民，神之主也，是以圣王先成民，而后致力于神……"僖公十九年，子鱼论宋公用人于社，说："古者六畜不相为用，小事不用大牲，而况敢用人乎？祭祀，以为人也；民，神之主也；用人，其谁飨之？"民是神之主，岂不是民的地位，比神还要高出一等了么？庄公三十二年，史嚚论虢国将亡说："吾闻之，国将兴，听于民；将亡，听于神。神聪明正直而壹者也，依人而行……"所谓依人而行，也不外民为神主之意。说民为神主，说神依人而行，多少又像神成为民的代表，与第二期的情形恰好相反。不过民既然是可以捉摸的主体，而神之所以为代表，却不容易捉摸，则为君主的应当直接的听于民，而不应当间接的听于神，听于民是兴国的先声，听于神是亡国的朕兆。

第五期便是孟子的一番话所代表的时期了。到此，人民至上的地位便完全确定，并且和神权不再有什么关系。神权的范围也缩小了，缩小为土地与农业之神，并且这种神权还可以随时撤换。可以随时撤换的神道，事实上也就不成其为神道，而成为一种设教的工具。由此再推演一步，以入于第六期，构成国家的三大因素，就很容易的成为人民、土地、政事了。

总结这几期的演变，我们可以看出来，神的地位除外以后，民的地位，舍第一期外，始终比君的高，到了最后，且超越神的而上之。试通盘检看先秦时代的文献，我们真找不到一句君权绝对或掌握政权者应完全独裁的理论。我说理论，因为我们明知实际往往是另一回事，即君权第一，古代如此，后世也未尝不如此，中国如此，西洋也往往如此。不过理论的存在对事实总有几分限制的力量，有时候并且很有力量。限制到相当程度以后，君权第一的事实往往会只剩得一个名义，即就先秦时代而言，天王、天子可以叫得天花乱坠，但天王、天子究有得多少权柄呢？至于民的地位终于超过了神的地位，那显然是人文思想发达以后的必然的结果。中国民族文化的从神权解放出来，可以说比任何民族文化为早；解放的结果倒不是无神论，而是神由人造论。《易经·观》卦就说到“圣人以神道设教”。神既出人造，好比其它的文化事物一样，则成毁之权，操诸在我，也就不足为病了。上文说，古代“人”与“民”二字往往通用，大抵用“人”字时，对象是神，用“民”字时，对象是君；对于神道的选举罢免，大权既操诸在人，对于君主的选举罢免，其权自操诸在民了。总之，“人”与“民”两字的用法是互通而可以互相发明的。

至于民本论或民为贵论何以在精神上等于民有论，到此我以为便无庸再加解释。说到民为本，民为贵，民就是国家所由构成的最大因素，民就是国家的真正的主人，国家的所有权属诸民，君主的任免权也属诸民，可以不消说了。

三、先秦的民父母论

其次说到民享论，我们的代用品是民父母论或视民如子论。这一段理论，我们在民族文化孕育的过程里很早就达到，并且从《尚书》所代表的时代到战国，一贯的确定了下来。我们就记忆所及，也征引一些文献，以示此种一贯的情状。

《周书·泰誓》上篇说：“惟天地万物父母，惟人万物之灵，亶聪明，作元后，元后作民父母。”《诗·小雅·南山有台》歌颂政治得人说：“乐只君子，民之父母。”又，《大雅·泂酌》，召康公戒成王以亲有德、飨有道，说：“岂弟君子，民之父母。”《礼·祭统》论祭必躬亲，说：“祭而不敬，何以为民父母矣?”《孔子闲居》，子夏因《诗》有民之父母之说，问：“何如斯可谓民之父母矣?”孔子说：“夫民之父母乎，必达于礼乐之原，以致五至而行三无，以横于天下，四方有败，必先知之，此之谓民之父母矣。”在《表记》里，孔子对于《泂酌》的诗句又有一段解释的话，说：“凯以强教之，弟以说安之。乐而毋荒，有礼而亲，威庄而安，孝慈而敬，使民有父之尊，有母之亲，如此而后可以为民父母矣。”《大学》原是《礼记》的一篇，对《南山有台》的诗句也有一个简单的解释，就是：“民之所好好之，民之所恶恶之……好人之所恶，恶人之所好，是谓拂人之性，灾必逮夫身。”《左传》襄公十四年师旷对晋侯说：“良君……养民如子，盖之如天，容之如地；民奉其君，爱之如父母……”师旷这一段话原是为卫人出其君而说的，不过所指的是良君，而不是昏君，如果是昏君，不配作民之父母，像卫君一般，则也不妨加以驱逐，所以接着又说："天生民而立之君，使司牧之，勿使失性……天之爱民甚矣，岂其使一人肆于民上，以从其淫，而弃天地之性？必不然矣！"由此也可知变置诸侯的革命学说在孟子以前就早有人谈到，而不是孟子所首创。襄公二十五年说："子产始知然明，问为政焉；对曰，视民如子，见不仁者诛之，如鹰鹯之逐鸟雀也。"昭公三十年楚子西谏楚子不害吴说："吴光新得国而亲其民，视民如子，辛苦同之，将用之也……"回到昭公三年，齐晏子与晋叔向论陈氏得齐民心，终将取姜氏而代之，说，齐民痛疾，陈氏"或燠休之，〔齐人〕爱之如父母，而归之如流水；〔陈氏〕欲无获民，将焉辟之？"《孝经·广至德章》也曾经引到《泂酌》的诗句，并且说："非至德，其孰能顺民如此其大者乎？"不过说得最激烈的是孟子对魏惠王关于杀人以政无异于杀人以刃的一段话："庖有肥肉，厩有肥马，民有饥色，野有饿殍，此率兽而食人也。兽相食，且人恶之；为民父母行政，不免于率兽而食人，恶在其为民父母也？"孟子在《滕文公上》又有一段话，虽不明言民父母，而是民父母论的最好的注脚："劳之来之，匡之直之，辅之翼之，使自得之，又从而振德之——圣人之忧民如此……"孟子善于托古设教，这些话是假托为帝尧说的，只有最后一句是孟子自己的按语。

上文关于民父母论的一些引文并不代表先秦文献中这一方面的议论的全部。但在数量上已不能说少，计：《书》一节，《诗》两节，《礼》四节，《左传》四节，《孝经》一节，《孟子》两节，前后共十四节。其它一般忧民、爱民、利民的议论，自更触处皆是，在稍识旧时文献的人都是耳熟的，可以不烦赘引。

民父母论的要义在一切为人民设想，好比做父母的一切为子女设想一样。其出发点当然是慈爱的一念。蓄于内的既为慈爱之心，形于外自不得不为保护、养育与教导的诸般努力，所谓"爱之能弗劳乎？忠焉能弗诲乎"的便是。保、养、教的种种措施又须顾到两个原则：一面要顺适人民的心性，不宜拂逆，《大学》、《孝经》与《左传》中师旷的话里都说到这一层；一面却也要竭力劝诱，使人民得以上同于民族文化的种种理想与标准。这在《孔子闲居》、《表记》和孟子托古设教的话里都可以看到。不过孟子托古设教的几句话终究是最完全："忧民"二字是一个总结，也是一个总冒。劳来是养，匡直是教，辅翼是保。而劳来、辅翼的行为所着重的多少是第一个顺适的原则，匡直的行为所注意的多少是第二个劝诱的原则。又如一味顺适，则不免流于放任，而劝诱太过，又不免失诸强制，所以最后又有“使自得之”的一个更大的原则。惟有自得的保、养、教才是最真实的、最受用不尽的，也惟有这种保、养、教才可以教人民自立自尊，而不成为依赖寄生的物体。民父母论至此便达到了最高的境界，就是，在掌握政权的人一面虽须仁爱为怀、始终如一，一面又须竭忠尽智，使每一个人民成为独立自尊的一分子，从而推进社会国家的长治久安。

民父母论包括民享论，可以说比民本论包括民有论还见得清楚，自更无庸再事解释。也可以说，就效果论，民父母论事实上等于民享论。不过民父母论还有一层好处为笼统的民享论所没有。民父母论使掌握政权的人与人民中间多发生一重情绪上的联系，例如以前人民称地方官为父母官，士绅和父母官商量公事的时候，总用“老父台”的称谓，如此称呼惯了，即在够不上“循良”两个字的地方官也多少总得修一点边幅。近代官吏不再以民父母自居，而以公仆自居，我一向认为是自乔木退入幽谷一种举动。试思天下的父母有得几个真正不慈的，而天下的义仆又寻得出多少。仆人地位低、知识浅、生计绌，往往在主人面上刮皮，甚或造成一种奴欺主的局面；君子恶居下流，而近代的官吏不思上同于父母，不欲“有父之尊，有母之亲”，而偏欲下同于婢仆。时至今日，特别是在抗战的急迫的情势之下，暴政始终不易铲除，贪污犹然横行无忌，我看这也未始不是原因之一了。子路问政，孔子的答复是：必先正名，不正名的最后的结果可使民无所措手足！这岂不是再好没有的一个例子。西方也有过民父母论的说法，所谓 paternalism 的便是，但似乎没有演成为一派政治的学说，甚或有人把它看作止乎“保姆主义”或“姑息政策”一类的东西而加以讽刺，所以在理论上始终没有什么地位。但基督教会却很早就看出这种说法的好处，把它搜罗了去，而取得了不少的联系与团结的效果。

这种情绪关系的重要，又可以从另一方面来看。一国的人口是由许多高下不齐的流品组合而成的。无论在什么政治体制之下，直接的政权与社会生活里一般领导之权总是在一部分流品较高的分子手里，这是势所不免的，也是理所当然的。所以孟子一面主张一般的民权，一面也讲求大人小人、君子野人、劳心劳力、中不中与才不才等的分别，而主张中者须培养不中者、才者须扶植不才者，就是，上层流品对于下层流品要负师保的义务。不过人是一种动物，动物的自然趋势不免于大欺小、强陵弱。如果任其自由竞争，势必至于不成社会，荀子所称群居和一之道，势必无法维持；所以一面讲一般的礼、一般的分，一面对上层流品不能不积极讲求“容众”、“逮贱”、“矜不能”，以至于“养不中”、“养不才”的道理。不过要实现这种道理，只靠礼教是不行的，单凭法律也是不行的；师保的关系是够好的了，但有时候做师保的人还不免失诸妄自尊大、过于严厉，所以最后仍须借重动物界的另一股力量，就是以感情为中心的亲子关系，因为只有这种关系才最能把各种高下不同的流品维系起来。在这里，又是孟子的话说得最中肯，“中也养不中，才也养不才，故人乐有贤父兄也；如中也弃不中，才也弃不才，则贤不肖之相去，其间不能以寸”（《离娄下》）。家庭中的贤父兄如此，政治上的贤父兄也应当如此，一个“养”字，一个“弃”字，真是下得再贴切没有，其中都含有所谓“不忍人之政”的不忍的意思，不忍弃，不忍不养，试问还忍欺凌鱼肉么？所以我一向认为真正的民主政治应该是民父母论的民主政治（paternalistic democracy），西洋英美式的民主政治固然有许多地方值得我们效法，但我总嫌它太寡情，惟其寡情，所以才有锱铢必较的权利观念，才有“割脖子”一般的自由竞争，才有乱丝一般的劳资纠纷，一部历史才成为“阶级斗争”的历史。基督教的婆心苦口、舌敝唇焦垂二千年，也似乎不能多所裨益。

为结束民本与民父母的两段讨论，我不妨举一个春秋时代的故事。《商书》盘庚迁殷，据说是“视民利用迁”，不过当时民众的怨言很多，经盘庚三令五申，才安定下去。这可能的是盘庚实行民父母的原则，只问对民众有利与否，而没有问民众愿意与否，其间强制的成分比较多了一些。不过春秋时代的这个故事，可以说是完全以民利为依归的。《左传》文公十三年说：“邾文公卜迁于绎。史曰，利于民而不利于君。邾子曰，苟利于民，孤之利也；天生民而树之君，以利之也，民既利矣，孤必与焉。左右曰，命可长也，君何弗为？邾子曰，命在养民。死之短长，时也。民苟利矣，迁也，吉莫如之。遂迁于绎。五月，邾文公卒。君子曰，知命。”我认为这是实践“以民为本”、“视民如子”两种理论的最好的故事。只要于民有利，国君连自己的生命寿算都可以置于度外，真可以说是尽了实践的能事了。中国人说命，最高的境界是义命合一，这也是实践义命合一的人生哲学的最早的故事。

四、先秦的贤人政治论

中国的民治是寄寓在贤人政治里的。所以中国的民治思想事实上等于贤人政治的思想。贤人从民间出，其所代表的不能不说是民意的一部分，这一部分民意不必是人民一般的共同的意志，而往往是人民中间最明白事理的一部分的意志。代表了这样一部分的民意来执行政权，我以为无论根据什么界说，不能不承认它是民治。何况所谓一般的共同意志究属有不有，有了又如何发见、如何代表，即在西洋，自卢梭以来，又是政治理论家不断的争论而至今没有结果的一些问题呢。

贤人政治在理论上包括两个很大的原则：第一个就是民意，第二个是才品。上文民父母论的讨论引《大学》的话说，“民之所好好之，民之所恶恶之”，所好、所恶指的是一般的政治措施，既为一般的政治措施，则用人的措施当然在内。《论语·卫灵公》上说，“众恶之，必察焉；众好之，必察焉”，这好恶的对象大概是人，而不是一般的政事了。孟子在这一点上又说得比别人都清楚。孟子与魏惠王论进贤去佞，说：“左右皆曰贤，未可也；诸大夫皆曰贤，未可也；国人皆曰贤，然后察之，见贤焉，然后用之。左右皆曰不可，勿听；诸大夫皆曰不可，勿听；国人皆曰不可，然后察之，见不可焉，然后去之。左右皆曰可杀，勿听；诸大夫皆曰可杀，勿听；国人皆曰可杀，然后察之，见可杀焉，然后杀之，故曰，国人杀之也。如此，然后可以为民父母。”照孟子的说法，贤人政治竟成为民父母政治的一部分，不过我们还是分开了说。

不过，国人皆曰贤，是不是真贤呢？然后察之，是不是真可以把贤的情状察出来呢？这其间一百分的保证是没有的，就在今日又何尝有呢？于是乎就不能不有第二个原则，就是平时要有才品不齐的认识。长时期的农业生活很早就教我们的祖先注意到族类的辨别。从物类的辨别进到人的流品的辨别大概也是很早的。所以《易·同人》的象辞就说，“君子以类族辨物”。从分类的认识又进而为差等的认识，所以《易·系辞》开头就有“方以类聚，物以群分”和“卑高以陈，贵贱位矣”一类的话。到社会生活日趋繁变，文化生活日趋发达，于是从差等的自然事实之中更演出了伦理的文化观念。“伦”字原有二义，早出的一义就指类别、差等和流品的现象，后出的一义才指类别与流品之间的关系。先秦文献中这一方面的议论多至不胜征引，尤其是在后人所称为儒家的一部分。《孟子》（《滕文公上》）、《荀子》（《非十二子》）反对墨子，都为的是墨子慢忽了差等的基本事实。孟子批评许行一班人的主张，最主要的也是这一点，所以说到把不同的“比而同之，是乱天下”，又说到“从许子之道，相率而为伪者也，恶能治国家”。中国社会思想里可以说从来不曾有过西洋美法两国革命时代所了解的平等的理论。平等的名词似乎还是从翻译佛典来的。其在儒家的思想里，尤其是只认识差等，不知平等为何物。[3]

再进一步而为知人的理论。《舜典》上说"禹拜昌言"，其所拜的一部分就是皋陶所说的"在知人……知人则哲"。孔子在《论语》里再三论到知人，并且认为知人是一切知识中的最高境界。樊迟问知，孔子的答复是知人（《颜渊》）。又说，"知者不失人"（《卫灵公》）。孔子还论到过知人的方法（《论语·为政》与《卫灵公》）。后来孟子（《离娄上》）、李克（对魏文侯，《史记·魏世家》）也有过一些方法论。先秦文献里所叙知人的实例也不一而足，如宋宣公之于宋穆公（《左传》隐公三年）、晋僖负羁之妻之于公子重耳的从者（僖公二十三年）、孔子之于子路（哀公十五年）、孟子之于盆成括（《尽心下》）。后世的史传上的实例更是所在而有，如汉高祖论三杰各有专长，为自己所不及（《史记·高帝本纪》）。

不过知人还不够。知人只是心理生活的理智一方面的事，和意志、情绪两方面不一定发生关系，所以再进一步便为尊贤的理论。知贤而能尊，必须理智的努力而外，加上意志与情绪的努力。一个人和别人争胜、争平等，是容易的，妒忌别人、瞧不起别人，也是容易的，但"人之有技，若己有之，人之彦圣，其心好之"（《周书·秦誓》），却非有比较坚强的意志与丰富的情感不办。所以知人只是智，而尊贤便成为义。《中庸》上说，"义者宜也，尊贤为大"。尊贤是义的最高境界，好比知人为智的最高境界一样。尊贤的议论，在先秦文献中也是最充斥的一种，我们只能略举几例，以备一格。《易·大畜》、《颐》、《鼎》三卦都提到尊养贤人。《周礼·天官·太宰》以八统诏王，《地官》师氏以三行教国子，《中庸》论治天下国家有九经，都以尊敬贤人作为节目之一。孟子这方面的议论也独多，并且把贤人的地位变本加厉的抬高到国君之上。他说，"故将大有为之君，必有所不召之臣，欲有谋焉则就之，其尊德乐道，不如是，不足以有为也"（《公孙丑下》）。又引当时的谚语说，"盛德之士，君不得而臣，父不得而子"（《万章上》）。又极言王公养贤尊贤之道，"天子不召师"为尊贤的表示之一。诸侯应事贤而不得以贤为友，见贤人必由其道，否则无异欲其入而闭之门，等等（均见《万章下》）。不过最绝对的一段话是在《尽心章》里："古之贤王，好善而忘势；古之贤士，何独不然？乐其道而忘人之势，故王公不致敬尽礼，则不得亟见之，见且犹不得亟，而况得而臣之乎？”孟子如果懂得编口号的话，我想他的政治运动的口号一定是“民权至上，贤人至上”八个大字。孟子既主张民为贵，贤者既为民间出类拔萃的产物，则其为贵不可言，自是理有固然了。这一层的意义在中国全部民治的理论中，最关重要，前途当再有申说的机会。

尊贤的效用是教育的以至于一般文化的，不过要贤人在比较狭义的政治上发生效能，势须加以选举任用，只是敬礼有加是不够切实的。这方面的议论，在文献里又是多不胜言。《易·师》卦说，“开国承家，小人勿用”。《周礼·天官》，太宰诏王以八统；《地官》，大司徒施十有二教；《礼记·大传》，圣人南面而听天下，有五所先，其中都包括任贤、使能、保庸等两个或三个节目。《书经》是一部实际政治的文献，尊贤的理论虽没有只字，而申诫国君用贤的话则五十八篇中至少有十次，而以《周书·周官》一篇中所说的最为详尽：“明王立政，不惟其官，惟其人……官不必备，惟其人……推贤让能，庶官乃和……举能其官，惟尔之能，称匪其人，惟尔不任。”《春秋》三传亦复如此，尊贤之论虽几乎没有，举贤之论则很多，尤其是集中在《左传》襄公、昭公的几年里。《穀梁传》昭公四年更有一句原则的话说：“春秋之义，用贵治贱，用贤治不肖，不以乱治乱也。”举贤受褒、失贤受贬的实例也不一而足。春秋以前的例子容或出乎托古设教，未必完全真实，即就春秋一代而论，则受褒的例子有秦国的子桑（《左传》文公三年）、宋公子鲍（文公十六年）、晋国的祁奚（襄公三年）、郑国的罕虎（昭公五年）、晋国的魏献子（昭公二十八年）。又如晋国能使用贤人而楚不敢伐（襄公九年），“君子谓楚于是乎能官人”（详襄公十五年），吴季札称“卫多君子，未有患”（襄公二十九年），鲁季武子说“晋未可媮……其朝多君子……勉事之而后可”（襄公三十年）。受贬的例子则有鲁国的臧文仲（《论语·卫灵公》）、秦穆公（《左传》文公六年）、鲁国的叔孙穆子（襄公二十九年）、郑国的子驷（襄公三十年）、莒国的展舆（昭公元年）、郑国的驷歂（定公九年）。贤人的进退关系綦大，所以不但历史上有褒贬的文词，风雅上亦多抑扬的笔墨。毛氏的《诗序》如果解释得对，则涉及贤人与政教关系的作品，《国风》中多至三十一篇，其中《曹风》四篇更是悉数有关，《小雅》中五篇，《大雅》中四篇，一起至少有四十篇。

执掌政权的人而能知人善任，甚或举贤自代，则在民族文化的眼光里，其人的道德又进入一个境界，就是由知人的智、尊贤的义，更进而为举善的仁。在中国道德的品级里，仁的地位最高，而庆流后世的仁比泽被当代的仁更要高出一格。《左传》文公三年盛称秦子桑说："秦子桑之忠也，其知人也，能举善也……诒厥孙谋，以燕翼子，子桑有焉。"这"忠"字便有仁的意思，特别是从所引《大雅》的两句诗里可以看出来。秦穆公以三良为殉，《秦风·黄鸟》之诗刺之。《左传》文公六年贬之，所刺、所贬都是一个不仁。文公六年说、"君子曰，秦穆之不为盟主也，宜哉！死而弃民。先王违世，犹诒之法，而况夺之善人乎？……今纵无法以遗后嗣，而又收其良以死，难以在上矣。君子是以知秦之不复东征也。"坑死三良，对于三良也是不仁，不过其所以为不仁者小，然贤者既死，使后死的秦民不能蒙受他们的深仁厚泽，却是不仁之尤。《论语·颜渊》，子夏答樊迟之问，解释孔子所说的"知仁"二字和"举直错诸枉，能使枉者直"两语，说："富哉言乎！舜有天下，选于众，举皋陶，不仁者远矣；汤有天下，选于众，举伊尹，不仁者远矣。"这就明说到"仁"字了。孔子那两句话的意义确乎是丰富，其中也有贤者以类相聚的意思，其中也有贤者以身作则的意思，其结果无非是经由政治的途径来提高教化的力量，教化的流泽比什么都大，所以就是仁了。不过说得最清楚肯定的依然是孟子："分人以财谓之惠，教人以善谓之忠，为天下得人者谓之仁。是故以天下与人易，为天下得人难！"（《滕文公上》）

讨论贤人政治到此，我们该有一个收束了，上文说到贤人的贤的情状与程度不容易断定，古代如此，在人文科学发达的今日也还如此。但为求政治的良好起见，这种判断无论如何不能没有，差强人意的判断总比完全没有判断要好些。然则这判断又何来呢？当时唯一的路径是人的经验（也是后世唯一的路径，即在将来，路径可能的不止一条，但最大的还不免是它）。这经验在表面上又可以分为两路：一就是民意，是当时此地的；二就是流品的认识与其差别待遇，其中包括知人、尊贤、举善等节目，那是一种累积的经验，不限于当时此地的。民意当然也有它的根据，一时主观的好恶爱憎而外，此种根据大半也就是一些对于流品的认识、一些道德的判断以及此种判断对于才品的适用罢了。如此，则所谓两种经验，事实上只是一种。不过当时此地的民意也许错误，其中主观爱憎的成分可能太大，所以执行政权的人于初步接受之后，还须加以察看、加以坐实，然后再作最后的进退。这就是孔子"众好必察，众恶必察”的话，也就是孟子于“国人皆曰……”之后，“然后察之”的话了。执行政权的人不比一般的民众，他对于民族文化的传统，包括流品的辨别与待遇在内，总认识得多一些、服膺得深一些，因此，察看的结果多少可以纠正民众的看法，教它更趋于客观。执行政权的人，当然也有他们的主观的爱憎，国君有，左右也有。这种心理的牵制纠正就靠民众的要求与监督了。如此，人才的登进，一面靠掌握政权的人的意志，一面也靠民众的意向。掌握政权的人如果太主观，则可借民众的意向加以修正；民众的意向如果太主观，则可借传统的经验加以限制。总期客观的程度可以增加，而政治收“得人”的实效。这就是贤人的政治。

从民间出来的贤人所造成的贤人的政治，我以为就是民治，我并且以为才是真正的民治。笼统的民治是没有意义的。任何国家的民众在才品上是不齐的，其中一小部分上智，一小部分下愚，和大部分的中材分子，或更简单的可以分成两半，一半是中材以上，一半是中材以下的。掌握政权的人应该从上智的一部分中间出来，或至少从中材以上的一半人中间出来，任意抽调，固然不合，平均公摊，亦未为允当。所以所谓民治，应当就是好民政治，那就是贤人政治。好民是民，也是一般民众的代表。不过“代表”二字有两个意义，一有出类拔萃而足以为一群表率的意思（best of the group），一有通扯平均、兼具众体之微的意思（typical of the group）。我以为我们要的是前者，而决不是后者。我们推举代表，参加任何比赛时，我们注意的是前者；我们推举代表，参加政治时，我们所注意的似乎更应当是前者。既为前者，则所谓民治岂不是事实上就等于好民政治？

上文根据民父母的理论，我认为我们以前多少有过而前途应有的民主政治不是笼统的民主政治，而是民父母论的民主政治（paternalistic democracy）。如今根据贤人政治的理论，我更认为我们以前多少有过而将来应有的民主政治不是笼统的民主政治，而是好民政治或贤人政治的民主政治（aristocratic 或 aristarchic democracy），英文 aristocracy 一字，我们一向译作贵族政治，其实是错了的，就字源说，此字前半所指的就是贤人，后半所指的是政治，而贤人未必世袭，未必成为贵族。中国在春秋战国时代，贵族即由解体而消灭，后来所有掌握政权的人大率即从民间兴起，君主既不假托神权，宰臣也不凭借门阀，隋唐而后，更自显然。这是属于经验背景的话了，目前姑不多说。《论语·子路》篇引子贡与孔子一段问答说："乡人皆好之，何如？子曰，未可也。乡人皆恶之，何如？子曰，未可也。不如乡人之善者好之，其不善者恶之。"讲结交朋友如此，讲贤人政治也是如此，将来如果实行选举官吏，所能凭借的最单纯的原则，也不过如此。

注释：

[1] 说详《人文生物学论丛》第二辑，《人文史观》中《平等驳议》一文。

[2] 关于社会流动一名词的意义，参看李树青著《蜕变中的中国社会》中《社会之梯》与《社会之筛》二文。

[3] 说详《人文生物学论丛》第七辑，《优生与抗战》中《明伦新说》一文。

民主政治与民族健康*
(1944)

民主政治所由建立的基础不止一二方面，其中比较最重要的一方面无疑的是民族健康的程度。民主政治所希望成就的也不止一端，其中比较最远大的一端也无疑的是此种健康程度的提高与推进。民主政治和民族健康有互为因果的关系，原是一个常识的判断。常识的判断在表面上原不待烦言，在实际上却往往未必发人深省，更未必由一般人的深省而见诸深切著明的行事。因此，越是常识，越是老生常谈；越是口头禅语，便越有提付讨论的必要。此稿大概就下列三点分别加以说明：一是民族健康一词应有的意义，二是民族健康与民主政治的一般关系，三是两者之间的一些特殊关系。

民族健康不是公共卫生的替代名词，也不是民族分子实行个人卫生所得的结果的总和，这我在别处已经再三的加以分析过。全国各地民族健康运动委员会所举办与宣传的种种与本文所要讨论的可以说全不相干。教大家多刷牙、少吐痰，教女子多穿长袖衣服、少穿短脚裤子，虽显然的和公共卫生与个人卫生有关，却丝毫与民族健康无涉。民族健康是民族本质的健康，是人口原料的健康，是每一个民族分子在成胎之顷所取得的健康程度。如果用“先天”两个字做形容词，我们还须把平时所了解的“先天”修正一下，把它的适用的时期推前九个多月。[1]

一切事业靠人员，靠好人，至少靠比较像样的人，政治的大事业当然不是例外。人的造成，一半靠遗传之性，一半靠教养之方，二者不可

---

* 原载《民主周刊》第1卷第1期，1944年12月9日；辑入《自由之路》，商务印书馆，1946年版。

缺一，并且二者之间，我们还不应强分轻重，事实上也正复无从判分。不过在时间上，二者却有一个先后，性在先，养在后，在先者不免比较基本，比较不容易动摇改变。因此，经验里便有“江山易改，本性难移”的两句话。近代的生物科学更明白的指出遗传是比较固定的。所以，不讲性养的关系则已，否则我们只有根据了遗传来安排适当的环境的一途，硬教遗传来迁就环境是不行的。好比做鞋子，我们只能先量脚寸，再做鞋子，而决不采取削足适履的办法。这实在不止是一个比喻，而是根据同一原理的一个措施。

先后或基本性大小的分法而外，还不妨有一个因缘的分法。因缘之分，佛家说得最清楚，在我们这里也最适用。一事之成，必须因缘兼备；只有因，不行，只有缘，也不行，不过因终究是更基本。好比放爆竹，内因是火药，外缘是火，是引线，是燃放的人等等，必须内因外缘，两相成就，爆竹才放得出来。但我们联想所及，总觉得火药和爆竹的关系最较密切，如果没有了火药，不特爆竹放不出来，并且根本不成其为爆竹。很多人不了解遗传的地位，不注意民族人口的本质，以至于把民族健康和寻常的卫生混为一谈，原因之一，就在不理会这一层最简单的道理。至于“玉不琢，不成器，人不学，不知道”一类的话，虽说得好，绳以因缘之理，也就只站得住一半，就是缘的一半。说这话的人应当先问一下，所琢的究竟是不是玉、是何等玉，在教育过程中的人又是何等的人，那雕琢、教养的功夫方能收最大的效果，方不落虚空。

此种因缘之说，适用于物理，也适用于人事；适用于个人之事，也适用于人群之事，人群是由个人集合而成的。民族的健康当然是系于民族中各个分子的本质。各部分的本质优良，则全部的健康程度高，否则相反。再进而说到一个民族所制定而乐于维持培植的政体，那议论也并无二致，就是，分子的本质比较好，则全部所合作而成的政治也就比较的健全完整，即一面既足以发挥此种优良的本质，一面更足以推进其优良的程度。

这样一个健全的政体无疑的就是民主政体。通常一个所谓健全的人，当然有许多优良的品性。此类品性一方面必然的包括自主的精神、自动的能力、自我表白的要求与自我制裁的功力，而另一方面又必然的包括许多的社会品性，如同类的意识、胞与的情怀、公道与正义的感觉等等。前者属于所谓个性，后者属于所谓通性，两者交相为用，庶几团体生活得以收取分工合作、通功易事一类荀子所称不同而和的效果。这种健全的个性结合而成的政治社会就不得不是民主的政治社会了。其它的政治体制是不可想象的。就其对外与其它政治社会的关系而言，它也必然的是自主的、独立的而自动的能在国际环境里取得合作与和谐的。其它的关系也是一样的不能想象。

上文云云，当然只是一个理想的看法。人类虽久已开化，任何民族还没有能到达这样一个理想的局面。就已往与目前的情形说，健康程度根本太低的有灭族的，有族虽存而不再有国家的，有国家虽存而没有自主的政府的，有虽有自主的政府，而所谓自主，决不是全部民众以至于大多数民众的自主，而是少数人假借与垄断的一种局面。从外国人的立场看，这“自主”两个字勉强的还讲得通，就是执掌政治大权的总算是自家人，而不是外国人罢了。不过，严格的说，这决不是自主。民族的健康程度一天不够标准，使政治一天不能走上民主的轨辙，此其所构成的政府便一天不配叫做自主。试问，做异族的被征服者，当外国人的奴隶，和做本族中一小部分人的被征服者，受本国君主或独裁者的颐指气使、生杀予夺，究有得几许分别？前者虽显明的不能叫做自主，后者又何尝有一些自主的气息呢？而更严格的说，前一种的不自主，往往因为国别不同、强弱异势，在被征服者还不难强自宽慰，如果我是一个历史家，我也倾向于加以原谅，但后一种的不自主，本身既无以自解，别人也就无由原谅了。明明没有被异族或他国征服，却又不能自主。就变态心理学打一个比，岂不是多少相当于一种人格的破裂、一种集体的人格的破裂，其所以不能自解者在此。集体人格的破裂也是民族不健康的另一说法。这一番话适用于当代的一切有所谓自主政府的国家，连英美两国都不是例外。不过，我们也承认，英美政府之所以为人民自主的政府，其程度比任何国家为高，其不自主的程度比任何国家为低，这也就等于说，英美民族的健康，就近代和目前说，比任何别的民族要高出一筹。

民主政治的发轫与建立，有赖于相当高的民族健康程度。健康是因，政体是果。这便是我所说的两者之间的一般关系，具如上文。至于所谓特殊关系，事实上就是把因果的关系倒转来看：就是我们要进一步的知道何以在民主政治之下，民族健康原有的程度可以维持，以至于可以继长增高。

民族健康的看法不止一个。说民族一般的体力智力高，或说民族分子中壮健优秀的多，只是一个常识的看法。在生物学上还有一个看法，就是变异多与变异性大，变异多指的是品性的类别多，变异性大指的是每一品性的程度高下之间可以有很大的距离。例如智力是一种变异的品性，而上智下愚之分便是变异性的表示了。这种变异的现象，生物学家也时常称为“多形现象”。所以一个健全的民族人口也就是变异多、变异性大、多形现象比较发达的人口。这样一个民族人口，必然的活力比较大，不但是个人的竞存力大，传种的生育力也大，同时对文化的各方面的创造力，或对环境的各方面的位育力，也比较的丰富，无论环境如何转变，文化如何复杂，它都能应付裕如。这样一个人口也必然的能产生大量与多种的禀赋卓越的人才，在平时能为民族维持其社会的治安与促其文明的境界；在环境逆转而多事之秋，也能为它应变。反过来说，变异或人才品类的维持却也有赖于适当的环境，而环境中最有关系的一方面自莫过于政治。政治的好坏，通常可以有不止一种的说法。不过就我们目前的立场言之，只有一个说法是最合情理的，就是，要看人才品类的能否自由发展，能否长久维持，更能否由发展维持而增益其质量。能，是好政治；不能，是坏政治。自由发展是个人的事，所凭借的是一个宽大而不狭隘的教育政策。维持与增益是血缘选择的事，所凭借的是一个通达而不偏倚的人口政策。这种教育政策与人口政策是好政治的最基本的部分，也是好政治的最深切著明的测验。

说到人才的自由发展，所谓自由，除一般的机会的扩大供应而外，或一般的特权的废止而外，所应特别申说的，是思想、学术、言论、集议、职业种种的自由了。而最能供给这种自由的政治环境显然的是民主的政治环境。人人有发展的欲望，才力比较优异的分子更有完成自我而为人群致用的要求。满足这种欲望与要求的场合当然不能由别人来规定安排，而必须由自己来规定安排。自己的要求，只有自己最明白，别人无论如何体贴，如何设身处地，总有几分隔靴搔痒，何况别人又未必能体贴，甚至于名为体贴到我，而实际上则专为他自己或他所隶的小群谋权势地位的巩固与扩大呢？以前的专制政治，今日的极权政治与独裁政治，以至于领导失人的政党政治，又有那一个那一次不犯这欺世盗名的罪过呢？总之只有真正人民自主的政治方能保障一般生活与特殊才智的自由发展。

人才自由发展的反面是人才的限制，更由限制而埋没，由埋没而淘汰。埋没只是若干个人之事，而淘汰则是血缘之事。就民族长期的休戚论，个人埋没的为害有限，而血缘淘汰的贻患无穷。民主政治以外的各种政制无一不是淘汰人才的大股力量，是中外古今历史里的铁一般的事实。就淘汰的有无多寡而言，我们又可以看到三种不同的局面：第一种局面是政治以人民的一般意识为基础、为依归，人民意识是根本，政治是枝叶花果，则人才的淘汰可以根本不发生。因为，人才分子的意识就是人民意识的一部分，决不会和政治发生龃龉、冲突以至于不能两立。这又是一个比较理想的局面，以前不曾有过，当代的民主政治也还尚须努力，才有接近这理想之局的希望。第二种局面是政治与人民意识比较分立，政治自政治，人民意识自人民意识，不大相谋；或政治在别的生活方面虽归少数人把持垄断，而于人民意识，只要在不革命不反叛的限度以内，许其自由活动，不加干涉抑制，因此，人才淘汰的事例虽所在而有，数量却不大。第三种局面最不堪，就是少数人一面把持政治，一面又自有其特殊的政治意识，更从而把此种特殊的意识强加诸人民头上，作为人民自有的意识。约言之，此种政治不特不以人民自有的意识为依据，且转而用政治来控制与划一人民的意识。控制是自由的反面，划一是变异的反面，终于形成一种倒果为因、反客为主的怪异局面。在这局面之下，人才的大量埋没与淘汰是无可避免的，因为意识的不能两存终于会引进到朝野的不能两立。后面的两种局面是有过很多的实例的。中国历史上比较清明而没有党祸的若干时代的局面，多少是近乎第二种，近年来德国一类的局面便很清楚的属于第三种。

民主政治与民族健康互为因果的话，到此不妨结束。一方面，我们说到民主政治必须建筑在相当高度的民族健康之上，即相当良好的民族本质之上。又一方面，我们认为此种本质的继续增进又不得不恃民主政治的维护与培植。民主政治在此方面可能的成效，充其极可以把民族活力的演进之权，完全操诸自我，从而使国际环境的动荡震撼、邻邦异族的觊觎压迫，以至于自然淘汰的糟塌浪藉，举不足以发生多大威胁的力量。有人曾经说到民族健康最后的目的是在教一个民族自觉与自主的指引它自己的演进。这话是说对了，但如果没有民主政治的环境条件，这目的不但达不到，可能还有使健康程度倒退的危险。本文只是一个泛论，没有特别提出中国。中国民族健康程度不恶，思想与经验也很有一些民主的基础，我在别处和本书上文都曾经约略讨论过。只要我们认识清楚、努力以赴，一种真正民主政治的建立，和民族本质的更进若干步的去疵留醇，都不是难事。近顷精神制胜物质之说、行易知难之说，颇为流行，教育学者亦极言用行为来学习的效果，然则“我欲仁，斯仁至”耳，何况民族与历史的条件又并不是完全没有准备呢？

注释：

[1]《优生与抗战》页五三—六六。

类型与自由*
（1944）

中国人一向看重人的地位，西洋人在古希腊时代，在文艺复兴以后，也一再有过同样的趋势。所谓看重，又有两个不同而相关的看法：一是把人当做一切事物与价值的衡量或尺度，一是把人当做一切学问的主要对象。人之所以为人，如果不先考查清楚，则其所以为其它事物的尺度者，在效用上势必有限，所以说两个不同的看法是相关的。

无论中外，二三千年来，这两个看法的分量大有不齐，尺度的看法至少要占到十分之九，而学问对象的看法至多不到十分之一。在中国，一切客观的学问比较的不发达，这看法的分量事实上怕比十分之一还要低微，而尺度的看法也就远不止十分之九了。“神而明之，存乎其人”、“道不远人，人为道而远人，不可以为道”一类的话全都是尺度的说法，不过因为不知道这尺度本身究属是个什么，所能“神明”到的程度就大有疑问。在西洋，情形稍有不同，一面有尺度之论，一面也未尝没有一些学问对象之论，例如英国诗人波伯（Pope）就说过“人的正当的研究是人”。到科学发达的最近一二百年里，关于人的研究也就不算太少，但是我们也得承认两点：一是人的研究在质量上远不及物的研究；二是人的研究事实上就是物的研究的一部分，是把人当做物的一种来研究的，是把人拆成若干物质的片段来研究的。因此，人究竟是什么，我们到现在还是很不了解，科学家至今还不得不承认“人是一个未知数”，好比代数里的 X 或 Y 一样。[1]

不过这并不是说，以前便完全不曾有过对于人的观察。即在中国，

* 原载昆明《中央日报·星期论文》，1944 年 9 月 3 日；辑入《自由之路》，商务印书馆，1946 年版。

这种观察也是有的，并且这种观察还至少可以归纳成两路：一是等级的一路，例如上智、下愚与中才之分；二是类型的一路，例如狂狷与中行之分。这两路孔子都曾经提到过，等级的一路我们目前搁过不说，只说类型的一路，因为它和我们题目的关系比较密切。

人的类型不一，也可以有不止一种的分法。但狂狷一类的分法似乎是最基本的一个，从孔子的时代到今日，我们对它并未能有多大的损益。类型的名称可能有些变动，但观察到的类型的实质始终是一回事，即在近代心理学与社会学比较发达以后，情形也还如此。例如意国社会学家柏瑞笃（Pareto）喜欢把人分做进取与保守两类，进取一类叫做 speculatori，保守一类叫做 rentieri。前者不就近乎狂，而后者近乎狷么？又如奥国心理学家容格（Jung）把人分做内转、外转与内外转不分明等三类。三类的西文名称是 introverts、extroverts 与 ambiverts。内转近乎狷，外转近乎狂，而内外转不分明近乎中行。

这里有一小点不同，孔子认为中行的人最难得，而容格认为内外转不分明的人最多。这可能的是因为时地既大有不同，类型之分布也就很有差别；也可能容格的看法是一个客观事实的看法，根据频数的分布而言，中行是必然的数量最大的，而孔子的却是一个比较道德的看法，他把中行的人看作天生就能实行中庸之道的人，那自然是不可多得了。事隔二千五百年的两个看法，表面上虽有不同，事理上却并不冲突。狷者一味内转，狂者一味外转，是很单纯清楚的。中行者内外转不分明，即时而内转，时而外转，不拘一格，不求一致，便比较复杂，其间可能再别为两种：一是无所谓行为准则的，那就是容格所见；一是有比较严格的行为准则的，即每一次作内转或外转的反应时，必有其道德的理由，那就是孔子所见。

类型是天生的。类型是本性的一部分。“江山易改，本性难移”是一句老话，近代研究遗传的人也认为类型不容易因后天环境而改变，从比较自然主义的立场看，类型的存在有它的演化的价值，正复无须改变。生物界有所谓多形现象（polymorphism）的说法，类型的存在就是此种现象的一个表示，而人类在一切生物之中便是最多形的，唯其多形，人类才最要讲求分工合作，才会有复杂的社会，才会有繁变的文明。[2]

我们不妨就狂狷两个单纯的类型举个实例。近代的英国政府便可以说是建筑在这两个类型之上的。保守党人近乎狷的一类，自由党人近乎狂的一类。近年以来，自由党的地位被工党取代，表面上好像是换了一个党、换了一批人，实际上可以说并没有换，这两个类型的人更迭掌握政权，时而保守，时而进取，时而有所不为，时而大有作为；结果是近代英国政治在一切文明国家之中是最稳健的，稳时不失诸静止，不妨碍进步，健而不失诸过激，不妨碍和谐。英国政治，洵如拉斯基（Laski）教授在最近的一本著作《当代革命观感集》[3]里所论，尚大有改良的余地，但这是一个大体比较的说法，自从第一次世界大战以后，二十余年间，英国政治的保守性大有变本加厉的趋势，而自由党的力量不足以抵制这种趋势，于是工党便日渐抬头，加以取代。这次大战一旦结束，混合内阁的局面再转而为政党内阁的局面时，如果英国民族的活力无碍，我们逆料工党是可以获胜的。总之，人的类型自有它的社会与文化的极大的效用，英国的政党政治便是最彰明较著的一例。

上文云云，只是一个比较自然主义的说法。自然主义的立场固然有它的重要性，但还不够。我们必须添上一个人文的立场，那议论才比较圆满，才比较健全。类型之分并不是绝对的，而类型的发展却很容易趋于过度，所谓畸形发展的便是。任何畸形的发展是不利的，对个人不利，对社会不利，对民族的长久维持滋长也不利。再就狂狷两个类型做例子说。如果畸形发展的是狂的一流，则第一步是个人生活趋于肆放，以至于一味的肆放，狂与狷之间既不易了解，狂与狂之间也难期合作；于是第二步便是社会生活的趋于动乱，以至于长久不得安定；第三步可能的是经由选择的途径，狂的一流的人口，在质与量上逐渐的递增，而狷的一流人口，便逐渐的递减，更使社会的动乱由一时的现象成为累世积叶的痼疾。狷的一流如果畸形发展，结果当然相反，而其为不利亦相反。少数极端狂狷的例子可能的是两种不同的疯子，不容易结婚生子，所以就他们说，第三步的不利可以无庸过虑，不过他们本人的影响，以至于大多数不十分狂狷的分子的本人以及后辈的影响，综合起来，已足够教一个民族社会，不是过分长期的死沉沉的保守，便是过分长期的热灶上蚂蚁似的动乱。

此外又有第三个可能，就是不狂即狷的人越来越少，而既不能狂又不能狷的人越来越多，即容格所了解的中行或内外转不分明的分子，或略有几分可狂可狷的趋向，而狂狷得不中绳墨、狂狷得不发生社会与道德的意义的分子，成为畸形发展，那结果也是极不相宜。这样一个民族社会是平凡的、庸碌的，是善于作浮面的模仿、敷衍、应付，而不能切实的有所创造与建树的。再就上文三步的弊害说，到此第一、第二两步倒比较的不成问题，甚至于表面上还有几分好处，即个人之间不容易发生强烈的磨擦，而社会生活容易维持一种粗浅的和谐；最成问题的是第三步，就是人口中间敷衍将就的分子日趋于滋蔓难图。

讲品性分布的人喜欢用曲线来表示。这曲线总是两端平衍而中间坟起的。如果狂与狷或外转与内转的人各占一端，而中行或内外转不分明的居中，我们所希望的曲线是坟起处不太高而平衍处不太短的那么一条，即两端要相对的与相当的比较多，相对是指中心说的（比中心绝对的多是不可能的），相当是指两端彼此之间说的。我们所不欢迎的曲线可以有两条：一是中间过于坟起，二是坟起处不居正中，而偏向右方，或偏向左方，越是坟起得过度，越是偏向两端之一，便越是要不得。这说法并不适用于其他品性的曲线，例如智力，但对于狂狷一类的品性是适用的。

所以狂狷一类型的过度发展是要防止的。防止的方法不出两途：一是选择，二是教育。选择属于优生学的范围，我们姑且搁过不提。就教育一途说，我们的目的是，使狂狷两流人物的态度与行为要有适度的发展，即无论狂狷，在性格的修养与表现上，要有些分寸，有些伸缩，总以不妨碍和不同类型的分子相安与合作为原则。最低限度，也要使不同类型的人能彼此了解，能设身处地，而与以同情的容忍。保守的人与进步的人，政治的主张虽有不同，虽不属于同一党派，在朝的甲至少可以容许在野的乙一个合法的地位与活动的自由，便是最低限度的一个实例了。这是一方面。在另一方面，对于大多数可狂可狷与不狂不狷的人，教育第一步应当让他们知道“进取”与“有所不为”的道德的价值，第二步应当教不狂不狷的人勉力于能操能守，教可狂可狷的人勉力于以时操、以时守，而不至于完全从俗浮沉、与时俯仰。

教育要做到这一点，必须有一个原则，这原则就是自由。因遗传的关系，能狂而不能狷的人，或能狷而不能狂的人，或两者都不能的人，或两者都能而自己不能作主宰、定抉择的人，都是不自由的人。但凭“天命的性”来行事的人没有一个是自由的。人类以下的一切动物之所以不自由，也就在此。教育的责任，一面固然是在发见与启发每一个人的遗传，一面却也未始不在挽回每一个人的造化，尤其是如果这个人的造化有欠缺而容易走偏锋的话。顺适自然易，挽回造化难。就目前教育的效能论，容易的一部分既还没有满意的做到，这困难的部分是更无从说起了。

不过教育的努力是迟早要积极应付这困难的题目的。事实上以前东西的哲人都曾不断的努力过，可惜继起无人，到如今题目的认识还有问题，遑论一般的差强人意的解决。希腊哲人的努力是昙花一现似的过去了。中国先秦时代的一番努力，二千多年来，虽不能说已经成为明日黄花，却已经走了样、变了质，降至今日，趋向于把它当做明日黄花看的，正复大有人在。例如孔子一派所论的中庸、博约、经权等等，事实上就是这原则的另一些陈述；经与权之分虽至汉代方才流行，立与权或中与权的区别却是孔孟亲口提出的。狷者能约而不能博，能经而不能权，狂者适与此相反，真正能中庸与中行的人是极端难得的。孔子所称可与立而未可与权的人，孟子所称执中无权的人，表面上好像是中行，实际上还是狷的一流，但知守而不知操，但知有所不为而不知进取。再如孔子自称年至七十，始能从心所欲而不逾矩，从心所欲近乎狂，不逾矩近乎狷，狂而能不逾矩，能有所不为，狷而依然能从心所欲，依然能有理想，能图进取，斯其所以为中行了，这才真正进入了自由的境界。在本质上孔子可能是一个天赋特别优越、生而宜乎实践中行与自由的人，但一直到七十岁方敢自信已经踏进这个境界，可见挽回造化真是天下第一难事。能立志担当起这一件难事，才是第一流的教育家。即使有一天我们对于人的研究有了充分的收获，我们相信这种困难还是存在的。

上文云云，始终是一番原则上的话，就中国中古以降的情形说，我们的说法还须有些变通。大体言之，二千年来，因为误解了中庸与中行的原则，就一般士大夫言，狷的一流是远超过了狂的一流；就一般民众言，不狂不狷与可狂可狷的分子自然是占绝大的多数。而因为士大夫始终执社会与文化生活的牛耳，在可狂可狷的大众不能不惟他们的马首是瞻，换言之，也就不得不趋向于狷的一途。于是，就少数领袖说，洁身自好、有所不为成为行为的最高准则；就民众说，多一事不如少一事、一动不如一静、息事宁人、惜财忍气等等成为普遍而不自觉的信仰。其总结果便是二千多年的静止与平凡的社会与文化生活；驯至惰性久已养成，痼疾深入腠理，即在刺激特别多而有力的今日，也大有动弹不得之势。然则为今日的教育设想，我们于讲求中行与自由的一般原则之外，更应侧重于进取、冒险，以至于多管“闲”事的精神的鼓励，因为唯有把狂的分量相对的增加，才可以教狷的分量相对的减少；因为，既枉曲于前，自非过正不足以矫之于后。这无疑的也是当代教育家的一笔责任了。林同济先生提倡狂欢。[4]闻一多先生论到冷静的可怕[5]，而呼吁着热闹。[5]要提倡与呼吁发生效力，我们必须把不能狂欢与只会冷静的原因分析一番如上。

注释：

[1] 见美国法籍生理学家 Alexis Carrel 所著 *Man, the Unknown* 一书，1939。参看下文《一个思想习惯的改正》。

[2] 详英国前辈遗传学家 William Bateson 在不列颠科学促进会澳洲支会一九一二年年会中的演讲辞“生物事实与社会结构”（The Biological Fact and Social Structure）。

[3] *Reflections upon the Revolutions of the Time*, 1943.

[4] 林同济，《大公报·战国副刊》。

[5] 闻一多：《可怕的冷静》，《自由论坛》月刊。

自由、民主与教育*[1] (1944)

人世间三角的局面很多，自由、民主与教育所构成的也是一个，并且是很重要的一个。除了天、地、人的三角，除了遗传、环境、文化的三角，大约没有比它更大、更重要的了。这三角之中，自由很显然的是生命的目的，教育是达成目的的手段，民主可以说是运用这手段的环境。没有民主的政治与社会环境，自由的教育是做不到的。这至少是从事于教育而对于政治没有直接的兴趣的人不得不有的一种看法。若在一个政治家或政治学者看来，教育也未始不是造成民主环境的一个手段。综合两方面的立场看，我们不妨说，教育需要民主的环境，而这种需要的满足，一部分，以至于大部分，也得靠教育的努力；期待着民主环境的来临，再实行以自由为目的的教育手段是不可能的，是不通的。

我们先讨论三角的两边，自由与教育，然后配上第三边，民主。

一年以前，我对自由的看法，曾经有所论列。[2]消极方面，我认为我们决不能把自由与散漫混为一谈，因为散漫的人不自由，他不能随时集结；也不能与放纵混为一谈，因为放纵的人也不自由，他不能随时收敛。只会打游击战的人，只会打阵地战的人，是同样的不自由。一个拘泥的道学家，一个沉湎于声色、货利、权位的人，也是同样的不自由。积极方面，我又提出自由就是中庸，就是通达，如果我们把不偏不易的旧解释撇开，而把中庸的概念和经权的概念联系了看，甚至于当做一回事看（实际上是一回事，“中庸不可能”之理就是“可与立未可与权”之理），我们就很容易得到这样一个结论。我提出这一点来，目的端在

---

* 原载昆明《自由论坛》第2卷第6期，1944年8月1日；辑入《自由之路》，商务印书馆，1946年版。

指出自由一词所代表的看法并不是一个标新立异的看法，更不是相当于洪水猛兽的看法，我们大可不必因谈虎而色变。下文还是一贯的用“自由”二字，而不用“中庸”二字。

自由是生命的最大目的，个人要自由，社会也要自由；西方自希腊时代起，中国自先秦时代起，都有此看法。唯有自由的生命才能比较长久的保持它的活力，个人如此，社会也是如此。生命脱离了人力的控制，不再能自由收放，自由分合，自由的斟酌损益、补短截长，是迟早要陷于死亡的绝境的。个人的不能尽其天年，民族社会的昙花一现，大抵可以追溯到这一层基本的原因。特别是在民族社会一方面，因为它不比个人，以常理推之，是没有什么天年的限制的。

不过社会的自由终究建筑在个人的自由之上。一个建筑在奴隶经济上的社会，一个百分之一是独裁者而百分之九十九是顺民所组成的国家，要维持长治久安，是不可能的，历史上既无其例，当代一二尝试的例子也正在很快的摧杀败坏之中。

个人的自由不是天赋的，是人为的；不是现成的，是争取的。以前西方的政论家认为自由是天赋人权之一；究竟有没有所谓人权，此种人权是不是由于天赋，我们姑存而不论，我们只承认人既不同于普通的飞走之伦，便不会没有自由的企求。飞走之伦，内则受制于本能，外则受制于环境，是说不上此种企求的。人也未尝没有本能，但本能可容制裁、疏导；人又未尝不仰仗环境，但环境可容选择、修润以至于开辟、创制。能抑制、疏导我们的本能，能选择、修润、开辟、创制我们的环境，就是自由，就是我们所以异于寻常飞走之伦的那一点“几希”，去此几希，名称是人，实际是禽兽。

不过这种应付本能与应付环境的力量，在人类也不过是一种“潜能”，而不是一种“动能”。要化潜能为动能，端赖教育。潜能之说，可能就近乎以前政论家的天赋人权之说，但要潜能变成动能，而发生实际的效用，却终须人工的培养，人工的培养就是教育。

教育不是我们一向有的么？既有教育，自由岂不是就接踵而来？这却又不尽然。教育是一个很中听的名词，因此它可以成为许多东西的代用的名称。宗教信条的责成是“教育”，《圣谕广训》的宣读是“教育”，社会教条的宣传是“教育”，一切公式的灌输都是“教育”。如果这一类的措施是教育，北平便宜坊中填鸭子的勾当也就不失其为教育了。因为凡属经过“填”的鸭子，确乎在短期之内会有长足的发展，而可以派一种特殊的用处，就是任人宰割、快人朵颐。这些当然不是教育。近代所谓教育，正坐“填鸭子”的大病。吃是一些本能，鸭子有食必吃，不懂得适可而止的道理，于是就走上一条畸形发展的路。我们目前号称的教育又教了我们几许自动控制我们本能的理论与方法？我们名为受过教育，又有得几个能在声色、货利、权势的场合之中，周旋中节，游刃有余？

控制环境，未尝不是近代教育的一大口号。但环境不止一端，就物质环境说，这口号是多少兑了现的，但若就所谓意识环境说，教育所给予我们的，不是一种自动控制的力量，而是往往把另一些人所已控制住的环境，强制的加在我们身上，我们连评论的机会都没有，遑论抉择、修正、开辟、创造？物质环境的多少还容许我们控制，不用说，也是三百年来科学昌明的一种效用，是科学传统的一部分。至于意识环境的不容许我们控制，而只容我们接受别人所已控制住的某一种环境，接受别人的摆布，接受希特勒一类的人的摆布，那显然是西方中古时代宗教传统的一部分。别人把规定好了的意识环境交给我们接受，教我们相安，也就等于被“填”的鸭子必须被圈在一定的范围以内，不能有回旋的余地一样。在圈定的极小的范围以内，接纳与吸收一种指定的事物，而且非接纳吸收不可。在接纳与吸收的一方面，一半因天性，一半因积习，终亦安于享用现成，不识挣扎为何物——这便是被“填”的鸭子与当代“受”教育的人所有的一种共通而惨痛的经验。

自由的教育是与“填鸭子”的过程恰好相反的一种过程。自由的教育不是“受”的，也不应当有人“施”。自由的教育是“自求”的，从事于教育工作的人只应当有一个责任，就是在青年自求的过程中加以辅助，使自求于前，而自得于后。大抵真能自求者必能自得，而不能自求者终于不得。“自求多福”的话见于《诗》、《传》、《孟子》。孟子又一再说到“自得”的重要，政治之于民众如此，教育之于青年更复如此。孟子“勿揠苗助长”的政教学说也由此而来。先秦学人论教育，只言学，不大言教，更绝口不言训，也是这层道理。[3]

自由的教育，既着重在自求自得，必然的以自我为教育的对象。自由的教育是“为己”而不是“为人”的教育，即每一个人为了完成自我而教育自我。所谓完成自我，即用教育的方法，把自我推进到一个“至善”的境界；能否到达这个境界，到达到一个何种程度，一个人不能不因才性而有所限制，但鹄的只是一个。自由教育下的自我只是自我，自我是自我的，不是家族的、阶级的、国家的、种族的、宗教的、党派的、职业的……这并不是说一个人不要这许多方面的关系，不要多方面生活所由寄寓的事物，乃是说教育的主要目的是在完成一个人，而不在造成家族的一员，如前代的中国；不在造成阶级的战士，如今日的俄国；不在造成一个宗教的信徒，或社会教条的拥护者，如中古的欧洲或当代的建筑在各种成套的意识形态（上）的政治组织；也不在造成一个但知爱国不知其它的公民，如当代极权主义的国家以至于国家主义过分发展的国家；也不在造成专才与技术家，如近代一部分的教育政策。主要的目的有了着落，受了尊重，任何次要的目的我们可以不问；无论此种目的有多少，或因时地不同而有些斟酌损益，我们也可以不怕——不怕任何一个次要目的的畸形发展。

自由教育既以自我为主要的对象，在方法也就不出两句先秦时代的老话所指示的途径：一是自知者明，二是自胜者强。先秦思想的家数虽多而且杂，在这一方面是一致的。明强的教育是道家、儒家、法家一致的主张。更有趣的是，西洋在希腊时代所到达的教育理想也不外这两点。太阳神阿普罗的神龛上所勒的铭，一则曰"认识你自己"，那就是明；再则曰"任何事物不要太多"，如用之于一己情欲的制裁，那就是强。就今日的心理常识言之，自明是理智教育的第一步，自强是意志与情绪教育的第一步，惟有能自明与自强的人方才配得上说自由。认识了整个的世界、全部的历史，而不认识自己，一个人终究是一个愚人；征服了全世界，控制了全人群，而不能约束一己的喜怒爱憎、私情物欲，一个人终究是一个弱者：弱者与愚人怎配得上谈自由？这种愚与弱便是他们的束缚，束缚是自由的反面。话说到这里，我们口口声声说自由，实际上就讲到了中庸。说到了自知自胜，也就是等于说自由教育的结果，不但使人不受制于本能，更进而控制一己的本能，以自别于禽兽。总之，这些都是可以和上文呼应的话。至于自明自强之后，再进而了解事物、控制环境、整饬社会、创导文化，所谓明明德之后，再进而新民或亲民，那都是余事，无烦细说了。自求自得的教育，亦即以自由为目的的教育，大意不外如此。至于从事于教育的人对青年所适用的努力，只能有侧面启迪的一法，而不容许任何正面灌输的方法，亦自显然，勿庸再赘。[4]

说了自由教育的对象与方法之后，再说几句关于实际设施的话。人生的大目的，上文说过，是自由，是通达，是中庸。三事虽不失为一事，却多少也可以分开了说。生活是人与环境缀合而成的。如果我们的论议着重在人，或人在环境中的所以自处，我们不妨说生活的目的是求自由或求中庸。如果我们比较的着重环境，或人与环境的关系，那我们就不妨说，生活的目的在求通达。一个对外比较能通达的人，必然是对于一己的生活比较真能讲求自由与中庸的人。如今说到实际而有组织的教育设施，我们的注意点当然是侧重在生活比较外缘的一方面，我们就不妨更率直的说我们的目的在求通达。目前小学、中学、大学各级的学校教育，特别是大学教育，目的应该在求各种程度的通达。但理论上的应然是一事，实际的已然又是一事。我们今日所有一切学校教育不是不通达，便是似通达其实不通达，严格言之，似乎根本不以通达为职志，一切技术与职业教育无论已，就是大学教育也无非是造就一些专才、一些高级的匠人，西洋有此情形，效颦的中国自更不免有此情形。目前实际教育的危机，最迫切需要改革的一事，我以为莫大于此。西洋把近代连一接二的大战争归咎到这种教育上的大有人在，我最近所选译的赫胥黎《自由教育论》一稿，便是一例。举世全是匠人，而没有几个通人，平时则为生计而锱铢必较，有事则操斧斤作同室之争，自然是不可避免的一个下场了。

最后我们约略提到教育应有的民主的政治与社会环境。“人民”两字并称互用，“民”即是“人”，也是西洋与中国的民主思想里共通的一点。无论我们对于民主一词作何解释，它的最基本的假定是：每一个社会的分子，每一个人，必须有自主与自治的能力，如果还没有，至少要从事于此种能力的培养。所谓自主与自治的能力，岂不是等于上文所说自明与自强的能力，而所谓培养，岂不是就等于教育？所以上文早就暗示过，从教育的立场看，惟有一个真正民主的政治环境，始能孕育真正自由或通达的教育，而从政治的立场看，惟有真正的自由或通达的教育才可以造成一个真正的民主国家，二者实在是互为因果的。目前此种政治与教育，即在比较先进的英美，也尚待努力；至于中国，实际的努力怕一时还谈不到，不过根据上文的议论，我们所祈求的是朝野人士有一番新的认识，知道自由教育与民主政治不但是不可分离的两个东西，而是一个健全而成国体的社会所必具的两个方面。

不过我们一面作原则上的认识，一面也正不妨着手做几件实际的措施：第一，国家的统制应尽量的轻减，特别是在大学教育一方面；政府和其它有组织的社会势力应自处于一个辅翼的地位，特别是在经济一方面。而于意识一方面应力求开放，避免干涉。第二，应辨别教育与宣传是相反的两回事，宣传工作的扩大就等于教育工作的缩小，要真心辅翼教育，就得尽量的限制宣传，小学教科书应该大大的修正，就是一例。商业的广告与宣传是一丘之貉，也应接受同样的待遇。同时，各级学校应当把所谓解析意念（dissociation of ideas）的技术教给青年与儿童，使不受宣传与广告的蒙蔽。[5]第三，大学教育应增加共同必修的科目，即不能增加，也应鼓励学生尽量的学习，此种科目应为一些自然科学、社会科学与人文科学的基本学程，尤其重要的是人文科学。第四，技术教育也应该修正，我们必须把技术所引起的人事与社会影响一并讲授给青年学子。前两点与自由教育的方法有关，后两点与此种教育力求通达的目的相涉。诚能做到这几点，我们对于自由、民主与教育的三角联系，就尽了一些初步的促进的力量了。

注释：

[1] 此文是用两次演讲的内容缀合而成的：第一次，“自由与教育”，是应自由论坛社之约为了纪念“五四”讲的；第二次，“民主与教育”，是应云南大学政治学会之约讲的，是“民主政治系统演讲”的一讲。

[2] 指《自由之路·第一篇》中《散漫、放纵与“自由”》一文。

[3] 详《自由之路·第四篇》中《说训教合一》一文。

[4] 详《自由之路·第四篇》中论《宣传不是教育》二文。

[5] 参作者所译赫胥黎《自由教育论》中“暗示的抵抗力及其它”一节。

民主的先决理论*
(1945)

我们到今日还没有比较完整的民主的理论，在中国没有，在外国也不能说已经具备。我们所有的始终只是一个笼统的原则，在细节目上，可能这里有一些，那里有一些，有的还没有凑起来，有的根本凑不起来，凑起来的部分又未必融洽，而凑合的一些部分的总和在分量上离开全部的需要还远。总之，我们所需要的民主理论还有待于导演。

导演是剧艺的一个名词，我们如今不妨借用一下。民主的理论，像一折戏一样，是要演出的，或上演的。而上演是一个过程，各种场面要逐步排演而出，决不是一下子现现成成的全盘托出的。一折戏在上演之前与上演之际，是随时需要人指导的。演戏并不是一个自然的过程，不招自来、不求自至的一个过程，是随在要用人的聪明智慧加以导演的。导演的名词指的就是这样一番渐进而有人力推挽的一个过程。民主的理论的形成也是如此。无中生有，一蹴骤几，搬弄现成，和盘托出，像好几家宗教的上帝的创造宇宙一般，是不可能的，是不能想象的。[1]

说到民主的理论，我们不得不约略提到一些更基本、更先决的理论。那就牵涉到哲学，并且牵涉到的方面还相当的多。自由意志论和命定论，唯心论和唯物论，唯心论和唯实论，理性论和经验论，可以说都有关系。这种先决理论也牵涉到社会哲学与文化哲学的领域。渐演论和革命论，进步论和保守论，人治论和法治论，社会论和个人论，有机论和机械论，以至于自然论与文化论，古典论与浪漫论等，也都有关连。社会论与个人论和民主的理论关系最多，我在本书中已别有讨论（见上

* 原载《民主周刊》第1卷第9期，1945年2月；辑入《自由之路》，商务印书馆，1946年版。

“第二篇”①)。

哲学与社会哲学上许多问题的最后解决，许多对峙的场面的最适合的调协，完全是一些理论的问题，也完全是哲学家与社会思想家的任务，和我们不相干。我们为民主的理论打基础，向他们讨教，就他们觅资料，似乎只有一个比较健全的态度，就是，就人本的立场（humanist 与 personalist）力求一个融会贯通、折中至当。最广义的民主思想就是人本思想。古今中外的民主思想里，“民”字与“人”字通用，我在本书的其它文字，特别是《民主政治与先秦思想》一篇里，曾经一再指出过，而“主”与“本”是两个同义的字，说本末是等于说主宾，更是显然，无烦解释。

自由意志究属有没有，命定论是不是一百分的绝对，哲学家至今还在争辩，我们自然更不知道。我们所知道的，也用得着知道的，是天下事都有一些因果，而这因果并不单纯，所以事物之间，与其说是有单纯的前因后果的关系，不如说它们有息息相通的关系，有功能上相互依倚的关系，较为妥当。十足单纯的因果论是如今连自然科学都不再谈的，倒不是它数典忘祖，而是科学的方法与精神进步了。这是一方面。天下事也包括人事，人事牵涉到人的欲望、兴趣、意志一类的心理作用，这些作用不能离开固有的官能与外缘的刺戟而独立，是显然的。但演化一到人类的段落，官能的伸缩力发展得特别强大，因此，对于刺戟的接纳，反应的发生，其间也就有了相当强大的伸缩性，即其间多少有了一些选择的余地。自由意志究竟有没有，我们固然不知道，这选择的余地总是常识与经验里的一大事实。这又是一方面。我们要民主，决不能一要就有，因为外缘的事物不免给我们种种限制牵掣；“吾欲仁，斯仁至”一类的话只有一些修辞的效用，仁的来到，决不如是其干脆。民主的来到，也不会干脆。但，反过来，我们要民主，也决不是历史或环境，或历史与环境中的任何事物命定我们要，强迫以至于勒令我们非接受不可。我们要民主，乃是我们根据情理上最好的判断，而自己选择的。如今也有人反对民主，死命的和民主的力量为难，但他们未必能制胜，而其所以不能制胜的缘故，并不是真因为环境中有一股笼罩性的力量，或历史上有一种注定性的趋势，非教他们失败不可。我根本不相信此种力量与趋势的存在。他们的难免于失败，还是因为另一部分的人，更大的一部分，

① 指《自由之路》一书的第二篇《思想各论》。——编者注

对民主已经下一个肯定的判断、自觉的选择与迫切的要求。如果不然，又如果反民主的一方面反而来得更坚决，则成败利钝还是一个未知之数。

一种东西，一种努力的方面，唯其是自己选择的，所以难。否则便容易了。如果天地间真有自由意志这样东西，而此自由意志又能集体化，一经发动，民主便会得心应手而至，那便是一种神通，而不是人力；是天志，而不是人意。又如果天下事全由命定，或则全部命定局部，或则前事命定后事，如果神力足以命定，种族足以命定，历史足以命定，环境足以命定，生产方式与生产关系足以命定，那我们乖乖的等着就是了，连延颈企踵的期望都是枉费精神，庸人自扰。中古的欧洲人，一辈子的苦行，镇日价的祈祷，期待着天国的降临，我们觉得他们信心不够、自作聪明，天国的终于未曾降临，可能的就害在这一点自作聪明之上；真正信赖命定论的人是自己不用聪明的，自己假定为没有聪明可用的，聪明全在神身上，在种族的天赋里，在历史的定律里，在环境的颐指气使里，在潮流的冲击鼓荡里，在制度的牢笼约束里，在生产工具与生产关系的安排摆布里……在一切身外之物里，而独不在堂堂的七尺的身心里！命定论到此便成为定命论。不过这样由定命论得来的民主，容易也虽然容易，又何尝真正的民主呢？民在那里呢？民之所以为主者又在那里呢？顾义思名，它应该叫做“神主”以及各式各样的“物主”。

唯心论和唯物论可以无须别论。唯心论主境由心造，充其极可与自由意志论无异。唯物论主心由境造，究其极就是物质主义的定命论。唯实论与经验论推崇现实经验，推崇之至，亦即成为一种定命论。而理性论则可与唯心论自由意志论归入同一的范畴，也无庸多加申说。我们的任务，因此，也不在强分畛域，入主出奴。有时候我们可能要多多的注意到心的力量，以及理性与理想的力量。有时候可能要特别的瞻顾到物的力量，以及现实、经验以至于传统的力量。问题的到来，总要先看清情势、场合、时代，从而加以个别的分析、斟酌、抉择，然后再加定夺，这其间并没有一定的公式可以遵循。一切问题的不容轻易解决在此，民主的困难也在此，而民主之所以为民主也未尝不在此。如果有一定的公式可循，有不召自来的“潮流”可以顺应迎合，有不推自进的“动向”可以参加搭趁，也就不成其为民主了。

社会哲学与文化哲学里许多相对的概念、学说、信仰所应得的看法，也是如此。我们也选取一两个对待的局面说一说。渐演与突变同是生物经验史与社会经验史里的事实。两者之间，也只有程度上的差别，而无种类上的歧异，所以实际上并不冲突，理论上更不应冲突。这两种不同程度的演变方式，事实上也已经在演化的名词之下统一起来。不过渐变论与革命论一类的说法是有问题的，而问题就在一个“论”字之上。“论”是成套的“词”，是多少已经公式化、教条化的所谓“意识形态”，因此，在接受渐变论或改进论的人与接受突变论与革命论的人，便不免分别认为社会、经济与政治的演变，只有循序改进的一法，或只有通体推翻、重新做起的一法。其实就经验与现实说话，号称渐进的英国政治又何尝不间或采取一些快刀斩乱麻的办法呢？号称不断革命的苏俄又何尝一切重起炉灶而丝毫没有因袭呢？从这个立场看，英国的政治与苏俄的政治终究只有一个程度上的区别罢了。

进步和保守，在我们看来，也只是相对而并不是相反的两个概念。进步不一定是功德，保守不一定是罪恶，好比一动一静不成其为功罪一样。我们应当窥察所前进的是怎样的一步，所保守是怎样的东西，然后再下功罪的判断。凡属保守的人又时常被称为“落伍”，其间责备的意思更是显然。苏俄的制度很多朋友是认为进步的、前进的，中共在陕北的许多设施，许多人也有同样的观感，而凡属有这种观感的人，别的朋友也有以“有前进思想”目之。不过，苏俄自革命以来，废弃的旧东西虽多，废弃而再度恢复的东西也复不少，最近与最大的一例便是宗教。中共自民二六以来的政策和在江西时代的也大有不同。这一类政策与设施的改变是进步呢，保守呢，以至于落伍呢？我们就不容易下断语了。我们只知道苏俄恢复宗教，中共改变他的许多政策，多少是为了适应彼此的国情民性，而这种适应的努力倒很有几分民主的意味。总之，民主的理论决不迷信进步，也决不蓄意保守。如果政治与其它生活是一匹马，而人民是善于骑马的人，则进退动止以至于改变方向之权自然是操诸在我，有时候我可能急进一程，有时候要休息片晌，也有时候，可能因为遗忘了什么东西，要折回若干步骤。若说，骑上了马，便非前进不可，前进非有一定的路线与方向不可，而此种路线与方向又早经那匹马或马和骑马的人以外的力量所安排命定，那我们又何爱于骑马呢？我们骑老虎好了。当前真有不少的人正骑在虎背上，下来不得。我说到迷信进步，迷信分段的与定向的进步，关于这点，我以前曾经别有讨论，兹不多赘。[2]

人治与法治也只是两个相对而不是相反的概念。“徒善不足以为政，徒法不能以自行”的两句孟子的老话到如今还是最好的一个结论。说人治与法治相对，还不大切实，最切实的是说两者相须相成、互为因果。

没有比较健全的人民，比较健全的法或制度就不能产生与维持；反之，如果没有比较健全的法或制度，而要维持与提高人民身心的健全程度，也就一样的不可能。[3]

就一般群体生活说，人治与法治之间，是不能也不宜分什么轩轾的。不过就民主方式的政治生活说，两者之中，比较基本而宜乎首先受到注意的还是人，而不是法。民主政治与专制政治或集体政治不同。在后两种政治体制之下，一切都凭权力，一人立法执法，或少数人立法执法，而责成其余的人守法，其事比较易行。在民主政治之下，在理论上，全部的人民不仅是守法者，也是立法与执法者，这就比较难了。所难者就在“得其人”。所谓得人，第一，指一般的人能直接而自动的守法，直接要比间接为难，自动要比被动为难。第二，在人口众多的国家，指一般的人能选举才力上足以代表大众而为大众立法执法的人，而选举人才之难尤甚于守法。第三，指被选举的人是否真足以代表，真能在法上有所创制而认真执行，而自己也受法的绳墨。这三点都必须先有身心品格比较健全的人，才做得到。虽说选举就是一种制度，就是一种法，要选取人才，必先有选举的制度，这是不错的，但规定、执行与履行这种制度而不发生弊端，还不是要靠适当的人么？

中国政治及其它方面的生活，积弊极深，是无可讳言的。近年以来，论者动辄归咎到制度的缺乏或未臻完善；其实，平心而论，大而至于政治的信条，小而至于各种法规章则，就字面说，那一件不是楚楚可观、有条有理，可是一到执行的时候，就在在发生窒碍，到处尽是漏洞，无往而不走样，这其间症结究竟安在，是无待烦言的。若说法规章则之外，尚有更大的社会制度与风俗习惯在，而这些非先加通盘与澈底的改革不可，这诚然也是必须的，但如何才算通盘，如何才算澈底，而此种改革的工作是不是依然先须有人提倡、有人示范、有人实践、有人撑持——就得统归这一班绝对法治论与制度论的朋友去答复了。

总之，哲学与社会哲学、文化哲学的领域里有许多对峙以至于壁垒森严的场面，就这些哲学自身设想，就比较纯粹的理论方面说话，这些场面是可能有它们的价值的，就是，因争辩诘难而日趋于精密坚致。但就民主的理论说话，就思想在生活上可能发生的实际影响说话，我们最健全的态度是尽量设法就对垒的局面中觅取调和与贯通，而觅取者与切实从事于调和贯通者，当然还是人自己，还是人民的全体。这真是责无旁贷、义不容辞的一件大事。说责无旁贷，因为人民以外，更无其它的本体，特别是自从尼采说到上帝已经死去以后；说义不容辞，因为凡事一有所偏，便有所蔽，而偏蔽的不良结果迟早不免侵蚀到人生的健康。而所谓调和，所谓贯通，当然并不等于取得一个绝对的折中或折半，而要在以时损益，因地制宜，间或注重对垒局面的甲方，间或注重乙方。即，平时虽求一个平衡与双方无所偏倚，在特殊情形之下却不能不作过正的矫枉。就特殊情形说，这就相当于前人尚文尚质、相互为用的道理。就一般情形说，这正合着“神而明之，存乎其人”的一句最古老的话，而也就回到了篇首所说明的人本思想的立场了。

注释：

[1] 我写《民主理论导演论》，前后凡七篇，即本篇中前七题文字。“导演”两个字是要再加一些解释的。导演原是一个剧艺的名词，不过这里的用法略有不同。演是自然的，导则需要人力。民主的理论必须导演，民主的实际也一样的有此需要。民主和其它人事一样，一方面有其自然演变的趋势，例如中国春秋时代而后和英国在第十二、第十三世纪时代的贵族解体与平民兴起多少是社会演变中一种自然的趋势，在历史上叫做“民本化”的时期（period of democratization）。不过要“民本化”走上一条持久而具体的线路，要把它的力量集中起来、组织起来，逐渐取得民本政治以至于民主政治的形式与机构，是需要人力的导引的。中国前途的民主政治，一方面有赖于中国旧有的民本化的背景与趋势，一方面也有赖于国际环境中的种种影响，包括英、美、苏俄等国的经验与榜样在内，而第三方面更有赖于通达而有远见的政治家与政论家能够一面参考国情民性，一面就已有的中外关于民主政治的经验与理论的资料，斟酌损益，慢慢的蔚成一种中国方式与中国精神的民主政治。如果第一与第二方面属于所谓“演”的范围，第三方面就属于“导”的范围了。目前可能还有人以为我们但须效法英美，或但须效法苏俄，把英美或苏俄的政制搬运过来，反掌之间，我们就可以走上民主的康庄大路。我认为这种看法是一个错误，姑不论“橘逾淮为枳”之说有几分科学的根据，我们知道社会制度与政治制度决不是轻易可以移殖而长根的。中国民主政治的实际也必须导演在此。

[2] 拙著《人文生物学论丛》第七辑《优生与抗战》中《演化论与几个当代的问题》一文。

[3] 说详本书同篇中《民主政治与民族健康》一文。

一种精神，两般适用*[1]
（1945）

二十六年多以前的五四运动和新思潮运动提出了两个目标：一是赛先生，即科学；二是德先生，即民主。科学与民主，表面上是两回事，是文明生活的两个不同的方面，就基本的精神说，实在是一回事，是一种精神适用到了两个生活的方面。

所谓一种精神，最可以概括的是“客观”两个字。把客观的精神适用到人以外的事物上去，从自然的事物，如声、光、电、化、植物、动物，包括人之所以为动物在内，到社会与文化的事物，如一切人群关系、典章制度，其结果就是各门的自然科学与社会科学。大抵绝对的客观是不可能的，因为科学家也是人，人有人性，人有人的气息，被客观研究的事物对象多少不免沾染到一些人的气息。不过谨严的科学家总是竭力的设法，使主观的成分得以避免或减少到最低的限度，总是设身处地的让事物自己把它们的内容表露出来。所以对事物的客观也就有人叫做“物观”，似乎比“客观”两字更来得贴切。科学家的最基本的一般努力，是要做到最可能的“以物观物”的程度，而不是“以人观物”，更不是“以我观物”。三百年来，这一类的努力是相当的成功的，特别是在自然的事物一方面。我们终于揭发了天地之蕴，终于能驾御一大部分的力量，为我们所用。用得妥当不妥当，运用的结果是否全都能为人类造福，固然是另一问题。但适用客观精神的结果，先之以清切的了解，继之以有效的控制运用，规模之大、成就之多是人类有史以来不曾有过先例的。这是题目中所称两般适用的第一般。

---

* 原载《自由论坛》周刊第 25 期，1945 年 5 月 4 日；重写载《客观》第 1 卷第 12 期，1946 年 2 月 26 日；辑入《自由之路》，商务印书馆，1946 年版。

第二般是把同样的精神适用到人，适用到实际的人事，特别是关于团体生活的人事。这种精神到如今还没有现成的名词，最近情的还是“民主”。如果我们可以创一个新名词的话，我们不妨用“民观”两个字。“民观”就相当于对于人事以外的事物的“物观”。我们应付人，如果应付的目的端在科学的了解，我们当然一样的适用“物观”的精神，不过这种应付的行为是专属研究范围的，应付的结果可能是一门关于人的自然科学，或一门社会科学，或一门人文科学，说已见上文。但人不止是一种研究的对象（凡属被研究的对象，在被研究的时候，对于研究者，是不作反应或被假定为不作反应的；至于对研究条件或研究时所用的刺激的反应，所在而有，那当然是另一回事），而同时也是一个感应的对象。人与人之间有交相感应的关系，而交相感应之际，或相与往还之际，要它融洽，要它各如其分、各不相亏，也需要一种客观的精神，这精神我们姑且叫做民观，以别于完全为研究用的物观。

“民观”二字虽见得生硬，其所指的精神却很早就有人见到。例如，最古老的两句民本思想的话，“天视自我民视，天听自我民听”，“天”字虽有神道设教的意味，其目的也无非是要执掌政权的少数人尽量的尊重民意，尽量的以民众的耳目为耳目，以民众的好恶为好恶，以民众的旨趣为旨趣。这就和民观的意思很相接近了。至于《左传》把“明”与“恕”并称、《论语》讲“明”与“远”、《大学》说去“辟”、荀子主“解蔽”，所用的都是这一条路线上的工夫。再举一个实例说，在以前科举取士的时代，较大的省会所在地必有贡院，贡院的前后进必有三大建筑，第一进是“明远楼”，其次是“至公堂”，最后是“衡鉴堂”，是全国一律的。科举是抡才大典，考试是抡才的方式，目的在为国家选拔真才。才能是一个客观的东西，才能的有无多少，决不是一二考官的主观与私意所得而任情增损、随意取舍，所以一则曰明远，再则曰至公，三则曰衡鉴，务要考官们，从接纳考生起到阅卷发榜止，始终维持一个最客观的态度。这在字面上虽若和民观的名词毫无关系，其实际的精神是很显然的民观的。人才由民间出，应考的人民是什么就是什么，有多少聪明才智就有多少聪明才智，“是什么”是一个流品或质的问题，“有多少”是一个程度或量的问题，说“衡鉴”，“是什么”要鉴，“有多少”要衡。做考官的必须承认这个，拳拳服膺这个，决不能以意为之的以为什么就算什么，以为有多少就算多少。科学家观察与衡量人身以外的事物时，所用的不就是这种精神么？观察与衡量也不就等于衡鉴么？当初的科举考试制度是否真能如是其民观，那是另一问题；不过在建立这个制度的时候，有人看到这种精神的重要，并且进而得到许多人的公认，却是一个事实，不容抹杀的。至于真才选出之后，才的发挥也就相当于科学范围以内的力的运用，从“知人则哲”到“使贤任能”，好比理工范围以内的从理论研究到实际应用，也同有其从“学”而进于“术”的自然程序，是无烦多说的。

人是群居的动物，人也是变异最多的动物，人也是有相当自由选择能力的动物，惟其群居，而此其所以为群，又和蜂蚁之所以为群不同，其分子之间，在智能、兴趣与意向上，有极复杂的差别，于是政治就成为人生最大问题之一，可能是唯一最大的问题。狭义的政治是政治科学上所称的政治。广义的政治则包括群居生活的全部，即群居生活的各方面的处理是。群居生活，包括狭义的政治在内，无论在何种体制之下，总牵涉到两种人：一是掌握政权或居领导地位的少数人，二是接受管理和处随从地位的大多数人。根据一部分人的理想，一切社会阶级前途可能消灭，但这个最低限度的双重分化大概是取消不了的。固然，我们充分的承认，这双重分化中的分子决不是永远不变的，那领导的决不会永远的领导，随从的也决不会永远的随从，而是彼此之间不断的流动的，即社会学者所称的社会流动是。我们也承认，流品既不止一二个，群居生活也不限于一二方面，在同一时期内，领袖于此方面的可能随从于彼，或适得其反。总之，天下没有生来只配领导而一贯领导的人，或此种人的集体，也没有生来只配随从而一贯随从的人，或此种人的集体。

不过问题的发生，就任何一个横断的时代说，就在群居生活里总有这两种人的存在。这两种人的关系如何而可以最调适、最融洽，如何而可以使交相感应的作用发生得最灵活、最有效，特别是就领导者对随从者的感应说，因为他有权柄，容易滥用误用——这便是政治问题的核心了。广义的政治如此，狭义的政治尤其如此。上文所提到的知人、选贤、任能的问题不过是这问题的一个部门而已。

政治的目的是要得到上文所说的两种人之间的高度的调适。我们的话不妨再从科学说起，科学的目的也无非是要取得调适，就是人在宇宙之间的调适。人要和自然环境调适，于是就有自然科学。要和目前的社会文化调适，于是有社会科学。又要和历史经验调适，于是有人文科学。我们都知道，特别是在自然环境一方面，三百年来，调适的程度已经着实增加了不少。这比较高度的调适是怎样来的？是适用了物观的精神来的。科学家，先之以物理的本然的了解，继之以物力的自然的运用，终于教人类在环境中取得了更进一步的安所遂生的程度。安所遂生，就是调适，也就是我时常说到的“位育”。理工的种种技术中间，在不察的人看来，总像包含着不少的人为的强制的成分，不少的故作聪明的成分。其实不然，大大的不然。物理自有其本然，自有其法则，岂是人力所能违拗？人懂了物理，顺了物理，便可多少加以聚散分合，加以控制纵送，却不能加以强制。许多人，包括一部分浅见的科学家在内，动辄侈言“征服自然”，那更无异于痴人说梦、妄自尊大！强制与征服的看法都是错误的，而其错误正坐物观的精神还是太欠缺，我深怕此种欠缺迟早将成为科学进步的一大障碍，且不免贻人类以无穷的忧戚。

如今政治的目的是在取得人与人之间的调适，特别是一时领导的人与随从的人之间的调适。领导的人好比科学家，而民众好比研究与运用的事物对象。政治家的任务就在清切的观察与了解民众的本来面目，包括上文所说的智能、兴趣、欲望、意向在内，从而有效的激发与运用民众中间蕴蓄着的无限的力量，使群居生活的富强康乐与和平创造得以提高其程度、扩展其境界。人理好比物理，也自有其本然，决不容以黑为白、指鹿为马。人力也好比物力，动态与静态之间也有其遵循的法则，可容顺适的安排调遣，合理的控制运用，而绝对的不容强制、不容征服，亦即不容剥夺抹杀。这就又回到上文民观的议论了。到此，上文所暂用的“领导”与“随从”的字样就不再合用，因为，如果政治的民观真能到此境地，则表面上虽像民众跟了政治家走，实际上是政治家跟了民众走。民众的智能、兴趣、欲望、意向、见解、理想成了一切政治活动与政治设施的最终的权威。到此，民观的政治也就等于民主政治，名异而实同了。

说到谁领导谁，有一个比喻是很可以发深省的。在民主国家，民众是主人，官吏是公仆。好比坐人力车，坐车的不能不算居主人的地位，而拉车的则居仆人的地位。车在街上走，总像是车夫领导着，时而左，时而右，时而快，时而慢，坐车的由他拉，甚至于好像是由他摆布。实际上这领导权决不在车夫身上，而在坐车的人身上。从甲街到乙街，是坐车的人的主意，不是拉车的人的主意，拉车的人自己没有主意，也不应当有主意。与其说是拉车的人把坐车的人拉到了乙街，毋宁说是坐车的人把拉车的人拉到了乙街，拉车的人自己并不要到乙街，是坐车的人拉他去的。政治家如果懂得这个最简单的比喻，对于民观的政治也就思过半了。

这便是题目中所称两般适用的第二般。适用的场合虽有不同，精神只是一个，就是客观。在治学的场合里既有人分别叫做物观，在治人的场合里我们也不妨另外叫做民观。《国语》上有一段富有民观意味的故训是二千年来谁都知道而至今还没有真能实行的，就是召公谏周厉王不要止谤的一番话。我姑且不厌重复的征引一下做一个结束："厉王虐，国人谤王，召公告王曰，民不堪命矣。王怒，得卫巫，使监谤者，以告，则杀之。国人莫敢言，道路以目。王喜，告召公曰，吾能弭谤矣，乃不敢言。召公曰，是鄣之也；防民之口，甚于防川，川壅而溃，伤人必多，民亦如之。是故为川决之使导，为民宣之使言……而后王斟酌焉。是以事行而不悖。民之有口也，犹土之有山川也，财用于是乎出；犹其有原隰衍沃也，衣食于是乎生；口之宣言也，善败于是乎兴；行善而备败，所以阜财用衣食者也。夫民虑之于心，而宣之于口，成而行之，胡可壅也？若壅其口，其与能几何？"召公这话，原只是一番比论，比论是古代最通行的一种理论方法，没有很多的价值的。不过我们现在读去，不能不觉得这比论是一个很巧的凑合，一个物理与人理的凑合，召公至少知道川不应壅而应导，是多少懂得一些物理的本然与物力的自然的，也是多少能用物观的精神来应付水的。他也知道口不应防而应宣，是多少懂得一些民理的本然与民力的自然的，也是多少能把民观的精神适用到治道的。召公只知道二事有些仿佛，大可相提并论，我们却不妨把他的话当做"一种精神，两般适用"的最早而最有趣的一个象征。

标榜了二十六七年的科学与民主在中国的实际情形又是怎样呢？科学的成绩，我们不能说没有，特别是在抗战前的几年里，民主的成绩却很是可怜了。照上文的说法，科学与民主既然是一种精神的两般适用，则岂不是既有其一便应有其二么？又何以丰啬颇有不同呢？这其间的原因不止一个，而其中最大的一个，我以为就在当初从事于新思潮运动的人没有能够把"一种精神，两般适用"的道理清楚的见到，拳拳的服膺，不厌辞费的把它指点出来，使成为运动的核心。唯其没有，所以那号称具有历史性的运动始终只是一个冲动性的运动，没有能把握住一般人的想象力，更没有能激发更多的人作比较长期而有组织的努力，使运动中人自己所得到的感召也有限而未能持久。也唯其没有，所以一部分运动中人与后起的青年虽有不少成为科学家的，而对于他们，科学只是科学，科学始终是他们唯一的“岗位”、唯一值得致力的园地，好像客观的精神单单适用于各个狭窄的学科的领域，而与政治渺不相涉似的。他们不但不为民主政治出一分力量，他们根本不问政治。科学家，或半生教读，或尽瘁研究，对政治真有如秦人之视越人肥瘠。如果门下的青年学生对政治表示几分兴趣，他们不特不加指导诱掖，使其应有的热情理想得与其专业的陶冶并行而协调的发展，反而认为是多事，是不守本分，是兴风作浪，从而加以漠视，甚或加以申斥。不过这一部分的科学家，对于科学，可能还是能体用兼赅的，即于本行的理论与技术之外，还能兼顾到一般的科学精神的。可惜此种精神的表现又往往犯所谓自画的通病，即往往只以本人的专门科目或少数有关的科目为限，一出实验室，一离开书本，一放下数字，便是他们的“道德的放假日子”了。[2]至于另一部分的科学家似乎仅仅注意到科学应用，科学的技术，穷则可以经营企业，独善其身，达则希望富国强兵，利兼天下，根本谈不到科学还有什么比较抽象的精神，对一般的人生还有什么陶熔的力量，那就更自郐而下了。也正唯当初没有把“一种精神，两般适用”的道理弄清楚，所以运动中人，以至于受其感召的后起的青年，虽也有不少加入实际政治的，而历年以来，对于政治的民主化曾无丝毫补益。他们中间也有不少以政治家的地位提倡科学的，但多番运动、几纸宣言、一大堆政令的结果，也无非是提倡科学的技术，着重科学对于国防与工业化的关系而已，和科学家的客观精神的培植不大相干，和此种精神的足以影响人群关系，促使从政的人能日趋于“民观”，及一般的民众因而日趋于自觉自主，更是风马牛之不相及。

总之，从本文的立场看，五四与新思潮运动可以说是失败了的，失败在科学的物观的客观精神没有能产生政治的民观的客观精神。二十六七年来政治局面的未能清明，未能踏上民主的道路，便是失败的一个铁证，而失败的责任要由政治人物与科学家分别负担。科学家所负的可能要在一半以上，因为政治人物虽未必了解民观的精神，而科学家对于物观的精神，决不能诿说不了解，了解而不能推广，不能充其类，便是他们的责任了。不过既往的不说，更不必归咎何人，第二次世界大战的经验也已经足够再度给我们一个教训了。这教训就是，单单注意技术的科学，以至于单单提倡精神上不能和政治发生联系的科学，无论强勉的成功到何种程度，是无补于国家民族的危亡的。墨索里尼何尝不知道利用科学的技术？日本的军阀与野心家也何尝不知？希特勒与其爪牙，以至于整个的德国民族，更是这方面的第一流老手。这三国的科学家，虽不自爱惜、为虎作伥，但也何尝不了解一些上文所称的自画的科学精神与科学方法？试问，这半年来身受相当于亡国的痛楚而大为天下僇笑的又是谁来。[3]

注释：

［1］此文为纪念民国三十四年五四运动二十六周年而作，最先在昆明《自由论坛》发表。三十五年二月，重庆的《客观》周刊索稿，又重写一过，比初稿的篇幅多了一倍，寄登第一卷第十二期。

［2］参看下文第五篇中《隐遁新解》及《说学人论政》二文。

［3］此文初稿作于一九四五年五月一日，上距苏联军队开始包围柏林七日（四月二十四日）、意大利游击队控制米兰和都灵击杀墨索里尼五日（四月二十六日）、德国希姆莱表示愿向英美提出无条件投降与希特勒失踪三日（四月二十八日）。

多党政治与团结的学习*
（1945）

近顷各地的舆论，特别是陪都的许多报纸，都呼吁着团结。团结诚然是必要的，并且已经是迫不及待。但只是呼吁是没有用的。团结确乎有团结的困难，并且这困难不自今日始，而自有其长久的民族文化的背景。要解除这些困难也是不容易的。不过如果我们能够稍微费一点分析的功夫，把一部分所以困难的缘故，比较清楚的认识一番，对于前途团结的努力，或许有一些帮助。

我以前时常有机会说到，我们的民族是一个比较青年的民族。表面上，国家很古老，文化也很古老，但就人类学的立场看民族的生命，我们却还没有成年。最近我在《自由论坛》关于英国人的特辑里，就说过这一类的话。成年以前的时期，都是学习的时期。一切我们都需要学习，包括团结在内。

严格的说，我们立国虽久，却从来没有能真正的团结过。用社会学的口气来说，我们一向只有社区的生活，而不曾有过社会的生活。[1]我们以前有过的团体生活不外三种：一是建筑在血缘与婚姻关系之上的，例如家族以及从家族引伸出来的种种结合，包括我们所了解的国家在内。在所谓家天下的前代，国就是某一姓的家，官吏民众则相当于仆役与子女的地位，所以有“臣仆”与“子民”之称。二是建筑在地方或乡土关系之上的，例如一切地方的公益团体、慈善机关，以及本土以外的同乡会馆之类。三是建筑在小我或小群的利害兴趣关系之上的，例如同业的行会公所以及比较秘密的帮会之类。二、三两种事实上还分不大清

* 原载《民主周刊》第1卷第12期，1945年3月10日；辑入《自由之路》，商务印书馆，1946年版。

楚，因为都建筑在血缘以外的利害关系之上，而真正超越地方关系的公益团体或同业组织历史上几于无例可举。其实一、二两种也不容易绝对划分，因为乡土关系的背景中，多少也总有一些血缘关系的成分。

约言之，以前的集团生活不是建筑在先天的血缘关系之上，就是建筑在后天的比较小群的利害关系之上。除此而外，再也没有其它的集团生活，或虽有而内部的结合绝对谈不上“巩固”或“密切”一类的字样。平时甚至于以利害相结合的团体还得假借血缘关系的一些名称，与利用这种名称所唤起的情绪作用，来维持其集体的生命，增强其分子间的凝固，金兰会或帮会中人的必须称兄道弟，就因为这个道理。民国初成，国人动辄以同胞相称，或总称为黄帝子孙，近年以来，大家又把孙中山先生认做国父，也未始不是这个道理。道义不能维系，甚至于利害不能维系，我们就不得不乞灵于假借的家庭情感了。

然而真正的团结却非建筑在道义关系之上不可。只说“道义”二字，未免失诸笼统，并且在“前进”的青年人看来，又未免有些“落伍”。我们应当把它分析的说一下。所谓道义关系的结合至少应包括如下的三点：第一，结合的目的或宗旨是大众的福利兴趣，而不是小我或小群的福利兴趣，即，不止是加入团体的一些人的福利兴趣。我在这里可以用“是非”的字样，而不必用“利害”的字样，但团体大到相当程度以后，所谓是非的问题其实往往是一个利害的问题，对大众有利的，就是是的；有害的，就是非的。所以在事实上也就不必细分。第二，团体生活的维系应当端在这种宗旨的共同认识，与为了实现此种宗旨而发出的共同意识与主张，而不凭借其它任何关系，比较古老的如血缘、乡土，比较新出的如种族、阶级、信仰、派系之类。第三，牵涉到个人在团体中的地位。个人之所以认识此共同宗旨，与所以接受与发表此共同主张，是个人的自由的理智、思考、判断与抉择后的结果，而丝毫不由于外缘的威胁利诱或其它强制的力量，包括本团体的大多数的威胁力在内。根据了这三点而组合成的团体才真正配叫做社团，唯有这样的团体才可以讲求切实的团结，其分子也才配彼此以同志相呼，也唯有这样的团体才可以进一步的在两个以上之间取得联系，而造成更大规模的团结。

这种团体在我们的民族经验里确乎是不曾有过。团体既然没有，团体以内与团体之间的密切的结合当然更说不上了。如果要勉强寻找一些例子，来姑备一格的话，最近情的大概要算明末复社一类的组织。复社不能不说是一个道义的组织，绳以上文的三个标准，大抵也还通得过去。不过在当日的时代与环境里，其它的条件太缺乏了，所以除了通声气、开大会、发公揭而外，也就不能发生多大的威力。家天下的政制之下，集会结社不特不自由，并且根本不能有，要不是因为明末天下的扰攘、南部政治的失其统驭，复社也就无法产生。此条件太不足者一。君子群而不党，周而不比，团体的生活，特别是关系比较密切的团体生活总带几分营私舞弊、狼狈为奸的嫌疑，在这种文化背景与社会环境之下，团体生活无论有多大道义的根据，也是无法活动的，遑论健全的发展。若不是因为正当存亡绝续之交，而复社这班人又是忧国心情特别的迫切，也是不会组织起来的。此其二。复社虽然成立大会算开成了，公揭算发出了，但士大夫的习气太深，消极的个人的操守尽管有余，积极的集体的勇气与斗志终嫌太少，经不起一二度的骤雨狂风，也就烟消云散了。此其三。

总之，关于我们目前所了解的团体生活与团结，我们必须从头学起，以前可以说丝毫没有可以因袭的东西。学习的第一步是要力求摆脱以前集体生活所由维系的种种比较原始的力量，如血缘、姻娅、乡土、金兰关系等等。倒并不是要把这些力量根本取消，那是不可能的，而是要把它们尽量的归还到它们应该活动的场合，例如家庭、桑梓以及小范围的交谊或进修的团体。近人常说中国人像一盘散沙，其实这话是与事实不符的，一切根据了比较原始的力量而形成的种种集团生活，在我们中间不但并不薄弱，并且比许多民族要强得多。家族的力量、同乡关系的力量、“裙带”的力量以至于“奶头”的力量，算得薄弱么？绝对的不。要把这许多力量撇开之后，再求团结，那我们才见得真正的散漫无归。所以就整个的社会人口说，我们所仿佛的，不是一盘散沙，而是一盘米面粉，本来是比较干松可以由人意随时分合的，后来因为受了潮气与细微生物的侵蚀，弄得东一团因霉腐而凝固，西一团因蛀丝而牵连，终于闹到到处是疙瘩，到真要派用处的时候，便再也和不起来。总之，中国人不像散沙，而像一盘充满着疙瘩的面粉。如果真像一盘散沙，那倒好了。我们学习的第一步就是要设法从造成疙瘩的种种力量里解放出来，而解放的结果，起初就该像一盘散沙，随后再运用新的力量，来谋取新的团结。当务之急，殆莫大于消除旧疙瘩，争取新团结。任何疙瘩是病态的，离开了乡土范围的乡情，离开了家庭范围的亲情，在大群之中对于小群利益的维护顾惜，至于不遗余力，诸如此类，都是畸形的、癌性的，也就是病态的。此种病态一日不除，新的社会与政治团结便一日不能实现。

第二个步骤不妨叫做多元性的学习。学习必然是多元性的，非多元不足以资学习。学习包括尝试与错误而再三尝试的过程。此种学习的过程始于清末，盛于民初，衰于袁氏称帝与军阀当政，再度酝酿于北伐前后，而最后结束于国民党的党治。从此多元变做一元，而学习的过程就半途而废。国民党把党治分做军政、训政与宪政三个时期，宪政开始之日，即党治结束之期。从党的立场看来，这无疑的是很合理的一个过程、很合理的一些步骤，但从党外与一般国民的立场看，这无疑的是反学习的一个过程与一些步骤。政党的一元化打头就是反学习的。"训政时期"的名称未尝不富有教人学习的意味，姑不论"训"字用得称当不称当，也不论若干年以来，执政者究属实施了多少训政的工作，不过国人很清楚的知道，真正团结的学习，也就是健全的政党政治的学习，始终没有成为训政计划的一部分。其实在一元论的大前提之下，事实上不可能，理论上也不容许，国人也正复没有存太大的希望。结果呢？自然是很不好。任何不许人学习的办法是不会有好结果的。

这结果可以分两部分说，一是对于党外的国人的，一是对国民党自身的。党外的国人，爱国的心情、忧国的计虑既未必后于党内的国人，自决不因不许学习而放弃学习。他们从党治开始之日起，就完全自动的学习，以至于秘密的学习、囊萤刺股一般的学习。十余年来，成效虽不能说没有，却终究是有限制的，而在学习的过程中，环境逼窄，设备毫无，情绪恶劣，因而引起的挫折与纠纷，也是所在而有。结果的不会太好，当然是可想而知。在党内的一方面呢？说得好些，是独学而无友，说得不好些，是根本不再从事于学，党内的许多朋友不早就开始在训人么？如果训政也包括一般政党政治的训练在内，即他们于国民党之外，肯容许以至于扶植其它政党的发展，则至少还可以收不少的教学相长的益处。但事实不是如此。不如此的结果，说得好些，是孤陋而寡闻，说得不好些，是党的内部起了不健全的变化。而变化的最主要也是最难避免的一部分是一切造成团体生活的原始的力量，有如上文所缕述的种种，又再度的乘机侵入，于是党外尽管无党，党内却有了派系；于是不但不肯学，不能教，且转回到一种比较原始的社区生活的状态，和民族以前的经验根本没有分别。这方面结果的不能算好，也是可想而知。

第三个步骤应该是多党政治的形成。没有第二个步骤，这第三步当然也不能有，即有，也是很不健全的。上文说在国民党的训政时期里，党外的国人曾自动的学习团结，学习一些政党政治的方法，并且也还有些成效。国民党而外，共产党的历史最长，抗战开始以还，他们的学习也是最努力、最艰苦，并且一面学习，一面纠正了不少的前期的错误。这一点，无论我们赞成共产的理论与否，是谁都不能不承认的。其他还有许多小的党团，历史的长短不一，分子的多寡不一，最近四五年来，似乎有酝酿成为一个政团的趋势，前途如果发展顺利，可能会与国共两党鼎足而三。这些党团，包括国民党在内，目前都还不能以很健全的标准相绳，而所以不能健全的理由上文已约略说过。不过多党政治的规模不能不说是已经粗具了。政团的存在原所以调和各方面的趋势，包括人性的各种不同的趋势在内，有侧重进取的，有侧重保守的，有比较折中的。就这立场来看，目下党团的分布也还很有几分代表性，而并无重大的复叠或挂漏之处。国民党本来是比较急进的，但近年以来，日趋保守，这是孙哲生先生从内部发出来的批评，大概是不会错的。共产党一向比较的急进，抗战开始以来，政策虽已改变不少，大体上也还比其他政团为富有进取性。而正在酝酿中的第三个政团可能走的是一条比较折中的路线。据闻在酝酿的初期，动机之一，就在从旁设法调整国共两党的争峙。读者在此应该已经了解，这里所说的进取、保守指的只是一个对人生与政治的态度的分别陈述，其间丝毫不包括优劣高下的价值判断。要看所保守的是什么，所进取的是什么，我们才能下此种判断。目前有不少的人认为只要向不曾到过的方向走动，只要所谓前进，都是好的，我认为这是一个错误。总之，目前政团的分布，虽不甚健全，只要我们能认识它们，鼓励与扶植它们，在粗具的规模之上，许它们合理的发展，这就三个步骤说，还可以说是未落虚空。

第四个步骤也是我们最后的目的，也是目前全国的舆论正延颈企踵的期待着而大声疾呼的吁请着的目的，就是，党团之间的团结，也就是通国的团结。多元的党团宣告切实团结之时就是国家真正一元化与统一之日。这四个步骤在时间上原应分个先后，后一步骤成功到什么程度，自然要看前一个步骤健全到什么程度。上文说过，由于我们已往的错误，我们并没有按部就班的走，我们每一步也没有走稳，一直是跌跌闯闯的走进了目前的不可究诘的情境。但无论目前的情境如何的不可究诘、难解难分，同时期内的国家局面与国际环境却绝对不再容许我们在这情境中逗留观望。究诘的工作我们在上文算是尝试了一些，但实际分解的工作却终究要待当局与全国人民的急起直追的努力。换言之，按部就班学习团结的机会既成过去，我们目前只有力求速成之一法，不能速成，就是失败，其间别无第三个可能的归宿。团结而真能速成，则抗战的成功、目前及战后国内建设的效能以及战后国际场合中巩固地位的取得，就都有了保障。否则一切都成泡影，连停战协定签字以后的短期间的喘息，我们怕都不能享受。[2]国家的歧路当前，民族的存亡攸系，何去何从，要看当局与国民的能否发最大的宏愿与作最当机的决断了。

注释：

[1] 关于"社区"(Community 或 Gemeinschaft）和"社会"(Society 或 Gesellschaft）的详细区别，参看德国社会学家端尼士（F. Toennies）的著作，端氏所著书即名《社区与社会》。

[2] 这真是不幸而言中了。当我订正这篇文字，准备辑成这本集子的时候，便是内战打得已经热闹、复员无形停顿、收复区民众生活水深火热的程度正不下于沦陷时期的时候。这种不幸而中之言，稍稍关心国事的人谁都会说，谁都说得中。我如今补注这一两句，决不在表扬我有什么预言的本领，这本领谁都有，而在把未能及时学习团结的罪过、不团结所必然会造成的恶果以及此种恶果所已引起的中心伤感，再重复的记载一笔罢了。

正视苏联*
(1945)

我没有到过俄国，我对于苏联的一些认识大部分是书本上看来的，小部分是直接间接从到过苏联的朋友方面听来的。

我在题目里提出“正视”两个字。在宣传替代了教育的今日，我们对于一切问题不容易正视，对于苏联的问题，尤其是不容易：一则因为澈底的社会改造势必牵涉到信仰，而信仰最不容正视；再则关于苏联的正面宣传与反面宣传，数量之大，恐怕要在任何其它题目之上，我们不加理会则已，一经理会，便如入五里雾中，五里雾中是无法正视的。

我们要正视苏联，可以从两方面着手：一是关于一般的态度的，一是关于实际的认识与判断的，而态度为更关重要，态度不正，认识与判断是根本不正的。换言之，我们必须先下一番荀子所称的“解蔽”或近代科学常识所称的“破除成见”的功夫，我们才有比较能正视的希望。论事的态度最后原是一个个人修养的问题，在此无庸讨论，不过就苏联的题目说，有两点是最值得提出的。

第一点牵涉到一个距离的问题。我们和苏联颇属毗邻，实际的距离却不近，地理上如此，心理上尤其如此。我们中间，对苏联说好说坏的人都是很多，甚至于可以说凡是多少受过教育、略具世界知识的人，对苏俄都有一个极笼统的或好或坏的判断。但对它真正悉力观察、用力研究的人又有得几个呢？绝大多数的人对它的一知半解，以至于错知误解，都是从远距离中得来的。我们承认，距离太近，见树不见林，固然不利于正视，但距离太远，远到一个教人不得不用想象、猜测、憧憬来补充的程度，其为不利，至少不在距离太近之下。我们赏鉴一个女子的

* 原载《自由论坛》周刊第19期，1945年3月10日。

容貌，有句话说："远看一朵花，近看一面麻。"一个远距离的女子究属是不是麻子，我们不晓得，但在看去的我，如果是具有同情而趋向于审美的话，我就很愿意想到，不但远看是一朵花，大概近看也不失为一朵花；反之如果我拘于成见而趋向于吹毛求疵的话，我就不免有另一种想法，就是，远看尽管是一朵花，近看可能有几点麻。约言之，美或不美的断定，并不由于女子的客观的容貌体段，而是由于其它的因缘，缘是人我的距离太远，因是个人的主观太深。我们对于苏俄，一二十年来，便有这种情形。

第二点牵涉到一个成败的问题。中国有句老话："不以成败论英雄。"西洋也有一句相似的话："天下事没有比成功更成功的。"意思都是说，我们普通容易犯一种毛病，就是，就一时的成败利钝来推断一事的是非优劣。寻常论事之难，距离而外，这也是很重要的一个因素了。大抵在一事暂告失败之后，我们替它解释、替它开脱、替它追寻种种不得不失败的理由，已经是不大容易，而于一事暂告成功之后，我们想平心静气的，于分析种种成功的因素而外，寻觅它的可能的罅漏错误，推论它能否维持久远，则于事更难。二十多年来的苏俄的经验，无论当政治革命看，或当社会改造看，大体上是一个强大的成功，是谁也不能否认的。推翻帝制，于摧毁败坏之中支撑出一个新局面来，是成功的第一步。几度的五年计划，成就的质量究属如何，论者的估计虽不一致，就工业化与组织化的迈进说，就国家生产地位与人民生计能力的提高说，显然已有极大的收获，是成功的第二步。和德国血战多年，虽然受创于先，终获胜利于后，是成功的第三步。我们见到这几步的成功，除了少数成见极深、牢不可破的顽固分子而外，谁也不免感觉到惊奇，谁也不免进一步的思齐景仰，甚至于更进一步的追寻它所以成功的原因。这都是极自然的，也是极应当的。成功原是客观的，思齐景仰也是人情之常，但在"天下事没有比成功更成功"的心理支配之下，这种思齐景仰的态度可能发展到一个极端主观的态度，从而认为苏俄的一举一动、一颦一笑，无往而不有至理，无往而不可效法；苏俄自己倒可能的不这样看，而我们中间却大有人固执这种近乎天主教的"教皇绝对无谬论"的态度——这就大有问题了。

在这种态度之下，再加上因距离太远而发生的憧憬，我们就决不会发为如下一类的问题：苏俄的成功的代价如何？它所遭受到的牺牲如何？这牺牲和成就是不是差可相当？这种牺牲是不是绝对无法避免？它对于成功的持久性前途会不会发生影响？这是一方面的问题。到现在为止，一般思齐景仰的认为这种牺牲是不可避免的、绝对应当的，甚至于认为算不得牺牲。苏俄的成功自有其意识与信仰的背景，最基本的是马列的唯物论的社会主义，其次是建立在此种主义上的制度，这在许多思齐景仰得过分的朋友也认为是一种天经地义，不容再事推敲分析。其实问题也非常之多。马克思的学说一部分得力于黑智儿，所谓辩证法的便是，而黑智儿却是数一数二的唯心论者。说苏联的政治哲学完全属于唯物论压根儿就有问题。再就苏俄的实际设施说，接受马列主义是第一步，根据了主义从事于一种新政治与新经济制度的建立，是第二步，根据了这种制度来革新生产方法，调整生产关系，是第三步。这三步都做得相当的成功，是不成问题的，但始于“意识形态”而终于生产关系的一个过程究属是唯物的呢，还是唯心的呢，却大成问题了。马列主义是比较一套固定的意识形态，但至少自从列宁逝世，其间究属发生了些什么变迁，多少变迁，这些变迁和苏俄实际政治又有什么关系，还是实际政治始终以主义为依归呢，还是执政者多少得修正或曲解主义来迁就实际政治呢？例如苏俄在一九三一年以前是主张“平等”的，恪守着“科学的社会主义”的一个基本信条，但一九三一年以后主张是明白的放弃了。为何放弃？放弃得有道理没有道理？诸如此类的问题，我们如果不过分的思齐景仰，就不免要提出来问一个究竟。一种进步的政治哲学是要随时变通的，“以不变应万变”的原则属于死的哲学，不属于生的哲学，就我个人说，我对于苏俄这一类的修正是很佩服的，不过就思齐景仰得过分的许多朋友说，我总觉得，在他们看来，苏俄的成功的果，是完全由于马列主义的因，即二者之间有绝对的互为表里的关系，这一层我却不佩服了。我的了解是马列主义早就走了样的，而苏俄的成功，至少有一部分就建筑在此种走样之上，而不在刻板的马列主义之上。唯有思齐景仰得过分的人才始终抱住这刻板不放，认为苏俄的成功完全由于奉行马列主义，丝毫没有违拗，更以为只要有了马列主义，一切政治、经济、社会制度的改造便可以垂手而得。

我们如果不受“以成败论英雄”的心理的支配，又如果我们能短缩我们和苏俄间的距离，我们要想出的问题还可以增加许多。除了上面的而外，至少还有一题应该在此指出，就是苏俄的成功，除了制度以外，是不是还有民族的因素、领袖人才的因素？俄国民族是比较后起的，加上北方的严寒而富有历练性的环境，似乎是特别的活泼有劲，是一个虽显然而不大经人道及的事实。苏俄领袖人才的比较廉明公正也是一个很大的事实。一种制度虽好，岂不是也得有好人方能维持？总之，我们对于这许多的问题，要能率直的发问，更要能明白的答，我们对于苏俄的总问题才能正视，也才能收正视的效果。而除非短缩两国的距离，纠正我们过于容易以成败论人的习惯趋向，这些问题就根本不容易提出来。为此，我们目前迫切的希望是：第一我们要改善中苏的关系以至于国共的关系，第二要增进中苏与国共间的交际，第三要鼓励国人蠲除偏袒或厌恶的成见，来悉心观察与研究苏俄的民族、制度与人民的实际生活。不循这几条途径，我们将永远无法正视苏联。

《蜕变中的中国社会》序
——环境、民族与制度*
(1945)

树青把他近年来陆续发表过的一部分文字集合起来，编成了一册《蜕变中的中国社会》，要我在篇首说几句话。这是我很乐意为之的。我在民国二十三年到清华任教，开始认识树青，十年以来，在学问上，以至于在个人生活上，始终和他保持着密切的联系，并且在十分之六七的时光里，我们是在同一个场合工作。集中二十八篇文字，有的在未写以前他就和我讨论过，有的在既写之后我有过先睹的快慰，有的一经发表，树青便送我一份，而最近在编订以后，我又有机会全部看过一遍。树青对于许多问题的看法，十之八九也就是我时常喜欢提出的看法，而因为他对于土地问题、农业经济以及一般的经济理论，下过不少的工夫，有许多地方他比我看得更周详，说起来也比我更清楚、更发人深省。

说到社会与社会学，我们总离不开几个基本的因素：一是自然或环境，二是人或民族，三是文化。树青是喜欢谈论所谓制度社会学的，这本集子的书眉，除了《蜕变中的中国社会》外，不还写着《制度社会学论丛》的一个更综合的名目么？所谓制度，其实就是文化中比较有组织、有系统，而也是比较固定与持久的一些部分，例如家庭与宗教之类。人在自然环境里，一面要和环境中的事物，一面也要和别的人，取得“安所遂生”的关系，取得所谓位育，就不能不从事于种种活动。此种活动的方式与成果，我们统称为文化，而各种社会制度便是其中最具体而最有维系能力的若干部分，也惟其具体有力，所以最关重要。

---

* 原载李树青著：《蜕变中的中国社会》，1945 年 12 月；从第三段至倒数第三段曾以《环境、民族与制度》为题，载《东方杂志》第 41 卷第 9 号，1945 年 5 月 15 日。

环境、民族、制度是一个不可分的三角关系的三边。当其初，这三边并不是同时存在的。环境当然是最先存在。人类，或各个不同的种族，或后来的各个民族，原是生物在此环境中演变而成的一个结果，是后起的。人类为求自身的位育，把智能用在环境上，于是才有文化和制度；文化和制度显然是三边中最晚出的一边。不过，三边都经演出以后，它们却一贯的维持着极密切关联。最初只是环境影响人类或民族，后来民族也就影响环境。起初也只是民族影响制度，后来制度也就影响民族。环境与制度之间，也有同样的情形。所谓影响，指的是形成、选择、改变、阻滞以至于消灭一类的力量的施与和接受。而就环境与制度加诸民族的影响说，最重要的是选择。

我认为研究中国社会的变迁，包括近代与当代的蜕变在内，这三角关系是不宜一刻忘怀的。我们假定，在先秦时代，中国的环境、民族与制度有过一个比较良好的配合，即三者相互之间，都有过良好的影响。秦汉以降，局势发生了变动。最先发生变动或变动早已发生而到此变本加厉的是环境一边。此种变动的最初步骤大概是气象学的与地质学的，我们姑不深究，我们所能确指的是黄河流域水旱灾的频仍。不断的水灾、旱灾势必在人民生活上引起变化：第一步是经济的，即生活愈来愈逼窄艰苦；第二步便不免是生物学的，即人口中间，身心品性比较适合于逼窄的经济生活的分子倾向于继续生存蕃殖，否则倾向于死亡。这便是环境对民族发生了选择的影响。二千多年来，这种选择的影响从没有间断过，并且大有江河日下的趋势。

反过来，民族对环境，却说不上发生过多大的影响。这时期的前半叶里，南方未开辟的土地还多，北方发生一次水旱饥馑，就促成一次人口的向南移殖。从此，南方的环境是逐渐的被开拓了，而北方的环境，除了开渠防河一些有限的努力而外，并没有受到人力的更有效的修正控制。而越到后来，移民的出走越多，此种修正与控制的才力就越少，而北方环境的进化就越不可问。何以故？遭遇了灾荒的人口，何以但知消极的迁避而不识积极的防杜于前、挽救于后？要答复这一部分的问题，我们就得说到文化与制度的一边了。

北方环境的恶化本由于自然的原因，大概不是人力所能完全制止。但人力与人谋应该多少可以挽回一些造化。所谓人力、人谋，只是少数人的聪明才智和一时集合的大量劳力是不够的，事先必须有比较长期的文化的支持与制度的培养，方有积极应付的希望。此方面所需要的人力、人谋，显然的牵涉到近代所称的理工的学术。先秦时代是中国一切学术萌蘖的时期，当初也还包括不少的理工的成分在内。不过，一方面可能因为道家之流对于自然主义讲得太过，一方面也可能因为儒家之流对于中庸通达的道理求得太亟，所以远在春秋战国年间，近代所称为“科学”或“理”的东西早就成为“小道”，而“技术”或“工”的东西也早就成为“贱工”。理与工，科学与技术，在中国文化与制度里，根本没有取得一个适当的位置、一个发轫的机缘，后来的发展累积自更无从说起（说详拙稿《工与中国文化》，《自由论坛》第一卷第一期）；到今日之下，只落得，一条黄河还是像《老残游记》里所说的贴满着烂膏药的一条大腿。大腿如此，大腿以外的遍体疮痍，也就可想而知。

这便引进到文化与制度，如何追随在自然环境之后，在民族的本质上发生它那一部分的影响了。从春秋战国时候起，我们的文化生活所走的路径，最显著的，似乎始终只有上面所说的两条：一是无限制的顺适自然，二是在逼窄的经济条件之下求其所谓中庸通达。演化论讲“物竞天择，适者生存”之理，所谓天择，初则直接凭借自然的种种势力，终则势必假手于文化的种种势力，即以文化的事物为支点而引起轩轾的生育死亡。二十年来，论者分析中国民族的品性，就其不健全的部分说，大率集中于私、愚、病、乱等几个特点，这我是同意的。我所不能同意的是，他们以此种特点为完全由于后天的养教无方，而我则以为一半由于先天的遗传不利。遗传的不利就是选择的结果。在饥馑荐臻的自然环境里，只有先天有更多的私、愚、病、乱的倾向的人才适于生存——是第一步，是所谓自然选择；极端顺适自然或将就自然的人生观又助纣为虐似的推进这种趋势——是第二步，是所谓文化选择，呼之为假手于文化的自然选择，亦无不可。这都是属于上文所称第一条路径的话。自然本有维持平庸分子的生育蕃殖的倾向，因为在寻常的环境里，越是此类分子越能够作多方面的、消极的敷衍应付，越是适于生存——这又是第一步的自然选择；中庸通达的人生观，特别是久经误解为“不偏不易”的中庸论，又在这一方面成为一股推波助澜的很大的力量——这又是第二步的文化选择。这是属于第二条途径的话。总之，由选择而来的私、愚、病、乱等特点，以及一般身心能力的平庸，不能不说是二千余年来民族所以适于生存的最大原因。但适于生存并不等于善于生存，“适”是自然的趋势，“善”是人为价值判断；有聪明智慧的人类和吸食现成的寄生虫是同样的“适”，却不是同样的“善”，也可以说善不善的判断根本不适用于寄生虫。中国民族的生存至今证明了“适”，至于和其它民族较量以后，究属“善”到如何程度，则有非片言所能置答的了。

上文所说大部分是环境与文化如何先后影响民族的话，小部分则属于民族如何影响环境；我们发见民族所受者甚多，而所施者甚少。其次应当一论先秦而后民族对文化与制度的影响又如何。这方面的影响比较对环境的要大得多，不过十之八九也是消极的而不是积极的，即其目的端在使修订后的文化与制度可以进一步的帮民族的忙，教民族得以在越来越逼窄的环境里始终顺适、永久维持。我们不妨举两三个例子，走了样的中庸之道便是很好的一个。中庸之道原教我们一面“用中”而一面“执两”的，即执中而有权的，但秦汉而降，尤其是宋代以还，民族积极位育的力量趋于衰弱，其对于一切二元或多元的局面的反应，往往只有“左支右绌”或“左右做人难”之苦，而不复有“左右宜之”或“左右逢源”之乐，于是执中无权的种种看法，有如“天经地义”、“纲常万古”、“以不变应万变”……就应运而来。于是误解的中庸论与平庸的民族性终于成为两个互为因果的东西：哲学越讲不偏不易的中庸，民性便越趋于平凡庸碌；民性越趋于平凡庸碌，哲学便越不能不“修正”中庸之论，使不偏者愈益不偏，不易者愈益不易，如此往复推挽，构成了中国民族生活史里一个最不容易打破的恶性连环！

知足知止的观念也是很好的一例。初则逼窄的自然经济环境迫使我们不得不知足知止，继则本性上比较能知足知止的人口分子不免在竞存上多占一些便宜，少受一些亏累，终则我们认为知足知止是最合理想的一部分人生观，允宜垂为明训，千古不磨。从此环境越逼窄，生活越艰苦，能知足知止与甘心知足知止的人便越多，而知足知止的哲学便越发牢不可破，更从而繁育知足知止的人与增添环境逼窄和生活艰苦的程度——不又成为一个恶性的连环了么？从先民自强不息、日进有功的人生观退到知足不辱、知止不殆、一动不如一静、多一事不如少一事的人生观，其间的距离真不可以道里计。然而这决不是偶然的，而是极有来历的，变动了的民族性格终于“修正”了民族的处世哲学。

但是最好而最具体的一例是我们的畸形发展的家族制度。在任何情形之下，求生的欲望总是最强烈的。生命的发展有它的高明度，有它的博厚度，也有它的悠久度或绵续度。一个健全的民族生命是要求多方面的发展的，其个别的分子的种种努力则足以促进高明、增益博厚，造成巩固而灵活的社会团结和光明而甘美的文明进步。而血缘的世代嬗递，便是悠久无疆的张本。我们的民族呢？大体平庸，分子中私、愚、病、乱者特多，而奇才异禀者特少，既有如上述，则个别分子所能努力的方向与此种努力的造诣都不免受很大的限制，博厚高明的生命发展也就无从说起了。但上面说过，求生的愿望与生命的力量是抑制不住而总须觅出路的，博厚高明一路既因先天不足而一时走不大通，就只有走绵延悠久的一路了。二千多年来，我们的生命力事实上几乎是倾筐倒箧似的灌注在这一条路上。一个个人，尽管活上七八十岁，忙碌了一辈子，其实际的成就，在社会与文化看来，几乎是等于零。事业说不上，学问说不上，甚至于对别人的一些热闹、对自己的一些享受，也说不上，说得上的只有一点，就是在一脉相绳的生命上，他尽了一分承先启后、继往开来的能事。这不能不说是一大事实。而促成这事实的文化的力量便是家族中心论与家族制度。时人喜欢说到“国格”与“民魂”，这类东西究属有没有，我不知道，但就这里所讨论的一点言之，真像民族有一种整个的活力与综合的心理，而此种活力与心理有它的自求多福的直觉，觉得既不能向高明博厚的方向发展，就只好向绵延悠久的途径进行。换言之，畸形庞大与笼罩一切的家族制度不妨说是民族心理的一个补偿、一个自卫机构，目的在把失诸东隅的收诸桑榆，否则岂不是就等于生命意志的消失与生命的放弃了么？还有一层值得提出的，就是家族制度和上文所说的两条文化生活的大路，事实上有密切的联系。生生不已，是自然主义最基本的部分；在个人与社会的二元之间，家庭是允执厥中之点；有了家族制度，这两条路就合而为一，并且取得了充分表达的机构。

上文把自然或环境、人或民族、文化或制度的三角关系说了三分之二，其余三分之一——环境与制度间的相互影响——我就不预备说了。因为这三分之一是大家最熟悉的。就环境对文化的影响言，地理学者与地理学派的社会思想家早已说得清清楚楚；而就文化对环境的影响言，则自理工学术昌明以后，到处可以看到例证，更自不言而喻。就历史上中国社会说，大抵环境影响制度的地方极多，而制度改动环境的地方有限。民族对环境既但知一味的与一贯的作消极的位育，有如上述，它当然是拖了文化制度一致的顺适将就；环境既予取予求，民族与制度就将错就错，挣扎的机会无多，奋斗的努力更少：我们虽不是寄生虫，我们走的多少是寄生虫走过的路。

我这一番话有三层用意：（一）我提请一班研究中国社会的朋友们多多的注意到环境、民族与制度或地与人与文的三边关系与三边彼此牵扯的变动。二三千年来，自然环境变过不少，文化制度变过不少，而民族也变了许多。我特别要强调民族的变迁，而此种变迁决不止是浮面的一些习惯，而是内在的一些本质，因为它是这一班朋友所最不注意以至于否认的。至于此种变迁是由于自然选择与文化制度的选择，我相信上面的讨论里也已经说得够清楚。（二）我希望读树青这本集子的人可以先有一个综合的参考点，一具简单的机架，足以容纳集中每一篇的文字。集中的篇什虽多，所论的方面虽不一而足，写作虽有先后，着手以前虽未必有很固定的计画，却未尝不是自有脉络可寻的一个整体。（三）树青的理论原是从这三边关系的机架出发的，他对于自然选择与文化选择也认识得很清楚。这他在集中第二、第五两部分的各篇文字里，特别是关于自我主义、家族主义、乡土主义、社会阶梯、社会筛箕的诸篇，最容易看出来。不过他一面承认选择的影响，一面却又暗示到民族特质在历史上没有起过多大的变化，以至于一再说到文明的盛衰起伏与民族特质无关（见集中关于文明与文化的若干篇）；他似乎忘记了历史上的中国民族，构成中国社会的民族，可能也经历过一番蜕变。这是我所不大能了解而有待于再和树青从长商讨的。

树青自己不准备在篇首用弁言一类的方式说什么话。他要我顺便向好几家刊物和负责编辑这些刊物的朋友们谨致谢意，特别是《东方杂志》、《独立评论》、《今日评论》、《新经济》、《自由论坛》、《云南日报》、《中央日报》和他们的编者。他可能也要谢我在这里唠叨了一大顿，但这是没有必要的。

学与政与党
——政学关系三论之一*
(1946)

这是一个很大的题目，特别是在最近几十年来的中国。在以前，学与党的问题可以说根本不存在，除非那“党”字指的是朋党，不过理论上从事学问与树立朋党是两种矛盾的行为，如有学人兼作党人，或口谈诗书，而心存朋比，我们即以矛盾目之，甚或以伪学目之，认为不值得再加讨论。学与政的问题是存在的，但很简单，只要我们按照“学优则仕，仕优则学”与“不在其位，不谋其政”……一类的话做去，就没有多大的问题。

不过近几十年来，我们的见解改变了，而我们也认为这改变是对的。我们主张政治要民主，而民主政治必有不止一个的政党。于是问题就发生而扩大了。学人，无论是学生或教师，也是民众的一部分，而且是比较开通的一部分，当然要过问政治，而过问的重要方式以至基本方式也当然是参加政党；反过来，在已经从事于政与党的活动的人，也当然要抓住这批人，无论是积极的增加自己的力量，或消极的减杀别人的力量，都有抓住这批人的必要。于是问题就更由扩大而复杂了。

学与政与党是一个总问题，分开而比较具体的说，也是根据二三十年来的经验说，则又不出如下的四个问题：一是学校的政的管制，二是教育的党的管制，三是学生与党籍，四是学人论政。我们不妨分别的作一番简单的讨论。

四个问题里，就今后的情形说，第二个问题，教育的党的管制，应该是最简单的，并且在理论上应该不再存在。二十年来，在党治与党高

* 原载《正义报》，1946年3月3日；辑入《政学罪言》，观察社，1948年版。

于国的号召之下，有过所谓党化教育的名词和设备，在党而有权的人士竭力主张与推行此种教育，不在党的教育界人士则加以反对抨击，至少也不过是勉强接受、敷衍办理。这其间曾经起过不少的纠纷。所谓党化教育，我们就看得到的说，约有如下的几个办法：一是招致员生入党，而在学校设党部，这留待后论。二是添设党义或三民主义一类的课程。对于不能直接教授这一类课程的低级学校，则有所谓国定教科书的办法，事实上就等于党定教科书，中间充满着党功丰伟、领袖万能、国家至上的宣传资料。三是在各级学校设置训导的机构，名为提倡品德教育，匡救知识教育之所不及，其实际的目的则在统一青年的思想，把青年思想纳入在党人士所认识的正轨。我一向是这样看的，最近有机会看到三十二年十二月教育部训育委员会所编印的《训育法令汇编》以后，更证明了我这看法没有错误。这些法令推行以后，学校设置训导机构以后，青年的品德究属增进了多少，我不得而知，所得而知的是它们在学校园地里平添了不少思想的禁锢与员生同学间的党同伐异、出奴入主的精神。幸而至少在有一些学校里，训导机构只是一种奉行功令的东西，在办学的人深知品德教育不是法令机构所能产生，青年思想不应禁锢，甚至于也了解健全的教育里根本没有“训”字的地位。[1]说起青年思想的不入正轨，党内也颇有人以为根本出于教师自己的顽强不受训诲，其责任应由教师负荷，我为此曾和潘公展先生打过一场笔墨官司。[2]党化教育是有一种基本精神的，就是训人的精神，也就是以宣传当教育的精神，不过宣传决不是教育，并且根本违反了教育的本旨，我以前也从详讨论过[3]，在此无须再赘。

时至今日，政治协商会议既已开过，以党治国与党高于国的局面将成过去，党化教育的名词与设施势必随之俱去；除非真有人不愿意国家政治走上民主的道路，这大概是不成问题的。不过在前途多党政治的形势之下，一党的党化教育虽无法存在，而多党各以其教条信仰来争取青年的活动以至于冲突依然可以发生，而酿成严重的问题。这在事实上早就有过，也一向在那里半明半暗的进行，不过一面我们承认今后多方面的公开竞争虽比单方面的垄断包办好些，一面还要向各党派进忠言，要他们充分接纳两个原则：一是政术与教育既要分开，党争与教育更须各守防地，说见下文；二也就是上文已经说过的，教育与宣传是截然两事，即使为争取民众的向往、扩大向心的力量而不得不宣传，也应以不妨碍教育事业的发展为限度，同时，宣传的方式亦应尽量的着重实际的操守与措施，而不再空口说白话。他们应拳拳服膺于“为政不在多言”的一句老话。[4]他们如更能把政治当做一种纯粹的事业，与近代大规模的工商企业等量齐观，当然更好。

第二个问题是学校的政的管制。历年以来，各级学校行政，特别是大学，更特别是国立的大学，所最感觉痛苦的一点是，教育行政当局什么都要过问，而学校行政当局什么都要填报，并且动不动要驳回，要再报。其实教育行政机关也未尝不感觉同样的痛苦，不过实际感觉的人不是发号施令的长官，而是劳形案牍的下属罢了。中等学校以下的情形，我不大清楚，姑且不论，至于大学，那管制范围之广、节目之多，真是得未曾有。即就教务一方面而论，招考要报（二十七年以后，还举行过几次统一招考，后来终因过于麻烦而停止），考取的学生要报验，毕业生要报验；班级要报，课程要报，成绩、毕业论文、研究生论文要呈副备查；必修课程既须划一，选修课程又要规定；教务行政要有全国一致的通则；教师任用要有全国划一的规矩；教师及一部分行政人员的资历必须经过审查，合格了方准按级任用；教师的思想性情也要仔细的填报，这教育部虽没有教做，却有别的机关教做，教育部也时常接受别的机关的密报，行文到学校，密令注意、调查以至于斥革若干官方认为思想不纯正的员生……这些，特别是逐年例须填报的各节，所能证明的，我以为只有两点，就是教育部的不惮烦以及各学校的不敢惮烦，和教育的健全发展很不相干。

其实这一类的措施是绝对不经济的，也是不合理的，更是不须要的。不经济的一层最是显然，无烦细说。学校不是衙门，员生不是胥吏，教育事业不是钱谷税收，用不着层层管制、节节报销。其实衙门胥吏之败坏，钱谷税收一类事物的混乱、虚假、中饱，一部分也未始不由于管制太多；管制越多，越是十足的表示人与人之间的关系，一到官场，便须完全靠法令章则来维持，而信托心与责任心已经完全扫地。学校是学术自由的场合，所贵在自动的发展、自主的管理，以至于对于团体的生活理想、学子的个人修养、学程的题材标准等等，得以从容的探索、自由的实验，从而为民族文化的进步、社会生活的改造，留几分活力，辟一线机缘；如今凡事即须管制，这活力已经将近窒息，这机缘亦已不绝如缕。学校犹且如此，学校以外的种种行政措施也就可想而知。论者对于近年来甚嚣尘上的地方自治深致怀疑，也可见是不为无因的了。这是不合理的说法。至于不必须的说法，指的是，各级官立学校校长既由教育行政当局聘定（近年来恐已不用“聘任”字样，而已通用“任命”、“委派”字样），则只要聘用得人，使事权有所专寄，学校行政的种切自迎刃而解，无庸过事张罗，更无须作通国一致的硬性的张罗。办学校要有成绩，成绩要达相当的标准，是不错的，国家和教育行政当局对此不能不作殷切的期望与责成，也是应该的。但责成的途径我以为只有一条，就是选聘品学优长、众望所归的人来负责主持。根据人存政举的原则，相当高标准的成绩也就能随踪而至；至于此种成绩究属好不好，标准究属高不高，经得起经不起盘驳考验，那是社会的任务，是选用学校毕业生的一切社会与文化机关的任务。教育行政当局只有事后调查比较，无法先事张罗，随在考核，也根本没有这种须要。总之，成绩与标准一类的事物，也决不是法令章程以至于细则所能规定出来的，不特规定不来，在人才难得的情形之下，并且还有实际的危险，就是阳遵功令、阴事敷衍的危险。这是不须要以至于要不得的说法。

抗战期中讲求所谓训政，相当划一与管制性的设施也许是少不了的。但在执政的人到此应当觉悟，有不少的地方是做过了火的，也有不少的地方是做坏了的，以至于做了不如不做的，而就对于学校的管制而论，则根本是一个错误。抗战既经结束，训政亦将告终，这种种管制的设施也应可以从此收篷，而尤应从学校收篷起。

第三个问题是学生与党籍。我是提出这问题最早的一个人。民国十九、二十年间，我和一部分的朋友在《中国评论周报》和《新月》月刊上就讨论到这问题。二十一年，在《华年》周刊上，我又写过如下的一段评论：

> 七月十三日，在南京举行的学术会议讨论到学生入党问题时，几位学术专家一体主张“不禁止入党，但不准在学校内作政党公开活动”。
>
> 学术界总算进步了。两年以前，甚至于一年以前，以我们所知，除了《中国评论周报》与《新月》月刊以外，谁都不肯出头说几句话。《评论报》出来说话，是在光华大学闹风潮之后。一二学生党务委员竟以学校的一种上司自居，居然可以到院长家里检查有无所谓反动的书籍，居然可以发布命令，和学校的校令并肩张贴，居然可以向副校长拍桌子，居然终于逼走了半打以上的教授——这

是什么一种局面，什么一种体统！“政府之内，还有政府”，政教分离了许久、治外法权行将就木的今日，不图还有此种怪现象。

但学术界的进步毕竟有限得可怜。为什么不老老实实主张学生非大学毕业不许入党，未经大学教育的人非达相当年龄、获得相当阅历以后，也不许入党。至说“不准公开活动”，难道反欢迎他们作秘密活动不成？（《华年》，二十一年七月三十日）。

“忠告而善道之，不可则止”，接着约有十年，我在这方面没有再说话。[5]到二十九年，我又忍不住在《今日评论》上写了一篇《学生入党问题》[6]，结果是等于教《今日评论》关门大吉。自此，一直到两年前，《大公报》才空谷足音似的来了一篇主张大致相同的社论，到了最近，又见到中央大学十位教授对于大学教育的主张里，也有同样见地的一段文字，而在各报纸的读者来信栏里，又有一部分大学生作类似情形的呼吁。从今以后，这局面算是打开了，至少，这问题已经取得了公开讨论的机会。

十多年来，我在这问题上的见地始终没有变动。我至今还是主张学生不入党。时至今日，理由可以勿庸再赘。如果军事人员与行政官吏应超然于党派之外，则至少在理论上不能不假定为尚未成熟的学生是更应当暂时和党派绝缘了。但与党派绝缘并不等于和政治绝缘。绝对的不是。和政治绝缘是不可能的。学生应当注意政治，研究政治，密切的观察政治，以至于对当前的政治措施作公开的讨论、郑重的批评和严正的主张——这些都是他的本分，本分是应当尽的，谁都应当尽，初不待有了党派的属籍，也并不限于专攻政治一科的学生，才有这种权责。至于毕业以后加入政党，自是另一个问题。

要做到这一点，政府有责任，各党派有责任，学校也有责任。以前学校设党部，在党政是一个错误，在学校不知就自由教育的立场来抗争，也至少是一个懦弱与无能；在学校既成衙门、教师形同僚属的积势之下，这也不足深怪了。从去年起，学校党部算是命令取消了，今后的情形可望稍稍好转，但这还不够：第一，三民主义青年团依然存在。第二，学生一日可以入党，学校内部便一日有党员的集结，而在今后多党政治的局面之下，这集结也不止一个，不止一个的集结同时存在，则平时既不免明争，有事更促成暗斗，试问这和党部存在之日又有什么分别？青年时期是情绪最旺盛的时期，这情绪应当有适当的寄托与合理的发挥，有分寸的社会之爱与国家之爱就是这样来的。我们愿意各个青年能善用其情绪，能就单独的事件上，单个的问题上，于理智判析其是非利害以后，来运用其情绪，以为争取问题的解决的力量；我们却不愿意他们把这种情绪的力量浪掷在一种笼统的阵线，有如党派的阵线之上，因为在此种阵线上所争的，往往不是公是公非，而是意气，或虽以公是公非开始的，不免以意气终结，一种保持阵线巩固或门户完整的情绪作用往往可以和是非的判断很不相干。这一层道理，学校中人以及一般主张自由教育的人是应该很了解的，我们如今必须进一步的希望党派中人也能加以充分的认识，而于招致青年入党之际郑重加以参考。真能做到这一点，不特历年学生入党的问题可以获得像我们所期望的解决，而各党派的内部也可以进一步的清明起来。所谓政府、党派与学校对于这个问题的责任，最基本的就是这一点的真灼的认识。

现在说到最后的一个问题，学人论政。我在上文提出过政术应与教育分开的原则，又说过学生虽不入党，却应关切政治。表面上看去，这两节话好像很有矛盾，其实不然。读者应注意，我说应与教育分开的是政术政权，而不是政治，政治和教育是无法分开的。政术政权的威福，尽可以不伸张到学校园地以内，但一般政治情形的良窳势必牵涉到学校的治安与教育的健全发展。而在师生，特别是企求走上民主道路的国家的师生，也势不能不作反应，不能不作批评、讨论、建议。凡有血气，莫不尊亲，何况国家的重大要在以前许多可尊可亲的对象之上，又何况教育分子的血气要比一般人口为刚健呢？学生关注政治，如果是自发的，即由于一己的是非的判断、情绪上的不能自已与夫意志的抉择，看得到，说得出，做得来，而不由于宣传的浸淫，不由于政治教条的责成，不由于党派阵线的拉拢控制，我认为是一种最健全的现象，是一个教国家入于民主轨辙的最稳固的始基与最可靠的动力。不过我也认为目前我们离开这假想的状态还远，即有少数自发的例子，其自发的程度总还有限，因为青年对于宣传的暗示的抵抗力根本就有限。目前最迫切的需要也就在这里，一面要青年注意政治，一面却更应鼓励他们，于取得相当广博的学问基础之际，同时培植其理智的判断力、情绪的收放力以及意志的抉择力，理智的判断就包括暗示的抵抗在内。

至于教师以及其它处教导青年的地位的人，目前的需要则又微有不同。上文所说的几种必须培植的力量，理论上他们应当是已经多少具备的，他们的问题却在根本对政治不感觉兴趣，对政治取一个不闻不问的态度，可能是“不在其位，不谋其政”的旧话还在作祟，也可能是受了近年来的政治的积威所支配。无论原因如何，教育界人士对于政治的冷漠与缄默总是一大事实，无可讳言。我为此以前亦曾一再有所论列[7]，认为这班朋友，无论在专门学术上有多少特长，事实上是等于一种新式的隐士，也无论有多少聪明才学，所师的是荒漠中鸵鸟的故智，而当代国家政治的未能日即于清明之域，他们不能不负相当的责任。

学术界人士应当于专门学术之外关切政治，理由自不止一个。积极的说，清明的政治应以学术为张本，学术家不问，试问更谁有资格来问，此其一。消极的说，政治败坏，迟早必波及以至于殃及学术家的园地，至使学术工作无法进行，此其二。这两个理由几乎是几何学上所称的自明的公理，无所用其证明的，要不是因为目前那种普遍的隐遁的状态，也是根本值不得一提的。不过对于次要的第三个理由，我不能不略说几句，就是，为了教育青年，学术界人士也大有关切政治的必要。学生在专门学术上需要领导，教师们承认这一番领导的权责，是不成问题的。不过学生的兴趣原不限于学术，他是国民，他也有一般的国民的兴趣、政治的兴趣，在动荡不定以至于风雨飘摇的当前局面之下，这兴趣自更见得浓厚而不可遏抑。难道他不应当有此兴趣？又难道此种兴趣不值得有人加以辅助指导？平心的问，也平心的答，我想没有人认为这是不应当与不值得的。果尔，则除了年事较长而朝夕相处的教师而外，又有谁来担当这辅导的责任？不过目前的教师似乎十有九个不了解以至于不承认此责任，事实上也没有尽此责任的能力与准备，因为他们自己除了每天照例阅读千篇一律的报纸而外，对政治别无理会，即有些微理会，也往往赶不上学生所已理会的程度。近来常有人说，中年人要学学青年人，大概指的就是这一方面的学习。我也认为我们真有学习的必要，不能辅导，自然只有学习，并且起码应当学习到一个保姆护持一个小孩子的程度；保姆没有小孩子那般活泼，那般花样多，也赶不上小孩子那般会跑会跳，但如果小孩子有所陨越，遭受创伤，应知那责任还是在保姆身上。

目前学生问政而教师不问政的一般情形已经在学校园地里形成好几种很不健全的现象：一是学生对教师，在专门学术上听话，在一般生活上，特别是涉及政治兴趣的生活上，不听话；平时听话，有事时不听话；照常上课时听话，课业因事发生间断而学生另有作业时，则师生之间更有如秦人之视越人肥瘠，不第呼应不灵而已。最近国家多故，上下骚然，这现象更不免见得特别清楚。二是教师与教师之间也多少不免发生一种情绪上的隔阂。教师之中，十之八九虽和政治绝缘，十之一二，或以个别的国民资格，或多少有党派阵线或意识信仰的关系，对政治是有浓厚的兴趣的；在平时，这十之八九与十之一二见解上尽有不同，情绪上却还和谐，及到有事之秋，问题就难免不发生了。这十之一二势必和学生比较接近，势必不能已于言动，于是在十之八九看来，他们至少是多事，是不惮烦。其实平心而论，这十之一二的临事多事与不惮烦，至少一部分正由于十之八九的平时少事与太惮烦而来。如果大部分的教师平时对政治比较充分的关注，对学生随时加以辅导，这多事的责任就决不会集中在十之一二的身上。第三个现象是于不知不觉之中，引进了上文所已论列的教育的党的管制与学校的政的管制。教师不问政治，自有别人会问，教师不问而只有学生问，于是别人之中，就有一部分人更不得不问，其结果必然的是别人的管制性的过问替代了我们自由式的过问。上文所说十之八九虽不问政治，却也未尝不引此种管制为一大憾事，殊不知此种管制的由来，一半就是我们自己招致的，至少就这一半说，我们又能怨着谁来？

四个问题分别讨论过以后，似乎总问题的关键，还在最后一个问题，学人论政，所谓学人，指的特别是在学术界有造诣而有领导责任的人。学人真肯论政，我认为四问题的前两个，教育的党的管制与学校的政的管制，至少就解决了一半，政与党能了解这个，而与以合作，则不难全部解决；如仍旧贯，以忍耐为能事，以缄默为清高，则问题将永无解决的一日。学生应不入党，其先有党籍而后加入学校的亦应暂时停止关于党的活动，也是一个重要的关键，但学生无党籍与暂不作党的活动并不等于不关切政治，不过是应以个人与国民的资格，就事论事的精神，赴之罢了。教师对政治能表示进一步的过问以后，这一层也就更容易做到，因为他们从此就多少可以取得一种新的爱戴，与新的辅导的地位，即在有党派隶属的教师，如能完全就事论事，而不受党的阵线的牵掣，一如其从事于本行的学术然，则此种辅导的地位一样的可以有，而辅导的努力一样的可以健全。这一点必然的需要各党派的谅解与合作，才做得通，是无烦再说的。

有人对我说起，要就学生的政治兴趣加以辅导，是不可能的，因为学生大都已经有党籍或先入的政治成见。这话我认为是不对的，甚至于有些放弃责任的嫌疑：第一，学生有政治成见的根本不多，有党团属籍的，至少就一部分的学校说，为数至少。第二，要他们消除成见，不入党籍，或虽有党籍而暂不活动，原是学校与教师的一种任务，上文已经讨论及之。第三，所谓政治兴趣的辅导，显然是和具体的政治主张与党派信仰并不相干的一种辅导。最广义的民主政治是一种生活态度与生活方式，原应该和自由教育与科学精神的修养相辅而行，互为表里。这方面就需要辅导，此其一。学生的课外作业，团体生活，特别是自治会一类的组织与活动，应当循民主的方式进行，即如集会一端，议会法或民权初步的内容与精神应该是学生时代便尔熟习的东西，真正关心学生生活的教师在这些地方也正复可以加以指引，此其二。在宣传重于报导的今日，时事的真相往往不容易剖析明白，如果做教师的平日能进一步的关心政治，加上他比较对于事理更成熟的判断的能力，他的了解应当比学生为清楚、为客观，如果有机会向学生作介绍与评论，也可以多收几分正视听的效果，此其三。政治措施的苛细失当，行政官吏的茸阘无能，是近年来数见不一见的事，凡属国民，对此都有评论与讥弹的责任，何况教师是国民中最属佼佼铮铮之辈，何况学府是舆论清议所从出最好的场合，更何况御史诤臣一类的人物至今已濒于绝种，而监察院早就成为形同虚设的骈枝机关呢？教师于平日教读之外，如果更能照顾到这第四点，则对于学生，以至于对于一般的社会，名义上虽不在辅导，实际上已经是尽了最大的辅导的能事，因为，是非正义的明辨与公开表示，对于青年是最有表率的效用的。诸如此类辅导的努力，无论教师自己有没有党籍，都可以做，也无论学生有没有党籍团籍，都可以接受；即使不能接受，不能率教，教师也只有继续加以辅导的一途，这就是不屑教诲还得教诲的道理了。

学与政与党的问题闹了二十多年了，二十多年来，种种错综复杂、不可究诘的情形所引起的困难、所产生的痛苦，身受之者，不止是学校与教育，而也是党派与政治。这该是一个清算与图谋解决的时候了。要国家真正踏上民主的坦途，我并且认为这问题的清算与解决是先决条件中最大的一个。

注释：

[1]《自由之路》中《说训教合一》一文。

［2］同上书中《异哉所谓教师的思想问题》一文。

［3］同上书中关于《宣传不是教育》的二文。

［4］亦见同上书。

［5］我在民国二十三年所写《一封给大学生的公开信》中，亦曾讨论到这题目，今亦辑入此书中。

［6］后亦辑入《自由之路》。

［7］见《自由之路》中《隐遁新解》与《说学人论政》二文。

政治信仰与教学自由
——政学关系三论之二*
(1946)

最近政治协商会议通过了一个《和平建国纲领》。纲领的第七章是关于教育及文化的，一起有七条。七条之中，二至七条都很妥善，比较有些问题的是第一条。

第一条的文字是这样的："保障学术自由，不以宗教信仰、政治思想干涉学校行政。"本文专就这一条说话。说话分两层，一就条文的文字立言，二是一般的讨论，目的无非要看前途的学术自由究属能否得到真正的保障。

条文的文字是颇有问题的。显而易见的有两点：一是"学校行政"和"教育"不是一回事，所以"不干涉学校行政"并不等于不干涉教育，学校行政前途虽可以有些自由的保障，而教育与学术则未必。照往年的情形说，教育与其它当局干涉教育的地方很多，并且很细密，例如调查教师的思想言行，调查后倒也不一定有什么作为，即不一定发生解聘一类的情事，但已经明明是干涉了教育，甚至于侵犯了若干个人的自由，而严格的说，则与学校行政很不相干，至多只是替下级的职员，因为要填写表格，多添一些额外的工作罢了。又如，就中小两级教育论，近年有所谓国定教科书的办法，教科书中，特别是公民、历史一类的书，充满着党国至上而未必与事实完全符合的宣传资料，这更明明是干涉了教育，却又和学校行政全不相干。又例如，最近各级学校都收到一份所谓本年度的中心标语，是宣传部转教育部颁发的，标语口号一类的东西是根本违反了教育的精神的，是干涉了教育的，至于学校行政除了

* 原载《民主周刊》第3卷第2期，1946年3月6日；辑入《政学罪言》，观察社，1948年版。

油印张贴添些麻烦而外，倒也说不上受了什么干涉。更清楚的例子是以前国民党在学校里办党部，如今党部虽已取消，而三民主义青年团的团部依然存在；今后局势开展，一党虽不再专设与明设党部，而各党分别暗设党部，或虽无党部，而分别公开拉学生入党以及宣传主义的工作依然可以进行——这些，只要做得界限分明、技巧周到，可以根本和学校行政不生接触，无论干涉。事实上，在不干涉学校行政的原则之下，岂不是明设党部也没有什么不可以？不过这些尽管不干涉学校行政，却大大的干涉了教育，大大的违反了自由教育的精神。诸如此类表面上虽不干涉学校行政，而实际上却干涉了教育的举措，以后究竟还有没有呢？我们至少就纲领条文的文字讲，不能保证其没有，条文仅仅保证了不干涉学校的行政，并没有保证不干涉教育。

第二点是，信仰思想的不干涉学校行政并不能保证其它力量的不干涉学校行政，所谓其他力量指的特别是政治的力量，倒不是政治思想的力量，而是政治行政的力量，或底子里虽和政治思想有极密切的关系，甚至于端为控制政治思想而发，而表面上却只是一种行政上的措施、一些新机构的设置、一些新草则的规定、一些新功令的颁行等等。约言之，就是近年来教育当局对于学校行政的种种烦琐而无微不至的约束管制。即就教务行政一端而论，学生自应试入校以至于毕业，教师自受聘以至于升级休假，课程自必修以至于选修，考试自各级会考、入学试验以至于所谓总考、研究生考试等等，那一桩和每一桩的那一个段落不要填报、不经考核，以至于因为不合程式、有违功令而再度三度的报核才得过关呢？学校里庞大的行政机构，好几百的职员，至少有一半是用在填表格、做报销、写呈文的案牍工作上的。试问把学校当作衙门，员生视同胥吏，教育事业比做钱谷税收，事先不能不层层管制，事后不能不步步审查——之后，即使其间丝毫没有控制政治思想的用意在内，学术的自由还剩得几许？

国家聘用有品学的人办理教育，要他办得好，第一个条件应该是属于态度方面的，就是尊重他的人格，信任他的才识，也就是容许他有自由处理之权，而约束、管制、审查一类的作为所表示的态度恰好就是这态度的反面，就是不尊重、不信任和不许其自由。主持教育与学术研究的人在行政上的不自由，事实上等于在政策上，在用人上，以至于在学程上、教材上，不能有丝毫实验与发见新途径的机会，这不是等于教学术自由与自由教育窒息么？我们也要问，这一类的约束管制，这一类实际上等于教学校行政人员当木偶戏里的木偶的种种勾当以后究竟还有没有呢？至少就条文的文字说，我们无法保证其没有。条文仅仅保证了信仰思想一类的事物不干涉学校行政，而没有保证统制与包办多少已成习惯的教育行政不干涉到学校行政。此种干涉存在一日，学术自由与自由教育便是一日不可能。思想信仰的干涉所妨碍的是头脑，这种干涉更进而妨碍到手脚，两者同样的妨碍了自由精神的发展。

如今再从条文的推敲以进于思想信仰和教育的关系的一般讨论。条文中说到不干涉学校行政的有两种东西：一是宗教信仰，二是政治思想。其实两种只是一种。宗教信仰在中国教育学术史里从来没有发生过严重的问题，近年来更不成问题。有基督教背景的各级学校大都能尊重自由，办学的人不以一己的信仰强加诸人；基督教以外的各种宗教和教育的关系根本不多，可以不论。政治思想，如果真是思想，单单是思想，单单是一种学说，也不成什么问题。从来没有听说过卢梭的《民约论》干涉过教育，干涉过学校行政，不但没有，并且不能想象。成问题而确乎在干涉教育以至于学校行政的是和实际政权多少已经发生联系的一种政治思想、政治信仰以至于政治教条。所以“宗教信仰，政治思想”八个字应当并做“政治信仰”四个字，或再归并为“信仰”或“教条”两个字，笼统些的叫信仰，具体些的叫教条，而一切信仰、教条，在精神上只是一回事，初无分宗教的还是政治的。而凡属信仰教条，我以为应该是个人自由接受、自由体验的东西，如果有人作有规模、有组织的宣传，作责成性、强制性的散播，甚至于还有政权在后面推动，更甚而和政权合而为一、混而为一，那就成为自由的天字第一号的敌人，而最最受它的威胁与迫害的是学术的自由与自由的教育。英人贝瑞的一部《思想自由史》(J. B. Bury，*A History of Freedom of Thought*) 所叙述的就是西洋的学术、教育、思想如何从基督教的信仰、教条层层禁锢中解放出来的一番艰苦的经过（此书罗家伦氏有译本)。

政治协商会议特别考虑到教育及文化，而考虑之后特别提出这“不干涉”的一层，并且把它列为这一部分纲领的开宗明义的第一条，尽管在文字上欠些斟酌，有些语病，不能不说是极有见地的一个举动。把宗教信仰和政治思想相提并论，一样的不许其干涉，表示与议的人充分的承认，宗教的“意识形态”与政治的“意识形态”，或宗教教条与政治教条，实在是一丘之貉，对于教育与学术的自由发展是一样的不利。这一点更是得未曾有，值得钦佩。不过还有进一步的一点，不知与议诸先生看到没有，我说不知，因为这在纲领的条文上是看不出来的。政治教条从今以后可望不干涉教育学术，不侵犯学校的园地，固属再好没有。但试问可能么？学术与教育是民族生活的一个部门，一个方面；民族生活的总枢纽，就任何一个时代论，是在政治。学术和教育势不能和政治绝缘。政治清明，学术教育也清明，政治混乱，学术教育也混乱；政治而民主，学术也就客观，教育也就自由，政治而受一种或多种信仰与教条之支配，试问学术与教育能完全免于同样势力的支配么？不能。沙漠中有沙漠田的存在，固然不错，但沙漠田能完全不受风沙的侵袭剥蚀么？最后更能不湮没沦亡而成为沙漠的一角么？同样的不能。然则，要政治信仰不干涉学术与教育，岂不是同时必须此种信仰不干涉政治，要政治信仰与政治分离，好比历史上所力争的宗教信仰要与政治分离一样？否则纲领的第七章第一条说了等于没有说。以情理与逻辑言之，这一点是不能不想到的，但不知与议诸公果真想到没有。

这样说来，即使纲领第七章第一条的文字没有毛病，即使它明白规定政治信仰与政治教条不直接干涉教育，也不假手于学校行政而间接干涉教育，学术自由与自由教育依然得不到保障，除非——这是一个很大的除非——政治自身不受成套头的信仰教条所支配。政治的不受教条支配是学术与教育自由的一个先决条件。这一点做得到么？就目前的形势说，这是绝对的做不到的。就事理的需要说，却非做到不可。就纲领第七章第一条的精神以及全部纲领的一般精神说，前途又未始没有一线做到的希望。唯其有做到的必要，与做到的一线希望，我们的讨论便无妨再进一步。

我们先说一说宗教、政治、教育（包括文化学术言之）在历史上的三角关系。其在西洋，自中古时代以至文艺复兴与宗教革命，三者之中，宗教可能是最占上风的，政治由它牢笼，教育由它办理；当时所谓政教（宗教）合一，指的并不是真正的合一，而是关系特别密切罢了；至于教育，则完全在宗教手里；政治与教育之间，说它们没有关系，也不为过。自宗教革命以迄第一次世界大战，这三角的三点似乎逐渐的取得了独立性与均等性；宗教与政治是显然的分开了，教育也脱离教会而独立，政治也不大过问教育。第一次大战结束以后，形势一变，至少在一部分的国家里，特别是集体主义以至于极权主义的国家里，这独立与均势的局面趋于解体，政治勃兴为最大的权力，一面表面上排斥宗教，实际上则把宗教的武断而责人信仰的精神收归已有，成为上文所称的教条政治或主义政治，真正坐实了历史上所称的“政教合一”的局面；一面更进而以教条控制教育，统一思想，集中意志，于是于政治与宗教合一之上，又增添了一个政治与教育的合一，依然适用“政教合一”的名称。以前名义上的政教合一只包含得政治与宗教，如今实际上的政教合一，于政治、宗教而外，更囊括了教育。而自文艺复兴以来已成三位三体的东西如今竟成为三位一体，真也不能不说是历史上的一件盛事！

中国百事模糊松懈，政治、宗教、教育三事与三事的关系当然不是例外。三事的本身，范围就不大清楚，型式也不够具体；至于三事的关系，也往往是若接若离、半明半晦。不过如果我们把儒家认做宗教的话，在近代以前，我们也未尝不粗具三位一体的规模：政治与教育，至少表面上都是服膺儒家的，两者都不断的在尧、舜、禹、汤、文、武、周公、孔子的传统里打滚。不过这三位一体的机构是扣得一点也不紧的，所以教育又始终好像是私人与私家的事，政治所过问的是把教育的结果加以考选任用而已。无论这三事关系的松紧如何，一到民初国体改更，五四思潮转变，这关系是解体了，而三事也就趋向于平衡独立，有如西洋文艺复兴以还的前例。这平衡独立的趋势，我们不能不认为是一种进步，是一个解放。从此，政治可望日即于民主，而学术可望日即于自由。不幸的是，第一次大战以后，世界的大局发生了剧烈的变动，苏俄革命的成功，德意战后的复兴，规模之大，速率之高，得未曾有，彷徨在中西新旧四岔路口上的我们，看了岂有不目眩神迷、趋之若鹜之理？于是，提起了脚步的我们，原想踏上民主政治与自由教育的康庄的，却转进了主义政治与教条教育的歧途！以九州铁铸大错，这是近代史里最硕大无朋的一个。

协商会议的成功，《和平建国纲领》的树立，保障学术自由的条文的规定，表示我们对于这条歧路，已经因走不通而有些觉察。但此种觉察到现在至多只还是一半。协商的代表们虽已了解，必须政治信仰不加干涉，学术方得自由，却还完全没有理会，必须政治教条，如一切主义之类，退避三舍，尽可容私人采择信仰，许客观研究批评，而不作强制性的宣传，政治方得民主。他们虽已明白教条与自由教育的不相容，却还完全没有认识主义政治与民主政治是截然两事。要政治真正民主，果然有待于此种认识，就是要学术真正自由，也必有待于此种认识，因为惟有充类至尽的认识才能深切著明的见诸行事，否则仍是徒然。

政治必须主义么?
——政学关系三论之三*
(1946)

我在上面两篇文字里，特别是第二篇里，都提到，要学与政与党的问题得到解决，要教育与学术真正得到自由的保障，必须政治自身不受教条的支配。不受教条的支配，就是不受主义的支配。我认为宣传与教育不相能，教条与学术不相能，主义信仰与民主政治也一样的不相能。如今再就主义信仰与民主政治之所以不相能的一点，单独的加以讨论。

先说主义的性质。即就常识与经验言之，我们知道主义大概可以分做两类：一是哲学与思想上所称的主义，二是近代革命家与政治家所称的主义。无论那一类主义的接受与服膺，不用说，都牵涉到心理的活动。第一步的活动是理解。我们在接受一种主义之前，相当的理解是少不得的；在这一步上，两类的主义并没有多大的分别，即多少都需要理解，可能是第一类需要得更多一些，但不关宏旨。第二步是情绪的烘托。这也是两类都有的，但分量上已颇有不同。哲学家与思想家讲主义，当然也有情绪的烘托：第一，他必然爱好他所喜欢讲的主义，爱好就是情绪；第二，他对此主义不能不辩护，不能不和别人争论，如果门弟子与私淑的人多，更不能不成学派、不立门户、对己不武断、对人不抹杀，于是情绪的需要就更大，而不止是私衷爱好一端而已。不过这种情绪终究比革命家或政治家的主义所唤起的情绪要淡薄得多。如果第一类主义只需要情绪的烘托，这第二类就必须情绪的拥护。拥护和烘托，一样用情绪，显然在程度上大有强弱的不同。主义而必须情绪的强烈拥护，那主义就成为教条的信仰，就成为宗教。

---

* 原载《时代评论》第 18 期，1946 年 3 月 17 日；辑入《政学罪言》，观察社，1948 年版。

第三步是力的推动。这在第一类的主义可以说是完全不需要的。而在第二类则属万不可少，而也是必然会产生的。宗教家要说法，要布道，政治革命家要宣传，要鼓动，当然都需要力量。要把自己所认为宝贵而拥护的东西让更多的人来宝爱拥护，就得费口舌，费口舌就是费力量。不过这还是费力的小者。至于要把宣传鼓吹所得的结果组织起来，进而发生行动，更进而争取政权，维护政权，因维护而更有宣传与组织的必要，那所需要的力量就更巨大了。这其间可能还需要大量的特殊的武力以至于经常的暴力。等用到武力与暴力的时候，事实上已经是和主义的拥护不大相干，而徒然表示一种偏狭的意气、一种我执、一种刚愎自用，主义到此便只剩得一个名义，而武力与暴力假此名义以行。

主义既成为教条，其责成于人的既不止是理解，而是信仰，而是情绪上的拥护，且此种信仰与拥护不止是个人之事，而必须推广至于广大的众人，愈广大愈好——于是由服膺与宣传主义而来的政治就成为宗教化的政治。马列主义下的苏俄政治是宗教化了的，最初只是意识上的宗教化，及列宁之死，形式上也成为宗教化。三民主义下的中国政治也是宗教化了的，最初也只是意识上的宗教化，及中山先生作古，形式上也就宗教化起来。二十年来的纪念周，以及纪念周中所称“行礼如仪”的各项节目，事实上和任何宗教的礼拜没有分别，是谁都知道的。如果履行此种仪式的责成只限于党，那还只是党的宗教化，如今一切机关与公私团体的集会，包括结婚典礼在内，既须一体遵守，那就进一步的成为政治在形式上的宗教化；至于主义的宣传与列入学校科目，所谓组训工作的推广，人民团体的必须登记、必须申请派人指导以至于必须接受官派的驻会书记等等，可以说是属于意识一方面的政治的宗教化。总之，一切的设施无非要达到一个目的，就是，于“普天之下，莫非王土，率土之滨，莫非王臣”之外，更做到“率王之臣，莫非主义之信徒”。

政治宗教化一名词，起初连服膺主义的人都是怕听的。一切革命与前进的主义对于宗教的态度也代表着一种演进，自有其演进的所谓“阶段”，成一种富有情调的三部曲。第一部是反对与排斥宗教，认为宗教是人民的麻醉剂、人民的鸦片。到了一个时候，一面客观的形势既多少可以容许主义的宣传推广，一面主观的认识又不能不承认主义本身就很有几分信仰的意味，于是就进入第二部，就是对于“信仰自由”的原则开始作有力的争取。这两部合并了看，可以说是一种清宫除道的工作。到宣传成功，行动有效，以至于政权在握的段落，“信仰自由”的调门就戛然而止，或一面虽照例弹弹，一面对一切宗教信仰实施压迫，认为是迷信，必须破除，是偶像，必须打倒。这表示新宗教、新偶像已经进了宫，完成了三部曲的最后一部。记得当年北伐成功以后，很多地方的庙宇，短期之内，都变做中山纪念堂，菩萨都换了中山先生的遗像，可怜与无知的老百姓照样的到庙里烧香祈福，诚心一片，不减当年，对象虽经撤换，有的根本不觉察，有的虽觉察而以为不关宏旨。无论如何，就主义的立场说，最后的一部曲总是功德圆满了。

到此，政治宗教化的名词，在服膺主义的人看来，虽不如以前的可厌可怕，至少还是以不通用为妙，以不成名词为妙。因为在他的理解里，主义究与宗教不同，岂容相提并论？宗教是迷信的、反动的，主义则是开明的、前进的，并且如果采用“宗教”二字，在心理上总觉得和当初第一部曲时代的心理和第三部曲时代的行为很有几分矛盾，说不过去。但“主义信徒”一类的字样他是用的，并且近年来已很通行。不过客观与平心的说，无论不用“宗教化”的字样也罢，或用“信徒”的字样也罢，自从第一次大战结束以来，三十年间，世界上一部分国家的政治确乎是宗教化了的。凡属主义化的都是宗教化了的。既有教条，又有偶像，更有仪式，又怎样能避免这个结论呢？中国自汉武以后，董仲舒之辈想做而仅仅得其皮相的，欧洲中古时代神治主义（theocracy）者与罗马教会想做而实际上只落得一个不很清楚的分治的局面的，以及宗教革命以后宗教革命家加尔文（Calvin）之辈虽做得一些而规模极为狭小的，到如今居然大规模的做到了。有人说，历史是不断的进步的，并且还有其进行的规律；也有人说，历史的过程是会重演的。不知道政治宗教化的一端究应归入那一种说法。

近代一部分国家政治的宗教化，无论在形式上或意识上，都很清楚，既如上述。我们不妨再就它的后果观察一下。因为唯有在后果里我们才看得出宗教化的精神来。不用说，宗教对于人生有很多的好处。宗教是人生所以取得意义与价值的一种最大的工具。不过，历来第一流的宗教思想家大都承认宗教信仰是个人的事，宗教的基本效用是在影响以至于转换个人的人格，提高其理想，增进其热情，充沛其生活的意趣。由于这类人格结合而成的社会与政治可望是一种更良好的社会、更清明的政治，最后更可望人群生活因此而进入一个尽善或郅治的境界。但宗教对于社会与政治不发生直接的关系，既不直接影响社会，更不直接干预政治。一部分基督教的思想家根本反对所谓“社会福音”之说，福音只是个人的，而不是社会的。这就等于说，宗教不宜于社会化、集体化、组织化，更不宜于政治化。我一向认为这见地是对的。

何以见得这见地是对的呢？宗教心理中有一个基本的特点，就是自以为是；一个哲学家只须“见理明”，一个宗教徒更须“信道笃”。道的来源可能是神的启示，可能是前人的经验，也可能是一二领袖人物的理想以至于幻想，无论来源如何，一到信徒的手里，就成为他的自我的一部分，比他的身家性命更见得重要与不可侵犯。自以为是的心理就是这样来的。不用说，这心理便是宗教信徒的力量的源泉，没有笃信，便不能力行。不过它也未始不是一个弱点，就是容易倾向于偏狭、武断而终于不明不恕。如果宗教信仰是个人之事，有如上文所论，则这弱点的纠正的机会比较大，因为，他一面虽自以为是，一面却也未尝不顾到别人的毁誉，即多少得参考到别人的立场，未便一意孤行，自取因隔离而产生的烦恼。换言之，他的自是中总有几分自谦，自满中总有几分虚心；一切宗教都教人虚心，就虚心的美德特别的申说，我认为就由于这层很简单的道理。但同一信仰如果成为集体化、组织化，问题就大得多了。一个信徒环顾左右前后，发见无往而不是同一信仰之人，觉得人同此心、心同此理，于是“真理越发见得真切”，“大道”越发见得伟大；于是偏执、武断与不宽容的态度便畸形发展起来；于是于笃守信仰所需要的情绪而外，又添上了拥护宗教门户所需要的情绪；于是党同伐异、出奴入主、是丹非素、崇正辟邪的态度与行为便纷至沓来，无法收拾。最后，如果特别和政治有些瓜葛的话，则终于不免假手暴力、武力，以至于战争，铲除异己，争取上风，甚或解决一个不两立的局面。欧洲自中古时代一直到第十六七世纪的基督教不就是如此么？总之，自以为是的个别心理问题比较单纯，自以为是的团体心理问题就复杂了，如果这团体还有权力做后盾，问题就更复杂了。宗教的不宜于政治化，在此；政治的不宜于宗教化，也未尝不在此。

我们说了半天还没有说到政治宗教化的后果，而只说了一些宗教政治化的后果。其实，既说过后者，前者也可以无须多说，因为两种后果在精神上是完全一样的。三十年来国际政治与二十年来中国国内政治不就充分的表示了这种很不健全的精神么？不更有人说过，二三十年来的各国大部分的内战和全部分的国际战争是一种意识战争（ideological wars），而意识战争事实上就等于宗教战争么？二三十年来，此种意识的争辩，教条的论战，主义的各不相下，除了政治舞台、内战阵线、特务活动所表现者而外，不早就波及以至于殃及到学校的园地以及国民生活的其它任何角落，至于已经没有一片干净土了么？

近代的政治宗教化的后果比前代的宗教政治化的后果实际上更来得严重。这其间至少有两个原因：第一，同是政治与宗教发生联系，即所谓政教合一的是，在前代，此种联系是很松懈的，是彼此互相敷衍的，是并不真正合而为一的，有时候彼此之间还很有一些牵制与抵销的作用。而在近代，则此种联系事实等于合一，两回事等于一回事，党政一名词的通用就充分表示这种打成一片的精神。也正唯其打成了一片，所以上文所提到的偏狭、武断、暴力与武力运用等诸般弊病更是势所必然，无可避免。第二，宗教与宗教化的政治都向着一个理想的社会、一个革新的世界而努力，不过前者的努力是迂缓的，是不假权力的，甚至于期待着神道的意志，而人们自己无须乎过事张罗的，而后者却是求速成的，完全想用人力招致的，并且特地制造与累积了权力，于必要时，不惜用此权力以求一逞的。也唯其求速成，凭权力，上文所说的种种弊病的发生，便更有变本加厉的趋势。所以，在宗教化或主义化的政治之下，往往革新的成绩未见，而此种弊病早已陷人民于水深火热、肝脑涂地的境界。

上文的讨论事实上已经答复了题目中所提出的问题，就是，政治不需要主义，并且政治不应该讲求主义，政治应该和主义分离。主义等于政治信仰，无论那一种的信仰，应该是个人之事，由个人自己抉择，由个人随时修正充实。信仰是私人之事，是每一个人的自我的一部分，好比身家性命的所以为自我的一部分一样，私人的身家性命既不容他人过问，不能在人与人之间在质量上求一个整齐划一，又何况信仰呢？为政治活动而结合团体、成立政党，同党之间所共同主张与努力求其实现的，应该是一些纲领、一些政策，应该是与实际的设施有关的一些东西，而不应该是信仰。换言之，不但是一般的国民，即在一党的党员，亦应该有其信仰与思想的自由。惟有在这种精神之上，党的存在才不至于成为森严的壁垒，党的分野不至于成为不可逾越的鸿沟，政争不至于沦为党争，演为内战；也唯有这样，党内才能民主，而党内民主必然的是政治民主的一个先决条件。这样说来，岂不是不但政治不需要主义，连政党也不需要主义了么？是的，政党也不需要主义，至少主义不应成为束缚与划一党员信仰的一种事物；如果不能免于束缚与划一，则党员的信仰、思想依然不能自由，党内依然不能有民主，而一般的政治民主还是落一个空。

最后，再说几句积极的话。政治不需要主义，然则又需要些什么呢？它所不需要的主义虽很复杂，虽有很多的家数，它所真正需要的事物却很简单，而且到处都很一样。第一是一个为政的态度。中山先生说得好，政治是处理众人之事，既是众人之事，便应以众人之心为心，以众人的旨趣为旨趣；以众人而不以一己或少数人的旨趣为依据的政治，便是民主政治。民主政治所需要的态度与精神事实上与科学所需要的一般无二：科学家要能物观，民主政治家要能民观；物观与民观同是客观，所不同的是适用的场合和对象罢了。[1]政治家应有的风度、道德与操守是跟着此种精神来的，如果科学家因物观而能谨严，政治家便因民观而能诚实明恕，而能公正廉明，至于勤慎，还是余事。第二是处事的一些技术与法度，那就是所谓政术的是，这一半要靠政治家自身的经验与训练，一半要靠各种专家的帮忙。政治所真正需要的，其实只此两个条件，前者属于孟子所说“徒善不足以为政”的“善”，后者属于“徒法不能以自行”的“法”。人与法具备，就是良好的政治，于主义乎何有？其实办政治应当和办近代的大规模的工商企业根本没有分别，董事和经理先生们如果真能尊重股东们的意向，维护股东们的利益，廉明勤慎的做去，那企业是没有不站稳而发达的，而凡属和企业有关的人也没有不受惠的。近来有人替政治给一个最简单的定义，说政治就是一种业务、一种管理众人的业务，好好的做这业务就是了，于主义乎何有？

从上文的讨论，也可知民主政治与主义政治不但是截然两事，并且在精神上是根本冲突的。民主政治是以人民为主，主义政治则不免以主义为主；好比宗教不能不以神道和救主为主一样，无论主义的内容是什么，根据上文一番心理的讨论，可知此种政治所耗费的力量，大部分是在主义的宣传拥护与不许人侵犯上，而未必在主义的实行上，特别是如果同时还有别的主义存在而和他争衡的话。民主政治是不言主义的，是搬不出成套的教条而责人非一体信守不可的，上文所提的两个条件，简单明了，自与教条或主义不属同一范畴。西文“德谟克拉西”一字，常有人译作“民主主义”，从这篇讨论的立场看，这显然是由于不了解主义一名词的意义与性质而发生的一种错误。

注释：

[1] 详拙著《自由之路》中《一种精神，两般适用》一文。

说童子操刀
——人的控制与物的控制*
(1946)

中国有句老话说，童子操刀，其伤实多。这句话恰好形容了三百年来科学进步的一半的结果。刀是一种人所发明的工具，本身无所谓好坏，只是用途有好坏，用得适当就好，不适当就坏。刀自身不能发挥它的效用，发挥它的效用的是人，而人却有好坏之分，有适当不适当或健全不健全之分。以适当而健全的人来利用一种工具，其功用或结果大概也是适当、健全而有益的，否则是有害的。童子操刀，指的是后一种的可能的功用。大凡人利用事物，全都得用这眼光来看。水所以载舟，亦所以覆舟，自然的事物如此，人所自造的文物，包括一切比较具体的工具制作与比较抽象的典则制度与思想信仰在内，尤其是如此，说“尤其”，正因为它们是人造的，是人的聪明的产物，如果控制无方、运用失当以至于贻祸人群，那责任自然更较严重。人的聪明能产生这些，而竟不能适当的控制运用这些，至于尾大不掉、自贻伊戚，也适足以证明那聪明毕竟是有限罢了。

我们也得用这种眼光来看科学。科学也正复是一种人造的工具，一点也不少，一点也不多。它本身也无所谓好坏，好坏系于人的如何控制运用。一部分人，见到科学昌明以后，人类的一部分获取了种种利用厚生的好处，于是就赞扬科学、歌颂科学，对科学五体投地，认为是人类的福星。我想除非这一部分人中间，有人生就的是一副诗人性格，动不动要发抒他的感伤主义，这是大可以不必的。另一部分人，见到在同时期以内，科学表现了不少的摧杀败坏的力量，特别是在历次的大小战争

* 原载《正义报》，1946年5月6日；又载《观察》第1卷第2期；辑入《政学罪言》，观察社，1948年版。

里，于是就批评它、诅咒它，认为人类迟早不免因它而归于寂灭，而自原子能的发明以后，这末日可能来临得很早。我认为这也是一种感伤主义的表示，大可以不必的。

我们要认清楚，一切问题的症结在人，关键在人。童子操刀，问题绝对的不在“刀”，而在“童子操”。人运用科学，问题也决不在科学，而在人的运用与运用的人。我们要问，这种用科学的人是不是真能善于运用，真有运用的资格？换一种问法，就是，他配不配运用？所谓善，所谓有资格，所谓配，指的是两层相连的意思：一是他在运用之际，能随在参考到人群的福利，始终以人群福利为依归；二是他，运用者自己，必须是一个身心比较健全的人，至少要健全到一个程度，足以教他实行这种参考，笃守这个依归。这两层意思，第一层指人的运用，重在运用；第二层指运用的人，重在人。

我指出这两层意思的分别来，因为“人”与“运用”之间，比较基本的终究是人，人而健全，运用是没有不得当的，反过来就很难想象了。而近年以来，中外论者鉴于科学对人群的利害参半，对于有害的一半总说是“运用失当”，难得有人更进而提出如下的一类问题：失当的原因究竟何在？此种失当是偶然的呢，是一时计虑的错误而可以避免的呢，还是有些基本的因素教它不得不发生而随时可以发生的呢？这基本的因素里可能不可能包括人自己？可能不可能人本身就不适当，因而他对于科学的应用也就无法适当？好比骑马，马是工具，人是马的驾驭者，骑马之人虽未尝不聪明灵活，未尝不略知驾驭之术，但也许年事太轻，或适逢酒后病后，神智不够清楚，终于把马赶进了一个绝境，造成了断头折股的惨剧。这又回到童子操刀的比喻了。然则问题还不在一个“操”字，而在童子本身。

童子操刀，最浅见而感情用事的人责备操刀。其次也只是在“操”字上做工夫，总说操得不得法，诚能操之得法，问题就解决了。一九三一年二月，爱因斯坦（Einstein）在加利福尼亚州工科学院（C. I. T.）对学生作公开演讲，说“光辉灿烂的应用科学既节省了工作的时间，减轻了生活的负担，而对于人类幸福的促进，又何以如是其少呢？我们简单的答复是：我们还没有学到致用之道，一些明白事理的致用之道。要你们的工作得以增加人类的福佑，只是了解应用科学是不够的。你们得同时关切到人。人的自身与人的命运必须始终成为一切技工的努力的主要兴趣。在你们绘制图表与计算公式的时候，随在不要忘记这一点”。

这一番话是不错的，从爱氏的嘴里说出来，自然更有分量，但是不够，单单就“操”字上找答复，而不就童子身上找答复，所以不够。爱氏在这话里，也似乎只见到“人的运用”，而没有见到“运用的人”。要见到了运用的人，问题才搔到了痒处。

三百年来，物的研究与认识、物的控制与运用，诚然是到了家，到最近原子能的发见与原子弹的试用成功，此种认识与控制，更是将近登峰造极。但人自己如何？人认识自己么？人更进而能控制自己么？我们的答复是，人既不认识自己，更不知所以控制自己之道。人自己也是一种物体，这物体是一个机械体也罢，是一个有机体也罢，它总是一个极复杂的力的系统。我们对于这力的系统，根据物有本末、事有先后之理，我们原应先有一番清切的了解，先作一番有效的控制。但三百年来，科学尽管发达，技术尽管昌明，却并没发达与昌明到人的身上来，即虽或偶然涉猎及之，不是迂阔不切，便是破碎支离。结果是，我们窥见了宇宙的底蕴，却认不得自己；我们驾驭了原子中间的力量，却控制不了自己的七情六欲；我们夸着大口说“征服”了自然，却管理不了自己的行为，把握不住自己的命运。这正合着好像是耶稣讲的一句话，我们吞并了全世界，却是抛撇了自己的灵魂。比起这句话来，上文童子操刀、醉汉骑马一类的话，还算是轻描淡写的。

人至今没有适当的与充分的成为科学研究的对象，是很显明的。人属于一个三不管的地带：第一，人虽然也是一种生物，并且是一种动物，但生物学与动物学不管，至少是不大管，或虽管而其管法和对于一棵树、一个虫、一只青蛙的管法没有分别，即虽管而于人之所以为人不能有所发明。第二，人类学与社会学，以至于其它各种社会科学都算是以人做对象的科学了，但说来可怜，这对象是有名无实的。这些学问只晓得在人身外围兜着圈子，像走马灯中走马之于蜡烛一般。体质人类学算是最接近的，但它的注意范围很有限，除了活人的那一个皮囊，叫做形态的，和死人的那一副架子，叫做骨骼的，以及这两件事物在各种族中间的比较而外，也就说不上多少了。试问我们认识了这个皮囊和挂皮囊的架子，我们就算认识了人么？所谓文化人类学，名为研究文化的人，实际是研究了人的文化，名为是研究产生者，实际是研究了产物，至多也只是牵涉到一些产生者和产物的关系，以及产物对于产生者的一些反响。有的文化人类学家甚至于只看见文化，只看见文化的自生自灭，根本不看见人，即或偶然见到，所见到的也不过是无往而不受到文化摆布的一些可怜虫而已。因此，产生者本身究属是什么一回事，我们的认识并没有因文化人类学者的努力而增加多少。社会学是人伦关系之学，似乎所重在关系的研究，而不在此种关系所从建立的人。社会学的对象是人伦之际，要紧的是那一个“际”字，好比哲学的一部分的对象是天人之际一般，所以在不大能运用抽象的脑筋的学子往往不免扑一个空。所扑的既然是一个空，不用说具体的人是扑不着的了。经济学原应该一面研究物力，一面研究人欲，然后进而研究物力与人欲的内外应合，两相调适。但截至目前为止，无论是正统派的经济学，或唯物论的经济学，似乎始终全神贯注在人身以外的物力的生产与支配之上，而于人欲的应如何调遣裁节，完全恕置不问。物力有限，而人欲无穷，以有限应无穷，前途必有坐困的一日，即行将来临的原子能时代恐也不成例外。而不幸的是，问题中那无穷的一半恰好就是经济学所“无视”的一半。政治学与法律学都是所谓管理众人的学术，而它们所讲求的管理方法都是甲如何管理乙、张三如何管理李四，而不是甲与乙、张三与李四如何各自管理自己，或于管理别人之前，先知所以管理自己。总之，各门社会科学犯着一种通病，就是忘本逐末、舍近求远、避实趋虚，放弃了核心而专务外围，所谓本、近、实与核心，指的当然是人物之际的人和人我之际的每一个人的自己而言。这便是三不管中的第二不管。

第三，人体生理学、心理学、医学一类的科学在人的研究上我们承认是进了一步，它们进入了人身，上文所说的那种通病它们并没有犯，我们不能说它们“迂阔不切”，它们犯的是另一种通病，就是上面也提到过的“支离破碎”。所谓分析的方法原是三百年来一切研究具体事物的科学的不二法门。科学方法名为分析与综合并行，而实际所做的几乎全部是分析工作。但分析就是割裂的别名，割裂的结果是支离破碎，这在人以外的物经得起，人自己却经不起，死人经得起，活人却经不起。无论经得起经不起，支离破碎的研究，零星片段的认识，等于未研究、不认识，因为人是囫囵的、整个的，并且是个别的囫囵或整个的，而零星片段的拼凑总和并不等于整个。总之，截至最近几年为止，即在这些直接应付人的科学里，人也未尝不落空。我说截至最近几年，因为一小部分生理学家、病理学家，特别是精神病理学家，近年已经逐渐看到这一点，认为有机体是不容分解的，人格是不容割裂的，而正在改换他们的研究方法中，但时间既短，成就自然还有限。

总上三不管的议论，可知人类自己对于人之所以为人，每一个人自己对于我之所以为我，至今依然在一个“无知”与“不学”的状态中。“不学”的下文是“无术”，就是，既不认识自己，便无从控制与管理自己。人不能管制自身，而但知管制物，其为管制必然是一种胡乱的管制；人对于自身系统中的力，不知善用，对于其意志、理智、情绪、兴趣、欲望，不知如何调度裁节，而但知支配运用身外的种种物质系统中的力，其为运用必然是一种滥用，滥用的结果必然是“伤人实多”，而这个“人”字最后不免包括滥用者自己。这在上文已经预先笼统说过，但到此我们更可以说得明细一些。

人对自身的认识与控制是一种尚待展开的努力。此种努力分两层：一是就整个属类言之的。人也是物类的一种，但究属与一般的物类不同，他有他的很显著的特殊性，惟其特殊，所以研究的方法与控制的技术势必和其它的物类不能一样。上文囫囵或整个之论便是属于研究一方面的。至于控制，即就此人控制彼人而言，我们就不适用所谓“集中”、“清算”或“液体化”一类的方式，这些都是把适用于一般物质的概念与方式强制的适用到人，此其为适用也显然的是一种不认识的滥用。不过更重要的是第二层。人是比较唯一有个性而能自作主张的动物，也正唯如此，我们才产生了关系复杂的社会与制作丰富的文化。每一个人是一个有机体，每一个人是囫囵的，而其所以为有机，所以成为囫囵，每一个人又和每一个别的人不一样。这样，研究与控制的方式便又势须另换一路：即事实上必须每一个人各自研究自己，方才清楚，各自控制自己，方才有效，别人根本无法越俎代谋；别人有理由越俎代谋的，在任何人口之中，只是绝少数的智能不足和精神有病的人。

所以真正的人的学术包括每一个人的自我认识与自我控制，舍此，一切是迂阔不切的、支离破碎的或是由别人越俎代谋而自外强制的。前人的经验，无论中外，其实早就看到了这一层道理，所谓“自知者明，自胜者强”的一类原则的话即是。不过看到是一事，做到又是一事，以前虽也有过大致做到的贤人哲士，但总属少数，今后人的学术的任务，我以为就在更清楚的阐明此种看法，更切实、更精细的讲求它的做法，而此种学术上的任务也就是教育的最基本的任务。目前的学术与教育是已经把人忘记得一干二净的。学不为己而为别人，是错误，学不为人而为物，是错误之尤，目前该是纠正这错误的时机了。

有了明能自知与强能自胜的个人，我们才有希望造成一个真正的社会。健全的社会意识由此产生，适当的团体控制由此树立；否则一切是虚假的，是似是而非的，即，意识的产生必然的是由于宣传，而不由于教育，由于暗示力的被人渔猎，而不由于智情意的自我启发，而控制机构的树立也必然是一种利用权力而自外强制的东西。这又说着当代文明人类的一大危机了。一般人对于自己的情欲，既裁节无方，控制乏术，有恐怖既不知善自镇摄，有忧虑又不知善自排遣，有疑难更不知善自解决，于是有野心家出，就其应裁节处加以欺诳的满足，应镇摄与排遣处一面加以实际的煽扬恫吓而一面加以空虚的慰藉护持……野心家更一面利用宣传的暗示，一面依凭暴力的挟持，于是一国之人就俯首帖耳的入了他的掌握，成为被控制者，成为奴隶；其间绝少数稍稍能自立的，即自作控制的，亦必终于因暴力的挟持而遭受禁锢、驱逐以至于屠杀。独裁政治和极权政治不就是这样产生的么？希特勒、墨索里尼一类的天罡星不就是这样应运而下凡的么？

什么是野心家？从本文的立场看，野心家也就是最不能控制自己而不幸的又有一些聪明才干的人。一个人既不能控制自己，别人也无法控制他，就是“野”，“野兽”、“野蛮”、“野心”所指的全都是控制的不存在与不可能。希特勒是一个富有欲望的人，他尤其是爱权柄。他自己不知所以运用意志的力量来控制这欲望，反而无穷尽的施展出来，一任这欲望成为控制他人的力量，控制得愈多，他的权柄便见得愈大，控制了德国不够，更进而控制东欧、全欧以至于全世界。有一个笑话不是说希特勒拜访上帝，上帝不敢起来送行，深怕他一站起来，离开宝座，希特勒就要不客气的取而代之么？这真十足描写了野心家爱权若狂而丝毫不知裁节的心理。不过从控制德国以至于全世界，但凭欲望是不够的，他必须运用物力，必须驾驭科学，规模之大，又必须和他的欲望相配合，于是他又从人的控制进入了物的控制，从人力的滥用进入了物力的滥用。不过希特勒不能自己直接利用物力，他仍须假手于其它能利用物力的人，而就当时德国与其邻邦的形势而论，因为大部分直接运用物力的人，例如科学家之类，向来没有讲求过自我控制、自作主张，也就服服帖帖的由他摆布、受他驱策，至于肝脑涂地而不悟。第二次世界大战，一部分所由演成的因缘不就是这样的么？

祸福无门，唯人所召。文明人类一大部分的祸患，我们可以武断的说，是由于人自己酿成的，而其所由酿成的最大原因，便是自我控制的不讲求与缺乏。这种局势是自古已然，于今为烈，而今日所以加烈的缘故，则在一方面自我控制的力量虽没有增加，甚或续有减削，而另一方面人对于物力的控制的力量，则因科学的发达而突飞猛进，终于使两种力量之间，发生了一个不可以道里计的距离。社会学家称此种不能协力进行的现象为“拖宕”。拖宕一名词是何等的轻淡，而其所酿成的殃祸却真是再严重没有。不过这种严重的程度，一直要到第二次大战将近结束，原子弹发明以后，才进入一部分人的深省。原子分裂所发生的力量是非同小可的，以视蒸汽的力量、电流的力量，不知要大出若干倍数。惟其大，所以更难于驾驭控制。大抵为了破坏的目的，在制敌人的死命的心情之下，此种控制比较容易，所以原子弹是成功了。但为了建设与人类福利的目的，控制的工夫似乎要困难得多了。浅见者流不断的以进入原子能新时代相夸耀，把原子能可能产生的种种福利数说得天花乱坠，不过沉着的科学家却不如是乐观。即如英国军事委员会的科学顾问艾里斯（Ellis）教授说，我们可能用原子能来驾驶海洋上的巨轮，但为了保护乘客与船员，所必需的一种防范的机构一定是笨重得不可想象，甚或根本不可能有此种机构。又如生物学家赫胥黎（J. Huxley）说，原子分裂所发生的种种高度放射作用对于人的健康与遗传是极度的有害的。这又引起控制与防范的问题了。再如英国奥立芬脱（Oliphant）教授指出制造原子能的厂房一带所遗留的灰渣会发出种种致命的电子性的“毒气”，而“毒气”所波及的地带便根本无法防卫，长期的成为无人烟与不毛之地。

也就是这一类的科学家如今正进一步的呼吁着物力的控制，觉得前途控制一有疏虞，文明人类便要濒于绝境。不错的，这是一个临崖勒马的时候了。不过我们在上文已经指出，问题的症结不在马，也不在那勒的动作，而在那作勒的动作的人。如果人本身有问题，临时不是不想勒，就是根本不知从何勒起。总之，他对自己既作不得主，对物名义上虽若作主，实际上又等于被物作了主去，结果势必是一个一发而不可收拾。据说，当初英、美、加等国的科学家在新墨西哥州的试验场上，等待第一颗原子弹爆发的时候，大家就手捏一把汗，深怕它引起所谓连锁的反应，一发而靡所底止。后来幸而没有。可见即在谨严的科学家手里，物力的控制也不是一件有把握的事，一旦如果掉进希特勒一类的人的手里，殃祸所及，那真是不可想象了。

总之，我们不得不认定人的控制是一切控制的起点、一切控制的先决条件。人而不知善自控制，在他应付物力的时候，别人想谆谆的劝勉他作妥善的运用，是不可能的。因此，我们又认为解决问题的基本途径不在政治、经济、社会的种种安排，有如近顷许多作家所论，而在教育。童子在操刀以前，必须先取得一番明强的教育、一个充分自知与自胜的发展。

派与汇
——作为费孝通《生育制度》一书的序*
(1946)

一、代序的话

对于孝通的作品，借了作序之名，我又取得一次先睹为快的机会。

这是孝通六七年来在西南联合大学与云南大学开授的一个学程，就叫做“生育制度”。其实所论的不止是生育，凡属因种族绵延的需要而引伸或孝通所称“派生”出来的一切足以满足此基本需要、卫护此重大功能的事物，都讨论到了。它实在是一门“家庭制度”，不过以生育制度为名，特别从孝通所讲求的学派的立场来看，确更有点睛一笔之妙。这也是他关于此学程的全部讲稿，历年以来，不断的补充修正，才告完成；只有最后的一两章是最近补写的，因为刚从西南避地归来，旅途困顿，行止不常，又值天气闷热，与西南的大相悬殊，文思汗汁，同其挥洒，极感不能畅所欲言的苦痛，孝通自己颇有因此而将全稿搁置的意思，后来还是经我的劝告，才决定姑先付印。人生几见玉无瑕，何况瑕之所在是很有几分主观的呢？又何况此瑕不比彼瑕，前途是尽有补正的机会的呢？

将近二十年前，我对于家庭问题也曾写过一本书稿[1]，自此迄今，也曾不断的有所论列。我们先后的尝试有一点是相同的，就是都从生育的功能出发。不过有一点是很不同的，我所注意的是问题，不是制度本

---

* 原载《观察》第1卷第15、16、17、18、19期，1946年12月7、14、21、28日，1947年1月4日；并载费孝通：《生育制度》，1947年9月；辑入《政学罪言》，观察社，1948年版。

身。问题需要解决，所以我的用意是在提供一些改革的意见与方案，属于下文所谓社会理想的一路；我的眼光是直截了当的优生学的，属于下文所叙到的生物学派。孝通的则不然。他所注意的是制度本身，用意是在就种族绵延的起点和制度完成的终点之间那一大段社会的与教化的文章，加以推敲分析；他的目的是在研究；他的尝试是学术性的，而属于下文所称社会思想的一路；他的眼光则属于下文将略有说明的所谓功能学派，是社会学派或文化学派的一个。好比造房子，孝通所关心的是，从居住的需要开始，到建筑的完成为止，一面要看房子是怎样构造起的，一面也招呼到和居住直接间接有关的种种需要，和此类需要的未尝不因房子的构成而获得满足。我的却仅仅表示了一个有好房子住的希望，提出了一个好房子的图样来，究属好不好，也还是另一问题。两者相较，无疑的他的尝试要比我的更为基本，更为脚踏实地。也无疑的，他这一番工作应该先做，我的则失诸过早。

我对于功能学派一向没有深究过，近年和孝通不时接触，始取得更进一步的认识；这认识是不是已够清楚，下文所作一部分的交代是不是已够明白，还希望孝通和其它同学派的朋友指点出来。我对于这比较新颖的学派是相当的欣赏的，倒不是因为它新颖，乃是因为它于推陈出新之中能比较的综合，比其它社会学派或文化学派为更有题目中所用的“汇”字的意趣，下文亦将有说明。不过有一点我希望孝通和其它用功能论的眼光来研究社会与文化现象的朋友们要注意提防，就是下文所论的一般的“我执”心理，特别是此种心理所养成的“一切我自家来”的倾向。功能论既已很有汇的趣味，洵如下文所论，它所称自家之家，门户自不致太狭，派头自不致太小，事实上它和别人所已发生的“通家之好”已经是很显著。但大门墙可以出小气派，表面的通好可能是实际的敷衍，还是不能不在在提防的。例如即就孝通所论列的生育制度而言，功能论者是充分的承认到所谓种族绵延的生物需要的，这表示和生物学已经有了通家之好，但舍此而外，一切构成生育制度的材料与力量，一切其它的条件，好像全是社会自家的了，文化自家的了。这是事实么？我以为不是。鸟类构巢，蜂蚁之类造窝，若论居住的基本需要，它们是和人类一般无二，即同是天赋的要求，是生物学的。但鸟类、蜂蚁没有文化，所恃的全属于心理学所称的本能，即一种生物的自然倾向，何独一到人类，全部的居住制度或任何满足一种基本需要的制度，便除了基本需要的最起码的一点而外，都算作社会与文化之赐而和自然的倾向完全绝缘了呢？鸟类、蜂蚁是完全本能的，人类则除了起码的一点而外，全是文化的，在事理上总有一些讲不大通。我看问题还是出在“我自家来”的身上，能自家来总是自家来，能不仰仗别人就不仰仗别人，如果把这种精神用在一个人的自尊与独立的发展上，用在教育事业里，原是极好的，但若用在学术的领域里，我们所能得到的，充其极，可能是表面上很完整、内部也很玲珑精致的一大个归根是演绎逻辑的结构，而和现象的比较通体的解释或洞澈的认识不大相干。这就陷进一切学派的泥淖了，学派的主张既成为不可动摇的大前提，于是一切探讨的工夫，名为自果推因，实同自因寻果。

孝通在这本稿子里，大体上并没有表示一切都要自家来，因为他的准备比一般社会学者或人类学者为广博，包括多年的生物学的训练在内。不过提防还是需要的。学者总希望自成一家言，自成一家当然比人云亦云、东拉西扯、随缘拼凑、一无主张的前代的笔记家和当代普通的教科书作家要高出不知多少筹，但如求之太亟，则一切自家来的结果或不免把最后通达之门堵上。孝通在本书里有若干处是有些微嫌疑的。在不察者可能认为一家之言，必须如此说出，否则不足以为一家之言。但在博洽明达的读者便不免以“自画”两字目之了。有一两处最后已经孝通自己加以改正。至于本书条理的畅达轩豁，剖析的鞭辟入里，万变而不离功能论的立场，章法井然，一气贯串，则也未始不是一家言的精神的充分表示，在学殖荒落、思想杂遝的今日，也正复有它的贡献，初不因我的期勉的话而有丝毫损色。不过我深知对于孝通的作品，外间欣赏以至于恭维的反应决不怕太少，陈义较高而互相勖勉的话还得让老朋友来说。

大概孝通是要我说这一类的话的，所以要我写这篇序；我也乐于接受这差使，因为我比较能说的也就是这一类的话。我说过，我对功能论没有深切的研读，我不能用同一学派的立场，就孝通的议论，或加以推挽，或寻求罅漏，而写成一篇就书论书的序。我只能就一个更广泛的立场，更超脱的展望，抱着对孝通一个更通达远大的期待，写成了一篇代序。好在在这样一个立场、展望与期待之中，功能论还是有它的不可磨灭的地位。

二、释派与汇

天下凡属有发展的过程的事物似乎都取一个梭子形的公式，起初单纯，中段复杂，末了又归于一种新的单纯；或起初侊侗，中段分化，末了又归于一种新的侊侗，我们叫它做综合。如果延展下去，这侊侗或综合可能是又一节新分化的准备，而终于再来一个梭子似的过程。自然现象界一切有循环性的东西都可以说是采用了这样一个公式的，因为我们知道，所谓循环也者决不是一个单纯的循环，好比一根铁丝做成的圈子似的，乃是一度循环之中，必有一个比较分化而复杂的段落，而循环的起点与终点也并不衔接，即可能是弹簧式的。植物化学家所盛称的育气的循环（the nitrogen cycle）就是如此。水的循环，大之如液体与气体的更迭变化，小之如江河湖海的流转分布，也都循着这个公式。生物滋长与嬗递世代，由种子发展为个体，由个体归结到种子，走的也是这条路。而个体由单纯的幼冲时代，经过成熟而繁变的壮年之后，以归于衰老，也有相似的情形，因为衰老也是比较单纯的。以人而论，文学家如莎翁就称之为“第二个童年”。一个人经过了所谓不惑、知命、耳顺的年龄之后，总是比较的饱经风露、炉火纯青、看得开、放得下，换言之，他的生活必然的要比壮年人简单得多了。

文化、学术、思想的演变也似乎未能外此。把人类文化当一个总集体看，如此；把民族文化或文化的各方面分开来看，也复如此。不过如果分开了看，有的民族或方面所已经历的可能不止是一个梭子罢了。就思想一方面论，以中国为例，春秋战国以前，是单纯的一个时期，春秋战国那一段，百家争鸣，不衷一是，是分化而复杂的，而秦汉以降，儒家蔚为主流，又复比较的归于综合单纯，以迄于最近，好像又正在酝酿着一个分化而复杂的新时期。以西洋为例，也有相似的形势，荷马所代表的希腊时代的思想说不上“复杂”两个字，从希腊全盛到灭亡的时期，好比我们的春秋战国，是变化多端的，而自基督教的传播以迄于三四百年前，显然又归宿到一个虽不融通而也还单纯的段落，三四百年以来，文艺复兴、宗教改革、科学兴起、工业革命等等，一面是思想日趋复杂的因，一面也未尝不是思想日趋繁变的果。目前西洋的思想还是在这第二度分化与夹杂的段落之中，短期内是否会有一个新的综合，虽不可必，但端倪已经有了一些，下文当续有讨论。

时人喜欢把思想比做水，例如说“思潮”。水是动的，绝对的止水或死水是不能想象的；思想也是动的，自身的发展是动，与生活的相互影响也是动，绝对不动的思想也是一样的不能想象。所以在相当限度以内，这比喻的用法是有它的方便的。我在本文题目里也用到形容水的两个字，“派”与“汇”，派指思想的分歧，汇指思想的会聚，派是分析，汇是综合，派是家数，汇是集成。学派的说法是一向有的。汇的说法也是明说暗说的都有：《百川学海》一类的书名是暗说的，“文汇阁”、《文汇报》一类的名称就明说了。春秋战国时代的诸子百家，每一子、每一家是一个学派。到孔子被人称为“集大成”，就有汇的意思了；是否真集大成，真汇，固然是另一问题。孟子说孔子，提到“河海之于行潦”，那汇的意思更是显然；又提到“盈科而后进”，那“盈科”两字也有汇的意思；至于后代的学术思想究属进了没有，那也是另一个问题。

三、社会思想与汇

上文说到西洋的思想三四百年来始终是分化而繁变的，这自然是一个大体与纲要的说法。若论其目，则大分化之中也未尝没有小综合，大纷纭之中未尝没有单纯化的企求，流派的大奔放之中未尝没有汇合的尝试。十九世纪就是这样一个企求与尝试的时期。就社会思想一方面来说，我们很容易联想到几个尝试的人，孔德、达尔文、斯宾塞尔、马克思、弗洛伊德等，不过弗洛伊德已经跨到二十世纪的初年了。这几个人中间，孔德是相当成功的；达尔文所注意的事实虽若限于生物方面，但他所提出的汇合的原则——演化论，经由斯宾塞尔、赫胥黎以及大批的所谓社会进化论者的引伸推广之后，确乎发生过不少融会贯通的力量。马克思和弗洛伊德都有一番“汇”的苦心，但因其专门注重生命的真实的某一两个方面，有如饮食、男女，其结果，至少就思想一方面说，适促成了派别的加强的发展，比较通盘的汇合的影响无由见到。如果生命的真实，推本穷源，只限于饮食与男女两件大欲，则马、弗两人虽没有一人得窥全豹，至少还能平分春色或平分秋色（究竟是春色、秋色，要看读者的襟怀，在此无须确定），而事实上生命的真实所包含的似乎决不止此。

说到孔德的尝试相当成功，我们又很容易的会联想到他的“科学的级层说”，后来演化论发达之后，又有人叫做“现象的演程说”；正唯各类现象的演出有先后迟早，斯各门科学的地位有本末高下。无论级层说也罢，演程说也罢，从此以后，我们对万殊的物象，算是有了一个综合的看法，如果宇宙有如一挂大网，自有其脉络可寻，从此也就纲举而目张，通体可以概见了。也无论用的是那一个说法，以至于其它大同小异的说法，有如斯宾塞尔的无机、有机、超有机的三界说，我们总承认，宇宙肇基于化学、物理的种种活动，进而发生生物、生理、心理的种种现象，再进而产生社会，形成文化。中间的小层次不论，这下、中、上的三层与层层相因的原则是确立了。这最上层的社会与文化，尽管气象万千、变化莫测，决不是无端发生的，决不是单独创出的，也决不是独立的、隔离的而与理化生物的境界全不相干的；尽管花明柳暗、别有洞天，却并不在天上，而依然以寻常的天时地理、山川陵谷做基础，也始终和洞天以外的天时地理、山川陵谷毗连衔接，可以出入交通。这一点小小的综合，在目前看来，虽若老生常谈，卑不足道，在立说的当初，却自有其开拓襟怀、网罗万有的意义，令人油然起宇宙一家、万物一体的感想，而使纷纭杂遝的思想学说得收衷于一是的效果。

达尔文的贡献也就是在这条路线上。不过有广狭的两部分：广的就是适用于一切现象的一般的演化原则，可以归入上节的话里，无须重说；狭的部分是所谓有机演化论，就是就三界中的中间一界特殊的作一番原委的推寻与因素的剖析。这推寻与剖析的过程大体上有如下述。起点是马尔塞斯在他的《人口论》中所已发挥的蕃殖与其限制的普遍事实。第二步是变异与遗传现象的发见与观察。第三步，由于变异与遗传的事实，进而推论并注视到物类间的竞争（事实上未尝不包括物类之间的互助现象在内）。第四步，终于到达一个适者生存的结论，所谓淘汰或选择者是，而所谓适，指的当然是变异或遗传品性与环境的两相调叶，而选择的结果便是各个物种的形成了。蕃殖、变异、遗传、竞争、选择或淘汰、调适或位育，与最后物种的形成，一边是生物学家所观察到的现象，一边也就成为演化论者的几个基本概念，其中一大部分也时常被称为演化的成因。我叙到这些概念，因为它们对于前途社会思想的继续发展大都有很密切的关系，说见下文。

四、社会思想与派

不错的，孔德与达尔文所做的都不能不说是一番集成与总汇的工作。不过学术思想是动的，是要继续发展的，大概不会因有人加以总汇而从此停顿，从此安于一个盈科而不进的局面；在二千多年前的中国思想界固然发生过这种情形，在求知特别迫切、竞争特别剧烈而科学方法已趋于成熟的近代西洋是决不会的。一向天下大势，分久必合，合久必分，而近代的天下大势，分虽可久，而合则未必持久，于是从十九世纪下半以迄于今，于一度总汇之后，紧接着一个新的分派的局面，而“派”的种子原早就寄寓在“汇”的中间。这话就又回到孔德与达尔文了。

现象的演程或科学的级层就替分派的趋向种下一个根苗，每一个“程”或“层”逐渐引伸、扩展，而独立自主起来，终于成为一个学派。上文简括的只说了三个级层，其实还不止此。化学与物理可以分做两层，而生理可以从生物里划分出来；后来心理学日趋发达，骎骎乎自成一层；社会与文化，不用说，也大可以分成两层。这样一来，派别就已经多得可观了。还不止此，每一层次本身就并不简单。物理中有数理，其它级层的现象中也未尝没有数理，数理是经，一切科学是纬，从笛卡尔以来，要成一门科学而不讲数量的分析，是大家公认为不可能的。于是社会思想的学派，可能又添上一个数理派，单独存在，或作为理化派的一个支派，而事实上确乎有。它如力学、重学等也都演成若干支派，所以物理学派也往往叫做机械学派。循了层次上推，接着是一些地理学派，我说一些，因为其中也不止一二家数，有的注重天象天气，有的着意地形地势，有的关心居家区位、产物作业，这样已经是好几家了。以上都属于所谓无机的级层。

再上是生物派了。这一派的分支之多更要在机械与地理两学派之上。生物体和机械体不同，是所谓有机的，即部分之间有一种活的功能上的紧密的联系。社会思想家中有人认为社会就是这样一个活的物体，于是就有了有机论的一个支派。在生物学界里，这有机体的概念是在演化论发展之前早就有的，不过过此以后我们就要想到达尔文了。蕃殖的概念产生了人口论或人口数量论的支派。人口论不是人口学，人口学是研究人口本身的，人口论是想以人口的蕃殖作为社会现象与社会变迁的一个解释的。变异、遗传、选择三个概念是分不开的，因此也有人引为根据，构成一派解释社会的理论，认为社会的治乱、文化的盛衰、民族的兴替，可以用变异的多寡、遗传的良窳、选择的正负来说明；所谓优生论或民族品质论的成为一个支派，就是这样来的。竞争的概念则演而为一派战争论，有的认为社会进步非仰仗战争不可，有的认为初期虽然如此，社会文化进展到相当程度，暴力之争势必减少而归于消灭，所以这派的内容也并不单纯。物种的概念也没有落空，所谓种族论，或种族武断论，认为种族有高下优劣，一成而不易变，愈以为不变，则其为武断也愈甚。这些支派之间，不用说，有的是比较独立的，有的不免彼此纠缠，例如选择论之于种族论，有的不大武断的种族论者大都是接受了选择论的。演化理论里一大堆概念中唯一没有演成一个社会思想的支派的，似乎只有“调适”或“位育”的概念，可能是因为它比较的最富有综合性，最有“汇”的意味；大凡讲调适就不能不讲关系，每个物体本身内部的关系，物体与物体之间的关系，物体与所处境地的关系，都得讲求到家，因此就不容易分而成派，不特不容易从有机的级层分出来，抑且不容易和无机及超有机的各级层完全绝缘，独行其是。不过至二十世纪初叶以后，特别是最近的一二十年，上面这一段话又见得不甚适用，“位育”的概念终于帮同推演了一个新的学派出来，说见下文。

心理学是比较后起的一门科学，孔德在他的级层说里根本来不及提到它，后人虽有意把它补进那级层的祖庙里去，但昭穆的地位很难确定。有的人，即心理学家自己以及对心理学特别阿好的人，主张设位应在生物学之上、社会学之下，意思是，心理现象虽须溯源生物现象，它自身则是社会现象的生命赋与者；另有一部分人却以为没有群居生活的交相感应，则根本就不会有我们所了解的心理生活我们的心理生活和动物心理不同，动物心理可以老老实实的归入生物学与生理学，而我们的不能，我们的心理是团体的、社会的，所以位应在社会科学之上，也就是在社会科学之后。这一笔官司现在还并没有打完，我们留待下文再论。不过心理学者一面对外打这官司，对内却也有阋墙之争，就是，也有派别分化，例如本能论、行为论与情欲兴趣论。本能论与情欲论和生物学派的遗传论很近，承认一切社会行为有先天的倾向以至于先天的命定；行为论则和生理学有密切的关系，不过研究的人但就行为的表见下手，但就看得见的事物刺激与动作反应着眼，生理的内幕他是不管的。大概的说，三个支派之中，本能论和情欲论与生物的级层为近，而行为论则不得不倾向于社会的级层，因为刺激的来源与反应的对象多少总有好几分社会的意义。

社会与文化的级层不妨并在一起叙述。孔氏的科学级层里原先没有列出文化，大概认为科学而外的一般文化可以纳入社会的级层中，不须另列。到演程说出，始明白把它列入，位在社会之上之后。换言之，如果级层与演程可以比做一座塔的话，这些是塔顶上的一二层了。欲穷千里目，更上一层楼，行百里者半九十，这一二层的地位虽极崇高，其所经历的风云变幻也较其它层次为多而亲切，但总须以在前在下的各级层做基础。一个虚悬的塔尖，或一座浮空的临春、结绮一类的高阁的建筑，是不能想象的。上文所叙述的许多学派的所以存在，所以发展，目的可以说就在教这塔尖不落虚空。这些学派中人各把解释社会与文化的理论一套一套的抬出来，倒不完全因为他们都是好事之徒，想巴结社会，讨好文化，也不完全因为他们有些中国人脾气，想以卖老或自居长辈的方法来占人家便宜，还是因为各级现象之间是存在着一种不容抹杀的本末先后与前因后果的关系。社会与文化既属后起，尽管挺秀有加，令人生畏，在追寻种种成因的时候，自不宜完全数典忘祖、饮水忘源。可能因为这种态度发展得过分了些，也可能因为祖宗太多，各说各的，历久不衷一是，也可能因为有的理论所从出的级层毕竟是太远了些，中间跳过了好几个其它的级层，说出话来总有几分不着边际、隔靴搔痒——这一类的原因终于激出了一个反应，就是，从事于社会与文化研究的人被激而就其自己所属的级层中寻求解释，而形成了若干理论的套数。这便是社会学派与文化学派的一大部分的由来了。社会与文化级层中的部分特别多，关系也特别复杂，所以自谋解释的努力本来就可以收几分效果。但学派中人到此，不免更强调这“自谋”与“自家来”的原则、求人不如求己的原则，并且进一步的认为理应如此，认为别级层中的学者的拦入社会与文化的领域是越俎代谋，是舍己耘人，是一个错误。这态度一来，其所以成为一两个单独的学派，就更见得壁垒森严了。

社会学派的支流自也是不一而足。其分化的根据是一些概念上的不同与着重点的互异。我们不妨先把这些概念比较拉杂的胪列一下，事实上也很难避免拉杂，一则这些概念本身就不够清楚，再则它们中间也不免有掩叠与重复之处。每一概念自必有其对待，例如：形式对待内容，纯理对待事实与问题，人伦关系对待人的自身，集体的表象对待个人的行为，意识环境的外铄对待人的固有，动态对待静态，常经对待畸变，一般的结构功能对待零星局部的分析，等等。每一对概念的上面一个是社会学派的支派们所特别注意以至于认为非从此着眼便不成其为社会之学的，至于对方所包括的种切，则虽在社会之内，虽未尝不是社会现象的一部分，却不是社会研究的道地的对象，而应该交给生物学、心理学以及其它的社会科学如政治学、经济学之类，归它们去推敲。这样了解的社会学与社会思想，因此有人就称它们为道地社会学与道地社会学派，好比道地药材一样，也有人称此派社会思想为唯社会论，好比唯心论、唯物论一般。

文化学派，也有人叫它做心理社会学派，从某一种方面看，可以和社会学派划分得相当清楚，就是它比社会学派要具体。“不求人”的精神，上文说过，是一样的。比较具体之所在是它能运用文化的多方面或某一方面来解释文化，解释者虽仅仅是文化的一二方面，而被解释者当然是文化与社会的全部了。到目前为止，用文化的一方面来解释社会文化全部的努力自然也不止一家，其中历史比较最久而也最有些效果的是经济与生产技术，就是马克思的一派，其次是宗教与伦理，再其次也许是法律；尝试的人都不算少。它如教育、艺术、语言文字、风俗习惯、舆论清议、科学、哲学，零星提出的也颇不乏人。即就三四十年来中国的救国论调与改革论调而言，已经可以看出此种情形来，发为议论的人虽未必都成派别，但信念既笃，主张又很绝对，行动又很积极，可知成派的趋向始终存在，所缺的是一些成套的理论工夫而已。读者如不厌噜苏，我们不妨极简单的数说一下。在经济一方面，民生主义、共产主义、社会主义、计画经济一类的议论，我们应有尽有，是最不惮烦言的。基督教的“中华归主”运动、其它宗教的有组织的努力、孔教会或孔学会一类的团体活动、政府对于心理建设的号召、新生活运动的提倡、一般人对于世风与人心不古的烦言，则都假定如果宗教与道德上了轨道，全部的社会生活便得所安定，诸般的社会问题便自然解决。从清末维新以至今日，全部法治的主张，全部教育的努力，自各有其一些社会思想的背景。检字方法、索引方法以及文字本身的改革方案，三四十年来也多至不胜枚举，目的也无非是想经此途径推广教育、革新文化，而达成社会的改造。艺术一方面，比较荦荦大者我们至少可以提出蔡孑民先生的美育运动和王光祈先生的音乐救国论，在提倡的人一定认为如果广大的民众不懂得审美，如果音乐不普遍发达，中国的社会与文化便始终不会走上健全的路。

上文两节话的用意端在表示在社会思想的不算太大的领域里，思想之流，即在最近百年以内，如何由派分而汇合，更由汇合而派分的一些迹象。这分合聚散的过程，事实上当然比我们在这里所说到的要复杂得多。从机械学派到文化学派中间一大串的大小派别，当然决不会完全由孔、达两氏的一二番汇合的努力里很单纯的推演而出；它们自分别的还有别的来源，哲学的、科学的、宗教的、艺术的种种思潮，对于这些派别的构成，自也有它们的贡献，例如十八世纪物理科学的发达之于机械学派，哲学中唯物一元论之于经济学派，基督教传统之于宗教学派，都是极明显的。

五、社会思想与社会理想

社会思想，根据它的立场或观察的据点看，可以分做上文所叙的大小派别，如果根据用意或目的来看，它又可被划分为两种或三种：第一种是比较严格的社会思想，第二种应该叫做社会理想，第三种是社会玄想或社会冥想。普通谈论社会思想的人是不这样分的，但这分法实际上是相当的重要，百年来社会理论界的纠纷混乱，一半虽由于派别之多，一半也未始不由于这样一个分法的未经大家公认。为讨论的方便起见，我们不妨先列一个表：

	对象	目的	运用的心理方面	理论方法
社会思想	已往及目前的社会	了解、说明、解释	理智的体认与分析为多	因果的推寻、关系与关联的发见；归纳逻辑为多
社会理想	未来的社会	改造至于革命	意志、情绪、信仰为多	演绎逻辑为多，强作综合或至于武断
社会冥想	未来以至于莫须有的社会	憧憬、慰藉、逃遁	情绪的依恋至于感伤主义；幻觉、白日梦至于错觉	可根本不问方法、不用逻辑

右表四个栏目里，目的一栏自是最关重要，因目的不同，其它节目就势必不能一样。严格的社会思想既志在解释，则势不能没有具体的物象，而此种物象正可取给于已往与当前的社会。反转来说，已往与当前的种种社会现象原是需要了解的，它们的来龙去脉以及相互的关系也需要弄一个清楚，正好比自然界的一切现象一样。社会现象也需要一番观察、整理、分类、量断，才可以让我们充分的了解，才成为一门或几门科学；在构成科学之前与之际，也必有其种种假设，种种理论上的探索，这就是社会思想了。社会思想提出的问题是：社会曾经是什么，现在是什么，以前的“曾经是”和目前的“是”中间又有些什么渊源。对于将来可能是什么，社会思想家或许愿意鉴往知来的作一番推测，但这

不是他的主要的任务；至于未来的社会应该是什么，如何而可以尽善尽美，他是搁过不问的，若问，他是暂时放弃了社会思想家的地位而采用了理想家的身份才问的。

社会理想的用意是在改造社会，改造的工夫势不能用之于过去的社会，即用之于已经在某一种趋势中的当前的社会，也不免徒劳无功，于是就不能不以未来的社会做对象了。反转来说，未来的社会也确乎是需要我们措意的。人是有希冀的一种动物，他的生活的很大的一部分是寄托在过去的留恋与未来的指望之中。宗教家觉得最引人入胜而足以支持他的生命的东西，是前途的那个乐园或任何理想的世界。不过理想的社会大概不会自己来到的，它需要人力的招致，于是，第一步，我们必须建立一些鹄的，认定一些路线，制成一些计画。这鹄的、路线、计划一类的东西我们统称之曰理想，不是思想。第二步，我们对此理想，必须培植一番情绪，养成一番信念，务使此理想得因多人的拳拳服膺而长久维持，这也就是宣传组织的一步。第三步，不用说，是企图实现这理想的种种努力了。社会理想所运用的心理生活的方面，显然的与社会思想所运用的不同，它要的是更坚强的意志、更热烈的情绪，在求其实现的时候，又需要活泼的动作。理智的分析当然不会没有，因为它多少总须利用一些历史的经验和学术的结论，来支持它自己，来为自己张目，不过这些终究不是主要的心理成分。又因为理想是不轻改动的东西，它是一切的准绳、一切的大前提，这一部分理智的活动极容易走上自因推果或演绎的一路，以至于趋于武断、抹杀，武断其与自己符合的部分，而抹杀其与自己冲突的部分。这并不是说社会思想家就不会武断、抹杀，不，他也一样的有这种趋势，特别是在他暂时放弃思想家的身份的时候，不过一经蹿出思想家的岗位，他就容易被人指摘，因而不能不多自检点；一向是理想家的人就不然了，人们对理想家的武断、抹杀，取的也往往是一个容忍以至于拥护的态度，容忍的是一般不认真的人，拥护的是认真而同具此种理想的心理倾向的人。

思想、理想以及第三种的冥想，是不能绝对划分的。理想家多少得利用一些思想，而思想家也随时可以蹿出而成理想家。理想家的理想，如果完全不理会经验与现实，但凭一己的爱憎臆断，而形成一套或一些不大成套的看法，认为社会必须如此这般，他才踌躇满志，不枉此一生，他就进入了冥想的境界了。冥想虽无疑的牵涉到社会，一种如意算盘的社会，实际上可以说是没有社会的目的的，它既不想解释社会，又不想改造社会；冥想家总觉得当前的社会太不像样子，他认识不来，也不求认识，社会也不认识他，他对此社会也丝毫动摇不了，社会也休想影响到他，社会与他可以说是绝了缘的。但他又并不甘心，因为人总是需要社会的；事实上的好社会不可得，至少想象上的好社会他是可以有的，因为人是富有想象能力的一种动物。于是，他在他的脑海或心田里就建立起这样一个社会来，并且在他看来是一个尽善尽美的社会。外国的象牙之塔与中国的空中楼阁一类的建筑物，就是这样来的。这决不是三年建筑不成的道旁之室，而是信手拈来都成的妙谛。一部分宗教徒所憧憬的天国或极乐世界也就是这东西。我说一部分，因为其余应当归入理想家的范畴。冥想的惟一的社会意义，可能是给现实社会一个对照、一些讽刺，给那些太满意于现实的人一些刺激，太困顿于现实之中的人一些慰藉，好比诗歌文艺的慰藉一样，此外便没有了。如果冥想中真有一些新的意境，足供未来推进社会的参考，足以激发此种推进的努力，那又就该归入理想的范围，而不完全是冥想了。冥想的意义终究是个人的，而不是社会的；始于心理上的慰安，终于生活上的逃遁，或始于单纯的幻觉以进入复杂的幻觉而成白日梦，而终于单纯的错觉以进于有组织的错觉而成疯狂：始终是个人的。一个人出家，我们喜欢用“遁入空门”一类的语气来形容他，是再恰当没有的。不过我们必须了解，从社会的立场看，那门虽是空的，从个人心理的立场看，它是绝对的不空，它是由冥想得来的一个极复杂的世界、一个光怪陆离的社会的代用品。

在本文的讨论里，我们除了指出冥想之多而且杂，可能成为目前社会理论界所以扰攘纷纭、不可究诘的一种因缘之外，我们在这方面不准备再说更多的话。社会上总有一部分人，倾向于以幻觉为真知、以梦境为实境，至少认为它们可能成为真知实境；上自主持风教而握有权力的大老，下至不满意于现实而亟切于改革的青年，胸怀冥想之体，而意图收思想与理想之用的，正是大有人在。社会的情况愈紊乱，则此种分子势必愈多。他们该是空门中的人物，但目前既没有空门可作归宿，他们也决没有作此归宿的企求，于是冥想终于造成了一种满天飞和到处沾惹与纠缠的势态。关于这种势态，我们是应该郑重的注意，而于虚实之间，作一番明白的审辨的。我们下文的讨论还是集中在思想与理想的两个范围，并且认为二者各有其重要的社会意义，界限虽须划清，轻重难分轩轾。

六、社会思想与哲学概念

上文叙述各学派的时候，我们始终称它们为社会思想，其实根据刚才的讨论，可知任何思想的派别一离开了解释的岗位，而自觉的想以解释所得，来影响未来的社会生活时，它就成为一个理想的派别。而事实上大部分的派别，在解释的工作自以为大体完成、羽毛大致丰满的时候，都有一种超现实与超空间的企求，第一步的表现是来一个历史哲学，来个所谓“史观”，第二步就是过问到未来的社会了。

不过这并不是说除了上文所已叙述的派别而外，社会理想便没有别的派别，或别的派别的分法。这当然是有的。如果上面的分法是从科学与科学的级层产生出来，则另一个分法可能推溯到哲学方面，而以若干主要而相对的哲学概念做出发点。例如，唯心论对待唯物论，机械的宇宙观或原子的宇宙观对待有机的宇宙观，理性主义对待经验主义，神召对待人为，命定论对待自由意志论，全体对待部分，或社会主义对待个人主义，渐进的历史观对待革命的历史观，法治对待人治，竞争对待合作，平等对待差等，保守对待进取，道义对待功利，文质的对待，体用的对待，等等。有的概念当然不属于纯粹的哲学，而属于专派的哲学，例如历史哲学、生物哲学以至于社会哲学自身，但其为一些基本的哲学概念，有非科学所能盘诘的，则一。根据了这些来讲社会理想的派别，有的比较清楚，例如个人主义之于社会主义，大部分却不容易划分，甚至于不可能划分，因为概念上的掩叠太多。每一对对待的概念固然彼此不相混淆，但每两对概念之间却不是彼此互相摈斥，例如同一服膺社会主义，有人主张渐进，而有人主张急进。不过根据了这些概念而产生的理想上的特征与形成的派别之间的更进若干步的分化，终于演出了许许多多的支流，是一个重要的事实，值得我们注意的。

话到这里，好像又在说回去了。社会思想的汇与派，上文是叙述过的了。根据科学级层而来的社会理想的汇与派，因此也算有过一些交代。从哲学概念引伸出来的社会理想又怎样呢？受过哲学概念的影响的社会理想又怎样呢？上文约略提到过一些此种概念的“派”，它们的“汇”又如何呢？这问题就大了，大到社会理论的圈子之外，严格的说，是不在本文范围以内的。不过既有牵连，我也不妨约略提到我私人的一些看法来。思想，哲学思想，在西洋的历史里，只有两个很短的时期中有过汇的尝试，一是希腊文艺全盛的时代，二是文艺复兴的时代。但两次都没有成功，尤其是第二次。此外可以说全部是派别擅场的时期，至多，在表面上，因为甲派压倒了乙派，给读史者一个汇合的印象而已。试思上文所胪列的若干成对的概念，两两对峙，各走极端，有如神召之与人为、唯心之与唯物、社会之与个人……如何才得以汇合起来。绝对的二元论始终只是二元论，是一元不起来的；至多，它只能造成两种局势，一是分期的互为消长的局势，二是同床而各梦的局势，或换一个比喻，有如泾清渭浊，初则同一河床而清浊分明，终则分道扬镳而各行其是。西洋的神学家努力了二千年，始终没有能把善恶的原则统一于上帝；近代的科学家也忙碌了三四百年，想把唯心论分解成唯物论，想把精神的现象化验为物质的现象，也始终没有成功，始终只好把它搁在一边，或加以根本否认，或认为别具境界、不可思议：都是这一路上的例子。即使成功了，所得的结果也不过是一个兼并的局面，而不是一个汇合的局面。

总之，社会理论或社会学说，就其中比较严格的思想的一部分来看，在近代是先有过一番汇的努力，然后又分成许多的家数；就其中理想的一部分来看，因为牵涉到更大的哲学以至于形上学的领域，受到它们种种对峙而冲突的概念的影响，至少就近代而论，与截至目前为止，汇合的努力可以说等于没有，而对峙与冲突对于社会理想的分化的影响却是很显然。我们不容易把现有的社会理想，像社会思想一般，分成若干界限分明的派别，但上文已经说过，每一派的社会思想都有踱出而成为社会理想的企求，当其踱出的时候，便是这些对峙而冲突的概念取得用武之地的机会了。因此，同一思想的学派，当其引伸为理想时，势必进一步以至进若干步的分化成若干支流，多少成为一分二、二分四……的格局。到此，我们看到，社会思想与理想的派别之分可能有三种的由来：一是依据科学级层的，流派之多，我们在上文已经大致看到；二是从一些哲学概念引伸出来的，这一类的学派不容易独立存在，但也还有；三是两者之和的结果，就是由于哲学概念影响到了依据级层的流派，从而产生的更零星的分化，这当然又是很多的。近代社会学说的繁复，社会理论的纷扰，学派之间的分工合作，固亦有之，彼此的排挤攻讦究属是一个更普遍的现象；解决问题的努力固亦有之，而所引起的新问题，所酿成的一般的动荡不安，可能是更多更大。推源溯本，这显然是因素的一个了。所以接着我们不能不把分派的利弊问题作为进一步的讨论的对象。

七、社会思想分派的利弊

社会思想的分派虽属人为，亦自有其趋势。造成这趋势的因素很多：生活环境是多方面的，并且随时可能发生变化，一也；人的智能情性是不一律的，对多方面环境的反应不会一样，二也；群居生活因此有分工合作的倾向与需要，三也；文化演变，学术随方面而累积，而一经累积，亦自有其趋势，四也；学术与思想是智识的两个层次，比较具体而固定者为学术，比较抽象而动荡者为思想，两者互为因果，彼此推挽，更不免增益此种自动分化的趋势，五也；思想分化既自有其趋势，我们对于学派的发展的一个基本态度，不应该是因有利而欲其多，因有弊而欲其少，而是网罗各学派的种种长处，而祛除其短处。

不过利弊的问题是存在的。在这里，我们又得把社会思想与社会理想分开了说。大抵思想分派的利弊参半，而理想分派则弊多于利，其何以有此分别，留待下文说明。思想分派之利在一个“专”字，唯其专，故精到、细密、澈底。社会生活的底蕴是多方面而极错综复杂的，一人之身，在短短的几十年的生命里，很难希望取得一个全盘通澈的了解，凡属有志于了解的人，势只能作一些局部的尝试，即，各就其兴趣与专门学术的准备所及，集中精力在此种底蕴的某一方面，作一番贯彻的分析与推论。一人如此，多人如此，一方面如此，各方面如此，则分工合作的结果，对于后学，对于对社会只能作些一般观察之人，可以供给一个差强人意的通盘的认识。我说差强人意，一则此种认识势必还是零碎片段，去完整的境界极远，再则它究属是一个拼凑起来的东西，中间的褶缝针缕是再也磨灭不了的，分工愈细，碎块愈多，则褶缝和针缕愈繁密。它可能是一顶瓜皮帽子，是一件百衲袈裟，却不是天孙织的锦衣。不过这已经是够好的了，这表示大家真能分工，真能分层负责，真能恪守本分，也真能合作，真能彼此尊重，相互了解，才产生了这样一顶瓜皮帽子，或一件百衲袈裟。约言之，专精的结果可以不妨碍通体的认识，也正唯其不大妨碍，专精的努力才取得了应有的意义。说思想分派有利，这便是利之所在了。

思想分派之弊也就在一个“专”字，唯其擅专，故偏狭、武断、抹杀。凡属学派中人多少总有一个倾向，就是初则自立门户，继则以自己的门户为最高大，终则设法教人只走这个门户，认为唯有此门才四通八达、无远弗届，唯有此门才是真正的入德之门。总因为这门是我开的，大有此山是我开、此树是我栽的一种气概。症结无疑的是在一个“我”字。问题当前，需要解决，其意若曰：你们都不行，我来！及其既来，则又曰：有了我，你们都可以不必了。所以此种专擅与独断的心理倾向我们总称之曰“我执”。以前的宗教家、道学家，近代的科学家，尽管教人无我，但我执始终是一个最普遍的心理现象，在一般生活里如此，在学术思想界几乎是同样的活跃，有时候反而见得更牢不可破，因为当事人总觉得把握住唯一真理的是他，而不是别人。

一样的不免于我执，程度上的分别还是看得出来的。谨严的科学范围里要少一些，特别是各门的自然科学。这显然的有两个原因。自然科学家所研究的对象确乎是更适用客观或物观的应付方法，它们可以被假定为超然于人的心理生活与社会生活之外，固然绝对的超然也还是不可能，因为研究它们的终究是浸淫在此种生活之中的人。此是原因之一。科学上所称的解释，事实上等于运用分解方式的一种说明，就是把复杂些的现象分解开来，成为更单纯而基本的现象，普通叫做因素或成因。此种分解的工夫，最初只限于本门科学的范围以内，例如生物学家解释个体的构造，始则自全体分解成若干结构的系统，更自系统而器官，自器官而体素，终于分解到了最小单位的细胞；把细胞的构造弄清楚以后，如果要再进一步，就得闯入别的科学以至于级层的防地，至少也必须企求别门科学中人或级层中人出头帮忙，特别是物理、化学的级层，否则分解的工夫便须戛然而止，达不到生物学所能认为满意的一个究竟。此种逾越的行动是有益的，它代表着科学或级层间的应有的合作，而合作便是专擅与武断的反面。此是原因之二。

但一离开自然科学的级层而攀登心理与社会文化的级层时，我们就发见两三种比较不很寻常的我执。我说不很寻常，因为寻常的我执是到处有的，各自然科学的内部也一样的有，例如：生物学的领域里，环境派对遗传派；遗传学里，精质独立论对后天习得性遗传论；遗传方法论里，孟德尔派对戈尔登派——彼此争论的时候，都表示过很顽强的我执。这一种的我执我们搁过不谈。所谓不寻常的两三种，第一种可以叫做包揽垄断；第二种，说得好听些，是自求多福，说得不好听些，是刚愎自用；第三种我无以名之，姑名之曰滕薛争长。第一种最普通，大凡用了下级层的科学结论来解释上级层的现象时，最容易犯这毛病。如果级层分明，解释与被解释的级层又属彼此接壤，则根据上文解释即等于分解之论，原是理有固然，势所必至；不幸的是解释者一方面总喜欢把被解释者一把抓住，不容别人染指，别人的解释，在它看来，不是错误，便是多事。社会与文化的级层既在最上，下面的级层既属最多，就最容易变成一根骨头，受群犬的拖扯攘夺，实际上是被宰割得支离破碎，把社会与文化原有的完整的形态反而弄到看不出来。这在社会思想的研究里我们叫做"以偏盖全"，想以局部来包揽全部，结果总是一个捉襟见肘，不能自圆。其级层地位距离较远的更不免隔靴搔腿，不着痒处。例如把人解释做一座机器，不错，人多少是一座机器，但人之所以为人，人之所以别于它种机器者何在，我们并没有因此种解释而取得进一步的了解，即解释了等于没有解释。此种来自距离较远的级层的解释，一面想包揽，一面又包揽不住，又往往容易陷进所谓比论的泥淖，即，任意用些比喻来替代解释，例如有机论者硬把社会当有机体来解释，竟有人认为社会组织自亦有其阴阳两性，国家是阳性，教会是阴性，信如此说，则中国社会的保守陈腐不倒有了一个解释，不是单性生殖，便是独阳不长么？机械学派把社会解释做一座机器，也全用这比论的方法，也一样的无裨于解释的实际。

第二种的我执是自求多福或刚愎自用。它显然是别人包揽得太多的一个反响。好比打麻雀牌的人，老不和牌，于是故意的不吃不碰，硬要打一副"不求人"，"和"给别人看看。对于这一类从事于思想与解释的人，我总有一个感觉，就是其志可嘉，不过若不求人而还是不和牌，或虽和而只是小牌，我又觉得其情可悯了。宇宙万象原是相通的，事物的演出，当其初虽有先后之分，科学为研究方便起见，虽亦不能不作级层门类之别，但现象之间，决不因人为的强分畛域而末减其息息相关的程度，然则对某一部分现象不作解释则已，否则势须旁搜远绍，觅取一切可能作解释之用的其它现象，属于同一部分的可，属于其它部分的亦自轻易不容舍弃；别的部分出头帮解释的忙，包揽固属不可，亦决不会成功，但如在相当分际以内，此种帮忙决不能看作好事，更不能看作越俎代谋，又何劳一定要拒之于千里之外呢？一面摈斥别人，一面硁硁自守，自以为智慧具足，办法尽够，岂不也是一种我执？这种我执，上文已经提过，在自然科学的级层里是找不到的，不过到了上层，在心理学派里则有所谓假行为论（pseudo-behaviorism）的一支，一面对其它级层则拒绝心理遗传与本能固有之论，对同一级层则否认内省观察之法，结果只是看到了一些行为的皮相，于行为的成因，既多所未解，于行为的意义价值，更所未喻。这就是我在上文所说的其情可悯了。社会学派与文化学派，上文说过，也可以叫做唯社会论与唯文化论，不唯则已，唯则在解释的工夫中，其它更较基本的科学门类便很少置喙的余地，其中的支派愈是道地，则此种余地便愈是绝无仅有。即大师如法国的涂开姆（Durkheim），他的亲炙的门徒如蒲格雷（Bougle）也终于不免批评他，认为他对于生物的因素实在是过于不加理会了。

第三种的我执我们叫做滕薛争长。这也可以说是第二种我执的很自然的一个引伸，而也是发生在心理与社会两个级层之间。一个三四岁光景的小孩子，在自我的意识发展到相当程度以后，便不欢迎别人管它或替它做事，总说“小弟弟（或小妹妹）自家来”；再后，羽毛更加丰满，就要管起别人来了。心理学派总以为心理的现象演出在前，是先进，社会现象演出较迟，是后起，并且两者之间有前因后果的关系。换言之，在科学级层里它是更属基本，若没有它，也就没有社会现象了。社会学派却反过来说，心理根本是一个社会现象，若没有群居生活，没有人与人间的交相感应，我们所了解的心理作用，特别是最关重要的思考那一部分是不会产生的。所以如果心理现象也要占一个级层的话，它应该追随在社会级层之后，才不致本末倒置，反果为因。这一番鸡生蛋、蛋生鸡的争辩闹了许多年，到如今还没有结果，怕是永远不会有结果的。不过虽无结果，双方还是要争，则其所争者无非是一种资格所给与的面子，好比中国人争辈分，作客或其它场面上争坐首席，又因为先后之外又有因果的关系，所以又好像中国人最不雅的骂人方法，暗示着骂者是被骂者的祖父、父亲，最起码也是一个姐夫，表示自己即使做不到对方的生命的赋与者，至少总要叨长一些！此种心理未始不是我执的一种，自不待言。这虽说是人类的一大弱点，而推本寻源，创造级层之说的孔德也不能不负一二分责任，谁教他眼光不够远大，当初没有把昭穆的次序确切的规定下来，弄得后代子孙非争嫡争长不可？

好像老子说过这样的一句话，小智自私，贱彼贵我；一切社会思想的学派，无论所犯的是那一种或那几种我执，都给老子一语道着了。换今日的口语来说，一切学派都是不够科学的，一切都不够客观；一些学派中人也都是不够民主的，谁都想专制，谁都想独裁。学术与思想犹且如此，又遑论政治呢。[2]

八、社会理想分派的利弊

上文说社会思想分派的利弊参半，我们看了我执的一番讨论以后，可知这还是客气的说法，因为所谓利，多少是假定的，即假定学派之间真能分工合作，而我执之弊、各是其是各非其非的风气、门户之际的喧嚣攘夺却是实在的。假定的利当然抵销不过实在的弊，所以事实上还是弊多于利，不过比起社会理想的弊多于利来，这还是小巫之见大巫。老子的话，和我们添上的既不科学又不民主的评语，对社会理想分派的结果实际上是尤其适用，也应该是尤其适用，为的是如下的若干原因。社会理想的目的既在改革社会，而且往往求之甚亟，则从事的人势必不免心切于求而目眩于视，推重力行而忽略认识，而所谓力行也者，或因从事者实力有所未逮，或因环境确有重大窒碍，同时又正因为理想本身原就偏颇，去通达的程度甚远，以至于推行的结果无非是一阵动乱、一阵骚扰，得不到丝毫真实的进展，于是不得不退而求其次，就是以言词作为行动，以宣传算做工作，以多言权充力行了。宣传这样东西，如果用得太多，似乎只有一个效果，就是，一面各是其是，一面又勉强别人，于不断的接受提示与暗示之后，亦从而是其是，其为一种我执，足以垄断或淆乱视听，足以为精神与思想生活上的一种紧箍咒，是不言而喻的。理想分派之弊尤在思想分派之上，此其一。

一种理想的服膺与推行，其心理上的先决条件是坚强的意志与热烈的情绪，理智的质疑分析自居次要的地位，以至于没有多少地位。这种心理上的准备，事实上和接受一种宗教的心理上的准备是完全一样的。近代有若干派别的社会理想反对宗教、反对神道的信仰，从社会学的立场看，这种反对是没有多大意义的，因为关键所在，决不在一套理想的有没有神道做牌号，而在理想所唤起的一番心理的底蕴。这底蕴才是真正重要的，因为它的活动好歹总要影响到社会生活。好比煎中国草药，药终究是主体，至于水，尽管医师故弄玄虚，非井水、河水或天落水不可，究属不关宏旨。“换汤不换药”一句话就是这样来的，而前代的宗教与近代社会理想之间，就其心理底蕴而言，也确乎有此种“汤换渣留”的现象；近代意大利社会思想家柏瑞图（Pareto）把这一类的底蕴就叫做“渣”（residues），可见是不为无因的了。他用到这“渣”字，倒也并不含有什么恶意，不过暗示着，水可以倒掉，渣则不容易倒掉，而事实则此种心理上的基层的功能是根本取消不了的。这一番话也就顺便替近代西方宗教的一蹶而不能复振，找到了一部分的解释。信仰的倾向原是人类行为的底蕴的一部分，是经常存在的，是经常有表见为行为的企求的，内在的一方面既有此企求，而外缘的一方面又有种种足以满足此企求的社会理想，里应外合，于是社会理想愈发展，各式改革社会的主义愈扬溢，宗教的信仰便愈趋落寞。理想的兴起可能是宗教衰微的果，而也可能是因，实际上怕是互为因果的，无论如何，信仰的心理始终有它的着落，有它的寄托，总是一大事实。我们这一番话，一般的人是不承认的，他们认为理想的信仰与宗教的信仰根本是两回事，前者是科学的、不迷信的，而后者则否，所以也有人认为，即使是一件事，也足征文明是进步了！对于这样的人，我们的话是很难说明白的，不过我们应该指给他们看，在理想家的心目中，一套理想的神圣不可侵犯，有百是而无一非，只应拥护，不许批评，往往要远在乡下佬心目中的菩萨之上，为的是理想家的我执要比乡下佬的为坚强：乡下佬信菩萨，目的只在一人一家的平安；他的却在改造社会，而他自己是一个有使命的人。我们的话也许要扯得太远了。[3]要紧的是，我们要指出来，社会思想的学派和社会理想的学派，在精神上是很不相同的，而其区别怕不止是程度的，而是品类的。一到理想的领域里，我们所接触的事实上不是若干学派，而是若干宗门；宗门之间的入主出奴，是丹非素，以自己为正统真传，视别人为旁门外道，其所发动的肝火，其所引起的争执，势必比学派之间的要添上若干倍数。理想分派之弊要在思想分派之上，此其二。

理想往往有和政治取得联系的趋势，中国如此，西洋也如此。前代如此，当代也未尝不如此，并且更见得显然。西洋史里对此种联系的状态有过“政教合一”的说法，其实这是不确的，联系并不等于合一。合一是打成一片，而政教的打成一片是近代一个显明的史实，严格的说，是第一次世界大战前后才发生的，并且目前还正在方兴未艾的过程中。这指的是成套的改良主义或革命主义和实际政治的因缘固结。人们不满意于现实政治而产生一些政治理想，当然是极古老的事实，根据了一些理想来从事于政治的活动，来促成政治的局部改善，以至于全部的鼎革，也不自当代始，英、美、法的有血无血革命都是先例。不过这些所用的理想只是屈指可数的几个原则，和从原则中提取而来的几个更单纯的口号，有如自由、平等、博爱、幸福的追求之类，而学者解释这些原则，可以言人人殊，不求其衷于一是；换言之，它们不构成一个套数，并没有经过特殊的规定与颁布，不具备教条的形式与精神。只是一些理想影响了实际政治，或实际政治采用了一些理想，或多少有些理想做指归。问题是比较简单的。改革或革命主义和实际政治打成一片以后的情形便与此不同。主义是成套数的，是多少先经过一番规定的，是有一定的解释而发生疑义需要重新解释时又须诉诸一定的权威的，是具备了近乎教条的形式与精神、只许信仰而不容怀疑评论的。第一次大战以来，马列主义之于苏联，第二次大战结束以前，泛系主义之于意大利，纳粹主义之于德意志，二十年来三民主义之于中国，都有这种情形。主义有好坏的不同，执行主义的人有为公为私的区别，所收的实际效用因此也大相径庭，不可同日而语，是不错的。但这是另一个问题，是主义信仰者的问题，是实际政治家的问题，我们从社会学与心理学的立场来分析评议，是有把它们相提并论的权利的。

在这些改造主义与实际政治打成一片的实例里，我们不妨提出一个来，作一个比较详细的分析，以示一两个思想学派，或至少以思想姿态出现的派别，如何引伸为改革的理想，更如何在野心家手里构成一种主义，作为政争的良好工具，而终于和实际政治取得了表里体用、不可分离的关系。这例子是纳粹主义。分析起纳粹主义的思想因素来，我们很容易联想到生物学派，特别是此派中的三个支派，一是社会有机体论，二是战争论，三是种族武断论，上文都叙到过。这三个支派，在德国原是发展得最早而最热闹的，而且从俾斯麦的时代开始，爱国的学者与野心的政客多少已经把它们适用到社会、文化、民族以至于政治生活，作为改革与扩张的张本，就是以思想之所得，派作理想的用途。这番适用也收了不少的效果，一八七〇年德国的统一与统一以后的百废俱兴，使其蔚为列强之一，不能说和此种理想没有因果的关系。最显然的是从战争论引伸出来的军国主义。其次，集体与极权主义的明显的倾向是从有机论出发的。政府和领袖是神经中枢，民众是细胞，必须打成一片，完全受命于中枢，便是一个十足的有机论的看法。犹太人在欧洲是普遍的受压迫的，而以在德国为甚；在德国是一向受压迫的，而尤以十九世纪末叶以至最近为甚。这又很清楚的得力于种族武断主义的“学理”上的启发。[4]希特勒对于这些的发展，在思想与理论方面，并没有什么贡献，他的贡献是一颗夸大而狂妄的野心，一个肆无忌惮、不惜毁灭人性的畸形人格，一番狂热的组织与推动的魄力，把这些原是零星孤立的理想，混合在一起，揉做一团，成一个整套的信仰，又把战败后散漫而颓丧的人民心理，在这整套的信仰之上，重新收拾、团结与振奋起来；结果是谁都身受一些而知道的——奴役、战争与死亡，开始在德国，而终于拖下了整个的世界。理想分派的殃祸竟可以到这样一个终极，拿前代的宗教所引起的同类的社会病态来比，更显然的有大小巫之分。侈谈与醉心于文明进步的人应该就这一类的大事实，且多多的沉思一番，然后再下结论。就目下的形势来说，苏联的集体主义和英美的个人主义也许正酝酿着一次更新奇广大的奴役、战争与死亡来，亦未可知。理想分派之弊，特别是经过宗教化与政治化之后，要远在思想分派之上，这是解释之三了。

九、治标的祛弊论

文明的人类如果想继续下去，且不论文明的进一步的发扬光大，目前这局面是需要收拾的，而收拾的方向之一，就是如何可以充分使社会收取思想与理想之利，而尽量的祛除其弊。有两条途径是可以走得的：第一条是治标的，我在上文已经说到一些；第二条是治本的。而无论治标、治本，关键均在一个“汇”字，治标的路是莫忘旧汇，治本的路是寻求新汇。上文说过，社会思想尽管分派不厌其多，只要一面分，一面不忘合作，一面发展自己，一面尊重别人的立场，顾全别人的努力，采纳别人的结论，则无缝的天衣虽不可得，一顶瓜皮小帽似的整体总可以保全。这就等于说，孔德、达尔文一类前辈的一番汇的努力，科学级层论与自然演化论，还是值得我们不断的参考；事物现象是有本末先后因果的，在社会与文化的境界呈现以后，事物现象又往往互为本末先后因果，而没有一件事物始终占先，始终处本的地位，始终是其它事物的造因或其它事物的初元首创。希特勒喜欢做元首，德国人也许喜欢捧他做元首，在专制极权的政治场合里容有短期的可能，在学术与思想的场合里却为事理所不许。明乎此，则我执的心理虽无法完全消除，已不难大量末减，而分工合作之效，便是不问收获的收获了。即就思想家的情绪一方面讲，这条不忘旧汇的路也正复有它的补益，派由一汇，等于流出同源，萁豆既属同根，相煎无庸太急，思想家各能如此宅心，则门户畛域之见，争嫡争长之风，也就可以大杀了。

刚才关于思想派别的话，对于理想的派别也未尝不适用，不过是更较困难罢了，困难的原因上文已经从详说过。不过还有一重为思想派别所没有的困难，就是有的理想派别不导源于孔、达两氏的综合学说，而导源于若干始终矛盾的哲学概念。在哲学界未能解除此种矛盾之先，我从一个纯粹的社会学的立场，曾经提出过一个看法来，也多少可以作为治标之用，就是我在别处已经再三提出过的两纲六目的看法，为本文的完整设想，不能不再简略的说一说。人以下的动物里，大多数的物种有个体而没有群体，或虽有而分工合作之迹不显；蜂蚁之伦则有分工合作的灿然可观的群体，而个体等于抹杀。在这些动物里，个体与群体，无论倚重在那一方面，全都由于本能，而不邀情理的自觉的认可。到了人类，个体与群体同样的存在，同样的邀自觉的认可，而几千年的生活经验，更证明两者是同样的需要，很难贱彼贵此。一个健全的社会，一种革新社会的尝试，在理论上应当承认个群两体的不分轩轾的存在。这就是两纲的说法了。个体，或每一个人的性格，并不单纯，它至少有三个方面，一是同于别人的通性，二是异于别人的个性，三是非男即女的性别。群体，或社会生活，也至少有三个方面，一是秩序的维持，二是文化的进展，三是族类的绵延。这就是六目了，一纲各三目。任何三目之间，和两纲之间一样，也似乎很难作轻重高下、后先缓急之分。而个人的三目和社会的三目又自有其联络与互为因果的关系，秩序基于通性之同，进步基于个性之异，而绵延则系于两性的分工合作；反之，如果秩序有亏缺，文化缺乏进步的需求，或族类对于绵延的欲望不够强大，则通性、个性与性别的发展也就分别的受到限制以至于抹杀。这就是我所提出的看法的全部了。

有此看法，我们对于已往的民族社会或民族文化，何以有的变化虽多，而昙花一现，有如希腊，有的寿命延长，而进步极少，有如中国，诸如此类的不同的经验，便可以求诸于各民族中若干通行的理想或一般的见地，而得到一个更清楚的了解。反过来，我们也可以根据了这看法，而推论当代各个民族社会的前途，例如，美国过分注意个人的自由，苏联过于着重集体的管制，前途可能各有各的吃亏，并且有的已经开始在吃亏。泛系、纳粹的国家，只知国家的集体，抹杀个人的自由，亏是已经吃定了的，表面上好像此种亏是外力教他们吃的，有些强制，有些早熟，但终究是理想的偏颇与不健全所招致的，终究是自作之孽。我们也可以用这看法来估量目前流行的各种学说、主张和运动。例如理工教育、职业教育、专才教育一类的主张，在两纲的六目之内，只顾到了个性与文化进展的两目，显而易见的是偏枯，若谓目的只在矫枉一时，固犹可说，若认为是一种经常的主张，就错了。又如百余年来的妇女运动，就女子个人人格的发展而言，虽若一面把以往抹杀女子的通性与个性的错误给纠正了，一面却又把女子的性别搁过一边，视同乌有，又何尝不是一个很重大的缺陷？近代婚姻之道之所以失，夫妇之道之所以苦，此种运动何能不负一部分的责任？总之，一般志在革新的人，无论是听取别人的主张，或自己有主张提出，如果都能接受这一类的看法，则前者可以知所取舍，或接受而知所保留补缀，而后者可不致过于轻率，过于偏狭，至少在尝试之前，可以有一番比较圆通的考虑。约言之，这一类的看法同时可以减少妄作主张的人与随声附和的人，这对于社会生活应当有一些澄清与宁息的功效。近年以来，一半因情势的要求，一半也由于见解之所及，一部分人的主张与行为里，也已经表示这一类兼筹并顾的看法，例如，就个人主义的自由经济与集体主义的计划经济（牵涉到上文的两纲）的一层而论，美国的罗斯福、华莱士，英国的拉斯基、孟汉姆都是这一路的人物，而在中国的政论家中间，这种人也渐露头角。

十、论新汇的可能

不过求乎其上，仅得其中，我们自勉的目的还应该是一件无缝的天衣。我们要求一个新的综合，新的汇。只有在一个新的汇的浸润之下，一切理想思想、科学艺术才有发皆中节的希望，初不仅社会一部分的理论学说为然。我们在篇首已经提到过，在前途短期内，一个新的汇合虽未必可能，但端倪已经有了一些。我们现在就要寻这些端倪说话，如果局势真有一些贞下起元、穷极思变的要求，而同时人的自觉的努力还有几分中用，而不完全受环境历史支配的话，则由头绪而线索，由线索而脉络，由脉络而纲领，而终于能把纲领提挈起来，我们的追求就不至于完全徒劳了。

所说端倪也并不单纯，好比一根线，这其间我认为至少有五个头绪，一个是很古老的，两个是近代的，又两个是当代的。每一个头绪也不单纯，名为头绪，事实上代表着不少的人多方面的经验和若干年的经验的累积，多少当然因迟早而有不同，约言之，每一个头绪本身就已经有些综合的意味，而在比较最古老的那一个，当初并且已经发生过一度汇的作用。我们顺了时代把它们约略的叙一下。第一个是中西文化传统中的人文思想。中国在先秦，西洋在希腊，这部分的思想已经有长足的发展。大意可以分做两层：第一层是，一切从人出发，向人归宿；第二层是，遇有二事以上发生冲突时，一切折中于人，即由人来斟酌损益，讲求应有的分寸，使不致畸轻畸重，因为，过犹不及，都是病源。所谓中庸之道表面上好像指的只是第二层，其实是两层都赅括的，中西人文思想都有近乎三才的说法，三才天、地、人，人居天、地之间，不以天、地为出发点与归宿点，而以人，也未尝不是一个中庸的看法。至于中庸也包括第二层是无烦多说的。不过有一点，就是所谓折中并不等于折半，那中之所在是活动的，所以必须斟酌，所以才有分寸的话。人文思想在中国是始终保全了的，但二千年来，不进则退，大体变成暗晦，而部分被人误解，也是一个事实，在西洋则可以说全部被人遗忘了，文艺复兴时代一番提醒的努力并没有成功，到最近三四十年才又有人郑重的再行提出。这是头绪之一，是五个之中最基本的。

上文叙述到生物学派的各支派，几乎是全部导源于演化论的若干概念时，我们就发见一个唯一没有构成支派的概念，就是调适或位育。我们当时也提出了一个所以没有的理由，说它在各个概念之中最富有综合与汇的意味，因为既求位育与调适，就不能不注意一事一物一人所处的场合情境，不能不讲求部分与全部的关系，于原委之外，更不能不推寻归宿；于事实之外，更不能不研求意义价值。这就牵扯得多了，牵扯一多，就不容易自立门户。而归宿、意义、价值之类又有些玄虚，涉及哲学范围，所以从事于科学的社会研究的人名义上有些不屑为，实际上亦不能为，于是这一个大好的概念就被束诸高阁，落寞了七八十年，其间虽也未尝没有人引作思想的总参考点，例如美国的勃里士笃（Bristol），但不太成功，因而始终没有构成什么学派。不过人弃我取，而人家所以舍弃它的原因恰好就是我们所以选取它的原因。这就是头绪之二了。这个头绪与上面头绪之一有些关联，我们也应当在此指出。说这头绪是近代的，乃是因为它的发展之功，属于近代演化论者为多，其实位育一概念的由来很远，其在中国，并且一向是人文思想的一部分，所谓“中和位育”者是，唯有经由中和的过程，才能到达位育的归宿。至于位育一词何以能与调适一词互训，则我以前在别处曾屡作说明，不再辞费。

第三个头绪发展在十九世纪末叶与二十世纪前叶，大部分是美国学者的贡献，就是比亚士（Peirce）、詹姆斯（Wm. James）的实验论和杜威（Dewey）的工具论。这一路哲学里的两层基本思想和我们的追求都有极密切的关系。第一层辨一个“真”字，认为凡属行得通而发生效用的便是真实，所谓发生效用，当然是对人发生了。第二层更进一步的认为一切环境事物、文教意识全是工具，谁的工具，当然是人的工具了。这在西洋好像是很新鲜的，其实也还是导源于人文思想，至少在中国的人文思想里，这两层的根苗是再清楚没有的。人文思想的经籍里没有“真”字，差近“真”字的意义的字有情伪之“情”、诚中形外之“诚”，都是从人出发的字，和道家升真之“真”、近代科学之“真”大异其趋。《易经》的时代说到“圣人以神道设教”，孟子的时代说到“变置社稷”，荀子的时代说到雩祭、卜筮、鼓日月蚀，皆所“以文之”，《礼记》的时代说到“鬼神以为徒，故事有守”，一贯的表示工具论的无远弗届；神道由人创设，社稷由人变置，俗信（我对民间信仰，向不用“迷信”字样，因迷者究属例外，其数字当远较近代迷信理想之人为小）供人点缀，鬼神作人门丁，然则天下虽大，事物虽多，还有那一样不应作人的工具看呢？事物既全是工具，包括思想、理想、信仰、主义在内，而非目的，便不会取得绝对的地位，便不走极端，也便不至于喧宾夺主，转而把创设它们的人作为倾轧排挤、颐指气使、生杀予夺的对象，而这对于我们的汇的努力，是大有裨益的。

我们讲的是社会思想与理想的派与汇，如今在社会学自身的范围里我们倒也找到正在发展中而可以帮我们的忙的一个学派。我们在上文列叙思想学派时并没有叙到它，只暗示到了一两句，为的是它最后起，还在发展之中，也为的是它已有几分汇的意趣，和其它派别的精神不同，最好保留到这个段落再论。这就是所谓功能学派，可以说完全是二十世纪初年的产物，而创立之功最大的学者马林诺斯基（Malinowski），不久以前才去世。功能学派的学者喜欢研究社会制度。从他们对于社会制度的界说里我们便不难看出“功能”两个字的意义来。马林诺斯基说：社会制度“是人类活动的有组织的体系。任何社会制度都针对一种基本需要。在一合作的事务上，和永久团集着的一群人中，有它特具的一套规律及技术。任何社会制度也都是建筑在一套物质的基础上，包括环境的一部分及种种文化的设备”。基本需要的满足，要针对了行事才能满足，便已充分表示功能的意思。要完成这功能，自不能不运用多方面的能力、资料、技术，即每一个生活的角落都得搜罗到家，集中一起，充分利用，才有达成的把握，把角落译成现象演程或科学级层来说，界说中的“环境”与“物质基础”属于最下的几个级层，包括化学、物理、气象、地理等，“基本需要”是生物生理的，“群”、“永久团集”、“合作”是心理的与社会的，而“永久团集”一点也牵连到地理，至于“规律”、“技术”、“设备”自属于文化的级层了。自孔德创为级层之说以来，子孙蕃衍，流派绵长，而其真能饮水不忘源、数典不忘祖的，似乎只有这一个支派，其余都自立门户、各奔前程、独营生理、争名夺利去了。功能学派大有汇的意趣，这是说法之一。功能学派又未尝不得力于达尔文的演化论，特别是此论中的位育或调适的一个概念。不讲功能则已，否则不能不注意场合、情境、格局，不能不检讨部分与全部的关联，不能不留心目的与归宿，不能不研考意义与价值，约言之，不能不讲求时间空间的全般调适、通体位育。而上文讨论到位育论的时候，所提到的也无非是这些东西，根本上没有分别。此派之所以有汇的意味，而值得我们采择，这是说法之二了。上文说到演化论里的“位育或调适”是当初没有演成学派的唯一的概念，也说到后来是有的，这就是一个交代了。至于这学派是不是自觉到这渊源，承认到这渊源，我没有加以深究，不得而知，但这是不关紧要的，要紧的是这渊源的分明的存在。追求新汇的努力中所应借重的第四个头绪便是这个。

最后一个头绪可以叫做人的科学，说已详上面《说童子操刀》一文，这里无庸多赘。不过人的科学和本文的关系是应当说明的。三百年科学的作风是一贯的分析的、流衍的、支蔓的，结果是愈分愈细，愈流愈远，已经到一个野草不可图的局面。这对于人以外的现象事物，问题还比较简单，因为它表面上好像并不妨碍我们对于物理的了解，并且正因其擘肌分理，表面上好像了解得特别清楚仔细，我说表面上，因为实际上所贵乎了解者，贵其全而不贵其偏，至少迟早能偏全并举，如果始终只是一番管窥蠡测，则豹之所以为大为美，海之所以为广为深，我们还是无从了解。不过事物了解的偏全问题还属单纯，复杂的在事物的控制。了解不能全，则控制也不能全，而偏特的控制或畸形的控制终必归宿于无法控制而后已。大凡人对事物的控制，由于人力者半，由于事物自身的环境或其它事物的连锁与牵制者亦半，所云人力，当然也可以看作全部连锁与牵制机构的一部分，但至多不过是一部分而已；如今把某件事物提取出来，使脱离其原有的连锁与牵制的情境，而思但凭人力加以单独的控制，则势必畸形于先，而技穷于后。生物界有所谓自然的平衡（balance of nature）也者，亦称生命的网络（web of life），就是一个自然区域内各种生物之间相生相克的现象的总和。我们如果但凭一知半解，把甲网络里的一两种生物介绍到乙网络里去，使发生我们所期望的生克作用，最好的结果大约是一波虽平、一波继起，而继起的问题往往是更棘手，而终于教我们束手。农学界里此类曲突徙薪、焦头烂额之事已经是数见不鲜。

上文说的只是近代科学对于物的了解与物的控制。说到人，就更可怜了。无生之物，分割了还可以了解，有生之物就已经大有困难了；到了人，更似乎是分割之后再也拼凑不成一个整体，即部分的了解尽管细到，合并起来，绝对不等于全部的了解，甚至于可以说，人的了解必须是囫囵的，不囫囵不足以为了解。到现在为止，所有关于人的科学，包括所谓人类学在内，全都是支离破碎的，算不得了解。既不了解，控制自更无从说起。三百年努力的结果，好像是已经把宇宙万象了解得很清楚，把声、光、电、化以至于原子的力量控制得很得心应手，独独有一种物象没有能力了解到、控制到，那就是人自己。用卡瑞尔（Alexis Carrel）的说法，人到现在还是一个未知数。用我们一句老话来说，人对于自己的生活，还是不出“盲人瞎马，夜半深池”所描写的光景。以未知数来推寻表面上的已知数，用夜半深池边瞎马上的盲人来驾驭这世界，原是不能想象的，而居然不断的在那里推寻驾驭，则结果之卤莽灭裂，自可想而知，事实上也用不着想，因为展开在眼前的就是。

真正的所谓人的科学也滥觞于詹姆斯一路的哲学家，可是荏苒了三四十年，一直要经历了两次的世界大战以后，科学家才注意到这个问题。第一次大战后所出现的所谓完形心理学是多少搔着了一些痒处的。第二次大战发生以后，这方面的论议就逐渐的增多起来，到最近一两年，比较郑重的作品也将次问世。这门科学的方法论虽尚待发展，细节目的研求更有待于方法比较完成之后，但有两点已经邀到公认：一是属于看法或信念的，即，如果我们不了解人自己，就休想了解社会，了解世界；如果我们不能控制人自己，就根本不能控制社会，控制世界。第二点已经牵涉到方法，就是研究必须有囫囵的对象、囫囵的人，以至于人所处的在某一个时空段落里的囫囵的情境。也许用不着再加指出，这种人的科学的新发展和本文全部的见地是完全属于同一趋势的，就是由派分而求汇合，唯有从汇合中求得的知是真知，更从而发生的力是实力。

前途的演变是不容易预测的，不过，履霜冰至，这五个头绪，彼此之间既很有一些渊源，或一些殊途同归的缘分，迟早是会融会在一起，而成为一个簇新的汇合的。这新的汇总得有一个名字，我们姑且名之曰新人文思想。根据上面的讨论，我们又不妨提出如下的一个梭子形的系图来，作为结束：

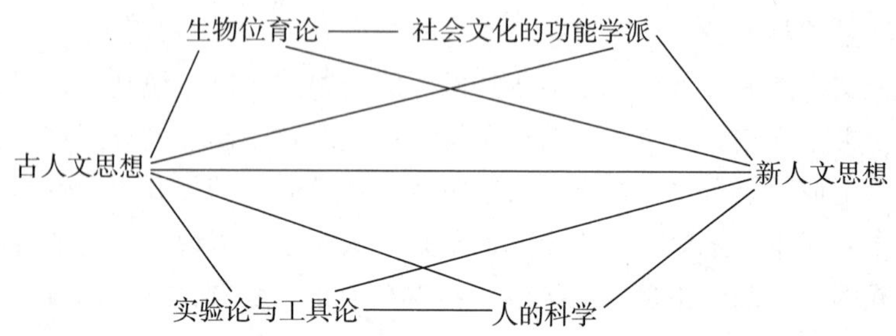

注释：

[1]《中国之家庭问题》，一九二七年（新月书店初版，再版起归商务印书馆）。

[2] 参看《自由之路》中《一种精神，两般适用》一文。

[3] 我在一九三四年八月二十五日的《华年》周刊上曾发表过一篇评论，《迷信者不迷》，可供参阅，辑录于下："近来天气亢旱，各地方祷神求雨一类的行为，几乎日有所闻。行政院长汪精卫氏为此曾电嘱苏、浙、沪省市当局：当农民求雨的时候，虽不便过分干涉，然于事前事后，应注意到常识的启发，务使大家能破除迷信而积极的增加人事上的努力。在行政者的立场，而能有这种自由的见地，我们以为是很不可多得的。'不便过于干涉'的一语尤其是见得宽大，和近年来但知一味高呼'打破偶像'、'废除迷信'的人的气味大有不同。我们何以在这些地方宜乎要比较宽大呢？理由是极简单的，就是，农民的迷信往往不尽是迷信。何以知其不尽是迷信呢？我们又可以从求雨方面看出来。第一，此种信仰并不是完全消极的。大家为了求雨，进城一次，游行一周，在城隍或其它庙宇里有一些团体的活动，结果，不但心理上暂时可以得一些安慰，工作上也可以引起一些兴奋。我们不信他们在求雨的祈祷仪式完了以后，便各自回家高卧，专等甘霖的来到。他们一定还在防旱的工作上不断的努力。他们是轻易不容易失望的，有一分可以努力处，这一分他们决不放松。要是求雨的举动的确可以在这干枯乏味的当儿，给他们一些慰安与兴奋，我们又何苦定要干涉他们？第二，农民相信偶像和偶像所代表的神佛，不错，但此种信仰并不是无限制的，并不

是绝对无条件的。有求必应的神佛固然受农民的顶礼膜拜，千求不一应的神佛也许会引起大众的公愤，因而受到相当的处罚，以至于撤换。有的地方，因为求雨不灵，大众便把神佛从庙里抬出来，请他吃一顿鞭子，鞭后还要游街示众。有的地方大众用放火烧庙来威胁他。例如缙云县的城隍神，在以前便几次三番的受过这种威胁。这一次缙云县县长的祷雨文里，便说：'尊神生前曾长斯邦矣。故老相传，天苦旱虐，吾民尊神，与神约，七日不雨，则火庙，神感，尊神诚如期降雨，救此一方，至今数千百年，人民以为美谈。'这还算是客气的，并不含多大威胁的意味，但味其语气，已经和韩文公的《祭鳄鱼文》的末尾几句没有多大分别了。由此可知此种的神道观是始终以人的福利做出发点的，假若一个神道不能给人福利，那就得退避贤路，甚至于要在人的手里受了责罚才走得脱。我们可以说这是人自己寻自己的开心，是一种很傻、很幽默的行径，不错，生活的一大部分就是这种寻自己的开心的幽默行为所构成的。我们自己对付一种理想，其实也就用同一的自己解嘲的方法，时而把它捧上天，时而把它摔下地，时而修正，时而放弃，时而认为它是唯一的救世的南针，时而把它比做海市蜃楼、梦幻泡影。理想之于有智识的人，就等于偶像之于无智识的人。理想也就是一种偶像。偶像打不破，打破了就没有生命，对偶像却也不宜太认真，太认真了，生命的痛苦也就从此开始。一个能在这两个极端之间游刃有余的个人或民族便是一个健全的个人或民族。我们对于中国的大众，始终没有觉得失望，这就是一个很大的理由。你还要说他们迷信么？我们不。”

［4］参看拙著《人文生物学论丛》第一辑中《近代种族主义史略》一文。

人文学科必须东山再起
——再论解蔽*
(1947)

我在《荀子与斯宾塞尔论解蔽》一文里，指出了两个人在解蔽问题上许多不谋而合不约而同的地方。不过两个人在解蔽的方法论上也有很不相同的一点，虽彼此并不冲突，甚至于还有相得益彰的好处，却终究是一个重要的区别，值得我们再提出来讨论一下。

荀、斯两人都提到治心与治学的两个方法，这一层基本的看法是一样的。不过说到治学，两人所说的学的内容却不一样。荀子所说的似乎只限于我们近代所了解的人文学科（humanities），而斯氏则限于自然科学，从数学、逻辑起，中经物理、化学、天文、地质以至于生物学、心理学，全都属于自然科学的范围。这和时代的不同与学术背景的互异当然有很大的关系。荀子的时代是说不上什么自然科学的。荀子所了解的学只是先秦时代所累积与流传下来的一大堆经验、知识、思想，有的见于记述，有的怕还是一些传说，其中关于自然的零星知识虽也未尝没有，大部分总不出我们今日所称为文学、史学、哲学的几块园地，而在那时候，这些园地的畛域还是分不大开的。除了这些，时代与背景确乎也拿不出什么别的来。

斯氏的时代里，自然科学已经相当的昌明，自然科学的门类已经由模糊而趋于确定，而各门类之间的关系也已将次阐明；对于此种阐明的工夫，斯氏自己还有过一番贡献。在他看来，只有自然科学才是一贴解蔽的对症良药，因为在一切学术之中，只有它是最讲求客观、最尊重事实、最注意分析，而于分析之后，又能加以贯串会通的。在他的那本

---

* 原载《观察》第2卷第8、9期，1947年4月19、26日；辑入《政学罪言》，观察社，1948年版。

《群学肄言》里，他完全没有讨论到其它的学术对于袪除成见可能有什么贡献。社会科学可以不必说。那时候关于社会的许多知识见解本来还不成其为科学，即降至今日，也还说不大上“科学”两个字；斯氏认为要社会的学问成为一种或多种科学，我们必须先做一番清宫除道的工作，而袪除成见便是这工作的第一步了。《群学肄言》既为此而作，则讲到治学为解蔽的一种方法时，自然是没有社会科学的名分了。事至今日，社会科学既比斯氏的时代为差较发达，我们再论解蔽与治学的关系时，立言可能要不同一些，但此不在本文范围以内，目前姑不深论。

不过人文学科如哲学、如历史、如文学艺术，何以在斯氏的议论里也竟一无地位呢？这其间可能有几个答复。一是斯氏自己忙着自然科学的研究、社会科学的树立以及一切科学的会通，对于比较古老的人文学术根本不大理会，以至于不感兴趣；他虽把他努力的结果叫做“会通哲学”，但此其所谓哲学和我们普通所了解的哲学实际上很不一样，在他看来，他的是“可知的”，普通所了解的是“不可知的”，而自作聪明者强不知以为知罢了。二是他可能认为人文学科未尝没有它们的解蔽的效用，并且已经相当著明，无烦再事数说，一则因为人文学科已有过二三千年的历史，再则当时所称的读书人是没有不经历过此种学科的熏陶的。三是反过来，他也可能认为人文学科没有多大解蔽的力量，他可能指给我们看，人文学科在历史里的累积虽多、发展虽大，对于读书人的偏蔽，曾无丝毫补救，否则又何待他出头写出一本专论解蔽的书如《群学肄言》呢？四是更进一步，他可能认为所谓人文学科也者根本就是蔽的渊薮；蔽的产生、蔽的维护、蔽的变本加厉，它们要负不少的责任。文学艺术重情感，哲学专事冥想理想，历史受了情感与理想的支配，至于充满着歪曲的事实，凭空的结构，要从它们身上寻求解蔽之法，不是问道于盲么？西洋二千年中宗教的桎梏、宗派的门户纷争，以及近代种种比较新兴的入主出奴的力量，有如国家主义、阶级观念、种族偏见、改革学案等等，又无往而不和人文学科有不可分离的渊源。解铃可能需要系铃人，但决不在这个场合，在这样一个场合里寻找解蔽之道，势必至于得到一个抱薪救火的结果，以斯氏的聪明是不做的。

不过上文说的乃是七十年前的光景，一半又还是我们猜度之辞。今日的情形又如何呢？不用说，斯氏解蔽的努力的收获是极度的可怜的。说他完全没有收获，也不为过；不但没有，蔽的种类加多了，程度加深了，范围扩大了，蔽所招致的殃祸也不知放大了若干倍数，包括两次的世界大战在内，而可能的第三次大战也免不了打在这个“蔽”字之上。而最可以教九京有知的斯宾塞尔认为痛心的是，这局面的所由形成，自然科学要负很大的一部分责任！

自然科学的效用之一，信如斯氏所了解与申说，是足以收解蔽之效的，结果却是适得其反，志在解铃的一只手终于成为系上新铃或把旧铃系得更紧的一只手。这其间也有若干因缘，有非斯氏当初意料所及的：第一，斯氏自己虽主张会通，自然科学一向的实际趋势却几乎完全侧重在分析与专精，而越至发展的后期，此种分析与专精的趋势越是增益其速度，积重而难返；能够比较集成的大师有如斯氏本旷世不数遘，但到此后期，虽有此类大师怕也无能为力了。分而又分、细之又细的结果，对一门科学自身，我们美其名曰专精，曰进步，表面上似乎很有收获，但对于从事的人，以及其人的意识情趣，分析就等于分崩离析。各陷其泥淖而不能自拔与各钻其牛角尖而不易与人交往的结果，不是实际上等于分崩离析么？不也就等于各自有其偏蔽障翳么？达尔文自谓到了晚年，因为钻研过久，连欣赏音乐的能力都消失了，便是一个最好的例子，至于对一门科学自身表面上的收获也终于抵不过实际上的损失。英国思想家席勒（F. C. S. Schiller）不说过么，一门科学，因为过于钻研，过于玩弄术语，终于会断送在这门科学的教授手里，所以一门科学的最大的敌人便是这门科学的教授。而断送的基本原因也就在一个“蔽”字，他看不见别的，别人又不懂得他，不断送又何待？这种分析、隔离与翳蔽的趋势又复自有其因缘，大致可说一半是属于科学方法自身的，特别是在它的过分注意数量的衡量一方面，近年来西方科学家已颇有论及之者[1]，而一半则由于从事于科学研究的人的眼光器识的短小，目前都姑不深论。关于这第一层，用荀子的话来说，就是“蔽于一曲而暗于大理”，就是“博为蔽，浅为蔽”中的“博为蔽”，“博”字事实上应是指“深邃”与“专精”，因为它是和“浅”字作对待的，不过用在今日的“博士”头衔上倒也还将错就错的配称罢了。用斯氏的语气来说，则是由于“理智力的多患狭隘呆板，不能兼容并包”，亦不外上文眼光器识之论。不过有一点我们必须注意，在当时斯氏的见地里，他似乎只看见了人的不是，而没有看到科学方法的也有其未尽善处，也更没有想到，理智力的狭隘呆板也可能和新兴的科学缔结良缘，而使科学完全成为一种擘肌分理与细皮薄切的勾当，从而增加了偏蔽的质与量。当时的科学是新兴的，好比科学在今日的中国一样，大家自寄与无限的同情与希望，也难怪斯氏自己也未能免俗而不无所蔽了。荀子所称的“近为蔽”或“今为蔽”指的便是斯氏自己所患的这一种。

第二，我们通常讲说科学长、科学短，总是失诸太笼统，其实就其对于人生兴趣的满足一方面来说，至少可以分成三种很不同的努力：一是培养一般科学的精神来造成更良好的人生态度与风格；二是好奇心的发挥与满足；三是科学智识的控制驾驭，其目的在收取种种利用厚生的果实。三者都有它们的地位，不过从人生意义的立场来看，也就是从教育的立场来看，最关重要的是第一个努力，其余两种究属次要。而自斯氏创论以来，七八十年间，科学的发展显而易见走的是一条避重就轻的路。汗牛充栋的偏于理论方面的研究论文属于第二种努力，除了满足作家本人与小范围的同行的人的好奇心与求知欲，即前哈佛大学白璧德教授所称的知识淫（libido sciendi），以及本人的沾沾自喜的心理而外，别无更大的意义。第三种努力的结果是种种应用的器材，小之如日用的小玩意儿（西洋不喜欢机械文明的人总称之曰 gadgets，提到时还不免嗤之以鼻），大之如原子弹一类的东西，数量之大，花样之多，推陈出新之快，是谁都知道一些，无庸数说的。我们至多要注意的是，所谓利用厚生也者，利用诚有之，厚生则往往未必。不过我们认为三种努力之中，这两种总是比较轻而易举的，所以为之者多，而从旁喝彩的人更多。至于第一种，在价值上最较重大，而非穷年累月不为功的一种，就很少有人存问了。所谓科学的精神、客观的态度、谨严的取舍、持平的衡量，足以影响整个的人生者，则至今没有成为教育的中坚要求；受过所谓高等教育的洗礼的理论科学家与应用科学家也正不知有多少了，但一踱出他们的本行以后，有得几个是真能看事客观、论事谨严而处事持平的？三种努力之中，唯有第一种可以祛蔽，而被人忽略的恰好就是这种；第二、第三种都足以养蔽，而受推奖的恰好就是这两种，再用荀子的话来说，第二种努力的蔽是“欲为蔽”，第三种的是“用为蔽”，也是再清楚没有的。

第三，七八十年来，科学自身已经成为一个偶像，偶像化的迟早，各国不一样，但终于成为偶像则一；经过两次世界的大战以后，在若干先进的国家，这偶像虽似乎已经有些动摇，但一种以科学为“万应灵丹”的看法似乎并没有改变多少，而其所以为灵的道理，决不是因为它可以养成一种健全的生活态度，甚至于也不是因为它有趣，而是因为它有用。这就和上文第二层的话连起来了。至于比较后起的国家，有如苏俄与中国，则此种偶像化的过程正在方兴未艾之中；中国五四运动以后，不常有人把科学称做“赛先生”么？此种称谓上的玩弄花样虽属文人常事，不足为奇，但欲一事一物发人深省，而不得不出诸以人格化或偶像化的方式，也足见提倡者一番推尊的苦心了。五四运动前后若干年里的提倡科学，还可能为的是它的精神足以影响生活态度，虽也不应以人格化的方式出之，也还有几分意义，至若近年，则一切提倡的努力几乎完全集矢于富国强兵的鹄的，即完全发乎一种急功近利的要求，连理论的研究兴趣还说不大上，就更见得浅薄了。无论为的是什么，科学与偶像总是一个名词上的矛盾。论理，科学自身是无法成为偶像的，它和世间所认为偶像的事物也是风马牛不相及。而世间破除迷信与打倒偶像的一般好事之徒往往假科学之名以行，此种假借名义的行动当足以证明此辈对科学的迷信，已经到一个引科学为偶像的程度。正唯科学自身在此辈心目中已成一种迷信、一个偶像，才有破除其它迷信与打倒其它偶像的必要；谁都知道凡属信仰与偶像，总是不两立的。若有人问，何以确知近代人士已经把科学偶像化，这便是一个最直截了当的答复了。至于偶像化和偏蔽心理的关系，到此便无须解释，一切偶像的崇拜有它的蔽，甚至于由蔽而锢，斯宾塞尔在《群学肄言》里已经发挥得足够清楚，不过他所十分重视的科学居然也会踏上偶像的宝座，则恐怕他连梦都没有做过。至于荀子在这方面的见地，则见于《天论》篇，而不见于《解蔽》篇，即他的“以为文则吉，以为神则凶”之论是。[2]

第四，科学的发展根本忽略了人，尤其是忽略了整个的人，而注其全力于物的认识与物的控制，说已详上文《说童子操刀》一篇中，兹不再赘。孔子有句话说：“道不远人，人之为道而远人，不可以为道。”荀子在《解蔽》篇里说：“精于物者以物物，精于道者兼物物。”我们把这两句话合并了看，就明白这方面的蔽之所在了。荀子又尝评论庄子，说他“蔽于天而不知人”，如果我们把天释做自然，而此自然者，不必为庄子所了解的自然，而为近代科学所了解的自然，则这一句评论便可以原封不动的转赠给近代科学，而了无有余不足之病。

第五，科学助长了一般人对于进步的迷信，亦即喜新厌故的蔽，亦即对未来的一种妄生希冀的心理。西洋进步的理论与信仰不始于自然科学家，而始于十八世纪末叶的社会理想家，但有人叫做进化论的演化论是自然科学家的产物。演化论，依照达尔文、赫胥黎诸家的比较科学的看法，原是可进可退的，演化的过程并没有必进的趋势，赫胥黎在《天演论》的第一页的原注里并且曾经特地加以说明。不过在许多人的见解里，演化论很早就成为进化论，并且到如今还是一味的进化论。这其间也有一些因缘：一是一部分的演化论者的议论过于笼统，总喜欢说由简入繁、循序渐进一类的话，斯宾塞尔自己就是这样的一个。二是演化的学说和进步的理想终于纠缠一起，不加察别，便分不出来；这一半要由演化论者自己负责，即如上文所说，一半由于社会理想家切心于取得科学的帮衬，一样宣扬进步的理想，从此更容易取信于人。三是科学的发展既完全侧重于智识与功利两种欲望的无限制的满足，有如上文所论，确乎也供给了不少的成绩，与人以日新月异、迈进无疆之感。即如原子弹的发明，从善于杀人的技术观点看，谁会说它不高明、不进步？但这终究是一个幻觉、一种翳蔽，斯宾塞尔自己虽也有进化的议论，却没有提防此种议论也会成为一种蔽的张本。可能正因为他自己在这方面已有所蔽，所以便不提防；也可能因为进步、进化之说，在当时历史还短，还不大成一种传统的力量，根本上无须提防。斯氏在他的解蔽论里所提的蔽的种类也确乎是以传统的事物占绝大的多数。荀子的议论也没有包括这一种蔽，他曾作“法后王”之论，为的是要袪除当时人食古不化与以古非今之蔽，但在《解蔽》篇里，他至多只说到了“近为蔽……今为蔽”一类的话。中国文化除了子孙一种事物而外，是几乎不问未来的；中国文化也不大讲一般理想，进步的理想更可以说等于没有。这大概是一些根本原因了。不过晚近以来，无论中外，这进步之蔽或维新之蔽，是很实在的，而促成此种蔽的责任，一部分不能不由科学负之，误解了的演化论负一小半，走了偏锋的理论科学与应用科学要负一大半。

上文的讨论无非要指出蔽的问题依然存在，并且更严重的存在，解的需要就因此而更见得亟迫，而解的方法也就有再度提出来的必要。荀子的议论，原则上大部分依然有效，但内容与措词总嫌过于古老，大多数的人已不再溜览及之。斯宾塞尔的商讨，其治心的部分虽依然值得参考，其治学的部分却需要一番很大的补充，为的是七八十年来自然科学的发展，大有非他初料所及的地方。我们也不能说斯氏错了，但我们不能不承认，在今日的情势之下，斯氏的解蔽论已不足以应付。也并不是说我们用不着科学了，科学还是少不得，不过为了解蔽的需要起见，我们不能不首先注意于科学所能给我们的风度情趣，其次才轮到科学的知识，又其次才是科学的器用。这一番本末宾主的分别是不容不在教育的努力里郑重阐明的。这就回到上文所叙科学努力不外三种之说，而多少也是斯宾塞尔一部分苦心孤诣的重申。

至于说到补充，我们便不能不和斯氏分手，而接近到荀子立论的范围，就是，再度回到人文学科的园地。解铃还是系铃人，在以前，上文说过，人文学科可能做过养蔽的帮凶，以至于主犯，但在今日，形势一变以后，我们要解蔽，还得找它们帮忙，说得不好听些，是让它们将功赎罪，说得客气一些，是请它们东山再起。至于何以知道人文学科足以接受这个付托，则我们不妨提出如下的两三点论据来。

人文学科，包含文学、哲学、历史一类的科目在内，而比较广义的文学可以赅括音乐艺术，比较广义的哲学可以赅括宗教，合而言之，是一个人生经验的总纪录。这纪录可能是很杂乱，也很有一些错误，但因为累积得多且久，代表着人类有文字以来不知多少千万人的阅历，杂乱之中也确乎有些条理，错误之中也有不少的真知灼见，足供后人生活的参考。一般的前人阅历等于“经验”中的“经”字，足供后人参考而发生效用的阅历等于“经验”中的“验”字；经与验，前人为方便起见，也往往单称做经，即经书经典之经。经只是常道，即许许多多的人时常走过而走得通之路，别无它意。后人不察，把它当做地义天经之经、金科玉律之经，丝毫不容移动，固然是一个错误。而近人不察，听到经书经典，便尔色变，诋毁排斥，不遗余力，有如五四运动时期中的以“打倒孔家店”相号召，也未始不是一个错误。人文学科所能给我们就是这生活上的一些条理规律、一些真知灼见，约言之，就是生活上已经证明为比较有效的一些常经。说前人的阅历中全无条理、全无真知灼见、全无效验，当然是不通的，因为如果完全没有这些，人类的生命怕早就已经寂灭，不会维持到今日。人类可能会寂灭的恐惧，倒是近代科学昌明以后才发生的事。

分而言之，文学艺术以至于宗教所给我们的经验是属于情绪生活一方面的，即多少可以使我们领会，前人对于环境中的事物，情绪上有过一些什么实际的反应，对于喜怒哀乐的触发作过一番什么有效的控制。近代的心理科学给了我们不少的关于情绪的理论，也作了不少的分析与实验，但就实际的生活经历而论，这种实验可以说全不相干，试问喜怒哀乐以及其它情欲的实际场面可以在实验室里摆布出来而纪录下来么？前人阅历中离合悲欢、吉凶庆吊、名利得失的种种场合，一切伟大作品的欣赏的缘会，才是真正的实验室，而关于这些阅历的描绘才是真正的纪录。而此种场面与缘会之所以富有实验性，艺术作品之所以为伟大，文学纪录之所以为真实，全都因为一个原则，就是孟子所说的“得我心之所同然”。我心也者，指的当然是后来一切读者与赏鉴者的心，用现代的话来说，就是它们有力量打动我们共同的心弦，有力量搔着基本人性的痒处，打动与搔着得越多，它们就越见得富有实验性，越见得伟大。李杜的诗歌、莎士比亚的剧本、贝多芬的乐曲……可以百读不厌，不因时代地域的不同而贬落它们的价值，原因就在此了。说到我心之所同然，或共同的心弦，或基本的人性，就等于说，有了这一类文物上的凭借，后来的人，无论在别的生活方面如何的大异其趣、各不相谋，至少在最较根本的情绪生活上，可以相会，可以交通，而相会与交通即是偏蔽的反面；根本上有了会合交通的保障，其它枝节上的偏激与参商也就不碍事了。

哲学与历史的功效也复如此，所不同的是，哲学所关注的是理智与思想生活，而历史关注的是事业生活；前人的经验里，究属想到了些什么，知道了些什么，以及有过什么行为，什么成就，思想有何绳墨，行事有何准则，撇开了哲学与历史，后人是无法问津的。近代的科学原从哲学演出，它的长处固然在精确细密，它的短处也正坐细密惯了，使人见不到恢廓处，说已具上文；细密于此者，不能细密于彼，所以往往有隔阂以至于排斥的作用，恢廓则可以彼此包容，不斤斤于牝牡骊黄之辨。这又不外养蔽与解蔽的说法了。历史可以供给行事的准则，小之如个人的休戚，大之如国家民族的兴衰，都可以就前人经验里节取一些事例，作为参考，前人“以古为鉴”的说法无非是这个意思，近人也有“历史的镜子”的名词。有了这样一面镜子，再大没有的镜子，而每一个人，每一个时代的社会，懂得如何利用这镜子，来整饬其衣冠，纠正其瞻视，解蔽的工具岂不是又多了一件？这镜子虽大，可能不太完整，不够明晰，但此外我们正复找不到第二面。近代的心理、伦理、社会、政治一类和行为问题有关的学问到如今并没有能提供什么实际的标准，教我们于遵循之后，定能长维康乐、避免危亡；即使有一些细节目的贡献，也往往得诸历史的归纳。心理学家讲个人的智力，时常用到的一个定义是，利用经验的能力，即再度尝试时不再错误的能力，或见别人尝试时发生过错误，而自己尝试时知如何避免错误的能力。这便是历史的意识，也就是历史的效用了。荀子说到“古为蔽，今为蔽”，食古不化，或专讲现实，或一味希冀未来的人，其所以为蔽者不同，其为缺乏历史的意识、不识历史的功用、不足以语于有效力的智慧，则一。

人文学科足以接受解蔽的付托，这是论据之一。

上文说到近代科学的发展，因为避重就轻、舍本逐末，结果是增益了偏蔽的质量。如今要加以补救，除于其本身改正其避重就轻、舍本逐末的趋势外，还得仰仗人文学科的力量。上文说科学之蔽共有五点，简括的再提一提：一是蔽于分而不知合；二是蔽于知与用而不知其更高的价值，即不知科学所能培养之风度情趣，亦即相当于荀子评论墨子的一句话；三是蔽于一尊而不知生活之多元；四是蔽于物而不知人；五是蔽于今而不知古，或蔽于进而不知守。此五端者，人文学科的资料与精神都力能予以是正。人文学科所提供的是人生种种共通的情趣、共通的理解、共通的行为准则，惟其共通，所以能传诸久远，成为学科的内容，此其一。既顾到情趣，特别是文艺一类的学科，便足以是正知与用的两种偏蔽，此其二。人文学科显而易见是多元的，文艺、宗教之于情绪意志，哲学之于理智识见，历史之于行为事业，情意知行，兼收并蓄；宗教在西洋虽曾独占过一时，但自文艺复兴以还，亦已退居于一种人生工具的地位，与其它科目相等，实际上目前科学以至于教条政治所占有的崇高的地位还是它让出来的咧，此其三。人文学科无往而不讲人与文的关系，人的情意知行，加于事物，蔚为文采，便成为人文学科的内容；西文称人文学科为 humanities，更直截了当的把人抬出来，其足以解物质之蔽，亦自显然，此其四。人文学科重视经验，凡所记述描绘，见诸文字声色形态的，无往而不是人生经验的一部分，上文已加说明。经验总是属于过去的，总是比较脚踏实地的；经验的有选择的利用是可以矫正躁进、冥想、逆断和对未来的奢望等诸种偏蔽的，此其五。

人文学科足以接受解蔽的付托而无憾，这便是论据之二。

还有一个第三点论据，虽非必要，而也不妨提出的，就是，七八十年来，人文学科多少也受过科学的洗礼。宗教已自崇高而独占的地位引退，上文已经说过，其轻信与武断的成分也已经减少了许多。历史中感情用事的地方，歪曲虚构的事实，也因科学的影响而经过一番修订。哲学中过弄玄虚的部分，因数理、天文、心理诸科学的绳墨而受了限制。这些都可以说比科学上场以前见得更健全了。各种艺术与科学的关系较少，但也得到科学的不少的帮忙，特别是在形式的繁变、程度的细密、工具的便利、传播的范围诸端之上。总之，人文学科经过科学的切磋琢磨以外，以前可能有过的一部分养蔽的不良的势力已经消除不少，而使其解蔽的功能更容易发挥出来。

要人文学科东山再起，我准备简单的提出两个建议来，作为本文结束。

第一个建议是关于实际的训练的。我认为高中与大学的前二年，应尽量的充实人文学科的学程，文法院系固应如此，理工院系，根据上文的议论，尤属必要。前年（一九四五）哈佛大学的一部分教授，于经过长期探讨之后，所编印的一本报告，叫做《自由社会中的通达教育》(*General Education in a Free Society*)，也作相似的主张。他们对于近代科学的养蔽，虽没有加以抨击，但一般的解蔽的重要，他们是充分承认的，因为偏蔽的反面就是通达，而偏蔽的发展与自由的发展恰好成反比例。[3]

第二个建议是关于一个理想的培植的。必须此理想先受人公认，人文学科的提倡才不至于横遭“落伍”与“反动”一类的诬蔑。

自然科学昌明以后，我们早就有了一个“宇宙一体”的理想，不止是理想，并且已经成为有事实衬托的概念。不过这概念对于人事的改善，关系并不贴切。

自社会科学渐趋发达以后，又值两次世界大战的创痛之余，我们又有了一个“世界一家”的理想。这是和人事有密切关系的。不过这还是一个理想，观成尚须极大的努力，并且还有待于另一个相为经纬的理想的提出，交织成文，方能收效。

“世界一家”的理想只是平面的，只顾到一时代中人与人、群与群的关系的促进。平面也就是横断面，没有顾到它的渊源，它的来龙去脉，是没有生命，没有活力的。没有经，只有纬，便不成其为组织。如果当代的世界好比纬，则所谓经，势必是人类全部的经验了。人类所能共通的情意知行，各民族所已累积流播的文化精华，全都是这经验的一部分；必须此种经验得到充分的观摩攻错，进而互相调剂，更进而脉络相贯，气液相通，那“一家”的理想才算有了滋长与繁荣的张本。不过要做到这些，我们似乎应该再提出一个理想，就是“人文一史”。目前已经发轫的国际文化合作可以说是达成这理想的第一步。仅仅为了做到这第一步，为了要有合作的心情、合作的材料，我们就不由得不想到人文学科，而谋取它们的东山再起了。

注释：

[1] 指 Alexis Carrel 所著 *Man, the Unknown* 一书。我曾经把此书结论的一节译成中文，题曰“一个思想习惯的改正”，后辑入《自由之路》。

[2] 荀子在《天论》里说：“雩而雨，何也？曰，无何也，犹不雩而雨也。日月食而救之，天旱而雩，卜筮然后决大事，非以为得求也，以文之也。故君子以为文，而百姓以为神；以为文则吉，以为神则凶也。”用这样一个眼光来看宗教或任何信仰，世间便不会有迷信之事，不迷就是不蔽。自己看自己的信仰如此，便不至于因蔽而武断；看别人的信仰，也不至于因蔽而认为必须破除、必须打倒。这种开明的看法，西洋至近代才有人加以有系统的说明：康德的哲学里有此一部分，但还不够明晰，大概因时代关系，对基督教的信仰尚不免有所顾忌，及至英国的边沁（Bentham, *The Theory of Fictions*）和德国的朗兀（Lange, *The History of Materialism*），就说得很清楚。但一直要到二十世纪的初年我们才看到一番最和盘托出的说明，那就是德国梵亨兀尔（Vaihinger）教授的《如在哲学》（*The Philosophy of As If*）一书。

[3] 英文“普通教育”（general education）一词时或与“自由教育”（liberal education）一词互相通用，我近来喜欢把它们都译作“通达教育”，觉得最为切合。惟有不偏蔽而通达的人才真是自由的人。

老人问题的症结*
(1947)

最近在本年六月二十八日的伦敦《泰晤士报》上看到一位古德诺爵士所著的一篇关于英国老人问题的文字。这文字一半是报告性质，一半是议论性质。报告的部分说到最近英国成立了一个“国家安老会社”。伦敦一地，原先有一个纳斐尔特基金会，其宗旨之一就是“安老”，特别是穷而无告的老人。基金会设有一个委员会，专门调查与研究战后社会急遽变迁中的老人问题，这会社的产生便由于委员会的建议。其目的自在推广与汇合对于老人的维护运动，使成为全国化，也在使此种运动更具体化，可以募集捐款、建置基金、规划与创制种种有关老人福利的事业，不只是提倡而已。所以它是一个会社，甚至于是一个公司，根据英国的公司法办理的。它的性质和中国社会里所时常遇到的“协会”迥乎不同，决不会是吹打一阵便而消灭于无形的。

这篇文字也追述到调查委员会的报告书。据说这报告书做得十分周详，在英国人对于老人问题的了解上又添出簇新的一章。英美两国的老人，情境可怜，是一向司空见惯的事，不过经报告书的一番叙述以后，便越发见得凿凿有据，使稍具社会意识的人，不能再视若无睹。同时，这报告书别有一番精到之处，就是它把老人问题的发展和人口的发展联系了看。在医学卫生日益发达的今日，又在出生率逐渐降落的国家如英国，老人的数量比起其他年龄组的人口来，势必一天比一天相对的增加，而问题也势必一天比一天严重。在今日的英国人口里，到达可以领取养老金的年龄的人是八个中一个，在四十年以后，这比例可能是五个

* 原载天津《益世报·社会研究》，1947 年 9 月 5 日；修订后载《世纪评论》第 2 卷第 23 期，1947 年 12 月 6 日。

中一个；老人越是充斥，问题自越感困难，及今不预为筹划，前途将根本无从措手。至于报告书也列叙到许多个案的生活史与安老机关的管理情形，把老年茕独的惨象以及庸人谋事的不臧，充分的暴露出来，也为以前同类的文字报告所不及。还有一重要之点，就是调查的结果发见养老金的制度，在目前生活程度之下，是足以应付的，在接受养老金的人中间没有赤贫的分子。

关于老人的福利设备与其原则，古德诺氏又有如下的讨论。设备可以分两类：一是属于建置性质的，主要的目的是在解决老人的居住问题。为了体气尚属健全，能独立生活，而夫妇两存的老人，最适当的是单独住宅的办法，而此种住宅应与寻常人家的住宅参杂在一起，有如通行的新村组织。其次，半独立而比较龙钟的鳏夫寡妇则可以加入一种寄宿性的俱乐部或称总会，使进可以有相当社会交际，退可以维持其私人生活。第三种的办法是规模不宜太大的老人共居的一种院落，但不是在老人院。第四种是休养所，专为老病者而设。第二类是属于零星服务性质的，目的在增加生活的兴趣、减少风烛残年的痛苦，例如普通的俱乐与娱乐的设施、友谊的访问、热餐的巡回送卖、采购与家事的协助等等。这些，目前都已有人在办，公家与私人团体办的都有，但数量太少，去周遍的程度很远。尤其不敷分配的是单独的住宅。我们于此不能不感觉到这些老人福利专家的希望未免太奢。战后的英国正大闹着房荒，即使此种住宅稍稍增多，试问如何会轮得到对社会已无甚贡献的老人。我们说他们希望过奢，因为事实上目下英美等国最普遍的安老办法还是那迹近人间地狱的养老院。

至于这些比较合理的设备所遵循的原则，自比设备本身更有意义。不过古德诺氏的讨论只是偶然提到它们，我们联缀在一起看，则有如下列：

（一）安老的事业应竭力避免救济的性质。

（二）安老的场所应家庭化，而不机关化；养老院、老人院、老人堂一类的称呼便富有机关化的臭味，且不论内部的组织管理如何。

（三）安老工作应就老人的物质与心理的需要兼筹并顾。经济并不是老人问题的最重要的方面，特别是在有养老金制度的国家。

（四）老人转移安老的场合时，应不使其有“毁巢”、“拔根”之感。

这些设备与原则都想得很周到，很体贴入微，但果能解决老人问题么？我认为不能，我想中国人，凡属对于旧习惯有过一些经验、旧伦理有到一些了解的，都认为不能。习于中国的旧办法而不甚明白英美的办法的人，骤然看到上文的讨论，恐怕第一个反应是觉得莫名其妙，觉得为什么英美人士对于老人的安置要如此其噜苏，如此其庸人自扰。

这就根本牵涉到了关于家庭与家制大小的理论。中国人一向主张大家庭制，主张“上有老，下有小”，主张仰事俯畜，我说主张，因为未必人人做到，且事实上做不到的恐怕不在少数，但它总是一个标准，太违反此标准的人不免受舆论的指摘。英美则主所谓小家庭，小家庭制里没有老人的地位，老人尽可以自成一个小家庭的单位，与已经成立的子女的家庭划分得很清楚。老人之成为问题可以说是从此开始的。配偶两全的老人问题比较简单，因为他们多少还像一个家庭。鳏的寡的问题就困难了，于是就不得不有老人院一类的办法。这问题又分两部分，一是经济的，二是经济以外的生活的。老年保险或养老金制度实行以后，在国家与社会的严重负担之下，第一个问题算是有了解决的方法，但第二个问题却始终存在。上文所介绍的一番讨论就想在这方面觅取解决的途径。

但这一类的讨论与设施并没有能搔着问题的痒处。所谓经济以外的老人生活，最主要的是他的情绪生活。情绪生活不止一方面，尤其主要的一方面是一种存活的愿望与死亡的恐惧所引起的情绪。老人是风中之烛，眼看自己不久就要蜡干芯尽，除非他有特殊的哲学的涵养，是不能无动于中的。既有动于中，便不能不求解脱。历来解脱的途径不出两三条：一是个人功德事业不朽的信念，或对于“身后名”的企求，这也只有少数人能之，可以不论。二是在子孙身上得些寄托、得些慰藉，这是很实在的，因为子孙毕竟是自己血中之血、肉上之肉，子孙世代的传递相当于一己生命的局部的延续。不过真要得到慰藉，其间还有一个重要的条件，就是要和子若孙生活在一起，只是名分上有子孙是不够的，必须手里时常地抱到孙儿，眼前随时看到孙儿成长，才比较的踌躇满志。三是灵魂永生的宗教信仰。大多数人所能领略的便是后面这两条解脱的途径。以前的中国人在这两条路上都走得通，并且两条还并成了一条，养生送死、生事死祭一类的议论便表示两条路早就接了轨。在中国，老人之所以未成问题者在此。

至于英美一类的社会里，老人所能走的解脱之路打头就只有一条，就是第三条，宗教信仰所允许给与的永生。在小家庭制度之下，第二条根本没有地位。但自宗教的号召力日就减削以后，这第三条路又将鞠为茂草，走不大通。死亡的威胁在后面追逐，而前途却又无路可走，于是老人乃成了问题。科学与机械文明昌大以后，一方面有医学卫生延长了人生的寿命，一方面又有工业技术缩短了工作的年龄，再一方面迟婚节育又增加了老人的比数，于是问题愈益见得严重。

在二十年前，美国的高度机械化的工厂里便已开始不雇用年在四十以外的工人。当时就有人说，一个工人，到了四十二岁，就工业的定义讲，就算是老人了，工厂已无所用之，亦即工业社会已无所用之。英国的情形恐怕也差不多。换言之，在高度工业化的社会里，恃劳力为生的人，四十以后，多少便等于行尸走肉，对生命已经是没有期望，生机已等于断绝。而事实上这大堆尸肉在世上行走，平均还须二十多年，因为人口学家告诉我们，近年来医学发达、健康进步的结果，任何美国人不呱呱堕地则已，否则便有六十五年的生命的期望，岂不是一大矛盾？是的。这是但知讲求工业化的文明的一大讽刺，而四十岁以上的大量的老人便是这矛盾中的牺牲品，便是这讽刺的人证（物证该是一面生产过剩，一面人有失业冻馁之忧等一类的现象）。

我所了解的老人问题如此。如果作如此了解，则真正的解决便应别有途径，而决不是“国家安老会社”一类的组织与其所提出的原则与方案所能为力。若问此别有的途径是什么，则根据上文的讨论，有效的似乎只有两条，一是机械工业制度的重新安排，二是家庭制度的另行调整；前者所以使未老的“老人”维持其生命的机能，后者所以使已老的老人减少其死亡的威胁。

悼贝蒂也夫（Nicolai Berdyaev）教授* (1948)

我不认识贝蒂也夫教授这个人，不过在抗战期内，有机会读到他的几本著作，特别是《奴役与自由》一书，觉得他的思想和议论，在我所接触到的有限的西文作家里，是最能得我心之所同然的。儒家说不役于物，佛家说心无挂碍，近乎道家的说不凝滞于物，我觉得贝氏就是能这样想与这样做的一个人。在举世有挂碍至于自掘陷阱、多凝滞至于随在胶着、奴役于物至于出卖了性灵的今日，他的话真有如空谷足音或沙漠中的人语，听来异样的亲切。最近听说他作古了。日期是本年三月二十三星期二，地点是靠近巴黎的一个小镇叫做格拉玛尔（Clamart），在他自己的寓里。春秋七十有三。

贝氏是从精神的艰苦中奋斗出来的一位思想家。我们看他的姓名，知道他是俄国人；算他的年龄，知道他生当俄国的革命运动孕育而滋长的时代；读他的作品，知道他的思想出入于社会主义、宗教哲学、基督教的神学、英法的自由主义，而终于归结到他自己的新基督教观和人格论（personalism）。他和许多俄国青年一样，很早就服膺了马克思主义。但他又和他们不一样，而和其中一小部分宗教意识比较特别强烈的同志一样，不久又皈依了希腊正教。二十世纪的最初十年里，在索罗维也夫（Soloviev）的倡导之下，俄国的智识分子中间曾经有过一度自由主义的复兴运动，贝氏也是参加而有过贡献的一分子。不过这是比较短期的，那时候他比较关心得最多的一个问题是，如何把社会主义的理论之枝，好比接树似的，接上正统神学之干。不用说，这一番苦心他是白费了

* 本文为独立时论社所发稿件，同时发表于全国多家日报；又载《中央日报周刊》第5卷第2期，1948年7月11日；又载《观察》第4卷第20期，1948年7月17日。

的。接着政治局势的种种变化终于教他不能再怀抱此种苦心，以至于不能在本国立足。从此，一直到他的暮年，他和社会主义与一般的政治理想也就越离越远，而对于基督教哲学的看法，则越来越严肃，越富有玄妙的色彩，其最后所到达的人格论便是这种哲学的中坚部分。

我对于贝氏的生平知道得并不多。不过一部分重要的节目是可以考见而值得在此介绍的。他于一八七四年生于俄国乌克兰的基辅（Kiev)。十九世纪的最后的三十年是俄国革命的萌蘖时期。马克思的《资本论》译成俄文是一八七二年的事，早于贝氏的出生两年。社会主义的智识分子从此逐渐增加，而对于都市的工人，一些秘密的宣传与组织工作也在这时候开始。接着二十年间，他们结合成不少的马克思主义的小团体。而到了一八九八年，在普莱卡诺夫（Plekhanov）与列宁等人领导之下，俄国的社会民主党终于成立。贝氏是在这种气氛里长大的。他研习过马克思的学说，也参加过小团体的活动，也曾因此被判处徒刑，发往西伯利亚的工场效力。他大概也进过民主社会党，但我们不能确定，无论如何，到了一九〇〇年，他终于脱离了政治活动，而开始他的著作生涯。他的最早的作品似乎是一篇论文——《社会哲学中的主观主义与个人主义》，发表于一九〇一年。一九〇九年，他和其它六个作家合写了一本论文集，叫做《路标》，对于当时俄国智识分子的反宗教的立场痛下了一些针砭。这在彼时的俄国，是很著称的一本书。《从马克思主义到唯心论》是近乎一种自白的作品，专叙他早期的思想的发展的，而《创造的意义》（一九一六年）则为引用了柏格森的哲学来替宗教的神秘的一方面作辩护的一本作品。一九一七年十月革命以后，列宁亲自聘请他担任莫斯科大学的哲学讲席，他也应聘任教了。但他总觉得不自在，觉得和革命后的环境总有几分凿枘，政府对他自也不会太优容，终于，在一九二二年，于两度被拘禁以后，遭受到放逐出国的处分。

离开他的祖国以后，他最初在柏林寄寓。他创设了一个俄国学院，专攻哲学与宗教。后来又转移到法京近郊的格拉玛尔，学院也跟着走。他所编写的一种俄文期刊，叫《道》（*Put*）的，就是在格拉玛尔开始的。自德入法的年月，我们不详，但不会迟于一九二七年，因为在《自由与灵性》一书的引言后面，他签注着："巴黎——格拉玛尔，一九二七。"无论如何，他寓此前后有二十余年之久，一直到他去世；在第二次大战德军占领期间，他也没有离开，德军也似乎没有骚扰到他。一九三九年以后，他曾一度被巴黎大学聘为讲师。

他的作品全都是用俄文写的，但比较后期的若干种大半已译成英文。他在英、法、美等国的资望极高，学术界都知道他是一位卓越的思想家和纯正的宗教教育家。属于后期的著作里，比较特别重要的有一九三一年的《俄国的革命》和一九三三年的《我们的时代的结束》。在后一书里，他一面叙到俄国革命的影响，一面发表他对于文明前途的一种看法，认为文艺复兴的时代到今日已是夕阳虽好、渐近黄昏，人文主义的哲学亦将随而消逝，而迎面而来的是一个新的中古主义的时代。在贝氏许多见地中，这是提到得最频数而也是最有启发性的一个。

再后是一九三七年的那本《俄国共产主义的起源》。他认为俄国的布尔什维克主义，一方面虽有马克思主义的渊源，一面却很分明的是一个独特的俄国的产物；又认为布尔什维克革命所根据的马克思主义，只是主义中的“乌托邦”的或理想的一部分，而不是“科学的”一部分。此后他又发表了一两种有些折衷性的哲学作品，《孤独与社会》和《灵性与真实》。《奴役与自由》一书则成于一九三九年（英译本，一九四三年），代表着他的全部哲学思想的一个复述和归结，就是人格论，亦可称为人格社会论。他对于早岁研习的社会主义，始终没有忘情，不过几经估价之后，终于还它一个应得的地位。意思也就等于说，健全的社会必须从每一个人格出发，而归宿到每一个人格。去年他又写了一本最后的作品——《俄国的观念》，他就他的新基督教的立场把俄国思想的全部最后又解释和估计了一番。此外，他还有两种后期的作品——《人的命运》和《历史的意义》，年代不详，我但知《人的命运》的英译本则出版于一九三七年。

我们今日追念贝氏，不能不把他的人格论用极简单的方式介绍一下。人可以有三种不同的状态，或三种不同的意识结构，可以用三个名称来代表：主人、奴隶、自由人。奴隶的不自由是显然的。主人也不自由，因为他必须有奴隶的对待，不能独自存在，而无所挂碍。唯有自由人才真正的自由，真正的完成了他的人格。天地之间，可以奴役人的事物实在是太多了；常人不察，以为许多事物决不会奴役人，或以为只有人有力量使用它们、支配它们。贝氏以为大大的不然，越是这样被看待的事物，越是在不知不觉之中教人肝脑涂地，教人形神消失。他在《奴役与自由》一书中几乎把所有想得到的事物，从极抽象的到极具体的，都讨论到了：存在、上帝、自然、社会、文明与文化、自我、主权与国家、战争、民族与种族、贵族与阶级、资产与金钱、革命、集体主义与社会主义以至于一切乌托邦的思想、男女性别的性、审美与艺术、历史——无往而不是奴役人的事物。金银、战争、性别一类的事物会使人成为奴隶，贪财、好色、争权、夺利之辈终于不免自贻伊戚，至于自召杀身之祸，这些，我们是了解的。但其余，连同上帝在内，也会向人颐指气使，生杀予夺，却有些新鲜得出奇。贝氏是一位基督教思想家，竟毫不客气的把上帝列入奴役人的头目（slave-drivers）的黑名单中，初看更见得突兀。而贝氏说来，却无一处不发人深省，使读者自觉其平日的所作、所为、所思念、所信奉、所感触、所喜悦的种种，一不留神，便随在可以成为他的最残酷的主人！贝氏自己是作古了，但他留下这一支“当头棒喝”，留待后死的人消受，当前国家与国际局势的能否澄清与澄清到如何程度，就要看我们能否消受与消受这一棒到如何程度了。

社会学者的点、线、面、体*（1948）

近年来许多学问，以至于许多人事，包括战争在内，都喜欢用"点"、"线"、"面"、"体"的字样，大概为的是使人容易了解、容易捉摸，倒不一定是要给人一个印象，表示这门学问是如何如何的科学的。我用到这三四个字，是完全属于随便谈谈的性质的，连使人容易捉摸的用意都没有，下文要说的话，无论用那一种说法，总是闲话，总是常谈。

点指的是每一个人。社会生活从每一个人出发，也以每一个人作归宿。无论唯社会论一派，或唯文化论一派，把社会与文化的涵煦浸润的力量说得如何天花乱坠、无孔不入，我们不能想象一个没有人的社会与文化，也不能理解，我们把每一个人搁过一边之后，社会与文化还有什么意义，什么存在的理由。笛卡尔说：我思，故我在；我若不思，我即不在；若我不在，则我一切身外之物，包括社会与文化在内，对我亦即不在；如果每一个我不思在，则社会与文化等于全部不在。点之重要在此。

社会学者喜欢讲关系，就是点与点之间的刺激与反应。这就是线。一部分社会学者，例如形式社会学派，或我所称的道地社会学派，是专在线上用工夫的。他们这番工夫真是专极了。他们不但不问所以构成社会生活的其它种种事物，有如地理环境、经济条件、文化活动之类，似乎连所以产生线条的点都不大理会；他们至少假定，点，而且是大致相同的点，是必然的存在的，是早就现成的安放在那里的。好比纺纱线的人只管纺线，至于线头所附着的机括，他们至少在纺的动作顺利进行的时候，是决不存问的。不过他们和纺线的人有一层不同，就是他们的纺的动作似乎始终顺利，唯其始终顺利，所以始终没有存问附丽点的必

* 原载天津《益世报·社会研究》，1948年6月30日。

要，因此，我们不妨说，他们更像蜘蛛，只管抽它的丝，织它的网。其它不必属于这一派的社会学者也有同样的情形，不过程度上较好罢了。

中国人以前讲伦常，也是所重在线，所重在人与人的关系。把道德标准的一层看法撇开以后，旧日的伦理关系，事实上等于今日社会学者所了解的社会关系。他们用到"纲"、"纪"、"经"、"纶"一类的字样，更明白的用线条来象征此种关系，也是很有趣的一点。不过有一层他们又和今日的社会学者不同，他们虽也未必了解所由构成线的点是什么，他们却并没有忘记它们，他们甚至于十分看重它们，所以有明德之论，有诚身之论，有修己之论，更有反躬之论。"礼人不答反其敬"一类的话，意思就等于说，如果你的线头，放出以后，却搭不上去，你得撤回来，弄清楚所以搭不上去的原因以后，设法再放出去，再搭，而这原因势须在你自己的点上找，因为比较近便。这种今昔的不同可能代表着今日的光景是一个退步。今日的社会学者，多少以第三点的资格，替任何第一、第二两点之间牵上许多线条，做来可能是头头是道，也就是上文所说的纺的动作始终顺利，但我们读来总不能没有纸上谈兵、一相情愿之感。

线条的总和是面。好比非职业的饲蚕的人，不让蚕结茧，而让它们把所有的丝吐在一个平面的衬托之上，方的，圆的，成为一种玩意儿，一种点缀品。在一部分社会学者，特别又是那道地的一派，认为只是这种线条自身，便已足够构成一个平面，更无须乎任何衬托的事物。别的社会学者则不同，他们认为衬托是需要的，而且自然存在，不要也不可能。并且衬托可能还不止一两层。至于究有多少层，或那一层最较重要，甚至于重要到某一个程度，使承认之者认为即此一层便已济事，其它都不关宏旨，可有可无，那就得看一个人在社会学之外，又有些什么学识上的准备了。准备得广博些的承认的层次多些，狭窄些的少些，甚至把不大成为层次的东西也牛牵马绷似的硬扯成很稀薄的一层，稀薄得载不起所有的社会关系的线条的分量来。不用说我们的常谈到此，便进入了社会解释与社会思想的领域。

面的累积是体。讲到体，我们就得引进时间的概念。撇开了时间，不理会古往，不展望来今，一个社会的立体是很难想象的。这我们就进入了历史哲学和种种社会改造论的范围。大凡从事解释社会平面的人，迟早必进而作解释历史的尝试，即社会思想的各学派大都有他们对于整个历史的看法，即历史哲学或史观。一有史观，又往往更进一步的想根据历史之所诏示，形成一套未来社会的改造论或革新论。也有倒过来的，即先有一番改造的原则与理论之后，再从而就历史搜寻可能的衬托，追溯可能的源流，然后终于建立一个史观来，但这种倒转来的例子似乎总居少数。大抵这一类的例子中人，改造社会的热诚必较了解社会的兴趣为浓厚，甚或对于社会现象的解释，根本不感兴趣，其改造论的提出，原先就没有经过理智与事实的充分的盘诘。但一旦提出以后，要取信于大家，促使大家接受，就不能不转而向历史寻觅一些可能的烘托与支持了。

立体是一种结构。各家所凭借的器材资料亦自大有不同。像平面的构成一样，有但凭各种人与人的关系所形成的线条的，也有援用人以外的事物的，也有专致力于事物机架，而把机架上所张挂与缀连的人事关系看作理所当然、无庸深究的。结构究属完整到如何程度，或我们所了解的结构究属完整到如何程度，和对于面的看法一样，当然也要看一个人，或一个学派，在一般学识上的准备如何了。我们对于一种史观，应作如是看法；一种改造论通达到何种程度，可行而行之无弊到何种程度，我们的看法亦自相同。史观是多少已有实际根据的结构论，改造论是想望中的可能的结构论。

在不注重点的今日，我总觉得所有的结构论都失诸空疏，甚至于竖立不稳。一个没有支点、重点、立点的社会结构总像是一个奇迹。许多专拿人以外的事物作为资料的结构论，给我们的是一个凤去台空或人去楼空的感觉。其他专就关系与关系的格局说话的议论，如其所论为平面的一幅图案，则仿佛是死蜘蛛所遗留的网；如其所论为立体的结构，则相当于太古某一类原生动物所留存下来的各式矽质的遗蜕，完整，对称，玲珑，透剔，尽管有余，生命是早就没有了。这比凤去楼空的局面略胜一筹，因为那结网的丝、构成遗蜕的矽质总还是蜘蛛和原生动物自己吐出来的。我眼前有一座珊瑚的根，高宽各有一尺，也是凿空曲折得有趣，足供案头清玩，但代表生命与活力的珊瑚虫，在千百万年前，便已不存在了。

总之，在每一个人的所以为点没有充分弄清楚以前，我们谈社会的线、面、体，总若有好几分不着边际、不得要领。换言之，社会学者不得不注意到人性的问题——一般的人性与个别的人性。我们希望从事社会学的人要多有一些生物、遗传、生理、心理以至于病理诸种学科的准备，原因就在此。我们也希望大家多涉猎到人文学科，哲学、历史、文学以至于宗教、艺术，原因也不外此。因为，关于人性的了解，目前科学所还不能给我们的，以往人类所累积的经验或许能。

读书的自由*
(1948)

半年多以前我写过一篇《救救图书》的短稿，为坊间行将“还魂”的大批书籍呼吁。呼吁的效果如何，我不得而知。但转眼一想，即使有些效果，又怎么样？当代的人根本没有读书的自由，留下书来，也无非束诸高阁，最好也不过为典藏而典藏而已。有人说过，天下的图书馆，十之八九是“藏书楼”，十之一二是“尊经阁”。这话很对，因为在读书不自由的情况之下，少数人尽管藏，少数人尽管尊，绝大多数的人，包括藏的与尊的人在内，也包括以读书为业务的青年在内，不感兴趣，不来问津。

不过我们先得把题目的意思弄弄清楚。一两天以前，和一位朋友闲话，朋友说起，某一个都市经某方攻占以后，某国的外侨向本国政府报告，说是情形还不错，不错就是“对”，那外侨确乎用了一个“对”字，意思是说——这是朋友自己的注脚了——外侨们还可以“自由行动”。我赶快插嘴说，该是行动自由，不是自由行动吧。这位朋友和其它一二参加闲话的人都首肯的笑了。行动自由与自由行动很有几分不同，我想谁都了解，用不着解释。好比恋爱自由与自由恋爱也有很大的分别而不烦解释一样。如今阅读自由与自由阅读之间也有类似的情形。其实所谓自由这个、自由那个的“自由”并不是我们所了解而能接受的“自由”：“自由行动”可以包括杀人放火，“自由恋爱”意在废止婚姻制度，“自由思想”志在排斥所有的宗教信仰，至少一部分自由思想者是如此，“自由阅读”或“自由读书”，准此，可能引起抢书、偷书以至把公家书籍割裂、涂毁等等的行为。那就成为自放自肆了，自放自肆的人与完全

* 原载《观察》第5卷第16期，1948年12月11日。

不放不肆的人是同样的不自由的。

自由是禁忌的反面。争取自由等于排除禁忌。对于生活的其它方面的禁忌，我们是知道得比较清楚的；对于读书的禁忌，一则大概因为爱好而能够读书的人究属少数，再则即在能够读书的人也未必真有多读的毅力与机会，我们却不甚理会，在大家忙于衣食奔走的今日，自更无暇理会了。一切禁忌，包括读书的禁忌在内，又有外铄与内发的两个来源，大抵对于外铄的来源，我们在这叫喊民主的时代，是理会得比较清楚的；至于内发的来源，我们却又不大理会，以至于全不理会，即使被指点出来，怕也还有人否认。其实这内外两路的禁忌，我们从禁忌一名词里就可以辨别出来。

“姜太公在此，百无禁忌”，禁忌原是一个笼统的名词，指着行动思维的一切限制，初不问这限制的由来。但若我们稍加分析，可知禁是外铄的，而忌是内发的。禁的所以为外铄也是比较容易了解的。“入国问禁”，“悬为厉禁”，禁止吸烟、吐痰、闲人出入之类的禁，很清楚的是由外而来的。“禁”字的下半字是“示”字，无论是上帝的启示、官厅的告示，总是外来的。“忌”字却不然，它的下半截是“心”字，上半截是“己”字，“己”字可能只供给了“忌”字的读音，也可能是“台”字的假借，而又供给了“忌”字的意义，那就等于说，忌者，我心之所忌耳。其实要坐实内发的一层意思，下半截的“心”字已经是足够了，初不必问上半截“己”字的源流。从社会与文化的立场看，一切忌讳也未尝不可以说是外铄的，一切行为上的限制，最初可能都是“禁”，日久才习惯成自然的变而为“忌”，换言之，起初是人家不容许你做，后来你也就自然而然的不做，以至于觉得不应当做了。但从生理与心理的立场看，至少有一部分的限制，原先可能是一些“忌”；有一类行为，你做了之后，或做过火之后，也许妨碍了你自己的健康，或至少会教你感觉到不舒服、不自在，而别人既同是人也，也往往有同似的感觉，日久经过一番社会化与形式化之后，就成为“禁”了。两方面大概都有话可说。但无论如何，一种行为的限制，要成为“忌”，总得先经过你内心的接受，方才有效，才有限制的力量，而这种效力才能维持得比较长久，初不论这接受是自觉的，或不自觉的。

读书的不自由，一部分是由于外来的禁止，另一部分却是由于内发的忌讳。外来的限制或禁止是最明显的，可以无庸多说。图书的缺乏，藏书的过分的限于某一专行、某一方面，书报的写作、印刷与流通受到阻碍，等等，不论是由于不可避免的情势，或由于人为的因素，有如社会的风尚或政府的功令，都是外来的。书报、邮电的检查当然是属于这一类，在读者是被剥夺了“阅读自由”，在检查者却取得了“自由阅读”的机会，可以作些威福。上文说到阅读自由与自由阅读的为截然两事，这便是很好的一个例子了。有少数人可以自由阅读，便有多数人不能阅读自由。

不过更严重的问题是内发的限制或忌讳。惟其是内发，所以表面看来不像限制，不成其为限制；惟其不像，所以不受人理会；惟其不受人理会，问题就更见得严重了。我近年来因为职务上的关系，与图书出纳的接触较多，对于青年人读书的习惯，也就多得了几分了解。我发见他们的忌讳是不一而足的。归纳起来，这忌讳大都跳不出三个范畴：一是新旧之间，二是中西之间，三是左右之间。

青年人爱读新书，不爱读旧书，爱读洋装白话文之书，而不爱读线装文言文之书，爱好讨论现实问题与宣传当代思想的书，而不爱读关于人格修养、文化演变、比较通盘而基本的书——是谁都知道的。但为什么有些爱与不爱，有此爱憎，说法就不同了。普通的说法总是从兴趣出发，说青年对前者有兴趣，而对后者没有兴趣，青年自己的答复也复如此。其实这只是一种冠冕的说法。试究其实，则所谓兴趣的后面，必有一番成见，而成见一深，对所爱悦的便成迷信，对所憎恶的便成忌讳，所迷信的趋之唯恐不速，所忌讳的避之若将浼焉。从社会的立场说，这种爱憎当然也有其来历，就是“现代化”或“进步”的要求，但青年既接受了这种要求，并且拳拳服膺于此种要求，此种要求的见诸意向行事，便成为内发的，成为成见的一种表示，而其对于“不现代化”、“不进步”的一路事物的不表示，以至于反表示，也未尝不是一种表示，那就是有所忌讳的表示了。

中西之间我们所看到的成见大致与此相同，但比较的复杂。大体上是对“西”是积极的信赖，对“中”是消极的忌讳。读书人一般的态度如此，读书时的态度尤其如此。不过有两点是值得注意的，这便是中西之间比新旧之间更为复杂之所在了：一是读书人对于所谓“西”的对象的接受是不一致的。甲有甲的西，乙有乙的西。所谓西，本身原不是一件单纯的东西，英美是西，苏俄也是西。一个人究竟接受那一个西，就要看他过去的训练与平时的接触了。不过训练与接触，如果太片面，或太不经心，太无抉择，结果也就成成见，而对未经训练未经接触的事物的态度便成忌讳。二是精通西文的人毕竟不多，读书的人虽爱读舶来之书，却大都不能读原本，只好读译本。原本与译本，可能一个图书馆都具备，但译本往往摺皱烂熟，而原本可以几年无人过问。这不用说，读者表面上阅读的是“中”，实际上欣赏与向往的还是“西”。

左右之间所表现的爱憎也是一样的，不过因为目前国际与国内的冷战、热战特别剧烈，此种爱憎，或信赖与忌讳，而表现的范围与程度似乎是远在新旧之间与中西之间之上。近年来此种范围之广、程度之深，更若变本加厉，至于有把新旧与中西吞并进去的趋势，成为左的就是新的、西的，右的就是旧的、中的。青年人一般的态度之中，大体说来，对于左的、新的、西的的信赖和对于右的、旧的、中的的忌讳要大于它们的反面。一般的态度如此，读书时的不免分些畛域，也就如此了。

有人替青年读书人辩护说，这一类对于读物的取舍并不由于成见与忌讳，而是由于能力与训练的多寡。许多青年对于文言文了解得不够，读去不通畅，因而就不感兴趣，对于西文也是如此。至于左右之间，因为名词、习语、命意、遣辞的不同，彼此也就发生了扞格，起初的“看不惯”终于成为后来的“惯不看”，倒不是故意拒绝不读。这是对的，我不否认这其间有一个能力与训练的问题存在。不过我们如果作进一步的推敲，便可以发见此种能力之所以差，训练之所以少，还是由于成见与忌讳的心理在后面作祟，青年自己有此种心理，而五四以来出身做教师的人也未尝无此心理。一个人存心厌恶一种事物，第一自然不趋向于此种事物的学习，第二学习了也决不会有长足的进步，原是我们的常识，初不待精神分析派的上场。

总之，由于上文所论对于“三间”的成见与忌讳，我们的读书是不自由的。此种内发的不自由，其范围之广，影响之深，与解脱之不易，要远在政令法律所能给我们的不自由之上。一样争取阅读的自由，向环境争取总还容易，而向自我争取则大难，因为，上文已经一度说过，这在阅读的人自己大都并不觉察，而并不感觉到有什么取舍的必要。这种不自由的局面，觉察得比较清楚的怕还是一部分负图书守藏之责的人。国内公私图书馆也还不少，多则百余万册，少亦数万册，但除了十分之一，以至于百分之一、千分之一的洋装、白话、译文与白报纸的书籍借阅得烂熟而外，看来其余只好供太平时的点缀装潢、离乱时的咸阳一炬而已。我们看果子可以知道树，看书库的冷落便可以知道读书的不自由了。

读《自由主义宣言》* (1948)

快一年以前的事了。去年四月九日至十三日，欧洲若干国家爱好自由的人士假英国牛津大学举行了一次国际自由主义大会，发表了一个《自由主义宣言》，成立了一个“自由国际”。参加大会的人士的国籍有英、法、比、挪、匈、意、土、奥、捷、芬、德、瑞士、瑞典、南非、西班牙、加拿大等。美国没有参加的人，但大会鉴于它是一个自由主义的国家，战后的地位又特别重要，所以在闭会前推举的一个临时执委会里特别为它保留了一席。中国也没有人正式出席，但有两位记者被邀到场旁听，一是国民党中央宣传部驻英办事处的朱抚松氏，一是《大公报》伦敦特派员黎秀石氏。我们最初知道这一回事，还是由于黎氏去年五月九日在《大公报》上的一番报导。

用了自由的题目来号召，来集会讨论，来成立一种组织，来发布一个宣言，以前在国家范围以内是常有的事，其根据自由的理论而有政党组织的国家，更可以说是比较常川的事。但国际性的这一类的活动，此番大概是第一遭，不由我们不加注意。国际自由主义大会、《自由主义宣言》、“自由国际”合成一个三部曲，其中最主要的一部自是宣言。宣言的文字并不长，只寥寥数百言，大体说来，是够得上“言简意赅”的四字评语的。全文自有其章节，章节间并无小标题，大致可分为如下的层次：引语、人权与人性、社会的基础、各种基本自由、民主政治、民主经济、国际关系与合作和结语。结语自然是相当于“凡吾同志，盍兴乎来”的一个呼吁。

引言中说（引文均据黎秀石氏）：“我们深信，世界之所以到这个地

---

* 原载《观察》第4卷第3期，1948年3月13日。

步（指混乱、贫乏、饥荒、恐惧），大部分的原因是自由主义的被人抛弃，因此在这宣言中重申我们的信仰。”“重申”两字是与事实不符的。说过的话，再说一遍，谓之重申。在这宣言里，真正重申的话至多只有一半，其余是修正与补充的话，重申、修正与补充的对象，不用说，是十八世纪末叶以来传统的自由主义了。

修正与补充的例子是不一而足的。例如，说到社会的真正基础，个人而外，又添上家庭，这显然是得力于十九世纪中叶以来一部分社会学者与人文思想者的结论。又如，说到种种基本自由，于若干“自由”的觅取外，又兼顾到若干“不自由”的避免或革除。这很容易教我们联想到罗斯福总统所提出的四大自由。又如，工具论的国家观虽不算新鲜，此番宣言里至少曾经予以强调，强调与重申也并不一样。宣言里说：“国家组织只是社会的工具，它的权力不可与公民的基本权利抵触，也不得违反负责和有创造性的生活所必需的条件。”所谓“必需的条件”就指各种自由的获得与不自由的祛除。又如，在关于经济民主的各节里，一部分的话是传统的自由主义者绝对不说而社会主义者常说的，另一部分则是修正社会主义者的话。例如第一节说：“经济自由如受压迫，政治自由必随之消灭。我们反对这种压迫，无论来自国营事业、政府统制或是个人垄断、企业联合或托辣斯。”这里面有采自社会主义的成分，也有修改社会主义的成分。最后，国际关系与合作的若干节里也有一部分的话是比较新颖的，例如涉及所谓弱小与落后民族的一两节。自由与民主要不出三方面：一是政治的，二是经济的，三是民族的。经济的自由、民主至少应包括“免于匮乏”一层，而民族的自由、民主则指自决与独立。在第二次世界大战刚结束的时候，有人很俏皮的说，根据这三方面的说法，世间还没有一个真正自由与民主的国家，英国有其一、二而无其三，美国有其一、三而无其二，苏联有其二、三而无其一。两年以来，局势已颇有改易，这话适用的程度也随而变动，三国之中，比较有进步的要算英国，近顷印度的自治与缅甸的独立证明它在第三方面也有了几分成就。这次大会选定英国做会场，真不妨说是人地两宜。无论如何，大会宣言所申说的自由主义，关于政治的三之一是旧的重申，而关于经济与民族的三之二是新的补正。理论与实际的需要毕竟与十九世纪的不同了。

二十世纪版的自由主义比十九世纪的一版固然是订正了不少，但犹有未足。我们愿就下列的几点再加商榷：

（一）第一点值得提出的是“主义”两字的名称。普通说自由主义与民主主义，我一向以为不如说自由思想与民主生活（后者包括民主政治、民主经济及生活的其它方面）。理由是“主义”二字教服膺的人易于趋于武断，而其内容易于成为教条。思想与生活标准的领域里，“主义”的称谓倒并不是绝对的不可用，不过要有两个条件，就思想说，这条件是纯理论的探讨；就生活标准说，这条件是信仰与服膺必须是个人的，由个人自动的抉择为起点，以个人行为的修饬为归宿。在就生活标准说教的人应恪守的原则是：说不说由我，信不信由你。但说到自由与民主，这两个条件都不容易具备，特别是在这个一切要讲求社会化与团体行动的时代。严格的说，纯理论的思想是没有的，但自由思想更不能以纯理论的范围来限制，它势须影响我们对于日常事物的看法。完全个人的信仰也是没有的，但民主的信仰更富有积极的社会意义，势须影响我们日常行为的做法。唯其与日常的看法做法不可分离，所以武断、教条与硬性组织的成分应力求其减少，而主义的名词的避免便是减少的第一步。否则，执中无权，事同执一，也无非是在目前已有的种种深沟高垒之外，又添上一道深沟、一座高垒，徒使纷争之局增益其扰攘的程度而已。

不用“主义”的字样，即所以避免所服膺的理论的偶像化，凡百事物之中，惟有偶像化的强制性最大与最牢不可破，而强制与自由是两个相反的东西；由强制的方法来反抗强制，其过程与结果依然是不自由、不民主，是以暴易暴而不知其非。用这眼光来评议自由主义者的集会与“自由国际”的创立，我们的毁誉是参半的。黎秀石氏在报导里说：“自由国际这个名称很容易使人联想到共产国际或社会主义国际，但事实上……不同。它没有煽动国际革命的野心，也不是各国政党的大同盟。在牛津会议，各代表大多主张自由国际必须成为一个超党派的团体，它的野心不是直接争取政权，而是谋求自由思想的复活。自由国际，与其说是一个政治团体，不如说是一种思想运动，较为正确。”这是值得赞同的。但黎氏也报导到：“参与牛津会议的代表们无不激烈抨击共产主义和社会主义。在他们看来，共产、社会两主义都是集体主义的洪水猛兽，直接违反个人自由。”这就有问题了。大凡激烈抨击一种东西的人，自己必有另一种神圣不可侵犯的东西，要打倒别人的偶像的人，自己必另有其偶像，自己必受此偶像的支配，自己必也不自由。我可以想象，这一班参加大会的人，大部分是自由主义者，而不是自由思想者，是民主主义者，而不是民主生活者，自己是大禹、皋陶一般的圣人，自己的信仰是天经地义，别人与其信仰才成为洪水猛兽，否则又何至于如是其深恶痛绝呢？西文 liberalism 一字的尾间，即我们所称主义也者，虽若比较平凡，其所得于情操的渲染者也不若我们的译名的浓厚，但绳以大会中这一类的表示，也可知其已经日即于不平凡了。应该平凡的也不平凡起来，是时代的一个悲哀。

（二）出席大会的人以共产主义与社会主义为洪水猛兽，为的是它们直接违反个人自由。这就引进到我们要商讨的第二点。宣言全文中没有提到个人主义，一次都没有，是妥善的，也未始不是对于传统的自由思想的一个修正。宣言中又曾有过“社会全体福利至高无上”的话，这话本身的说法是否完全妥善，固然待考（另见下文），但由此可知个人的地位并非至高无上，那也是妥善的，与称个人而不称个人主义同样的妥善。但宣言在开始时既有“尊重个人……是社会的真正基础”的话，而大会讨论时，代表们又曾为了个人自由，对共产与社会主义大肆攻击，可知至少在这些代表的心目中，自由主义与个人主义还是分不开的，以至于一而二与二而一的。这一层非再加检讨不可。

共产与社会主义，从个人主义的立场看，是洪水猛兽；个人主义，从共产与社会主义的立场看，又何尝不是？惟其彼此以洪水猛兽相视，我们的世界才演成了今日的局面。自由思想者是根据了既明且恕的原则来养成他的看法与做法的，把别人、别的人群或别人所拳拳服膺的事物当作洪水猛兽，总是一种不明不恕的举动，充其极势必造成一个不两立的局面——天下虽大，只能有我而不能有你。说尊重个人，是不错的，但所以尊重之者，并不单单因为他是一个人，与别的人有些不同的个性、不同的意义与价值，而也是因为他同时有一个做人的共性，能与别人相通，于社会生活与文化生活，能共营共享，能对大家的福利凑上一分，初不问这一分的精粗大小，方才所称个性的意义与价值指的也就是这一分。所以与其说尊重“个人”，不如说尊重“每一个人的人格”。人格的概念有其独特性，也有其社会性；人格的“格”字，如作一个人不同于它人的品性格局讲，指的是独特性，如作他应该努力上达的一个最低限度的做人的标准或资格讲，指的便是社会性。二者缺一，所发生的不是人格完整不完整的问题，而是人格的根本存在的问题。没有了人我之异，就没有人格；没有了人我之同，以衬出人我之所以异来，也就没有人格。通性之同与个性之异，社会的需要与个人的需要，对于人格的树立与发展，好比氢气与氧气之于水，缺一不可。这原是极单纯的常识，要不是因为近代个人观与社会观的各自成为主义，以至两不相能，是犯不着在此反复申说的。总之，宣言中在此方面的说法，应当改正为“尊重每一个人的人格，作为社会的真正基体”。基体的解释见下文。

（三）宣言说到社会的真正基础时也曾经把家庭列入，这是我们可以同意的，上文已稍有说明。不过与其说基础，不如说基体，基体等于单位，或严几道先生所创译的么匿。“基础”两字失诸笼统，其间可以包括许多别的东西，例如地理环境、物产资源、国情民性、文化遗业之类。大凡一种有系统的东西必有其所由组织的基体，好比砖片石块之于一座建筑。社会所由构成的基体，上文所说的人格而外，就要算家庭了。同样的承认人格与家庭是社会的基体，大抵哲学家与心理学家所特别注意的是人格，而社会学者自孔德与勒泼莱以降则是家庭。以哲学家的资格，而特别属意到家庭的，依我所知，只有英国的人文思想家席勒一人。席勒鉴于个人主义与社会主义的纷呶不已，曾经郑重的把家庭提出来，认为它才是人群生活的真正基体，同时他和许多社会学者一样，也认定唯有健全的家庭才可以把人格的特独性与社会性的发展兼筹并顾，从而于个人与社会之间，减轻其冲突，增益其协和。于此我们应该注意，这些作家所提出的是家庭，不是家庭主义，因为他们充分了解，一称主义，便成至上，结果是家庭制度的发展日趋畸形，不至把个人与社会吞噬以尽不止，即，兼筹成为统筹，并顾成为包荒，有如二千年来中国的形势。这些我认为自由思想者都不难同意，我个人历年来也曾再三加以论列。至此更不妨指出，人格与家庭两种基体是不冲突的，分别注重它们的人也从来没有发生过争执，大抵他们都看到，人格之所以为基体者同时也是社会与文化生活的一个最终目的，即每一个人的得以各自发挥其最大的社会意义与文化价值，而家庭之所以为基体者则属于手段或过程一方面，个性的辨识与发展，社会性的启迪与传授，场合与步骤虽多，家庭无疑的是第一而最能生效的一个。

（四）宣言中强调国家只是一个工具，我们在上文也说到了。但我以为还不够清楚，同时工具论的适用只限于国家一件事物，还远不足以把自由思想的精神充分发挥出来。说“国家组织只是社会的工具”，那“社会”两字便有问题。我们应当说，国家是人或人格的工具，在人格发展的总目的之下，国家、家庭、文化的种种方面，包括宗教在内，全是工具。个人的种切，包括一切身心品性，社会的种切，包括一切人与人之间的关系，也无往而不是所以完成每一个人的人格的工具。若说国家是社会的工具，则社会自身岂不是成为目的，成为至高无上，那参加大会的许多朋友又何必对社会主义大肆其抨击呢？社会主义不就是以社会抬做目的的么？因此，我不能不疑心这一班朋友在思辨上还很欠工夫，思辨既欠明白于先，斯交代不够清楚于后。自由思想只有一个单纯的目的，就是每一个人格的充分发展，其它宇宙间的一切扫数是工具，所以供人运用而达成此目的的。这班朋友不了解这个，所以在宣言里，一则曰国家是社会的工具，再则曰"社会全体福利至高无上"（见论经济民主部分，上文亦曾一度引过）。殊不知所谓社会全体也者，好比全民、大众一类名词，是最不可捉摸的，凡属不可捉摸的名词必容易被人利用，成为口实。古今中外，有得几个野心家或野心的少数人不挟社会、全民、大众之名以行其威福之实的呢？

工具论的适用只提出了国家的一种，显然的是过于自画。如果这一次集会、宣言与国际组织的目的端在重申对于民主政治的信念，那还说得过去，但事实并不如此，这一番举动的目的不止是民主政治，更是民主的一般生活，以至于更广泛的自由的思辨、言论和整个的人生态度。目的既如是其广泛，则工具之论的适用，便应有一番包罗得更多的提示，有如我们上文所论。读者于此，不妨参看英籍俄人宗教思想家贝蒂也夫所著的《奴役与自由》一书（Nicolai Berdyaev：*Freedom and Slavery*），以资补充。贝氏以人格为主、为目的，以身外的一切事物连同上帝与教会在内为宾、为工具，进而把所有的工具逐一分析，以示其反客为主与奴役人格之所在。在喧嚣攘夺而人格被车裂的今日，读去大有清凉一剂之感。

（五）自由不宜称为主义，上文已加论列。但一面倡导自由，而一面不作一番防闲的措施，即在人格发展的过程中，一个人应如何努力，不作一番剀切的指示，则自由依然可以走样，而变成放纵与散漫一类的表示。工业革命以后欧美资本主义下的经济生活与其反响，不就是最大的一个教训吗？草拟宣言的朋友们似乎没有充分的接受这番教训。宣言中为了防闲自由的趋于自肆，只在经济民主的最后一段话里说到："自由与服务必须相辅而行。有权利，便有相对的责任。如要自由的社会组织成功，每一个公民对他的同侪都要有一种道德的责任感，并要积极参加公众事业。"

我认为这话一半是错的，一半是空口白说的。人格的自由，或自由的人格，决不是权利与义务的概念所能绳墨的，若定要加以绳墨，则我们也只能说，它是权利，也是义务。决不能单单看做权利。自由的人格是一个理想，不是一件现成的货物；一件分有应得而偏偏有人靳而不与的货物可以看做一种权利，但势须痛下工夫，方能希望达成的一个理想，却很清楚的是一种义务，为了一己，必须尽此义务，为了别人，为了社会，也同样的必须。看重权利，原是个人主义时代的一个通病，如今这一班朋友完全把自由看成了权利，足见个人主义的流毒未尽，而我在上文所下的评语，说他们把自由主义与个人主义混为一谈，是并非故入人罪了。这所论是说错了的一半。

深怕自由成为自肆，他们提出的对策是“服务”，是“对同侪要有道德的责任感”。我认为这一半是空话，是呵热气的话，于事完全无补。基督教在西方，讲了两千年的爱、服务与对同侪的道德的责任感，究属有得几许成效，我们不知道。但近百年来，它对于政治与经济方面种种强凌弱、众暴寡、富抑贫、大加小的事实，未尝有一筹之展，我们是知道的。不讲权利、但讲义务、痛绝自私、昌言博爱的宗教的感召，所得既等于零，何况一无凭借的口头禅语呢？生前聚敛、死后捐钱、一面做强盗、一面发善心的“服务”与“责任感”，以前有，以后也不会完全没有，但我们相信它和这一类的道学的劝告无干。而这在当事人看来，以至于草拟这次宣言的人看来，应该还无害其为自由。

我说这种劝善之言为一无凭借而与自由人格的招致不生关系，为的是想引进到本文中对《自由主义宣言》最主要的一个评论，就是，它根本没有谈到教育。在列叙各种自由权利时，宣言固然也说到“不论贫富贵贱，人人都可以尽其才能受各种教育的机会”，但这是老调，此其所谓教育并不一定包括自由思想者所了解的那一种教育。西洋自希腊时代起，便已揭櫫过从自由思想出发的两大教育原则——一是认识你自己，一是任何事物不宜太多——在太阳神阿普罗的神龛上，勒为铭文，垂作明训。说认识你自己，目的自是在控制你自己，希腊人是认定知行合一、能知即能行的；说任何事物不宜太多，指的自是和你生活有关的一切事物——你的欲望，你的情感，你的思考，你的理想，你的信仰。把两个原则合起来，就等于说，你能控制你自己和你因生活而发出的种种企求与欲念，则所求与所得不至于逾量、过火，转而使你自己被它们所束缚控制。不受束缚控制，就是自由。我不明白为什么草布宣言的朋友们连这一番明训都忘记了。如果不忘记，而转从这方面有所提示，使蔚为一种教育的新风气，则所得的人格自由便是真正的自由，亦即无烦防闲、无须对策的自由。有了这种教育的作风，再进一步而讲求达人与亲民之道，即从淑身的生理与心理的学术进而致力于淑世的社会的学术，则不必侈谈服务与责任感，而服务与责任感的效果不求而自至。

（六）最后还有不妨指出而一时无须详论的一点，就是，宣言中抽象的提示多而具体的主张少。黎秀石氏在报导里也评论到这一层，特别是在经济方面。在大多数人缺乏面包的今日，少数人侈言自由的理论，而拿不出免于匮乏的切实的保证来，全部宣言即等于空口说白话，初不限于劝人发挥正义感与努力服务一端而已。充分的生产与适当的分配固然为任何经济主张所不可缺少，但欲望的各自控制也是健全的经济主张所必须具备的一个条件。生产与分配属于外缘，欲望的控制系乎内发，欲望无限，而物力有穷，终须外内并力，两相调协，经济生活才有底定的一日。关于欲望的内发的控制，近代的经济学，不论其为传统的或革命的，是几乎完全不加论议的。自由思想者，根据自由生活的需要，有如上节所论，便应出而加以郑重的补正。此外，自由思想者前途也必须供给一个关于人口的主张，而这又须和经济主张相提并论。物力之生产供应有限，而人口的增殖无涯，人口之中，对于一己欲望自动裁节的能力，自亦大有不齐，则此种主张，于注意人口的数量以外，更须顾到人口的质地，其于贪得无餍、噬人自肥的分子，势须运用社会的力量加以约制，不能任其孳长。一种宗教的主张也有它的重要的地位，西洋的自由思想者既从一种有组织的宗教的积威之下解放了出来，他自不愿意看到后起的各种思潮信仰，包括自由思想本身在内，趋向于过度的组织化而俨然形成各式的新教条与新教会。他不但应主张信仰自由，更须主张信仰的返归于个人化，使其成为充实人格的一种工具，与哲学、文学、音乐、艺术等人文学科属于同似的范畴。唯有如此，我们才能希望消除壁垒、增辟平阳，使自由的人格有位育的余地。第四种具体的主张是教育的，上文已有申说。四者之中，最基本的是教育的，因为：一则自由思想者自身要站稳，必须先经历一番自我认识与自我克服的培养工夫；再则，要使种种主张发人深省，作为见诸行事的张本，也总须以教育为入手之方。

工业化与人格*
(1948)

任何事物不宜乎太多，寻常公认为好的东西也不宜乎太多。饮食是好东西，分量太多的结果是噎，是胀闷，是消化不良，是“祸从口入”。我们虽不能因噎废食，却也不能不防这一串从噎开始而可能归结到死亡的祸害。工业化也就是这样一件东西。

工业化的零星弊病，在若干先进国家是早经发见而曾不断的设法加以挽救的。挽救的成效如何是另一问题，但挽救的诚心与努力我们不能怀疑。英国百余年来的制作，始于社会立法，终于社会安全，便是最好的一例。不过对于整个工业化制度与文明发生疑问，乃是近顷二三十年以内的事。这可能与第一次世界大战有关。唯有工业化充分发展的国家才有资格发动这样一次战争，也唯有同样资格的国家才有足够的力量，来争取一日之长，而终于把战争结束。战争的巨大创伤第一次给西方人士以一个够分量的刺激，教他们深思，发他们深省。所以在一九二〇年前后的十余年间，充斥于西洋著作界的有两类作品：在时间上较早的一类是直接分析战争的危害的，我们略过不提；较晚的一类则比较间接，而致力于近代战争所由演成的种种因缘。此种因缘的推敲势不能不牵涉到工业化，而一经推敲，更不免发见工业化流弊所至，初不限于战争一端，而深入了文明的膏肓腠理。记忆所及，有三种作品是值得在此一提的：一是富瑞曼（Freemen）的《社会的衰朽与社会的再生》，二是柴士（Chase）的《人与机器》，三是柯勃仑兹（Coblenz）的《人的衰落》。第二次世界大战以后，此种深思与深省，显然的是只有增加，不会减少。稍知蒿目时艰而稍能超越衣食琐琐的人，都在问，文明往那里

* 原载《观察》第5卷第7期，1948年10月9日。

走？什么文明？还不是工业化的文明么？事至今日，大抵除了想“迎头赶上”的苏俄与中国人士而外，对于整个的工业化制度与文明，没有几个不感到惶惑的。

最不能不教人惶惑的一点是：工业化以人为刍狗。自工业革命以来，工业化所标榜而资以号召的是，提高一般人的生活水准与增加一般人的生活福利。然究其实际，有两层是很清楚的：一是所提高与所增加的只是一些寻常的器物之用，从灯、水起，到汽车、收音机止，那一件不是物用？至于利用这些器物的一个“利”字，究竟指着什么（例如，坐了汽车究竟做什么？收音机又收些什么?）还有待于研究与证明。二是此种福利之所被并不普遍，事实上很不普遍。在工业化具有相当成绩的国家里，无论其为资本主义的美国，或社会主义的苏俄，似乎工业化的果实，到目前为止，只便宜了少数人。在美国，这是明目张胆、毫无掩饰的。在苏俄，尽管理论上一切为人民、为社会，真正充分享受到这些的还是一部分上层的统治人物，克拉夫贞固（Kravchenko）在《我选择了自由》一书里所描绘的种种，除非是一派胡言，总有几分真实。总之，工业化的积极的利益，表面上很具体，实际上则很浮薄，名义上的全民，底子里则仅仅成全了少数人的物欲。

反过来，工业化，在消极的一方面，对大多数人的不利，却是很实在的。我不说那些妨碍体格健康的许多弊病，女工、童工、长时间的工作劳倦、工厂设备的不卫生、一部分工业原料与工作过程中的毒害、对于工场与机件的危险因防范难期周密而发生的伤亡等等。这些是多少可以预为之地的，厂家可以自动的做，工人可以要求着做，政府可以监督强制着做；事实上，先进的工业化国家也已经做了不少。我要说的对人的不利完全属于另外一类。这一类的不利有两个特征：一是它们根本从机械式的生产方法产生，是工业化过程中内在而无法撇开的一部分。除非停止工业化，除非取消大规模的机器生产，这些弊病也就无法祛除。二是这些弊病所牵涉到的不止是服用便利与体格健康的一类问题，而是更基本、更久远的生命意义与生活趣味的问题。除非有一套新的人生哲学，教我们甘心承认人应当做刍狗，国家的刍狗，社会的刍狗，制度的刍狗，生产的刍狗，机器的刍狗，我们无法否认这些不是流弊，而不谋所以解救之道。

机器生产讲求分工，成品的性质愈复杂，则分工愈细。分工愈细，则所责成于任何一个工人的努力愈单纯、愈狭窄、愈刻板单调、愈没有变化。任何人生而具备种种能力，我们指望一切能力都可以有充分的发展，可以作过度的运用；如今在极细的分工局面之下，其所能发展与运用的势必只是百般能力中同样极小的一部分。甚至于此极小的一部分不免的畸形的发展，过度的运用，分工下的生产，诚然是多了、快了，成品也诚然是精致了、标准化了，但对于人，对于每一个工人，却成一种凌迟宰割的局面。不用说，这局面是健全之反，健与全是分不开的，不全就是不健，不健生于不全。此种不健全的情况，国家为了“迎头赶上”，为了争取市场、充实国力、准备战争，私人厂家为了累积更大的资本、从事更多的生产、榨取更丰富的声色货利的享用，可以长久不问；工人们为了升斗之资，为了一己的糊口、一家的仅免于饥寒，也许可以暂时隐忍，但日久影响所及，势必为各个人格的支离破碎，而通体社会的杌陧不安。近代工业化的福利愈增加，社会生活愈千疮百孔、寝馈难安，这可能就是最大的症结所在。此其一。

生活不能无工作，工作不能不凭才能兴趣。心理品性中遗传的根柢比较富厚者，我们叫做特殊才能；特殊才能更有发展与运用的要求，此种要求的动力，与夫发展与运用之际的情感上的陪衬，我们叫做兴趣。我们试看工业化生产制度下的才能兴趣又是怎样发落的。它没有发落，它根本不管。负组织、管理、指挥、设计、绘制蓝图的责任的那部分人，在这方面是不落虚空的，他们多少根据了他们的特长，受过教育，得过训练，见诸行事，施诸实用；求仁得仁，也许可以无憾。但绝大多数分别死守着某一种机器的某一角落的工人如何？装置一只螺丝钉，搭配一个齿轮，镶上一块玻璃，焊上一节管子，并且装、配、镶、焊上若干年月，试问这其间所需要的才能与所满足的兴趣究有几何？天地生人，禀赋虽有厚薄，总也不至于薄到如此地步，更不至于绝大多数的人都薄到如此地步。总之，工业化的生产制度，无论其为社会主义下国家所经营，或资本主义下私人所经营，所关心的，始终不过是更多的生产、更大的市场、公私资本的更雄厚的累积、一个几年计画的更加速的完成，而从来不是每一个人的才能兴趣。有人很俏皮的说过，工人可以摸熟一部机器的脾气，而厂家、资本家对于工人的脾气，向来未尝一摸、不屑一摸！机器居然有脾气可摸，而人则虽有脾气而形同虚设，摸索无人，这岂不更足以坐实我们的刍狗之说么？此其二。

一个人身心品性的总和，当其未发展之初，我们把它叫做人性，及其因教育与生活经验而既经发展，我们把它叫做人格。人性是整个的，而每个人又自有其独特的整个性。人格既从人性产生，其所企求的自亦不外一个最可能完整的发展，或各部分最可能平衡与协调的发展。人格发展的途径不止一条，教育与一般的生活经验而外，最重要而事实上比普通教育更具体的一条是具有游艺性与创造性的工作。当代比较新颖的儿童教育学说特别注重扮演，曾见美国某教育学者特别提到孔子幼年"陈俎豆"的故事，认为是"演习即是学习"的绝好例证。近代教育学者又极言"做即是学"的道理。前者承认了游艺性，后者承认了创造性，而两者都承认动作或工作应该是教育的一个重要成分，对人格的发展有莫大的意义。为什么？为的是：游艺性的动作背景里总有一个完整的场面，创造性的工作，憧憬中总有一个完整的物品；场面终于会演出，而演出时总有几分推陈出新，物品终于会成就，而成就时总有几分心裁独出。这些和人格发展的完整的要求显然有极密切的关系。单单场面的演出与物品的成就，既和一般的完整的要求相配合，而推陈出新与心裁独出更和一人独特的完整的要求相呼应。唯其两相吻合，内外呼应，所以幼儿自发见自我的存在之日起，对于扮演与创作的活动，兴趣的浓厚与持久几乎要在其它任何事物之上。百玩不厌的恩物与游戏大都带有扮演性。幼儿对一己大小解的动作与产物无不感莫大的兴趣，且往往彼此引为笑乐，论者分析此种兴趣，认为与其说是出乎不自觉的性的动机，无宁说是发乎比较自觉的创作的愿望。溲溺粪便显然是他的最早而最不仰仗别人的一些创作的过程和成品。我认为这分析是很对的。

工业化的生产工作说不上游艺性和创造性，是再清楚没有的。对发明家，这自然是很说得上，但发明家能有几人？对企业家、设计家、工程师之流，多少也还说得上一些，但人数也极有限。至于一般的工人，则完全说不上了。在事先，工人虽也知道总有一个完整的图案，在事后，他自然也会看到一件完整的成品，但这些究属和他没有多大的缘分。当其工作之际，他但须描画依样的葫芦，炮制如法的丸药；推陈出新，心裁独出，是绝对的没有地位的。及物品制成以后，说他完全没有名分，当然不是事实，但名分究有多大，在成品的那一角落，就很难明白指出了。即使可以指出，说来又是机器之功，和他并没有真正的因果关系。事实上，真正算得是他的也确乎只是一些侍应之劳而已。总之，工业化的生产工作在性质上无法不抹杀人性中游艺与创造的要求，不甘抹杀而故自标新立异的工人尽有，但一旦加入此种制度而欲有所表见，势必不但无功，而且有罪，因为他玩忽了工作时间，破坏了制作标准。

这在实际上是不能想象的。正唯其不能想象，乃知工业化生产的所以否认人性、刍狗人生，又多了这样一个方面。我是承认遗传有其重要而流品生而不齐的一个人，但我决不相信能发明、能设计、能有所创获的人才只限于现行制度下的那么几个。此其三。

这三种流弊，有一于此，就足够教一个人的人格负上很大的创伤，何况三者同时存在，并且事实上又合为一体了呢？受到此种创伤的人格说不上独立，更说不上尊严，更严格的说，他的人格已经被剥夺，他是一个奴隶。近代以前，西洋的艨艟巨舰是靠奴隶划桨来航行的，每一支桨上必有一个固定的奴隶，用铁链长期锁住；除了最低限度的食息而外，他只能有一种动作，就是不断的划划划划，到体力不能支持为止。从本文的观点看，现代工业生产制度中唯一真正现代化的一点，比起这种大船来，是在那支桨的地位上换上了一部机器。

不过做机器的奴隶只是奴隶化的第一步，接着还有很长的一串。第二步是此种人成为一种制度的奴隶，离开了这制度，不端力迁就这制度，他只有饿死。第三步奴隶化过程中的主子就是团体，就是所谓社会。成事既须完全靠机器，集事又须完全仰赖别人的凑合，一个人自己自更无余地余力，来有所作为，有所表见。约言之，他不能不以所属的团体作为生死以之的“靠山”，他只是人海波涛里的极微细的一个分子，他的动定起落完全要受波涛的动定起落的摆布，丝毫不能有所挣扎。如果我们只愿意看见问题的一面，而自己强为慰勉，故作欢笑，我们可以说，目前说的也正复大有人在，这是生活的面面逢源，边边接笋，脉脉相贯，息息相关；这才是合作分工，打成一片。对此，群居方式，便臻上乘，社会演进，方跻涅槃！否则，唯一剩余的结论是，每一个人都成为团体的附庸、团体的牛马、团体的奴隶，事实上每一个人的那个“人”已经是不再存在。

还有第四步，他终于成为政治的奴隶。前三步的奴隶化可以说是工业化生产制度中自然引伸或演展出来的。至于第四步的演出则不能不凭借一些额外的人力，不用说，是少数人的力量了。这少数人又分三路：一是志在了解的理论家，二是关心民瘼的理想家与改造家，三是好大喜功的野心家与政客；也不用说，第二、三两种人又往往分别以一、二两种人的姿态出现，有时候教人分不清楚。不过这三种人可能都看到很重要的一点，就是，机器生产发达以后，每一个人是支离破碎了的，相等于一座机器的许多零件，非先加工拼起来，绝对不成一个格局，不能有所作为，有所成就。于是，在社会与政治哲学方面，我们就有了三种不同程度的理论，一种比一种变本加厉：一是一部分社会学者的社会唯真论，二是各派改造家的社会主义，三是野心家的极权主义。这三种人与三种程度的哲学全都承认个人的“不中用”，但承认之后的行动却不一样。第一种人仅仅把它认识一番，纪录下来，作为推理的资料。第二种人则想加以补救，用团结的方式来补救，团结本是一种力量，到此更从寻常的需要进入到特殊的必要。不过严格的说，这不是团结，而是拼凑，是收拾丛残，团结的基本条件是各个分子的比较健全完整。至于第三种人，那就不客气的利用这局面，侵渔这局面，局面越是支离破碎，他越可以红黑一把抓的因以为利，于是，表面上是百炼钢的革命分子也终于绕指柔似的陷入了希特勒一类人的魔掌。

从做机器的奴隶开始，中间成为制度的奴隶、团体的奴隶，最后成为野心家的奴隶，是由渐而来的。唯其由渐而来，甚至于习惯成了自然，不说当事人不理会，就在研究这一类题目的人也没有把这奴隶化的演程看一个分明的头尾。社会主义的信仰者，特别对集体主义与计划经济有爱好的人，显然的看到了极权主义的祸害，但似乎并不了解他们所深爱与深憎的两种事物，有若贤不肖的相去，其间实不能以寸，而这相差的一寸可能就代表在当时当地有没有野心家出现。写《到奴役的路》一书的经济学者哈埃克（Hayek）是看到了这一层的。他口口声声认为墨索里尼与希特勒的兴起，意德两国先期的社会主义运动有清宫除道之功；意思等于说，此类运动先把两国的民众领上了奴役的路，野心家如希、墨之徒才有机可乘，而垂手得之。但哈氏自己却没有再作进一步的分析，因而未能指出社会主义运动自身也正复有它的前驱，有它的清宫除道的一番社会变迁，那就得，有如上文云云，向百数十年来机械化的工业生产制度中去推寻了。总之，一个积重的局面必有其过程，当前反极权主义与反法西斯主义的朋友们似乎只理会了这过程的末尾，而学者如哈埃克也只看到了后面的一半。寻根究柢的看法是，奴役之路的第一块石子，在工业革命开始时便已铺上了。

总结一句，工业化必须有其限制，机器生产方式的运用必须有其限制，必须由我们作更妥善的运用，那“运”字决不是“任运”之“运”，那“用”字亦非“自用”之“用”。这是本文所要提出的一个认识。许多为工业化吹嘘的朋友，从这个认识的立场看去，是但见其一而未见其二的，更未见所谓其二的重要性要远在其一之上。如果这些朋友自己当过工人，或有到足够的社会想象力，可以设身处地的多思考一番，他们在吹嘘之中，便不得不存三分警惕之意。至于如何限制，如何作更妥善的运用，那显然又是一个题目、一大串的题目，并且在性质上极度的复杂，因为所牵涉到的，不止是工业化与机器生产制度的本身，而是科学技术在文明中应有的地位，以至于整个文明前途与人类命运一类的问题。如果我们足够觉醒，而另一次大战争暂时可以幸免的话，我相信未来一二十年之内，文明的人士一定会就这一串题目作长时的思考与差强人意的解答。否则也无所谓，那奴隶之路反正是已经走熟了的。

论教育的更张*
(1948)

（甲）本文

我在这里所说的教育，指的大部分是大学教育。全部教育需要更张，并不限于大学，而且实地的更张工作，理应从小学以至于家庭教育作起，不过一则因为我和大学教育接触得比较多，再则大学多少处一个“树之风声”的地位，大学而能主张更张、发动更张，中等与小学教育迟早会练力就列，会引起一些兴革，以求配合。一二十年来，号称较好的中学往往唯号称较好的大学的马首是瞻，以考进此种大学的新生的多寡来衡量它自己的成绩，以此向社会号召，社会也多少以此相期待，足见大学是有一些倡导的力量的。下文的讨论大致分为两部分：一关于教育的目的与意义，二涉及方法与内容。前者想答复的问题是：为何教育。后者的是：如何教育与又何教育。

说到教育的目的与意义，我们不妨提出一个先决的理论问题来：我们究竟要些怎样的人？要怎样的一个社会？社会生活的一个基本条件是分工合作。我们更要问，人是完全为了与别人分工合作而存在的呢，还是于分工合作之外，每一个人别有他独特的意义呢？就是为了分工合作

* 原载《新路》第1卷第10期“论坛”栏，1948年7月17日。

的顺利设想，是不是在每一个人的背景里，我们也宜乎安排上一些共通的事物呢？我对于这两个问题的答复是肯定的。否则，我认为我们便和蚂蚁没有多大分别，我们的社会也就近乎蚂蚁的“社会”。我只说近乎，而不说等于，因为我们实际上还比不上蚂蚁的群居生活的完整与顺利。蚂蚁的分工合作是建立在一种自然的定向通常叫做本能上的，而人类则无此定向，至多只有一些倾向，而因分途发展的路线远较蚂蚁为多，与每一条途径发展的程度远较蚂蚁为远，其结果往往减杀以至于抵销了合作的倾向，而成为冲突。要减少冲突，保证合作，一种后天的人事上的努力就万不可少了。所谓共通背景或共通基础的构成便是这种努力了。这努力我们也叫做教育，至少所谓基本教育或普通教育指的应该是此种努力。一九四五年哈佛大学一部分教授所拟具的《一个自由社会中的普通教育》那份报告所主张也就是这一种努力。

所谓普通的教育，名为普通，名为求得一个共通的基础、一个公分母，我们却不能从外缘的社会着手，以达于每一个人，而必须从每一个人身上着手，以周遍于全社会。教育树人，不比工厂出货，我们不能先有一个公式、一个模子、一套做法，然后教原料就范；这样出来的东西，我们叫做货品，同样的货品，同一标准的货品。“同样”不是“共通”。同样的货品和共通的人品是绝对两回事。要产生共通的人品，还得以每一个人当目的，在每一个人身上用工夫，教的人须要如此，学的人尤其须要如此。

换言之，我们要承认每一个人是一个本体，是囫囵的，而不是零碎的。教育的对象是一个囫囵的人。所谓囫囵或整体指的当然是人的性格。人性究属是什么，有些什么内容，多少方面，科学虽发达，至今还没有能弄清楚。但生活的经验，也还有过一些启示。心理生活说到的志、情、意，道德生活说到的智、仁、勇，古代教育所称的六艺（事实上也不外三方面，每方面两艺），近代教育所称的三育，指的或属内容本身，或是内容发展的过程，或是内容发展的结果，近顷又有一个不同而并不冲突的看法，也是一个三分法的看法，就是人性包括共有的通性、互异的个性和男女的性别。如果这看法可以当做经，则志、情、意一类的看法不妨当做纬，就是，志、情、意三者又自有其人尽相通与因人而殊以及因男女属性的不同而发生变异的地方。这人性的经纬诸端是人人具备的。人与人相较，在每一端上，可以有强弱丰啬之分，却不会有有无之别。

教育一个人就得把人性的经纬诸端都教育到了，否则，结果是一个畸形的人、零碎的人、不健全的人。古代的教育，无论中外，就经的一方面言，是忽略了个性，偏重了通性与性别。而就纬的一方面言，则发展大致平匀，至少就有资格受教育的少数人而论是如此。此其结果，对个人虽不甚健全，对社会则因分工不细，而合作转见得无大困难。近代的教育，也无分中外，就经的一方面言，是忽略了通性与性别，而个性特别发展，就纬的一方面言，则志与情均遭漠视，而意或智则几乎成为唯一的宠儿。结果是，个人全都成为畸形之人、零星片段之人，而于社会，则分工愈细，合作愈见困难，甚或权益的冲突愈见得无法调和，畛域、门户、阵线、壁垒之见愈见得无法消除。科学的智识越来越细到，政治的主张越来越偏狭而不能融通，越固执而不能移动，专家与自信负有使命的人才越来越多，而国家与国际的和谐康泰越不可问，也就是，人与人、群与群的合作越不可能。这便是当前的“大时代”了。

近来常有人想为这四分五裂的局面寻一个解释，说是社会科学发展得太慢，自然科学发展得太快，彼此不但脱了节，而是差了一大段，因此前者控制不了后者，而被物力所引逗以至于穷幽入胜的人们，社会科学家也只有眼看他们各奔前程，越走越远，越走越不相谋，吆喝不住，叫唤不回。我认为这解释是似是而非的。社会科学表面上拿人作为研究与控制的对象，作解释的人认为如果社会科学与自然科学同样的发达，人们就一面可以控制自然，一面又可以控制自己。事实却全不如此。社会科学并没有拿人做对象，它的对象是半神秘的社会，俨然成为一种新的本体的社会，以及人所自造与留存下来而侈称为制度文物的种种赘疣，社会科学的错误不在慢，而在认错了对象，在隔靴搔痒。教育也有人认为是社会科学的一种，一般社会科学的对象与下手处错了，教育的对象与下手处也就不能无误。“社会教育”、“教育的目的是社会的”、“教育必须配合社会的需要”、“社会团结是教育的基本功能”……一类的名词、说法我们真是讲惯听惯，平时已认为毫无问题。其实问题的一部分就出在这些地方。这样的教育就恰好违反了上文所提出的一个原则，就是，教育必须以每一个人为目的，必须在每一个人身上着手。社会既自成本体，而在许多人的心目中还是一个有机体，便像真有它的爱憎取舍，有它的各式主意，有它的一时兴会，自然也有它的发言与传令的能力与权柄，它会向从事于教育工作的人责成着说，我们现在要某种人才、某种专家，某方面该提倡，某方面该限制。拟人而半神秘的社会虽不会真说，也自有代表它的祭师，有如一国政府里的教育部长之类，会替它说，说了也会有人唯唯听命。这样的教育表面上算是肯定了社会的整体性、有机性与自动性，却并不能保证所教育出来的人，各以其专门训练之所得，来通力合作，而对社会生活有所裨益。它根本无法保证。它事实上把唯一可能的保证取消了。它否定了每一个人的人格的完整性、有机性与自动性；否定了这个，就等于否定了唯一可能的保证。肯定了一个假东西，却否定了一个真东西，近代教育的心劳日拙，我认为这便是症结之所在了。

上文一度提到过哈佛大学的一个报告——《一个自由社会中的普通教育》。自由社会必须由自由的人组合起来，而自由人格的产生端赖一番普通教育的努力，不通就无法自由，不普则自由人格的数量便无从增益，而自由社会也就组合不起来。普通教育的基本依据就是每一个人是整的，是有机而自动的。唯有完整、有机而自动的一个本体才有自由的可能，而普通教育便是使可能者成为事实的一种手段。近年来我们不时看到关于自由一问题的讨论，赞成、反对的话都有。其实不赞成的人未必完全不自由，他们至少有接受不自由的自由，而赞成自由的人也未必真获取了多少自由。事实是人人企求充分的自由，而至今这企求是落了空的。若问落空的原因何在，最近情的答复是，由于政治经济的扰攘者一小半，而由于教育的未能纳入正轨或普通教育之缺乏者一大半。我们有的是研究教育、专门教育、技术教育、职业教育、国民教育……而名为教育，实则就理工医农一方面言，我们的努力十九是训练，就文法一方面言，我们的努力十九是宣传；就接纳的青年而言，他们的努力十九是模仿，是复习，而模仿与复习时所运用的精神智慧只是他人格的一个极小的角落，而他的前途，就不由得不受这一角的支配，再也无法超脱。受支配就是受奴役，不超脱就是不自由。然则自由的所以落空，说是近代教育自己造成的，也未为不可。

做法是从看法产生的。看法如果改变，做法亦自不得不随而更动。上文提到自动，提到训练宣传与教育不同，便已经关涉到做法。

关于做法，一些原则的话又不妨先说，然后再论到我所认为实际上应有的一些安排，当然也只能以一些较大的节目为限。原则有两个：一就是自发、自动与自求自得。青年在这方面的能力颇有不齐，是一个心理学的事实，但谁也多少有一些，多的所需要的激发少些，少的所需要的多些，但谁也需要一些激发，这就是教育的基本功能了。好学的青年往往拿这一点来衡量他的教师。他认为教师的好坏不系于口齿的利钝、教材的多寡，而系于此种能力的大小，激发能力小的教师最多只能教他学习，学习些现成的东西，大的却更能教他思考。而比较推陈出新的发见，一些旧看法的新结合、旧概念的新意义，以至于不轻信和积极批评的一般的态度与能力，都从思考的习惯产生。旧称好学深思，好学的未有不深思，而多少总有一些自发与自动能力的青年也未有不好学的。而深思的结果，对事理能有些新意义的发见，新结合完成，便是他的“自得”了。这也是教育的最后收获，而文化也者，论其精髓，也无非是这一类自得的累积罢了。

一味训练，一味传授些现成的东西，以至于宣传些没有经历过事实与经验的盘诘的东西，即貌若现成而实不现成的东西，是违反这原则的。技术学校、训练的机关、宗教与政党办理的教育事业，也许有理由这样做，在一般的大、中、小学校这样做，就没有理由了。马戏班里对各种动物，卖艺的乞丐对有几种虫子，包括虱子在内，要它们能作人行，能跪拜，能跳舞，和弄各式各样的把戏，更不得不这样做，但对人就不相宜了。大凡迷信训练与宣传即为教育方法的人在见地上总有两种错误：一就是上文所已讨论过的只知为外缘的需要设想，而自觉或不自觉的想把人当做满足这需要的工具，而这外缘的需要也者，名义上尽管说得很像是社会的，实际上可能是他自己的，和马戏班的老板的用心没有多大分别。第二个错误是以为训练的效果没有止境，以为工夫下得越多，收效必然越大。他只知道，路走得越多而越不间断，则脚掌上皮茧便越厚，而不知道对于脚掌以外的皮肤，即使你花上比走路多十倍的工夫，也磨不出老皮来；他只知道美国黑人欧文史，因训练有素，而能于十．二秒之内完成百米的快跑，却不知道他后来几年的加工训练并没有能把十分之二秒的零头磨去。约言之，他不了解训练是因人而有限度的，宣传也复如此，过此限度，所得只是疲乏、倦怠和反感。这是生物学的一条公律，初不仅皮肤的厚薄与赛跑的快慢为然。

第二个原则是我们必须给每个青年以一些“单独作战”的机会。说自发、自动、自求、自得，以至于自制、自治，我们必须承认他总得有些能尽量自营单独生活的余地与余闲，否则便无从“自”起。目前推行的教育也违反了这个原则。动不动讲社会化，讲团体生活，真像一离开所属的群，便绝对不能生活似的。其实健全的生活，一种得以充分运用一个人的才能智慧的生活是两方面的，群的方面与独的方面。荀子“以群则和，以独则足”的生活理想，今日还站得很稳，还有待于教育的努力来促其广泛的实现。一味社会化的要求，是片面而错误的。根据同样的理由，学校环境过于所谓良好，设备过于充实，日常生活的条件过于现成，一个青年但须表示其有读书的志力，便尔唾手可得、不劳而获，也未始不是一个错误。在此种现成天下之内，他所运用的往往只是一小部分而又还不太深刻的学习能力，其它能力的泉源之门就根本没有叩寻的必要。迨后习惯既成，年事渐长，一入社会以士大夫的姿态出现，艰苦龌龊之事，在在有人承当，自更无须叩寻，亦更无从叩寻，驯至当事人自以为读书论事的能力才是能力的上乘，其它能力原无足挂齿，一己具备与否，发展与否，都无关宏旨。换言之，他也就自甘于人格的片面与畸形发展了。我承认，抗战军兴，大学播迁以还的情形是好了一些，大、中学生在日常生活上自求多福的努力与收获增加了不少。而这种收获与设备的缺乏和生活条件的不现成有密切的关系，是再清楚没有的。不幸的是，在这个时期内，我们又来了一套完全属于施舍性质的公费一类的办法，对青年的自尊心理，给了一个致命的打击。自尊心既有了创伤，自动自求的努力虽属可贵，至少也不免打上一个对折。

近来很多中年人时常评论到青年人不负责任。这种评论一半表示中年人对青年的生活不甚了解。中年、青年之间有一道鸿沟存在，是一个事实。鸿沟阻止了接触，增加了误会，也是势所必至。但我认为其它一半却未尝没有事实的根据。倒不是青年人执意要不负责任，而是一味讲求团体生活以后，有群无独一成习惯以后，动不动不免把责任向团体身上推，向大多数推，驯至不问事理的是非，但问画诺的多寡，美其名曰问题的解决服从多数，而个人的不同的意见，初则不受人理会，终则根本不再有人提出——这一类的情形显然是有的。无论从法律或道义的立场看，我总觉得责任是个人之事，唯有比较完整而独立的人格才能有充分的责任感。如今许多青年人，至少就其同侪以外的行为来说，好像只承认有团体责任，而团体责任也者，事实上等于不负责任；团体越大，责任就越没有着落。这又能怪谁呢？除了政治党派的作风而外，我认为只有怪教育：教育只教人如何群，没有教人如何独，没有教出多少独立自尊的人格来，只制造了一大堆的团体分子。

把原则说明以后，关于实际的设施我只准备提出如下的几个节目来。详细的讨论，如有必要，也只好留待别的机会。本文所占的篇幅已经是太多了。

（一）中小学教育里，训练与宣传的分量太多，应尽量的减削。省出来的时间，一半交还给学生，作为身心自由发展之用，一半作为酌量延展大学教育年限之用。

（二）大学教育的年限应该延展，至少应有五年，前三年为普通教育或通识教育，后两年才分系而成专门教育。我认为为一般的大学生设想，为其前途就业设想，两年是够了，如果他有志力再求精进，他可以进研究院。理工的各学系，因为训练的成分较多，发展器识的机会太少，更有延展到五年或五年以上的必要。

（三）无论普通教育或专门教育，学程的数目，至少上课钟点的数目应力求省减，留出时间来作为两种用途：一供学生自修，一让师生之间多发生些课业以外而和一般生活有关的接触和联系。学生个人生活上的困难，本系的任何教师应负起帮同解决的责任来。在上课钟点以内，讲解的工夫应酌量减少，而质疑问难的时间应加多。

（四）关于学校的设备，校园环境的清幽宽敞是第一条件。校舍过于逼近大都市是一大缺憾。宿舍逼窄也是。回旋的余地都没有，自谈不上单独沉吟与思考一路的生活了。图书与实际的设备是第二个重要的条件。书库应视学生自治能力的进展而尽量的开放。更不妨特设一种阅览室，专列有关人类与民族文化的典型作品，供学生自由取阅。此种阅读之所得，在生活意义上，在人格的培养上，要比课堂讲解的效用大得多。

（五）所谓普通教育的学程与题材，适量的自然科学与社会科学而外，应特别注重人文学科，如文学、哲学、历史，以及艺术、音乐。人性是什么，比较完整与健全的人格是什么，应如何发展，近代的学术还不能告诉我们，甚至于一向因为外骛太多，根本上没有作郑重的探究。我们要在这方面有所了解，有所取法，势不能不就见于蕴藉的人类经验的累积，作一番搜检的努力，这是相当吃力的，但舍此并无其它途径。此外，一部分属于比较文化性质的学程，如比较宗教、社会思想派别的介绍与研究等，是必须添辟的，为的是可以破除成见，扩大胸襟，使“以独则足”之足不成为孤僻偏狭，而为“以群则和”之和更觅取一番理智的张本。

（六）上文云云，用意所在十之七八是替好学深思的青年争取一些得以自由支配的时间与空间。但无论争得多少，分量上总怕不够，因此我还有一个完全破除惯例的建议。我认为高中卒业以后与进入大学以前，或紧接着考取大学以后，一个青年应该有一两年的时光，完全脱离学校，以至于离开日常的社会，而自己觅取一种不随流俗的生活途径与方式。向远处旅行，走边疆到田间，入山静住，为人雇佣，一人独往可，两三同志结伴为之亦可，目的总使对一己蕴蓄着的智慧与能耐，有一个充分探寻与试用的机会。我们明知生活不假人力是不行的，完全的离群索居是不可能的，但我们必须设为此种实验，才得以充分的测验自己、了解自己与管制自己。其实古今中外，作此种实验而获有效果的人并不算太少，独惜近代的社会科学与教育，因为太把社会当作目的，太想配合社会的需要，而到今日还没有能认识此种实验的价值，甚至认为狂妄怪癖，从而加以制止。不过我们如果真要改革教育，而上文的讨论还有几分参考的用途的话，我相信前途必大有人提倡而试行此种实验的一日。

（乙）讨论（略）

（丙）附识

这一次《新路》要我写一篇关于教育改革的稿子，原为的是要充“论坛”一栏的篇幅之用。我勉强应承了下来，同时也请了几位朋友参加讨论，如上文。不过有一层我没有照做，就是，于读完他们几位的讨论文字之后，没有来一段“总答复”。唯一的原因是全部的稿件所占的篇幅已经太多。我要说的话虽不少，只好留以有待了。于此，谨先向这几位朋友表示我的谢意。

潘光旦年谱简编

1899 年　出生

8 月 13 日，出生在江苏省宝山县罗店镇。前一年父亲潘鸿鼎中进士，后致力于地方教育事业，为清末立宪派人物。

1905 年　六岁

在宝山县罗店镇私塾读书。

1906 年　七岁

在上海大东门内火神庙某小学读书。

1907 年　八岁

在宝山县罗店镇罗阳初等学堂读书，至 1912 年冬毕业。

1913 年　十四岁

遵父亲遗命入清华学校学习，至 1922 年毕业。

1916 年　十七岁

1 月 18 日，在北京协和医院锯掉因运动受伤的一条腿。

1920 年　二十一岁

与闻一多、刘聪强、孔繁祁、闻亦传、吴泽霖等人组织丄社，主要进行读书报告和讨论社会问题。

1921 年　二十二岁

6 月，参加清华学生响应的北京八校教职工索薪同情罢考。

1922 年　二十三岁

7 月，作《冯小青考》，作为“中国历史研究法”课程作业上交，受到梁启超的肯定和鼓励。梁批语为：“对于部分的善为精密观察，持此法以治百学，蔑不济矣。以吾弟头脑之莹澈，可以为科学家；以吾弟情绪之深刻，可以为文学家。望将趣味集中，务成就其一，勿如鄙人之泛滥无归耳。”此文于 1924 年 11 月刊发在《妇女杂志》第 10 卷第 11 号。

9 月，入美国新罕布什尔州达特茅斯学院插班学习生物学。

1923 年　二十四岁

11 月，发表 Eugenics and China：A Preliminary Survey of the Background，载 *Eugenical News* 第 8 卷第 11 期。此文对中华民族的种族特征及某些影响深远的社会制度与优生学的关系作了初步的考察。作这篇文章时，潘光旦在美国学习仅仅 1 年零 3 个月时间，为时颇为短暂。这不仅说明他的英文造诣和西学知识根底相当扎实，能够迅速吸收课堂知识并利用科学文献从事研究工作，而且还说明他很可能出国留学前在清华学校时对优生学已经有了相当程度的了解和思考，否则以短短一年多的积累是很难写出如此成熟的文章的。

1924 年　二十五岁

7 月，从达特茅斯学院毕业，获学士学位。

8 月，作《中国之优生问题》一文，刊于《东方杂志》第 21 卷第 22 号，周建人发表《读〈中国之优生问题〉》，提出商榷意见，刊于《东方杂志》第 22 卷第 8 号。

夏，进入纽约州长岛冷泉港优生学纪录馆研究人类学与优生学一年。参加清华留美同学组织的国家主义团体“大江会”，并为《大江季刊》撰稿。

本年加入美国优生学研究会。

1925 年　二十六岁

3 月，为中国留学生举行的孙中山先生追悼会英译孙中山遗嘱，又与朋友合作英译《中国国民党第一次全国代表大会宣言》。孙中山遗嘱译本的遣词造句典雅精炼，令过目者难忘。

9月，入纽约哥伦比亚大学学习生物学。

1926年　二十七岁

2月，担任本年《留美学生季报》代理总编辑。

3月发表《生物学观点下之孔门社会哲学》(《留美学生季报》第11卷第1号)，与1927年5月发表的《孔门社会哲学的又一方面》(《留美学生季报》第11卷第4号）都是潘光旦早期尝试从生物学的基本原则来研究儒家社会思想的论文。

夏，毕业于哥伦比亚大学，获硕士学位。

8月回国，到国立政治大学教课并任教务长一年。

1927年　二十八岁

5月1日起，担任《时事新报·学灯》编辑，至1928年3月31日。后将任职期间写作的专栏短文辑为《读书问题》一书（新月书店1930年出版)，还曾在该刊上发起中国家庭问题调查，后将调查结果和分析报告辑为《中国之家庭问题》一书（新月书店1928年出版)。

9月，在早年《冯小青考》一文的基础上加以扩充修订而成《小青的分析》一书，由新月书店出版，1929年8月订正再版时改名《冯小青——一件影恋之研究》。初版时《新月》月刊曾介绍说："罗素说，中国历史里没有精神分析的材料。潘光旦先生的发现不仅证实了罗素的武断，并且发明了全世界绝无仅有的——除非在希腊神话里——一段精神分析的公案"，"《小青的分析》不仅是一个性学的贡献，并且可以当一本可歌可泣的小说读"。

1928年　二十九岁

5月，发起并参与编辑英文《中国评论周报》(*The China Critic*)，后在该刊发表大量的英文论文、时评和书评。

8月，受聘到暨南大学教课一年。同时任东吴大学法科预科主任并教课至1930年。

9月，参加上海各大学社会学教授欢迎吴景超博士留美回国的聚会，席间讨论，全体赞成组织东南社会学社，与吴泽霖、孙本文等三人为临时委员，共同负责起草章程。10 月 10 日，举行茶话会，三人所拟章程通过。10 月 29 日，通信选举学社职员，至此东南社会学社正式成立。学社创办学术刊物《社会学刊》，于 1929 年 7 月由世界书局出版创刊号。1929 年冬，东南社会学社负责人联合北平各大学社会学教授商定，就原有东南社会学社扩大范围，改组为“中国社会学社”，1930 年经教育部核准备案，1931 年 4 月呈请南京市党部补发许可证书。潘光旦当选为第一届理事 9 人之一。

10 月，由新月书店出版《人文生物学论丛》[再版改名《优生概论》(《人文生物学论丛》第一辑)]。

1929 年　三十岁

1 月，在《东方杂志》第 26 卷第 1 号发表《中国家谱学略史》。

4 月，开始参与《新月》月刊的编辑工作。从春天起，在复旦大学任教一年。

8 月，受聘到大夏大学教课一年。

10 月，发表《优生与文化——与孙本文先生商榷的一篇文字》，刊于《社会学刊》第 1 卷第 2 期，同期刊有孙本文的《文化与优生学》、《再论文化与优生学——答潘光旦先生商榷的文字》。

12 月，在新月书店出版译著亨丁顿《自然淘汰与中华民族性》，后将其内容辑入《民族特性与民族卫生》一书。亨氏的学说从自然地理以及灾害频仍等方面解释中华民族之民族性的由来，为潘光旦民族研究的重要学术渊源。

1930 年　三十一岁

4 月，出版《日本德意志民族性之比较的研究》一书。此书从服从心理、悲观哲学、自杀倾向等几个方面的表现论述德意志和日本民族特性的相似，并将其原因归结为种族特质上较为鲜明的杂种性。

9 月，任光华大学文学院院长，并教课至 1931 年。

12 月，参加中国社会学社第一次年会，宣读论文《家谱与宗法》。

1931 年　三十二岁

5 月，开始主编《优生》月刊，该刊出版至 2 卷。

9 月 15 日，发表《妇女解放新论——介绍英人蒲士氏的学说》，刊于《优生》月刊第1卷第3期。此文为本年11月出版的刘英士译著《妇女解放新论》的序言。原著为英国学者蒲士（Meyrich Booth）的《妇女与社会》（*Woman and Society*）一书，全面系统地批评近代以来流行的妇女解放运动。潘光旦对此书“细玩内容，触处都是‘实获我心’之论”，感叹“我若有此材料，有此笔墨，我的志愿之一也就是要写这样的一本书”。潘序对于蒲士原著内容有扼要的介绍，并就其不彻底的地方略作补正。以此为导火线，此文引发了潘光旦与《女声》半月刊多个回合的激烈辩论。1933年6月出版的《女青年》月刊还刊发文章与潘光旦继续辩论。

1932年　三十三岁

4月，开始主编《华年》周刊。

本年与太平洋国际学会正式订约研究中国的人文思想。

1934年　三十五岁

2月，发表论文《中国人文思想的骨干》。这是潘光旦对中国儒家思想的人文特性所做的第一次全面系统的论述。

本年出版译著两种——霭理士《性的教育》、《性的道德》，均为青年协会书局出版。

9月起，任清华大学社会学系教授，至1952年10月。

1935年　三十六岁

4月，在南京参加中国社会学社第五届年会，提交论文《优生与社会设计》。

10月，在清华大学《社会科学》第1卷第1期上发表论文《近代苏州的人才》。

1936年　三十七岁

2月起，兼任清华大学教务长，至1946年7月。

1937年　三十八岁

在商务印书馆出版《人文史观》（《人文生物学论丛》第二辑）、《民族特性与民族卫生》（《人文生物学论丛》第三辑）。

7 月 7 日，卢沟桥事变爆发，进行学校守护工作。9 月 14 日，离开北平南下。9 月 28 日，至长沙临时大学。

1938 年　三十九岁

4 月起，任西南联大教授，至 1946 年 7 月，并于 1938 年、1945 年至 1946 年两度兼任教务长。4 月起，兼清华大学图书部主任，至 1946 年。

1939 年　四十岁

4 月，发表《妇女与儿童》一文（载《今日评论》第 1 卷第 14 期），从 5 月至 10 月先后有知识女性张敬、西南联大教授林同济、儿童教育专家陈佩兰在《今日评论》发表文章商榷，11 月 5 日以潘光旦的总答复《关于妇女问题的讨论》结束了这场持续 7 个月的辩论。

8 月起，兼任清华大学秘书长，至 1941 年 7 月。

11 月，开始译注霭理士《性心理学》，至 1941 年 11 月完成，1944 年由云南经济委员会印刷厂出版，1946 年由商务印书馆出版。此书译笔典雅流畅，难能可贵的是加入大量中国文献资料作为译注予以印证，篇幅长达 10 万字，后来一版再版，影响极为广泛。

1940 年　四十一岁

5 月，发表《所谓教师的思想问题》（载《今日评论》第 3 卷第 20 期，辑入《自由之路》一书时改题《异哉所谓教师的思想问题》），与国民党中央宣传部部长潘公展在重庆版与昆明版《中央日报》上的文章《教育上两个迫切问题》商榷。西南联大青年教师丁则良发表《关于教师的思想问题》一文（载《今日评论》第 3 卷第 23 期），对潘光旦文观点多有肯定。

夏，开始编译《优生原理》，至 1942 年 5 月底完成，1949 年由观察社出版。此书前 7 章内容主要是以美国学者普本拿与约翰逊（Paul Popenoe & R. H. Johnson）合著的《应用优生学》1933 年修订本为蓝本编译的，第 8 章属于自著，将 1935 年的一本小册子《宗教与优生》容纳进来，改题为《人文选择二——宗教之例》。此书为潘光旦长期从事优生学教学研究活动的最后结晶。

1941 年　四十二岁

4 月，代清华大学梅贻琦校长作《大学一解》（载《清华学报》第 13 卷第 1 期）。

1934 年完成的《中国伶人血缘之研究》本年在商务印书馆出版。

本年秋，加入中国民主政团同盟（后改称中国民主同盟），任第一届至第三届中央委员、第一届至第二届中央常务委员。

1942 年　四十三岁

1 月至 2 月，应邀与西南联大与云南大学的教授多人至大理讲学，讲完后游滇西佛教名山鸡足山。

1943 年　四十四岁

2 月，参加第七届中国社会学社年会昆明分会，提交论文《工与中国文化》。

1944 年　四十五岁

在商务印书馆出版《优生与抗战》（《人文生物学论丛》第七辑）。

1946 年　四十七岁

7 月，李闻事件后与费孝通等至昆明美国领事馆避难。7 月底，从昆明至重庆、南京，回到苏州浒墅关，为费孝通的《生育制度》一书作长约 3 万字的代序《派与汇》，提出新人文思想的渊源与基本特征。

10 月，回到清华大学，任社会学系教授；图书部改制为图书馆，兼任图书馆馆长。

本年在商务印书馆出版《自由之路》、译著《赫胥黎自由教育论》、《性心理学》等。

1947 年　四十八岁

8 月，被推选为联合国教科文组织中国委员会委员，出席该会成立大会。

10 月，与费孝通合著的论文《科举与社会流动》（载清华大学《社会科学》第 4 卷第 1 期）发表。

1937 年完成的《明清两代嘉兴的望族》本年在商务印书馆出版。

1948年　四十九岁

7月，在《新路》第1卷第10期“论坛”栏发表《论教育的更张》一文，同期刊载朱光潜、邱椿、吴泽霖、周先庚、樊际昌等人的讨论意见。蔡尚思发表《论教育的社会化——读潘光旦先生的〈论教育的更张〉》（载《中建半月刊》北平版第1卷第8期），提出商榷意见。

7月和9月，先后在南京《世纪评论》周刊和上海《观察》周刊上发表了两篇关于妇女角色定位的文章，分别是《家庭·事业·子女》和《妇女问题的一个总答复》（此文初刊于1944年昆明版《中央日报·妇女与儿童》，原题《妇女问题的三个时期与五个论点》）。这两篇文章是潘光旦妇女问题论述的最后结晶，可以代表他成熟时期的基本见解，尽管有明显的妇女回家论倾向，但也力求面面俱到，对妇女的职业权利以及人格独立要求表示相当程度的容纳。这两篇文章引起了非常广泛的影响，从9月至11月，先后有6位作者发表文章与他讨论，在上海和兰州还有两次针对性的座谈会召开。

本年中央研究院第一届院士选举，潘光旦在社会学组获得提名，但未能最后通过。这与长期以来其优生学学说（包括以优生学眼光治谱牒学等）在学术界不无争议，以及其发表大量面向学术思想界一般读者的报章文字或有一定关系。傅斯年3月19日曾有致朱家骅、翁文灏、胡适、萨本栋、李济并转各位评议员的信函，谈及潘光旦的提名事：“社会学一项，有潘光旦君。潘君自是聪明人，然其治谱牒学之结论，实不能成立。彼以科举之名，证明苏州人天资优越，然此说实不足以成之，盖科举之业亦有风气，且可揣摩，主考与入选者每为一调，忽略此历史事实，乃潘君之说，故潘君之工夫似未可与陈达君同列也。治学不可以报纸文字定其高下，此学在中国既不发达，如求其次，则孙本文君似应列入。此君之书，甚有理解，其工夫非作二三小文之比，故敢提议将其列入候选名单。”

1949年　五十岁

10月，任中华人民共和国中央人民政府文教委员会委员，至1954年。

12月，着手译恩格斯《家族、私产和国家的起源》，至1951年7月完成。译注部分多举中国文献资料予以补正，篇幅长达15万字。当代社会史家钱杭教授评论道：“以前，郭沫若先生写《中国古代社会研究》，其立意是要仿恩格斯故伎，写出一部中国版的《起源》，虽然写得很顺手，结果却似乎不十分理想。潘先生自无如此抱负，可能也没有这么大的胆量。他只是用不显山露水的译注的方式（此亦为‘多元视野’之一‘元’），举重若轻地证明了，中国不仅是中国之中国，而且是亚洲之中国，更是世界之中国。这绝非什么高妙的‘主义’，而是有大量可信资料予以支撑的历史事实。若以实绩论，郭沫若憧憬的目标应该说已在潘光旦手中大致实现了！”

1951 年　五十二岁

与清华大学教员全慰天一起考察苏南土改，写成《苏南土地改革访问记》，1952 年 8 月由三联书店出版。

1952 年　五十三岁

作为清华大学校级“三反”运动批评对象，1 月 31 日、2 月 3 日、3 月 17 日先后三次做检讨，还被认为态度和行动上仅仅稍有改变，“但他思想上的改变却仍然是很少的”。6 月，清华大学节约检查委员会宣传组编印“三反”快报专刊《批判潘光旦先生的反动思想》印行，收录潘光旦三次检讨的摘要、群众意见，潘光旦新中国成立前“反动言论”摘录，在全校师生大会上批判潘光旦“反动思想”的发言，周培源的总结发言以及民盟清华大学区分部来讯等内容。10 月 26 日，潘光旦做第四次检讨，除了清华大学师生外，还有民盟、九三学社及其他学校和机关的许多来宾参加，大会认为“潘光旦先生这次检讨比过去有了显著的进步，受到了大家的欢迎”。11 月，清华大学节约检查委员会印行“三反”结束专刊《欢迎潘光旦先生开始的进步》，内容包括潘光旦第四次检讨全文、大会上师生及女儿发言、群众意见、潘光旦回应发言、周培源总结发言等。

2 月，发表《为什么仇美仇不起来——一个自我检讨》（《光明日报》2 月 3、4 日连载）。

11 月起，任中央民族学院教授，至逝世。

12 月，发表恩格斯《玛尔克》译文，1953 年出版单行本。

1953 年　五十四岁

6 月，《开封的中国犹太人》油印本由中央民族学院研究部印出。

1954 年　五十五岁

任中国人民政治协商会议第二届全国委员会委员。

1955 年　五十六岁

11 月，发表 14 万字的长篇论文《湘西北的“土家”与古代的巴人》（载中央民族学院研究部编《中国民族问题研究集刊》第 4 辑），对于中央民委认定土家为一个少数民族起到了重要作用。

1956 年　五十七岁

6 月，访问湘西北土家地区，以卡片记录“实地访问所得”。7 月 25 日，作《访问湘西北“土家”报告》（见《中国人民政治协商会议全国委员会会刊》第 15 期，11 月 15 日出版）。

1957 年　五十八岁

3 月 18 日，与向达教授在政协第二届全国委员会第三次全体会议上联合发言：《湘西北、鄂西南、川东南的一个兄弟民族——土家》（由潘光旦起草，并刊于 3 月 24 日的《人民日报》）。

4 月，参加《新建设》编辑部召开的开展社会学研究的有关问题座谈会。

7 月，被错划为“右派”分子。

1958 年　五十九岁

3 月，至中央社会主义学院学习，至 1959 年 3 月。

1959 年　六十岁

任政协第三届全国委员会委员。10 月起，参加《辞海》编纂工作，前后跨 5 年。参加中印、中巴边境工作，提供英文资料，并做翻译，至 1962 年。

开始从“二十五史”中圈点少数民族史料，至 1962 年完毕。1962 年，从《资治通鉴》中圈点少数民族史料。1963 年至 1964 年，将《史记》、《春秋左传》、《国语》、《战国策》、《竹书纪年》、《逸周书》、《世本》、《明史》上的民族史料卡片登录完毕。这批资料约 100 万字，是我国少数民族历史研究的珍贵资料，经后人整理于 2005 年和 2007 年由天津古籍出版社出版。这批资料不仅搜罗丰富，而且潘光旦以按语的形式写下了大量的研究心得或研究线索。所以，它不单纯是一本资料集，还必将为民族史研究的后来者提供丰富的启示。

12 月，“右派”摘帽。

1961 年　六十二岁

完成《从徐戎到畲族》稿本，有打印本，已佚。

1962 年　六十三岁

10 月，发表长篇回忆文章《回忆清华初期的学生生活》。

1964 年　六十五岁

完成上级交办的翻译任务，译出《近代人报废了》、《和平：一个宗教的责任》、《此案基督徒不同意》等。

1965 年　六十六岁

开始译达尔文的名著《人类的由来》，至“文化大革命”开始前基本译成，全书 77 万字，“文化大革命”结束后，手稿经后人整理，收入商务印书馆“汉译世界学术名著丛书”出版。

1966 年　六十七岁

在“文化大革命”中被打成“资产阶级反动学术权威”，遭受迫害。

1967 年　六十八岁

5 月 13 日，病危住进积水潭医院。6 月 1 日回到家里，6 月 10 日逝世。

中国近代思想家文库

方东树、唐鉴卷	黄爱平、吴杰　编
包世臣卷	刘平、郑大华　主编
林则徐卷	杨国桢　编
姚莹卷	施立业　编
龚自珍卷	樊克政　编
魏源卷	夏剑钦　编
冯桂芬卷	熊月之　编
曾国藩卷	董丛林　编
左宗棠卷	杨东梁　编
洪秀全、洪仁玕卷	夏春涛　编
郭嵩焘卷	熊月之　编
王韬卷	海青　编
张之洞卷	吴剑杰　编
薛福成卷	马忠文、任青　编
经元善卷	朱浒　编
沈家本卷	李欣荣　编
马相伯卷	李天纲　编
王先谦、叶德辉卷	王维江、李骛哲、黄田　编
郑观应卷	任智勇、戴圆　编
马建忠、邵作舟、陈虬卷	薛玉琴、徐子超、陆烨　编
黄遵宪卷	陈铮　编
皮锡瑞卷	吴仰湘　编
廖平卷	蒙默、蒙怀敬　编
严复卷	黄克武　编
夏震武卷	王波　编
陈炽卷	张登德　编
汤寿潜卷	汪林茂　编
辜鸿铭卷	黄兴涛　编

康有为卷 张荣华 编
宋育仁卷 王东杰、陈阳 编
汪康年卷 汪林茂 编
宋恕卷 邱涛 编
夏曾佑卷 杨琥 编
谭嗣同卷 汤仁泽 编
吴稚晖卷 金以林、马思宇 编
孙中山卷 张磊、张苹 编
蔡元培卷 欧阳哲生 编
章太炎卷 姜义华 编
金天翮、吕碧城、秋瑾、何震卷 夏晓虹 编
杨毓麟、陈天华、邹容卷 严昌洪、何广 编
梁启超卷 汤志钧 编
杜亚泉卷 周月峰 编
张尔田、柳诒徵卷 孙文阁、张笑川 编
杨度卷 左玉河 编
王国维卷 彭林 编
黄炎培卷 余子侠 编
胡汉民卷 陈红民、方勇 编
陈撄宁卷 郭武 编
章士钊卷 郭双林 编
宋教仁卷 郭汉民 编
蒋百里、杨杰卷 皮明勇、侯昂好 编
江亢虎卷 汪佩伟 编
马一浮卷 吴光 编
师复卷 唐仕春 编
刘师培卷 李帆 编
朱执信卷 谷小水 编
高一涵卷 郭双林、高波 编
熊十力卷 郭齐勇 编
任鸿隽卷 樊洪业、潘涛、王勇忠 编
蒋梦麟卷 马勇、黄令坦 编
张东荪卷 左玉河 编

丁文江卷	宋广波　编
钱玄同卷	张荣华　编
张君劢卷	翁贺凯　编
赵紫宸卷	赵晓阳　编
李大钊卷	杨琥　编
李达卷	宋俭、宋镜明　编
张慰慈卷	李源、黄兴涛　编
晏阳初卷	宋恩荣　编
陶行知卷	余子侠　编
戴季陶卷	桑兵、朱凤林　编
胡适卷	耿云志　编
郭沫若卷	谢保成、魏红珊、潘素龙　编
卢作孚卷	王果　编
汤用彤卷	汤一介、赵建永　编
吴耀宗卷	赵晓阳　编
顾颉刚卷	顾潮　编
张申府卷	雷颐　编
梁漱溟卷	梁培宽、王宗昱　编
恽代英卷	刘辉　编
金岳霖卷	王中江　编
冯友兰卷	李中华　编
傅斯年卷	欧阳哲生　编
罗家伦卷	张晓京　编
萧公权卷	张允起　编
常乃悳卷	查晓英　编
余家菊卷	余子侠、郑刚　编
瞿秋白卷	陈铁健　编
潘光旦卷	吕文浩　编
朱谦之卷	黄夏年　编
陶希圣卷	陈峰　编
钱端升卷	孙宏云　编
王亚南卷	夏明方、杨双利　编
黄文山卷	赵立彬　编

雷海宗、林同济卷	江沛、刘忠良　编
贺麟卷	高全喜　编
陈序经卷	田彤　编
徐复观卷	干春松　编
巨赞卷	黄夏年　编
唐君毅卷	单波　编
牟宗三卷	王兴国　编
费孝通卷	吕文浩　编

图书在版编目（CIP）数据

中国近代思想家文库．潘光旦卷/吕文浩编．—北京：中国人民大学出版社，2015.1
ISBN 978-7-300-20354-6

Ⅰ.①中… Ⅱ.①吕… Ⅲ.①思想史-研究-中国-近代 ②潘光旦（1899～1967）-思想评论 Ⅳ.①B250.5

中国版本图书馆 CIP 数据核字（2014）第 282454 号

中国近代思想家文库
潘光旦卷
吕文浩 编
Pan Guangdan Juan

出版发行	中国人民大学出版社		
社　　址	北京中关村大街 31 号	**邮政编码**	100080
电　　话	010－62511242（总编室）		010－62511770（质管部）
	010－82501766（邮购部）		010－62514148（门市部）
	010－62515195（发行公司）		010－62515275（盗版举报）
网　　址	http://www.crup.com.cn		
经　　销	新华书店		
印　　刷	涿州市星河印刷有限公司		
开　　本	720 mm×1000 mm　1/16	**版　　次**	2015 年 3 月第 1 版
印　　张	35.25　插页 1	**印　　次**	2025 年 1 月第 3 次印
字　　数	568 000	**定　　价**	126.00 元